KB149449

슬로다운

슬로다운

대가속 시대의 종말, 더 좋은 미래의 시작

초판 1쇄 펴낸날 | 2021년 9월 6일

지은이 | 대니 돌링
옮긴이 | 김필규
펴낸이 | 류수노
펴낸곳 | (사)한국방송통신대학교출판문화원
　　　 03088 서울시 종로구 이화장길 54
　　　 대표전화 1644-1232
　　　 팩스 02-741-4570
　　　 홈페이지 http://press.knou.ac.kr
　　　 출판등록 1982년 6월 7일 제1-491호

출판위원장 | 이기재
편집 | 박혜원 · 이강용
본문 디자인 | 티디디자인
표지 디자인 | 플러스

ISBN 978-89-20-04107-5 03320
값 29,000원

SLOWDOWN

대가속 시대의 종말,
더 좋은 미래의 시작

슬로다운

대니 돌링 지음 · 김현규 옮김

지식의날개

차례

그림과 표 차례

표

---- ✦ ----

감사의 글

아버지 데이비드 돌링에게 감사드린다. 지금쯤 숲속 정원에서 새 모이를 주고 하루 종일 낙엽을 쓸면서 행복해하고 있으실 게다. 아버지는 그동안 이 책의 1차, 2차, 3차 원고까지 교정을 해 주셨다. 그리고 어머니 브론웬 돌링에게도 감사드린다. 어머니는 항상 내가 마음먹은 것은 어떤 것이든 할 수 있고, 또 무엇을 해도 괜찮다고 말씀해 주셨다. 아내 앨리슨은 나의 한계를 좀 더 현실적으로 지적하곤 했지만, 그래도 이 일이 해 볼 가치가 있는 프로젝트라는 확신을 항상 강하게 심어 주었다. 나의 세 자녀 로비, 이지, 그리고 솔에게도 고마움을 전한다. 맏이부터 막내까지 차례로 십대를 거치는 동안, 그리고 맏이의 경우 성인이 되어 첫 직업을 얻을 때까지도, 다들 특이한 강박증을 보였는데 이를 견뎌 내고 잘 자라 주었다.

특히 호주에 있는 앤서니 카이라-카넬에게도 고마운 마음이다. 그는 혈우병 환자인데 영국 국민보건서비스(NHS)가 일으킨 수혈감염 스캔들의 피해자이기도 하다. 그럼에도 1만 6,000킬로미터나 떨어진 곳에서 내 최종 원고를 검토해 주었고, 쳇바퀴 돌 듯 풀리지 않던 부분에 대해

명쾌한 조언을 해 주었다. 그는 여전히 냉철한 사고력을 유지하고 있다. 카렌 슉에게도 마음속 깊이 감사한다. 다른 여러 사람의 의견을 취합해 정리한 원고를 매번 꼼꼼히 읽고 고쳐 주었다. 나 혼자 도저히 할 수 없는 일들이었다. 수잔 레이티는 여러 자료 그림들로 복잡한 이 책을 잘 다듬어 주었다. 또 로빈 뒤블랑을 소개해 주기도 했다. 그는 (온라인 상으로) 내가 만나 본 이들 중 가장 사려 깊고 예의 바른 편집자였다. 이런 책은 보통 여러 사람들이 모여 이룬 대규모 팀의 합작품이다. 마케팅 과정에서 저자가 부각되긴 하지만 개인의 작품이 아니다.

특히 커스틴 맥클루어에게도 감사한다. 이 책에서 보게 될 많은 시간선들은 그래픽으로 시각화했는데, 그가 보기 좋은 스타일로 디자인해 주었다. 내 엑셀 파일에 있는 숫자들도 모두 그림으로 구현해 냈다. 그밖에도 많은 분들이 조언과 도움을 주었다. 중국과 일본 통계와 관련해 도움을 준 치우지에 시와 토모키 나카야에게도 고마운 마음이다. 치우지에는 각기 다른 데이터들을 바탕으로 수많은 시간선을 만들어 냈다. 모두 이 책의 홈페이지에서 확인할 수 있다. 또 로렌자 안토누치, 벤 에어, 아니코 호바스, 칼 리, 존 멕케온, 사이먼 라이드, 크레이그 트와이포드, 타라 반 지크에게도 감사한다. 모두들 집필 초기 단계에 여러 좋은 조언들을 해 주었다. 당시 나는 들여다보고 있던 거의 모든 주제에서 슬로다운의 조짐을 찾느라 다소 지루한 과정을 거치고 있었다. 그때 이들의 조언 덕분에 복잡한 생각, 의견, 이 책의 증거가 될 만한 것들을 하나둘 풀어 갈 수 있었다.

2019년 2월에 케임브리지 대학 학부생들에게 이 책의 아이디어를 처음 이야기한 바 있다. 런던정경대학 대학원생들은 그해 3월 시간선 초안을 보고 의견을 내 주었다. 그리고 5월에는 옥스퍼드 마틴스쿨에서

이 주제로 처음 공개 강의를 했고, 6월에는 경제사회연구위원회(ESRC)의 지원을 받는 박사과정 학생들에게도 의견을 들었다. 이들 모두에게 감사한다.

마지막으로 누구보다도 예일대학교 출판부에서 이 책을 담당한 조 칼라미아 편집자에게 감사한다. 그가 없었다면 책의 진도가 제대로 나가지 않았을 것이다. 전혀 쓰지 못했을 수도 있다. 그는 참을성 있고 조용하면서도 매우 자상한 인물이다. 어쩌면 새로운 미래에 가장 잘 맞는 사람일지도 모르겠다.

제1장

폭주 열차
제동이 걸리다

수요일 발표된 한국 정부의 통계에 따르면, 한국의 출산율, 즉 여성 한 명이
낳을 것으로 기대되는 아이의 수는 2018년 현재 0.98까지 떨어졌다.
– 『파이낸셜타임스』, 2019년 8월 28일

지난 160년 동안 지구상의 인구는 두 배에서 두 배, 또 거기서 거의
두 배가 되었다. 인류 역사상 이처럼 짧은 세대 동안 이렇게 급격한 인
구 증가를 겪은 적이 없다. 아마 앞으로도 그럴 것이다. 이제는 인구 증
가 속도가 줄고 있다. 1859년 찰스 다윈(Charles Darwin)은 이렇게 기록
했다. "두세 번의 계절 동안 우호적인 환경이 지속된다면, 자연 상태에
서 다양한 종류의 동물들이 놀랄 만큼 빠르게 증가한다는 수많은 연구
사례들이 있다."[1] 다윈은 아주 작은 묘목부터 거대한 코끼리까지 예로
들면서, 자연 상태에서 어느 한 종의 개체수가 기하급수적으로 늘었던
희귀한 사례들을 언급했다. 그런데 정작, 가장 중요한 사례는 따로 있
다. 바로 다윈 자신의 종족, 인류다. 당시 인류는 유례없이 폭발적으로,
또 전 세계적으로 개체수를 늘리기 시작하고 있었다.
　요즘은 인구증가율보다 슬로다운의 영향력이 훨씬 더 크다. 슬로다

운이라는 말은 1890년대에 처음 등장했는데, 앞으로 계속 나아가긴 하지만 전보다 더 천천히 가는 것을 뜻한다. 우리 삶의 거의 모든 분야가 슬로다운의 영향을 받고 있다. 보통 슬로다운이라고 하면 성장에 대한 기대를 가로막는 큰 장애물, 혹은 미지의 세계로 들어가는 것처럼 느껴진다. 경제나 정치 같은 현재의 신념체계 역시 어느 정도는 미래에 기술이 급속도로 발전할 것이라든지, 앞으로 끊임없이 경제가 성장할 것이라는 가정에 기반하고 있지 않은가? 슬로다운이 우리 앞에 놓여 있다는 사실을 인정하는 순간, 우리는 그동안 누려 왔던 변화와 혁신, 그리고 새로운 발견 등에 대한 관점을 근본적으로 바꿔야 할지도 모른다. 과연 기술혁명이 끊임없이 계속될 거란 기대를 버릴 수 있을까? 그럴 수 없을 거란 생각을 하는 순간, 우리는 더 공포에 빠지게 된다. '슬로다운은 일어나지 않을 거야', '새로운 대전환이 바로 눈앞에 있어'라고 기대하고 있다가 자칫 큰 실수를 저지를지도 모른다. 앞으로 변화의 속도는 점점 늦어지는데 모든 것은 그대로라면, 과연 어떤 일이 벌어질 것인가?

당신이 속도를 계속 높이고 있는 열차 위에서 평생 살았다고 가정해 보자. 그런데 갑자기 열차에 제동이 걸린 것을 느낀다. 그렇다면 다음에 무슨 일이 벌어질지 걱정될 수밖에 없다. 이번엔 당신 혼자 이런 상황에 놓인 게 아니라, 당신이 아는 모든 사람들이 그렇다고 생각해 보자. 부모, 할아버지, 할머니, 증조부, 증조모까지 당신이 기억하는 모든 이들이 똑같은 열차에 살고 있다. 그 열차는 평생 동안 속도를 높이기만 했다. 당신에겐 무서운 속도로 달리는 게 편안한 일상이었다. 그런데 이제는 속도가 줄고 있음을 느끼기 시작한다. 새롭지만 좀 무서운 느낌이다. 그래도 열차는 여전히 달리고 있기에, 당신은 앞으로 또 속도를 내게 될 거라고, 변화의 속도가 빨라질 거라고 주변 사람에게 여전히 이야

14

기하고 있을 것이다. 현실은 열차가 더 이상 가속을 하지 않을 것인데도 말이다. 무언가가 변했다. 창밖의 풍경은 더 이상 예전처럼 빠르게 지나가지 않는다. 모든 것이 속도를 늦추고 있다. 한 시대가 저물고 있는 것이다.

최근 세대가 겪은 대가속 시대는 우리 삶의 문화를 만들었다. 또 진보에 대해 어떤 특정한 기대감을 갖게 했다. 여기서 '우리'라 함은 지금 지구상에 있는 대부분의 나이든 사람들을 말한다. 부모나 조부모 세대가 겪었던 것보다 건강이나 주거, 직장 등 여러 면에서 훨씬 더 나아지는 걸 경험한 이들이다. 교육의 기회는 확대됐고, 절대빈곤, 궁핍함이 줄어드는 것을 지켜보았다. 이들은 지금쯤 자식 세대가 지금의 나보다 더 잘 살지 못할 거란 사실을 느끼고 있을 것이다. 새로운 슬로다운을 감지하고 있다.

지난 1, 2세기 동안 슬로다운이라고 할 만한 사례는 거의 찾아볼 수 없었다. 그래서 지금의 상황은 더 혼란스럽다. 그렇지만 슬로다운하고 있다는 것은 좋은 일이다. 그렇지 않다면 오히려 상상할 수 없을 정도로 나쁜 일이 벌어질 것이다. 속도를 늦추지 않는다면 지금 직면한 재앙으로부터 벗어날 수 없다. 우리의 가정, 우리가 살고 있는 행성이 파괴될 수 있다. 우리가 속도를 늦추지 않고 계속 가속페달을 밟는다면 재앙과도 같은 결과에 다다를 수밖에 없다. 하지만 슬로다운이 온다면 앞으로 세계에 대기근처럼 악몽과도 같은 시나리오가 닥칠까 봐 더 이상 걱정하지 않아도 된다. 폴 에를리히와 앤 애를리히 부부(Paul and Anne Ehrlich)는 1968년 저서 『인구 폭탄(The Population Bomb)』에서 그런 대기근의 상황을 묘사했다. 그렇게 되면 인도 같은 나라에선 결국 국민들을 굶주리게 놔둘 것이라고 봤다. "특정된 분류체계에 따라 인도는 식량 원조를 받지 못하게 될 것"²이라는 이야기다. 최근까지도 이런 식의 잔혹한 전망과 걱정이 지배적이었다. 과도한 성장이 통제를 벗어나는 순간 이런 일이 벌어질 거라는 이야기가 여기저기서 나왔다. 수리생물학자인 조엘 코헨(Joel E. Cohen)이 1992년에 쓴 글이 대표적이다.

> 1970년 프린스턴 대학의 인구통계학자인 앤슬리 콜(Ansley Coale)은 1940년부터 미국의 인구가 50% 증가했다는 길 빌건했다. 그런 속도라면 미국의 인구는 2100년에 적어도 10억 명에 이를 거란 계산이 나왔다. 그러면 6, 7세기 안에 미국 땅 1제곱피트(0.09제곱미터) 안에 한 사람씩 살게 되는 셈이었다. 이런 식으로 30년마다 50%씩 인구가 늘어난다면 앞으로 1,500년 후에는 우리 후손 인류 전체를 합친 게 지구보다 커질 것이다. 그러고도 계속 같은 속도로 증가를 이어 간다면 수천 년 안에 인육으로 구성된 거대한 구가 만들어질 것이다. 그리고 그 반지름은 상대성 이론을 무시한 채 거의 빛의 속도로 커질 것이다.³

사실, 앤슬리 콜이 이 수치를 계산한 것은 세계의 인구증가율에 더 이상 가속이 붙지 않은 지 1년이 지난 시점이었다. 1990년대 초반에 이르자 사람들은 속도를 높이는 것을 크게 걱정하지 않게 되었다. 앞으로 더 가속 페달을 밟는 게 불가능하다는 사실을 깨닫게 된 것도 그 무렵이었다.

속도를 늦춰라.

이제 한 걸음 물러서자.

주변에서 무슨 일이 벌어지고 있는지 둘러보자.

2019년 새해 첫날이었다. 이른 아침, 라디오에서 토론이 진행되고 있었다. 우리 인류가 올해 천왕성과 해왕성 탐사 계획을 수립해 지금 당장 준비에 들어간다면, 2043년까지 우주선을 보낼 수 있을 거란 내용이었다. 그 행성들을 보려면 앞으로 거의 4반세기를 기다려야 하는 셈이었다.

우리는 시간에 갇혀 있다. 공간에서도 마찬가지다. 어딘가로 밖으로 나가기 위해선 정말 많은 시간이 필요하다. 그러니 우리는 이곳, 지구에 갇혀 있는 셈이다. 앞으로 아주 오랜 시간이 지나도 상황은 마찬가지일 것이다. 그런데 우연히도 1960년대 후반부터 인류의 증가 속도는 급격하게 떨어졌다(아이러니한 일이지만, 그와 비슷한 시기에 인류는 처음 달에 한 발을 내디뎠다). 지금은 어디서도 인구가 속도를 내서 증가하는 곳은 없다. 감속이 일반적인 현상이 되었다. 유럽 국가 대부분에서도 그렇고, 동북아시아, 또 미국의 대부분 지역에서 전체 인구수가 줄고 있다.

인구 증가 속도가 둔화됐다고 해서 당장 안정된 상태가 되는 것은 아니다. 평균적으로 가구당 아이 수가 두 명 이하가 되려면 지금부터 한 세기 정도는 지나야 할 것으로 보인다. 결국 슬로다운은 앞으로 한 세기 동안 인류의 숫자가 천천히 줄어드는 것을 전 세계가 일반적인 현상으로 받아들이게 된다는 사실을 의미한다. 또 앞으로 수십 년 동안 지속적으로 노령화가 진행될 것이다. 그런데 머지않아 이 노령화가 진행되는 속도 역시 늦춰질 것이다. 인류의 기대수명이 늘어나는 속도 역시 둔화되기 때문이다.[4] 세계 최장수 기록은 지난 20년 동안 갱신되지 않았다.[5]

물론 속도가 늦춰지면서 여러 충격적인, 놀라운 일들이 있을 것이다. 당연히 전혀 예상치 못했던 일일 수 있다. 그래도 이런 과정이 이미 시작됐다는 점만큼은 인정할 수밖에 없다. 이 점을 이해한다면, 우리에게 그동안 익숙해진 방식과는 다른 관점으로 최근의 상황과 현재를 바라보아야 한다. 무엇보다 속도를 계속 높여만 갈 경우 어떻게 될 것인지를 먼저 헤아려 봐야 한다.

대가속 시대를 보면서

변화를 바라보는 방식은 다양하다. 변화를 자세히 보고 싶다면, 또 변화를 변화 그 자체로 관찰하고 싶다면, '시간선(timeline)'을 활용하는 게 가장 좋은 방법이다. 이 책에서 사용한 방식이 일반적인 것은 아니다. 서구의 사회과학 분야에서만 매우 드물게 쓰였다.[6] 그렇지만 전체 규모가 얼마나 큰지, 그러면서도 동시에 그 전체가 어떻게 변했는지 보여 주기에 매우 효과적이다. 단기간을 놓고도 그렇고, 전반적으로도 잘 적용될 수 있는데, 이 부분이 상당히 중요하다. 게다가 이 책에서 쓰인 것과 같은 시간선을 가지고 분석을 하면 변화의 2차 도함수까지 알 수 있다. 변화율이 어떻게 변했는지도 알 수 있는 것이다. 이 책 말미에 추가한 부록에서 이런 그래프들을 어떻게 그릴 수 있고 해석할 수 있는지 좀 더 자세히 설명했다.

변화율을 잘 알고 있던 아이작 뉴턴이나 그 당시 사람들이라면 이 책에서 시간선을 만들기 위해 사용한 방법이나 통계 도표를 쉽게 이해했을 것이다. 통계 도표의 역사는 1623년으로 거슬러 올라간다. 뉴턴이 태어나기 불과 몇십 년 전이다.[7] 지금이야 그런 방식에 대해 폭넓게 알고들 있지만, 과거에는 아주 소수만 배울 기회가 있었다. 이 방식이 점점 널리 퍼지면서, 새로운 발견을 하는 성과도 급속도로 나타나기 시작했다. 인류는 빠르게 사고하는 방식을 계속 바꾸어 왔다. 새로운 도표, 수학식, 물리학을 활용했다. 학문적으로 완전히 새로운 원칙을 세웠고 과학으로 오랫동안 믿어 온 것들을 갈아치우는 등 거의 모든 새로운 것들을 동원했다.

[그림 1]의 시간선은 '노수칠란트(Nosuchland)'라는 가상 국가의 인구를 나타낸다. 1950년 이 나라에 1억 명이 살고 있었다고 하자. 이후 매년 2%씩 인구가 증가했다. 1950년 당시 일본에 딱 그 정도의 인구가 살고 있었다. 인구증가율도 비슷했다. 첫해에 노수칠란트의 인구는 200만 명이 늘어 총 1억 200만 명이 됐다. 변화율로만 보면 적당한 숫자 같아 보이지만 총 인구수는 급격히 늘어난 셈이다. 35년이 지난 후에 인구는 거의 두 배가 되었다. 1985년 기준으로 이 가상의 국가에는 이제 2억 명이 살고 있다. 인구성장률은 여전히 2%이지만 한 해 400만 명이 증가했다. 다시 이로부터 21년이 흘러 2006년이 됐고, 인구는 처음의 세 배가 됐다. 총 인구수는 이제 3억 명인데 한 해 동안 무려 600만 명이 늘었다. 이 시간선은 절대적인 변화율에 따라 총 인구 규모가 어떻게 되는지를 단순화해서 보여 준다. 상대적인 변화율, 그러니까 숫자상의 퍼센티지는 계속 2%였다. 하지만 절대적인 변화, 즉 한 해 늘어나는 사람들의 숫자는 전체 인구가 2%씩 늘면서 덩달아 계속 커졌다. 시간선 아래 그린 진자의 모습은 변화의 속도를 보여 준다. 오른쪽으로 멀어질수록 빨라진다.

[그림 1]의 시간선에서는 일단 지속적으로 인구가 가속도로 증가하는 모습을 직선으로 그렸다. 각 연도는 직선 속의 원으로 표현했는데 시간이 지날수록 이 원은 점점 커져 간격이 벌어진다. 이 부분이 변화를 보여 주는 방식에서 이 책이 차별화한 포인트이다. 시간선 위에 이런 식

으로 그림을 그리면, 실제 인구수의 변화가 클 때 성장 속도도 빨랐던 정황을 표현할 수 있다. 이렇게 해서 어떤 변화가 일어났을 때의 속도도 알 수 있게 해 주는 것이다. 도표 밑 부분의 진자 추는 이해를 돕기 위해 장식으로 넣은 것이다. 이 책에서 쓰인 모든 도표에서 진자는 설정된 시간대의 맨 처음과 나중을 부각해 보여 준다. 이를 통해 두 시기의 변화율이 각각 얼마였는지, 또 두 지점의 변화율이 얼마나 달라졌는지를 알 수 있다.

1970년 이전만 해도 부유한 국가들 사이에서 [그림 1]에서 나타난 패턴을 실제 볼 수 있었다. 그러나 요즘은 이런 식으로 증가하는 모습을 점점 찾아보기 힘들게 됐다. 전쟁이 일어났거나 그에 준하는 천재지변이 있었던 곳에서나 겨우 발견할 수 있다. 너무 가난해서 당장은 나아질 기미가 전혀 없는 곳, 불평등이 심해지고 더 참혹하고 더 절박해지는, 모든 상황이 더 악화되기만 하는 그런 곳 말이다. 하지만 현실 세계에서 일본과 같은 나라는 연간 인구증가율이 1950년 2.0%에서 1958년 1.0%로 떨어졌다. 1973년 1.5%로 반짝 오르더니 1977년 다시 1.0%가 됐다. 1986년엔 0.5%가 되더니 2012년에는 처음으로 마이너스가 됐다.

요즘은 [그림 1]과 같은 성장 그래프를 보이는 나라는 거의 없다. 하지만 내가 태어났을 때만 해도(벌써 반세기 전이지만) 거의 모든 나라가 2% 정도의 성장률로 인구가 증가하는 곡선을 그리고 있었다(1%포인트 안팎의 차이는 있겠다). 나 역시 태어나면서부터 내 의지와 상관없이 집단적인 악몽에 한 발을 얹게 됐고, 그런 처지에 공포감을 느끼는 사람들 중 한 명이었다. 내가 태어난 해는 1968년이다. 당시 최신 정보와 지식을 접할 수 있던 사람들이라면 이런 시간선상의 가상 국가를 떠올릴 수밖에 없었다. 그러면서 불길한 미래도 함께 떠올렸다.

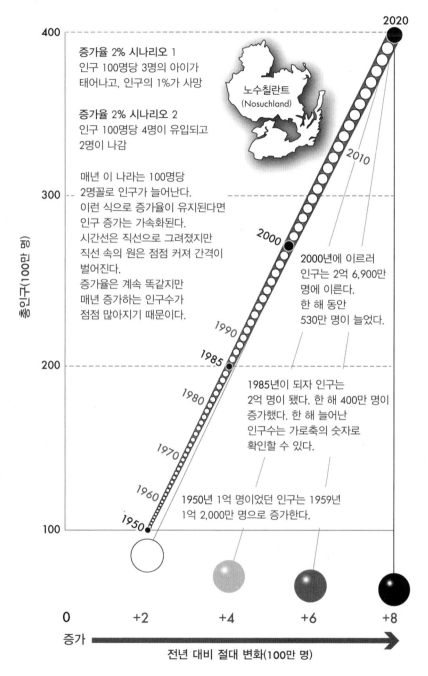

증가율 2% 시나리오 1
인구 100명당 3명의 아이가
태어나고, 인구의 1%가 사망

증가율 2% 시나리오 2
인구 100명당 4명이 유입되고
2명이 나감

매년 이 나라는 100명당
2명꼴로 인구가 늘어난다.
이런 식으로 증가율이 유지된다면
인구 증가는 가속화된다.
시간선은 직선으로 그려졌지만
직선 속의 원은 점점 커져 간격이
벌어진다.
증가율은 계속 똑같지만
매년 증가하는 인구수가
점점 많아지기 때문이다.

노수칠란트
(Nosuchland)

2020

2010

2000

1990

1985

1980

1970

1960

1950

2000년에 이르러
인구는 2억 6,900만
명에 이른다.
한 해 동안
530만 명이 늘었다.

1985년이 되자 인구는
2억 명이 됐다. 한 해 400만 명이
증가했다. 한 해 늘어난
인구수는 가로축의 숫자로
확인할 수 있다.

1950년 1억 명이었던 인구는 1959년
1억 2,000만 명으로 증가한다.

총인구(100만 명)

400

300

200

100

0   +2   +4   +6   +8

증가

전년 대비 절대 변화(100만 명)

그림 1. 가상 국가의 인구, 1950~2020년 (매년 2%씩 증가)
인구 증가가 단순히 가속화되는 경우에 대한 가상의 사례임.

1968년 시점에서 이 그림을 보았다면 1950년에서 1968년 사이의 그래프밖에 보지 못했을 것이다. 그러고선 그 이후 나머지를 상상했을 것이다. 한 해 뒤인 1969년 인류가 처음 달에 착륙했다. 그러자 사람들은 이제 곧 지구를 벗어날 수 있을 거라 기대했다. 정말로 우주인들이 그렇게 했으니 말이다. 자연스럽게 에를리히가 『인구 폭탄』에서 주장한 바를 따르던 이들은 지구 탈출을 이야기하기 시작했다. 선택받은 소수만 전 지구적인 기근에서 헤어날 수 있을 거란 기대였다. 그러나 50년이 지난 지금, 모든 상황이 바뀌었다.

바로 오늘 태어난 아기는 어쩌면 살아가는 동안 전 세계 인구가 줄어드는 것을 목도할 수 있을지도 모른다. 아무런 재앙이 없는데도 말이다. 오히려 대재앙이 닥쳐 수백만 명이 목숨을 잃게 된다면, 인구는 계속 줄기보다 오히려 그 이후 급증하는 결과를 가져올 것이다. 이제 우리는 미래의 모습에 대해 점점 더 확신을 할 수 있게 되었다. 우리가 이런 거대한 재앙을 피하기 위해 노력한다면, 인류 역사상 처음으로 우리 종의 개체수가 줄어들 거란 점이다. 우리는 이제 슬로다운의 시대에 접어들었다.

정상상태로 돌아가다

여러 면에서 슬로다운은 대가속 시대 이전의 정상상태로 우리를 돌려놓을 것이다. 일단 전 세계적으로 물가가 안정될 것이다. 안정된 미래에서는 인플레이션이 필요 없다. 아마도 우리 손자 손녀들은 예순 살이 되어서도 스물한 살에 처음 사 마셨던 가격으로 맥주를 구입하게 될 것이다. 그런 세상에선 단지 '투자'로는 큰돈을 벌기가 어렵다. 과거에 투자를 통해 이익을 본다는 것은 대부분 미래에 더 커질 인구를 대상으로 돈을 번다는 것을 의미했다. 예를 들어 앞으로 집값이 더 오를 거란 믿음으로 돈을 빌려 집 한 채를 지었다고 가정하자. 하지만 미래에 인구가 줄어든다면 집값은 결코 오를 수 없다. 내 예상이 빗나간 것이다. 이러면 나는 미래에 큰돈을 벌 수 없게 되지만 마찬가지로 누군가에게 바가지를 쓰는 사람들도 사라지게 된다.

인구 증가 속도가 느려지는 동안은, 그리고 그 이후에는 빈부 간의 격차가 크지 않게 된다. 점점 줄어드는 인구, 노령화되는 사람들을 대상으로 돈을 벌기란 더 어려운 일이 된다. 변화가 적어지면서 사람들은 더 지갑을 닫게 된다. '최신'이라든지 '신상'이라는 딱지를 붙인 제품을 정신없이 쏟아내면서 사람들의 눈을 현혹하는 것 역시 힘들어진다. 기술혁신 면에서 슬로다운이 진행된다는 것은 곧 참신한 제품들이 점점 사라진다는 사실을 의미한다.

판매기법이라는 것은 사회적, 경제적, 정치적, 인구학적으로 변화가 있을 때나 통하는 이야기다. 또 시장이 계속 커져야지만 가능하다. 슬로다운이 진행되는 동안, 특히 그 이후에는 딱히 성과를 내기 힘들다. 지금 많은 기술 기업들이 매일같이 광고를 쏟아내고 있는 것도 어쩌면 이런 이유에서다. 딱히 필요하지 않지만 필요하다고 느끼게 되는 제품들, 사실 삶의 질을 높이는 데 별 도움이 안 되는 제품을 파는 사람들은 점점 더 절박해지고 있다. 소비자들이 집단적으로 더 현명해지고 있기 때문이다.

이제 경기침체를 질병 같은 존재로 여겨서는 안 된다. 슬로다운은 학교나 직장, 병원, 공원, 대학, 왕실, 우리 가정까지 모두 침체된다는 걸 의미한다. 지난 여섯 세대를 거치면서 변화를 거듭해 왔지만 이제는 더 이상 그렇지 않을 거란 이야기다. 더 오래 쓸 수 있는 제품들이 나오면서 폐기물은 줄어들게 된다. 지금 걱정하고 있는 사회문제, 환경문제들은 장래에는 더 이상 골칫거리가 되지 않는다. 물론 지금은 상상할 수 없는 새로운 문제가 나올 수는 있다.

슬로다운 자체가 상당히 새로운 이슈이긴 하다. 슬로다운이 가져올 결과를 예측하는 것도 쉽지 않다. 슬로다운이 왔을 때 어땠는지 짐작해 볼 수 있는 과거 사례가 없기 때문이다. 이제 막 불과 몇몇 나라들이 슬로다운을 겪기 시작하고 있다. 따라서 이 나라들의 경험을 통해 뭔가 단서를 찾아야 한다. 지금 우리가 분명히 알 수 있는 건 슬로다운이 시작되었다는 점이다. 사실 시작된 지는 꽤 됐다. 슬로다운이 진행되고 있는 게 눈에 보일 정도가 될 즈음에는 엄청난 걱정거리가 돼 있을 수도 있다. 원래 인류는 항상 걱정을 해 왔고, 아마 앞으로도 계속 그럴 것이지만 말이다.

이런 비유를 들면 이해가 쉬울 것 같다. 300년 전의 사람들은 걱정거리가 참 많았다. 종교적으로 올바른 삶을 살지 않으면 지옥 불에 떨어질 거라는 공포도 느꼈다. 물론 지금도 많은 사람들이 그런 걱정을 하고 있지만, 예전만큼은 아니고 공포감의 정도도 낮아졌다. 당시에는 거의 모든 사람들이 그렇게 믿고 있었다. 아직 믿음이 없던 사람도 일단 리스크를 분산시키기 위해 착하게 살려고 했다. 서구 세계에선 새로 개발되는 도시마다 교회를 세웠고, 그렇게 지옥 불에 떨어질 위험을 줄여 나갔다. 그러는 동시에 교회를 짓는 사람들은 노예제에 기반해, 혹은 직접적이지는 않더라도 노예제로 인해 얻은 이익으로 경제를 꾸려 나갔다.

미국에서 노예제는 남북전쟁이 끝난 1865년이 돼서야 폐지됐다. 영국과 그 식민지에서는 1883년까지 지속됐고, 브라질은 1888년에 사라졌다. 그간 상당한 양의 경제적 이익이 유럽으로 흘러 들어갔기 때문에 굳이 노예제를 종식시킬 만한 이유는 없었다. 노예 주인뿐 아니라 노예들 역시 언젠가 노예제가 불법이 될 거라고 생각하기 어려웠을 것이다(물론 계약을 맺은 도제 노동자나, 이른바 현대판 노예가 여전히 존재하지만 말이다). 또 머지않아 교회나 성당들이 대부분 텅텅 비고, 상당수가 가정집이나 나이트클럽으로 바뀔 거라고는 상상조차 하기 힘들었다.

우리는 그동안 많은 변화를 겪었지만, 앞으로 얼마나 또 지금과는 다른 일이 벌어질지 예상하기란 쉽지 않다. 특히 변화의 속도가 늦어지면서 생길 변화를 짐작하기는 더 힘들다.

세대 간의 차이를 관찰할 때 공포감이 어떻게 변했는지 꿰뚫어 보는 게 중요하다. 지금은 그런 걱정을 하는 게 이성적으로 너무나 당연해 보이지만, 미래에는 전혀 걱정할 필요가 없게 되는 공포감도 있다. 기후변화가 그중 하나다. 기후변화가 실재하지 않거나 별로 심각하지 않아서 그렇다는 게 아니다. 오히려 지난 600년 동안 우리가 벌여 온 행위로 인해 이 시대에 어마어마한 변화를 가져왔기 때문에 그렇다. 아마도 미래에는 우리가 지금 그러는 것만큼 공기를 오염시키진 않을 것이다. 다만 그 미래가 언제 올지는 지금 알기 힘들다. 확실한 것은 그 미래가 늦어지면 늦어질수록 더 심각한 결과를 초래하게 된다는 점이다.

우리가 변해야 한다는 사실이 분명해지고, 또 그런 변화에 완전히 적응하는 데는 두 세대 정도, 50년 이상이 걸릴지 모른다. 그래도 그런 필요성을 느낄 때마다 우리 자신을 꾸준히 적응시키고, 행동을 변화시켜야 한다. 인류는 매우 인내심이 부족한 동물이다. 우리 스스로 얼마나 변할 수 있고, 또 얼마나 변해 왔는지를 인식하지 못한다. 변화는 늘 지지부진하게만 느껴진다. 그래서 쉽게 좌절하기도 한다. 하지만 우리가 새로운 환경에 빠르게 적응한다면, 슬로다운에도 분명 잘 적응할 수 있을 것이다.

인류는 앞으로도 항상 초조해할 것이다. 그게 우리 본성이다. 우리는 그동안 사냥꾼이기도 했지만, 사냥감으로서도 진화를 해 왔다. 인간의 시야는 상당히 넓은 편이다. 그래야 다가오는 다른 인간이나 동물을 감지해 잘 살아남을 수 있었기 때문이다. 200년 전만 해도 석탄을 태울 때 나오는 부산물, 즉 이산화탄소는 공기 중에 오래 머무르면서 잘 흡수도 안 되고, 어마어마한 피해를 준다는 사실을 전혀 알지 못했다. 아마 지금도 나중에 끔찍한 결과를 초래할 수 있는 무언가를 아무 생각 없이 저지르고 있을지 모른다. 우리도 결국 동물일 뿐이다. 한 저명한 사상가가 말했듯이, 인류가 과연 스스로를 먹여 살릴 수 있을지 의문이다.[8·9]

우리는 한때 '핵 겨울'이나 빙하기의 도래를 걱정한 적도 있었다. 몇 년 전 지난 한 세기 동안 우리를 공포에 떨게 했던 재난들의 목록을 작성해 보았다. 그중 내가 으뜸으로 꼽았던 것은 캘리포니아를 덮칠 거라고 예상됐던 '살인벌'의 침공이었다. 어릴 적 이 벌들의 이야기를 영화를 통해 접했다. 1974년 개봉한 에드워드 앨버트(Edward Albert)와 케이트 잭슨(Kate Jackson) 주연의 「살인벌(Killer Bees)」을 시작으로, 1978년 「벌떼(Swarm)」, 2011년에는 「1313: 거대 살인벌!(1313: Giant Killer Bees!)」[10]까지 잇달아 개봉했다. 하지만 지금 벌은 다른 어떤 종들보다 위기에 닥친 곤충이다. 요즘은 벌의 개체수가 너무 줄어서 농작물의 수분을 걱정해야 할 정도다.

슬로다운은 역사의 종말도, 구원의 시기가 도래한 것도 아니다. 대부분 사람들은 주택이나 교육 면에서 조금 더 안정을 누릴 것이다. 또

26

과거보다는 부담스러운 일을 덜 하게 될 것이다. 하지만 그렇다고 우리가 유토피아로 가고 있는 건 아니다. 안정화로 가고 있을 뿐이다. 안정화라는 것은 피츠버그나 스톡홀름, 교토, 헬싱키, 오타와, 오슬로처럼 좀 지루한 곳일 수 있다. 어떤 짜릿한 일이나 화려한 불빛을 기대했다면 더 그럴 것이다. 그러면서 필연적으로 우리는 새로운 두려움을 줄 무언가와 맞닥뜨리게 될 수 있다. 이런 공포는 대부분 우리를 무언가로부터 보호해 준다는 면에서 유용한 감정이다. 걱정이라는 것 자체가 우리 자신을 안전하게 지켜주는 기재다. 그런데 우리는 가끔 사서 걱정을 하기도 한다. 예를 들어 우리 아이들이 나무 위에서 떨어지진 않을까 하는 그런 걱정이다. 나무를 오르는 건 생각하는 것보다 훨씬 더 안전한 행동이다.[11] 우리가 하는 걱정들은 알게 모르게 과거의 위험에서 비롯된 경우가 많다. 내적으로 높이에 대한 공포심을 키워 왔기 때문에 나무 오르기를 걱정하는 것이다. 그러면서도 빠르게 달리는 쇳덩어리에 대해서는 그다지 걱정을 하지 않는다. 자동차가 발명되기 전까지는 그런 것들이 우리를 위협한다고 생각하지 못했기 때문이다.

2222년쯤 우리 후손들은 무엇을 걱정하고 있을지 상상해 보자. 수십 년째 전 세계 인구는 줄고 있고 경제적 평등지수는 높아져 있을 것이다. 지구는 온난화를 멈추고 오히려 점점 식기 시작하면서 빙하기 사이의 잠시 따뜻한 시기도 사라질지 모른다. 해수면은 지금보다 상당히 높더라도 훨씬 안정적일 것이다. 우리는 더 안전하면서도 공해를 일으키지 않는 동력원을 쓰게 될 것이다. 인공지능(AI)도 쓸모 있는 역할을 하게 된다. 여전히 매우 인공적이고 그다지 똑똑하진 않은 상태이겠지만. 이런 미래에는 모두에게 먹을 것이 잘 공급되겠지만 뚱뚱한 사람은 거의 없을 것이다. 그렇다면 도대체 무슨 걱정거리가 있을까 싶지만, 분명 또 무엇이든 엄청난 걱정에 사로잡힐 것이다. 인간이란 창의적으로 걱정거리를 만들어 내는 존재다. 늘 유토피아를 찾으면서도 재난을 걱정한다.[12]

이제 슬로다운은 우리 눈앞에 있다. 그리고 이를 감사해야 한다. 그렇지 않고 인구가 계속 증가하기만 한다면, 그래서 사회가 경제적으로 더 양극화되고 일인당 소비량이 더 커진다면 우리에게는 재앙이 될 수밖에 없다. 우리는 자본주의가 언젠가 끝날 거라는 생각을 하지 못할 만큼, 지금의 경제 시스템에 익숙해져 있다. 그러나 인구가 증가를 멈추지 않고, 물질적인 경제성장도 멈추지 않는다면 자본주의는 변화가 불가피하다. 무언가 훨씬 더 안정적이고 합리적인 시스템이 필요하다. 미래 세계에서 사람들이 지금보다 더 행복할지, 아니면 그 반대일지는 알 수 없다. 다만 더 많이 소유하거나 더 짜릿한 경험을 하는 데에서 더 이상 행복을 찾기는 힘들게 될 것이다. 우리가 모든 걸 알 수는 없다. 하지만 최소한 슬로다운이 우리 앞에 놓여 있다는 사실, 그리고 지금 깜짝 놀랄 만한 분야에서 슬로다운이 발견되고 있다는 사실은 알고 있어야 한다.

우리가 알 수 없는 미래로 내동댕이쳐지는 일은 앞으로 별로 없을 거 같다. 다만 우리는 지금 롤러코스터 같은 과거의 짙은 안개 속에서 막 빠져나온 상태다. 속도를 줄이면서 구름과 점점 멀어지기 시작했다. 이제 좋은 시절이 올 것이다. 그렇다고 풍요로운 시절인 건 아니다. 인구가 증가하거나 새로운 발명이 쏟아지거나 총체적인 부의 양이 기하급수적으로 늘어나는 일은 없을 것이다. 오히려 인구는 조만간 성장을 멈추게 된다. 지난 몇 세대 동안 우리는 엄청난 진보를 거듭했지만 동시에 엄청난 고난도 겪었다. 최악의 전쟁들을 거치면서 엄청난 사상자를 냈고 대량학살을 자행하는 등 인류가 할 수 있는 가장 비열한 일들을 겪었다.

미래에는 새로운 발견이나 신기한 장비도 줄고, 대단한 위인들도 점점 사라질 것이다. 아마도 이런 사실을 받아들이는 데 시간이 좀 필요할지 모른다. 그렇다고 과연 이것이 꼭 삼키기 힘든 쓴 약일까? 우리는 동시에 폭군이 사라지고, 파괴나 극심한 가난이 줄어든 세계를 보게 될 것이다. 그러면서 20세기 경제학자들이 그랬던 것처럼, 대가속 시대의 정점에서 환호하며 '창조적 파괴'를 찬양하는 일은 다시는 없을 것이다. 망할 만한 회사들은 결국 망하기 때문에 기업이 파산하면서 모든 게 결국 좋아진다는 건 정말 괴상한 논리다. 이런 허무주의적인 레토릭은 자신들만의 이상한(그러나 당대에는 주류이론이었던) 기업 진화의 적자생존 이론에 따르면 논리적으로 보일 수도 있겠다.

우리는 지금도 과학자들이 예전과 같은 빠른 속도로 위대한 발견을 이어가고 있다고 배우고 있다. 이 때문에 슬로다운이 시작됐다는 우울한 징조를 보고도 처음엔 선뜻 받아들이기 힘들어한다. 그러나 진보는 상대적인 것이다. 그리고 슬로다운을 가져오는 가장 확실한 힘은 바로 진보 그 자체다. 여성해방 운동이 그랬던 것처럼 말이다. 안정을 향한 진보는 남성들이 전적으로 이끌어 온 어떤 업적이 아니다. 그들만의 대단한 발명에 의해 성취된 것도 아니다. 여성들이 직장이나 선거에서, 작게는 가족 구성을 결정하는 일에서 하나둘 성취해 나가며 스스로 선택을 내려 이룬 것이다.

하강

슬로다운은 어떤 모습으로 구현될까? 1950년 현재 인구가 1억이고 연간 인구증가율은 2%인 가상 국가 '노수칠란트'로 다시 돌아가 보자. [그림 1]에서 본 것과 시작점은 정확히 일치한다. 인구수도 같고 증가율도 똑같이 2%다. 그런데 증가율이 0.1%포인트씩 준다고 가정해 보자. 이듬해 연간 인구증가율은 1.9%가 된다. 20년째 되는 해(1970년)의 증가율은 0%다.

1952년 이 가상의 국가에는 1억 200만 명에서 1.019를 곱한 숫자만큼 살게 된다. 1973년이 되면 인구수는 1억 2,300만 명에 0.997을 곱한 숫자가 된다. [그림 1]에서 본 직선 대신 이제 커브를 그리게 되는 것이다. 이 가상의 국가 인구는 1970년 1억 2,300만 명에서 정점을 찍는다. 그리고 1991년에 이르면 1억 명까지 떨어진다. 2015년에는 급기야 4,500만 명이 된다. 앞으로 이 책에서는 거의 대부분 폭발적으로 성장하는 직선보다는 이처럼 한 방향 혹은 다른 방향으로 떨어지는 곡선들을 보게 될 것이다. 모두 슬로다운 때문이다. [그림 2]를 보면 슬로다운이 가장 극적으로 일어났을 때 어떤 모습일지를 알 수 있다.

시간선에서 동그라미들은 해당 연도를 나타낸다(각각의 원은 그 해의 딱 중간에 위치한다). 1970년까지 이 동그라미들은 서로 멀어지지 않고 계속 간격을 유지하며 그려진다. 이전 연도와 다음 연도와 비교해 거의 비슷하게 변하는 것처럼 보인다. 하지만 증가율 자체는 조금씩 변하고 있다. 1970년 이후 동그라미들은 서로 급격히 가까워진다. 이 가상의 시나리오가 제시한 공식에 따라 인구가 0을 향해 가고 있지만 실제 0에는 이르지 않는 상황을 떠올리면 어떤 그림인지 쉽게 그려질 것이다. 1970년

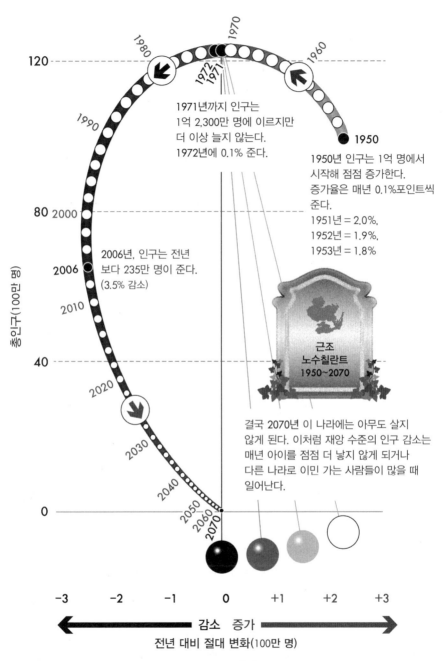

1971년까지 인구는
1억 2,300만 명에 이르지만
더 이상 늘지 않는다.
1972년에 0.1% 준다.

1950년 인구는 1억 명에서
시작해 점점 증가한다.
증가율은 매년 0.1%포인트씩
준다.
1951년 = 2.0%,
1952년 = 1.9%,
1953년 = 1.8%

2006년, 인구는 전년
보다 235만 명이 준다.
(3.5% 감소)

근조
노수칠란트
1950~2070

결국 2070년 이 나라에는 아무도 살지
않게 된다. 이처럼 재앙 수준의 인구 감소는
매년 아이를 점점 더 낳지 않게 되거나
다른 나라로 이민 가는 사람들이 많을 때
일어난다.

총인구(100만 명)

감소   증가
전년 대비 절대 변화(100만 명)

그림 2. 가상 국가의 인구, 1950~2070년 (초반 증가 이후 감소)
인구 증가 속도가 점점 줄어드는 경우에 대한 가상의 사례임.

이 지나면서 이 가상의 국가는 인구가 줄어들면서 동그라미도 점점 작아지기 시작한다.

[그림 2]의 시간선은 이 책에서 처음 보여 준 시간선과는 반대의 모습이다. [그림 1]은 인구가 계속 속도를 내 증가하는 상황을 그렸다. 반면 [그림 2]는 점차 사람들이 모두 죽어 사라지는 상황이다. 슬로다운이 아니라 멸종인 셈이다. 2021년 가상의 영국에서 어떤 일이 벌어질지를 그린 『사람의 아이들(The Children of Men)』 역시 이런 상황을 배경으로 한다(1992년 작으로 2006년에 영화화되기도 했다).[13]

[그림 2]에 따르면 인구는 거의 멸종으로 치닫는다. 해마다 태어나는 아이들은 점점 줄고 결국에는 한 명도 남지 않게 된다. 사람들은 계속 죽지만 이를 대체할 만큼 태어나지는 않는다. 이민자로도 채울 수가 없다. 한 마디로 사람들이 충분치 않은 것이다. 이 그림은 이런 치명적인 감소가 어떻게 진행되는지 보여 준다. 인구수와 그 증가율이 동시에 줄어들 경우 추세는 더 분명해진다. 평균적으로 계속 각각 두 명 이하의 자녀를 낳는다면 이런 결과를 보게 될 것이다. 또 이 가상의 국가로 매년 유입되는 인구보다 떠나는 사람들이 더 많다면 출산율과 상관없이 같은 결과가 이어진다. 이와 비슷한 사례가 이전의 역사에도 있었다. 그때는 수백만이 아니라 수천 명 정도의 규모였지만 말이다. 사람들이 고대 도시를 떠나 실크로드를 따라 룰란(Loulan)이나 니야(Niya), 오타르(Otar), 스바시(Subashi)같은 곳으로 이주한 적이 있다.

아마도 위의 지명을 거의 들어 보지 못했을 것이다. 이들이 속해 있던 도시국가에 대해서도 알지 못할 것이다. 모두 버려지고 폐허가 됐기 때문이다. 최근에서야 고고학적으로 관심을 끌면서 다시 저 이름들이 언급되고 있다. 아직도 대부분은 발굴이 되지 않은 상태도 있다. 오늘날

슬로다운

또 다른 실크로드를 개척하는 과정에서 또 다른 새로운 것들이 발견될지도 모른다. 하지만 그렇다고 교통량이 더 많아지거나 교역량이 늘지는 않을 것이다. 갈수록 소비자는 줄고, 특히 순진한 소비자들은 더 빠르게 사라질 것이기 때문이다. 모든 것이 점차 슬로다운에 접어든다. 진자의 추는 [그림 2]에서처럼 점점 0을 향해 가고 있다.

종말의 시작

최근 몇 년 동안, 어떤 곳에선 몇십 년 동안 사람들이 평균적으로 두 명 이하의 자녀를 낳았다. 지구상 대부분 지역에서 이랬다. 이런 점을 고려할 때 사람들이 인구 감소에서 대해 걱정하지 않는다는 게 더 이상한 일이다. 많은 이들이 자녀를 둘만 낳거나, 하나, 아예 낳지 않는 경우도 있다. 셋 이상을 낳는 경우는 아주 드물다. 이렇게 되면 평균적으로 출산율은 너무 쉽게 두 명 이하가 된다. 우리는 가끔 이처럼 아주 간단한 산수를 이해하기 어려워한다. 우리가 현실에서 공포감을 느끼게 되는 데 시간이 걸리는 것도 이런 이유에서다. 예전에 품고 있던 공포를 새 것으로 바꾸는 데도 시간이 걸린다. 우리는 간혹 과거의 괴물들을 두려워하곤 한다. 우리 아버지 세대에선 충분히 두려움의 대상이었지만, 이제는 더 이상 위협이 되지 않는데도 말이다.

머지않아 가장 가난한 나라에서도 사람들은 더 이상 굶주리지 않게 될 것이다. 비틀거리며 성장하는 일도 없을 것이다. 가난한 지역일수록 가능한 한 많은 아이들을 낳으려고 한다. 영아사망률이 높기 때문이다. 많이 낳아 둬야 적어도 몇 명은 살아남을 수 있다. 피임기구가 부족한 탓도 있겠지만, 아무튼 이제 지구에서 그런 곳은 점점 줄고 있다. 전체적으로 볼 때 머지않아 식량이 부족할까 걱정하는 일은 없을 것이다. 오히려 어떤 것을 먹는 게 좋을까를 걱정하면서, 육류 섭취량도 지금보다 훨씬 줄어들 것이다.

우리 후손들은 지금 우리가 살았던 모습에 대해 이야기하며, 왜 변화를 눈치 채지 못했을까 궁금해할지도 모른다. 변명을 하자면, 속도를 높이고 있던 기차의 일화를 다시금 들먹일 수밖에 없다. 갑자기 제동이 걸리면 오히려 몸이 앞으로 던져지는 듯한 느낌을 받게 된다. 속도가 줄었다는 사실은 뒤를 돌아봐야만 깨달을 수 있다. 이 책은 바로 그렇게 뒤를 돌아보는 이야기다.

제 2 장

슬로다운
거의 모든 것에서 시작되다

그리스 경제는 지금 슬로다운 상태에 있다.
적어도 (2019년) 7월까지는 그럴 것이다. 2009~2017년 사이 기준으로
연간 국내총생산(GDP)의 25%를 까먹을 것이다.
– OECD, 2019년 1월 25일

그리스 키오스섬의 오래된 마을에 한 젊은이가 있었다. 또래에 비해 상당히 점잖아 보이는 인물이다. 그는 조부, 증조부, 어쩌면 헤아릴 수 없을 만큼 윗세대부터 정착해 살아오던 아테네를 떠나 이곳으로 왔다. 아테네는 너무 덥고, 붐비고, 바쁘고, 정신없는 곳이었다. 바실리스와 그의 부인 룰라는 2006년 여전히 커지고 있던 그리스의 수도를 떠났다. 당시 그곳엔 아무런 위기의 조짐이 보이지 않았다. 그렇지만 결국 경제 위기가 도시를 집어삼켰고, 예전과 달리 느리게 삶이 진행되는 곳으로 변했다.

여러 잡지에서 바실리스와 룰라 가족에 대한 이야기를 다루었다. 그 당시만 해도 그렇게 이주하는 경우가 흔치 않았기 때문이다. 왜 젊은 부부가 주요 활동이라고는 고작 매스틱나무(옻나무과에 속하는 상록관목-옮

긴이) 수확을 (천천히) 기다리는 것뿐인 곳으로 이사를 갔을까, 왜 슬로다운하는 삶을 원했을까 궁금해했다. 그들의 친구이자 매스틱나무 가공공장의 매니저인 일리아스 슈미르니우디스는 "바실리스가 이런 일을 좋아하고, 특히 매일 바다에 가서 수영할 수 있다는 사실에 만족했다"라고 설명했다.[1] 일리아스는 분자생물학 분야의 박사학위를 가지고 있다. 그래서 어쩌면 스위스 알프스의 어떤 제약회사 연구소에서 일하고 있었을지도 모른다. 하지만 그 역시 바실리스나 룰라처럼 더 느리고 덜 상처받는 삶을 택했고, 매스틱나무에 매료된 이들 중 하나가 되었다.

매스틱나무 아래에서

전 세계적으로 상업적으로 쓰이는 매스틱나무의 대부분이 키오스섬에서 자란다. 에게해상에 있는 이 섬은 터키 해안과 불과 몇 마일 떨어져 있다. 요즘 지중해식 생활방식이라고 하면 조용하고 느리게 사는 삶을 떠올린다. 더 오래, 더 건강한 삶을 살게 해 주는 식생활도 포함된다. 그런데 사실 지중해식 삶이라고 해서 그렇게 느린 것만은 아니었다. 다른 유럽 지역, 특히 북유럽 국가들의 삶이 최근 몇 세기 동안 이례적으로 빨라진 탓에 상대적으로 그렇게 보인 면도 있다.

전설에 따르면 호메로스는 키오스섬에서 태어났다. 어쩌면 호메로스는 한 명의 개인이라기보다 이야기 속에서 만들어진 인물일지 모른다. 많은 학자들이 일리아드와 오디세이는 한 사람의 작품이라기보다여러 세대 동안 이야기꾼들과 시인들이 함께 만들어 낸 작품이라고 믿는다. 고대 키오스섬에는 12만 6,000명 정도가 살았던 것으로 추산된다. 현재 인구인 5만 2,000명 보다 훨씬 많았다.[2] 우리는 인구 증가, 폭증 이런 것에 워낙 익숙해져 있다 보니 성장이란 게 꼭 피할 수 없는 게 아니란 점을 종종 잊곤 한다. 앞으로는 과거와 비교했을 때 인구가 줄어 있는 곳이 지구 곳곳에서 하나둘 등장할 것이다. 사실상 가속이 아닌 감속이 진행되는 것이다. 이는 피할 수 없는 현상이다. 키오스섬은 단지 이런 감속 현상이 초기에 일어난 곳 중 하나일 뿐이다. 스코틀랜드의 고지대 역시 이와 비슷한 사례다. 아일랜드나 1장에 언급한 실크로드 주변의 도시들, 북미나 호주의 황금광시대에 세워졌던 유령도시들도 마찬가지다.

키오스섬은 세계의 교차로 같은 곳이다. 세 개의 대륙이 만나는 지점이면서 초창기부터 무역이 활발했던 중요한 해상 교역로상에 위치해 있다. 그래서 반복적으로 침략을 당하고 또 점령됐다. 하지만 인구가 이처럼 뚝 떨어진 건 최근 들어서다. 도시화가 진행되고, 특히 아테네가 급속도로 팽창하면서 젊은이들은 더 밝은 미래와 기회를 찾아 본토로 떠났다. 대가속의 시대에 던져진 것이다.

슬로다운은 조금씩 물이 새듯 시작됐다. 아테네에서 "룰라와 바실리스는 대형 IT 기업에서 일하는 전형적인 일벌레들이었다."[3] 한가한 외국으로 휴가를 떠나 봐도 오히려 슬로다운하는 삶에 대한 갈망만 더 커질 뿐이었다. 결국 이 부부는 붐비는 수도를 떠나 키오스섬으로 이주했다. 바실리스의 할아버지, 할머니가 살던 곳이었다. 이곳에서 매스틱나무와 올리브나무를 키우기 시작했다. 그리고 2007년 자연 생태관광 회사인 매스티컬처(Masticulture)를 세웠다. 채 10년도 안 돼 론리플래닛 가이드에서는 이곳을 사회적 책임을 다할 수 있는 최고의 녹색 휴양 관광지 10곳 중 한 곳으로 꼽았다. 매스티컬처의 홍보물에는 "현지 주민들을 만나 보세요. 현지 농산물과 수산물을 즐기세요. 작물이 어떻게 자라는 지 관찰하고 해변에서 카약도 즐기세요"라는 내용이 적혀 있다. 만약 한 줄 더 추가한다면 이 말을 적을 수 있을 것이다. "앞으로 미래가 어떨지 도 엿볼 수 있습니다." 어쩌면 이런 모습이 과거의 삶과 달라 보이지 않 을 수 있다. 편안함의 정도가 훨씬 더 높아졌다는 점만 빼면 말이다. 아 마도 이 섬의 위치 조건을 감안할 때 언젠가 다시 12만 6,000명의 인구 가 거주하게 되는 날이 오진 않을까?

사람들은 지루함에서 탈출하고자 한다. 생태관광 역시 그런 탈출이 될 수 있는데, 여행을 더욱 생태적으로 만들기 위해서는 멀리 해외로 이 동하기보다는 가까운 장소를 택하게 될 것이다. 이 세계에 대해 더 잘 이해하도록 돕는 여행, 사람들이 슬로다운을 하게 되면서 계속 택하게 되는 방식이다. 바라기는 여행 자체도 더 천천히 시작하고 여행지에서 도 서두르지 않을 것이다. 만약 앞으로 매스틱나무에 대해 알기 위해 키 오스섬으로 여행을 한다면, 그곳은 그다지 할일이 많지 않은 곳이므로 몇 시간 더 빨리 그곳에 닿기 위해 서두를 필요도 없을 것이다.

매스틱나무는 수령이 30년이 됐을 때 가장 생산량이 좋다. 7월이 되 면 나무 아래를 깨끗이 치운 뒤 탄산칼슘으로 그 위를 한 겹 뿌려 준다. 그런 다음 나무껍질을 긁어 매스틱나무의 수지가 흘러나오게 한다. 나 무 스스로 상처를 치료하기 위해 진액을 내는 것이다. 땅으로 떨어진 진 액은 물방울 모양으로 뭉친다. 대부분 자잘하지만 어쩔 때는 작은 벽돌 크기인 것도 있다. 일주일 정도 놔둬 딱딱하게 굳힌다. 그리고 나서 줍 기 시작하는데 이후 닦아내는 과정이 좀 고되다. 최종 생산물은 음료부 터 자연 치료제에까지 다양하게 쓰인다. 껌이나 치약에도 들어간다.

일단 당신의 삶이 시간과 장소 면에서 안정화되기 시작하면, 일상의 삶은 어제와 크게 다르지 않게 된다. 하루가 멀다 하고 이어지던 범죄 뉴스도 더 이상 보기 힘들게 된다. 공포감과 불확실성이 끊이지 않았지만, 이제는 삶이 너무 정적이라는 불평을 하게 될 것이다. 과거에는 이런 시골 생활의 지루함 때문에 점점 커지는 도시에 더 끌렸던 면도 있다. 또 키오스섬뿐 아니라 전 세계적으로도 이런 시골 마을에서 평화롭게 사는 게 불가능한 적도 있었다. 침략자들이 쳐들어 와 파괴를 일삼았기 때문이다. 게다가 침략자들이 말 잘 듣는 끄나풀들에게 땅을 나눠 주면서 마을에는 울타리가 쳐지기 시작했다. 천천히 그러나 확실히 마을은 죽어 갔다. 반면 본토의 도시들은 몸집을 키웠다. 하지만 그건 모두 지나간 일이다.

안정화가 꼭 항상 그 자리에 정체해 있는 것을 의미하지는 않는다. 인구라는 건 각 세대에 따라 완만하게 오르락내리락 하기 마련이다. 그러다가 정점을 지나서는 한동안 점점 줄어들면서 서서히 사이즈의 변화를 보이게 된다. 베이비붐 세대의 경우 그 영향이 한 세기 넘게 지속될 것이다. 다른 요소들의 영향이 다 가라앉은 후에도. 이런 시나리오하에서 변화의 중요한 동력이 되는 것은 사망률이나 출생률이 아닌, 이민자 유입량이 될 수밖에 없다. 그런데 거의 모든 상황이 안정화에 접어들면 이민자조차도 줄 것이다. 최근 일어나는 이민의 상당수는 왜 하는지 이유도 모른 채 이루어진다. 한때는 도시에서 성공하기가 아주 쉬웠지만 이젠 더 이상 그렇지 않다는 사실을 사람들은 모른다. 시대가 변했지만 세태는 좀 더 천천히 변한다. 재난이나 전쟁, 기근, 전염병, 그 밖의 엄청난 불안정 등으로 인해 대규모 이민이 발생하기도 한다. 그러나 슬로다운이 진행되면서 이런 이민조차 둔화될 수밖에 없다. 누가 굳이 몇 안 되는 자신의 아이들을 지구 반대편으로 데려가고 싶어 하겠나?

물론 사람들은 미래에도 여기저기 옮겨다니기를 계속할 것이다. 덜 바쁘면서도 더 논리적인 세상에서는 그렇게 돌아다닐 시간이 더 많아질 수밖에 없다. 그렇다고 일을 좇아가진 않을 것이다. 비생산적으로도 충분히 살 수 있는 장소를 벗어나지 않을 것이다. 이미 많은 이들이 여러 차례 언급했듯이, 진정한 가치가 없는 것을 만들어 내느라 그렇게 많은 시간을 쏟을 필요가 없기 때문이다. 우리에겐 더 많은 여가 시간이 주어질 것이다. 그 시간들은 지속가능한 일을 하는 데 쓰여야 한다. 생태관광이 인기를 끄는 것도 이런 이유에서다. 미래에는 생태관광이 모든 관광산업의 주류가 될지도 모른다. 마치 대부분의 나라에서 이젠 칠을 할 때 무연 페인트를 사용하는 것과 같은 이치다.

이렇게 인구가 안정화되면 어떤 일이 벌어질 것인가? 통상 사용했던 그래프로 그려 보면 용수철이나 진자가 점점 진동 폭을 줄여 가는 듯한 모습으로 나타난다. 이 책에서는 점진적으로 안정화에 접어드는 상황을 곡선으로 구현했는데, 안쪽으로 파고드는 소용돌이 같은 모습이다.[4] 다음 페이지에 나오는 사례를 가지고 이러한 진동의 진폭을 계산해 보니 31.4년이었다. 이는 현재 유럽에서 사람들이 부모가 되는 평균연령이다. 미국에서는 샌프란시스코 같은 일부 지역에서만 그렇다. 도쿄는 처음 부모가 되는 평균 연령이 이미 31.4세를 넘었다.[5] 이런 양상은 자식 세대는 부모 세대보다 더 많거나 적게 아이를 낳지만, 손자 손녀는 조부모 세대와 거의 비슷한 수의 자녀를 낳을 때 나타난다.

안정화

1950년 현재 인구가 9,900만 명인 나라에서 다시 시작해 보자. 인구수는 아주 천천히 변하면서 상당히 안정적인 상태이다. 처음에는 사람들이 더 오래 살게 되면서 아주 소폭의 인구 상승이 있었다. 이런 수명 연장의 영향으로 인구수는 9,930만 명을 넘게 됐다. 그러나 아이들은 더 적게 태어났다. 노년층이 사망하면서 1970년대 인구수는 떨어졌다. 그리고 1980년 이런 감소 추세는 더 빨라진다. 그런데 (아마도 정부의 출산장려정책 때문에) 출생률이 소폭 오르기도 한다. 여기에 인구학적으로 과거 세대의 반향도 반영됐다. 그러니까 당시보다 80년 전에는 사람들이 덜 태어났기 때문에 노인이 되는 숫자도 적고, 그래서 사망률도 낮아지는 것이다.

[그림 3]에서는 1980년 인구가 9,898만 명까지 떨어진다. 그런데 그 감소하는 속도 역시 인구의 한 해 순감소가 3만 2,000명이 될 때까지 줄어든다. 사망자 수가 출생자 수보다 많지만, 유입되는 이민자 수는 조금 늘기 때문이다. 이런 이유로 2000년에 이를 즈음 인구가 다시 늘기 시작해 한해 순증가가 1만 4,000명이 된다. 2010년에는 전체 인구수가 거의 9,900만 명까지 회복된다. 이 가상의 나라에서 가상의 정치인들이 그렇지 않아도 점점 줄어가는 이익을 자신의 측근들이 계속 빼가고 있다는 걸 눈치 채지 못하도록 대중들의 비위만 맞추고 있다는 건 끔찍한 일이다.

이런 변화를 사소한 거라고 여길지도 모르겠다. 지금 전 세계에서 인구와 관련한 많은 토론이 벌어지고 있지만, 어떤 것도 어느 정도 규모의 숫자가 될 것인지 알지 못한다.

[그림 3]의 가상의 시간대 위에 그린 사이클은 계속 반복된다. 다만 매번 한 단계씩 낮아진다. 이 사이클이 반복되는 이유는 1880년 언저리에 엄청나게 많은 아이들이 태어났고, 이들이 80대가 되던 1960년대나 90대가 된 1970년대에 대부분 죽었기 때문이다. 이들 노년층은 자신들보다 더 적은 아이들을 낳았다. 하지만 이들의 손자 손녀, 즉 1950년 언저리에 태어난 이들은 아주 조금 더 수적으로 많았다. 또 이들이 20대 후반이나 30대에 아이를 낳으면서 인구가 줄어드는 속도는 주춤하게 됐다. 그리고 이들의 증손자들 역시 인구 증가에 기여했다. 이민자들은 이 과정에서 균형을 맞춰 주었다. 만약 20, 30년 전에 아이들이 적게 태어났다면 지금 더 많은 이민자들을 받아들이게 되는 것이다. 출산율이 높은 집단에서 태어났을수록 태어난 곳을 떠나는 경우가 많다. 고향에서는 그만큼 기회가 많지 않기 때문이다.

이 가상의 나라에서는 한 가정에 태어나는 아이들의 평균 숫자가 세대에 따라 미묘하게 늘기도 하고 줄기도 한다. 다음 세대 때 이 나라를 떠나는 사람보다 유입되는 이민자 수가 더 많은 것은 일정 부분 이 가상의 나라가 부유한 곳이기 때문이다. 또 조금 전에 언급한 것처럼 사람들이 아이를 적게 낳아 그렇게 된 것일 수도 있다. 결과적으로 이민자들은 출산율이 낮았던 시기에 나라 밖에서 태어난 아이들인 셈이다. 시간이 지남에 따라 이런 연간, 또 세대 간 변동 폭이 줄면서 인구수도 매해 평균 1만 명 안쪽으로 오르락내리락한다. 총인구의 0.01% 수준이다. 현재로서는 이런 안정화된 모습이 드러나지 않지만 미래에는 분명히 보일 가능성이 있다. 그러나 이런 완벽한 나선형을 보이려면 매해 아주 정확한 숫자를 설정해 통제하는, 이를테면 어떤 과대망상적인 이민 통제가 있어야 할 것이다. 바라건대 아마도 그런 일이 벌어져서는 안 될 것이

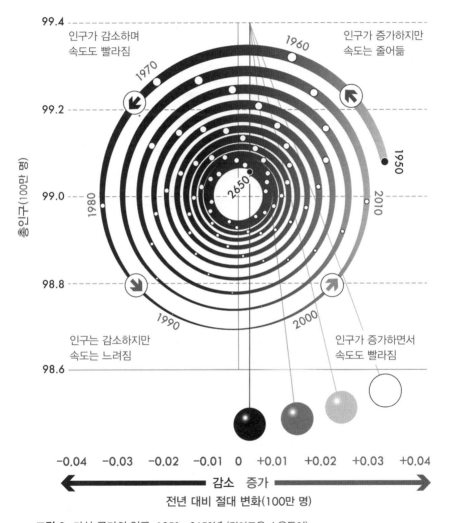

그림 3. 가상 국가의 인구, 1950~2650년 (경이로운 소용돌이)

인구가 증가하는 속도와 감소하는 속도 모두 시간을 두고 점점 느려질 때 어떻게 되는지를 보여 주는 가상의 사례임.

다. 수만 명 규모의 이민자들을 통제하겠다고 나서거나, 어떤 장벽을 쌓아 이민을 막을 수 있다고 생각하는 멍청이는 없을 것이니 말이다.[6]

여기에 그린 나선형 연대표는 노틸러스라고 불리는 연체동물 껍질을 닮았다. 나선형 은하의 패턴과도 비슷하다.[7] 송골매 역시 이런 나선형으로 날아오르고 먹잇감을 잡을 때도 이런 방식으로 하강한다고 알려져 있다. 가장 효율적인 비행경로인 것이다.[8] 가장 잘 통제된 슬로다운 역시 이런 모습일 것으로 추정된다. 그러나 우리기 지금 겪고 있는 슬로다운은 누구도 통제하기는 힘들다. 그래서 우리가 가치고 있는 데이터로는 이처럼 깔끔한 모습의 곡선을 어렴풋이라도 보기 힘든 것이다. 여기서는 안정된 상태로 나아가는 과정에서의 완벽하게 안정된 추세를 보여 주고자 했다. 하지만 그중 어느 시점에서는 그와는 영 거리가 멀어 보일 수도 있다. 슬로다운을 발견하는 게 왜 어려운지 보여 주는 대목이다.

시만토의 논

치카는 일본 오사카의 한 가게 매니저였다. 남편 다케시는 운전수였다. 30대 후반인 부부는 그동안 별 문제를 느끼지 못하며 살아왔다. 그런데 아주 조용한 휴양지, 호주의 태즈메이니아(Tasmania)를 다녀온 뒤로는 앞으로 슬로다운한 삶을 살기로 결정한다. 무언가가 매우 다르다는 것을 그곳에서 깨달았던 것이다. 그리고 지금까지 살아온 삶이 그들이 원하던 게 아니라는 점도 깨달았다. 모든 게 빠르기만 한 오사카의 삶이 그들에게 어울리지 않았다. 오사카는 다른 일본의 도시들과 마찬가지로 안전한 곳이다. 오사카에서 가장 가난하다고 하는 지역을 대낮에 가 본 적이 있다. 당시 나를 일본에 초청했던 분은 굳이 가이드를 데려갈 필요가 없다고 일러 주었다. 실제로 안전했다. 물론 모든 사람이 상당히 바쁘고 시끄럽고 정신없는 곳이긴 했다. 치카와 다케시는 그래서 좀 더 천천히 사는 곳을 원했던 것이다.

　오사카는 일본에서 두 번째로 큰 도시다. 거의 2,000만 명 정도가 대도시 권역에 살고 있다. 치카와 다케시의 이야기를 소개한 『이코노미스트(Economist)』지에 따르면 일본에서 가장 활기를 띠는 도시 중 한 곳이기도 하다.[9] 2017년 5월, 부부는 두 명의 아이들을 데리고 시만토로 이사를 간다. 일본의 네 개의 섬 중에서도 가장 작은 섬에 있는 도시다. 그들은 해변을 끼고 있는 남쪽 지역에 정착했다. 농사를 지으며 생계를 꾸릴 생각이었다. 치카는 "위험한 선택이지만 우리는 행복하다"라고 말했다.

　2010년 인구가 1,130만 명으로 정점을 찍은 그리스처럼, 일본 역시 2011년 1억 2,800만 명까지 올랐다가 지금은 점점 줄고 있는 상황이다. 특히 지방은 어느 때보다 가장 빠른 속도로 인구가 줄었다. 그러다 보니 (일본인 기준으로 볼 때) 젊은 부부가 아이들을 데리고 시만토로 왔다는 것은 뉴스거리가 됐다. 치카와 다케시는 클라인가르텐(Kleingarten) 커뮤니티에 정착했다. 협동농장 옆에 지어진 기본형 주택 22채가 있는 곳이다. 시만토시가 속한 고치현은 1955년에 인구가 정점을 찍었다. 그러다 2015년에는 거의 5분의 1로 떨어져 지금은 72만 8,000명이 살고 있다.

　치카와 다케시가 유독 특이한 이들인 건 아니다. 2015년 시만토에는 일본 내 다른 지역에서 45명이 이주해 왔다. 2016년에는 73명이 되더니 2017년에는 139명이 이곳으로 들어왔다. 2017년 기준으로 시만토 이주를 문의한 사람은 3만 3,165명에 달했는데 이는 4년 만에 3배 증가한 수치이다. 이제 은퇴 후 좀 더 평화로운 곳을 찾는 이들은 노인들만이 아니다. 무언가 다른 삶을 찾는 젊은이들도 그런 장소를 찾고 있다.

그렇다고 이처럼 시골로 내려가는 추세가 결코 주류가 되지는 않을 것이다. 그렇게 되면 그 시골마을은 다시 도시가 될 테니까. 하지만 이런 흐름은 슬로다운이 앞으로 새로운 안정화 상태로 가는 데 꼭 필요한 과정이다. 지구상 많은 부유한 국가들이 지방에서 인구가 줄이드는 것을 경험하고 있다. 일부 도전적인 사람들은 인구를 안정화하기 위해 지방으로 돌아가게 될 것이다. 그러면 (바라건대 좀 더 지역 특성에 맞춘) 생태관광 사업 같은 일을 시작하는 사람들이 점점 늘게 된다. 이런 사업은 빡빡하기만 한 도시 생활에 지친 전 세계 많은 사람들에게 휴식을 제공해 줄 것이다. 그러면 여전히 도시에 살고 있는 사람들 역시 덜 빡빡해지고 도시의 규모도 예전보다 조금씩 작아질 수 있다.

일본에서 이처럼 시골로 되돌아가는 움직임은 더 나은 워라밸(work-life balance)을 꿈꾸며 시작됐다. 도시의 무한경쟁에서 벗어나고자 더 싼 주택을 찾아 나섰다. 슬로다운하는 삶을 살더라도 외롭지 않을 거라는 확신도 점점 커졌다. 남들과 다른 삶을 꿈꾸어도 이상할 게 없는 분위기도 조성됐다. 감사하게도 시골에 정착하는 사람들이 늘면서 좀 더 쉴 수 있는 공간을 제공했고 다른 모든 이들의 워라밸을 돕게 됐다. 부가적으로 장차 출산율이 줄면서 해소될 문제이긴 하지만, 도시에서 주택을 구하기 위해 받을 스트레스도 미리 덜어 주었다. 여기에 계속 몸집을 키워나가야만 하는 현재의 자본주의 체제에선 무한경쟁이 불가피하다는 잘못된 믿음도 깨 버렸다.

일본에서는 정부가 나서 젊은이들에게 도시를 떠나라고 독려하고 있다. 지금 그리스에서는 그 정도 상황은 아니다. 하지만 머지않아 도시화된 유럽 국가들 사이에서 비슷한 일이 펼쳐질 것을 어렵지 않게 예상해 볼 수 있다. 경제학자들에게 가장 인기 있는 주간지에서 관련 이슈를 다루는 것도 이런 이유에서다. 『이코노미스트』지는 이렇게 기사를 끝맺는다. "그곳에서 3년을 산 뒤, 서른한 살의 나오후미 다카세는 조찬과 침구정리 대행 사업을 구상했다. 도쿄 동쪽에 있는 지바현의 호텔에서 리셉셔니스트 일을 했던 스물두 살 마유 카세는 케이크숍을 열기로 했다. 그녀는 '이곳에 있는 게 너무 좋다'고 말했다." 그녀의 새로운 사업이 잘되려면 도시에서 더 많은 사람들이 이곳을 찾아오고, 또 케이크를 사 먹어야 할 것이다.

우리는 이런 일화를 데이터를 통해 배울 수도 있고, 반대로 데이터를 일화를 거쳐 배울 수도 있다. 슬로다운은 오직 데이터를 통해서만 볼 수 있다. 슬로다운은 수십억 사람들 사이에서 벌어지는 일이다. 이런 일화들을 통해 인간이 이해할 수 있는 크기로 만들어야 제대로 설명을 할 수 있다. 우리에게 익숙한 사람들을 예로 들어 설명해야 이해가 잘되지, 큰 집단으로 이야기하면 잘 와닿지 않는다. 그런데 또 만약 데이터가 없다면 순전히 일화들에만 의존해야 한다. 내가 택한 몇몇 사람을 대상으로 한 인터뷰에 의존할 수밖에 없다. 이들이 지금 이 시대에 일어나고 있는 대가속 현상에 대해 잘 이야기해 줄 수 있을지도 모른다. 하지만 그 이야기는 거짓일 가능성이 높다. 답은 결국 데이터에 있기 때문이다. 지금 데이터상으로는 대가속이 진행되고 있다는 흔적을 발견하는 게 거의 불가능하다. 오히려 거의 모든 데이터가 슬로다운을 가리키고 있다. 앞에 특정한 사례들을 언급한 것도 슬로다운이 실제로 어떤 의미가 있는지 보여 주기 위해서였다.

미래에도 시골에 목가적인 풍경이 가능할까. 그건 도시에서 얼마나 관광을 오느냐에 달려 있다. 시골에서 자급자족은 힘들다. 관광이 활성화된다고 해서 꼭 목가적인 분위기가 망가지는 것은 아니다. 오히려 현실을 더 신화같이 만들 수도 있다.[10] 슬로다운을 위해 더 많은 젊은 세대들이 시골로 몰려 갈 필요는 없다. 단지 시골이 안정되기만 하면 된다. 인구 피라미드 면에서 가장 윗부분이 더 무거워지는 것, 즉 더 늙어가는 것만 막으면 되는 것이다. 슬로다운은 세계에서 가장 영향력 있는 몇몇 국가들 사이에서 먼저 시작됐다. 세계의 가장 가난한 나라에서는 여전히 시골 인구가 급속히 늘고 있다. 중심부 도시로 사람들이 모여들면서 규모도 거대해지고 있다. 그러나 이런 상황이 곧 변할 거라는 신호가 곳곳에서 나오고 있다. 이미 슬로다운이 상당히 진행된 곳을 보면 어느 방향으로 갈지 알 수 있다.

미국이나 유럽의 많은 시골 지역은 지난 수십 년 동안 마을의 어린 아이들 수가 계속 줄어 왔다(일본이나 한국, 중국, 오세아니아 지역만의 일이 아니다). 지방에서 학교를 마친 뒤, 장차 부모가 될 이 사람들은 더 나은 직장을 찾아 더 큰 마을이나 도시로 떠났다. 부부의 경우 어느 한 명은 시골에서도 그럭저럭 수입이 괜찮은 일자리를 찾을 수 있을지 모르지만, 둘 다 그러기는 힘들다. 이 문제는 미국이나 영국처럼 불평등이 심한 나라에서 더 심각해진다. 소득 불평등이 심하다는 사실은 근로 가능 연령대의 대부분 성인들이 맞벌이를 해야 한다는 것을 의미한다. 가난한 노동자들일수록 혼자 벌어서는 가족들을 부양할 수 없기 때문이다.

'시골 생활'은 고향집을 떠나고 싶지 않아 하는 극소수를 빼고는 젊은이들에게 그다지 매력적인 일이 아니다. 일단 도시로 떠날 방법이 생기자 수백만 명이 그렇게 했다. 일부는 공동체의 감시와 통제를 벗어나기 위해 그랬고, 일부는 농장에 들어온 트랙터가 일꾼들을 대체하면서 어쩔 수 없이 떠나기도 했다. 대다수 부자 나라의 시골 지역은 농업의 기계화가 진행되기 훨씬 전부터 인구가 줄기 시작했다. 인클로저(울타리 치기)와 함께 시작됐다고 볼 수 있다(여러 작은 농가들이 한 가족이 소유 혹은 경영하는 큰 농장으로 합쳐진 것을 말한다). 대도시의 번잡함은 싫지만 그렇다고 완전히 고립되는 것도 원치 않는 은퇴자들은 그에 맞는 매력적인 시골 마을을 찾게 될 것이다. 그러나 모든 주민이 은퇴자뿐이라면 마을에는 상점도, 서비스도 찾기 힘들 것이다. 아이들도 없고, 생명이 없는 곳이 된다.

몇몇 젊은 이상주의자들은 고립된 삶을 갈망할 수도 있다. 거대하고 사악한 세계에서 벗어난 자신만의 '지속가능한' 농지에서 말이다. 당연히 이런 삶은 개별 가족들이나 아주 작은 공동체에서나 가능한 이야기다. 어마어마한 재난이 닥쳐 수십 억 명이 죽지 않는 이상 대규모 사회 집단에서는 생각할 수 없는 옵션이다. 이런 식으로 이주한 사람들 중에 10년 이상 공동체에 머무는 사람은 거의 없다. 대부분이 더 큰 마을로 옮겨 삶을 이어 간다. 이것이 지속가능한 '대안적 생활'을 하는 마을이 흔치 않은 이유다. 아르카디아(Arcadias 목가적 이상향-옮긴이)의 행복을 꿈꾸던 이들 중에 실제 이를 성취한 사람은 거의 없다. 드물게 있다 하더라도 지난 세기의 낡은 삶의 방식으로 살며 자신의 선택을 고수하고 있는 이들 뿐이다. 미래는 사람들이 더 많이 서로 교류하는 시대가 될 것이다. 더 고립되는 시대가 아니다. 거의 대다수 사람들의 미래는 바로 도시에 있다.

여기서 묘사된 미래는 지금의 트렌드를 통해 유추한 것이다. 그 트렌드는 반세기 전의 변화로부터 비롯되었다. 1960년대에 일상화된 무엇으로부터 말이다. 당시로 돌아가 보면 모든 것이 변하던 시기였다. 지금은 말할 수 있지만 "뭐라 말하기에는 아직 이른" 시기이기도 했다. 1960년대 후반 전 세계적으로 젊은이들이들이 다른 행동을 하기 시작했다. 이 부분에 대해서는 당시 있었던 글로벌 인구 증가의 갑작스러웠던 급반전과 연관해 뒤에 설명을 해 놓았다. 그런데 지나고 나서 돌이켜보니, 1960년대가 거의 끝날 무렵부터 시작된 슬로다운이 점점 확산될수록 더 확실하게 모습을 드러내는 것들이 많아졌다.

1960년대에 어떤 일이 벌어졌던 걸까. 한 중국의 정치인이 대답을 내놓은 바 있다. 1898년생인 저우언라이(周恩來)는 일흔네 번째 생일을 앞둔 1972년 2월 리처드 닉슨 미국 대통령과 회담을 했다. 당시 그는 중국 공산당의 총리였다. 닉슨은 그에게 1789년 일어난 프랑스대혁명을 어떻게 생각하는지 물었다. 저우언라이는 이런 유명한 대답을 남긴 것으로 알려져 있다. "뭐라 말하기에는 아직 이르다(It's too early to say)." 나중에 자리에 함께 있었던 한 외교관에 따르면 저우언라이가 착각을 했을 가능성이 높아 보인다. 아마도 닉슨이 1968년 파리에서 있었던 프랑스 학생 시위를 물어본 것으로 여겨 그렇게 대답했을 거란 이야기다. 그래도 그의 말이 옳았던 것 같다. 학생 시위가 있은 지 불과 4년밖에 안 지난 시점에서 어떤 영향이 있었는지 말하기는 아직 이른 시점일 것이다. 돌이켜 보면 그때의 학생들은 이제 막 시작되는 대서사시의 아주 작은 부분이었다. 바로 슬로다운의 시작이었다. 하지만 왜 그때, 그리고 거기서 시작됐는지는 여전히 뭐라 말하기에 아직 이르다.

엄청난 혼란으로 보이는 것들이 알고 보면 변하지 않는 것들에 대한 반응일 때가 있다. 68운동에 참여한 학생들의 삶은 변하지 않았다. 그들은 부모가 되지 않았다. 적어도 그의 부모 세대가 아이를 낳았던 연령대가 되어서도 그랬다. 그들보다 몇 살 더 많은 선동가들도 있었다. 그들역시 아이를 돌보는 일 따위에 구애받지 않았다. 그들은 정치의 세계가통제 불능이란 것을 알았다. 베트남전에 충격을 받았고, 그의 부모 세대가 제3차 세계대전을 일으킬지 모른다는 사실에 공포감을 느꼈다. 그들중 일부는 전원에서의 삶을 꿈꾸고 있었다. 단순한 생활, 그들이 바라던방식으로는 얻어질 수 없는 그런 삶이었다.

아이를 더 적게 낳거나, 부모 세대가 낳았던 시기보다 더 늦게 낳으면서, 그의 자녀 세대는 또 더 적은 아이를 낳게 됐다. 아예 안 낳거나한 명, 많아야 두 명쯤을 낳는 정도다. 그러면서 1960년대생들은 엄청난변화를 가져왔다. 꼭 행진을 하고 저항하고 시위를 해서가 아니다. 대다수가 그들 부모 세대가 살았던 삶의 방식을 따르지 않았기 때문이다. 1968년 당시 모든 이목은 파리의 젊은 시위대, 그리고 미국이나 다른 부유한 국가의 젊은이들에게 쏠렸다. 그럼에도 1968년을 앞뒤로 한 시기는 그야말로 전 세계적인 변곡점이었다. 관련된 시간선은 나중에 소개하겠다.

이런 글로벌한 움직임에 대해, 또 그 움직임이 언제 시작됐는지 생각해 보기에 앞서, 그동안 제시했던 가상의 시간선 시리즈 중 마지막을소개할 필요가 있다. [그림 4]는 이 움직임이 분명해진 거대한 맥락에서변화의 방향이 어디를 향했고, 어느 정도였는지에 초점을 맞추었다. 나선은 나선으로 봐야 하는데 그러지 못할 때가 많다. [그림 4]는 일반적인 그래프처럼 가로축을 시간, 세로축을 인구수로 했을 때 [그림 3]이어떻게 그려질지를 나타낸다. 이제 모든 그래프가 사라졌다고 가정해 보자. 당신은 2020년을 살고 있고, 당신이 볼 수 있는 것은 2020년까지의 그래프뿐이다. 1960년대까지 대대적으로 인구가 증가하고 이후 사람들이 아이를 적게 낳으면서 한 차례 인구가 감소한다. 이후 25년 동안 유출되는 수보다 유입되는 이민자가 많으면서 인구는 다시 늘어나는 모습이다. 이게 당신이 볼 수 있는 전부라면 아마도 이 그림이 안정화되고 있는 모습이라고 생각하기 쉽지 않았을 것이다. 오히려 "이민자가 통제 불능 상태에 이르렀다"고 밀할지도 모른다. 이민자가 통제 불능 상대인지 아닌지는 결코 절대적인 숫자의 문제가 아니다. 이는 항상 정치적 관점이나 레토릭의 문제였다.

사람들이 이민자에 대해 너무 쉽게 통제 불능에 이르렀다고 여기는 건 두 가지 이유에서다. 관련 정보가 너무 부족하거나 (그래서 "뭐라 말하기에 너무 이른" 상태이거나) 있는 정보를 똑바로 보지 못해서이다. [그림 4]에서 보여 준 이론상의 그래프를 보면, 2020년까지 이민자의 유입으로 인구가 다시 증가하긴 하지만 그 속도는 급격히 느려진다. 물론 이 가상의 나라에서의 인구수는 여전히 증가하는 중이다. 언론이나 정치인들은 절대적인 숫자에만 집착한다. 또 대개는 (1차 도함수인) 변화율과 헷갈려 한다. 그러다 보니 이들은 인구수가 너무 많다는 생각에만 휩싸여 위기를 이야기하곤 한다. 너무 많은 인구가 몰려 들어온다는 것이다. 미디어나 방송에 나온 패널들은 2차 도함수에 대해선 좀처럼 이야기하지 않는다. 지금 일어나고 있는 변화에 대한 변화에 대해서는 침묵하는 것이다.

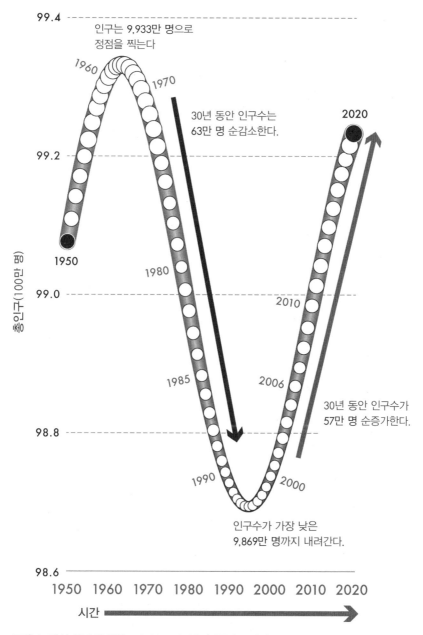

그림 4. 가상 국가의 인구, 1950~2020년 (전통적 그래프)
대단한 변화가 일어나는 듯 보이지만 더 안정화되고 있는 것에 대한 가상의 사례임.

슬로다운은 잘 안 보인다

1950년 현재 인구가 이제 막 9,900만 명을 넘긴 그 나라로 다시 돌아가 보자. 아마도 인구는 상당히 안정되고 그 변화도 상당히 느린 상황일 가능성이 크다. 그러나 [그림 4]에 는 그런 모습이 나타나지 않는다. 이제 다음의 이 패턴 하나만 볼 수 있다고 가정해 보자. 더 오랜 역사, 과거를 대체할 수 있는 역사는 생각해 볼 수 없다. 더 장기적인 안목으로 과거에 벌어진 일들을 되돌아 볼 수 없다는 점도 염두에 두어야 한다. 당신은 이런 특정한 가정하에 아주 짧은 기간만 볼 수 있다. 왼편의 과거는 잘라 버리고, 오른편의 미래는 전혀 알지 못하는 것이다. 단지 찍혀 있는 71개 동그라미를 잇는 선들을 통해 그 높이만 비교할 수 있다.

한번 당신이 직접 친구들과 함께 이런 방식으로 그려진 그래프를 보면서 이야기를 구성해 보자. 다만 이런 식의 표현은 지양하자.

"처음에는 사람들의 수명이 늘면서 약간의 인구 증가가 발생한다. 인구수는 9,930만 명을 넘게 된다."

대신 이렇게 표현하는 거다.

"처음에는 제2차 세계대전 이후 베이비붐 세대가 등장하면서 급격한 인구 증가가 발생한다. 그렇지만 피임이 일반화되고, 제1차 세계대전 즈음에 태어난 초기 대규모 출생 집단이 사망하기 시작하면서 1960년대 중반 이 속도는 느려진다. 유아기에 일찍 사망한 경우는 많지 않았다. 세계대전 시기에 태어난 아기들도 1980년대와 1990년대에 이르러 거의 모두 삶의 끝을 맞게 된다. 두 세계대전 사이에 태어난 세대는 적었으며, 그래서 이들이 낳은 아이는 더 적었다. 이 나라의 인구는 1970년 9,930만 명에서 1980년 9,900만 명으로 준다. 1990년에는 9,870만 명까지 떨어진다. 불과 10년 안에 30만 명이 줄면서 감소세는 위험한 수준에 이르렀다. 이렇게 감소세가 빨라진다면 몇 세기 안에 이 나라에는 아무도 남지 않게 될 상황이었다."

이 이야기는 매우 그럴 듯하게 들린다. 그래프에 나타난 패턴들을 특정 사건들과 연결해 잘 버무렸기 때문이다. 사람들이 태어나는 원리를 임신과 피임을 하는 추세로 연결해 설명했다. 그리고 이렇게 나타난 추세를 그래프의 기울기 변화와 연결 지었다. 또 이 시간대에서는 보이지 않았던 이전 세대의 삶의 반향까지 그림에 반영했다. 그러나 여기에는 문제가 있다. 이 그래프의 기울기에는 본질적인 변화가 없다는 점이다. 단지 그래프가 그려진 방식 때문에 그렇게 보일 뿐이다. 이 시간선에 쓰인 데이터는 [그림 3]에서 본 것과 똑같은 숫자들이다. 이는 단지 똑같이 놀라운 나선일 뿐이다. 그렇지만 이 이야기를 다시 또 다른 방식으로 풀어 나가 보자.

1990년대에 이르러 인구수는 급감한다. 그동안 새로 태어난 젊은 층이 너무 없었다. 사람이 부족하다 보니 통상 '저숙련 직종'으로 불리는 작업장 청소나 과일 수확, 카페에서 서빙하는 일 등을 할 저임금 노동자도 찾을 수 없게 됐다. 과거 식민지였던 가난한 나라를 떠난 이주자들이 과거 자신이 속했던 제국으로 몰려들기 시작했다. 1970년대에 많은 아이들이 태어났더라면 했을 일들을 이런 이주자들이 맡아 했다. 느리게나마 인구 감소는 멈추게 됐다. 사망할 만한 노인들 수도 줄었다. 이주자들은 아이를 낳기 시작했다. 특히 최근 개방화가 진행된 동쪽으로부터 새로운 이주자들이 더 유입됐다. 그동안 이 가상의 나라로 들어가는 게 막혀 있다가 최근 입국이 허용된 이들이다. 그런데 이들은 (사람들이 흔히 말하기로는) 너무 많은 숫자가 들어오면서 내국인들을 '휩쓸어' 버렸다. 이전 세대 이민자들은 잘 어울려 노년층은 내국인과 서로 친구라고 부를 정도였지만, 지금은 그렇지도 못했다.

2011년 인구수는 다시 급격히 증가해 9,901만 명을 넘었다. 그렇지 않아도 붐비는 이 섬에서 너무 많은 인구다. 2015년 여기서 10만 명이 더 늘었다. 이듬해에는 이민자 수를 줄이기 위한 통제 장치를 마련하자는 국민투표가 실시되었다. 2020년 인구수가 '지속가능하지 않은' 9,923만 명에 이르렀다. 미래는 덜 위태로워 보였지만, 여전히 멈출 수 없는 성장에 휘둘리고 있었다.

이 이야기의 결론은 물론 쓰레기다. 좀 더 통상적인, 다른 방식으로 그려진 감소하는 나선형 시간대의 한 부분만을 보고 내린 것이기 때문이다. 그러나 세로축상의 숫자들을 한번 보자. 오늘날 영국이나 미국의 인구증가율이 미미한 것처럼 변동 폭이 미미하다. 유입되는 이민자들이 통제 불능이라는 주장은 웃기는 헛소리일 뿐이다. 하지만 숫자에 약한 사람들에겐 설득력이 있을 수 있다. 2020년 현재에도 이 시간선은 여전히 급격히 상승하고 있는 것처럼 보이니 말이다.

위상궤적

진자는 양 옆으로 움직인다. 추는 끝 지점에 이르렀을 때 가장 속도가 느려지는 것으로 보인다. 첫 번째 점근선에 거의 닿게 되는 지점이다. 다른 곳에 시선을 맞추고 있다면 진자가 땅과 수직이 되는 순간 추가 가장 빠르게 움직이는 것을 볼 수 있다. 그런 뒤 진자는 다시 속도가 점점 줄어 반대편에서 두 번째 점근선에 이른다. 아주 짧은 순간, 아마도 가장 짧은 순간 멈춘 뒤 다시 천천히 지나 온 경로로 되돌아간다. 진자를 이렇게 보는 것은 우리가 그런 식으로 보도록 태어났기 때문이다. 그러나 같은 진자를 전혀 다르게 보는 방식도 있다. 진자의 속도가 줄어들수록 생성되는 잠재적 에너지를 본다거나, 추의 위치에 따라 달라지는 진자의 속도를 표시할 때 생기는 나선형 경로를 본다든지 하는 식이다. 이같이 속도나 위치에 따른 '1차 도함수'는 모두 변화율이다. 그리고 변화는 결국 시간에 관한 이야기다.

"똑딱 똑딱" 소리에 반사적으로 시간의 흐름을 떠올리게 된 건 크리스티안 호이겐스(Christiaan Huygens)가 괘종시계를 발명한 1656년부터다.[11] 오늘날 그의 시계는 하루에 15분 정도씩 오차가 나던 기계식 시계의 정확성을 하루에 15초 수준으로 끌어올린 것으로 평가된다.[12] 게다가 그의 발명 전까지 기존 시계에는 시침밖에 없었다. 호이겐스는 지금의 네덜란드 지역에서 자랐다. 당시엔 경제적으로나 정치적으로 세계에서 가장 강력한 중심지였다. 네덜란드인들은 새로운 형태의 무역을 통해 부를 쌓았다. 부유층 자제들은 시계나 수학 같은 것을 가지고 놀았다. 호이겐스가 훨씬 더 정확한 시간을 측정하는 법을 개발했을 때는 마침 대가속 시대가 시작되던 시점이었다. 사고하는 면에서나 서로 협력하는 면에서도, 발명이나 부의 축적에서도 가속이 붙던 시기였다. 영국을 침공하면서 이런 가속화는 헤이그와 암스테르담에서 런던으로 퍼져나갔다. 바로 1688년 명예혁명이다. 혁명은 곧 변화를 의미한다.

호이겐스의 발명이 있은 지 한 세기가 지나지 않아, 영국의 목수이자 시계 제작자인 존 해리슨(John Harrison)이 마린 크로노미터 시계를 생산한다. 정확도가 아주 높아졌기 때문에 바다에 나갔을 때 정확한 경도를 측정하는 데에도 쓰였다. 이 정도 기능을 하려면 1년 동안 더 가든지 덜 가든지 하는 오차가 1초 이내여야 한다. 요즘은 더 이상 개선할 필요가 없을 정도로 시간 측정이 정확해졌다. 1980년대, 내가 뉴캐슬 대학학생이던 시절 '타임 로드(time lord)'를 만난 적이 있다. 그의 일은 초창기 인터넷상의 시간이 나노 단위로까지 맞도록 유지하는 것이었다. 그는 할리데이비슨 오토바이를 타고 와 클레어몬트 타워의 지하 2층에서일을 했다. (부끄럽지만 당시 나는 그의 오토바이에 큰 감명을 받았다.) 지금에야 측정 방법이 정확해지면시 시간펭칭 현상에 따라 시간이 언제 친천히 가고 빨라지는지 알 수 있다. 하지만 아인슈타인이 예측을 하고 1938년 실제 측정되기 전까지 누구도 이를 잘 알지 못했다.[13]

불과 282년 만에 진자로 대충 시간을 측정하던 수준에서 시간 자체가 일정하지 않다는 사실을 이해하는 수준까지 왔다. 어떻게 이처럼 빠르게 여행을 할 수 있었을까? 1656년부터 47년 단위의 여섯 단계로 나누어 살펴볼 수 있다. 각 단계마다 시간을 측정하는 방법은 놀라울 만큼차원을 달리하며 발전했다. 처음엔 하루에 1분 정도씩 오차가 발생하던것에서 하루에 몇 초씩, 한 달에 몇 초씩, 일 년에 몇 초 정도가 되더니불과 일 년에 1초 정도만 늦거나 빨라지는 수준이 됐다. 1938년에 이르러 석영 결정(quartz crystal)이 사용되면서 일 년에 3분의 1초만 오류가날 정도로 시간을 재는 방법은 정교해졌다. 우리 시대에 쓰고 있는 원자시계는 너무 정확해서 지구가 자전축을 천천히 도는 순간까지 감안해일부러 조금씩 늦춰야 할 정도다.

우리가 들고 있는 스마트폰은 경량 콜탄(columbite-tantalite, 주로 콩고에서 많이 난다) 콘덴서 덕분에 시간을 직접 정확하게 측정할 필요가 있다. 대신 정기적으로 중앙 서버에 시간을 물어본 뒤 스스로 교정하는 방식을 쓴다. 서버는 또 지속적으로 네트워크상의 다른 서버들과 접촉해 모든 상황을 체크한다. 서로가 서로를 관리하는 셈이다. 여전히 몇몇 대학교에는 각자 중앙서버의 시간을 체크하기 위해 타임 로드를 두고 있을 것이다. 컴퓨터 서버들이 처음 서로 정보를 주고받을 수 있게 된 것이 빨라야 1970년대 초반, 그러니까 저우언라이가 리처드 닉슨과 프랑스혁명의 의미에 대해 이야기를 주고 받았을 당시였다. 미 국방부의 지원을 받은 아르파넷(ARPANET)이 등장한 지 얼마 되지 않아서였다. 너무 많은 일이 벌어지다 보니 지금 우리를 둘러싼 모든 게 최근 가속화된 것처럼 보일 수도 있다. 하지만 좀 다르게 보면 이런 최근의 발전들은 이미 1656년쯤부터 시작된 가시적인 가속화 과정의 한 부분일 수도 있다. 여러 면에서 아르파넷의 발명 이후 혁신의 속도는 줄어들었다. 우리는 단지 지금 일어나고 있는 많은 일들에 대해 더 많이 알고 있을 뿐이다. 과연 우리는 1960년대 후반 이후 우리가 시간을 측정하는 것에 대해, 시간 그 자체에 대해 얼마나 더 알게 되었을까? 가속하는 모든 것은 결국 점차 감속하기 마련이다.

시간을 다르게 보려면 창의적인 도약이 필요하다. 시간 자체에서 벗어나 자기 스스로를 바라보아야 한다는 것이다. 그 안에 머물지 않으면서 자신이 생각하는 바를 위 아래로 관찰해야 한다. 시간을 단지 앞으로 가기만 하는 것으로 보지 말자. 시간이 항상 정확하게 같은 속도로 앞으로만 움직이고 있는 지점에 서서 보지 말고, 시간과 공간에서 벗어난 지점에서 관찰자의 측면으로 시간을 본다고 상상해 보자.[14]

상상을 통해 뛰어넘는다는 것은 그만큼 어려운 일이기 때문에 도약이라는 표현을 썼다. 하지만 일단 한번 뛰어넘으면 명확하게, 직관적으로 보일 것이다. 심지어 별것 아니라는 생각이 들 수도 있다. 우리가 한 발씩 앞으로 걸어갈 때 시간도 앞으로 꾸준히 흘러간다는 점은 쉽게 떠올려 볼 수 있다. 또 우리가 달리기 시작하면, (시간을 더 빠르게 흐르도록 할 수는 없지만) 그 시간 속에서 더 빠르게 여행을 할 수 있다는 것도 쉽게 이해할 수 있다. 우리가 언제까지 계속 더 빠르게 달릴 수 없다는 점도 분명하다. 어쩌면 우리는 혁신이나 기술의 끊임없는 진보를 실현시킬 수 있을 거라고 스스로에게 확신시켜 왔다. 적어도 한동안은 그럴 것이라고 보았다. 그렇기 때문에 우리가 슬로다운에 들어갔다는 것을 깨닫기 위해선 상상력의 도약이 필요하다.

위상공간(phase space)이라는 용어는 동시대에 활약했던 세 명의 수학자, 물리학자의 작품이다. 오스트리아 시계 장인의 손자인 루드비히 볼츠만(Ludwig Boltzmann)은 위상공간적 사고방식을 통해 그의 유명한 공식들을 고안했다.[15] 프랑스의 수학자 앙리 푸앵카레(Henri Poincaré)는 행성의 궤도를 볼 수 있는 수학적 지도를 만들고, 시간에 따라 미묘하게 바뀌는 모습까지 나타냈다. 비슷한 시기 미국 과학자인 조시아 윌러드 깁스(Josiah Willard Gibbs)는 1873년 발표한 논문에서 상평형그림(phase diagrams)의 개념을 소개했다. 그들이 이런 생각을 하게 된 것은 자신들이 살고 있던 시간과 장소 때문이다. 오늘날 슬로다운이 가장 강하게 일어나고 있는 곳은 일본이다. 그곳에서 가장 최근의 상평형그림이 그려지고 있다.[16]

위상공간은 고려되는 변수에서 나오는 모든 값을 표시할 수 있는 영역이다. 그 공간 내에는 가능한 모든 상태를 나타낼 수 있는 지점이 있다. [그림 1]과 [그림 2]는 위상공간을 나타내는 지도인데, 인구가 결코 무한정 늘 수 없다는 점을 가정하면, 인구수가 어느 수준까지 될 수 있고 어떻게 변할 수 있는지에 대한 모든 가능성을 그 위에 표시할 수 있다. 반면에 [그림 4]는 위상공간을 보여 주지 않는다. 시간이 한 축이라

한정된 기간의 상황만 보여 주기 때문이다.

위상궤적(phase portrait)은 위상공간 내에서 실제 그려질 수 있는 궤적으로 구현한 그림이다.17 이 책에서 보여 주는 시간선은 모두 같은 방식으로 그려진 위상궤적이다. 각 시간선에 있는 점들의 가장 단순한 측정치 중 두 가지를 보여 준다. 점의 위치, 그러니까 현재 값은 항상 세로축에 나타난다. 따라서 위로 올라갈수록 값도 더 커진다. 밑으로 갈수록 그 값은 작아진다. 그 점은 한 해 동안 그 장소에 살고 있는 사람들 숫자일 수 있다. 아니면 한 달간 특정 정당을 지지한 사람들의 숫자일 수도 있고, 그날 하루의 금값일 수도 있다. 아무튼 그게 무엇을 나타내든, 점이 각 그림에서 더 위에 있다는 것은 그만큼 더 숫자가 많다는 뜻이다. 더 낮게 위치한다는 것은 그만큼 측정된 숫자가 작다는 것이다. 예를 들면 더 적은 인구, 더 적은 지지자, 더 낮은 금값을 이른다.

이 책에서 보여 주는 위상궤적이나 시간선에서 가로축은 속도, 그러니까 측정된 것의 변화 정도를 표시한다. 매년 인구수가 얼마나 급격히 증가하거나 감소했는지, 매달 특정 정당의 지지자가 얼마나 늘거나 줄었는지, 매일 금값의 증감이 얼마나 됐는지 등을 나타낸다. 찍힌 점이 오른 편에 위치할수록 그 값이 빠르게 증가하고 있음을 의미한다. 만약 점이 수직축 바로 위에 찍혔다면 늘지도, 줄지도 않았다는 것이다. 점이 왼편으로 찍혔으면 빠르게 줄고 있다는 뜻이다. 왼쪽이든 오른쪽이든 끝 쪽에 찍혔다면 변화가 빠르다는 것이고, 가운데 쪽에 몰렸으면 변화가 느린 것이다.

마지막으로, 이 점들은 서로 곡선을 그리며 연결된다. 곡선은 시간 내에서 한 점을 다음 점과 연결한다. 곡선으로 그리지 않으면 변화를 측정하는 시점에서 갑자기 바뀌는 변화의 정도에 대해 잘못된 인상을 받을 수 있다. 여기서는 베지에 곡선(Bézier curves)을 사용했다. 측정된 점들은 단지 곡선 위의 지점일 뿐이지 대개는 특별히 중요한 의미를 가지는 게 아니기 때문에, 관측된 내용을 유연하게 표현하기 위해 그렇게 했다. 여기서 중요한 건 곡선들의 전반적인 형태인데, 그것이 우리가 지금 슬로다운 상태인지 아닌지를 보여 주느냐 하는 것이다. 곡선 위의 점은 동그라미로 그려진다. 수직축에 표시되는 값에 따라 동그라미 크기가 결정된다. 연도와 일, 월, 날짜도 표시된다. 위상궤적이 시간과 변화, 그리고 변화율까지 동시에 보여 줄 수 있게 하는 것이다. 그런데 여전히 여기서 가장 중요한 것은 곡선의 모양이다. 어떤 특정한 사건이 중요한 게 아니라 곡선의 모양이 어떻게 변했는지를 주시해야 하는 것이다. 결과적으로 이런 그림들은 다음의 질문에 대한 답을 찾는 데 도움이 된다. "우리는 어떻게 여기까지 왔을까?" 그리고 "이 모든 게 지금 어디로 향하고 있는 걸까?"

이 책에 있는 그림들은 일련의 사건에 대한 통계를 바탕으로 그린 것이다. 각각은 특정 시기에 있었던 일련의 값들을 보여 주면서 동시에 그 값이 얼마나 빠르게 변했는지도 제시한다. 변화가 작았을 때는 시간이 자동적으로 쪼그라들고, 거대한 변화의 시기에는 확장된다. 장기적인 관점에서 더 쉽게 이해할 수 있게 해 주려는 것이다. 이런 방식을 거의 모든 주제에 적용해 볼 수 있다. 여기서 보여 주는 것은 아주 일부일 뿐이다. 하늘 아래 새로운 것이 없듯이, 사실 변화를 바라보는 이런 방식도 완전히 새로운 것은 아니다. 단지 좀 다른 관점으로 쳐다보는 것일 뿐이다. 이런 관점에 대해 관심이 있고, 혹시 혼자서 이런 그림을 그려 보고 싶다면 부록을 참조하기 바란다.

오늘날 무슨 일이 벌어지고 있는 건인지 이해하는 건 쉽지 않은 일이다. 그런 이유 중 하나는 우리가 이전 세대에 비해 습득해야 할 지식은 너무 많은데 시간은 턱없이 부족하기 때문이다. 이 역시 우리가 살아온 시대에 정보가 얼마나 대가속을 이루었는지 보여 주는 대목이다. 슬로다운은 아마 재미는 좀 떨어지더라도 배움을 좀 더 쉽게 해 줄지 모른다. 새로운 발견이 줄어드는 시대에 접어들면 적어도 그동안 우리가 이미 발견했던 것들, 또 우리에게 닥친 일들에 대해 좀 더 정확한 퍼즐을 맞출 수 있게 될 것이다.

밖에서 들여다보기

오늘날 우리는 아이들에게 진자를 이용해 감속(deceleration)을 가르친다. 위키피디아에서 위상궤적(phase portraits)을 검색해 보자. 여러 도표들을 보게 될 텐데 그중 하나가 크리슈나베달라(Krishnavedala)라는 유저가 올린 진자의 움직임에 관련한 삽화다. 여기 [그림 5]에서 이를 옮겨 보았다. 크리슈나베달라에 대해 알 수 있는 것은 2014년 11월 29일에 이 이미지를 올리고 이를 기억해 달라고 했다는 사실뿐이다. 삽화를 만든 이는 달랑 크리슈나베달라(아마도 Krishnatej 와 Vedala를 합친 이름인지도 모르겠다)라는 이름 하나만 남겼다.

[그림 5]에 있는 첫 번째 이미지는 우리가 보통 볼 수 있는, 양 옆으로 움직이는 진자의 모습이다. 왼쪽으로 가장 멀리까지 갈 수 있는 위치를 1이라고 하자. 중력에 의해 당겨져 진자가 가운데를 향하면서 속도가 붙게 되는데, 가장 빠른 속도가 됐을 때의 지점을 2라고 하겠다. 진자는 계속 움직이면서 위로 올라 3의 지점에 이른다. 가장 오른쪽 끝에

다다랐을 때의 위치다. 이후 진자는 다시 뒤로 떨어져 4의 지점으로 간다. 2와 같은 지점이다. 진자가 정반대의 방향으로 움직이고 있을 뿐이다. 그러고는 진자는 다시 지점 1에 이르기까지 속도가 느려진다. 계속 이런 패턴이 반복되지만 그렇다고 무한정 그런 것은 아니다(진자가 움직이면서 발생하는 공기저항과 마찰력 때문이다). 이 책 부록의 [그림 67]에서 점점 느려지는 진자의 위상궤적을 그렸다.

[그림 5]에서 오른쪽에 있는 그림은 똑같은 변화의 패턴을 나타내지만, 다만 시간의 흐름에 따라 표시를 한 것이다. 위치에 따른 속도도 표시했다. 진자가 1과 3 지점에 있을 때 속도가 0이 되는 것, 또 2와 4 지점에 있을 때 방향은 서로 반대지만 속도가 가장 높다는 것도 보여 준다. 진자는 속도가 올라갈 때 더 가속화된다. 그리고 속력이 내려가는 2와 3 지점 사이, 4와 1 지점 사이에서 감속한다. 타임라인의 끝, 그러니까 가장 오른쪽은 시작 지점, 그러니까 가장 왼쪽 지점과 일치한다. 이런 양상이 계속 반복됨을 보여 주는 것이다. 게다가 첫 번째 그림과 달리 이 그림을 보면 위치에 따른 변화율이 어떻게 변하는지를 명확히 알 수 있다. 첫 번째 도표는 그저 위치만 보여 주고 있다.

여기 세 가지 그림 중 마지막에 있는 것, [그림 5]의 아래에 있는 그림은 가로축이나 세로축에서 모두 시간이란 요소를 빼 버렸다. 이 진자의 위상궤적은 원으로 그려지는데, 이를 따라 진자가 반시계방향으로 움직인다. 이 원에서 가장 높은 위치는 실제 공간에서 진자가 가장 오른쪽에 위치할 때(지점 3)를 말한다. 원의 가장 높은 곳을 향할 때, 즉 지점 2와 3 사이에서는 속도가 줄면서 감속이 일어난다. 이 위상궤적에서 이런 양상은 감속 패턴이다. 위치 자체는 올라가지만 시간에 따라 올라가는 정도가 점점 줄고, 속도도 감소하고 있기 때문이다. 위상궤적으로 그

슬로다운

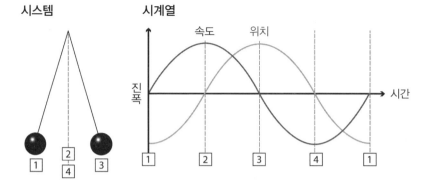

시스템

시계열

속도 위치

진폭

시간

1 2 3 4 1

위상궤적

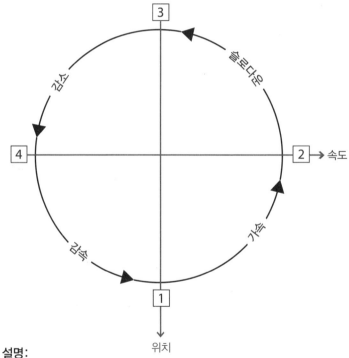

3

슬로다운

감속

4 속도

2 속도

가속

감속

1

위치

설명:

1 가장 낮은 위치. 속도 0
2 최대 속도
3 가장 높은 위치. 속도 0
4 최대 마이너스 속도

그림 5. 영구적으로 움직이는 진자의 움직임을 표시하는 세 가지 방법

위키피디아에서 '위상궤적'으로 검색했을 때 나오는 삽화를 가져왔음. 아마도 2019년 9월 7일 크리슈나테 베달라라는 인물이 올린 것으로 보인다. https://en.wikipedia.org/wiki/Phase_portrait#/ media/File:Pendulum_phase_portrait_illustration.svg.

려 보면 진자의 상태가 4개의 구역으로 더 확실히 구분된다. 가속을 하며 올라간다(지점 1에서 출발한다)/ 여전히 올라가지만 감속한다(슬로다운)/ 떨어지면서 반대 방향으로 가속한다/ 마지막으로 감속하지만 여전히 떨어진다. 이 가운데 슬로다운하는 단계가 바로 오늘날 인류가 직면하고 있는 지점이다.

위상궤적으로 표현을 하면 변화 속에서의 변화에 초점을 맞출 수 있게 해준다는 장점이 있다. 진자는 속도를 늦추는 동안에도 여전히 오른쪽으로 올라간다. 그러나 이런 진자의 움직임을 보면서 가장 중요한 대목은 이것이 슬로다운하고 있다는 점이다. 그렇다면 분명 머지않아 다시 뒤로 떨어질 것이다. 속도가 줄고 있는데도 위로 올라가고 있다고 걱정하는 건 바보 같은 짓이다. 그것이 진자의 진동이든 아니든, 당신이 알지 못하는 것은 언제쯤 가속이 시작될 것이냐는 점이다. 위상궤적은 이를 미리 알게 하는 데 도움을 준다.

위상궤적은 이론상의 이야기일 수 있다. [그림 5]에서 진자가 진공 상태에서 마찰력의 방해 없이 완벽한 움직임을 한다는 가상의 상황을 설정했듯이 말이다. 실제 데이터를 적용하면 진자는 영구적으로 운동할 수 없고, 그 움직임도 완벽한 원을 그리지 못할 것이다. 그럼에도 위상궤적을 활용하면 실제 어떤 일이 벌어지는지 부각해서 볼 수 있다(부록의 [부록 그림 2]에서 이에 대해 설명했다). 한 방향으로 움직일 때 생기는 마찰력과 공기의 저항 때문에 진자는 특별히 힘이 더 가해지지 않는 한, 절대 원래 있던 곳까지 운동을 할 수 없다. 매번 운동을 할 때 진자의 최대 속도는 이전 운동 때보다 조금씩 줄어든다. 만약 이런 영향을 감안해 수천 개의 원을 그려 본다면, 원은 점점 줄어들어 아마도 결국은 하나의 점과 같은 크기가 될 것이다. 진자가 더 이상 움직이지 않게 되는

슬로다운

시점이다. 사실상 이는 나선과 같은 모양이 된다. 이 세상의 다른 모든 것과 마찬가지로 진자 역시 슬로다운하는 것이다.

제3장

부채
슬로다운의 신호

학생들이 빌린 대출금 규모가 계속 커지고 있다.
이전보다 그 증가 속도는 줄었지만 말이다. 지난해 미국에서
대학생의 66%가 빚을 안은 채 졸업했다.
– CNBC, 2018년 9월 20일

이번 3장을 비롯해 이어지는 4장과 5장에 좀 더 직접적인 제목을 붙이자면 '규칙을 증명하는 예외: 빚과 데이터 그리고 악화된 기후 — 우리가 아직 슬로다운하고 있지 않다고 느끼는 (하지만 실제로는 슬로다운하고 있거나 앞으로 그렇게 될) 인류 생활에서의 세 영역'이다. 이 장에서 처음으로 실제 데이터를 다루게 된다. 그리고 여전히 매우 빠른 속도로, 어쩌면 기하급수적으로 증가하고 있다고 인식되는 아주 드문 현상들에 대해 집중한다. 이런 현상들은 너무 진귀해서 흥미를 끌 수밖에 없다. 그리고 통제가 불가능해 보이기 때문에 가끔은 우리를 심각한 걱정에 빠지게도 한다. 앞서도 이와 관련한 설명을 한 바 있다. 아마도 벌써부터 이런 내용이 슬로다운과 무슨 관계가 있는지 궁금해할 독자들이 있을 것이다. 이 부분을 건너뛰지 못하도록 좀 어려운 사례지만 이 이야기부

터 시작해 보겠다.

우리 사회가 어떤 모습으로 변화하는지 살펴볼 때, 예외들을 먼저 주목하는 것도 괜찮은 방법이다. 세계 대부분 국가에서 소득과 관련한 경제 불평등이 완화될 기미를 보이기 시작하면서, 이제 뭐가 더 심각한 문제인지 찾게 됐다.[1] 오늘날은 대부분의 것들이 안정화됐지만, 여전히 통제 불능의 길로 가고 있는 것들도 있다. 대부분 항상 과거에 벌어진 사건이나 결정, 실수, 무지가 남겨 놓은 것들이다.

부의 불평등이나 그로 인한 더 큰 규모의 빚의 불평등은 소득의 불평등 문제가 완화된 뒤에도 한참 동안 계속 심해진다. 정보를 생산하고 유통하는 능력이 최고점을 찍은 뒤에도 오랫동안 정보는 계속 쏟아져 나온다. (따라서 슬로다운이 시작될 시점에는 상당한 양의 가짜 뉴스가 나오게 된다.) 슬로다운 이후에도 계속되어 온 경제성장이 초래한 환경오염의 영향도 막대하다. 무엇보다도 지구의 온도를 끌어올리고 있는 게 가장 문제다.

빚은 부의 반대 개념이다. 부가 어느 한쪽으로 더 집중되면 빚이 늘어난다. 대부분의 부를 쥐고 있는 이들은 그럴 만한 자격이 있고, 일하지 않고도 소득을 얻을 권리가 있다는 믿음이 있다. 그래야 부가 지금과 같은 속도로 계속 커질 수 있다. 일하지 않고 얻는 소득은 주로 누군가에게 빚을 내주고서 받은 이자 수익을 말한다. 부가 커질수록 우리 같은 대부분의 사람들은 평균적으로 더 가난해진다. 저장 수단이 발달하면서 저장할 수 있는 정보의 양도 폭발적으로 증가했다. 거의 그 양에 압도될 정도가 됐지만, 그렇다고 해서 꼭 우리가 더 똑똑해지거나 정보를 잘 습득하게 되지는 않은 것과 마찬가지 상황이다.

슬로다운은 감속을 이야기하는 것이지 감소가 아니다. 그래서 슬로다운이 일어나고 있는 것을 감지하기 쉽지 않다. 슬로다운은 느긋하게 일어난다. 어떤 경우 여러 세대에 걸쳐 일어나기도 한다. 오늘날 우리는 여전히 새롭고 신나는, 뭔가 좀 더 다른 것에 시선을 고정한다. 또 우리 사회에서 위험과 예상치 못한 변화를 동반하는 급격한 진보가 계속되기를 기대한다. 계절이 바뀌기 전까지는, 앞으로 몇 주 동안의 날씨가 오늘과 비슷할 거라고 생각하기 쉽다. 하지만 일단 계절이 바뀌고 나면 날씨는 완전히 달라져 있다.

그런 시점이 우리 앞에 와 있다. 인류가 확장을 하고, 더 대단한 기술적 혁신이 일어나고, 우리가 살고 있는 곳을 재편하기 좋았던 시절도 있었다. 하지만 슬로다운이 진행되고 안정화되면서 그 시절도 이제 끝나가고 있다. 이런 상황은 겁낼 것이 아니다. 앞으로도 여전히 변화는 있을 것이다. 단지 극적이지 않을 뿐이다. 좋았던 시절이라고 혜택이 모두에게 돌아갔던 것도 아니다. 그 시절은 오래 갈 수 없다. 물론 그럼에도 불구하고 최근의 대가속과 엄청난 인구 폭발의 결과, 우리 대부분이 살아남아 있다는 점도 부인할 수 없는 사실이긴 하다.

어떤 종에게 호시절(favorable season)이라고 하면, 개체수가 급격하게 늘어났던 시기를 말한다. 그런 시절은 자주 오지 않는다. 인류의 경우 개체수의 증가는 인간이란 무엇인지에 대한 개념의 변화와 맞물려 일어났다. 지구상 대부분의 인간에게 가장 유리한 계절은 1900년이 되어서야 시작됐다. 인류는 도시로 모여들면서 더 커지고 더 깨끗해졌다. 교육도 더 잘 받게 됐다. 그러나 더 탐욕스러워졌는지도 모른다. 개체수가 많아진 상황에서 살아남으려면 많은 것들이 변해야 한다. 이러한 변화에 대한 필요성은 슬로다운이 완전히 시작되기 직전에 가장 강하게 나타난다.

지금 이런 가속화 사례를 찾기란 쉽지 않다. 우리가 더 이상 대부분의 삶의 분야에서 급격한 변화를 겪고 있지 않기 때문이다. 적어도 우리 부모 세대나 조부모 세대가 겪었던 그런 변화는 더 이상 없다. 이번 장은 미국과 다른 몇몇 국가들의 학생들이 지고 있는 빚에 대한 화두로 시작하고자 한다. 최근 그 빚의 규모가 풍선처럼 커진 나라들이다. 대학에 진학하는 이들이 증가함에 따라 학생들의 부채 규모도 덩달아 불어났다. 물론 전자는 좋은 일이다. 그런 증가가 없다면 이런 책을 읽고 이해하는 사람도 많지 않을 테니 말이다. 그러나 학생들의 부채가 커지는 것은 결코 필연적인 결과가 아니었다. 지금도 그렇다.

늘어나는 학생들의 빚

빚 이야기를 하면서 몇 가지 사례를 들게 될 것이다. 슬로다운이 아니라 오히려 가속도가 붙어 증가하고 있다고 믿게 만들 그런 사례들이다. 세계에서 학생 부채 규모가 가장 큰 나라는 미국이다. 그다음이 영국이고, 아마도 캐나다, 칠레 그리고 한국 순일 것이다. 학생들이 빚을 지기 시작하고 불어나게 된 것은 거의 대부분 경제 둔화나 부패의 산물이다. 정치적으로 악의를 가진 무능한 정권이 경제적 불평등을 심화시킨 결과이기도 하다. 불평등이 심한 국가나 더 심해지고 있는 국가에선 학생들이 큰 빚을 지는 것을 용인하는 경향이 있다. 그러나 부채는 결코 지속가능하지 않다.

학생 융자가 지속가능하지 않다는 것을 이해하기 위해 알아야 할 핵심 포인트가 있다. 우리가 가속화 시대를 살고 있다는 믿음을 버려야 한다는 점이다. 그리고 이젠 수많은 것들이 감속하고 있다는 점을 직시해야 한다. 만약 모든 것이 여전히 속도를 높이고 있다면, 즉 인플레이션이 지속되고 미래 소득이 계속 커진다면, 지금 큰 빚을 진다고 해도 결국 작은 빚이 될 것이다. 그러면 갚기도 더 쉬워진다. 이런 논리가 억지는 아니다. 그러나 이미 전체 액수 면에서 학생들의 부채 규모가 증가하는 속도는 줄고 있다.

미국에서 학생들의 부채 증가율이 정점을 찍었던 때는 2009년 7월이다. 그래도 부채 자체는 여전히 증가하고 있었다. 만약 대학 교육을 받으려는 젊은이들에게 비싼 수업료를 물리는 몇몇 국가에서 전체 학생들이 지고 있는 빚이 얼마나 되는지를 합쳐서 계산해 본다면, 분명 국제적으로도 학생들의 부채 규모는 여전히 커지고 있을 것이다. 다른 형태의 부채 규모도 마찬가지일 것이다. 그러나 미국에서 부채 규모 증가세가 꺾였다는 것은 흥미로운 대목이다. 그리고 그 변곡점이 된 시기는 글로벌 재정위기가 시작된 시점과 정확히 일치한다. 비록 이 장의 첫 머리에서 인용한 기사처럼 슬로다운은 그로부터 딱 10년이 지난 후에야 뉴스거리가 됐지만 말이다.

미국에서 학생들의 부채 증가율은 점점 줄어들었다. 꼭 대학에 진학하려는 젊은 층이 줄어서만은 아니다. 미국 대학들이 등록금을 낮춰서 그런 것도 아니다. 1969년에서 1979년 사이 미국 대학들이 수여한 학위는 한해 127만 건에서 173만 건 수준으로 늘었다. 43% 증가한 셈이다.[2] 로널드 레이건(Ronald Reagan) 대통령의 집권기와 겹치는 이후 10년 동안, 그러니까 1989년까지 이 수치는 12% 오른 194만 건을 기록했다. 1990년대 동안 한 해 평균 수여된 학위는 238만 건이 됐다. 그러니까 1999년까지 10년 동안 23% 오른 것이다. 21세기 들어 이 수치는 335만 건까지 더 속도를 내 증가했다. 2000년에서 2009년 사이에 41% 올랐다. 2010년에는 355만 건이 됐고, 2011년에는 374만 건이 됐다. 하지만 성장은 딱 거기까지였다. 2017년에는 전년도보다 더 적은 학위가 수여됐다. 최근 들어 미국 내에서 대학에 진학해 학위를 받는 젊은이들의 숫자 자체가 줄고 있다.

미국에서 학생 부채의 규모가 계속 커지고 있는 것은 비단 거기에 붙는 이자 때문만은 아니다. 갈수록 점점 더 많은 학생들이 빚을 갚을 수 없게 됐기 때문이다. 등록금은 매해 계속 오르기만 한다. 게다가 졸업을 하고 나서도 부모 세대가 그랬던 것만큼의 돈 잘 버는 일자리를 찾기가 쉽지 않은 것이다. 그런데 미국에서 대학에 가고자 하는 젊은 층의 숫자가 줄어들기 이미 전부터 부채 증가 속도는 줄어들기 시작했다. 앞에서도 언급했듯 이런 움직임은 적어도 10년 동안 진행되었다. 미국 내에서나 국제적으로도 부채 규모가 커지는 동안 슈퍼 리치들의 부도 증가했지만, 가장 최신판의 '벼락부자가 되는 법'은 처음으로 난관에 부딪혔다. 앞으로 학생 부채라는 것은 과거의 산물일 수밖에 없다. 학생 부채가 실질적으로 존재하지 않았던 유럽 대부분 국가나 중국에서는 앞으로도 계속 그럴 것이다. 한 세대에 걸쳐 젊은이들에게 투기적인 금융 속임수를 써 온 다른 나라에서도 이 개념은 사라질 것이다.

[그림 6]에서의 시간선은 미국에서 학생들의 부채 규모가 어떻게 변했는지 보여 준다. 불과 12년 동안 4,810억 달러에서 1조 5,640억 달러로 증가했다. 그러면서 같은 기간 증가 속도는 느려졌다. 2009년 7월이 분기점이 된 게 눈에 띈다.

세인트루이스 연방준비은행은 연구보고서를 통해 2006년 1월부터 미국 전역에서 같은 방법으로 지급돼 아직 회수되지 않은 학자금대출

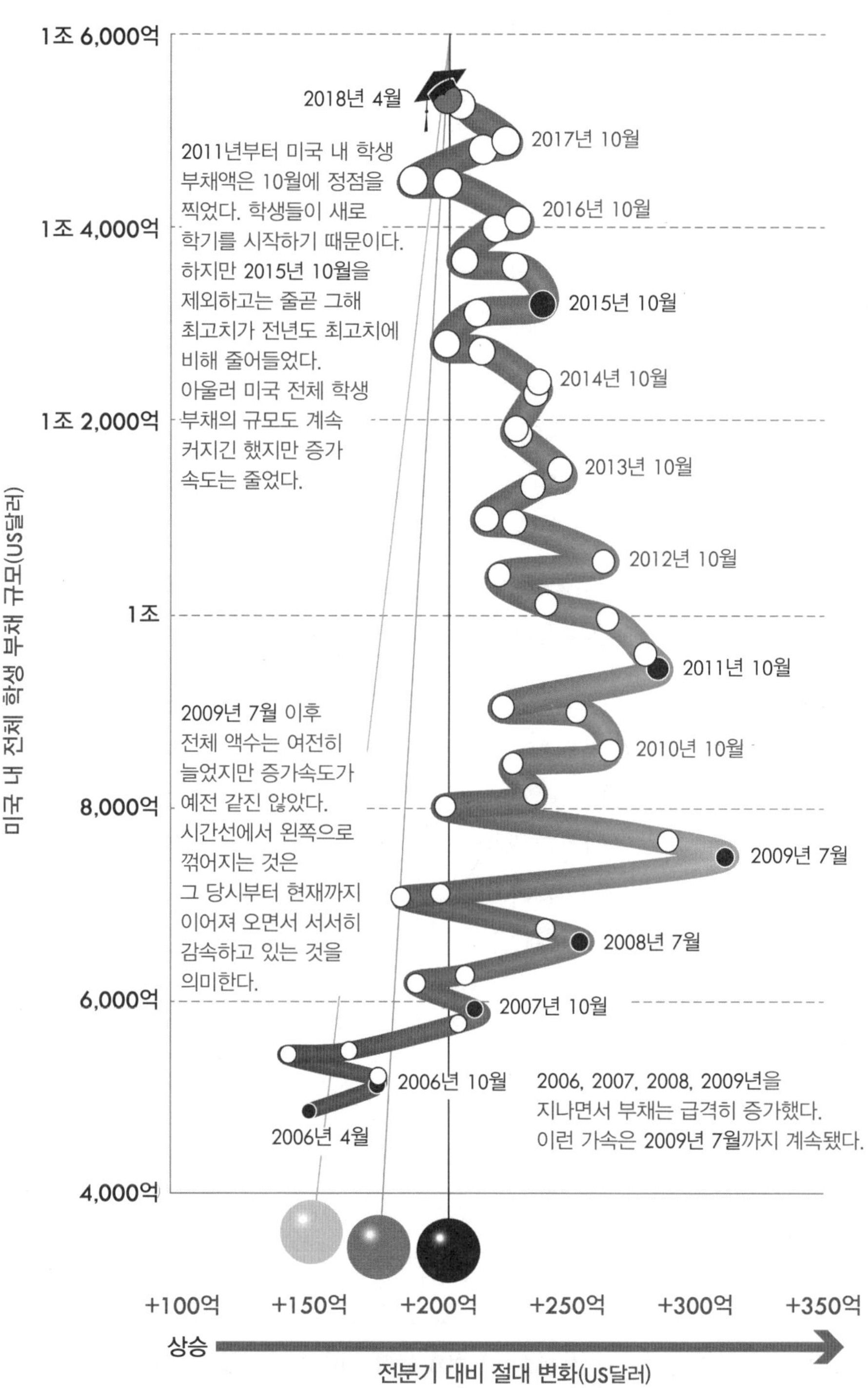

Y축: 미국 내 전체 학생 부채 규모(US달러)

1조 6,000억
1조 4,000억
1조 2,000억
1조
8,000억
6,000억
4,000억

2018년 4월

2011년부터 미국 내 학생 부채액은 10월에 정점을 찍었다. 학생들이 새로 학기를 시작하기 때문이다. 하지만 2015년 10월을 제외하고는 줄곧 그해 최고치가 전년도 최고치에 비해 줄어들었다. 아울러 미국 전체 학생 부채의 규모도 계속 커지긴 했지만 증가 속도는 줄었다.

2017년 10월
2016년 10월
2015년 10월
2014년 10월
2013년 10월
2012년 10월
2011년 10월
2010년 10월

2009년 7월 이후 전체 액수는 여전히 늘었지만 증가속도가 예전 같진 않았다. 시간선에서 왼쪽으로 꺾어지는 것은 그 당시부터 현재까지 이어져 오면서 서서히 감속하고 있는 것을 의미한다.

2009년 7월
2008년 7월
2007년 10월
2006년 10월
2006년 4월

2006, 2007, 2008, 2009년을 지나면서 부채는 급격히 증가했다. 이런 가속은 2009년 7월까지 계속됐다.

X축: +100억 +150억 +200억 +250억 +300억 +350억

상승 ➡

전분기 대비 절대 변화(US달러)

그림 6. 미국 내 학생들의 부채, 2006~2018년
미국 연방준비제도 이사회에서 가져온 데이터. "Student Loans Owned and Securitized, Outstanding". 세인트루이스 연방준비은행의 경제통계 데이터베이스 FRED에 2018년 12월 28일 접속해 검색한 것. https://fred.stlouisfed.org/series/SLOAS.

규모를 계산했다. 이듬해인 2007년까지 연방 학자금대출의 형태로 2,260만 명의 학생이 4,019억 달러를 받아 갔다. 대출받은 학생 한 명당 평균 1만 7,783달러의 빚을 진 셈이다.³ 여기에 700만 명의 학생이 연방 차원에서 받은 직접대출 1,068억 달러와 퍼킨스 대출 등 다른 소규모 대출까지 합치면 2007년 1분기 기준 총액은 5,100억 달러에 달한다. 한 분기에 거의 150억 달러씩, 한 해 11%씩 증가한 셈이다.

2006년부터 2011년까지 단 5년 동안 연빙 대출 시스템을 찾은 학생 수는 2,830만 명에서 3,830만 명으로 늘었다. 학생 1인당 평균 부채도 1만 8,233달러에서 2만 4,757달러로 증가했다. 2011년까지 학생들이 연방 은행에 진 빚의 총액은 9,480억 달러를 기록했다. 학생 수는 3분의 1 정도밖에 늘지 않았는데 부채 규모는 두 배로 뛴 것이다. 어느 모로 보나 이런 증가세는 '통제 불능'이라고 해석될 수밖에 없는 상황이다. 그러나 [그림 6]의 시간선에서 볼 수 있듯이 증가 속도가 정점을 찍은 시기는 이미 지나간 뒤였다. 단 1분기 동안 300억 달러가 증가했던 2009년 7월이 그때였다. 만약 이런 증가세가 계속 이어졌다면 얼마 지나지 않아 이 학생 부채는 미국 내 어떤 부채보다도 규모가 커졌을 것이다. 이런 증가세는 지속가능하지 않았다. 학생 부채의 규모는 마치 무한정 늘 것처럼 보였지만 그럴 수 없었던 것이다.

옛날에 비해 요즘 학생들이 지고 있는 빚의 규모가 훨씬 크다. 각 세대마다 대출을 받기 부담스러워 하던 학생들이 들었던 말이 있다. 다음 세대 후배들은 더 많이 대출을 받아야 할 거란 이야기였다. 상황이 더 엉망이 되면서 후배들의 등록금은 더 비싸질 것이고 더 많은 빚을 지게 된다는 것이다. 그래서 그 빚을 다 갚을 수 있을 만큼 괜찮은 직장을 얻기 위한 졸업생끼리의 경쟁도 더 치열해질 거라고 경고한다. 하지만 그러면서도 "걱정하지 말라"는 메시지가 덧붙는다. 지금 상황이 별로일 수는 있지만, 그래도 후배들이 맞을 상황은 더 별로이고, 그래서 당신은 상대적으로 괜찮은 편이라는 이야기다. 물론 최상위층 자제들은 미국에서 대학을 가기 위해 돈을 꿀 필요가 없다. 따라서 이들의 삶이 엉망이될 일도 없다. 다른 사람의 아이들, 특히 열정을 가지고 있는 아이들에게 보조금 대신 대출을 장려함으로써 결국 이들에게 불리한 시스템을 고안한 이들은 바로 부자들이다.

미국에서 학생들은 매년 10월에 가장 많이 융자를 받는다. 새 학기를 시작하면서 신규 대출을 받기 때문이다. 그런데 2009년에는 그렇지 않았다. 2011년에도 그랬다. 2012년까지 180만 명의 학생이 순증해 이 시스템에 들어왔는데 이들이 단 한 해 동안 새로 받은 대출과 여기 쌓인 이자가 1,000억 달러였다. 그러나 2012년 이런 증가세는 꺾이기 시작했다. 매년 학생 수의 증가 속도는 급격히 느려졌고 증가율은 한 자릿 수로 떨어졌다. 그럼에도 불구하고 대출잔액은 좀처럼 떨어지지 않았다.

2018년 들어서 미국 내 학생 부채 규모는 분기에 200억 달러, 연 800억 달러 수준으로 속도가 줄어들었다. 그해 4분기에는 부채 총액이 1조 5,600억 달러를 기록했는데, 여전히 오르고 있는 중이었다. 그렇지만 증가하는 폭은 점점 작아졌다. 그 당시 기준으로 25세 이하 학생들은 평균적으로 연방정부에 1만 4,753달러씩 빚을 지고 있는 셈이었다. 25세에서 34세 사이의 경우 그 액수가 3만 5,553달러까지 올랐다. 이렇게 진 빚은 갚을 수 있는 범위를 한참 벗어났다. 한참 전에 학창 시절을 보낸 35세에서 49세 사이 사람들의 평균 부채액은 이보다 훨씬 더 컸다. 사실 이들은 등록금이 싼 시절에 대학을 다녔기 때문에 융자를 많이 받을 이유가 없었다. 그러나 이후 금리가 치솟았고, 이들이 갚아야 할 빚은 평균 3만 8,593달러에 이르렀다. 50세에서 61세 사이 사람들의 평균 부채는 조금 떨어져서 3만 7,828달러다. 이보다 더 고령층도 여전히 평균적으로 3만 4,316달러의 빚을 지고 있다. 결국 연방 학자금대출은 죽어서만 벗어날 수 있다는 말이 괜히 나오는 게 아니다.[4]

미국의 학자금대출 규모는 여전히 커지고 있다. 다만 예전보다 그 증가속도는 느려졌다. 이런 상황은 분명 바람직하지 않은 어떤 시스템이 이상직으로 돌아가는 칙하기 위해 유지되고 있는 것이다. 지구상의 다른 곳, 예를 들어 영국의 경우 여전히 학생 부채는 빠른 속도로 증가하고 있다. 아직까지 속도를 줄일 기미는 보이지 않는다. 하지만 이 역시 곧 슬로다운을 맞을 것이다. 그렇게 되어야만 한다. 지금 영국의 두 거대 야당인 노동당과 스코틀랜드 국민당[5]이 학자금대출에 반대 입장을 보이고 있다. 그 어느 것도 영원히 속도를 높일 수는 없다.

자동차대출

아무튼, 이처럼 미국의 학생들은 계속 빚을 지고 있다. 그러나 증가속도는 줄고 있다. 그렇다면 자동차대출은 어떨까? 교육이나 주택처럼 꼭 필요하지만 돈을 꾸지 않고는 가질 수 없는 게 있을 때 빚을 지게 된다. 필요할 때 무상교육이 제공되고 그 비용이 세금으로 충당되는 나라에선 돈을 벌기 위해 학교를 다니거나 대학에 진학할 필요가 없다. 그러려는 사람도 없다. 교육의 기회가 누구에게나 열려 있지 않고, 공정하게 접근할 수 없는 곳에서 젊은이들은 더 나은 인생을 위해 돈을 빌려야겠다는 부담감을 느끼게 된다. 자금을 대줄 형편이 안 되는 가족들 역시 그러라고 부추긴다.

상당수 나라에서 자기 차를 소유하고 있지 않은 이들이 많다. 심지어 부자 나라에서도 자동차에 대한 소비는 점점 줄고 있다. 일본이 대표적인 사례다. 2014년까지 해마다 일본에서는 가구당 소유하고 있는 자동차 대수가 계속 줄었다. 머지않아 가구당 한 대 이하로 줄 형편이다.[6] 반면에 놀랍게도 영국의 2001년 인구주택총조사에 따르면 상당수 가구가 운전 가능한 성인 수보다 더 많은 차를 소유하고 있는 것으로 나타났다.

질서가 잘 잡힌 부유한 사회에서 슬로다운이 진행되고 있다. 점점 더 대중교통에 의존하게 되고, 자전거를 타고 다니거나 그냥 걸어 다니는 사람이 많아진다. 부피만 차지하면서 사치스럽고 도로 정체와 환경오염만 일으키는 자가용을 멀리하게 된다. 이런 사회에는 초고속 열차가 있긴 하지만 정기적으로 이용하는 사람이 상대적으로 많지 않다. 굳이 그렇게 멀리, 또 그렇게 빨리 여행할 필요가 없기 때문이다(어쩌면 일부러 더 천천히 여행하고 싶어 할지도 모른다). 이런 마당에 굳이 쇳덩어리를 직접 소유하면서 끌고 다닐 필요는 더욱 느끼지 못할 것이다. 슬로다운에 접어들었다는 사실을 인식하지 못하는 사람들이 가끔 상기된 목소리로 미래를 전망하곤 한다. 로봇이 운전하는 차를 타고 동네를 빠른 속도로 질주할 거라는 식의 이야기다. 빨리 살을 찌우는 좋은 방법일 수는 있겠지만, 그게 무슨 대단한 미래의 비전이 될 수 있을까? 그렇게 빠르게만 달리는 것이 우리 삶에서 즐거운 여행이 될 리 없다.

미합중국은 가속화의 국가다. 모든 것을 다른 어느 지역에서보다 더 크게, 더 좋게, 더 빠르게, 더 넓게, 더 길게, 더 높게, 더 대단하게 만들었다. 오늘날에 보면 참으로 어리석은 일이다. 하지만 어리석다고 해서 그런 과도함으로 인한 불행까지 즐길 수는 없는 일이다. 1950년대와

1960년대 대가속의 시대를 지나는 동안 전 세계에서 가장 부유한 국가라면 어디라도 그렇게 했을 것이다. 거대한 바비큐를 만들고, 기괴할 정도로 대규모의 음식 서빙을 하면서, 체질량 지수는 최고로 높아지고, 크기만 클 뿐 기름은 엄청 잡아먹는 차를 몰고 다니는 따위의 일이 펼쳐졌다. 심지어 미국은 자신들이 얼마나 위대한지 보여 주기 위해 몇몇의 백인들을 엄청난 속도로 날려 보내 달에 착륙시켰다. 소련의 스페이스 프로그램에 상처받은 국가직 자존감을 회복하기 위해 얼마나 펑펑 돈을 쓸 수 있는지 과시하려는 목적도 있었다.[7]

오늘날 미국은 차 없이 살기 매우 힘든 곳이다. 직장에 갈 때나 학교에 갈 때, 쇼핑을 하러 갈 때도 차가 필요하다. 노숙자들조차 자신의 소유든, 누가 버리고 간 것이든 잠잘 곳으로라도 차가 있어야 한다. 과거에 미국의 자동차 산업은 대부업이었다. 자동차는 꿈 같이 팔려 나갔고, 또 꿈같이 꺾였다. 자유라는 아메리칸 드림을 자동차가 탁 트인 도로에서 구현했다.

2003년에 이르러 자동차 판매와 관련한 빚의 총액은 6,220억 달러를 기록했다. 가구당 5,600달러에 달하는 돈이다. 2018년에는 1조 2,700억 원으로 거의 두 배가 됐다. 가구당 1만 400달러인 셈이다. 학자금대출이 그런 것처럼 국가적으로 자동차대출 역시 여전히 증가하고 있다. 그러나 예전만큼 그렇게 빠른 속도로 오르는 건 아니다. 다만 미국이 일본처럼 매해 도로에서 차가 줄고 있는 수준까지 되려면 아직 한참 멀었다. 대중교통 수단이 더 많이 마련되지 않는 이상, 미국이 일본의 성과를 따라잡는 것은 불가능할지 모른다. 그러나 부채 면에서 감속이 시작된 것으로 보아 미국의 기류가 변했다는 사실은 알 수 있다.

20세기를 통틀어 부자 나라들에서 개인부채가 늘어난 가장 큰 원인 중 하나는 새 차에 대한 수요, 욕망이었다. 사실 더 많은 올드카들이 지금까지도 운행될 수 있었다. 그러나 자동차 산업 면에서 사람들이 신차를 사서 몰고 다니게 할 필요가 있었다. 사람들이 차를 살 만큼 충분히 저축을 하지 않게 되자, 자동차 산업은 새로운 형태의 융자상품을 만들어 냈다. 자동차 자체를 담보로 돈을 빌리는 것이다. 그렇게 해서 차를 살 형편이 안 되는데도 차를 몰 수 있게 했다.

부채와 욕망은 종종 함께 가는 것으로 인식된다. 그런데 부채는 신용이 있는 곳에서만 가능하다. 신용은 충분한 탐욕과 부의 잉여가 있는 곳에서 가능하다. 부채 규모가 확 커지기 위해서 부는 소수의 손에만 머물러야 한다. 소수의 사람들에 부가 더 많이 집중될수록 더 많은 돈이 다른 이들에게 대출금으로 흘러 들어가게 된다. 이렇게 함으로써 은행 소유자나 은행에서 최고 연봉을 받는 이들이 자신들의 이익을 극대화할 수 있는 것이다. 나머지 사람들은 물가가 오르면서 자신들이 지고 있는 부채도 늘게 된다.

자동차 값은 이미 엄청난 액수고 지금도 계속 오르고 있다. 그래서 대출을 끼지 않고선 도저히 새 차를 살 수 없다고 생각할지 모른다. 그러나 이 상황은 학자금대출 사례와 똑같다. 전 세계 여러 나라, 수백만의 사람들은 지금 엄청난 빚을 지지 않고도 대학에 진학하고 있다. 자동차의 경우 사람들이 차량담보대출을 받지 않고도 합리적으로 살 수 있을 거라고 생각하기 쉽지 않을 수 있다. 그러나 이 문제 있어서 유독 미국이 예외적인 것일 뿐, 일반적인 경우는 아니다.

수많은 사람들의 빚은 어느 한 사람의 자산이다. 그리고 그 사람의 수입의 원천이 된다. 이 한 사람은 아마도 이미 엄청난 재산을 가지고 있을 것이다. 죽은 뒤에도 한참 남을 만큼 소유하고 있지만, 그래도 항상 그 이상을 원한다. 탐욕은 중독성이 있으며 온 정신을 사로잡는다. 이들은 다른 이들에게 돈을 꾸어 주며 차를 사게 한다. 그러면서 이자를 부과한다. 아무것도 하지 않으면서 재산이 불어나는 것을 지켜볼 수 있게 되는 것이다. 반면 이들에게 돈을 빌린 사람들은 그 돈을 갚기 위해 일을 한다. 그 일을 하러 가기 위해 돈을 빌려 산 차를 몰고 가야 한다. 결국 대부분의 사람들은 제대로 저축을 할 수 없다는 이야기다. 만약 저축을 할 수 있다면 이런 시스템은 돌아가지 않는다. 그렇다면 빚을 질 필요도 없기 때문이다.

부유한 개개인들은 간접적으로 돈을 빌려준다. 예를 들어 국채를 매입하는 방식으로 연방정부에 돈을 빌려주는 것이다. 그렇게 하면 그 돈의 일부는 대학생들에게 연방 대출의 형식으로 돌아간다. 대출을 받은 학생들은 나중에 이자와 함께 돈을 돌려주게 되는데, 이론상 이 돈을 갚지 못하는 경우를 상쇄하고도 남는다. 그러면 미래에 연방정부는 부유한 개개인에게 이자와 함께 돈을 되갚을 수 있게 된다. 하지만 결과적으로 이런 거대한 폰지 사기는 실패할 수밖에 없게 돼 있다. 우리가 계속 이런 식으로 살아간다면 아주 극소수만 부자가 될 것이기 때문이다.

부자들은 교육을 받으려는 이들에게 돈을 빌려주는 게 장기적으로는 얼마나 어리석은 일이었는지 잘 몰랐을 수도 있다. 부자들이 이해하고 있는 것보다 세상이 얼마나 더 잘 돌아가고 있는지도 몰랐을 것이다. 사람들은 단기적인 이익을 극대화하는 데만 집중하기 마련이니 말이다.

괜찮은 개인연금을 가지고 있는 소수를 위해 연기금이 성장하기 위해선 국가경제가 부채에 기댈 수밖에 없다고 말하는 이들이 있다. 그러나 빚에 기반한 경제는 구조상 모두에게 제대로 된 연금 혜택을 제공해 줄 수 없다. 부가 공평하고 풍족하게 돌아가지 않는 사회에서는 중간 정도의 경제 수준에 있던 이들 대부분이 나이가 들면서 극심한 빈곤 단계로 접어든다. 은퇴를 꿈꾸지만 더 심각한 가난의 상태로 빠져들게 되는 것이다. 다수가 의사를 결정하는 나라에서 어쩌다 이런 시스템이 자리를 잡게 됐던 것일까? 어떻게 자유의 본고장이라는 곳에서 이렇게 많은 사람들이 빚에 짓눌려 살게 된 것일까? 어쩌면 그에 대한 대답은 미래에도 가속화가 이어질 것이라는 믿음 때문이었다고 할 수 있다. 지금은 퇴색되고 있는 그런 믿음이지만.

1950년대에는 이처럼 부채에 기반한 미국 경제가 잘 돌아가는 것처럼 보였다. 해외에서 들어오는 현금 덕분에 1960년대에도 그랬다. 미국 경제는 성공을 이어 갔고 영향력도 최고조에 달했다. 게다가 그 뒤를 막강한 군사력까지 떠받치고 있었다. 냉전의 광기가 지구 전체를 가로질렀다. 그런데 사실 많은 가난한 국가로서는 냉전이 아닌 뜨거운 전쟁이었다. 특히 미국의 이익에 부합하는 것으로 보이는 나라들에게 그랬다. 미국은 다른 나라에서 재화와 서비스를 사들이는 데 쓴 돈보다 더 많은 돈을 벌어들였다. 하지만 이런 국면이 끝나 가면서 지금의 상황이 불안정하다는 현실을 점점 많은 미국인들이 직시하기 시작했다.

1930년대부터 미국에서 판매된 자동차 대부분은 할부로 팔린 것이다. 할부 규모와 차량판매 대수는 거의 매년 계속 올랐다. 1978년에 이르러 한 해 1,500만 대가 팔리면서 정점을 찍었다.[8] 1980년대 초 경제불황 탓에 판매량이 잠시 떨어졌지만 1986년에 다시 1,600만 대가 팔렸다. 1990년대 후반 또 한 번 하락했다가 다시 오르기 시작해 2000년에는 1,700만 대를 찍게 된다. 그리고는 이후 대규모 경기침체가 닥치면서 2009년 연간 판매량은 드라마틱하게 떨어져 1,000만 대 수준에 그쳤다.

이런 대불황이 지난 뒤 미국 내 자동차 판매량은 서서히 회복되기 시작했지만 그 속도는 느렸다. 2016년까지도 연간 1,700만 대 수준을 회복하지 못했다. 그리고는 지금 다시 줄고 있다.[9] 2003년부터 2013년까지의 10년은 미국 자동차 할부 산업에서 대격동의 시대였다. 미국의 자동차 판매와 대출사업에 엄청난 가속이 붙은 것 같았다. 그러나 한 걸음 물러서서 보면 지금은 분명히 슬로다운이 진행되고 있다는 게 눈에 들어올 것이다. 이미 얼마 전부터 그렇게 진행되고 있다.

물론 지금도 미국 내에선 자동차대출이 증가하고 있다. 그럼에도 증가 속도는 예전같지 않다. 미국에는 여전히 오래된 차들이 굴러다닌다. 자동차들도 폐차되기 전까지 더 오래 쓸 수 있게 만들어졌다. 지금의 슬로다운이 지속될 가능성도 높다. 하지만 그렇게 되려면 미국인들의 유별난 자동차 사랑이 사라져야 한다. 2003년부터 2018년까지 단 15년 동안 미국에서 자동차 할부금 잔액은 6,220억 달러에서 1조 2,380억 달러로 증가했다. 그런데 그 기간 동안 어마어마한 추락이 있었다. 미 연방준비제도에서는 미국인들이 갚아야 할 자동차 할부금이 얼마나 되는지 분기별로 통계를 내 발표한다. 대부분 기간 동안(적어도 1970년대 후반부터 봤을 때) 이 잔액은 계속 상승했다. 2003년 전까지 미국인들의 차량 구입 대수도 늘고 자동차 가격도 높아지면서 더 빠르게 올랐다. 동시에 운전할 수 있는 연령대의 미국인들 수도 늘었다. 그러나 빚을 지지 않고 차를 사기는 더 힘들어졌다. 결과적으로 미국 내에서 자동차 할부금 규모는 단지 증가하는 데 그친 게 아니라, 아찔할 정도로 가속도가 붙어 2003년 기준으로 6,220억 달러에 이르렀다.

2000년대 초반 미국의 자동차대출 규모는 분기당 평균 250억 달러씩, 1년으로 따지면 1,000억 달러씩 올랐다. 산처럼 쌓인 자동차 할부금이 사흘에 10억 달러씩 순증했던 것이다. 과거에 진 빚들은 상환되거나 상각됐지만 그보다 훨씬 더 큰 규모의 빚이 새로 쌓여 갔다. 그러다 2004년 말, 이런 시스템에 큰 충격이 가해진다. 2003년 한 해 동안 휘발유 값이 계속 올랐다. 전 세계적으로 수요가 증가해 그 정점을 찍은 때가 2003년에서 2004년 사이다. 한 해 동안 수요가 3.4%나 증가했다.[10] 그해 말이 되자 새 차를 사는 사람이 줄어들었다. 2005년 초에는 대출 규모도 줄었다. 몇 달 동안 다시 회복되는 듯싶더니 2005년 말에 다시 떨어졌다. [그림 7]에서 보면 이런 모습이 시간선 위에서 둥글게 원을 그리며 나타난다. 2006년과 2007년은 회복이 되는 듯하다가 연말이 되면서 다시 떨어졌다. 2008년 중반부터 2010년 중반까지는 줄곧 떨어지기만 한다. 모든 분기에 계속 그랬다. 이때쯤 은행들은 파산으로 가고 있었다. 자동차 업체들이 넘기려고 했던 채권도 인수할 여력이 없었다.

2011년이 시작될 무렵의 총 대출 규모는 2003년 말보다 크지 않았다. 2013년 중반이 돼서야 미국의 자동차대출은 10년 전의 증가 속도를 따라잡았다. 그런데 그때와 달리 지금은 무언가가 근본적으로 바뀌어 있었다.

2015년부터 2분기 기준으로 미국 내 자동차대출 규모는 점점 작아져 갔다. 그 이후로는 2005년 2분기 수준을 넘어서지 못했다. 바로 가속화가 최고조에 이르렀을 때였다. [그림 7]의 시간선은 전반적으로 왼쪽으로 기운다. 시간선은 자동차대출 규모가 정점에 이를 해를 향해 지그재그를 하며 나아간다. 그 해가 언제일지는 아무도 모른다. 하지만 추세는 볼 수 있다. 그 사이 또 다른 오일쇼크가 올지도 모를 일이다. 하지만 중기적으로 볼 때 미국의 자동차대출 추세는 점차 감속하고 있다. 대출 규모는 여전히 오르고 있지만, 예전 같지 않은 것이다.

2018년 2분기에 미국 내 자동차대출은 180억 달러 증가했다. 분기

별로 볼 때 가장 빠른 성장세였다. 이전 두 분기에는 각각 80억 달러와 90억 달러 증가하는 데 그쳤다. 대부분의 미국인들이 상대적으로 가난한 상태를 유지했고 소수만 힘겹게 부자가 됐다(중산층에 머문 이들의 숫자는 점점 줄었다). 그러는 동안 미국인들이 차를 살 수 있는 주된 수단은 대출이라고 여기게 됐다. 자동차대출이 꼭 필요하지 않은 상황이 돼야 미국에서 부의 불평등도 좀 줄어들 수 있을 것이다.

한 세기 전 미국인들은 포드 모델T를 몰기 위해서는 돈을 먼저 지불해야 했다. 일단 포드 딜러에게 보증금을 낸 뒤 판매가격에 이를 때까지 매주 할부금을 냈다. 그런 뒤에 자기 차를 몰고 가져갔기 때문에 남아 있는 빚도 없었다. 사람들이 이동하기 위해서 빚을 진다는 건 불필요한 일이다. 자전거를 살 때도 빚을 질 필요가 없다. 도시에서는 굳이 차를 타지 않고도 일 하러 갈 수 있도록 설계할 수 있다. 전 세계적으로도 제대로 계획된 도시에 사람들이 산다면 자동차를 필요로 하지 않게 될 것이다. 이렇게 대중교통이 더 편리해지면, 깊은 시골에 사는 몇몇 사람들만 모아둔 돈으로 자동차를 사게 될 것이다. 지금 일본에서 벌어지고 있는 상황처럼 말이다. 언젠가 미국에서 자동차 할부라는 것 자체가 과거의 산물이 될지도 모른다.

지금 자동차대출로 지급되는 이자만 12억 달러가 넘는다. 원금의 절반 이상이 이자로 나갔던 2003년에 비해 낮은 액수일 수도 있다. 그건 그때에 비해 이자율이 훨씬 낮아졌기 때문이다. 하지만 요즘 미국 금리는 다시 조금씩 오르기 시작하고 있다. 장기적으로 볼 때 가치가 줄어드는 자산을 얻기 위해 돈을 빌리는 것은 말이 안 되는 일이다. 이자율이 오르는 상황에서, 게다가 다른 대체 이동수단까지 있다면 대출을 받을 이유가 없다.

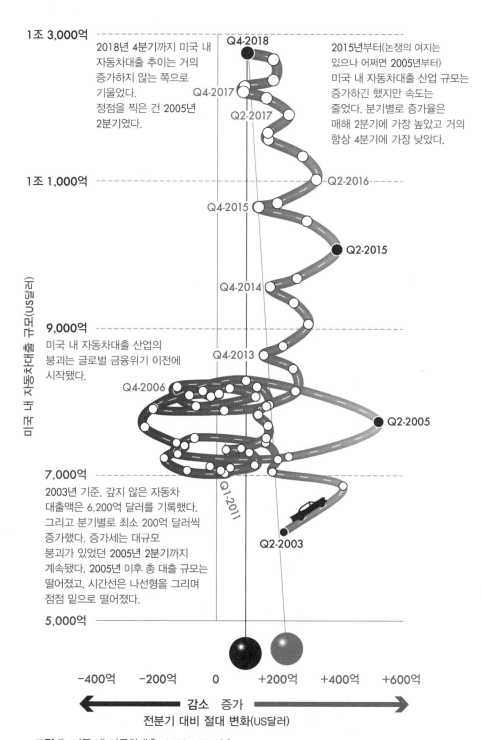

1조 3,000억 ----------

Q4-2018

2018년 4분기까지 미국 내
자동차대출 추이는 거의
증가하지 않는 쪽으로
기울었다.
정점을 찍은 건 2005년
2분기였다.

Q4-2017

Q2-2017

2015년부터(논쟁의 여지는
있으나 어쩌면 2005년부터)
미국 내 자동차대출 산업 규모는
증가하긴 했지만 속도는
줄었다. 분기별로 증가율은
매해 2분기에 가장 높았고 거의
항상 4분기에 가장 낮았다.

1조 1,000억 ----------

Q2-2016 --------

Q4-2015

Q2-2015

Q4-2014

9,000억 ----------

미국 내 자동차대출 산업의
붕괴는 글로벌 금융위기 이전에
시작됐다.

Q4-2013

Q4-2006

Q2-2005

Q1-2011

7,000억 ----------

2003년 기준, 갚지 않은 자동차
대출액은 6,200억 달러를 기록했다.
그리고 분기별로 최소 200억 달러씩
증가했다. 증가세는 대규모
붕괴가 있었던 2005년 2분기까지
계속됐다. 2005년 이후 총 대출 규모는
떨어졌고, 시간선은 나선형을 그리며
점점 밑으로 떨어졌다.

Q2-2003

5,000억 ----------

미국 내 자동차대출 규모(US달러)

-400억   -200억   0   +200억   +400억   +600억

← 감소   증가 →
전분기 대비 절대 변화(US달러)

그림 7. 미국 내 자동차대출, 2003~2018년
2019년 1분기까지 3개월 동안 부채는 0.5%, 2018년 1분기까지는 0.7%, 2017년 1분기까지
는 0.9% 증가함. 미국 뉴욕 연방준비은행에서 가져온 데이터. "Quarterly Report on
Household Debt and Credit". 뉴욕 연방 미시경제자료센터에 2018년 12월 28일에 접속
하여 검색한 것. https://www.newyorkfed.org/ microEconomics/databank.html.

미국 내 주택담보대출

세계 어느 곳을 둘러봐도 어디에나 대출이 있다. 그런데 그 어디보다 대출 규모가 큰 곳이 미국이다. 미국 내 젊은 층에서 학자금대출 액수는 여전히 커지고 있지만 증가 속도는 슬로다운하고 있다. 물론 그럼에도 전체 액수는 천천히 계속 오르고 있다. 자동차 할부 규모 역시 여전히 커지고 있지만 역시 상승세는 슬로다운히고 있디. 디만 학자금대출보다 좀 더 속도가 빠르다. 미국인들이 돈을 꾸는 규모 면에서 가장 중요한 대출이 또 있다. 오늘날 이 나라에서 영구적인 안전을 보장받기 위해 필요한 대출, 바로 집을 살 때 필요한 모기지(mortgage, 담보대출)다. 미국에서는 집을 사야만 안정적으로 정착할 수 있다. 월세로 산다면 아무리 돈이 충분하다고 해도 여기저기 옮겨 다닐 수밖에 없다.

여러 나라에서 월세로 살지, 자가에 살지 선택을 할 수 있다. 월세에 대한 규정은 개별 주나 보통 지방정부에서 정한다. 너무 급격하게 인상하는 것을 규제하고, 집 상태나 크기에 비해 과도하게 납입금을 매기지 못하게 한다. 세입자들은 월세를 내는 한 그 집에 머물 권리가 있다. 세계의 부유한 국가들 중에서도 시스템이 잘 갖춰져 있는 곳이라면, 집주인이 세입자를 자의로 내보내려면 금전적인 보상을 해주어야 한다. 만약 보상이 충분치 않다면 세입자는 계속 임대를 이어 가면서 그 집에 살수 있다. 이런 게 바로 집이다. 집은 단순히 재산 이상의 의미를 갖는다.

안정적인 임대가 보장되지 않을 때 종종 주택이나 아파트 값이 치솟고는 한다. 요즘 미국의 거의 대부분 주에서 세입자들에게는 거의 아무런 권리가 없다. 임대료는 집주인의 변덕에 따라 오른다. 따라서 단지 임대료를 올리는 것만으로 세입자를 쫓아낼 수 있다. 세 들어간 집의 상태가 최악인데도 임대료는 비슷한 수준의 집을 살 때 내게 되는 모기지보다 훨씬 더 높을 수도 있다. 그렇다면 여력이 있는 사람들은 그냥 집을 사려고 하게 된다. 그러나 집을 살 여력이 있다는 것은 대부분의 경우 구매를 위해 돈을 꿀 수 있다는 것을 의미한다. 이는 또 그 사람의 신용 기록에 의해 좌우된다. 게다가 미국에서 돈을 빌릴 때 적용되는 이자율은 시간에 따라 달라진다. 빌리는 이가 누구냐에 따라, 어디 사느냐에 따라서도 달라진다. 물론 현재 레드라이닝(redlining, 특정한 지역에 붉은 선을 그어 경계를 지정하고, 그 지역에 대해 대출·보험 등의 금융 서비스를 거부하는 행위-옮긴이)은 불법이다.[11] 사람들에게는 각자의 신용등급이 있다.

미국에서의 주택 구매는 유럽에서와는 다르다. 유럽에서는 모기지 금리가 거의 20년 동안, 어쩌면 그 이상 고정돼 있는 게 일반적이다. 그래서 세 들어 사는 것보다 집을 사는 게 낫다. 물론 여전히 위험한 일이긴 하다. 대출금을 제때 갚지 못하면 대출기관이 집을 압류하고 쫓아낼 수 있기 때문이다. 미국에서 부자들은 이런 위험을 피하기 위해 현금으로 집을 산다. 자신들이 벌어 둔 돈일 수도 있고, 부자가 아닌 사람들에게 직간접적으로 돈을 빌려 주고 받은 이자 수익일 수도 있다. 경제적 불평등이 심각할 때는 부자가 되거나 부자인 상태로 머물러 있는 게 가장 좋은 목표일 수 있다. 하지만 그건 극소수에 해당되는 얘기다.

집이나 아파트를 짓는 것은 그리 어려운 일은 아니다. 인류는 아주 오랫동안 이 일을 해 왔다. 하지만 투기나 인플레이션을 잡는 게 어려운 일이다. 제2차 세계대전이 끝난 직후인 1949년 기준으로 땅 주인들뿐 아니라 일반 가계들이 빌린 돈까지 포함해 미국의 모기지 대출은 540억 달러에 불과했다.[12] 그러더니 1953년까지 두 배 이상으로 뛰어 1,120억 달러가 됐다. 1960년까지 또다시 두 배로 뛰어 2,270억 달러가 되더니, 1969년에는 4,450억 달러가 됐다. 1977년 1조 달러를 기록한 뒤, 1984년에 2조 달러, 1992년에 4조 달러, 2002년에 8조 달러가 됐다. 1949년 이후부터 모기지 대출 액수는 매 분기마다 예외 없이 상승했다. 2008년 2분기까지 그랬다. 그 이후 20분기 연속으로 떨어졌는데 이 하락세는 2013년 3분기까지 이어졌다. 그 사이 근본적으로 뭔가 다른 변화가 있었다. 무려 60년 동안 제대로 작동하는 것처럼 보였던 주택 금융 시스템이 붕괴했던 것이다.

그러나 사실 미국의 주택 시스템이 제대로 작동한 건 단지 소수의 미국인들에게만 그랬다. 특히 한 채 이상 집을 살 여력이 되는 부자들에게나 작동했던 것이다. 미국에는 공공지원주택이라는 것 자체가 없다고 봐야 한다. 지방정부나 자선단체가 운영하면서 저렴한 임대료로 제공하는 주택도 찾아보기 힘들다. 집을 살 여력이 안 되는 사람들은 거의 대부분 개인적으로 임대를 해야 한다. 집을 살 수 있는 사람들조차도 매달 대출금을 내느라 어려움이 많다. 일자리를 잃거나 아프거나, 파트너와 별거라도 하면 그달 치를 내기가 상당히 힘들어진다. 엄청나게 많은 수의 사람들이 몇 년씩 모기지를 갖고 있지만 여전히 집을 소유하지 못하고 있다. 어떤 이들은 원금은 놔두고 이자만 상환하는 조건으로 대출을 받아야 했다. 모기지 전부를 갚을 만한 능력이 안 된다고 본 것이다. 20세기 후반, 그리고 21세기 초반에 집값이 계속 상승하면서 대다수의 미국인들이 손해를 봤다. 특히 젊은 층과 가난한 사람들이 그랬다.

우리가 집을 살 때 내는 돈은 건축비용과는 거의 상관이 없다. 수요와 공급의 원칙과도 그다지 연관이 없다. 2008년 당시 집을 사려는 수요가 갑자기 떨어지지도 않았다. 단지 집을 사기 위해 빌려야 했던 돈의 공급이 무너져 버렸다. 흔히들 집의 가치는 그 집이 서 있는 땅의 가치를 반영한다고 한다. 하지만 그것 역시 맞지 않는 이야기다. 미국에서 땅의 가치가 2008년에 갑자기 하락한 것도 아니었기 때문이다. 토지에는 그 가격을 붙들어 줄 만한 어떤 신비로운 본연의 가치가 있는 게 아니었다. 그런 반면에 주택 시장은 살 곳이 필요한 많은 사람들에게 더 많은 돈을 빌려주는 소수의 사람들에 의해 좌지우지되는 게임장이었다. 주택가격은 모기지로 들어오는 돈의 공급량을 반영했다. 대출기관들은 가격을 끌어올렸다. 또 자신들이 좀 덜 약탈하는 것처럼 보이게끔 정부에 로비를 해 돈을 꾸는 사람들이 세금 혜택을 받을 수 있게 했다. 이들은 집을 가지기 위해 돈을 빌려야만 하는 이들의 두려움과 절실함을 이용했다. 슬로다운이 다가오자 이런 시스템도 종말을 맞이하게 됐다는 신호음이 들려왔다.

빚과 관련한 여러 이슈들은 각각 따로인 것 같지만, 더 깊이 들어가 보면 서로 연결돼 있다. 오늘날 자동차 비용에는 자동차를 만들 때 필요한 돈이 반영돼 있지 않다. 대부분의 비용은 차를 사는 데 필요한 빚을 갚는 데 들어가는 돈이다. 결국 당신은 자동차 생산업체의 이익을 위해 지불하면서, 당신을 비롯한 많은 소비자들에게 확신을 심어 주기 위한 광고와 마케팅 비용도 지불하고 있는 것이다. 이 신차가 빚을 져서 살 만큼 대단한 가치가 있다는 확신 말이다. 그러면서 당신은 사실상 어떤 입찰 경쟁을 하는 지위를 사는 것이다. 새로 산 차가 미국에서 만들어진 것이라면 당신은 자동차 업체 노동자의 임금을 대 준 셈이다. 다만 그 임금의 대부분은 높은 주택비용이나 노동자 자신이 자동차를 사는 데 드는 비용으로 나갈 것이다. 그들 자식들이 교육을 받는 데 도움을 줄 수도 있다. 미국에서는 연봉이 어쨌든 높아야 한다. 주택을 비롯한 여러 가지 비용이 너무 비싸기 때문이다. 이 모든 가속들은 서로 연관돼 있다. 특히 한동안 이런 상황이 서로 지속되면서 더 강화됐다.

대부분 대학 학위과정에서도 학생들을 가르치는 서비스를 제공하는데 실제 드는 돈은 아주 미미하다. 앉을 자리만 있으면 되고 경우에 따라 일이나 공부를 할 책상, 그리고 도서관 정도가 필요하다(요즘 학생들은 책보다 인터넷을 훨씬 더 많이 이용하기는 한다). 교수들이 받는 급여에는 주로 학교 주변에 살 집을 마련하는 비용이 반영된다. 물론 줄퇴근하는 교통비도 포함된다. 만약 차를 가지고 다닌다면 돈을 좀 더 내야할 수도 있다. 그렇지만 미국에서 매년 학생들이 대학에 다니기 위해 내는 엄청난 규모의 등록금은 교직원들의 임금으로 들어가는 게 아니다. 대학 도서관을 운영하는 데 쓰이지도 않는다. 대신 그 돈은 아주 최근까지도 급격하게 올랐던 대학 고위 관계자들의 연봉으로 가거나 캠퍼스 내 상징적인 건물을 짓는 데 들어갔다. 그런 높은 등록금에 걸맞은 대학인 것처럼 보이게 할 광고를 내보내는 데에도 쓰였다.

상당수의 미국인들은 자동차 같은 상품을 만드는 일에 종사하지 않는다. 가르치는 일을 하지도 않고 집을 만드는 일도 하지 않는다. 대신에 그동안 누군가 중간에 끼어들지 않고도 잘 해 왔던 활동들을 준비하고 거기에 돈을 대는 등의 중간자 같은 일들을 한다. 이제는 모든 기관에 사내 변호사가 있다. 회계사도 있고 투자자, 컨설턴트도 있다. 다른 말로 하면 관료제인 셈이다. 이들은 자신들이 만지는 모든 것의 비용을 증가시킨다. 어느 시점에 멈추게 되긴 하는데 바로 거품이 꺼지는 순간이다.

더 많이 돈을 빌려주면서 계속 가격을 올릴 수만은 없다. 집값이 오르는 동안 많은 은행들은 누가 돈을 빌려 가는지 별로 신경 쓰지 않는다. 은행은 그저 이자를 거둬 가든지, 아니면 빌려준 돈보다 항상 훨씬 더 가치가 높은 자산을 회수해 갔다. 그동안도 조금씩 융자금을 갚지 못하는 경우가 있었지만, 2005년이 지나기 무섭게 엄청나게 많은 수의 가구가 모기지를 갚지 못해 파산하기 시작했다.[13]

2006, 2007년에 은행들은 대출에 좀 더 조심하게 됐다. 돈을 빌리는 데 드는 실제 비용이 늘면서 대출을 받을 수 있는 사람이 줄었다. 집값은 떨어졌고 은행은 가치가 하락하는 자산을 담보로 돈을 빌려주기를 더 꺼리게 됐다. 그러면서 아래로 향하는 나선 모양이 만들어지기 시작했다. 대개 어떤 물건의 가격이 떨어진다고 하면 좋은 뉴스로 알아듣는다. 하지만 모든 오르는 것에 기대고 있는 나라에서 집값이 떨어진다는 것은 경제에 재앙이 될 수 있다. 그 나라의 경제 시스템이 구조적으로 얼마나 잘못됐는지 보여 주는 것이다.

모든 빚은 서로 연결돼 있다. 대학 학위, 자동차, 주택 등, 모두 살면서 이 때문에 빚을 지게 해서는 안 되는 것들이다. 상당수의 국가에서는 그렇게 하고 있다. 미국이나 영국에서도 사람들이 기억하는 한 그렇게 한 적이 있었다. 빚이 너무 커지도록 놔두면 개인들은, 또 나아가 전체 가구들은 이를 되갚을 수 없게 된다. 다른 이들이 무엇을 사기 위해 돈을 빌릴 수 없게 되면, 사려는 자산의 가치는 떨어질 수밖에 없다. 대학 학위가 흔해지면 그 가치도 내려가기 마련이다. 또 자동차가 예전만큼 자랑거리가 되지 않기 때문에 사람들은 차를 자주 바꾸지 않는다. 그러면서 지나치게 올랐던 집값도 떨어지는 것이다. 최근 몇 년 동안 땅 주인에 비해 집주인들이 받은 담보대출의 비중이 증가했다. 땅 주인들은 자산가치가 떨어지면 부동산을 팔아 부채 비중을 줄였기 때문이다. 이런 경우 대다수의 사례에서 세입자들은 매각을 '가능하게' 하기 위해 그

땅에서 쫓겨났다. 배가 침몰할 때를 잘 아는 사람들이 먼저 뛰어내린다. 대출기관들은 점점 더 절박하게 돈을 꾸어 주려고 하지만, 결국 돈을 빌려줄 만한 안전한 사람이나 기관은 점점 줄고 있다는 사실을 발견하게 된다. 이는 끊임없는 성장에 기반한 시스템 속에서 대가속이 가져오는 불가피한 결과물이다.

미국에서 주택 대출은 2003년부터 2018년까지 불과 15년 안에 4조 9,420억 달러에서 9조 1,400억 달러로 늘었다. 그러나 다시 한번 밀하지만 증가율은 이제 슬로다운에 들어갔다([그림 8] 참조). 제일 먼저 눈에 띄는 것은 2008년 대규모 경기침체일 것이다. 하지만 그 시기를 전후로 한 모습을 살펴보자. 2006년과 2007년, 또 2017년과 2018년 사이에 가파른 경사가 그려진다. 두 기간 모두 경제 붕괴를 전후로 해서 왼쪽으로 이동하는 모습이다.

뉴욕 연방준비제도는 분기별로 주택담보대출에 대한 수치를 발표한다. 가장 최근의 상승세는 2003년에 시작됐다. 당시 미국 가계의 모기지 대출 총액은 5조 달러가 채 안 됐다. 그러다 주택과 아파트 값이 둘 다 오르고, 빚을 져야 살 수 있는 집들이 더 많이 지어지고, 미국 인구는 계속 증가하면서 모기지 부채는 계속 늘고 또 늘었다. 처음에는 가속도가 붙었다.

이런 속도는 2004년 초 잠시 주춤했다. 그러나 그해 가을, 미국 가계의 모기지 부채는 6조 달러를 훌쩍 뛰어넘었다. 더 많은 가계가 더 많은 빚을 지게 됐다. 사람들이 빚을 갚는 것보다 새로 지는 빚의 규모가 훨씬 컸다. 분기당 2,000억 달러 정도가 전국적인 모기지 장부에서 순증했다. 2005년 동안 미국 내 모기지 부채가 증가하는 정도도 점점 커졌다. 더 가속도가 붙었던 것이다. 그해 가을 7조 달러를 넘어섰다. 2006년 봄

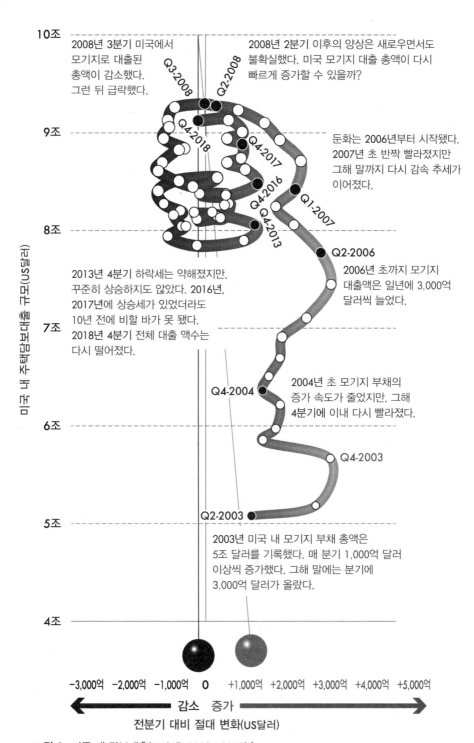

10조

2008년 3분기 미국에서 모기지로 대출된 총액이 감소했다. 그런 뒤 급락했다.

2008년 2분기 이후의 양상은 새로우면서도 불확실했다. 미국 모기지 대출 총액이 다시 빠르게 증가할 수 있을까?

Q3-2008

Q2-2008

9조

Q4-2018

Q4-2017

둔화는 2006년부터 시작됐다. 2007년 초 반짝 빨라졌지만 그해 말까지 다시 감속 추세가 이어졌다.

Q4-2016

Q1-2007

8조

Q4-2013

Q2-2006

2013년 4분기 하락세는 약해졌지만, 꾸준히 상승하지도 않았다. 2016년, 2017년에 상승세가 있더라도 10년 전에 비할 바가 못 됐다. 2018년 4분기 전체 대출 액수는 다시 떨어졌다.

2006년 초까지 모기지 대출액은 일년에 3,000억 달러씩 늘었다.

7조

2004년 초 모기지 부채의 증가 속도가 줄었지만, 그해 4분기에 이내 다시 빨라졌다.

Q4-2004

6조

Q4-2003

Q2-2003

5조

2003년 미국 내 모기지 부채 총액은 5조 달러를 기록했다. 매 분기 1,000억 달러 이상씩 증가했다. 그해 말에는 분기에 3,000억 달러가 올랐다.

4조

-3,000억 -2,000억 -1,000억   0   +1,000억 +2,000억 +3,000억 +4,000억 +5,000억

◀━━━━━ 감소 증가 ━━━━━▶

전분기 대비 절대 변화(US달러)

미국 내 주택담보대출 규모(US달러)

그림 8. 미국 내 담보대출(모기지), 2003~2018년

미국 뉴욕 연방준비은행에서 가져온 데이터. "Quarterly Report on Household Debt and Credit". 뉴욕 연방 미시경제자료센터에 2018년 12월 28일 접속해 검색한 것. https://www.newyorkfed.org/microeconomics/databank.html.

이 되면서 분기마다 3,000억 달러씩 더 쌓였다. 그리고 가을에 8조 달러를 돌파했다. 신규 대출의 증가세는 약간 둔화됐지만 2007년 봄에는 마지막 거품을 키우며 더 속도를 냈다. 2007년 가을에 결국 9조 달러에 이르렀다. 그런데 그때에는 무언가 근본적인 변화가 일어나고 있었다.

전체적인 대출 증가율은 이미 떨어지고 있다는 신호가 2007년 말에 분명히 나타나고 있었다. 특정한 집단에서는 특히 더 빠르게 줄고 있었다. 전체적인 증가율은 2010년 가을까지 9분기 연속으로 떨어졌다. 하락이 시작된 바로 첫 분기에도 위기가 시작됐다는 신호는 분명했다. 지나고 나서 생각해 보면, 그 위기는 사람들이 널리 알아차리게 된 것보다 더 일찍, 그러니까 2008년 대폭락이 있기 훨씬 이전부터 시작됐다는 것을 미리 알 수도 있었을 것 같다. 하지만 2008년 이전의 슬로다운은 모두 다시 역전되었다. 2003년 4분기나 2004년 3분기, 2006년 2분기 이후에도 둔화가 있었지만, 이후 다시 속도가 빨라졌다. 직전의 역사가 앞으로 무슨 일이 일어날지 확실한 모델을 제공하지 못한 것이다. 이전에 보면 대출을 까다롭게 하는 금융기관들은 사람들의 부채가 증가함에 따라 재정적으로 손해를 보는 경향이 있었다. 그래서 '스마트 머니'(고수익의 단기 차익을 노리는 기관이나 개인 투자자들이 장세 변화를 신속하게 파악하여 투자하는 자금-옮긴이)라는 방식이 퍼지게 됐다. 대폭락이 있기 전까지는 그랬다. 그리고 나서야, 너무 많이 대출을 해주는 건 별로 스마트하지 않다는 사실이 명확해졌다.

결국 금리가 확 떨어졌다. 금리를 내리지 않으면 가계들이 빌린 돈을 갚을 수가 없고 결국 파산할 수밖에 없었기 때문이다. 2009년 3분기에 총 대출액은 9조 달러 밑으로 떨어졌다. 2013년 1분기가 되자 8조 달러 이하가 됐다. 이것은 슬로다운이 아니라 추락이었다. 주택가격은 급락했고 돈을 빌리려는 가계 수도 줄었다. 모기지를 연장하려는 사람 수도 점점 줄었다. 미국 전역에 걸쳐서 새로 대출을 받는 속도보다 빚을 상환하는 속도가 더 빨라졌다. 상대적으로 적은 수의 부자들이 부유하지 않은 수백만의 사람들에게 높은 이자로 돈을 빌려줌으로써 점점 더 부자가 될 수 있는 여지는 줄어들었다.

2010년 말에 주택시장이 회복되는 듯한 모습이 처음 나타났지만 2011년에 다시 무너졌다. 2012년 초에 두 번째 회복이 있었지만 역시 무너졌다. 2013년에 나타난 세 번째 회복은 좀 더 오래갔는데, 그래도 2014년 다시 붕괴됐다. 2015년에 나타난 네 번째 회복은 약간 더 강해 보였다. 2018년 3분기에 이르러서 대출액은 다시 9조 달러 선을 회복했다. 하지만 지금까지도 분기별 평균 증가량은 예전 평소 때에 비하면 미미한 수준이다. 분기에 500억 달러에서 1,000억 달러 사이를 왔다 갔다 하는데, 그나마도 언제 또 더 크게 무너질지 모르는 상황이다.

그러다 보니 2019년에 이르러 미국의 모기지 중개업자들은 지금 이런 상황이 자신들의 산업을 추락시킬 반영구적인 함정이 되는 것은 아닌지, 앞으로 대탈출이 일어날 것을 대비하고 있어야 하는 건지, 아니면 대출이 다시 살아나 예전과 같은 상승 궤적을 그리게 될 것인지 질문을 던지게 됐다. 누구도 이 난제에 해답을 줄 수는 없었다. 우리가 확신할 수 있는 단 한 가지는 엄청난 슬로다운이 일어나고 있다는 사실이다. 다만 더욱 결론내리기 힘든 것은 궤적에 있어서 근본적인 변화가 실제로 일어났느냐 하는 점이다. 근본적인 변화가 일어나고, 또 그것이 굳어지려면 정치적인 변화가 필요하다. 어쩌면 그런 정치적인 변화를 이끌어내기 위해서 더 큰 위기가 필요할 수도 있다.

미국 정부는 대출기관들이 이처럼 높은 이자율로 쉽게 고수익을 내는 것을 막을 필요가 있다. 자꾸 부자들에게 돈을 빌리지 말고 자기 집 문제는 개별적으로 해결할 수 있는 사회가 되어야 한다. 이 모든 게 멀고도 험한 길이지만, 정치적인 변화를 필요로 한다. 즉, 가처분소득에 의한 지불 능력을 따지지 말고 사회적 주택을 짓되 수요를 따져서 할당해야 한다. 민간 영역에 실효성 있는 임대료 규제를 도입해야 한다. 그러면서 은행이나 다른 주택담보대출기관 상대로는 더 엄격한 규제를 내놔야 한다. 사람들이 집을 지키기 위해서라면 '무엇이라도' 내놓으려고 하는 지금의 상황에서 벗어나야 한다. 그러다 보니 대출기관은 개인이 파산하는 일 없이 '무엇이라도' 빼앗아 갈 수 있다고 여기는 것이다. 이런 변화가 선행되지 않으면 몇 년 안에 또 다른 부채 거품이 커질 수 있다. 미국은 차제에 이런 정치적 변화를 이끌어 내야 한다.

미국 국가부채

부채는 우리 삶의 한 단면이다. 그런데 우리는 부채가 지속적으로 오를 뿐 아니라, 그 증가 속도도 가속화하고 있다고 잘못 인식하고 있다. 과거에 실제 그런 적이 있었기 때문에 이런 인식이 남아 있는 것이다. 전 세계 부자들 대부분의 재산은 제1차 세계대전이 발발하기 전 수십 년 동안 빠르게 증가했다. 그때 역시 결과적으로는 다른 이들의 빚이 증가하던 시기였다. 18세기와 19세기에 유럽에는 채무자들을 수용하는 감옥이 보편화돼 있을 정도였다. 반면, 미국에서는 19세기 중반을 지나면서 이런 감옥이 점차 사라졌다. 미국이 경제적으로 가장 평등했던 시절이었다. 연방 채무자 교도소는 1833년에 자취를 감췄다.

한 나라에서 부채의 규모는 그 나라의 부와 소득 집중도와 긴밀히 연관돼 있다. 많은 사람들이 저축을 아주 조금, 정말 아주 조금만 하고 있다면, 지고 있는 빚의 규모가 커지는 경향이 있다. 또 소수의 사람에게 부가 집중돼 있다면, 이들은 자신의 부를 투자하지 않을 경우 그 가치를 잃게 된다. 그래서 투자를 하게 되는데, 그러면 반드시 다른 이들의 채무를 유발하게 된다. 평등이 실현되는 시기나 장소에서는 사람들이 남에게 손을 벌리지 않고도 자기 집을 살 수 있고 자기 사업에 투자할 수 있다. 그러나 유럽이나 미국은 19세기 후반을 지나면서 점점 더 불평등하게 됐고 부채는 증가하기 시작했다. 그 시절 이전에는 오히려 더 많은 사람들이 극심하게 가난했지만 최소한 빚을 지지는 않았다. 잘사는 몇몇 사람들만 빚을 졌는데, 나중에는 점차 대출을 받는 게 일반적이 됐다. 전쟁을 치르면서 정부의 부채도 커졌다. 세금에만 의존해서는 전쟁에 필요한 충분한 돈을 신속하게 마련하기 힘들었다. 특히 장기전으로 갈수록 더 그랬다. 제1차 세계대전 이후 대공황과 산업 침체가 이어지면서 일반 개인들도 빚을 더 많이 지게 됐다.

제2차 세계대전이 끝나고 난 뒤엔 유럽 전체를 가로질러 북미에서도, 특히 일본에서 상당한 수준의 경제적 평등이 이루어졌다. 처음 20년 동안 전후 복원사업이 진행됐는데, 필요한 돈을 부자들에게 빌리지 않고 그들에게 세금을 거둬 마련했다. 더 평등해진 사회는 더 효율적이었다. 경제적으로 불평등한 사회에서 그러는 것만큼 부채에 의존하지도 않았다. 그러나 몇십 년에 걸쳐 평등이 자리잡은 이후, 사람들은 자신들이 이룬 평등한 사회에 익숙해져 이를 대수롭지 않게 여기게 되었고, 불평등을 옹호하는 이들의 공격을 제대로 방어하지 않았다. 영국과 미국에서는 1970년대부터 시작해 대가속의 시대를 맞은 1980년대를 지나며 빚이 증가했다. 그러면서 소득 불평등은 커졌고 부의 불평등 역시 나선을 그리며 상승하기 시작했다. 이런 빚에는 엄청난 규모로 커진 정부의 공공부문 부채도 포함됐다.

부채가 가속이 붙어 증가할 수 있는 이유는 하나다. 돈 있는 사람들이 자기 돈을 빌려주거나 빌려주는 척함으로써 더 큰 돈을 벌 수 있다고 믿기 때문이다. 돈은 온갖 방법으로 만들 수 있다. 심지어 정부가 허락만 하면 민간은행에서도 난데없이 돈을 합법적으로 찍어 낼 수 있다.

한 나라 안에서 인구가 증가하면, 또 전 세계 사람들 수가 늘면, 디플레이션을 피하기 위해 돈을 더 만들어야 한다. 하지만 최근 몇십 년 동안, 여러 나라에서 새로 찍어 낸 돈의 대부분이, 이미 돈을 많이 가지고 있는 소수에게 흘러들어 갔다. 그러자 이들은 다른 사람들에게 그 돈을 빌려주었다. 만약 빌린 돈으로 투자를 해 상환해야 할 액수보다 더 많이 벌 수 있다면, 이들 역시 부자가 될 것이다. 그러나 그런 이익은, 그렇게 생산된 무언가를 사기 위해 또 빚을 지는 누군가의 비용을 치르고서만 얻을 수 있다. 항상 이런 상황이 계속됐는데, 언젠가 반드시 깨 버려야 할 악순환이다. 우리 곁에는 늘 엄청난 규모의 빚이 있었던 것처럼 느껴진다. 그리고 그런 많은 돈을 쥐고 흔드는 이들에게 보상을 해 줄 의무가 있다고 여겨 왔다. 그러나 이는 가속의 시대에나 통하는 이야기다. 마치 교회나 왕에게 재산을 바치는 게 종교적이거나 시민으로서 의무라고 믿었던 시절처럼 말이다.

주권국가의 정부라면 원할 때 스스로 돈을 만들어 낼 수 있다. 여러 가지 방법이 가능하다. 직접 지폐를 찍어 낼 수 있고 중앙은행을 활용할 수도 있다. 정부는 물론 빚을 질 수도 있다. 미국 정부의 부채는 전 세계적으로 가장 유명하면서도 가장 큰 규모다. 수십 년 동안 이 빚은 단지 늘기만 한 게 아니라 가속도가 붙어 증가했다. 미국 국가부채 증가율이 잠시 주춤한 시기도 있었다. 1991년부터 2000년까지였는데, 앞서도 언급했듯이 그러고 나서는 다시 빨라졌다. 미국의 전체 국가부채 규모는 2000년과 2013년, 2015년, 2017년에 가치 면에서 잠시 떨어졌다. 대부분 시기에 미국 국채 규모가 빠르게 증가했다. 그렇다고 이를 피할 수 없는 상황이었다고 생각하면 안 된다. 미국 정부의 빚은 항상 빠른 속도로 증가하기만 한 게 아니었다. 오히려 떨어진 적도 있다. 실제 지난 10년간을 보면 그 어느 때보다 자주 그런 일이 벌어지고 있다.

1835년 미국 정부에는 아무런 빚이 없었다. 그해 모든 빚을 갚아 버렸다. 남북전쟁과 두 차례의 세계대전을 치르면서 빚이 늘었지만 바로 직후에 이를 갚으려고 했다. 그러나 1970년대 초반이 되면서 미국 정부는 세금을 덜 걷는 대신 더 많은 돈을 빌려 오기로 선택했다. 특히 가장 높은 소득구간의 과세율을 줄였다. 1970년대에만 해도 최고 소득자들의 수입에 70%의 세금을 매겼지만, 1980년대에 50%로 내렸고, 1990년대 초반에는 25%까지 떨어졌다. 최근에는 35% 수준을 유지하고 있다.[14] 부자들에게 세금을 걷기보다는 그들에게 돈을 꾸기로 하면서 미국 정부는 엄청난 채무자가 됐다. 외국에서 들여오는 빚도 상당하다. 그 결과 미국은 중국에서 들여오는 상품의 값을 치를 수 없게 됐고, 그러자 중국에서 돈을 빌려 물건을 사는 상황이 벌어졌다. 이는 단기적으로 눈 가리고 아웅 하는 일이다. 앞으로 계속 통할 수가 없다. 슬로다운을 받아들이지 못해 나오는 반응인 것이다.

1980년대 초반 미국 정부는 돈을 빌려 오면서 연이율 10% 이상의 이자를 내기로 합의했다. 동시에 부자들에게는 가장 적은 수준의 세금을 거두었다.[15] 최근 금융위기를 거치면서 금리가 0.5%까지 떨어졌다가 근래에 조금씩 오르기 시작했다. 2019년이 시작되면서 2.25%가 됐다. 그러자 미국은 다시 엄청난 양의 돈을 빌려 오기 시작했다. 그러나 앞으로 금리가 다시 또 엄청나게 오르지 않는 한 그렇게 많이 되갚을 것 같지 않다. 미국 정부가 세금을 걷느냐 차입을 하느냐를 놓고 벌이는 싸움은 정치적인 투쟁이다. 빚 자체가 정치적인 투쟁이고, 언제나 항상 그래 왔다.[16]

오늘날 우리는 빚이 영원히 우리와 함께할 것으로 생각한다. 국가 채무도 마찬가지다. 그러나 빚은 지난 두 세기 동안 0에서부터 지금 수준까지 왔다. 따라서 다시 0으로 돌아갈 수도 있어야 한다. 빚은 어떤 자연 현상이 아니다. 미래에는 빚의 규모가 떨어질 수 있다는 첫 번째 신호가 우리 시대에 나올 수도 있다. 최근 10년 동안 빚이 줄어드는 모습은 그 이전 50년 동안 보다 더 많이 목격됐다. 오늘날 어떤 형태의 빚도 속도를 내며 증가하고 있지 않다. 많은 빚들이 여전히 늘고 있기는 하다. 그러나 이전보다 천천히 증가하고 있다. 빚이 앞으로도 꾸준히 떨어지려면 우리가 집단적으로 가지고 있는 정치적 믿음을 바꿔야 한다. 소위 '건전한 경제'라고 불리는 것에 대해서도 재설정이 필요하다.

최근 몇 년 동안 잇달아 발표되는 논문에서는 지금 우리가 그러는 것처럼 계속 빚을 지면서는 살 수 없다고 말하고 있다. 또 "융자나 빚을 통해 돈을 마련하면 결코 이자 수익이 생길 수 없다"면서 "결국 이 시스템 속에서는 항상 갚을 능력을 뛰어넘는 수준의 빚이 생길 수밖에 없다"고 강조한다.[17] 이 세계에서 빚의 총량이 줄 수 있는 방법은 파산이나 다른 형태의 채무불이행밖에는 없다.

미국의 국가부채가 증가하는 속도가 느려졌다고 해도 회사나 개인이 지고 있는 다른 형태의 부채는 증가하고 있을 수도 있다. 예를 들어 부자 나라들이 빚을 내서 연금제도를 유지하기 위한 돈을 마련하고 있다고 치자. 연금 기관들은 이를 가지고 '투자'를 할 텐데, 이게 어찌 보면 돈을 빌리는 것이다. 그렇지 않아도 수적으로 적은 미래의 젊은 세대들이 어떻게든 이 돈을 이자와 함께 갚을 것이라는 잘못된 믿음으로 그러는 것이다. 이것은 오직 전 세계적으로 인구가 증가하고 있을 때만 가능한 이야기다. 아이를 적게 낳고 있기 때문에 지구상의 인구수는 줄 수밖에 없고, 궁극적으로 빚의 규모도 줄 수밖에 없다. 지금 직면하고 있는 경제 문제의 대부분은 1960년대부터 이미 시작된 인구의 슬로다운에 너무 천천히 적응하고 있기 때문에 발생했다.

빚은 인구의 대가속이 남겨 놓은 잔재다. 특히 1960년대 후반 이전에 엄청나게 태어난 이들이 남겨 놓은 것이다. 미국 국가부채는 불과 지난 52년 동안(1966~2018년) 3,210억 달러에서 21조 5,160억 달러로 늘었다. 그러나 증가율은 다시 낮아지고 있다. 다만 최근까지도 빠르게 증가하던 속도에 정신을 팔려 이런 것이 눈에 들어오지 않았을 뿐이다. 빚은 항상 지속적으로 증가만 하는 게 아니다. 아마 미래에도 마찬가지일 것이다.

왜 그동안 미국 국가부채의 규모는 완만하게 증가하지 않았을까? 1960년대 후반에는 1년에 국가부채 100만 달러당 약 50달러 수준으로 증가했다. 이듬해 이 수치는 100만 달러당 20달러로 떨어졌다. 1971년 국가부채 총액은 4,000억 달러였다. 연방정부는 한 해 약 400억 달러 정도를 빌려 왔다. 분기당 100억 달러 정도에 불과한 액수다. [그림 9]의 도표를 보면 이 기간 거의 아무 변화가 없는 것을 알 수 있다.

그러다 1970년대 동안 국가부채가 빠르게 증가한다. 1960년대 동안 증가했던 속도의 거의 두 배 수준이었다. 1974년에 최고 속도를 기록했다. 불과 몇 분기 만에 빚이 눈덩이처럼 불어났다. 1974년 말까지 미국 정부는 분기마다 140억 달러를 더 빌렸다. 1975년에는 230억 달러씩 더 빚을 졌다. 그해 이미 빌려 놓은 국가부채 100만 달러당 150달러 수준이었다. 1976년까지 미국 국가부채는 6,000억 달러였다. 증가 속도는 약간 느려졌는데 그래도 이듬해 1977년에는 7,000억 달러를 넘어섰다. 8,000억 달러에 이른 것은 1979년이었다. 1980년을 지나면서 다시 속도가 붙기 시작했고, 분기당 300억 달러의 빚이 추기로 쌓였다. 증가속도가 이렇다 보니 1980년에 총 국가부채액이 9,000억 달러를 넘고, 1981년에 1조 달러를 돌파한 것도 놀랄 일이 아니었다. 로널드 레이건이 백악관에 들어가면서 부채 증가 속도는 사상 최고치를 향해 달려갔다. 레이건은 과세를 좋아하지 않았다. 그러면서도 지출은 좋아했다. 특히 국방비에 대해 그랬다. 이런 불가능한 상황을 가능하게 만들려면 부채 규모를 키우는 수밖에 없었다. 우연히도 이런 정책은 정부가 원래부터 부자인 이들에게 돈을 빌림으로써 이들을 더 부자로 만들어 주었다.

1980년대는 미국 국가부채의 시기였다. 1984년에는 1조 5,000억 원까지 치솟았다. 1986년에는 2조 달러를 돌파했다. 미국 국가부채 증가속도가 가장 빨랐던 시기는 1982년 후반이었다. 연간 기존 부채 100만 달러당 185달러가 추가로 쌓였다. 이 시기를 지난 뒤에도 분기별로 빚은 계속 증가했지만 기존 부채 대비 비중은 예전처럼 빠르게 늘지 않았다. 갚아야 할 채무금은 1990년 3조 달러를 넘었고 1992년에 4조 달러가 됐다. 이후에 더 천천히 증가했다. 그리고 빌 클린턴 재선 기간에는 더 둔화되었다. 1996년에 5조 달러가 됐고, 2002년에 6조 달러, 2004년에 7조 달러, 2005년에 8조 달러, 2007년에 9조 달러가 됐다. 그러다 갑자기 2008년 3분기에 10조 달러로 뛰었는데 이는 이전에 없던 갑작스런

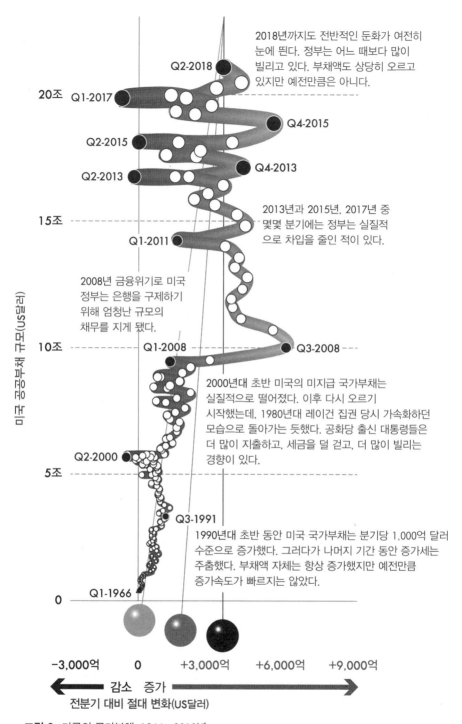

그림 9. 미국의 국가부채, 1966~2018년

미국 재무부. "Fiscal Service, Federal Debt: Total Public Debt [GFDEBTN]", FRED, 세인트루이스 연방준비은행에 2018년 12월 29일 접속하여 검색한 것. https://fred.stlouisfed.org/series/GFDEBTN.

증가였다.

그러다 2008년 금융 아마겟돈이 터졌다. 은행들은 구제금융이 필요했다. 부자들에게 세금을 거두지 않는 이상 빠져나올 유일한 길은 또 정부가 빚을 내는 것이었다. 훨씬 더 많은 국가부채를 지는 것이다. 2008년 1분기에는 '단지' 1,210억 달러를 더 차입했다. 2분기에는 2,940억 달러, 3분기에는 6,040억 달러를 빌리더니 4분기에는 5,510억 달러를 들여왔다. 2008년 후반기 몇 달 동안 부채는 레이건 집권 기간 때와 거의 같은 속도로 증가했다. 연간 기존 부채 100만 달러당 170 달러가 추가되는 수준이었다. 그런데 이미 빌려 놓은 빚이 상당했기 때문에 이 정도 비율이면 더 엄청나게 커지고 있는 셈이었다. 2007년 이후 국가부채는 해마다 1조 달러씩 늘었다. 2005년 기준으로 8조 달러였던 게 2018년 21조 달러가 됐으니, 13년 만에 13조 달러가 불어난 것이다. 상당히 빠른 속도였는데, 하지만 지금은 그렇게 빨리 증가하지는 않는다. 적어도 예전처럼 빠르지는 않다.

[그림 9]의 시간선을 보면 이제는 왼쪽으로 상당히 기우는 모습이다. 국가부채가 예전처럼 빠르게 증가하고 있지 않다는 이야기다. 다시 말해, 이제 벌써 10년 전 일이지만 절대적 기준에서의 대가속 시대는 2008년 3분기였다. 당시 국가부채는 불과 3개월 동안 6,040억 달러나 증가했다. 단기간에 상승한 기록으로는 최고치였던 2015년 4분기 5,570억 달러보다 더 많은 수치였다. 하지만 이 3개월은 국가부채가 꺾이는 전환점이 된 기간이기도 했다. 앞서도 지적했지만, 한 해 단위로 나눠서 보면 1980년대에 상대적인 증가량은 2008년이나 2015년보다 더 많았다. 1980년대 로널드 레이건 시절이나 2001년에서 2009년까지 조지 W. 부시 집권기 때처럼 국가부채가 증가하는 것을 이젠 더 이상 보

기 힘들다. 공화당 출신 대통령들이 나라를 점점 더 큰 빚더미에 앉게 하려고 무던히도 애썼던 것으로 보인다.

부채가 엄청나게 늘어나면 대가속을 부추기는 데에도 한몫을 한다. 400여 년 전 영국이나 프랑스, 네덜란드의 동인도회사부터 오늘날 전 세계로 뻗어 있는 미국 은행들까지, 빚은 무역과 힘, 특권을 확장하는 데 쓰였다. 이는 잠재적인 채무자들이 점점 많아지면 많아질수록 더 잘 먹히는 속임수였다. 다른 이들을 빚지게 하는 채권자들은 대개 자신들이 투자를 한 것이라고 주장한다. 이런 투자가 그들의 재산이고, 그 재산을 가질 권리가 있다고 이야기한다. 그런데 그 재산은 다른 인간의 집일 수 있고, 이동 수단일 수 있으며 심지어 교육의 기회일 수도 있다.

이 장에서 제시하는 네 가지 그림에서 미국 내 주요 부채들의 현황을 그린 선들은 시간선의 중심축을 향하고 있다. 이는 빚의 총량이 오랜 기간 변화무쌍하면서도 어쩔 때는 계속 커지기만 했던 그런 시절이 끝나가고 있다는 점을 시사한다. 인정하건대, 세계에서 가장 많은 빚을 지고 있는, 이른바 대가속의 땅이었지만 이제는 슬로다운이 진행되고 있는 곳에서 일어나고 있는 일이다. 왜 다른 여러 나라 중에서도 이 한 곳에서만 부채 증가율이 줄고 있는지 알려면 미국 한 곳만 들여다봐서는 안 된다. 전 세계적으로 잇따라 벌어지고 있는 추세를 주시해야 한다.

폰지(Carlo Pietro Giovanni Guglielmo Tebaldo Ponzi)는 1903년에 이탈리아에서 미국으로 건너왔다. 만약 폰지 사기에 대해 관심이 있다면, 그런 헛된 꿈이 어떤 결과를 나을지 궁금하다면 그에 대해 좀 더 알아볼 필요가 있다. 빠르게 변하는 세상이라면 폰지의 사기 수법들이 처음에 잘 먹혀들 수 있다. 그러나 오래도록 지속될 수는 없다. 슬로다운이 진행되는 세상에서는 이런 도박꾼들이 마음대로 사기 수법을 쓸 기회조차 없어진다. 우리가 폰지라는 이름을 알게 된 유일한 이유는 그가 살아 있는 동안 그의 수법이 폭로됐기 때문이다. 폰지와 같이 석연치 않은 방법으로 돈을 벌었지만 지탄받지 않는 부자들이 여전히 많다. 미래에 이들이 우스꽝스런 존재로 평가받더라도 그리 놀랄 일이 아니다. 그런 일이 벌어질지 아닐지는 젊은 세대들이 지고 있는, 갚을 수 없는 빚의 문제가 어떻게 풀리느냐에 달려 있다.

제4장

데이터
더 이상 새로운 정보는 없다

생각해 보자. 변화의 속도는 지금처럼 빨랐던 적이 없다.
그리고 앞으로 느려지지도 않을 것이다.
– 저스틴 트뤼도, 다보스 연설, 2018년 1월 23일

변화의 속도와 관련해 터무니없는 일반화가 반복해서 계속 일어나고 있다. 우리는 어느 때보다 더 많은 데이터를 만들고 있으며, 더 많은 정보, 더 많은 지식이 측정할 수 없을 만큼 빠르게 쌓이고 있다는 이야기가 나온다. 물론 어느 정도 사실일 수도 있다. 비록 최근 몇십 년 동안은 그러지 못했지만, 나머지 인류 역사에 비추어 보면 최근 대단히 많은 양의 정보가 밝혀진 건 사실이다. 현대 역사에서 비교할 수 없을 정도로 많은 정보를 복제하고 보존하는 새로운 수단을 가지게 됐다. 그런데 과거에도 새로운 복제 수단이 나타났을 때 비슷한 현상이 있기는 했다. 다만 이번엔 그 양이 훨씬 더 클 뿐이다. 그렇다고 그에 따른 충격이 예전처럼 크지는 않다.

복제의 첫 번째 형태는 스토리텔링이었다. 언어가 발명된 이후부터 이런 전통이 시작되기까지 얼마나 걸렸는지는 알 수 없다. 그러나 지금

도 여전히 이야기를 전하는 것을 통해 정보를 배우고 전달할 수 있다. 지금도 당신은 이야기를 읽고 있는 셈이다. 나 역시 다른 사람의 이야기를 듣고 보고 읽은 것을 구조화해서 전하고 있는 것이다. 이 책은 인류의 세계가 얼마나 빠르게 변했는지를 설명하기 위해, 어떤 특정한(그러면서도 여러 면에서 친숙한) 이야기로 재구성하려는 시도라고 볼 수 있다. 이야기는 비효율적으로 전해지는 첫 번째 형태의 데이터이다. 그러다 항상 진화하면서 퍼져 나간다. 스스로 복제하고 또 자라난다. 많은 사람들이 전해 듣지만 이를 각색하는 사람은 많지 않다. 고대사회에서, 또 최근까지 많은 곳에서 누구도 전하지 않고 기억하지 못하게 되면 이야기는 사라져 버렸다.

쓰기는 이야기를 좀 더 확실히 남도록 했다. 쓰기의 역사는 스토리텔링의 역사보다 훨씬 더 잘 알려져 있다. 그래도 언어로 기록된 몇몇 고대 유적들이 오랜 세월 동안 보존된 덕분에 아주 오래된 이야기들을 지금까지도 알 수 있다. 길가메시 서사는 기원전 21세기 한 메소포타미아 왕의 역사와 신화를 뒤섞은 이야기다. 기원전 1800년에 제작된 여러 점토판에 조각조각 적혀 있던 이야기들을 모아서 만들었다. 이 이야기는 히브리 성경에 들어 있는 에덴동산이나 노아의 홍수 이야기와 상당히 닮은 내용을 담고 있다. 기록된 언어는 진실과 신화, 둘 모두를 보전하는 것을 가능하게 했다.

기록은 더 많은 양의 정보에 대한 어떤 보관소가 되기도 하고 전달자가 되기도 했다. 그러면서 원 데이터에 불순물이 끼어드는 것을 막아주었다. 다른 모든 것과 마찬가지로 쓰기의 용도는 발명된 직후 엄청난 속도로 발전했다. 더 많은 사람들이 읽는 법을 배웠고 더 많은 이들이 문장을 베껴 썼다. 그러면서 기록물이 폭발적으로 많아졌다. 하지만 이 작업에는 많은 필경사들의 엄청난 노동이 필요했다. 노동집약적인 수단을 사용하는 생산물이었기 때문에 기록될 수 있는 것에도 한계가 있었고 그래서 모두가 살아남을 수도 없었다.

지금과 마찬가지로 그때도 권력을 가진 소수는 다수가 정보에 접근하거나 정보를 퍼뜨리는 것을 통제하려는 경향이 있었다. 당신이 통치자였다면 읽거나 쓸 줄 아는 백성들이 적은 것을 선호했을 것이다. 그렇지만 일단 기술적으로 글을 베껴 쓸 수 있게 되면서, 사람들이 기록물에 더 쉽게 접근할 수 있게 됐고, 그러면서 더 많은 이들이 문맹에서 벗어나려는 열망을 품게 됐다.

인쇄기술은 1440년 무렵 요하네스 구텐베르크(Johannes Gutenberg)가 활판 인쇄기를 개발하기 훨씬 전부터도 쓰이고 있었다. 아주 오래 전부터 가장 효율적으로 글쓰기를 하던 이들은 중국인이었다. 이들은 한 단어의 뜻을 담고 있는 글자를 빠르게 그릴 수 있었다. 9세기 중국의 승려들은 책을 복사하기 위해 먹을 입힌 목판을 사용했다. 1377년 고려의 승려들은 금속활자를 만들어 부처의 가르침을 전했다.[1] 이 경우 옛날이야기를 전하기 위해 신기술을 처음 도입한 셈이었다. 주로 종교적인 텍스트가 대량으로 재생산됐는데 「금강반야바라밀경」(868년 중국에서 제작된 판본으로 최초의 인쇄물로 알려져 있다)과 1377년 「직지심경」(한국의 불교 문서), 그리고 유럽에서의 기독교 성경으로 이어졌다. 데이터가 증가하는 추세는 시간이 지남에 따라 오르기도 하고 떨어지고, 저점을 찍기도 했다. 이런 모습은 빛의 변화 양상과 아주 비슷하다. 두 현상은 복잡하게 연관돼 있다. 서면 기록이 없으면 대출 장부를 기록할 수 없다. 인쇄기술이 없었으면 대량생산을 할 때 "주문자에게 얼마를 지급하기로 약속한다"는 식의 수표를 위조 위험 없이 만드는 것 자체가 불가능했을 것이다. 11세기 중국에서 처음 폭넓게 쓰였던 금융 문서도 대출증서였다. 전신이나 컴퓨터가 쓰이기 전 국제 금융은 세계 각지로 금궤를 실어나르면서 이루어졌다. 거래 내역을 담은 장부에 따라 거래가 오갔다. 물론 가끔은 "내 말이 곧 보증"이라는 이상한 가정에 따라 이루어진 적도 있다.

컴퓨터 역시 본질적으로 비슷한 또 한 번의 혁신처럼 보일 수 있다. 언어를 만들어서 스토리텔링을 하고, 글쓰기를 시작한 뒤, 인쇄를 하게 되기까지, 이런 발전의 단계마다 수십 억 명의 사람들이 그 사이를 살아갔을 것이다. 각 단계마다 살았던 사람을 나눠 보면 숫자가 크게 다르지 않을 것이다. 지금 시점에서 보면 이런 혁신들이 서로 촘촘하게 잇따라 이루어진 것처럼 보인다. 그러나 시간을 기준으로 연도별로 봐서 그렇지 그 당시를 살았던 사람들 숫자를 기준으로 보면 이야기가 달라진다. 한 사람당 겪은 혁신의 정도로 따져 본다면 거의 큰 차이가 없을 것이다. 물론 혁신이 몇 번이나 일어났는지, 얼마나 중요한 혁신인지 판단하는 기준이 모호하기 때문에 이를 계량화하기는 힘든 일이다.

오늘날 우리는 정보량이 증가하는 것이나 기하급수적으로 데이터가 늘어나는 것을 컴퓨터의 출현과 연관 짓는다. 하지만 이는 지식의 증가나 정보의 공유라는 더 긴 과정의 한 부분으로 보아야 한다. 컴퓨터는 이제 더 이상 새로운 것이 아니다. 내가 학생이었을 때 나이 든 강사가 당시 데이터를 저장하던 종이 펀치카드에 대해 지루하도록 자세히 설명을 했던 적이 있다. 대학원생 시절에는 영국에 있는 전체 회사의 주주명부가 겨우 백 개 남짓의 대형 자기테이프에 모두 들어가는 것으로 보고 깜짝 놀랐던 기억이 난다. 더 대단한 것은 내가 그 명부를 가지고 최대 주주들의 주소록을 만드는 프로그램까지 만들 수 있었다는 점이다. 또 전국에 있는 사람들을 우편번호별로 구분한 뒤 이들이 가지고 있는 주식의 평균과 중간값도 구할 수 있었다.

데이터는 통제가 안 될 정도로 늘어날 것이라는 생각에 매료된 것은 아니다. 아주 오랫동안 내가 뭘 할 수 있을지 알 수 없을 만큼 많은 데이터를 접하고 있었기 때문이다. 어떻게 하면 내 데이터를 잘 저장할 수 있을지에 대한 고민은 접은 지 오래였다. 박사과정을 하는 동안은 논문에 쓰일 데이터를 400개의 플로피디스크에 담아 보관했다. 그 외에 다른 백업 장치는 없었다. 요즘도 옛날 방식대로 내가 그동안 읽은 내용과 분석한 데이터 전부를 담은 이동식 메모리를 지갑 안에 넣어 가지고 다닌다. 좀 더 신식이라면 클라우드를 이용했겠지만, 그다지 믿을 수가 없다. 내 이동식 메모리 안에 있는 내용을 비롯해 모든 것은 내 각각의 컴퓨터에 백업돼 있다. 웬만하면 하드디스크에 넣었다가 실패하는 경우는 없었던 것 같다.

최초의 플로피디스크는 내가 세 살 때 등장했다. 컴퓨터 디스크는 그만큼 오래된 기술이다. 요즘 플로피디스크는 한물 간 물건이다. 하드디스크 역시 그렇게 되고 있다. 이제 얼마나 많은 양의 데이터를 저장할 수 있는지, 우리가 가지고 있는 데이터가 얼마나 빠르게 증가하고 있는지 이야기하다 보면 자연스럽게 어린 시절을 떠올리게 된다. 간혹 기자들은 이 세상에 얼마나 많은 데이터가 있을까 하는 질문을 한다. 그럴 때면 거의 대부분 이런 답을 내놓을 수밖에 없다. "데이터 전체량은 너무 빠르게 증가하기 때문에 누구도 제대로 알 수 없다. 이 세상에 있는 데이터의 90%가 최근 몇 년 동안 만들어졌다는 이야기도 있다. 전 세계에서 휴대전화를 쓰는 사람이 2013년 61%였던 게 2017년 70%가 될 거라는 예측이 나오는 마당에 데이터량은 더 커질 수밖에 없다."[2]

그런데 데이터 생산량이 계속 증가만 할 것이라는 주장은 근거가 희박하다. 오히려 증가하지 않을 거라는 근거를 찾기가 더 쉽다. 우선 전 세계적으로 증가하던 인구 자체가 슬로다운에 들어갔다. 데이터의 90%를 최근 몇 년 안에 만들어진 것으로 유지하려면, 데이터가 그에 걸맞은 속도로 계속 생성되어야 하고, 이를 위해서는 인류의 숫자가 기하급수적으로 늘어야 한다. 그렇게 할 수 없다면 기존의 데이터를 계속 삭제해서 최신 데이터의 비중을 상대적으로 높여야 할 것이다. 분명한 사실은 전체 인구에서 휴대전화를 가진 사람 비율이 100%를 넘을 수 없고, 개개인이 만들 수 있는 이미지나 동영상의 개수도 한계가 있을 수밖에 없다는 것이다.

기업들이 정보를 수집하고 저장하는 일은 얼마 지나지 않아 매우 비효율적인 일이 될 것이다. 불과 80억 명도 되지 않는 사람들이 한 명당 80억 바이트 수준의 정보를 컴퓨터에 저장하고 있기 때문이다. 이들 중에는 원격으로 감지된 이미지나 고대 예술작품 사진을 스캔한 것들도 포함되어 있다. 어마어마한 수준으로 복제가 이루어지고 있다. 2020년에는 지구에 살고 있는 한 사람이 1초에 1.7메가바이트의 데이터를 만들어 낼 것으로 추정된다.

2018년에 포브스가 이런 보도를 했다. "지금과 같은 속도면 매일 250경 바이트의 데이터가 생성된다. 그런데 이 속도는 사물인터넷(IoT)의 발달로 더 빨라지고 있다."[3] 경은 10의 16제곱이다. 바이트(byte)는 단어의 한 글자 같은 256가지 형태를 취할 수 있는 가장 작은 단위다. 이 책에서 읽고 있는 각 글자들은 내가 지금 치고 있는 컴퓨터에서 바이트의 형태로 저장되고 있는 것이다.

이렇게 돌아다니는 모든 것을 가지고 추정해 보건대, 우리는 매달이 지구상에 살고 있는 모든 사람들에게 80억 자에 해당하는 아주 긴 글을 각자가 쓰고 있는 셈이다. 물론 이런 데이터들은 그 내용으로 볼 때 인류 지식의 진보에 별 의미가 없을 뿐 아니라, 대부분 쓸모없거나 중복되는 것들이다. 상당수는 이미 여러 장소에서 여러 번 제작된 복제품이다.

이처럼 전 세계 정보의 양이 실제 기하급수적으로 늘고 있는지 아닌지 이해하게 됐다면, 이제는 유용한 정보와 그렇지 않은 정보, 완전히 쓸모없는 정보를 구분해야 한다. 사실상 대부분의 정보는 쓸모없다. 나머지 정보라 해도 아주 조금 유용할 뿐이다. 세상의 많은 사람들이 가장 많이 사용하고 있다는 데이터조차도 실제 자주 사용되는 것들은 극히 작은 일부에 지나지 않는다. 예를 들어 자발적인 네티즌들에 의해 진지하게 만들어진 위키피디아의 정보들 중에서도 거의 전혀 읽히지 않는 글들이 꽤 있다.

이 온라인 사전의 두께가 얼마나 커지는지를 보면 유용한 정보가 얼마나 증가하고 있는지를 가늠해 볼 수 있다. 위키피디아에 나와 있는 글들이 모두 유용하느냐 하는 문제는 일단 제쳐 두고 말이다. 위키피디아는 정보의 바다에서 아주 작은 한 방울일 수 있다. 그럼에도 다른 모든 것보다 가장 가치 있는 방울이라고 생각해 보자. 그런 다음, 매일 생성되는 250경 바이트 가운데 그나마 유용한 정보들 중에 한 자리를 위키피디아가 고정적으로 차지한다고 가정해 보자. 다시 말해, 쏟아지는 데이터 홍수 속에서 항상 일부는 위키피디아의 콘텐츠를 구성하고 있다는 것이다. 그렇다면 위키피디아는 규모 면에서도 급속하게 커질 것을 예상해 볼 수 있다. 처음으로 스마트폰이나 컴퓨터를 구입하는 이들이 생기고, 이런 개개인이 세계에서 가장 많이 쓰이는 데이터베이스에 한몫을 하게 되면서 그 발전 속도는 더 빨라질 것이다. 그러나 지금 위키피디아의 발전 속도는 빨라지지 않고 있다. 사실상 매년 증가하는 접속자 수나 신규 접속자 수 면에서 위키피디아는 슬로다운 상태에 있다.

데이터가 기하급수적으로 증가하고 있다는 주장이 여전히 옳다면, 위키피디아가 슬로다운 상태에 있다는 사실이 시사하는 바가 있다. 일단 이런 유용한 데이터들보다 전 세계 컴퓨터에 있는 다른 데이터들이 계속해서 증가하고 있다는 것이다. 그리고 우리가 저장하고 있는 것들 중 상당수는 쓰레기나 다름없다는 사실이다. 다시 말해 만약 종이에 적었다면 그냥 구겨 던져 버렸을 정보들이다. 만약 당신이 위키피디아에 있는 정보들마저 별 가치가 없다고 생각한다면, 디지털 매립지에서 건져 올린 나머지 정보에 대해서는 생각조차 하고 싶지 않을 것이다.

위키피디아

다른 데이터 사례를 가지고 올 수도 있었다. 당신이 더 많이 사용하고 있고, 더 익숙해하는 게 있었다면 말이다. 하지만 그랬다면 내가 따라잡기 힘들었을 것이다. 그런 면에서 위키피디아가 딱 적당한, 아주 좋은 사례다. 이 사이트가 얼마나 좋았는지, 생긴 지 몇 달 되지도 않아 그 유용성을 알아차린 수천 명의 사람들이 몰려들었다([그림 10] 참조). 19년 만에 위키피디아에 있는 문서는 1만 9,700건에서 577만 3,600건으로 늘었다.

위키피디아는 2001년 1월 15일에 개설됐다. 누군가 중간에서 콘테츠를 조정하는 세력도 없다. 한 달이 채 되지 않은 2001년 2월 12일에

1,000건의 문서가 추가됐다. 6개월 만에 1만 건이 등록됐다. 10만 건을 넘어서는 기록을 세운 것은 2003년이었다. 2006년 3월에는 100만 건이 됐다.[4] 그 당시 위키피디아는 기하급수적으로 성장했다. 그러나 일 년이 채 되지 않아 증가세는 둔화됐다. 왜 그랬을까?

위키피디아가 스스로 밝힌 바에 따르면 "영어 버전의 위키피디아를 실제 정기적으로 편집하는 사람들 수는 2007년에 5만 1,000명으로 정점을 찍었고, 그 이후로 줄고 있다"고 한다. 2013년에 등록된 글에서는 이런 문제가 발생한 게 전혀 신기한 일이 아니라고 분석했다. "요즘 이 사이트를 운영하는 집단의 90%가 남성이다. 관료제로 똘똘 뭉쳐 가끔은 강압적인 분위기를 띠기도 하는데, 그러다 보니 새로운 사람들이 위키피디아에 참여해 외연을 넓히는 것을 방해하고 있다"는 것이다.[5] 하지만 이런 분석은 2006년이나 2008년이 아닌 왜 2007년에 위키피디아의 슬로다운이 시작됐는지를 설명해 주지는 못한다.

위키피디아의 성장세에 슬로다운이 닥친 것에 대한 다른 설명도 있다. 사실 가장 그럴 듯한 설명이 가장 가능성 있는 이야기다. 2007년쯤에 이미 다룰 만한 주제어(entry)들은 다 등록됐고 사소한 것을 다룬 문서들만 증가하고 있었던 것은 아닐까? 처음에는 상당히 빠른 속도로 증가하다가 곧 서서히 감속하는 완만한 추세를 보면 그런 설명이 맞는 것 같다. 아마도 전 세계 사람들이 관심을 가지는 주제어는 100만 개에서 200만 개 사이일 수 있다. 일단 이 숫자에 이르고 나면 나머지 추가로 올라오는 100만 개의 주제어는 이전 100만 개에 비해 관심이 떨어질 수밖에 없다. 과거의 백과사전들이 다룬 주제어는 100만 개에 훨씬 못 미친다.

두 번째 변화는 2015년에 나타난다. 위키피디아의 증가세가 다시 가속화된 시점이다. 아마도 사람들이 위키피디아에 가면 중요하다고 생각했던 것, 혹은 재미있다고 생각하는 모든 것을 찾을 수 있다고 생각하게 됐는지도 모른다. 당시 컴퓨터 사용능력 수준이 상당히 올라가면서 위키피디아 문서를 고칠 줄 아는 사람들은 더 많은 '스텁(Stubs, 위키피디아에서 쓰는 용어. 유용한 정보를 담고 있지만 백과사전 수준에는 이르지 못한 문서. 토막글-옮긴이)'들을 추가했다. 웹페이지상에 노출된 스텁을 우연히 보게 된 사람들은 여기에 뭔가를 추가하게 됐던 것이다. 위키피디아의 슬로다운 추세에서도 2015년이 예외적이었던 데에는 여러 이유가 있겠지만 이것이 그중 하나일 수 있다.

언젠가 위키피디아에 대한 역사가 쓰이면 모든 가능성에 대한 연구가 더 자세히 진행될 것이다. 가장 관심을 끄는 대목은 그래서 다음은 무엇이 될 거냐는 거다. 위키피디아 문서가 마치 성경처럼 돌에 새겨질지도 모른다. 미래에 '편집'을 한다는 것은 이미 20년 전에 만들어진 문서에 살짝 수정만 하는 걸 의미하게 되고, 그래서 정형화된 포맷만 늘게 될 수도 있다. 아니면 비록 문서 편집에 대한 관심이 다른 사람들에게까지 퍼지지 않더라도 위키피디아는 여전히 매혹적인 플랫폼, 프로젝트로 진화할 수도 있다.

위키피디아의 성장세가 정점을 찍었던 무렵에 전 세계 인터넷 이용자 수는 매해 배로 증가하고 있었다. 월드와이드웹은 새롭고 특히 신나는 곳이었다. 위키피디아 역시 가장 흥미로운 곳 중 하나였다. 특히 처음에는 '정보의 슈퍼 고속도로'라고 불리며 눈길을 끌었다.

최근 들어 인터넷상에서 접속할 수 있는 정보의 증가 속도가 느려지면서, 콘텐츠의 증가량도 매년 10% 수준에 그치고 있다. 전체적으로

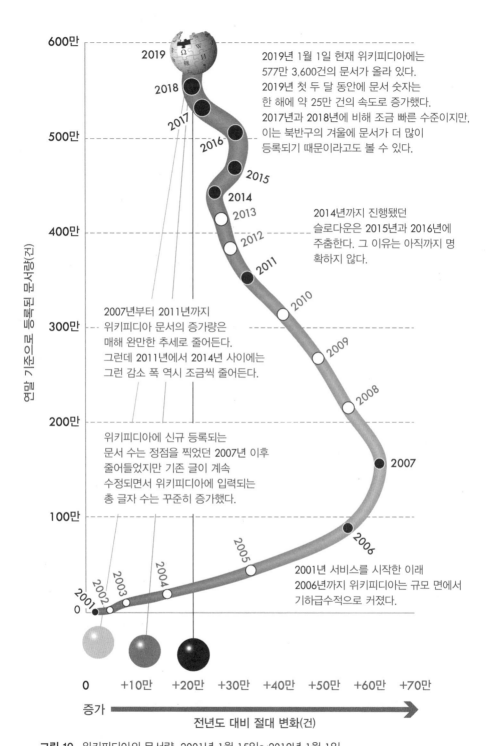

600만 2019

2019년 1월 1일 현재 위키피디아에는 577만 3,600건의 문서가 올라 있다. 2019년 첫 두 달 동안에 문서 숫자는 한 해에 약 25만 건의 속도로 증가했다. 2017년과 2018년에 비해 조금 빠른 수준이지만, 이는 북반구의 겨울에 문서가 더 많이 등록되기 때문이라고도 볼 수 있다.

2018

2017

500만 2016

2015

2014

2013

2014년까지 진행됐던 슬로다운은 2015년과 2016년에 주춤한다. 그 이유는 아직까지 명확하지 않다.

400만 2012

2011

2007년부터 2011년까지 위키피디아 문서의 증가량은 매해 완만한 추세로 줄어든다. 그런데 2011년에서 2014년 사이에는 그런 감소 폭 역시 조금씩 줄어든다.

300만 2010

2009

2008

위키피디아에 신규 등록되는 문서 수는 정점을 찍었던 2007년 이후 줄어들었지만 기존 글이 계속 수정되면서 위키피디아에 입력되는 총 글자 수는 꾸준히 증가했다.

200만

2007

100만 2006

2005

2001년 서비스를 시작한 이래 2006년까지 위키피디아는 규모 면에서 기하급수적으로 커졌다.

2002 2003 2004

0 2001

0   +10만   +20만   +30만   +40만   +50만   +60만   +70만

증가 ➡

전년도 대비 절대 변화(건)

연말 기준으로 등록된 문서량(건)

그림 10. 위키피디아의 문서량, 2001년 1월 15일~2019년 1월 1일

위키피디아의 "Wikipedia: Size of Wikipedia"에서 가져온 데이터. 2019년 2월 24일 기준.
https://en.wikipedia.org/wiki/Wikipedia:Size_of_Wikipedia.

인터넷이 증가하는 추세 역시 역시 시간이 지남에 따라 둔화될 수밖에 없다. 비유를 들자면, 자동차가 발명되면서 차들이 원할하게 달릴 수 있도록 도로 건설이 폭발적으로 증가했다. 초창기에는 불과 몇십 년 동안 두 배씩 도로 길이가 늘어났다. 위키피디아는 인터넷이라는 새로운 길 위에 놓인 볼거리들 중 하나일 수 있다. 하지만 폭발적으로 증가하던 그 초창기는 이제 막을 내렸다.

옛 데이터

이런 위키피디아의 사례는 새로운 혁신이 맞닥뜨릴 수밖에 없는 운명인 것일까? 한번 혁신이 시작되면 그 이후에 슬로다운은 불가피할 것이다. 하지만 진보를 이런 식으로만 분석하는 것은 별로 도움이 되지 않는다. 다행히도 위 질문에 대한 대답은 '아니다'이다. 우리는 혁신이 시작되고, 휘청거리다 다시 일어서고, 또 대단한 성공을 거둔 것처럼 보이다 다시 실패한 것처럼 보이고, 그러고 나서 또 재기하는 모습을 종종 보게 된다. 그렇지만 대다수의 혁신들은 이런 양상을 겪어 보지조차 못한다. 일찌감치 실패해서 이름조차 들어본 적 없는 경우가 부지기수다.

다시 인쇄술이 개발되던 시대로 돌아가 보자. 활판인쇄술이 나오면서 얼마나 많은 책들을 새로 찍게 됐을까? 인쇄술이 처음 도입된 뒤 몇십 년이 지난 1500년, 책의 소매가는 절반으로 떨어졌다. 1600년에 당시 평균임금과 비교해 계산했을 때 책값은 10배 더 싸졌다. 1680년에 이르면 20배 더 싸진다. 흥미로운 것은 그 이후에는 책을 만드는 비용과 구입하는 값이 실질적으로 떨어지지 않았다는 점이다. 적어도 내가 가지고 있는 역사 데이터 자료의 가장 마지막인 1870년대까지는 그랬다.[6] 오랜 기간에 걸쳐 일관성을 유지하고 있는 데이터 집합을 확보하는 것은 쉽지 않다. 기록하는 방식이 달라지기 때문이다. 오늘날에도 일관된 데이터 집합이 등장한 것은 불과 몇십 년 전 일이다. 그나마도 몇몇 특정한 국가의 자료만 신뢰할 수 있는 상황이다.

서적 수는 집계하기가 쉽지 않다. 유네스코(UNESCO)는 책을 다음과 같이 정의한다. "표지를 빼고 적어도 49페이지 이상 되는 비정기 간행물로서 한 나라에서 발행돼 모두가 읽을 수 있어야 하며 … 책 제목은 한 권으로 발행됐든 여러 권이든 전체를 아우르는 인쇄물을 지칭하는 용어이다."[7]

유네스코는 각 나라별로 1인당 한 해 몇 권의 책이 출판됐는지 집계해 공개해 왔다. 그러나 최근 들어 이곳 통계 담당자들은 자신들이 수집한 데이터가 유효한 것인지 신경을 쓰게 됐다. 인터넷의 확산으로 수억 명의 사람들이 마음만 먹으면 책을 낼 수 있고, 대중에게 공개할 수도 있게 됐다. 물론 디지털 버전으로 가능하지만 말이다. 하지만 인터넷은 계속 발달하고 책을 사고 소유하는 방식도 달라지면서 인쇄된 책은 덜 필요하게 됐다. 마치 인쇄기술이 발달하면서 손으로 일일이 옮겨 적을 필요가 사라진 것과 같다. 50년 전만 해도 전 세계 사람들의 교육수준이 올라가면서 새로운 책들이 거의 무한정 인쇄돼야 할 거라는 생각에 의문을 품는 이들은 거의 없었다. 하지만 이런 예상은 금세 틀린 것이 되어 버렸다.

예전에는 데이터나 정보의 유용성이 갑자기 높아지는 경우가 많았다. 우리 세대에만 일어났던 일이 아니다. 예를 들어 1550년 한 해에만 서유럽에서 300만 권의 책이 생산됐다. 14세기 전체를 통틀어 필사본으로 생산된 책의 총수보다 많았다.[8] 실제 인쇄된 책들의 수 말고 새로 나온 책의 종류로 따진다면 변화의 속도는 그리 빠른 게 아닐 수도 있다(유럽에서 초기에 인쇄된 책들 대부분은 성경이었다). 새로운 책은 누군가 혹은 어떤 이들에 의해 창작되고 집필된 후에나 대량생산이 가능하기 때문이다. 책에 쓰인 내용이 꼭 사실일 필요는 없고 허구를 담아도 된다는 생각을 품는 것 역시 필요했다. 그래야 신작들에 대한 인기를 엄청나게 높일 수 있었던 것이다.

유럽에서 17세기와 18세기 동안 책의 생산이나 소비 면에서 가장 크게 증가했던 곳은 현재 우리가 네덜란드라고 부르는 곳이었다. 당시에는 연합주(United Provinces)라고 불렸던 곳으로 추정되는 지역이다. 책이 생산됐던 지역 기준으로 보면 저지대 국가들(Low Countries)과 현재 벨기에의 일부 지역(루벤과 앤트워프)을 포함한다. 1600년 당시에는 이곳에 살던 사람들 6,000명당 한 권 꼴로 새 책이 만들어졌다. 1650년에는 두 배로 늘어 6,000명당 두 권이 되더니, 1740년에는 네 권이 됐다. 네덜란드에서 책이 생산되기까지의 과정을 살펴보기 전에, 스토리텔링이라는 분야가 어떻게 변화하고 성장했는지부터 알아보자. 인쇄기가 등장했을 때부터 1688년 오렌지 공 윌리엄이 영국으로 항해를 떠났을 때까지의 기간이다. 당시 대영제국은 1인당 도서 수가 두 번째로 많은 나라였다. 독일이 세 번째였다.

인류의 언어는 처음 아프리카에서 진화했다. 고대에 기록된 이야기들 상당수는 아시아에서 처음 등장했다. 그러면서 미국을 포함한 전 세계로 이야기는 퍼져 나갔다. 기록의 원전을 찾아 올라가다 보면 대륙이 서로 만나는 곳에 이르게 된다. 5,000년 전 아시아와 아프리카가 만나는 메소포타미아와 이집트 지역이 그랬고, 2,000년 전 두 아메리카 대륙이 만나는 메소아메리카 지역이 그랬다. 그러면서 이곳들과 아주 멀리 떨어져 있던 지역에서 완전히 다른 형태의 글쓰기가 시작됐다. 4,000여 년 전 아주 많은 수의 인류가 정착사회를 건설했던 중국이었다. 글쓰기는 대규모 무역을 하는 데 가장 필요한 것이었다. 진화하고 살아남기 위해 글은 안정적일 필요가 있었다.

인쇄기술이 폭발적으로 발전한 곳은 유럽이었다. 고대 이야기를 할 때 생산성이 가장 낮은 대륙이었음에도 그랬다. 목판을 이용한 인쇄술은 중국에서 일찌감치 발명됐다. 하지만 그 이후 인쇄술을 크게 확장시킬 만한 계기가 없었다. 반면에 유럽에서 부의 축적, 부채의 증가, 종교 갈등 등이 겹치면서 인쇄술과 관련한 여러 시도가 전개되었다. 1492년부터 시작된 신대륙 침략 내지 정복과도 맞물렸는데, 이를 통해 유럽은 세계의 지리적 중심이 됐다.

어떤 면에서 지리적으로 볼 때 인터넷은 미국에서 유래할 수밖에 없었다고 보는 게 맞을 거 같다. 각 대륙은 각각의 위대한 이야기가 시작됐을 만한 배경을 가지고 있다. 가장 오랫동안 구전되어 내려 온 이야기는 오스트랄라시아(Australasia, 오스트레일리아·뉴질랜드·서남 태평양 제도를 포함하는 지역—옮긴이)에서 시작됐다. 논쟁의 여지는 있지만 인터넷이 미 국방부에서 시작된 것도 다분히 그럴 만한 일이었다. 정보의 증가는 부채를 감시하는 것뿐 아니라 전쟁을 계획하고 수행하는 것과도 밀접하게 관련이 있기 때문이다. 정보의 공개와 통제, 생성은 우리가 생각하는 것 이상으로 전쟁과 맞물려 있다. 네덜란드에서 출판산업이 겪었던 흥망성쇠 역시 전쟁으로 점철돼 있다.

옛 책들

1500년부터 1688년까지 두 세기가 채 안 되는 기간에 네덜란드에서 출판된 신간의 수는 인구 100만 명당 연간 41권에서 395권으로 늘었다. 여기 제시돼 있는 숫자들은 10년 단위로 평균을 낸 것이라 전체적인 흐름 속에서 아주 짧은 기간의 변화는 감지하기 힘들다.

처음에는 신간의 수가 급격히 늘었다. 1500년대에 인구 100만 명당 연간 41권이던 것이 1510년대에는 100만 명당 49권이 되었다. 그러다 1520년 루벤에서 새로 인쇄된 책을 불태우는 화형식이 열렸다. 앤트워프에선 다른 400권의 책을 불태우는 일이 이어졌다. 이런 책들에는 마틴 루터(Martin Luther)의 작품도 포함되었는데 서점에서 압수가 됐고 팔리기도 전에 불태워졌다. 1521년에는 위트레흐트(Utrecht)에서 대규모 책 화형식이 있었고, 1526년에는 암스테르담에서도 처음 책을 불태웠다는 기록이 남아있다.[9] 이런 분위기는 거의 10년 동안 이어졌다. 1570년대부터 1580년대까지 네덜란드에서의 출판은 여러 이유로 확장세가 주춤해졌다.

1570년대 후반 네덜란드공화국(Dutch Republic)이 세워지면서 책 생산은 다시 활기를 띠기 시작했다. 그리고 1620년대 다시 슬럼프를 겪는다. 인구 증가세가 신간의 출판량을 앞지른 것도 책 생산량 비율이 떨어지는 데 한몫했다. 그렇지만 1621년 오랜 휴전을 끝내고 스페인과 전쟁을 다시 시작한 탓도 컸다. 그럼에도 불구하고 네덜란드가 브라질을 정복하고 네덜란드 동인도회사가 부와 권력을 키워 가면서 인구 대비 비율로 봤을 때 신간의 인쇄량은 다시 속도를 내 증가했다. 네덜란드에서 출판이 다시 둔화된 것은 1660년대 영국과 전쟁을 치르면서이다. 매년

네덜란드공화국에서 엄청나게 많은 책들이 생산되면서 펼쳐졌던 출판의 황금기는
영국과의 전쟁 탓에 일시적으로 중단되었다. 출판의 증가세는 1637년 튤립 투기 파동
으로 더 주춤하게 된다. 하지만 언제나 순환을 했듯이 1680년대 다시 증가세로
돌아서 이전보다 더 많은 책을 찍어 냈다. 1700년대에 인구 100만 명당 한 해 446권의
신간이 나왔고, 1790년대에는 571권이 나왔다(이 시간선에서는 나타나지 않음).

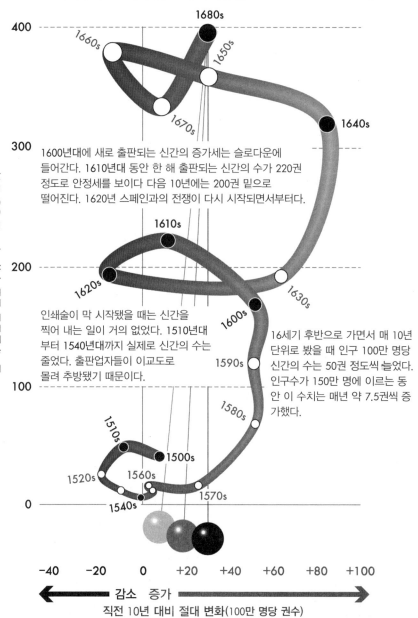

1600년대에 새로 출판되는 신간의 증가세는 슬로다운에
들어간다. 1610년대 동안 한 해 출판되는 신간의 수가 220권
정도로 안정세를 보이다 다음 10년에는 200권 밑으로
떨어진다. 1620년 스페인과의 전쟁이 다시 시작되면서부터다.

인쇄술이 막 시작됐을 때는 신간을
찍어 내는 일이 거의 없었다. 1510년대
부터 1540년대까지 실제로 신간의 수는
줄었다. 출판업자들이 이교도로
몰려 추방됐기 때문이다.

16세기 후반으로 가면서 매 10년
단위로 봤을 때 인구 100만 명당
신간의 수는 50권 정도씩 늘었다.
인구수가 150만 명에 이르는 동
안 이 수치는 매년 약 7.5권씩 증
가했다.

한 해 출판된 신간의 규모(100만 명당 권수)

감소 증가
직전 10년 대비 절대 변화(100만 명당 권수)

그림 11. 네덜란드의 신간 출판 수, 1500~1680년

Our World in Data에서 가져온 데이터. https://ourworldindata.org/books. 이 데이터는
조나단 핑크-얀센(Jonathan Fink-Jensen)의 저서 *Book Titles per Capita*에도 사용됨.
2015년 12월 13일 기준. http://hdl.handle.net/10622/AOQMAZ.

인쇄되는 신간의 감소 추세가 10년 동안 이어졌다. 그러다 1670년대 신간의 발행량은 또다시 증가한다. [그림 11]은 이런 세 번의 슬로다운과 세 번의 가속이 되풀이된 것을 보여 준다.

[그림 11]의 시간선에서 특히 흥미로운 부분이 있다. 새로운 기술의 부상이 특정한 사건과 어떻게 연결되는지 아주 명료하게 제시해 준다는 점이다. 이런 방식은 어느 한 지점에 이르기까지의 과정만큼이나 변화율을 중요하게 본다. 이렇게 하면 슬로다운이 일어났던 것을 더 명확하게 발견할 수 있다. 일반적인 도표를 보면서 그저 "약간 위아래"라고 표현했던 변화들이 더 확실히 중요한 사건으로 보이게 된다.

[그림 11]에서 시간선이 세로 중심축의 왼쪽으로 세 번 넘어가는 게 보일 것이다. 바로 직전 기간보다 10년 혹은 20, 30년 동안 새로 찍힌 책의 수가 줄어들었던 짧은 기간을 의미한다. 최근 몇십 년 동안 이런 추세는 그래프상에서 대개 '딱 알맞은' 직선으로 그려졌다. 이것으로 충분하지 않다면 아마도 그래프를 그리는 사람은 두 개의 직선을 사용해 '언제 추세가 바뀌는지'를 표현했을 것이다. 그러나 추세는 직선 안에서 구현되지 않는다. 여기서 특히 주의 깊게 살펴봐야 할 것은 가속을 하던 추세가 언제 슬로다운으로 바뀌느냐는 것이다. 이런 위상공간 시간선 그래프에서는 이 같은 전환점이 명확하게 나타난다. 특히 가장 오른쪽 지점과 가장 왼쪽 지점이 부각된다. 추세가 바뀌는 순간인 이런 지점들은 일반적인 그래프에서는 감지하기 어렵다. 그런 그래프에서는 시간을 한 축으로 삼고 있기 때문이다.

네덜란드 출판 역사에서의 180년을 나타낸 [그림 11]의 시간선을 보면 상당히 탄탄한 성장 기간을 거쳤던 점도 드러난다. 1570년대 이후 30년 동안 책 생산량은 매년 추가되는 신간이 50권씩 더해지는 수준으로 증가한다. 위에서 언급했듯이 이 시간선은 너무 잦은 변동을 부드럽게 하기 위해 10년 단위로 평균을 낸 것이다. 따라서 한 해 새로 인쇄되는 신간의 총수는 처음 50권이었던 게 불과 30년 만에 한 해 200권 수준이 됐다. 이 30년 기간이 시작된 첫해에는 한 사람이 네덜란드에서 출판된 신간 전체를 읽을 수 있었을 것이다. 그러나 그 30년 기간이 끝날 즈음에는 아마도 불가능한 일이 됐을 것이다.

17세기가 시작될 무렵에는 성장세를 이어 가던 출판계에 공백기가 발생한다. 하지만 여전히 매해 200권의 신간이 인쇄되던 시기였다는 점을 기억할 필요가 있다. 요즘으로 치면 확장세를 이어 가던 위키피디아가 공백기를 맞닥뜨린 것과 비슷하다. 당시 신간의 수는 예전만큼 빠르게 증가하지 않았다. 그래도 공백기라고 부르는 것은 매해 여전히 찍혀 나오고 있었기 때문이다. 만약 하루에 책 한 권을 읽을 능력이 되지 않는다면 새로 나온 책을 다 읽지 못할 정도였다. 기존에 출판된 책들 역시 못 읽는 것은 물론이다. 그래도 읽을 줄 알고 책을 살 만한 형편이 되고 독서를 할 시간과 열정이 있다면 웬만큼 중요한 것들은 다 읽었을 것이다.

이렇게 증가하는 책 생산이 수익이 되려면 책을 읽을 줄 아는 사람들이 더 늘어야 했다. 사람들이 성경을 읽을 줄 알아야 한다는 종교적인 믿음은 유럽에서 초기 인쇄술이 빠르게 발전하는 데 엄청난 영향을 끼쳤다. 하지만 처음에는 모든 영혼이 평등하다고 보지 않았다. 읽고 쓰는 능력은 사회가 더 많은 분야에서 읽기 능력을 요구함에 따라 각 세대별로 발전되는 경향이 있다. 처음에는 남성들만 일상적으로 읽기를 배우고, 가끔은 즐거움을 위해 글 쓰는 법을 익혔다. 나중에는 상류층 소수의 여성, 그리고 중산층으로 기회가 갔다. 꼭 종교적인 의식이나 사업

목적만으로 글쓰기를 한 것은 아니었다. 사람들은 또 독서를 특화하기 시작했다. 레오나르도 다 빈치(Leonardo da Vinci, 1452~1519)가 여러 분야에 박식할 수 있었던 것도 일정 부분은 그가 어릴 적 당시 인쇄된 책이나 필사된 문서들의 정보가 읽기 불가능할 정도로 많은 양은 아니었기 때문이다.

출판에서의 특화가 진행된 것은 17세기 동안이다. 이 시기에는 정말 많은 새로운 발견이 있있다. 그뿐 아니라 그런 발견에서 얻은 지식도 널리 퍼져 나갔다. 인쇄라는 전파의 수단이 해를 거듭할수록 더 값싸지고 더 널리 보급됐기 때문이다. 이런 전파는 더 많은 혁신을 불러왔다. 1650년 어느 시점에는 네덜란드에 살고 있는 주민 100만 명당 매일 한 권의 신간이 찍히는 수준에 이르렀다. 당시 전 세계에서 가장 부유한 국가였다고 하더라도 단 한 나라에서 출판된 숫자가 이 정도였던 것이다.

책의 정점

위키피디아에서 벌어진 일들은 새로운 혁신의 성공 사례에서 흔히 볼 수 있는 현상이다. 처음 혁신이 일어나면 사용자가 늘고, 판매량이나 접속 빈도가 오르다가 필연적으로 증가세는 슬로다운에 접어든다. 증가하는 동안 간혹 꺾이는 듯한 모습이 나타나기도 하지만, 실제로는 그렇지 않다. 출판 산업이 초기에 성장했을 때나 이후 진화 과정에서도 이런 현상이 나타났다. 그러나 점차(어쩌면 매우 빨리) 모든 새로운 기술은 낡거나 구식이 되어 버린다. 결과적으로 거의 모든 것이 쓸모없게 된다.

지금 킨들(Kindle, 전자책 단말기-옮긴이)로 이 책을 보고 있거나 자동차 안에서, 혹은 걸어가면서 오디오북으로 듣고 있는 게 아니라면, 지금 당신의 손에 쥐어져 있는 것은 아주 구식 기술이다. 그렇다고 당신이 아직까지 쓰고 있는 만큼 아직 완전히 쓸모없게 된 정도는 아니다. 처음 인쇄가 시작돼서 지금까지 출판의 역사가 걸어온 길을 되돌아보면 앞으로 책이 소멸의 길로 가고 있는지, 아니면 단지 또 다른 침체기를 겪고 있을 뿐인지 짐작해 볼 수 있을 것이다. [그림 12](p. 143)에서 구현한 시간선에서 이와 관련한 답을 찾아 볼 수 있다. 다만 이 시간선이 확실히 보여 주는 것은 일시적으로나마 '책의 정점'은 이미 한 번 찍혔다는 것이다. 네덜란드의 기록이 좀 더 폭넓게 적용된다면 말이다.

새로운 기술에 대한 호기심이 세상을 영원히 바꿔 놓을 거라고 끊임없이 호언을 해 왔다. 그런데 이런 약속이 구체화되지 못했던 사례들은 많다. 만약 내 또래의 영국인이라면 싱클레어C5(Sinclair C5)를 기억할 것이다. 배터리로 가는 1인용 소형차였는데, 기대와 달리 자동차 여행의 세계를 바꿔 놓는 데 실패했다. 그 이유 중 하나는 운전자들이 안전하다고 느끼지 못했기 때문이다. 도로에 바짝 붙어 이동하다 보니 다른 일반적인 크기의 자동차나 트럭들 사이에 끼일 수밖에 없었다. 만약 도로를 좀 더 안전하게 만들고, 자전거나 전동카트, 전동휠체어를 위한 차선을 따로 마련했다면 싱클레어C5의 시대는 결국 오지 않았을까?

신기술을 판매하려면 마케팅 부서와 홍보대행사, 대형 광고회사가 총동원돼야 한다. 대학들은 캠퍼스 내에 만들어지는 '창업기업(start-up)'이나 '분사기업(spin-off)'의 지분을 가질 필요가 있다. 혁신 허브는 창조되는 것이다. 기업 인큐베이터는 인큐베이팅을 통해 만들어진다. 옥스퍼드 대학에는 나중에 성공한 사업가가 될 거라고 확신하는 부유한 젊은 대학원생들을 많았다. 내가 살아 왔던 기간보다 그곳에서 일하는 단

몇 년 동안 그런 사람들을 더 많이 만났다. 지금쯤이면 눈치챘겠지만 나는 그런 확신에 좀 회의적이다. 이런 젊은 학생들이 특별히 창의적이라고 생각하지 않는다. 옥스퍼드 대학교 대학원생 중에는 자식들의 꿈을 키워 줄 수 있을 만큼 부유한 가정의 출신들이 유별나게 많다. 그러다 보니 대부분 필연적으로 뻔히 실패할 계획에 사로잡혀 자금을 끌어모으는 경우를 보게 된다. 우리는 성공한 아이디어가 나오기까지 다른 수백만 개의 아이디어가 시도되고 실패했다는 사실을 좀처럼 수긍하지 못한다. 또 복잡한 상호 협력을 통해 태어난 놀라운 발명들이 언어처럼 얼마나 자주 사라지는지도 종종 잊고는 한다.

고대의 기술 중에 지금까지 사용되고 있는 것을 나열해 보자. 아마 바퀴나 면화, 양모 등을 꼽을 수 있을 것이다. 당신의 삶 속에 있는 것들 중에 1,000년 전, 혹은 그보다 더 이전에 발명된 것은 얼마나 될까? 지금 읽고 있는 글자가 그중 하나이다. 내가 어렸을 때 아버지는 클라이브 킹(Clive King)의 책 『22개의 글자(The 22 Letters)』를 읽어 주시곤 했다. 어린이들을 위한 책인데 아주 먼 옛날 사람들이 무언가를 어떻게 발견하게 됐는지에 대한 내용이다. 그가 책을 읽어 주는 순간에도 특정 언어들은 그 마지막 사용자가 사망함으로써 세상에서 사라지고 있었다. 또 엄청나게 다양한 언어로 글이 쓰이고 있었지만 이제는 단 몇 십 개의 언어로 줄어들고 있었다. 오늘날 글을 쓸 줄 아는 사람들 가운데 대부분이 사용하는 언어는 극히 일부에 불과하다. 서로 다른 언어로 출판이 되고 있지만, 대부분은 단순한 번역물인 경우가 많다.

당신은 얼마나 많은 옛날 기술들을 사용하고 있을까? 지금 살고 있는 집을 짓는 데는 어떤 기술이 쓰였을까? 당신이 살고 있는 아파트에 엘리베이터가 있다면, 엘리베이터는 옛날 기술일까? 엘리베이터는 사람들이 더 높은 곳에서 사는 것을 가능하게 했다. 1850년 무렵에 증기로 움직이는 엘리베이터가 선보였다. 그러다 전기로 작동하는 제품이 처음 나온 것은 1880년이었다. 그 이후로 당신의 주거 양식을 바꿔 놓을 만큼 엄청난 혁신이 과연 있었을까? 최근의 엘리베이터 기술은 분명 좀 더 부드럽게 작동되고 안전하며, 편안한 느낌이 들도록 발전됐다. 그렇지만 당신이 계단을 이용하지 않고서도 빌딩의 높은 곳으로 오를 수 있게 해준다는 기능 면에서 엘리베이터는 여전히 그대로다. 화면에 이미지를 구현한다는 점에서 텔레비전 역시 마찬가지다.

당신이 의존하고 있는 것 중에 완전히 새로운 기술인 것은 얼마나 될까? 부모님이 지금 당신 나이일 때 나온 것들을 신기술이라고 할 수 있을까? 지금이야 휴대전화 없이 집을 나서는 것조차 힘들지만, 그렇게 된 것은 내가 그런 전화를 처음 가지게 된 30년 전부터이다. 우리가 너무 중요한 필수품이라고 여겼던 발명이지만 이젠 더 이상 사용하지 않는 것들도 어마어마하게 많다. 좀처럼 기억을 하지 못할 뿐이다. 매해 수십만 건의 특허가 사라진다. 과거에 개발됐다가 이제는 더 이상 처방되지 않는 약들만 해도 그렇다. 어떤 약들은 나중에 부작용이 발견되면서 인체에 오히려 해를 끼친다는 게 알려지기도 했다.[10]

그렇다면 우리는 얼마나 많은 신기술들을 사용하고 있을까? 지금 당신은 핏빗(Fitbit)을 착용하고 있을지도 모른다. 몇십 년이 지난 뒤에도 그걸 그대로 사용하고 있을까? 사용하고 있다고 해도 그게 손목에 차는 방식일까? 당신은 혹시 '얼리어답터(early adopter)'인가? 그렇다면 얼리어답터라는 게 처음 생각만큼 별로 유용하지 않은 것에 많은 돈을 들이고 있는 사람을 뜻하는 것은 아닐까? 혹시 젊었을 때 쓰던 파일로팩스(Filofax, 낱장을 끼웠다 뺄 수 있게 만든 다이어리 수첩-옮긴이)를 기념으로 보관하고 있지는 않은지? 어쩌면 너무 어려서 지금 무슨 이야기를 하는지 알 수 없을지도 모른다. 또 당신은 알렉사(Alexa)에게 오늘 날씨가 어떤지 묻거나 음악을 틀어 달라고 할지도 모르겠다. 사전에서 찾아 달라며 "슬로다운이 뭐야?"라고 소리 내어 묻고 있을 수도 있다. 아니면 알렉사가 도통 뭔지 모르는 사람도 있을 터이다. 만약 중국에서 이 책을 읽고 있다면 아마도 그 이름을 들어보지 못했을 가능성이 높다. 알렉사는 거대기업인 아마존이 2014년 후반에 내놓은 가상의 전자 비서이다. 1960년대 공상과학 소설에 나오던 게 반세기가 지나 실제 제품으로 나온 것이다.

새로운 발견은 항상 이루어지고 있다. 그러나 과거에도 보았듯이 같은 속도로 일어나는 것은 아니다. 질적으로나 양적으로도 그렇다. 누군가는 1930년대에 혁신의 정점을 찍었다고 말한다. 아주 최근까지도 인간 게놈을 풀어낸다는 것이 기적적인 일이었다. 그런 발견은 당장 우리에게 무엇을 가져다줄 것 같았지만, 이제는 그런 약속을 지킬 수 없다는 것을 이제는 잘 알고 있다. 그렇게 널리 기대했던 것도 순진한 일이었다. 어떤 특정한 재능을 가져다주는 특정한 유전자 같은 것은 없다. 우리가 이룬 모든 것들에도 불구하고 여전히 우리는 기근이나 전쟁, 전염병, 질병을 어떻게 피할 수 있을지 고민하고 있다. 수없이 많은 것을 발견했지만 여전히 풀지 못하고 있는 오래된 문제들은 여전하다.

단지 사람들에게 모든 게 점점 더 나아지고 있다는 확신을 심어 주기 위한 목적으로 운영되는 거대산업들이 많다. 내가 일(연구)하고 있는 산업 분야에서는 사람들에게 무언가 말해 주는 데 엄청나게 많은 시간을 쏟아붓고 있다. 새로운 약이나 기계, 소프트웨어, 그리고 모든 발견들에 있어서 학계에서 얼마나 독창적인 연구가 많아지고 있는지에 대해

들고 싶어 하는 이들이다. 이 중 대부분이 과장된 것은 인류가 점점 창의력을 잃어서가 아니라, 대학이라는 공간 자체가 일단 들어가면 사람을 멍청하게 만들기 때문이다. 1930년대부터 우리는 전기를 이용해 뭔가를 본격적으로 만들어 내기 시작했다.[11] 그 당시 일상적으로 쓰던 것들보다 조금 더 유용한 것들을 이후에 발명해 내긴 했지만 그렇다고 해서 황금기가 있었던 것은 아니다. 우리 시대의 문제는, 우리가 이루어냈다고 하는 거의 대부분이 이미 전부터 이루어진 것이라는 점이다. 이제는 수백만의 사람들이 그다음의 대단한 일을 찾아내기 위해 매달리고 있다. 그러나 최근 들어 그런 대단한 일은 거의 일어나지 않고 있다. 새로 찾아낼 만한 것들은 점점 줄고 있는 모습이다.

책을 인쇄해 손에 들고 다닐 수 있게 되기 전까지 배움의 영역은 극히 한정돼 있었다. 그러다 인쇄물을 통해 생각이 퍼지고, 더 많은 사람들이 읽는 법을 배우게 되고, 또 한 사람의 의견을 구속하던 것들이 느슨해지고, 오랜 종교적인 권위가 약해지면서 새로운 발견을 뛰어넘는 발견이 이어졌다. 인쇄술은 전기와 트랜지스터의 발견을 가져왔고, 지퍼와 종이클립, 벨크로, 세탁기, 페니실린의 발명으로 이어졌다. 모두 전보다 우리 삶을 더 밝고, 쉽고, 단순하고, 깔끔하고, 빠르고, 깨끗하고 더 안전하게 해 주는 것들이다. 모두 책이 널리 퍼지면서 이들 발명가들에게 정보를 제공해 주었기에 가능한 일이었다.

책이 찍혀 나오면서 우리가 스스로를 바라보는 관점도 달라졌다. 스스로를 즐기는 방식 역시 달라졌다. 옛날이야기들이 있던 자리를 소설(새로운 이야기)이 차지하면서 더 풍성해졌다. '이단'에 대한 금기가 느슨해지면서 다른 관점으로 논쟁을 일으키는 책들도 등장할 수 있었다. 이런 책들이 결국 지구가 우주의 중심이 아니라는 생각도 가능하게 했다.

여전히 전능한 존재를 숭배할 수 있지만 말이다. 찰스 다윈은 『종의 기원(On the Origin of Species)』에서 우리가 지금 진화라고 부르는 것은 "신의 작품들을 단지 조롱거리나 속임수로 만든다"고 기록한 바 있다.[12] 그렇듯 그는 신이 행했다는 '미스터리한 방식'에 대해 의심을 품었던 것이지, 최고신의 존재에 대해 의심했던 것은 아니었다.

책은 우리에게 상상력을 공급해 주는 중요한 역할을 한다. 그런 면에서 집필과 출판의 증기 속도가 슬로다운에 접어들었다는 점은 혁신의 속도 역시 줄어들었음을 짐작하게 한다. 그러나 그보다는 책을 읽고자 하는 사람들의 증가 속도가 줄었다는 게 맞는 것 같다. 특정한 젊은 층들은 나이 든 사람들보다 책에 대해 관심이 덜하다. 책이 정보를 얻을 수 있는 유일한 수단이었을 때, 책은 다른 모든 것보다 중요했다.

아버지가 나에게 『22개의 글자』를 읽어 주신 건 그가 책 읽기를 좋아해서였다. 특히 아이에게 책 읽어 주는 것을 좋아했는데 내가 독서를 좋아하길 바라는 마음도 있었다. 지금 나에겐 집을 가득 채울 만큼의 정보 서적이 있다. 하지만 대부분 거의 읽지 않는 것들이고 점점 더 쓸모없는 것이 되고 있다. 내 아이들이 내가 그렇게 아버지와 책을 읽던 나이가 됐다. 지금 그 아이들에게 『22개의 글자』같이 긴 책을 쥐어 주면 절대 끝까지 읽지 않을 것이다. 특히 마법사가 나오지 않는 그런 책은 더욱 그렇다. 우리 아이들은 정보에 접근하는 방법이 훨씬 더 많아졌다. 텔레비전과 컴퓨터, 전화가 거의 석기시대 손도끼만한 크기의 기기로 한데 합쳐졌다. 딱 손바닥에 움켜쥐거나 주머니에 쏙 들어갈 크기면서도 우리를 거의 모든 것과 연결해 준다.

새로운 책들

내 아이들은 자기 자식들에게 무엇을 읽어 줄까? 우리가 정말 슬로다운에 접어들었다면 이들은 내가 그랬던 것보다 더 많은 책을 자식들에게 읽어 줄 것이다. 나보다 훨씬 부지런히 책을 읽어 주었던 아내보다도 더 많이 읽어 줄 것이다. 우리가 슬로다운하고 있다면 미래에도 아이들은 여전히 부모들이 읽어 주는 책을 보고 있을 것이다. 부모인 척하는 기계들이 읽어 주는 게 아니고 말이다. 아이들에게 책을 읽어 준다는 것은 단순히 정보를 전수하는 것 이상의 일이다. 1600년부터 2000년까지 400년 동안 네덜란드에서 새로 발행된 책이 인구 100만 명당 한해 168권에서 3,219권으로 20배 증가했다는 사실도 미래에 아이들에게 들려줄 옛이야기가 될 것이다. 이제는 증가 속도가 늦춰졌을 뿐 아니라, 매년 새로 발행되는 책의 총 숫자마저 줄고 있다. 2020년에는 새로운 이야기들이 줄고 있는 것처럼 보였다는 이야기까지 미래의 아이들에게 들려주게 될 것이다. 정말 새로운 이야기는 점점 고갈되고 있는 것일까?

위에서 다룬 네덜란드 출판에 대한 이야기의 서두는 1680년에 끝난다. 그때까지만 해도 추세는 상대적으로 단순했다. 성장이 이어졌고 간혹 슬로다운이 있었다. 1680년대 이후 네덜란드에서의 출판은 인구 100만 명당 한 해 400권에서 600권의 신간이 나오는 수준으로 안정화된 모습이었다. 더 이상 가속화도 없었고 갑작스런 성장도 없었다. 꾸준한 상태가 유지될 뿐이었다.

출판에서 이런 꾸준한 상태가 이어지는 동안 네덜란드는 유럽 무역을 지배하는 전성기를 누리게 된다. 1670년에는 56만 8,000t의 상품이 네덜란드 항구에서 거래되었다. 이는 당시 프랑스와 잉글랜드, 스코틀랜드, 신성로마제국, 스페인, 포르투갈의 교역량을 모두 합친 것보다도 더 많은 규모였다. 네덜란드는 패권국가로 부상했다. 암스테르담은 상업의 중심지로서 폴란드와 같이 작물을 생산하는 북부 발트해 국가와 식량 수요가 많은 나머지 유럽 국가들 사이에 위치한, 당대 가장 중요한 해상 수송의 허브였다. 유럽 남부와 그보다 더 먼 곳으로부터 향신료와 설탕, 비단, 와인, 은이 실려와 네덜란드에서 먹을 것과 교환되었다.[13]

책은 국제무역에서 아주 작은 부분만을 차지했다. 대부분은 네덜란드 내수용으로 생산됐을 것이다. 무역은 이를 잘 이용한 이들에게 부를 안겨 주었다. 부가 점점 커지면서 지구상에서 가장 부유했던 이곳에서 책은 속도를 내 성장했다. 성장을 계속 이어 가면서 상당한 영향력을 꾸준히 미치는 단계에까지 이르렀다.

부침도 있었다. 180년이 지나 1720년대에 이르면 네덜란드의 출판은 저점을 찍게 된다. 이웃 영국은 성장하는 반면 네덜란드의 경제는 슬로다운 상태에 들어가게 된다. 1860년대에는 정반대로 네덜란드의 도시들이 급격히 성장하고 글을 읽을 줄 아는 사람들도 많아지면서 출판 산업은 고점에 이른다. 그러나 [그림 12]의 시간선이 보여 주듯, 완전히 새로운 양상은 펼쳐지지 않았다. 어느 정도 안정기에 이르는가 싶더니 1900년이 얼마 지나지 않아 생산량의 증가 속도는 다시 느려지기 시작했다.

1900년에 네덜란드에서는 인구 100만 명당 한 해 700권의 신간이 새로 찍혀 나왔다. 이후 10년 단위로 보면 한 해 평균 800권의 새 책이 출판됐다. 그러나 1930년대 침체기가 찾아왔고 제2차 세계대전으로 인해 그 시기는 길어졌다. 그러다 전쟁이 끝나면서 엄청난 가속이 시작됐다. 1945년 이후 네덜란드는 출판인들에게 꿈의 시장이 되었고, 이런

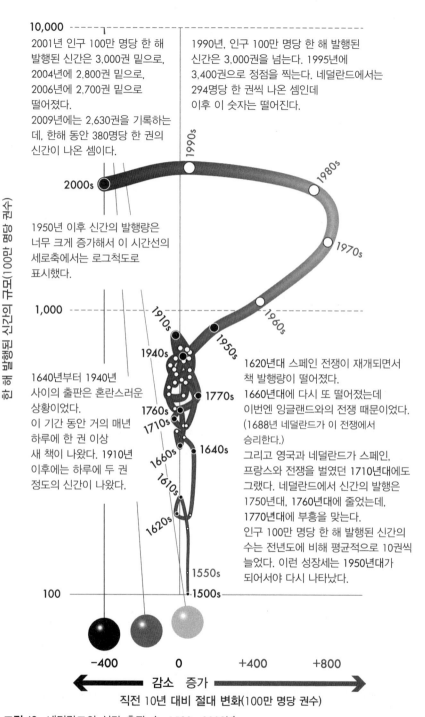

10,000

2001년 인구 100만 명당 한 해 발행된 신간은 3,000권 밑으로, 2004년에 2,800권 밑으로, 2006년에 2,700권 밑으로 떨어졌다.
2009년에는 2,630권을 기록하는데, 한해 동안 380명당 한 권의 신간이 나온 셈이다.

1990년, 인구 100만 명당 한 해 발행된 신간은 3,000권을 넘는다. 1995년에 3,400권으로 정점을 찍는다. 네덜란드에서는 294명당 한 권씩 나온 셈인데 이후 이 숫자는 떨어진다.

1990s

1980s

2000s

1950년 이후 신간의 발행량은 너무 크게 증가해서 이 시간선의 세로축에서는 로그척도로 표시했다.

1970s

1,000

1910s

1960s

1940s

1950s

1640년부터 1940년 사이의 출판은 혼란스러운 상황이었다.
이 기간 동안 거의 매년 하루에 한 권 이상 새 책이 나왔다. 1910년 이후에는 하루에 두 권 정도의 신간이 나왔다.

1770s

1760s

1710s

1660s

1640s

1610s

1620s

1620년대 스페인 전쟁이 재개되면서 책 발행량이 떨어졌다.
1660년대에 다시 또 떨어졌는데 이번엔 잉글랜드와의 전쟁 때문이었다. (1688년 네덜란드가 이 전쟁에서 승리한다.)
그리고 영국과 네덜란드가 스페인, 프랑스와 전쟁을 벌였던 1710년대에도 그랬다. 네덜란드에서 신간의 발행은 1750년대, 1760년대에 줄었는데, 1770년대에 부흥을 맞는다.
인구 100만 명당 한 해 발행된 신간의 수는 전년도에 비해 평균적으로 10권씩 늘었다. 이런 성장세는 1950년대가 되어서야 다시 나타났다.

1550s

100 1500s

한 해 발행된 신간의 규모(100만 명당 권수)

−400   0   +400   +800

← 감소   증가 →

직전 10년 대비 절대 변화(100만 명당 권수)

그림 12. 네덜란드의 신간 출판 수, 1580~2009년
Our World in Data에서 가져온 데이터. https://ourworldindata.org/books. 이 데이터는 조나단 핑크−얀센의 저서 *Book Titles per Capita*에도 사용됨. 2015년 12월 13일 기준. http://hdl.handle.net/10622/AOQMAZ.

상황은 1980년대 초반까지 지속됐다. 20세기 동안 네덜란드에서 출판된 한 명당 신간의 수는 그 이전 세기들을 모두 합한 수치보다 많았다.

[그림 12]의 시간선은 앞에서 나왔던 것과 좀 다른 면이 있다. 1950년 대에서 1990년대까지의 증가 폭이 너무 커서 세로축에는 로그척도를 사용했다. 그러면서 최근 들어서는 감소 폭이 또 상당히 컸다. 이 시간선은 세미로그(semi-log) 도표인 셈이다. 수직선(세로좌표)의 척도에는 로그함수를 적용했고, 수평선(가로좌표)에는 그러지 않았기 때문이다. 이런 도표는 지난 150년 동안에만 그려졌고, 그나마도 처음에는 잘 사용되지 않았다. 우리가 이해하는 면에서, 셈을 세는 면에서, 또 도표를 그리는 면에서 너무나 빠르게 발전해 온 것이다. 그러다 보니 우리는 이제 슬로다운에 들어갔다는 사실을 받아들이기 힘들게 되었다. 슬로다운은 새로운 것이었다.

구텐베르크 이후 인류는 글자를 인쇄하던 단계에서 이미지를 찍어내는 단계로 아주 빠르게 진보했다. 우리를 둘러싸고 있는 세계의 데이터를 표시하는 새로운 방법을 디자인하는 단계에까지 이르렀다. 1970년대 네덜란드는 거의 완벽하게 문맹이 사라진 사회였다. 그리고 10년 후 네덜란드인들은 정기적으로 책을 사고, 어쩔 때는 과도하게 살 수 있을 정도로 충분히 잘 살게 됐다. 책을 산다는 것은 더 이상 중산층의 전유물이 아니었다. 책을 사고도 끝까지 안 읽게 되는 경우가 많아졌다. 이제 책은 찻잔 받침으로도 쓰이게 됐다.

그러다 1990년대 들어 네덜란드에서 발행되는 신간의 수는 전체적으로 성장을 멈췄다. 2000년대에는 더 확실히 떨어졌다. 이렇게 하락했다고 해서 네덜란드인들이 요즘 책을 덜 읽는다고 볼 수는 없다. 대부분의 네덜란드 사람들은 네덜란드어 외에 적어도 하나 이상의 외국어로 책을 읽을 수 있다. 어쩌면 독일어나 영어로 된 책을 읽은 사람들이 많아졌을 수도 있다. 여기에 거의 모든 이들이 온라인으로 책을 읽을 줄 알게 되면서 도서 구입이 줄어든 면도 있다.

네덜란드에서의 책 생산량은 1981년 살짝 떨어졌다. 하지만 이내 회복했다. 1986년과 1989년에도 하락했는데 그 폭은 1년 동안 고작 1% 정도 수준이었다. 그러나 1996년이 되어 3% 떨어지더니, 1997년에는 6%가 줄었다. 이런 연도별 변화는 여기 그린 시간선에는 완만하게 표현돼 있다. 하지만 그 당시 출판업계에 종사했던 사람이라면 그때 있었던 정리해고와 시장 위축, 분출하던 여러 걱정들을 기억할 것이다. 2003년 하락 폭은 6%였고, 2004년에 다시 5%가 오른다. 그러다 2005년 7%가 떨어지고 2009년에는 4%가 떨어진다. 이런 단기적인 변화는 [그림 12]의 시간선에는 잘 나타나지 않는다. 시간선이 1년 단위가 아니라 10년 단위로 그려졌기 때문이다. 좀 더 장기적인 추세로 볼 때, 1970년대에 전반적인 방향이 감속으로 바뀌었던 점을 감안하면 이러한 변화가 오기까지 꽤 오랜 시간이 걸렸음을 알 수 있다. 2000년대 동안 어느 해에 책 생산량이 떨어지고 올랐는지는 다소 무작위적일 수 있다. 그러나 돌이켜 보면 이는 이미 오래 전부터 진행되고 있는 일이었다.

물론 '절대'라는 말은 절대 해서는 안 된다. 네덜란드의 출판 시장은 다시 일어날 수 있다. 하지만 인터넷의 출현을 감안할 때, 앞으로 네덜란드 국민 100만 명당 3,402권의 신간이 나왔던 1995년의 기록을 깨기는 힘들 것이 분명하다. 지금은 네덜란드 인구 296명당 한 권 꼴로 매년 신간이 나오고 있다. 이들 신간 중에는 수정 재판본이거나 번역물, 아니면 수출용으로 만든 것이 포함됐을 수도 있다. 그렇다면 한 사람이 한 해 읽는 책의 양은 얼마나 될까? 읽겠다고 사 놓고선 첫 챕터를 채 넘어

가지 못하는 경우도 많을 것이다. 모든 것은 어느 순간에 이르면 정점을 찍을 수밖에 없다. 인구 100만 명당 출판되는 신간의 수 역시 마찬가지다.

느려지는 기술 발전

넘쳐 나던 새로운 데이터와 아이디어들은 이제 슬로다운에 접어들었다. 내가 이 책을 쓰고 있던 2010년대 동안만 해도 이들 분야만큼은 가속이 계속 진행될 거라 예상했었다. 그러나 위키피디아 항목부터 네덜란드 책 시장까지, 그리고 여기 몇몇 페이지에는 다 담을 수 없는 많은 근거로 보건대 이제 폭발적으로 증가하고 있는 데이터는 없는 것 같다. 모든 것이 속도를 줄이고 있다. 가끔은 전보다 빠르고 대단해 보이는 무언가가 나타나기도 하지만, 가속도는 예전만 못하다.

이에 관한 예로 예전부터 자주 언급됐던 것이 마이크로프로세서다. 1965년에 나온 무어의 법칙(Moore's law, 집적회로의 최대 밀도가 2년마다 두 배로 증가한다는 법칙)을 놓고 끊임없이 이어졌던 논쟁도 결국 끝이 났다. 2018년에는 투자자들 사이에서 "이제 무어의 법칙이 종식된 이후를 준비해야 할 때"라며 "언제 끝날지에 더해 어떻게 끝나게 될지를 고민해야 한다"라는 말이 나왔다.[14] 내가 머신러닝(기계학습)의 효능에 대해 연구했다면 2019년에 이렇게 기록했을 것이다. "체계적인 검토 결과 임상 예측 모델에서의 로지스틱 회귀에 의한 머신러닝은 아무런 성과적 효과가 없는 것으로 드러났다."[15] 머신러닝이나 인공지능을 예측 분석의 미래로 보는 것은 역학 분석을 하는 학자들이 해 온 연구 결과에 비추어 볼 때 문제가 있다. 그동안 인공지능의 시대가 올 거라고 한창 떠들썩했다. 하지만 그 인공지능이 당장 코앞에 닥친 문제에 대해서 혹시 우리를 잘못 이끄는 것은 아닌지 걱정을 해 볼 필요가 있다.

기술이 예전처럼 빠르게 진보하지 않는다고 말하면 거센 저항에 부딪히곤 한다. 그런 주장을 하려면 이 책에서 제시한 것보다 더 많은 증거를 내놔야 한다고 생각할지 모른다. 누군가는 우리가 아직 새로운 것을 찾아볼 준비가 안 되었다고도 주장한다. 여전히 변화는 빠르게 진행되고 있는데, 다만 그것을 보지 못하고 있다는 것이다. 조금만 올라가면 평탄한 미래가 펼쳐지는데, 지금 당장 바로 앞에 시선을 고정하고 있어 보이지 않을 뿐이라는 타박이다. 우리 바로 앞에서 상승하는 진보의 곡선을 보지 못하는 것도 그럴 만한 상상력이 부족하기 때문이라고 말한다. 물론 과거에 우리가 지나온 엄청난 안정기를 감안하면 이런 이야기가 사실일 수도 있다. 하지만 최근 세대에는 엄청난 가속이 있었다. 오히려 우리는 그런 속도에 익숙해져 있다.

장기적으로 보면 우리는 변화가 적은 세계에 잘 적응할 수 있을지도 모른다. 우리 앞에 놓여 있는 안정기에도 잘 맞춰서 살 수 있을 것이다. 그렇지만 이제 더 이상 속도를 내지 않는다는 것을 받아들이기까지 사람들은 앞으로 있을 자잘한 기술 발견을 놓고 대단한 진보라며 집착할지도 모른다. 나는 언젠가는 쿼티(QWERTY) 자판으로 타이핑을 하지 않게 되기를 바랐다. 그런데 그런 날이 이미 온 것 같다. 원래 쿼티 자판은 슬로다운을 위해 디자인된 것이다. 너무 빨리 치다가 타자기가 먹통이 되는 것을 막기 위해 타이피스트의 속도를 줄이기 위해 만들었다고 한다.

타이핑을 너무 많이 하느라 손가락이 닳아 버린 내 또래의 몇몇 친구들은 요즘 자기 생각을 정리하는 데 사업가들이 비서에게 받아 적도록 하는 것처럼 음성인식 기능을 사용하고 있다. 그런데 말로 하는 것보다 더 빠른 기술이 나올 뻔도 했다. 내가 젊었을 때 버튼 다섯 개짜리 마우스가 발명된 적이 있다. 다섯 개의 손가락을 다섯 개의 마우스 버튼 위에 올려놓으면 32개의 조합을 만들 수 있었다. 24개의 알파벳과 스페이스, 마침표, 쉼표 등까지 입력할 수 있었다. 아주 조금만 연습하고도 놀라울 정도의 타이핑 속도가 가능했다. 글자에 맞춰 자판에 손가락 열 개를 죄다 올려놓을 필요도 없이, 손가락 두어 개만 사용하는 약간의 수고만으로도 글자를 만들어 낼 수 있었다. 왼쪽 손에도 비슷한 마우스를 쥐어 주면 또 다른 32개의 '시프트 키'를 작동시킬 수 있었다. 굵은 글씨, 이탤릭체, 밑줄, 대소문자 전환, 글자 크기, 첨자, 강조 등등. 그러나 이 아이디어는 인기를 끌지 못했다. 퀸키(Quinkey)라고 불렸던 이 제품은 이제 더 이상 판매되지 않는다.

우리는 종종 전통의 힘을 과소평가한다. 또 혁신이 좀처럼 없을 것 같은 곳에 있을 때 엄청난 혁신이 일어나기도 한다. 마찬가지로 미래에 기술이 진보하면 우리가 초래하고 있는 기후변화 같은 재앙의 가능성을 줄일 수 있을 거란 점을 지금은 잘 인식하지 못할 수 있다.[16] 기술의 획기적인 발전은 우리를 우리가 가야할 곳으로 데려다 줄 수 있다. 그렇지만 그런 기술들은 대부분 예전부터 있던 기술이 향상된 것이다. 배터리가 그런 예이다. 또 완전히 새로운 발명이 아닐 수도 있다. 예를 들면 순간이동처럼.

슬로다운을 보여 주는 많은 증거에도 불구하고 사람들은 기술 발전이 여전히 가속화하고 있다고들 말한다. 무어의 법칙은 이제 끝났는지도 모른다. 그러나 병렬 컴퓨팅(parallel computing)은 그게 별로 중요하지 않다는 것을 보여 준다. 더 많은 프로세서들을 합치면 컴퓨터 속도는 더 빨라질 것이다. 위키피디아상에서 무어의 법칙을 변호하는 이들은 2025년쯤 더 불안정해지면서 이 법칙이 분명해질 거라고 주장한다. 다른 이들은 이미 그런 시기가 지났고, 프로세서가 가장 빠르게 발전했던 시기는 1975년에서 1984년 사이였다고 말한다.[17] 남는 처리 능력을 앞으로 어떻게 사용할지에 대한 논의는 거의 이루어지지 않고 있다. 분명히 쇠퇴기는 돌아오고 있다. 환상주의자들은 언제나 그러했듯 정말 똑똑한 인공지능의 출현이 눈앞에 와 있다고 주장한다. 지금까지 이미지 인식이나 음성 인식은 성공적이라고 할 수 있을 단계에 와 있다. 둘 다 순전히 패턴 인식에서 발전된 형태이다. 무어의 법칙이 처음 나왔을 때의 도표는 구글에서 쉽게 검색할 수 있다. 1970년대부터 한창 프로세서가 발전에 속도를 내고 있던 상황을 그리고 있다. 여기에 반영된 프로세서는 1980년대 대부분 일반적인 목적으로 대량생산된 제품들이다.[18] 이후에 만들어진 프로세서 칩들은 좀 더 특화된 목적으로 제작되었다. 여기에 대부분의 프로세서가 초창기에는 기준선을 넘어서는 폭발적인 성장을 하다가 1990년부터는 그 아래로 떨어졌다. 그 선 자체도 아래로 꺾여 내려가고 있다. 현실 세계에서 무어의 법칙은 수십 년 동안 이미 더 이상 법칙이 아니었다. 진정으로 기술의 진보가 보고 싶다면 편지와 전보, 전화, 이메일, 스카이프, 그리고 소셜미디어에 이르기까지 최근 커뮤니케이션 수단이 어떻게 변해 왔는지 살펴보면 된다. 이 중 어떤 것이 가장 혁신적이고 어떤 것이 가장 그렇지 않은지 한번 떠올려 보자. 그리고 우리가 여전히 빠르게 진보하고 있는지도 생각해 보자. 한때는 편지를 보낼 수 있다는 것 자체가 혁명적인 일이었다. 지금은 친구의 전화로 순식간에 메시지를 보내는 게 어린아이들도 할 수 있는 일이 됐다

(오히려 어른들은 잘 안하는 일이지만).

요즘은 세탁기조차도 서로 의사를 주고받을 수 있다. 왜 그러는 걸까? 세탁기끼리 데이터를 주고받을 때도 5G 기술을 사용할 것인가? 아니면 한 세탁기의 데이터가 어떤 중앙의 통제 허브로 집중될 것인가? 만약 우리가 가지고 있는 세탁기들이 어떤 대담한 사물인터넷으로 서로 연결된다면, 혹시 이들이 반란을 일으키는 것은 아닐까?![19] 세탁기 자체는 대단한 기술의 도약이었다. 세탁기들이 서로 의사를 주고받게 한 것은 도약까지는 아니다. 물론 여전히 도약할 여지는 남아 있다.

우주 망원경을 통해 쌓이고 있는 데이터의 총량은 여전히 속도를 내서 증가하고 있다. 하지만 고해상도를 자랑하는 지금의 망원경이 처음 달 표면을 관측한 렌즈가 만들어졌던 것과 비교될 수 있을까? 최초의 전파 망원경을 통해 처음 신호가 잡혔을 때는 어떤가? 언젠가 우리는 사랑하는 사람과 에테르를 통해 대화할 수 있는 작은 홀로그램을 마주하게 될지도 모른다. 그렇지만 그것이 처음 대서양을 가로질러 상대방의 목소리를 듣게 됐던 순간보다 더 마법 같지는 않을 것 같다.

세계의 지식은 이제 더 이상 엘리트들만 접근할 수 있고 그들에 의해 통제되는 몇몇 먼지 쌓인 도서관에 묶여 있지 않다. 새로운 아이디어들은 항상 등장하고 있다. 그러나 전체적으로 보면 그다지 새로운 것은 아니다. 우리 부모, 조부모, 증조부모 세대 때처럼 심오한 아이디어들이 자주 나오지도 않는다.

정보나 기술 면에서 볼 때, 우리 아이들이 접근하는 것들은 내가 어릴 적 접했던 것들과 별반 다르지 않다. 내 세대는 그런 것들을 이야기 할 수 있게 된 첫 세대이다. 우리 아이들 때에는 훨씬 더 편해지고 훨씬 더 부드럽게 작동하게 됐다. 하지만 처음 이메일을 보낼 수 있게 되고 벌판에 나가 전화를 걸 수 있게 된 것은 이 아이들이 아니다. 바로 나였다.

스포티파이(Spotify, 음악 스트리밍서비스-옮긴이)를 통해 노래를 골라 듣고, 온디멘드로 영화를 선택할 수 있게 된 것이 1970년대와 1980년대의 기술 변화를 지켜보았던 나에겐 그다지 엄청난 충격은 아니었다. 이런 게 일상적이 되어 버린 우리 아이들에겐 당연한 일로 보일 것이다. 이 아이들은 다른 수십 억 명이 가지고 있는 것을 똑같이 가지고 있다. 공통의 기술이다. 우리 아이들은 이제 더 이상 완전한 미지의 세계를 꿈꾸는 가속화의 끝점에 서 있지 않다.

제 5 장

기후
산업, 전쟁, 탄소

너무 오랫동안 정치인들이나 권력가들은 기후변화와 생태 위기에
맞서 싸우기보다는 아무 일도 하지 않으면서 지금 상황을 모면해 왔다.
하지만 이제 더 이상 그럴 수 없음을 우리가 확실히 보여 주겠다.
– 그레타 툰베리, 2019년 4월 21일

2018년 8월 어느 날, 스웨덴의 한 여학생이 등교 거부 시위를 시작했
다. 사실 처음에는 시위라고 할 수도 없었다. 참여자는 그 소녀 한 명뿐
이었기 때문이다. 부모가 그를 막으려 했지만 요지부동이었다. 금요일
에 스톡홀름에 있는 의회 앞에 가서 팻말을 들고 서 있기 시작했다. 이
것이 기후변화를 위한 등교 거부(Skolstrejk för Klimatet)의 시작이었다.
그는 다음 금요일에도 나타났고, 그다음 금요일에도 그랬다. 처음에는
학교 친구들도 동참할 생각이 별로 없었다. "지나가던 사람들이 불쌍하
게 쳐다봤어요. 처음 보는 열다섯 살짜리 소녀가 손으로 쓴 팻말을 들고
자갈밭 위에 앉아 있는 것을 보며 곤혹스러워하기도 했고요."[1] 그리고
2019년 3월 13일, 그레타 툰베리(Greta Thunberg)는 노벨평화상 후보로
지명되었다.[2]

2019년 4월 1일 그는 런던으로 가는 기차에 올랐다. 기후변화를 경고하는 시위대 앞에서 연설하기 위해서였다. 부활절 연휴 막바지까지 거의 1,000명 가까운 시위대가 체포됐다. 영국 수도의 도로와 교량을 가로막은 혐의였다. 2019년 여름, 여전히 16세밖에 안 된 이 소녀는 대서양을 건넜다. 당시 상황을 다음과 같이 기록했다. "말리지아 2호(Malizia Ⅱ)를 타고 영국의 플리머스를 출발해 북대서양으로 나가 아조레스(Azores)제도를 거쳐 뉴욕시티에 도착하기까지 13일 하고도 18시간이 걸렸다."[3] 내가 이 책을 집필하는 시점에 그레타 툰베리는 미국을 향해 자신의 메시지를 보내고 있었다.

이 이야기는 어떻게 시작됐을까?

초기 인류의 탄소 배출

모든 것은 서로 연결되어 있다. 부채를 연료로 굴러가는 자본주의가 성장하면서 생산과 소비는 점점 더 커졌다. 이런 성장은 지식의 전파, 가속화와도 연결돼 있다. 새로운 정보나 데이터가 성장하고 퍼지면서 혁신을 꿈꿀 수 있게 됐을 뿐 아니라 점점 더 빠른 속도로 퍼뜨리는 것도 가능해졌다. 주된 동력원이 바람이나 물, 그리고 탄소 중립적인 나무 연료에서 석탄과 코크스, 그리고 나중에는 기름과 가스로 바뀌었다. 생산 방식이 기계화되면서 종이 가격이 떨어졌다. 많은 사람들이 계속 책을 사서 읽고 싶어 하는 한, 또 종이를 만들 나무가 충분히 있는 한, 계속 더 많은 책을 찍어 낼 수 있게 됐다.

그런데 아주 소수의 사람만 책을 읽고 쓸 수 있었던 시절을 다시 떠올려 보자. 사람들이 몹시 가지고 싶어 했던 것을 더 많이(그러면서도 또 더 많이) 생산하는 법을 막 알기 시작했을 때였다. 대부분 가정이 책 한 권씩은 가지게 됐던 시절 전에, 사람들은 철로 만든 것에 대한 수요가 대단했다. 대가속의 기원은 상당히 오래 전으로 거슬러 올라간다. 큰 불을 일으킨 불꽃은 1492년 대서양을 건너왔는지도 모른다. 처음에 불길은 천천히 타오르기 시작했다. 이렇게 구대륙과 신대륙이 만나면서 새로운 글로벌 지정학과 경제학이 등장한 지 3세기가 지났다. 그러나 그 당시까지도 만약 다른 행성에서 지구를 관찰하는 이가 있었다면 이 행성의 공기 구성에 어떤 화학적인 변화가 있었는지 전혀 알아차리지 못했을 것이다.

1750년, 전 세계적으로 약간의 산업활동이 일어나면서 대기 중으로 내뿜어진 이산화탄소의 총량은 한 해 10억t(톤, metric ton)당 1% 수준에 불과했다.[4] 당시 산업활동 중 대부분은 금속을 제련하는 것, 특히 철을 만드는 것이었다. 1791년 인류가 만들어 낸 탄소 배출량은 10억t당 2%까지 늘어났고, 1802년에 3%, 1810년에 4%, 1816년에 5%를 기록했다. 근대 산업화는 여전히 시작 단계였다. 필립 제임스 드 루테르부르(Philip James de Loutherbourg)의 1801년 회화작품 「콜브룩데일의 밤 풍경」은 지금 보기에 좀 이상할 수 있다. 나중에는 몇 마일에 걸쳐 용광로와 공장들이 이곳에 줄지어 산업단지를 형성했으니까. 그렇지만 이런 단지가 형성되기 전인 산업화의 여명기에도 당시 모습을 지옥처럼 묘사하고는 했다. 콜브룩데일(Coalbrookdale)은 잉글랜드 슈롭셔(Shropshire) 지역의 작은 마을이다. 유럽에서 처음으로 철을 생산하는 코크스 용광로가 들어선 곳이다.

1816년, 한 세기 만에 유럽에서는 코크스 용광로를 이용해 철을 대량생산할 수 있게 됐다. 그러나 처음에는 철광석 광산이나 석탄 탄광이 있는 외딴 곳에서만 생산됐다. 용광로를 가동하는 데 들어가는 석탄의 양도 별로 많지 않았다. 그럼에도 1790년대에는 이전 40년 동안 전 세계에서 대기로 흘러들어 간 것과 비슷한 양의 탄소가 매년 배출됐다. 이것이 산업화의 시작이었다. 석탄과 다른 화석연료의 사용량이 급증하면서 탄소 배출이 가속화됐음을 측정할 수 있는 첫 신호가 됐다. 당시 급격하게 성장하던 곳은 주로 유럽, 그중에서도 압도적인 곳이 영국이었다. 그 속도가 어찌나 빨랐던지 1810년까지 8년 동안 배출된 공해물질이 1790년대 전체 10년 동안 전 세계에서 배출된 양보다 더 많았다. 이후 1816년까지 6년 동안 배출된 양도 이보다 많았다. 이후 60년 동안 전 세계적으로 매년 배출된 탄소량은 6배를 넘어섰다. 그러고도 속도는 계속 빨라졌다.

만약 가상의 외계인이 매우 예민한 과학 장비를 가지고 지구를 관측했다고 해도 두 세기 전에는 지구를 둘러싼 공기에 어떤 변화가 생겼는지 쉽게 감지하지 못했을 것이다. 그 당시에는 이산화탄소가 이렇게 대량으로 배출된 것인지, 아니면 큰 화산 하나가 터져서 나온 것인지 그 차이를 구분하는 것도 쉽지 않았을 거란 점을 염두에 두어야 한다. 외계인들이 공해물질이 어디서 나온 건지 알아낼 수 있었다면, 대부분 영국이나 다른 유럽 국가의 산업활동에 주목했을 것이다. 무엇 때문에 배출량이 증가했는지까지는 알 수 없었겠지만 말이다. 또 우리가 중요하게 여기는 정치적인 세부 요인들 예컨대 1795년까지 대부분 지역이 연합주였던 네덜란드가 교역에서의 주도권과 통치권을 영국에게 내주었던 사실 등까지 이해하기는 힘들 것이다.

이보다 몇십 년 전, 유럽에서 멀리 떨어진 북아메리카에서는 몇몇 식민지가, 정확히는 13곳이 영국으로부터 독립하기 위해 싸우고 있었다. 이런 움직임이 영국을 성가시게는 했지만 기본적으로 유럽의 산업화와 가속화되고 있던 탄소 배출량에는 거의 영향을 미치지 않았다. 그 당시만 해도 앞으로 바로 이곳, 미국이 전무후무한 양의 이산화탄소를 배출하는 곳이 될 거라고는 아무도 상상하지 못했다.

19세기 동안 공산품에 대한 수요가 얼마나 늘었는지 파악하기는 쉽지 않다. 이들은 화석연료를 태워 얻은 에너지로 만든 제품들이다. 인구는 증가했고 특히 유럽은 그 속도가 더 빨랐다. 유럽에서는 이미 엄청난 규모의 유효수요가 있었다. 즉, 수요가 지불 능력을 뒷받침하고 있었던 것이다. 지불 능력은 이익에 의해 뒷받침되고 있었다. 유럽인들은 급속하게 커지고 있던 해외 식민지들을 쥐어짜기 시작했다.

영국뿐 아니라 유럽 전역에서 영국 교과서에 적혀 있는 방식을 배우고 개발했다. 더 깊은 지층에서 더 많은 석탄을 캐내는 법, 탄광에서 지하수를 더 빨리 뽑아내는 법, 더 효율적으로 철을 제련하는 법, 물레방아에서 얻었던 아주 작은 동력 대신 석탄을 태워 발생한 증기로 방적공장을 돌려 양모나 면화를 짜 내는 법 등이다. 1825년 영국에서 세계 최초로 증기기관차가 다닐 수 있는 공공 철도가 개통됐다. 석탄을 연료로 하는 기관차였다. 동시에 최초의 증기선도 미국의 드넓은 강을 따라 운항하기 시작했다.

석탄이 왕이었다. 여기저기서 탄광이 개발됐다. 인구가 급증하면서, 방적공장과 용광로, 증기기관이 들불처럼 퍼져 나갔다. 많은 양의 석탄이 생산되면서 더 많은 곳에 쓰이게 됐다. 어떤 곳에서는 석탄을 가정 난방용으로 쓸 수 있을 정도로 가격이 떨어졌다. 석탄을 실어 나르는 배, 상품을 수출하는 배들 덕분에 산업 영역은 더 커져 갔다. 석탄이 연소되면서 그 안에 있던 탄소는 이산화탄소로 바뀌어 지붕 밖 공기 중으로 퍼져 나갔다. 전년도보다 더 많은 양이 매해 배출됐다.

1t의 고체 탄소가 연소할 때 $3.664t$의 이산화탄소가 생성된다(석탄은 $50\sim80\%$의 탄소를 함유하고 있다). 탄소 원자의 무게는 산소 원자의 4분의 3 정도밖에 되지 않는다. 연소를 통해 두 개의 산소 원자가 한 개의 탄소 원자와 결합하면, 처음 땅에서 파내어 나왔던 탄소 물질에 비해 3.664배 너 무거운 무언가가 민들이지는 것이다. 그렇지만 이산화탄소의 밀도는 매우 낮아서 원래 있던 탄소보다 거의 400배나 되는 공간을 영구히 차지하게 된다. 처음에는 이런 오염이 상대적으로 적은 양이라 지구 전체로 볼 때는 사실상 무시할 만한 수준이었다. 그러다 다른 연료 찌꺼기, 온실가스 효과를 내는 물질과 결합하면서 탄소 오염물은 우리 시대의 가장 큰 걱정거리가 되고 말았다.

가상의 외계 방문자가 있었다면, 탄소와 산소의 성질이 어떤지, 이들이 어떻게 결합하는지 잘 알고 있었을지도 모른다. 두 세기 전 그들이 가상의 우주선에서 지구를 내려다보고 있었다 하더라도 인류의 존재를 알아차리지 못했을 수도 있다. 우리는 지금도 그다지 대단하지 않은 종이다. 지구상에 퍼져 살고 있는 여러 종 가운데 하나일 뿐이다. 대부분 의미 없는 일을 하느라 바쁘게 돌아다니는 사람들보다 우리가 세운 장벽이나 운하, 10여 개의 피라미드, 깨끗이 벌목한 평야가 더 눈에 잘 띄었을 것이다. 당시 대부분의 인간들은 논이나 밭 같은 경작지로 둘러싸인 마을에 모여 살았다. 또 다른 상당수의 사람들은 여전히 야생에서 수렵이나 채집을 했다.

수 세기 동안 사람들은 자신들이 만드는 대기오염 물질이 결국은 공기 중에서 사라질 거라고 생각했다. 충분히 이해할 수 있고 또 용서할 수 있는 일이다. 일부 상상력 넘치는 이들만 그렇게 되지 않을 가능성을 주장하기도 했다. 하지만 지구의 대기를 오염시키는 거대한 문제가 발생하고 있다는 것을 깨닫게 된 것은, 여기서 언급한 산업화 초기 단계에서 수십 년이 지난 후였을 것이다. 결국 원자가 어떻게 반응하고 무게가 얼마나 되는지에 대해 알게 된 것은 1900년 즈음부터다. 탄소 원자 하나에 산소 원자 두 개가 결합했을 때 지금 지구 전체를 둘러싼 파괴적인 기후변화를 일으키는 온실효과가 발생할 거라고는 더더욱 알기 힘들었다. 이런 일이 벌어지기 전까지 인간에게 지구는 상상할 수 없을 만큼 컸고, 원자는 상상할 수 없을 만큼 작았다. 초현미경적인 입자들이나 이산화탄소 분자를 지구온난화와 같은 엄청나게 거시적인 사건과 연관 지으려면 상당한 상상력이 필요한 것이다.

1836년이 되어서 인류는 전 세계적으로 한 해 1억t의 이산화탄소를 배출했다. 1852년에는 2억t, 1859년에는 3억t, 1864년에는 4억t, 1868년에는 5억t, 1872년에 6억t, 1877년에 7억t, 1880년에 8억t, 1882년에 9억t을 배출했다. 이 연도들 사이의 기간은 16년에서 7년, 5년, 4년으로 줄더니 1870년대에 잠시 5년으로 늘었다가 이후 1882년까지 3년, 그리고 불과 2년으로 줄었다. 되짚어 보면, 이렇게 전반적으로 지구가 오염되던 와중에 잠시 주춤한 시기가 있었던 것은 1873년에서 1879년 사이로 장기적인 경기침체 기간과 겹친다는 것을 알 수 있다. 미국에서 석탄을 연료로 하는 철도 회사들에 위험한 투기자금이 몰렸고, 갚지 못하는 빚의 규모가 너무 커지고 있다는 공포감이 엄습하면서 경기침체가 시작됐다. 철도에 열광하던 분위기도 가라앉았다.

증기 기차는 연기를 내뿜었다. 기찻길과 기관차에 들어갈 금속을 만들기 위해 제철소에서도 연기가 뿜어져 나왔다. 이렇게 눈에 보이는 연기들이 불쾌하긴 하지만, 실은 보이지 않는 영구적인 오염이 오늘날에는 연기보다 더 심각한 걱정거리다. 거의 비슷한 시점인 1873년 유럽에서는 빈 증권거래소가 붕괴했다. 이번에도 역시 석탄을 동력으로 하는 신산업에 너무 많은 돈이 대출됐다는(혹은 "투자됐다는") 공포감 때문이었다. 부채/투자가 줄어들 때 공해 수준도 떨어졌다. 하지만 그래도 오염 물질은 사라지지 않을 거란 사실을 아무도 알지 못했고 알 도리도 없었다. 아미도 그들은 오염 물질이 우주로 빠져나가거나 대양에 흡수된다고 생각했을 것이다. 아마 거의 대부분은 이 문제를 생각조차 해 본 적이 없었을 것이다. 여기서 '그들'이란 우리 증조할아버지, 증조할머니다. 그리 오래된 옛날이 아니다.

1870년대의 장기 경기침체도 서서히 진정이 됐다. 경기침체 기간 동안에도 매해 전년도보다 더 많은 양의 탄소연료가 연소됐다. 생산과 공해 면에서 가속화되던 정도만 줄어들었을 뿐이었다. 1878년, 윌리엄 암스트롱(William Armstrong)이 영국 노섬브리아(Northumbria) 로드버리(Rothbury)에 지은 크랙사이드(Cragside) 별장에 마련한 미술관에 호광등(arc lamp)이 설치됐다. 1880년에는 그곳에 백열등을 달았다.[5] 당시 암스트롱은 세계에서 손꼽히는 부자였다. 불과 한 세기도 지나지 않아 그와 당대에 함께 살았던 영국 사람들은 대부분의 집에, 그것도 자신이 소유한 집에, 수백 개의 전깃불을 켜 놓고 살게 될 거라고는 상상하지 못했을 것이다. 그것도 암스트롱이 달고 있던 것보다 훨씬 더 여러 종류의 전구를 밝힐 수 있었다.

산업 면에서나 각 가정에서도 이런 일이 빠르게 퍼져 나갈 수 있었던 것은 빚 때문이다. 빚은 생산과 소비를 모두 촉진시켰다. 이는 분명히 대기오염이 전반적으로 심각해지는 속도와 연관이 있었다. 1884년에 이르러서 인류가 전 세계에서 뿜어내는 이산화탄소 양은 매해 10억t을 넘어섰다. 인류가 땅의 사용 방식을 바꾼 것과 맞물려 산업적, 혹은 그 밖의 용도로 연료를 사용하면서 처음 이런 변화를 만들어 낸 것이었다.[6] 그리고 1884년부터 모든 것이, 말 그대로 인간이 하는 거의 모든 것이 속도를 냈다. 여전히 이게 문제라고 생각하는 사람들은 없었다. 왜 그런 걸까?

이후 1884년에서 1901년까지 한 해 동안 전 세계에서 배출되는 이산화탄소의 양은 10억t이 증가했다. 불과 17년밖에 걸리지 않았다. 교통이나 산업활동이 더 활발해지면서 한 해 배출되는 이산화탄소량은 20억t이 됐다. 그 17년 동안 여러 사건이 있었다. 경제성장은 예전처럼 꾸준하지는 못했다. 그러나 중요한 건 17년을 지내는 동안 매년 이산화탄소 배출량은 그 어느 때보다 많이 증가했다는 점이다. 1884년 이전, 인류가 산업화를 진행한 어느 연도, 어느 10년, 어느 100년과 비교해도 그랬다. 이후 1901년에서 1910년까지 불과 9년 동안 산업활동과 연료 소비로 배출되는 이산화탄소 양은 더 빠르게 증가했다. 매년 30억t의 이산화탄소가 공기 중으로 더해졌다. 그해에 내 증조부 두 분이 태어났다. 그러니 상당히 최근의 역사인 셈이다. 외계인이 여전히 인내심을 가지고 조용히 지켜보며 우리 대기를 측정하고 있었다면, 이제부터가 정말 재미있는 일이 펼쳐지는 시점이다.

지난 세기 동안 우리가 공기 중으로 배출한 탄소량을 보면, 거대한 가속이 일어났을 때 무슨 일이 생기는지 분명히 알 수 있다. 로켓을 타고 지구로부터 벗어나는 것과 같은 느낌의 가속이었다. 어마어마한 연료를 사용하면서 수직으로 치솟는 느낌이었을 것이다. 하지만 이렇게 이산화탄소 배출량이 늘어나던 초기에도 때때로 12개월이나 그 이상 동안 바로 직전 연도 혹은 이전 몇 년에 비해 배출량이 적었던 적도 있었다. 인간의 행위가 이산화탄소 배출 수준을 변화시키는 데 핵심적인 요소가 됐던 것이다. 화산은 더 이상 중요한 요소가 아니었다. 전 세계적으로 인간의 경제활동은 크게 부침을 겪는다. 따라서 공해 수준도 항상 꾸준히 오르기만 하는 것은 아니다. 탄소가 언제 빠르게 많이 배출되고 언제 느려지는지는 경기가 순환하면서 언제 저점을 찍고 고점에 오르고 하느냐에 달려 있다. 또 이런 추세는 빚이 증가하고 교역과 신기술의 늘어나는 것과 연관돼 있다.

이 책의 3장은 최근의 빚에 대한 이야기로 시작했다. 주택담보대출, 자동차대출, 학자금대출 등이다. 초기 산업 분야에 투자라는 이름으로 투입돼 빠른 속도로 성장을 가능하게 했던 것도 대출금이었다. 이런 대출금은 식민지 시대를 거치며 교역이 빠르게 성장하면서 얻은 이익에서 나온 것이다. 대규모 담보대출에 대한 아이디어가 나온 것은 이보다 먼 훗날인 1910년 이후였다. 이는 엄청난 소비와 오염의 증가를 불러왔다. 그 전에는 도시에 있는 대다수의 사람들은 세 들어 살았다. 지금의 우리와 달리 집안을 셀 수 없이 많은 제품들로 채우려 하지 않았다. 집안에 하나 둘 들어서기 시작한 제품들은 집에 전기가 들어오면서 탄소연료를 더 많이 소모하는 주범이 됐다. 내 할아버지는 자신이 어릴 적 석탄 바지선 위에 올라탔던 이야기를 들려주신 적이 있다. 그의 할아버지는 철도가 개통되기 이전의 요크셔(Yorkshire) 운하에서 석탄을 실어 나르는 바지선 선장이었다. 내 할아버지의 아버지는 지역 탄광에서 물을 퍼 올리는 증기펌프를 작동하는 기사였다. 모두 당시 '검은 금'이라고 불리던 석탄과 관련된 일을 대를 이어 했지만 누구도 부자가 되지는 못했다.

1910년 이전에는 소비재를 살 수 있는 대중의 여력이 한정돼 있었다. 대다수는 물건을 사도 가져다 놓을 공간이 없었다. 사람들은 딱 필요한 만큼의 먹을 것만 구입했다. 옷은 헤질 때까지 입었고 아주 약간의 사치품만 소유했다. 대부분은 전기가 통하지 않는 집에서 살았다. 빚의 측면에서 보면 오늘날과는 판이하게 다른 형태의 사람들이었다. 신용카드는 1950년대에 출현했다. 컴퓨터가 발달하면서 신용카드가 여기저기서 쓰이게 됐다. 마찬가지로, 제2차 세계대전이 끝난 뒤 처음 10년 동안은 극소수의 고등학생들만 대학에 갈 수 있었다. 대학의 문이 넓어진다는 것은 상상조차 하기 힘들었다. 1958년 미국에서는 정부의 지원을 받는 연방 학자금대출이 선을 보였다. 경제학자인 밀턴 프리드먼(Milton Friedman)의 조언을 받아 만든 것이다. 1989년에는 마거릿 대처(Margaret Thatcher)가 영국에 학자금대출을 도입했다. 하지만 나머지 다른 나라에서는 대출 없이 교육의 기회를 넓혀 주는 게 일반적이었다. 빚에 기반한 생산을 가장 많이 해 오고, 그러면서 초기에 공해물질도 많이 배출했던 곳들이 결국 빚으로 가장 강하게 무장한 나라가 되어 왔던 것이다.

오늘날은 내 할아버지와 또 그의 할아버지가 살았던 시대와는 많은 것이 다르다. 그렇다고 해서 우리가 말하는 것만큼 완전히 다르거나, 훨씬 더 빠르게 변하고 있는 것도 아니다. 오늘날 우리는 급격하면서도 지속적인 대규모 기술 변화를 겪고 있는 듯한 환상 속에 살고 있다. 하지만 위키피디아의 성장세가 지속적으로 둔화되고 있는 것처럼 기술 변화의 속도는 느려지고 있다. 그런데 이런 이야기가 설득력이 없는 것처럼 들리는 이유는 그동안 그 정 반대의 이야기를 반복적으로 들으면서 그걸 믿게 됐기 때문이다.

1968년 최초의 보잉747기가 활주로에 등장했다. 이 기종은 여전히 세계에서 가장 폭넓게 이용되고 있는 비행기다. 이륙할 때 엄청난 연료를 사용하고 여정의 3분의 1 동안 나머지를 대부분 소진한다. 착륙할 때는 거의 연료가 남지 않는데, 연료 무게를 최대한 효율적으로 관리하기 위해서다. 이런 비행기들은 공해를 유발하는 면에서도 매우 빠르고 효율적이라고 할 수 있다. 처음 비행을 한 것으로 알려진 이들은 1910년 오빌 라이트(Orville Wright)와 윌버 라이트(Wilbur Wright) 형제다. 하지만 그들은 이제 막 이륙을 한 수준이었다. 그 당시에는 불과 수십 년 안에 수백 만 명의 사람들이 비행기를 타고 다닐 세상을 상상하기 힘들었다. 최근 세대들은 살면서 이런 수준의 가속을 겪으며 살아 왔다. 그렇기 때문에 1968년 이후의 항공산업에서는 이전 50년 동안 그랬던 것만큼의 혁신이 거의 없다는 사실을 받아들이기 힘들어 하는 것인지도 모른다. 우리는 여전히 이런 부분에 상상력을 발휘하는 데 익숙하지 않다. 우리는 아직도 슬로다운을 받아들일 준비가 되어 있지 않다.

혁신 면에서 슬로다운이 진행되고 있다는 이야기는 잘 들리지 않는다. 오늘날 인공지능(AI)이 우리의 미래라고 이야기한다. 컴퓨터가 충분히 빨라지고, 제대로 프로그래밍되면, 혹은 스스로 충분히 제대로 프로그래밍을 할 수 있게 되면 빠른 시일 안에 인간처럼 생각할 수 있게 될 거라는 믿음이 널리 퍼져 있다. 우리가 생각하는 수준만큼, 우리가 생각하는 방식대로, 그리고 궁극적으로는 우리보다 더 잘 사고할 수 있을 거라고도 믿는다. 1970년대, 내가 어릴 적 처음 컴퓨터 프로그램을 짤 당시 이런 이야기를 들었던 기억이 분명하다. 그때 이래 인공지능의 발전 속도는 눈에 띌 정도로 늦었다. 1980년대 나는 박사학위 논문에서 장난스럽게 그 발전 속도가 바다 민달팽이처럼 느리다고 적은 적이 있다. 당시 컴퓨터로 움직임을 부분적으로나마 모방할 수 있는 유일한 생명체가 바다 민달팽이였기 때문이다. 아직까지도 실제 동물처럼 행동하는 인공

로봇 애완동물은 만들어지지 않았다. 하물며 인조인간은 말할 것도 없다. 1970년대 이전의 기술 발전 속도는 놀라울 정도로 빨랐다. 하지만 그 이후 속도는 역시 놀라울 정도로 느려졌다.

이는 꼭 인간이 모방하기 힘들 만큼 특별히 위대한 사상가이기 때문은 아니다. 단지 우리는 기계가 아니라 동물이기 때문이다. 인공의 감정체를 만들어 내는 것은 어려운 일이 아니다. 인간은 매우 이상한 방식으로 생각을 한다. 반드시 좋고 빠르고 현명한 방식으로 하는 게 아니라 그저 이상한 방식으로 사고하는 것이다. 그러므로 컴퓨터는 번호판을 인식하고, 그런 뒤 문장을 읽고 단어를 읽도록 프로그래밍될 수 있다. 또 다른 언어를 번역하도록 머신러닝(기계학습)을 할 수도 있다. 특히 유럽연합 국가들 사이에서 전문가들이 신중하게 번역한 문장들을 소스로 한다면 훌륭한 성과를 보일 수 있다(구글 번역기는 실제 유럽 언어들 사이에서의 번역이 가장 잘되고 있다). 그러나 컴퓨터는 다른 사람들을 굶주리게 하는 게 왜 잘못된 일인지 깊이 이해하지 못한다. 자신의 행동이 가져올 장기적인 결과를 신경 쓰지도 않는다. 컴퓨터는 열다섯 살 스웨덴 소녀가 그랬던 것처럼 기후변화에 관심을 가질 수도 없다. 로스버리 교회 마당에 있는 윌리엄 암스트롱의 묘비에는 이런 비문이 적혀 있다. "그는 과학적 업적으로 전 세계적인 명성을 얻었고, 위대한 인간애는 가난한 이들의 감사함을 얻었다."7 그는 무기를 제조하고 판매해 큰 돈을 벌었다. 하지만 묘비에는 그에 대한 언급은 없다. 인공지능은 이런 부도덕함을 신경 쓰는 인간들의 모습을 모방하지 않는다. 처음 발명됐을 때도 그랬고 지금도 그렇다.

오늘 아침 나는 부엌에 있는 내 비서, 알렉사에게 물었다. "사람들이 굶주리면 왜 잘못된 거지?" 대답은 이랬다. "흠. 모르겠네요." 구글로

검색해 보면, 사람들을 굶게 놔두는 게 경제학적으로 괜찮은 것인지 아닌지에 대해 경제학자가 적어 놓은 것을 찾아볼 수 있을지 모른다(슬프게도 이를 수식으로 설명했을지도 모른다). 기계는 어떤 것이 도덕적으로 옳지 않은 것인지를 절대 직관적으로 알 수 없다. 그걸 알려면 인간이 되어야 한다. 덜 관심을 가지려면 다른 사람들을 덜 인간적으로 대해야 한다. 놀랍게도 몇몇 인간들은 그렇게 할 수 있다. 이 모든 것을 인공지능에게 설명하고, 그래서 단지 앵무새처럼 몇 마디만 전하는 수준에 그치지 않도록 하는 것은 정말 어려운 일이다.

제1차 세계대전 이전의 탄소 배출

20세기가 시작되면서 연료에서, 또 산업현장에서 배출되는 이산화탄소 양은 전 세계적으로 급증했다. 1910년에는 한 해 30억t 수준에 이르렀다. 1859년 배출되던 양과 비교해 반세기 만에 10배 이상이 됐다. 만약 당신이 그 시절에 살았다면, 일생 동안 변하는 모습을 지켜보면서도 믿기 힘들었을 것이다. 이런 식으로 증가하는 건 오늘날에는 불가능한 일이다. 비슷하게 다시 10배가 증가하기까지 96년, 거의 한 세기가 걸렸다. 대가속이 시작되던 시절로 돌아가 보자. 그리고 이런 일이 왜 더 일찍 시작되지 않았는지 생각해 보자.

어떤 기술이 새로 막 나왔을 때는 항상 처음에 가속하는 경향이 있다. 몇 세기 전만 해도 화석연료를 태운다는 것은 흔치 않은 일이었다. 처음에 석탄으로 시작해 나중에는 코크스 형태의 탄소를 태웠다. 그런데 이렇게 석탄을 파내는 것보다 나무를 잘라 태우는 게 훨씬 더 쉬웠

슬로다운

다. 나무는 화석연료가 아니다. 나무는 자라면서 다른 오래된 나무가 타면서 내뿜는 탄소를 대기 중에서 흡수한다. 나무가 타지 않으면, 그 속에 있던 탄소는 썩어 가는 몸통 속에 저장돼 있다가 몇천 년이 지난 뒤 석탄이나 석유가 될 수도 있다.

산업적으로 코크스를 태우는 것은 1,000년 전 중국에서 시작됐다. 규모는 크지 않았지만 중요한 용도로 쓰였다. 중국에서는 11세기에 철과 강철을 만들었다는 기록이 있다. 용광로에 코크스를 연료로 넣고 풀무질을 해 화력을 더했다는 내용도 있다(코크스는 나무로 만든 숯 대신 석탄으로 만들었다). 역사학자인 윌리엄 맥닐(William McNeil)은 이렇게 분석한다. "각각의 기술은 예전부터 있던 것이라 할지라도 조합을 이루는 것은 새로운 일이다. 일단 광석을 녹이는 데 코크스가 쓰이기 시작하면서 철과 강철의 생산량은 예전과는 비교할 수 없는 수준으로 치솟았다."[8] 〈표 1〉은 맥닐이 언급한 중국 주요 지역에서의 철 생산량의 변화를 보여 준다. 이 〈표〉를 보면 오염이 가속화된 게 꼭 최근의 일 때문만은 아니라는 점을 알 수 있다. 어쩌면 거의 1,000년 전부터 시작된 일인지 모른다.

표 1. 중국의 철 생산량

연도	톤(t)
806	13,500
998	32,500
1064	90,400
1078	125,000

출처: 윌리엄 H. 맥닐, 『전쟁의 세계사(The Pursuit of Power)』
(Chicago: University of Chicago Press, 1982).

따라서 화석연료를 동력으로 한 전 세계적인 산업혁명은 11세기 중국의 송나라 시대에 일어났을 수도 있다. 그런데 12세기 들어 철과 강철의 생산량이 떨어진다. 전쟁 때문에 운하를 통한 교역이 막히면서 이런 금속들의 운송 비용이 올랐기 때문이다. 여기에 정치적으로도 불안정해지면서 수도에서의 수요도 떨어졌다. 만주에서 온 침략자들로 인해 생산도 방해를 받았다. 한 세기 후에는 징기스칸의 군대가 철 생산량이 가장 많았던 지역을 점령해 버렸다. 철 생산은 '몽골군을 갑옷과 무기로 무장시키는 목적'으로만 엄격하게 제한됐다(이는 몇 세기가 지난 뒤 윌리엄 암스트롱이 군사 장비를 만드는 데 철을 주로 사용했던 것과 별반 다르지 않다).[9] 전쟁 무기는 종종 철 생산량의 증가와 감소에 핵심적인 역할을 한다. 이런 짧은 가속의 시대는 1194년 황하가 제방을 뚫고 나오면서 끝이 났다. 이보다 앞서 1034년과 1048년 대규모의 홍수가 났는데 그러면서 바다로까지 가는 새로운 길이 뚫렸던 것이다. 인간들은 역사 속에서 여러 차례 큰 재앙을 맞닥뜨렸다. 우리는 그것을 잘 기억하지 못할 뿐이다. 먼 곳이나 먼 과거에 일어났던 일은 특히 더 그렇다.

17세기나 18세기에도 비슷한 정치적, 환경적 상황이 유럽의 초창기 산업혁명을 파괴할 뻔했다. [그림 13]에서 그린 시간선은 1750년부터 1910년까지 매년 대기 중으로 유입된 이산화탄소의 양을 보여 준다. 그런데 지구온난화에서 중요한 것은 그게 아니라 축적된 총량이다. 탄소는 대기 중에 무기한 머물러 있는 속성이 있다. 식물이나 나무로 들어가거나 해양 생태계 속으로 흡수되기까지는 그렇다. 물론 인간이 증가시키고 있는 다른 오염원도 많다. 하지만 현재까지는 탄소가 가장 중요한 오염원이다. 게다가 숲이 파괴되면서 공기 중에서 나무로 흡수되는 이산화탄소의 양도 점점 줄고 있다.

1807년까지 인간이 화석연료를 사용함으로써 대기 중으로 배출된 이산화탄소의 양은 10억t이었던 것으로 추정된다. 이 수치는 1827년에 이르러 두 배가 됐고 1847년에는 40억t으로 증가했다. 1862년에는 80억t, 1877년에는 160억t, 1892년에 320억t, 1908년에는 640억t이 되었다. 이렇게 두 배씩 증가하는 기간은 20년에서 15년으로 줄었다. 그리고 나서 증가세가 잠시 주춤해 두 배로 증가하는 데 16년이 걸리게 된다. 이 16년 동안에 미국에서는 두 차례의 대규모 경기침체가 발생한다(〈표 2〉 참조). 이런 경기침체에도 불구하고 전반적인 산업공해는 줄지 않았다. 그냥 경기침체가 없었으면 오염 속도가 더 빨랐을 텐데 그러지 않았을 뿐이다.

1870년대에 생산량이 둔화된 영향은 [그림 13]에서 나타낸 것과 같이 미미한 정도였다. 1882년부터 1885년까지 있었던 경기침체의 영향은 좀 더 명확했다(지금의 인도네시아에 있는 크라카토아 화산이 1883년 대폭발하면서 수백 억t의 탄소가 대기 중으로 흘러들어가기도 했다). 이와 마찬가지로, 1907년 금융권 패닉으로 이듬해까지 이어진 경기침체의 영향도 분명하게 보인다. 그러나 이런 경기침체를 벗어나서 보면 공해는 계

표 2. 1929년 이전에 발생한 미국의 주요 경기침체

연도	기간(개월)	산업활동량
1873~1879	65	-33.6%
1882~1885	38	-32.8%
1893~1894	17	-37.3%
1907~1908	13	-29.2%
1921~1922	18	-38.1%

출처: Victor Zarnowitz, *Business Cycles: Theory, History, Indicators, and Forecasting* (Chicago: University of Chicago Press, 1996).

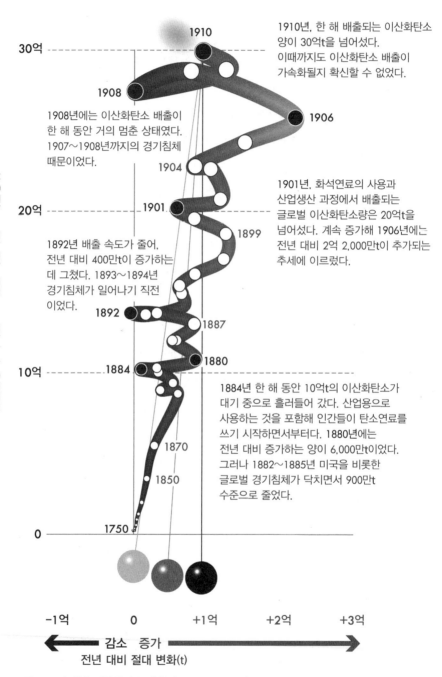

그림 13. 전 세계 이산화탄소 배출량, 1750~1910년

글로벌 탄소프로젝트의 데이터를 가져옴. "Supplemental Data of Global Carbon Budget 2018" [version 1.0], https://doi.org/10.18160/gcp-2018.

속 커져만 왔다. 제1차 세계대전이 일어나기 몇 년 전까지 공해는 계속 속도를 내 증가했다.

전쟁과 질병이 모든 것을 바꿔 놓다

1910년부터 1960년 사이, 산업활동을 하고 화석연료를 사용하는 과정에서 배출되는 이산화탄소량의 추세는 처음에는 불규칙했다. 그러다 1946년부터는 꾸준히 증가 추세였다. 전쟁 시기를 제외하면 줄곧 증가했다. 그 원인을 찾자면, 이 시기에 대규모 전력화가 이루어졌고 자동차 생산이 가속화됐다는 점을 주목할 필요가 있다.

자동차의 대량생산은 1901년 시작됐다. 그러다 1913년 첫 번째 포드 자동차공장이 문을 열면서 급성장했다. 초창기부터 전 세계 자동차 생산은 미국이 주도했다. 1961년까지 미국은 매해 550만 대를 생산하면서 세계 신차의 거의 절반을 만들었다. 독일이 180만 대, 영국과 프랑스가 각각 100만 대, 이탈리아 70만 대, 캐나다 30만 대, 일본 25만 대, 호주 18만 대, 러시아 15만 대, 스웨덴에서 11만 대를 만들었다.[10]

일반적으로 잘못 알려져 있는 사실 중 하나는 전 세계 인구가 증가하면서 대기 중으로 배출되는 탄소 오염도 심해졌다는 것이다. 심지어 아이를 적게 낳으면 전체적인 공해도 줄 거라고 여기는 이들도 있다. 오히려 당신이 아이를 데리고 나와 환경오염 방지 캠페인에 나서는 게 아이를 낳지 않는 것보다 훨씬 더 긍정적인 영향을 줄 것이다. 그동안 역사적 기록을 보면 세계 인구에서 아주 적은 수가 특정한 시점에 특정한 장소에서 더 많이 오염을 일으키고 있다. 더 자세히 들여다보면 아주 소수의 나라에서 소수의 특정한 상품을 소비하느라 대부분의 공해가 발생하고 있는 것이다. 이 특정한 상품은 처음에는 가장 부유한 국가들만 소비할 수 있었던 것들이다. 예를 들어 자동차는 생산하는 데에도 상당한 양의 화석연료가 필요하지만, 달릴 때도 화석연료가 필요하다. 초창기 자동차만큼 이산화탄소 배출을 극대화한 소비재도 없을 것이다.

처음에는 자동차가 많지 않았다. 트럭보다도 적었다. 1900년부터 1913년 사이 세계 인구가 증가하면서 15억 6,000만 명이던 것이 17만 9,000만 명으로 15% 증가했다.[11] 동시에 산업활동과 화석연료 사용으로 배출된 탄소는 1년에 19억 6,000t에서 34억 6,000t으로 77% 늘었다. 1913년 당시 세계의 대부분 젊은 성인들은 그들의 아버지가 살던 것과 매우 비슷한 방식의 삶을 살았다. 마을 근처의 경작지에서 일하면서 쟁기로 밭을 갈아 작물의 씨를 뿌렸다. 운이 좋으면 말이나 소에 쟁기를 걸 수 있었다. 또 수 세기 동안 해 왔던 것처럼 손으로 벼농사를 짓고 옥수수를 키웠다. 아주 운 좋은 경우에는 살던 곳에서 자전거를 타던 게 일반적이었을 수도 있다. 그들은 화석연료를 더 많이 소비하지도 않았고, 철이나 강철을 많이 쓰지도 않았다. 휘발유로 가는 자동차를 몰면서 내연기관을 돌리지도 않았다. 집이나 마을까지 전기가 들어오지 않았기 때문에 전구를 쓰지도 않았다.

1913년을 거쳐 1920년까지 세계 인구는 4%가 늘어 18억 6,000만 명이 됐다. 제1차 세계대전은 상당히 끔찍한 사건이었지만, 세계 인구 규모 면에서 그다지 큰 일은 아니었다. 전쟁은 유럽에 국한됐고, 약 4,000만 명 정도가 목숨을 잃었다. 대부분 군인이었는데, 부상당한 지 몇 주, 몇 개월 만에 사망했다. 1918~1919년 사이 인플루엔자 감염병이 창궐하면서 이 기간 동안 5,000만 명의 사망자가 추가됐다. 세계의 종말 같았던 이 두 사건이 발생하지 않았다면 1920년 전 세계에는 19억 5,000만 명 정도가 살고 있었을 것이다. 이런 시나리오대로라면 이 7년 동안 인구는 9% 증가했을 것으로 예상된다. 그러나 그렇게 되면 1919년의 전후 베이비붐도 없었을 것이기 때문에, 실제로 나중에 그만큼까지 증가하지는 않았을 것이다. 어쨌든 그럼에도 이 7년의 기간이 시작되면서부터 끝날 때까지 전 세계에서 7,000만 명의 인구가 증가했다. 그렇다면 공해는 얼마나 커졌을까? 정답은, '떨어졌다'이다. 오염 수준은 인구가 증가했을 때도, 그 반대일 때도 떨어졌다.

1913년부터 1920년 사이 글로벌 이산화탄소 배출량은 1% 떨어졌다. 가장 크게 떨어진 해는 1919년이다. 세계가 겪었던 가장 치명적인 인플루엔자가 창궐한 뒤 그 후유증을 겪고 있을 때였다. 산업에 종사할 젊은 성인의 수가 심각하게 줄어든 상황이었다. 사망으로 줄어든 숫자보다 질병으로 준 숫자가 더 많았다. 사람들이 건강하고 잘 벌 때보다 덜 샀기 때문에 수요도 줄었다. 독감의 세계적인 대유행(pandemic)으로 특히 젊은 층이 큰 타격을 입었다. 1918년과 1919년 사이 글로벌 탄소 배출량이 14%나 줄어든 이유도 이것으로 설명이 된다. 그러다 아팠던 이들 대부분이 회복을 한 바로 다음해에 배출량은 16%가 늘어난다. 인플루엔자는 산업과 생산, 소비 면에서 제1차 세계대전보다 훨씬 더 큰 영향을 미쳤다.

1920년부터 1940년까지 전 세계 인구는 18억 6,000만 명에서 23억 명으로 23% 증가했다. 같은 기간, 산업활동과 연료 사용으로 전 세계에서 배출된 탄소량은 한 해 34억 2,000만t에서 47억 6,000만t으로 39% 증가했다. 인구 증가 수준보다 더 많이 는 셈이다. 다시 한번 말하지만 이 둘은 아주 약한 상관관계로 묶여 있을 뿐이다. 전 세계에서 인구가 가장 조금 늘어나는 곳에서 공해는 가장 많이 증가했다. 이른바 산업화 된 국가에서 그랬다. 1인당 배출량으로 본다면 가장 가난한 국가들에서 공해 수준은 오히려 떨어졌다고도 볼 수 있다. 대다수는 여전히 전기도 공급되지 않고 자동차도 없다. 일부는 세워진 지 몇 십 년도 되지 않은 나라에서 부모 세대가 살았던 것과 거의 다르지 않은 방식으로 살고 있다.

식민지를 만드는 과정에서 일어난 정치적인 간섭은 인간 세상의 거의 모든 것에 영향을 미쳤다. 이전 세대에 상대적으로 균형을 맞추었던 인구에도 영향을 끼쳤다. 가난한 나라들에서 인구는 이제 막 증가하려던 참이었다. 엄청나게 인구가 증가하게 된 것은 산업활동과 화석연료 사용으로 공해가 폭발적으로 커진 뒤였다. 공해는 전 세계 인구에서 소수를 차지하는 부유한 나라들, 혹은 더 부유해지고 있는 나라들 사이에서 일어났다. 이 부분을 이해하는 게 매우 중요하다. 계속 염두에 두어야 한다. 여기서 핵심은 인구가 더 많아질수록 오염이 더 증가하는 게 아니라는 점이다. 공해가 생기는 것은 아주 소수의 사람들이 그러기로 선택했기 때문이다. 여기에 권력과 권위를 가진, 더 적은 소수의 선택으로 세계전쟁까지 일어나게 됐다.

제2차 세계대전은 1914~1918년 일어났던 전쟁과는 완전히 다른 양상이었다. 대기 중으로 배출되는 탄소량의 면에서 그랬다. 1939~1945년 사이 벌어진 갈등은 산업 전쟁이었다. 탄약과 폭탄, 탱크, 전함, 잠수함, 항공기를 얼마나 생산할 수 있느냐에 따라 승패가 좌우됐다. 그리고 이번에는 실제로 세계 전쟁이었다. 지구의 거의 대부분이 영향을 받았다. 1929년 글로벌 탄소 배출량은 한해 42억t으로 정점을 찍었다. 하지만 그해부터 전 세계적인 경제공황이 이어지면서 배출량도 떨어졌다. 1937년이 될 때까지 1929년 수준을 회복하지 못했다. 이 기간 동안 지구상의 인구수는 매해 늘어났다. 하지만 공해 수준은 전체 인구수와 별 연관이 없었다. 오히려 가장 영향력 있는 국가들의 부와 행동이 관련이 있었다. 1920년대와 1930년대, 지속적으로 증가하던 글로벌 인구수는 전 세계적인 공해 수준에는 아무런 영향을 주지 못했다.

1930년대 대공황으로 자동차 판매량은 줄었고, 따라서 생산량도 줄었다. 자동차를 굴리는 데 쓰이는 연료량도 줄었다. 1929년 은행이 무너지면서 신용 공급이 말라붙었다. 따라서 대출도 줄었다. 자동차에 들어갔던 철강 수요는 떨어졌고 생산 라인을 돌릴 때 들어갔던 연료도 필요 없게 됐다. 사치품의 생산은 줄었고 구매도 줄었다. 대공황 이후 부유한 국가들의 산업 생산량은 대부분 감소했다. 보호주의가 고개를 들었고 글로벌 교역은 위축됐다. 그러면서 공해는 줄어들었다. 제품 생산이 줄다 보니 이들을 실어 나르던 구식 증기선을 띄우기 위한 연료도 덜 필요하게 됐다. 증기선을 대체하기 위해 막 등장한 디젤 엔진 선박도 사용할 일이 없었다.

제2차 세계대전과 이를 준비하기 위해 무장하는 과정에서 군수 생산은 붐이 일었다. 군사적인 면에서 소비도 늘었다. 그러면서 1939년에만 공해가 4% 증가했다. 그리고 이듬해에는 두 배 이상 뛰어 9%가 증가했다. 그러나 뒤이은 전쟁 시기 동안 모든 상품의 소비가 줄었다. 특히 세계에서 가장 부유한 나라들에서 자동차 같은 사치품의 소비가 줄었는데, 이로 인해 공해는 또 한 번의 슬로다운에 접어들게 됐다. 글로벌 탄소 공해는 글로벌한 전쟁에도 불구하고 1941년에 단 3%만 증가했다. 1942년에는 1%, 1943년에는 4%였다가 1944년에는 이보다 1% 포인트 떨어졌다. 군사전이 거의 끝난 1945년에는 무려 16%나 줄어들었다. 그 이후로 오염 증가 속도가 이때만큼 떨어진 적이 한 번도 없었다. 전 세계적으로 역사상 가장 큰 규모의 베이비붐이 일어난 해(1945년)에 산업활동이나 연료 소모로 배출된 탄소 오염량은 가장 크게 떨어졌다. 이쯤 되면 이 이야기를 아무리 여러 번 크게 강조해도 지나침이 없을 것 같다. 사람들이 많아졌다고 공해가 더 심해지는 게 아니다. 공해를 일으키는 건 소수의 방탕한 사람들이 선택한 결과인 것이다.

그렇다면 1945년과 1946년 이후에는 무슨 일이 일어났을까? 전후의 세계는 좀 더 공평한 세계로 급격히 변해 갔다. 적어도 부자 나라들 사이에선 그랬다. 미국에서 잘 버는 노동자들은 자기 차를 살 수 있게 됐다. 유럽에 있는 노동자들은 차를 살 수 있다는 꿈을 꾸기 시작했다. 그러다 보니 더 많은 차가 생산될 수밖에 없었다. 일단 부자들이 차를 한 대, 두 대, 세 대 사기 시작하면서 생산은 계속 확장됐다. 노조가 임금 인상을 쟁취하면서 더 많은 가정이 차를 살 형편이 되기도 했다.

아직 이 시대에는 부자 나라에서조차 자동차가 사치품이었다. 차를 가지고 있을 이유가 별로 없었다. 대부분의 사람들이 일하러 갈 때 걸어다녔고, 자전거를 타거나 대중교통을 이용했다. 마을이나 도시는 일자리 근처에 집을 구할 수 있을 정도까지만 커졌다. 대중교통도 그 정도까지만 확장됐다. 이 시기 영국의 철도망은 거의 최대한으로 확장될 수 있었다. (그런데 그랬다면 아마 1960년대 자동차가 증가하면서 철도는 비효율적이 됐을 것이고, 대부분이 폐쇄되었을 것이다. 물론 너무 앞서가는 이야기이긴 하다.) 그런데 이 시기부터 이야기는 급변한다. 시간 순으로 이야기를 풀어 가기에는 너무 복잡하게 꼬인 일들이 펼쳐진다.

제2차 세계대전 이후 소수의 부자 나라들은 더 평등한 곳이 됐지만, 인간 세계 전체로는 불평등이 급속하게 커졌다. 부자 나라와 가난한 나라 사이의 소비 격차 면에서 그랬다. 부자 나라는 1945~1946년 사이

베이비붐 이후 인구 증가 속도가 급격히 떨어졌다. 하지만 가구당 제품 소비량은 많아졌다. 당시에도 전 세계 다수를 차지했고 지금도 그러고 있는 가난한 나라의 경우 소비는 좀처럼 오르지 않으면서 인구만 급격히 증가했다. 이런 현상은 정치적인 혼란이나 몇 가지 중대한 변화에 기인한다. 이런 변화들이 상대적으로 인구를 안정시켜 주던 견제와 균형을 무너뜨렸다. 식민지가 된다는 것은 장기적인 해악을 가져왔다. 식민지가 되면서 생긴 변화들은 1980년대와 1990년대까지 이어졌다. 당시 세계은행(World Bank)이나 국제통화기금(IMF)의 구조조정 정책은 아프리카에 더 심각한 인구 증가를 가져왔다(7장의 [그림 25]에 설명해 놓았다).

냉전시대 동안에는 미국과 소련, 두 나라가 다른 거의 모든 국가의 정치적인 선택을 통제하려고 했다. 미국은 좀 더 많이, 소련은 이보다는 덜했지만 그래도 많이 그랬다. 이런 통제 방법에는 중남미 국가의 독재자를 지원하는 것도 포함됐다. 가난한 국민들이 빈곤에 허덕이는 것은 안중에도 없던 독재자들이다. 가난과 불안정만큼 인구 증가를 부추기는 것도 없다. 다른 요인은 제쳐 두고라도 일단 아이들 중 몇 명이 죽을지 모르기 때문에 더 많이 낳을 수밖에 없다. 냉전시대 동안 중국은 봉건국가에서 공산주의 사회로 바뀌었다. 옛 방식을 포기하고 새로운 방식을 도입하면서 기본적으로 중국의 인구가 엄청나게 늘어나는 계기가 됐다. 불확실성이 커지고 엄청난 재난이 닥친 시기에 가난한 이들이 들 수 있는 유일한 보험은 자신을 돌봐 줄 아이를 더 많이 낳는 것이기 때문이다. 그러나 공산주의는 곧 더 엄청난 안정을 가져왔다. 한 세대 만에 여성당 아이 수가 6명에서 2명으로 떨어졌다. 이것만 해도 대단한 성과라는 점을 공산주의 정부는 알지 못했던 모양이다. 더 극적이고 과감한 인구 슬로다운을 유도하기 위해 한 자녀 정책을 공식화한다. 인구 증가에 대해서는 7장과 8장에서 다룬다.

흔들리는 1960년대로

산업화가 진행되고 연료소비가 증가하면서 글로벌 이산화탄소 배출량은 1950년대 동안 가장 급격하게 증가한다. 1960년까지 한 해 9.4t씩 늘었다. 내 부모님이 태어난 1942년부터 18세가 될 때까지 1,230억t의 이산화탄소가 대기 중으로 배출됐다. 18세기 초 유럽에서 처음 산업화가 시작된 이후부터 1930년까지 인간이 내뿜었던 것보다 더 많은 양이었다.

1940년부터 1960년까지 지구상 인구수는 23억 명에서 30억 명으로, 32% 증가했다(〈표 3〉에서 1951~1960년 사이 참조). 같은 기간, 산업활동과 연료소비로 인한 탄소 배출량은 연간 48억t에서 94억t으로 98% 늘었다. 인구증가율의 세 배 수준이었다. 1910~1960년 사이 배출량에 대한 시간선은 [그림 14]에서 표시했다. 전 세계 인구가 꾸준히 증가하는 와중에도 배출량은 어떻게 두 배로 늘었다가 안정상태로 오락가락했는지 보여 준다. 그러면서 1945년에는 뭔가 근본적인 변화가 있었음도 알 수 있다.

연간 이산화탄소 배출량은 1945년에 줄기 시작해 한 해 40억t을 조금 넘게 됐다. 요즘 기준으로 보면 이 정도만 돼도 감지덕지한 수준이다. 그러다 1946년과 1947년에 매해 거의 5억t씩 배출량이 증가했다. 전시 경제체제로 있던 모든 산업 국가들이 평화 시 생산체제로 재편됐다.

미국의 군수산업단지는 당시의 생산체제를 계속 유지했다. 그러니까 군사 제조업을 계속 이어 가면서, 그로 인한 탄소 배출도 계속했던 것이다. 동시에 엄청난 규모의 산업단지도 만들었다. 점점 부유하고 공평해지는 내수시장뿐 아니라, 자신들이 군사적 우위를 쥐고 있는 세계 수출시장까지 겨냥한 것이다. 1948년에 생산량은 잠시 주춤한다. 미국 경제의 순환이 1949년 10월 저점으로 접어들면서부터다.[12]

그 뒤 미국의 경제는 다시 성장하기 시작한다. 이 시점에 미합중국은 글로벌 탄소 배출에서 가장 중요한 나라가 된다. 전 세계 다른 나라들은 문제도 아니었다. 미국의 기업 활동이 문제였다.

생산은 다시 치솟았다. 1950년 연간 이산화탄소 배출량은 거의 60억t으로 최고 기록을 갱신했다. 전년도 대비 6억 4,000만t이 늘면서 전례 없는 증가율을 기록했다. 그리고는 1954년 5월 경기가 저점을 지나 생산

표 3. 전 세계 인구의 연간 증가율과 미국의 비중, 1951~1960년

연도	세계 인구(명)	연간 증가율	미국 인구 1인당 세계 인구(명)
1951	26억	1.7%	16.6.
1952	26억	1.8%	16.6
1953	27억	1.8%	16.6
1954	27억	1.9%	16.7
1955	28억	1.9%	16.7
1956	28억	1.9%	16.7
1957	29억	2.0%	16.7
1958	29억	2.1%	16.8
1959	30억	1.9%	16.8
1960	30억	1.5%	16.8

출처: 앙구스 메디슨(Angus Maddison)의 추산: http://www.ggdc.net/maddison/oriindex. htm. 앙구스 메디슨의 *Contours of the World Economy, 1–2030 AD: Essays in Macro-Economic History* (Oxford: Oxford University Press, 2007)도 참조.

량이 회복되기 전까지, 그리고 1959년 4월 저점을 지날 때 또 한 번 짧은 슬로다운이 있었다. 미국 경제의 작은 기복이 글로벌 탄소 오염에는 큰 변화를 만들었다. 이런 점을 볼 때, 세계 인구의 변화는 거의 중요하지 않았다. 중요한 것은 지구상에서 아주 작은 한 부분일 뿐이지만 가장 부유한 집단의 사람들이 무엇을 만들고 소비하느냐 하는 것이었다.

1950년대에 세계적인 부자들은 대부분 미국에 살았다. 1950년 당시 미국 인구는 전 세계 16.6명당 1명 정도에 불과했지만 지금까지 글로벌 탄소 배출의 가장 큰 책임은 대부분 이들에게 있다. 세계에서 가장 힘센 국가의 가장 부유한 사람들, 미국 경제를 좌지우지했던 이들의 행동 탓인 것이다. 전 세계 인구는 이후 10년 동안 25억 명에서 30억 명으로 증가했다.

전 세계 인구는 1958년 연간 약 2.1% 증가하면서 속도 면에서 정점을 찍는다. 이후 한 번 더 최고치에 이르는데, 1968년에서 1971년까지 4년 사이에 일어난다. 그렇지만 탄소 오염은 이런 글로벌 인구 증가와 근본적으로 관계가 없었다. 중요한 건 미국에서 어떤 일이 벌어지느냐는 것이었다. 이보다는 좀 덜했지만 이제 막 산업화가 시작됐거나 복구되고 있던 유럽, 일본도 역시 중요한 요인이었다.

1950년대 말까지도 전 세계 신차의 절반이 미국에서 생산됐다. 초반에는 단 하나의 국가에서 대부분의 자동차가 생산되고, 전 세계 철강의 대부분의 만들어졌던 것이다. 지구상 인구의 단 16분의 1만 살고 있는 곳이었는데도 말이다. 석유가 발견되는 곳마다 유정이 개발됐다. 한때 글로벌 공해의 주범이었던 석탄은 그 자리를 석유에 내주었다. 휘발유나 디젤 엔진, 나중에는 제트엔진까지 폭넓게 사용하게 되면서 아주 약간 '더 깨끗하게' 더 많은 탄소를 대기 중으로 내뿜는 방법을 찾아내기도

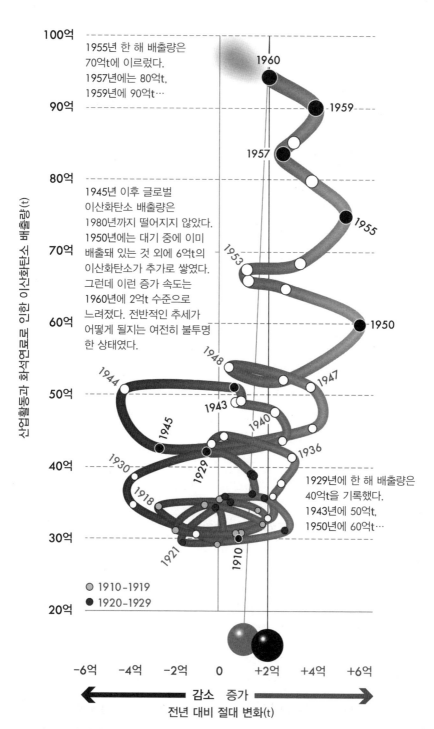

그림 14. 전 세계 이산화탄소 배출량, 1910〜1960년

글로벌 탄소프로젝트의 데이터를 가져옴. "Supplemental Data of Global Carbon Budget 2018" [version 1.0], https://doi.org/10.18160/gcp-2018.

했다. 그러는 동안 미국의 한쪽 구석, 하와이 본섬에서는 시간대별로 대기를 측정하는 작업이 실행되고 있었다. 추후에 인간의 공해 배출과 이산화탄소의 대기 중 축적량 사이의 상관관계를 밝혀 줄 핵심이 되는 연구였다.

1950년대로 다시 돌아가 보자. 당시에 거의 모든 사람들이 앞으로 무슨 일이 벌어질지 알지 못했다. [그림 14]의 시간선은 1960년에 끝이 난다. 1950년에서 1960년 사이를 유독 집중해서 보면 이때 슬로다운이 시작되고 있다고 상상하게 될 것이다. 그러나 그것은 슬로다운이 아니었다. 이때 공해가 가져올 충격을 알고 있었다면 문제를 다루기 훨씬 쉬웠을 것이다. 슬프게도 우리는 산업을 진보와 동일시했고, 더 많이 생산해야 삶의 질이 더 높아진다고 여겼다. 자동차는 자유의 상징이었고 비행기는 모험의 수단이었다. 더 빨리, 더 멀리 이동하는 것을 찬양했다. 1959년 9월, 소련의 무인 우주선 루나 2(Luna 2)가 달에 착륙했고, 경외감 속에 그 소식이 전해졌다.

자동차, 가속, 그리고 그 결과

대기 중으로 더 많은 이산화탄소가 배출되면서 기후변화를 일으켰고, 결국 지구온난화까지 가져왔다. 이런 배출은 여전히 가속화되고 있다. 하지만 우리가 하나의 종으로 살아남기 위해서는 (논리적으로 번영까지는 못하더라도) 영원히 계속 이럴 수는 없는 노릇이다. 인간의 삶의 거의 모든 측면에서 슬로다운이 일어나고 있지만 탄소 배출만큼은 이 일반적인 원칙에서 유일한 예외다. 탄소 배출 속도를 줄여야 한다. 증가율만이라도 줄여야 한다. 증가하는 속도 자체는 주춤하기 시작했다. 이 불길한 이야기에서 처음 나올 수 있는 반전이 [그림 15]의 시간선에 드러나 있다. 이제 막 뚜렷해지고 있는 수준이긴 하다.

여기서 추산한 바에 따르면 산업활동이나 화석연료를 기반으로 한 활동으로 지구 대기 중에 계속 쌓여 온 이산화탄소의 총량은 1928년 기준 1,280억t이었다. 1955년에는 2,560억t이 됐고 1976년에는 5,120억t, 그리고 2000년에 1조t이 됐다.[13] 2015년에는 1조 5,000억t을 넘어섰다. 이 수치들이 충격적이긴 하지만 유용한 시사점도 있다. 다음 번 두 배로 늘어나는 시기가 언제가 될지 가늠해 볼 수 있는 것이다.

산업활동과 화석연료 사용으로 한 해 배출되는 이산화탄소의 총량이 두 배가 된 것은 1928년부터 1955년까지, 27년 만이었다. 그리고 1976년까지 다음 21년 동안 다시 두 배가 됐다. 또 두 배가 된 것은 23년이 지난 2000년이었다. 결국 두 배가 되는 속도가 줄어들기 시작한 것이다. 물론 큰 위로가 될 만한 사실은 아니다. 그래도 이처럼 통계상 '두 배로 되는 시기'가 23년으로 늘어나지 않았다면 오늘날 상황은 훨씬 더 나빠졌을 것이다. 이런 연장은 1976년부터 시작됐다. 단기간에 유가가 4배 이상 뛰어오르던 시기였다. 덕분에 기하급수적으로 증가하던 배출량에 아주 약간의 슬로다운이 오기도 했다. 배출량에 가속도가 붙어 증가하던 정도에 대한 슬로다운이었다. 글로벌 배출량 자체가 증가하고 있다는 사실에는 별 영향이 없었다.

많은 사람들이 너무 늦었다고 생각한다. 우리는 올해에도 지난해보다 더 많은 탄소를 대기 중에 내보내고 있다. 어떨 때는 훨씬 더 많은 양이 배출되기도 한다. 식물이나 숲, 대양이 흡수하는 식으로 자연적으로 줄여 가기에는 엄청나게 많은 양이다. 우리가 이럴수록 이 행성이 더

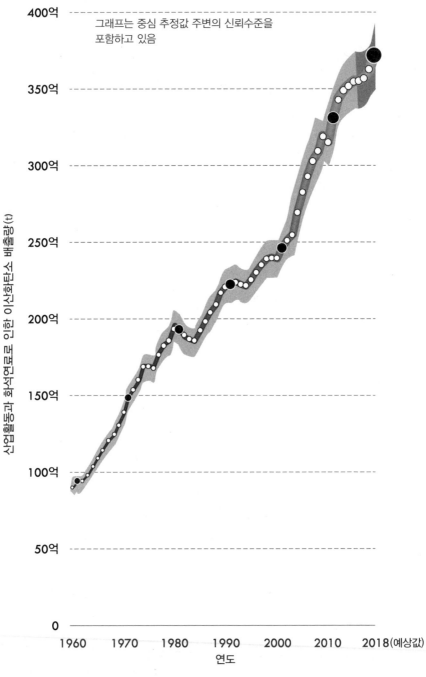

그림 15. 전 세계 이산화탄소 배출량, 1960~2018년 (전통적 그래프)

"Global Carbon Budget 2018"의 데이터를 바탕으로 재구성함. Corinne Le Quere 외, *Earth Systems Science Data*, 5 December 2018, 2141 – 4, https://www.earth-syst-sci-data.net/10/2141/2018/.

빠르게 뜨거워질 거라는 사실은 점점 분명해지고 있다. 이제 우리는 대기 중 탄소량과 지구온난화 간에 직선적인 상관관계가 있다고 여기고 있다. 한쪽의 양이 증가하면 다른 쪽도 같은 비율로 증가하는 그런 관계이다. 하지만 앞으로도 항상 그럴 것인지는 알 수 없다. 어느 순간 되돌림회로(feedback loop)가 작동해 직선을 위아래로 구부려 놓을지 모른다. 하지만 내가 사는 동안 지켜본 바로는 지금까지는 직선의 모습을 유지하고 있다.

우리는 지금 겪고 있는 기후변화를 눈으로 보게 될 때까지 탄소를 두 배에서 또 두 배로, 다시 두 배로 계속 배출해 왔다. 이렇게 두 배씩 늘려 가는 것은 상당한 끈기가 필요한 일이었다. 우리는 계속 더 많은 상품을 생산하고자 했다. 적어도 우리 중 아주 적은 일부는 특히 그랬다. 우리는 끝없이 이어지는 교통체증을 감수하면서 자동차 안에 앉아 있었고, 우리 중 일부는 사방으로 자유롭게 하늘을 날기 위해 비행기를 타고 다녔다. 우리는 빚을 내서, 혹은 빌린 돈으로 투자를 해서, 할부로 차를 사서, 신용카드로 결제해 휴가를 가면서 이 모든 과정에 연료를 주입했다. 이런 이면에 있는 궁극적인 동력은 탐욕이었다. 무엇보다도 누구보다 더 부자가 되고 싶어 하는, 투자를 통해 더 빠르게 부자가 되고 싶어 했던 이들의 탐욕이다. 이들은 다른 이들에게 돈을 빌려주었고, 해외여행을 가거나 차를 살 수 있는 수단과 돈을 제공했다. 나아가 막대한 로비 자금을 들여 대중교통 시스템이 들어서는 것을 막았고, 가까운 국내 휴가는 장려하지 않았다.

우리는 어떻게 1955년부터 1976년 사이, 엄청난 이산화탄소를 뿜어내면서 우리 행성에 두 배씩 쌓이는 걸 가능하게 했을까? 도대체 어떻게 그토록 많은 석탄과 석유, 가스를 태울 수 있었던 걸까? 기록으로 남아 있는, 추정할 수 있는 인류 역사를 통틀어 봤을 때, 이전에 배출했던 양만큼을 어떻게 단 21년 동안에 배출할 수 있었을까? 이에 대한 해답을 찾으려면 그동안 제조업의 생산 라인이 어떻게 발전했는지를 살펴봐야 한다. 유정의 개발 과정도 들여다볼 필요가 있다. 아울러 돈을 벌 수 있다면 모든 행위를 정당화시켜 주는 자유시장 이데올로기도 주목해야 한다.

원유를 발견했을 때 우리는 그 매장량이 방대할 거라고 생각했다. 그래서 원유는 더 많은 발전소와 산업체, 교통수단의 연료가 됐고 더 많이 더 빠르게 사용됐다. 탄광이 기계화되면서 탄소를 머금고 있는 고대 압축 지질층은 처음 상상했던 것보다 더 빠른 속도로 소진됐다. 저유소를 짓고 광대한 파이프라인을 깔면서 처음에는 석탄가스를, 나중에는 천연가스를 경제적, 실질적으로 저장하고 운송할 수 있게 됐다. 이런 가스로 단열처리가 안 돼 있던 수백 만 가구와 사무실도 가스가 충분이 공급되는 한 난방을 할 수 있게 됐다.

이처럼 대기 중으로 내뿜어지는 탄소량이 극적으로 증가하게 된 것은 전적으로 부자 나라에 살고 있는 이들 때문이었다. 처음 난방이 된 곳도 바로 우리들이 살고 있는 집이다. 집 앞 도로에는 처음에는 한 대, 나중에는 간혹 두 대의 차가 서 있었지만, 이제는 두 대 이상이 일반적이 됐다. 정기적으로 계속 점점 더 새로운 것을 찾으면서 아직 낡지도 않은 옛날 것을 집어던져 버린 것은 바로 우리다. 휴일이 되면 태양 아래 그토록 많은 곳으로 비행기를 타고 날아가기 시작한 이들도 바로 우리였다. 이 모든 탄소를 태운 것은 전 세계적으로 증가한 가난한 사람들이 아니라는 말이다.

1961년 전 세계에서 만들어진 1,140만 대의 자동차 가운데 거의 절

반이 미국에서 생산됐다. 미국 내 자동차 생산량은 1960년 동안 55%
증가했다. 다른 곳에서의 생산량도 그 어느 때보다 빠른 속도로 늘기 시
작했다. 1971년 한 해 동안 전 세계에서 2,650만 대의 자동차가 생산됐
다. 1961년 생산 라인에서 나와 출시된 차들 중 거의 대부분은 10년이
지난 당시에도 거리를 활보하고 있었다. 계속 주행하면서 처음 생산됐
을 때보다 훨씬 더 많은 이산화탄소를 배출하고 있는 상태였다.

　1971년 미국에서는 한 해 860만 대의 차가 생산됐다. 글로벌 자동차
생산량에서 차지하는 비중은 3분의 1을 겨우 넘는 수준까지 떨어졌다.
그러나 10년 전에 비해 여전히 매년 200만 대씩 증가하고 있는 상황이
었다. 독일에서는 1971년에 380만 대를 생산해 1961년의 두 배가 됐다.
일본에서는 370만 대가 생산됐는데, 1961년에 비해 15배가 증가한 수치
다. 프랑스에서는 한 해 270만 대를 생산했고, 영국과 이탈리아에서는
각각 170만 대, 캐나다에서는 110만 대를 만들었다. 그다음이 러시아였
는데, 1971년 당시 1년에 '고작' 50만 대를 만드는 수준이었다. 누군가
탄소 배출량이 두 배씩 증가하고 있는 건 이 세상에 너무 많은 사람들이
살고 있기 때문이라고 말한다면, 이 나라들의 목록을 보여 주면 된다.
몇 안 되는 나라들이 이런 공해의 대부분을 만들어 냈으니 말이다.

　물론 이산화탄소 배출의 통로가 된 것이 꼭 자동차만은 아니다. 고속
도로를 짓는 것도 한몫했다. 트럭 숫자가 늘거나 화물 운송량이 증가한
것도 원인이었다. 고기 생산량이 증가하면서 또 다른 온실가스를 만들
어 내기도 했다. 그 어느 때보다 콘크리트를 많이 사용하게 된 것도 문
제였다. 1t의 시멘트를 만드는 데 1t의 이산화탄소가 발생한다. 비행기
나 선박도 원인이 됐다. 한때는 사치품이었던 것들을 대량생산하게 된
것도 문제였다. 패션과 음악이 발전했고 화석연료에서 만들어지는 비닐

사용량도 늘었다. 패키지 여행상품이나 커피메이커, 또 나만의 바지 전용 다리미를 갖고 싶어 했던 누군가의 아이디어가 이유일 수도 있다.[14] 우리는 광고를 통해 이런 상품들 거의 모두를 지속적으로 접해 왔다. 그러면서 이들을 다른 새로운 것, 어쩌면 더 낫다고 하는 것, 아니면 또 다른 머스트해브(must-have) 아이템으로 바꿔 왔다. 새로운 자본가들의 일확천금을 노리는 습성 역시 원인이 됐다. 또 언제나 그랬듯 빚에 대한 접근성도 문제였다. 지폐가 더 이상 금 보유량과 연계될 필요가 없도록 돈에 대한 새로운 정의를 함으로써 빚의 규모는 훨씬 더 커졌다. 금본위제는 1973년 미국에 의해 공식적으로 끝이 났다. 그해 10월부터 달러는 완전히 자유로워졌고 부채는 폭증할 수 있게 되었다. 교과서에서도 어떤 일이 닥칠지 경고를 찾아볼 수 없었다. 전례가 없던 일이기 때문이다. 최소한 비슷한 경우도 없었다. 그럼에도 이 시대의 특징을 가장 잘 드러내는 한 가지를 꼽으라면 여전히 자동차였다. 1986년 영국의 총리였던 마거릿 대처(Margaret Thatcher)는 스물여섯을 넘은 남성이 버스를 타고 여행한다면 실패자임을 알아야 한다고 말한 적이 있다. 그 나이면 자기 차를 몰아야 한다는 말이다.

1981년 전 세계적으로 자동차 생산량이 다시 한번 증가했다. 그러나 늘었다고 해도 연간 2,740만 대 정도가 생산 라인에서 출시되는 수준이었다. 아직까지 소비 면에서는 그렇지 않았지만, 자동차 생산 면에서 미국이 차지하던 비중은 결국 떨어졌다. 1980년대 초반 미국의 생산 수준은 상대적으로뿐만 아니라 절대적으로도 줄어들었다. 한 해 630만 대의 신차를 생산했는데, 이는 일본의 700만 대보다도 적은 수준이었다. 독일의 생산량도 조금 줄었지만 여전히 매해 380만 대 가까이를 만들고 있었다. 프랑스도 비슷하게 생산량이 약간 줄어 260만 대 수준이 됐다. 반면에 러시아에서의 생산량은 세 배로 뛰어 130만 대가 됐다. 이탈리아는 그다음으로 많이 생산하는 나라였지만, 생산량은 과거와 비교해 26% 떨어진 130만 대였다. 이마저도 45%나 떨어져 생산량이 100만 대 밑이 된 영국에 비하면 아무것도 아니었다. 스페인에 비해 한 해 겨우 10만 대 정도 더 많이 만드는 셈이었다. 스페인은 같은 10년 동안 생산량이 89%나 늘었다. 물론 이런 지역별 세부사항은 지구 전체로 볼 때 별로 중요한 것은 아니다. 중요한 것은 이들이 모두 부유한 나라들이고 1980년대 현재 전 세계 대부분의 자동차를 생산하고 소비하고 있다는 사실이다. 탄소 배출량의 가장 큰 몫을 차지하면서, 대기를 전례 없는 수준으로 오염시켜 왔다.

최근 몇 세기 동안 대기에 인공적으로 배출된 탄소의 거의 대부분은 미국이나 유럽, 일본에서 일어난 활동에서 비롯된 것이다. 중동의 유전에서 원유를 뽑아내는 과정에서 탄소가 나왔을 수도 있다. 아프리카를 달리는 자동차 숫자가 예전보다 조금 더 많아졌을지도 모른다. 그렇지만 이런 차들 역시 대부분 부자 세계의 사람들이 만든 것이다. 그리고 전 세계 대부분의 자동차를 몰고 다니는 이들은 여전히 이 부자 세계의 사람들이다. 글로벌 오염의 가속화는 여전히 구매력에 의해 결정되는 것이지 사람 수에 달린 게 아니었다. 전 세계 인구에서 부자 나라에 살고 있는 이들이 차지하는 비중은 급격하게 줄었다. 하지만 공해 면에서 이들이 차지하는 비중은 오히려 커졌다. 이들 대부분의 가정은 이제 두 대 이상의 자동차를 소유하고 있다.

1991년 글로벌 자동차 생산량은 한 번 더 증가해 1년에 3,530만 대 수준이 된다. 해외에서 생산되는 물량이 많아지면서 미국의 비중은 전체의 4분의 1 수준으로 줄었다. 일본이 여전히 1위였고, 미국이 2위, 독일이 3위, 프랑스가 4위였다. 그리고 이번에는 스페인이 영국을 훨씬 앞질러 5위가 됐다. 한국이 새로운 도전자로 등장하며 9위를 차지했다. 이와 함께 당시 거의 무시하다시피 했던 중국이 1991년 8만 1,000대를 만들면서 자동차 생산국에 이름을 올렸고, 글로벌 시장 순위에서는 26위를 차지했다.

2001년까지 10년을 더 연장해 보자. 그때까지 매년 4,010만 대의 신차가 출시됐다. 대부분이 일본에서였고, 그다음이 독일이었디. 미국에서 생산되는 비중은 단 12%로 전체 3위였다. 4위가 프랑스, 5위가 한국, 그리고 브라질이 새로 떠오르면서 8위였다. 멕시코가 13위, 중국이 14위, 인도가 15위를 차지했다. 결국은 공해 증가 속도가 엄청나게 빨라진 지 꽤 지나고 나서야, 세계에서 가장 인구가 많은 국가들이 산업 생산과 오염 순위에서 아주 낮은 순위권에 진입할 수 있었다.

다시 10년을 더해 2011년까지를 보면, 5,200만 대의 신차가 매해 생산됐다. 이 중 5분의 1은 중국에서 만들어졌고, 현재까지 가장 차를 많이 만드는 나라가 됐다. 그다음은 일본, 그리고 독일이었고, 미국은 이제 4위로 떨어졌다. 한국이 여전히 5위이고, 6위는 인도, 브라질이 7위가 됐다. 이보다 또 5년 뒤인 2016년을 보면, 한 해 5,660만 대의 신차가 나왔는데, 거의 4분의 1이 중국에서 생산됐다. 미국에서 생산되는 것은 겨우 7%, 영국은 3%에 불과했다. 이처럼 인구가 많은 국가들이 자동차를 만드느라 글로벌 이산화탄소 공해에 동참하게 된 것은, 이런 긴 기간 중의 마지막 한 부분, 마지막 몇 년 사이에서다. 그나마도 이런 나라에서 생산된 차들은 부자 나라, 인구가 덜 많은 나라에 수출하기 위한 것들이다.

[그림 15]는 화석연료가 만들어 내는 글로벌 배출량을 보여 준다(산

슬로다운

업활동이나 운송, 전기 생산 과정에서, 그리고 난방이나 요리같이 가정에서 사용되며 나오는 것들이다). 과학자들이 이를 추정해 2018년 12월 5일 전 세계에 발표했다. 오차범위를 포함한 일반적인 형태의 그래프이다.[15] 제일 마지막에 상승하는 부분은 붉은색으로 칠했어야 더 드라마틱하게 보였을 것이다. 물론 마지막 해의 데이터는 추정값이라는 점을 염두에 둬야 한다. 이 그래프가 공개됐을 때 2018년은 아직 끝나지도 않은 시점이었다.

시간대가 [그림 15]처럼 표시되면 조금 오르거나 떨어지는 추세의 한 시점에 어떤 특정한 패턴이 있는지 알아차리기 매우 어렵다. 가속화 되는 어떤 지점에 있을 때도 그렇다.[16] 이 그래프가 인용한 보고서의 전문이나 관련된 데이터들은 모두 공개적으로 열람할 수 있다.[17] 이 장에서 지금까지 보여 준 추세들을 설명하기 위해 가져온 데이터들도 모두 여기에 있던 것들이다. 모두 똑같은 데이터이지만 다만 보는 방식만 달랐을 뿐이다. [그림 15]와 [그림 16]을 비교해 보면, 둘 다 똑같은 데이터를 보여 주고 있지만 [그림 16]이 이 책에서 계속 강조하고 있는 방식으로 그려졌다. 주요 기후변화 회의가 언제 열렸는지도 함께 표시했다.

침체, 불황, 산업, 그리고 탄소

우리는 지구를 오염시키는 이산화탄소가 한 해 371억t 배출되는 시대에 살고 있다. 이 책을 읽는 이들 중에 살면서 더 심한 경우를 볼 수도 있겠지만 현재까지는 최고 기록이다. 우리가 공해 수준을 어떻게 끌어올렸는지 이해했다면 이제 다음 단계에서는 어떻게 이를 다시 빨리 끌어내릴 것이냐를 물어야 한다. 최근 탄소 오염량의 변동에서 이에 대한 답을 찾을 수 있다.

[그림 16]에서 1960~2018년 사이 산업활동과 화석연료 사용으로 배출된 이산화탄소 양을 나타내는 시간선의 변화는 무엇을 의미하는 것일까? 1960년대 탄소 배출량은 매년 증가했다. 이 기간 중 절반 동안은 전년도보다 더 많은 양이 증가했다. 1970년 이산화탄소 배출량은 한 해 150억t까지 올랐는데, 10년 전만 해도 100억t 수준이었다. 그리고 나선 슬로다운이 시작됐고, 1974년에는 전년도보다 더 적은 양의 탄소가 배출됐다. 정말 오랜만에 일어난 변화였다. 1976년에는 기업들의 활동이 다시 예전처럼 돌아간 것처럼 보였다. 그러다 1980년대 초 경기침체가 왔고, 산업활동이나 화석연료 사용으로 인한 배출량도 전 세계적으로 줄었다. 1980년도에만 그랬던 게 아니고 1981년, 1982년에도 이어졌다.

그 당시에도 일부의 사람들은 탄소 배출량이 계속 늘어나는 게 큰 문제라는 점을 눈치채고 있었다. 당시 정확한 수치를 알 수 있었다면 이 중 몇몇은 감속이 시작되는 것 같았던 1969년 무렵과 확실히 안정기에 접어든 것 같았던 1980년을 보면서 안도감을 느꼈을지도 모른다. 그렇지만 1980년대 후반에 나온 통계는 이런 기대를 깨 버렸다. 1992년에 배출량이 떨어지면서 낙관론이 다시 고개를 들었지만, 이는 1990년대 초반 글로벌 경기침체로 인한 일시적인 현상이었다. 금세 지나 버리고 말았다. 마지막으로 글로벌 배출량이 또 한 번 주춤한 것은 1998년이다. 바로 전 해 있었던 유가 상승과 연관됐는데, 당시 기름 값이 배럴당 40달러를 넘었다. 그리고는 바로 다음 해인 1999년 기름 값이 폭락하면서 제2차 세계대전 이후 가장 낮은 수준을 기록했다.

기름 값이 오르면 자동차 업체들은 생산량을 줄이기 마련이다. 전년

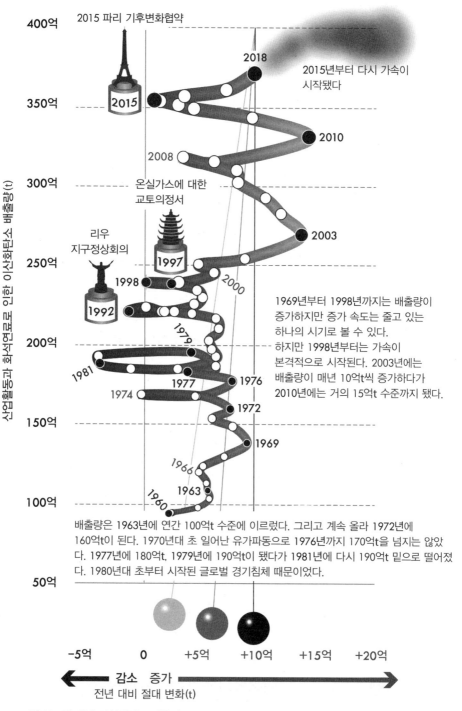

그림 16. 전 세계 이산화탄소 배출량, 1960~2018년 (시간선)

글로벌 탄소프로젝트의 데이터를 가져옴. "Supplemental Data of Global Carbon Budget 2018" [version 1.0], https://doi.org/10.18160/gcp-2018.

도만 해도 3,850만 대 수준이던 전 세계 신차 생산량은 1998년 3,730만 대로 줄었다. 그러다 1999년에 다시 회복돼 자동차 생산량은 3,880만 대가 됐고, 2000년에 4,070만 대가 됐다. 2001년 닷컴 버블의 붕괴로 (또 약간의 신용경색으로) 이 수치가 잠시 다시 꺾였다. 그러면서 배출량도 잠시 주춤했다. 그러나 자동차 생산은 2002년 다시 탄력을 받아 4,120만 대가 됐고, 2003년에는 4,170만 대로 올랐다. 이후 잠시 동안 증가 속도가 늦어졌다. 그러더니 2008년과 2009년 생산량이 극적으로 떨어졌다. 전 세계적인 경제위기 때문이었다. 이후 다시 생산량은 대부분 회복이 되었다가 2015년에 다시 떨어지는 듯싶더니 이내 상승했다. 자동차 생산은 산업활동이나 화석연료로 인한 배출의 아주 작은 한 부분일 뿐이다. 그러나 흥미롭게도 자동차 산업의 흥망성쇠는 전반적인 배출량 추세와 움직임을 같이하는 모습을 볼 수 있다.

이처럼 짧은 시간 동안 정말 많은 것이 변했다. 〈표 4〉는 단 한 대의 차도 생산하지 않던 중국이 불과 15년 만에 전 세계 생산량의 4분의 1을 차지하게 되기까지를 표시했다. 〈표〉를 보면 전후부터 2011년까지 미국은 엄청나게 시장점유율을 잃었지만 그래도 안정기에 접어들었음을 알 수 있다. 한때 글로벌 자동차 생산의 9%를 차지했던 영국은 점유율이 3%로 떨어졌다. 1961년까지만 해도 독일 생산량의 절반은 충분히 넘었는데 이제 3분의 1도 안 된다. 또 이 〈표〉를 보면 신차 생산량의 증가 속도가 전반적으로 슬로다운에 접어든 것처럼 보일지도 모르겠다. 1960년대보다 지금 증가율이나 절대적인 증가량 면에서 모두 줄었을지 모르지만, 이처럼 급속도로 뜨거워지는 지구에는 별 위안이 되지 않는 것은 매한가지다.

2018년 10월 8일 기후변화에 관한 정부간 협의체(IPCC)가 지구온난

표 4. 전 세계 자동차 생산량과 국가별 비중(%), 1961~2016년

연도	1961	1971	1981	1991	2001	2011	2016
생산량(100만 대)	11.4	26.5	27.4	35.3	40.1	52.0	56.6
중국	0	0	0	0	2	19	23
일본	2	14	25	28	20	14	14
독일	16	14	14	13	13	11	10
미국	48	32	23	15	12	6	7
인도	0	0	0	1	1	5	5
스페인	0	2	3	6	6	4	4
한국	0	0	0	3	6	6	4
멕시코	0	1	1	2	2	3	4
브라질	1	1	1	2	4	4	3
영국	9	7	3	4	4	3	3
기타	23	29	28	27	30	26	23

출처: 미국 교통국, *World Motor Vehicle Production, Selected Countries*, 2019년 9월 9일에 접속하여 검색한 것. https://www.bts.gov/content/world-motor-vehicle-production-selected-countries.

화에 대한 특별 보고서를 냈다.[18] 보고서는 이산화탄소의 양이 420기가t 이하로 유지되는 수준으로 탄소 배출량이 유지된다면, 지구 온도의 상 승 폭을 1.5°C 이하로 막을 가능성이 66%라고 밝히고 있다. 하지만 지 금과 같은 배출 수준이 이어진다면 2030년쯤에는 모든 것이 파괴될 거 라고 경고하고 있다. 2015년 수준의 배출량 증가 속도가 유지된다면 그 시기는 더 앞당겨질 수도 있다. 다만 지금이라도 적극적인 행동을 취한 다면 파괴 자체를 피할 수는 없을지라도 그 파괴의 시기를 늦출 수는 있 다. 2018년 보고서가 나온 이후, 처음에는 한 명으로, 이후에 수백 명 의, 그리고 수천 명의, 또 수십 만 명의 학생들이 행동을 촉구하며 정기 적으로 집회를 열고 있다. 이처럼 많은 학생들이 거리로 뛰쳐나온 것도

당연한 일이다. 앞으로 잃을 게 가장 많은 이들이 바로 이 학생들이기 때문이다. 내가 이 책을 쓰고 있는 2019년 가을 현재, 기후와 환경을 위한 시위대의 열기는 슬로다운이 진행되지 않는 드문 경우 중의 하나이다. 물론 지구 표면의 온도도 그중 하나이긴 하다.

제6장

기온
재앙과도 같은 예외

북극의 온도가 3℃에서 5℃로 급격하게 오르면서

파괴적인 결과를 가져올 것이다. 지금으로서는 불가피한 일이다.

세계가 온실가스 배출을 줄이는 데 성공하더라도 그렇다.

– UN 환경 프로그램, 2019년 3월 13일

거의 모든 것이 슬로다운하고 있지만 딱 하나만 그렇지 않다. 계속 오르기만 하고 있는 우리를 둘러싼 공기의 온도다. 사람들이 기억하는 몇 년 동안, 또 몇몇 장소에서 이산화탄소의 배출 총량 자체는 계속 늘었지만 증가 속도는 줄었다. 여전히 가속 중이라고 생각했던 것 중 대부분이 실제로 수치가 떨어지진 않았더라도 적어도 지금 속도를 줄이고 있다. 이처럼 감속하고 있는 것들에는 우리가 그동안 쌓아 올렸던 유용한 정보의 양도 포함된다. 우리가 받는 대출액의 규모, 구입하는 책의 수도 마찬가지다. (사실 우리가 구입하는 것들 대부분은 양적인 면에서 몇 년 전과 비교해 더 적은 경우가 많다.) 그리고 무엇보다 중요한 것은 태어나는 아이들 수의 증가세도 감속하고 있다는 사실이다. 그렇지만 지구 온도만큼은 계속 상승하고 있다.

지구의 기온은 우리가 대기 중으로 오염물질을 내뿜어 낸 것과 거의 같은 비율로 올랐다. 기온이 더 이상 오르지 않기를 바란다면 자연 상태에서 배출되는 수준 이외의 것을 더 내뿜어서는 안 된다. 지금 당장이라도 그래야 한다. 지금 그런 단계에 이르기에는 갈 길이 멀다. 그렇다고 모든 것이 쓸모없다는 섣부른 결론을 내리지는 말자. 다만 우리가 이 짧은 시간 동안 온도와 기후에 대해 얼마나 많이 배웠는지를 생각해 보자. 우리기 무엇이 중요한지 알게 된 것은 최근의 일이다. 그 전에는 그 중요성을 거의 알지 못했다. 바로 이 장에서 다루고자 하는 것이 기온에 대한 인간의 학습, 사고, 적응에 관한 이야기이다.

인간이 무언가를 배우는 데는, 실제로 제대로 배우는 데는 한 세대가 걸린다. 학교에서 배운 것은 평생 동안 대부분 믿게 된다. 인생에서 적합한 시기에 지식이 뇌 속으로 들어오면, 그곳에 계속 달라붙어 있게 된다. 물론 그 지식을 업데이트하기 위해 노력을 하고, 그래서 이런 책도 읽는다. 하지만 이런 책이나 아니면 다른 책에서도 하는 이야기를 받아들이느냐, 거부하느냐는 어릴 적 배우면서 형성된 믿음에 상당 부분 의존하게 된다. 지금 이 책에서 하는 이야기가 얼마나 설득력 있게 들리는지도 마찬가지다. 이런 식으로 우리는 연결되어 있다.

이런 연결은 유년기에 대부분 형성된다. 역사적으로 봐도 어린 시절 관찰과 설명을 통해 가르치는 것이 가장 효과적이다. 최근 세대들은 살면서 어마어마한 변화를 겪었다. 그 이전 세대들은 평생을 살면서 그다지 큰 변화를 경험하지 못했다. 전쟁이나 재해가 있기는 했지만 진보는 거의 없었다. 물론 대가속 시대 이전에는 대부분의 아이들이 배울 수 있는 학교가 없었다. 그럼에도 어린 시절 주변의 어른들을 통해 인생에 도움이 되는 옳은 것을 배울 수 있었다.

집단 교육은 대가속의 산물로 등장했다. 그렇지만 변화의 속도와 보조를 맞추지는 못했다. 나중에 살면서 사실이 아닌 것으로 드러난 것들을 학교에서 가르치기도 했다(1980년대 영국에서 학교를 다녔을 때 나는 빙하기가 끝났다고 배웠다). 불행히도 이제는 연장자라고 해서 아이들에게 필요한 정보를 더 많이 알고 있는 것도 아니다. 이런 현상은 우리가 알고 있던 것들이 급격히 바뀔 때 더 그렇다. 무언가를 근본적으로 바꾸게될 이들은 바로 지금 세대의 어린이들이다. 이들이 얼마나 빠르게 변화를 일구어 낼지 지켜볼 일이다.

앞 장에서는 탄소 배출량에만 초점을 맞추었다. 그것이 가져올 영향은 다루지 않았다. 먼 과거부터 따져 보면, 유럽의 산업화 초기부터 과도하게 배출된 탄소가 계속 쌓여 오면서 영향을 미쳤다. 그러나 최초의 산업활동으로 배출된 이산화탄소의 양은 얼마 되지 않았다. 그나마도 대부분은 대양으로 흡수되거나 육지 식생의 재활용 과정을 통해 경감될 수 있었다. 인간이 만들어 낸 이산화탄소 배출량이 극적으로 증가하게된 것은 최근 몇십 년 동안이다. 처음 공해 수준이 증가한 뒤 오랜 시간이 지나고 난 뒤에서야 그로 인한 영향이 두드러지게 나타나게 된다. 이 때문에 최근까지도 기후변화는 정치적인 토론의 대상이 되고 있는 것이다. 우리는 이미 엄청난 양의 탄소를 대기 중으로 내뿜어 왔다. 최근 몇십 년 전에야 이것이 장기적으로 아주 심각한 문제를 가져올 수 있음을 알게 됐다. 그리고 이미 우리가 끼친 피해를 빨리 되돌릴 수 있는 뾰족한 수가 없다는 것도 깨닫게 됐다.

과거 기후변화는 정치를 바꿔 놓았다. 먼 과거에는 단기적인 기후변화로 인해 몇 년 동안 흉년이 오기도 했다. 1883년 크라카토아 폭발같이 간혹 일어나는 대규모 화산 폭발은 엄청난 흉작을 초래했다. 드문 일이지만 소행성 충돌로 숲이 불타면서 흉작이 오기도 했다. 논쟁의 여지는 있지만 단기적인 기후변화가 사회구조를 바꿔 놓는 중요한 정치적 변혁의 계기가 됐다는 분석도 있다. 가장 잘 알려진 것이 프랑스혁명이다.[1] 그렇다면 인간이 초래한 기후변화 역시 미래에 비슷한 결과를 낳을 수 있을 것인가?

빵이나 쌀 가격은 계속 오르는데, 먹을 것이 계속 공급될 거라는 믿음은 흔들리고, 미래에도 안정이 유지될 거란 약속이 깨지는 순간, 신뢰는 사라지고 체제에 대한 충성심도 흔들린다. 지금 정부들은 점점 날씨를 예측하기 힘들게 되고, 지구는 급속히 뜨거워지는 것에 대해 두려움을 가지고 있다. 현재의 상황(status quo)이 흔들리면 탈선할 수 있기 때문이다. (모두가 그런 것은 아니지만, 많은 정치인들이 진심으로 이 문제에 대해 관심을 가지고 있다.) 하지만 기후변화가 집중적으로 일어난 것은 최근 몇 년 사이의 일이다. 그렇기 때문에 대부분 정치인들은 다른 긴급한 현안만큼 이에 관심을 두지 않고 있다. 게다가 이들 정치인은 학교에서 지구온난화에 대해 제대로 배우지 못한 세대이며, 살면서 익숙하게 알아 온 것이 아니다.

과거에는 비가 오지 않으면 신들이 노한 탓이라고 여겼다. 가뭄이 계속 되면 새로운 신을 찾아 나섰다. 훗날 왕과 왕비, 차르와 다른 독재자들은 무언가 신성한 권력으로 우리를 통치한다고 주장했다. 하지만 좋지 않은 시절이 오면 사람들은 이를 갈아엎었다. 최근에는 선출된 지도자들이 자신이 직접 혹은 경제학자들의 입을 빌려 모든 것이 괜찮아질 거라고 연설한다. 하지만 사람들은 그런 말에 의문을 품기 시작했고, 새로운 신들의 사제라 할 수 있는 과학자들은 앞으로 괜찮지 않을 거라는 경고를 한다. 그래도 좋은 소식은 있다. 거의 모든 것이 슬로다운하고 있는 덕분에 우리가 기후변화에 좀 더 집중할 수 있는 여유가 생겼다는 점이다.

온도의 발명

기온은 주관적인 개념이었다. 행복 같은 것처럼 말이다. 그러다 온도계가 발명됐다. 우리가 실제 온도를 측정할 수 있게 된 것은 정확한 온도계를 만들고 나서부터다. 물론 대리지표 분석을 통해 지난 2,000년 동안의 온도 기록을 만들 수는 있었다. 이산화탄소 수치는 상당히 예전부터 글로벌 온도와 밀접하게 연관돼 있었다.[2] 기후변화에 관한 정부간 협의체(IPCC)가 2007년 낸 4차 보고서는 "20세기 후반부 동안 북반구의 평균기온은 50년 단위로 볼 때 지난 500년 중 가장 높았던 것으로 강하게 추정되며, 지난 1,300년으로 범위를 넓혀도 그랬을 것으로 추정된다"고 결론 내렸다.[3] 고기후학이라는 과학의 발전으로 이제는 5억 년 전부터 글로벌 기후가 어땠는지까지 보여 주는 그래프를 그릴 수 있게 됐다. 이제는 지금의 시대가 얼마나 이례적인 상황인지 잘 알고 있지만, 불과 몇 세대 전만 해도 우리는 기온의 개념조차 알지 못했다.

가브리엘 파렌하이트(Gabriel Fahrenheit)는 1736년에 사망했다. 안데르스 셀시우스(Andres Celsius)는 1744년 숨졌다. 우리가 기온을 정확하게 측정할 수 있게 된 것은 불과 250년 정도밖에 되지 않는다. 병원에서 환자들의 체온을 재는 것은 1868년이 되어서야 시작됐다. 그러면서 지구 여기저기에서 동시다발적으로 온도를 재기 시작했다. [그림 17](p.215)은 그 시점 즈음부터 시작한다.[4] 미 항공우주국(NASA)이 제공한 연도

별 지구 표면 기온 중간값 데이터를 가지고 그린 것이다. 개별적인 측정 오류나 변칙을 줄이기 위해 5년 단위로 평균을 내 표시했다.[5]

평균적인 글로벌 기온을 측정하는 데에는 여러 방법이 있다. 이산화탄소 배출량과 달리 절대적인 글로벌 기온을 측정할 수 있는 단일한 시스템은 없다. 아마도 지구 표면 온도 측정과 위성 측정을 결합해 더 괜찮은 방식이 나올지도 모르겠다. 하지만 현재까지는 수천 개의 온도계를 기지고 가중평균을 내는 방식으로 기온을 재고 있는데, 어디까지나 추정값일 뿐이다. 그런데 여러 다양한 방법을 사용해도 모두 비슷한 추세를 나타내고 있다. 그래프상의 선들은 부드럽게 하는 작업을 하지 않으면 좀 더 불규칙해 보인다.[6]

우리는 온도계를 가지고 우리 체온(대략 $37°C$)과 우리 지구의 온도(당시 대략 평균 $15°C$)를 거의 같은 시기부터 측정하기 시작했다. 우리 몸이 그저 다른 동물과 다른 종의 몸이라는 것을 처음 알게 됐을 무렵이었다. 우리는 너무 짧은 시간 동안 많은 것을 받아들여야 했다. 글로벌 경제가 무자비하게 서로 연결돼 있으며, 이제는 분리될 수 없는 하나의 경제망에 속해 있고, 글로벌한 결과를 가지고 온다는 사실도 최근에 깨달았다. 마치 우리 몸의 말단이 그런 것처럼 이 지구상의 끝부분들은 좀 더 차갑고 잘 연결돼 있지 않은 것 같지만 여전히 상호 의존적이다.

인류 역사 속에서 변화의 속도가 증가하던 시절은 계속 있어 왔다. 식물 재배를 시작했던 시기에도 그랬고, 신흥종교가 대륙을 휩쓸고 지나간 때도 그랬다. 고대 전염병이 창궐해 사회 질서를 근본적으로 바꿔 놓은 때도 있었다. 그렇지만 어떤 시기도 우리가 최근 겪고 있는 것과 비교가 될 수 없다. 새로운 지식을 얻고, 새롭게 시장을 개척하는 속도는 놀라울 정도였다. 이런 속도를 반영하는 사례 중 하나가 바로 전 세계로 빠르게 퍼져 나간 온도계이다. 우리는 마치 자신을 둘러싼 것들을 모두 알아내겠다며 집착하는 사람처럼 정기적으로 온도를 쟀다. 꼭 변화를 통제하기보다는 예측하기 위해서였다.

전 세계적으로 하루에도 몇 번씩 비스듬하게 뚜껑을 덮은 하얀 상자를 열어 그 안의 온도를 읽고 기록한다. 스티븐슨 스크린(Stevenson screens)이라고 불리는 이것은 1860년대에 토마스 스티븐슨(Thomas Stevenson)이 발명했다. 관측을 시작한 몇 년 동안은 기온이 거의 바뀌지 않았다. 그러다 무언가 변화가 일어났다. 가속화가 조용히 시작됐던 것이다.

지난 다섯 세대

글로벌 기온이 눈에 띄게 올라간 것은 불과 지난 다섯 세대 동안이다. 한 세대를 어느 정도로 볼 것인지는 까다로운 문제다. 영국의 출산 기록 기준(여성의 첫 출산 평균연령)에 따른다면, 앞에서 이야기 한 다섯 세대 중 첫 세대는 쉽게 정의할 수 있다. 1901년에서 1928년 사이에 태어난 사람들이다.[7] 그들이 세상에 나왔을 때 지상의 평균온도는 그다음 세대 아기들이 태어났을 때보다 섭씨로 1000분의 4도 정도 낮았다. 거의 느끼기 힘든 정도였다. 지구가 오히려 차가워지고 있어서 빙하기가 서서히 다가오고 있는 것 아닌가 생각할 정도였다. 한 세대가 지나서는 많은 사람들이 실제 이렇게 믿게 됐다.

두 번째 세대(1929~1955년 사이에 태어난 이들)는 세 번째 세대보다 평균기온이 1000분의 5도 정도 떨어진 것을 느끼게 됐다. 세 번째 그룹은 보통 X세대라고 불리는 이들이다. 1956년에서 1981년 사이에 태어난 세대이다.[8] 나는 X세대의 딱 중간에 태어났다. 나와 내 세대 사람들이 살고 있는 세계는 우리 부모님 때보다 더워졌지만, 그 정도는 아주 미미했다.

빙하기가 연속적으로 이어지고 빙하기 안에 간빙기가 있다는 개념이 널리 퍼지기 시작한 것은 X세대들이 태어나던 시기다. 당시에는 지구의 궤도 변화, 그리고 서서히 각을 바꾸는 것 등이 앞으로 이어질 간빙기에 어떤 영향을 미칠지에 대한 계산이 행해졌다.[9] 우리는 지금 간빙기에 있다. 다른 모든 것들이 그대로라면 지구는 점점 차가워지는 과정에 있어야 한다. 하지만 지구 전체에는 무언가 변화가 생겼다. 다른 모든 것들이 그대로가 아니었던 것이다.

네 번째 세대, Y세대는 1982~2011년 사이 태어났다. 이들은 앞선 세대들과 달리 기온이 세 배나 더 오른 상황을 경험하게 됐다. 1,000분의 15도 정도이다(그러나 여전히 직접 느낄 수 있는 수준은 아니다). 그다음 다섯 번째 세대, Z세대는 태어난 지 불과 5년 동안 세 배의 온도 상승을 마주했다. 네 번째 세대가 겪었던 것보다 세 배 더 큰 변화다. Z세대의 가장 마지막 멤버가 태어나게 될 2042년 무렵에는 그 상승 폭이 훨씬 클 것으로 예상된다. 그런데 이 책을 쓰기로 한 뒤 실제 집필을 하는 사이에도 [그림 17]에 그린 그래프에 들어갈 데이터가 추가됐다. 비록 아주 적은 수준이긴 하지만 변화에 가속도가 붙었다.

변화를 제대로 보려면, 한 발 물러서서 우리가 보던 것과 다른 방식으로 시간을 볼 필요가 있다. [그림 17]을 보면 최근까지도 상승 추세를 발견하기가 얼마나 어려웠는지 알 수 있다. 문제는 그동안 무슨 일이 벌어졌는지가 아니라, 앞으로 우리를 걱정하게 할 어떤 일이 벌어지느냐

하는 것이다. 걱정은 보통 미래에 대한 것이다. 우리는 지나온 과거에 대해서는 걱정하지 않는다. 과거를 어떻게 해석해야 할지 신경을 쓰긴 하지만, 아주 먼 과거는 그저 역사일 뿐이다. 그럼에도 먼 과거에 사람들이 어떤 삶을 살기로 선택했는지, 어떻게 조직화했으며 서로를 어떻게 대했는지를 통해 여전히 많은 것을 배울 수 있다.

부유한 나라들이 상품 소비를 줄여야 한다는 목소리가 최근 커지고 있다. 물론 더 단순한 삶을 살고 물질적인 부를 멀리하라는 호소는 천 년 전부터 나왔다. 영국의 경제학자이자 기후 전문가인 니콜라스 스턴(Nicolas Stern)은 최근 발견한 내용을 바탕으로 이런 분석을 내놨다. 기후변화로 인한 재앙을 막으려면 부유한 국가들에서 2015년부터는 생산과 소비를 동시에 매년 6%씩 줄여야 한다는 것이다. 이를 위해 광고를 금지하자는 제안도 했다.[10] 그렇지만 얼마나 더 많이 줄여야 하는 것일까? 더 나은 미래를 위해 지금 얼마나 준비가 돼 있을까? 우리는 앞으로 닥칠 글로벌 재앙이, 대부분 모르고 한 일이었지만 이전 세대들의 잘못이라는 사실과 직면해야 한다. 그렇다고 해도 앞으로 어떤 일이 벌어질지 제대로 알기는 힘든 상황이다.

온실가스(GHG) 1기가t(Gt)은 10억t이다. 이는 한 해 2억 1,100만 대의 차에서 뿜어져 나오는 양이다. 미국 내 1억 가구가 난방을 하고 전기를 쓰느라 배출되는 양이 매년 1기가t이다. 거의 측정하기 힘들 만큼 어마어마한 양이다. 이 통계를 내는 데 사용한 원자료에 따르면 유통 거대 기업인 월마트는 공급업체들에게 2030년까지 온실가스 1기가t을 줄이는 것을 의무화하기로 했다. 캘리포니아 주에서 매년 나오는 배출량의 세 배에 해당한다.[11] 월마트가 이런 약속을 하며 만든 포스터를 보면 온실가스 1기가t은 흰긴수염고래 600만 마리 혹은 아프리카 코끼리 수컷

1억 마리의 무게와 맞먹는다.

이산화탄소만 놓고 이야기하면 미국인 한 명이 소비나 여행 등으로 1년에 평균 17t 정도를 배출한다. 2017년 인구 기준으로 볼 때 3억 2,300만 명의 미국인 전체가 한 해 5.5기가t을 배출하는 셈이다. 산수를 조금 더 해 보면 5.5×6=33이니까 3,300만 마리의 흰긴수염고래의 무게만큼을 내뿜는 것이다. 다시 말해 미국에 사는 인간 한 명이 자기 차를 몰고, 비행기를 타고, 과소비를 하며 집에 에어컨을 틀고 하는 등의 행위를 하면서 1년에 흰긴수염고래 10분의 1만큼의 가스를 배출한다는 것이다. 미국인 한 명당 아프리카 코끼리 두 마리인 셈이기도 하다. 그런데 월마트가 포스터에서 간과한 것이 있다. 공급업체가 아니라 월마트 스스로 얼마나 많은 기가t의 탄소를 지금 배출하고 있느냐는 것이다.

〈표 5〉는 매출액 기준 세계에서 가장 큰 기업들을 나열했다. 가져다

표 5. 2018년 현재 세계에서 가장 큰 회사들, 매출액 기준

기업	산업 분야	매출(억 달러)	국가
월마트	유통	5144.30	미국
국가전망공사(SGCC)	전기	3613.25	중국
중국석유화공(Sinopec)	석유가스	3269.53	중국
중국석유천연가스공사(CNPC)	석유가스	260.08	중국
로열더치셸	석유가스	3118.70	네덜란드/영국
토요타	자동차	2651.72	일본
폴크스바겐	자동차	2600.28	독일
BP(British Petroleum)	석유가스	2445.82	영국
엑슨 모빌	석유가스	2443.63	미국
버크셔 해서웨이	금융	2421.37	미국

출처: 「매출액에 따른 기업 규모 순위」, 위키피디아, 2019년 4월 22일 접속. https://en. wikipedia.org/wiki/List_of_largest_companies_by_revenue.

쓸 수 있는 가장 최근 연도인 2018년을 기준으로 했다. 이들 기업은 모두 직접적으로 기름과 관련된 기업들이다. 원유나 천연가스를 생산하기도 하고, 기름으로 달리는 자동차를 생산하거나, 기름을 써서 달리는 차를 가져와 세울 수 있는 엄청난 규모의 주차장을 갖춘 대형마트(월마트의 경우가 그렇다)를 만들거나 운영하고 있다. 혹은 '유나이티드 항공과 델타 항공의 최대주주이고 사우스웨스트 항공과 아메리칸 항공의 3대 주주'인 경우도 있다[워런 버핏이 운영하는 버크셔 해서웨이(Berkshire Hathaway)가 그렇다].**12**

1℃ 오른 2018년

이산화탄소 오염이 무자비하게 증가할 경우 지구가 어떻게 될지는 [그림 17]의 시간선에 잘 나타나 있다. 이산화탄소 오염 정도는 태평양 한가운데 하와이섬의 산꼭대기에서 매년 6월마다 측정된다. 지구 전체의 평균기온을 측정하거나 그 온도가 어떻게 변하는지를 추정하는 것은 매우 어려운 일이다. 온도는 가스처럼 골고루 퍼져 있는 게 아니기 때문이다. 기온은 밤과 낮에 따라서도 상당히 다를 뿐 아니라, 날씨나 계절에 따라서도 다르다. 땅 위에서나 대기 중에서도 고도에 따라 온도는 달라진다. 평균기온의 변화를 측정하는 데에는 여러 방법이 있다. 최근 몇 년간의 변화를 측정하는 방법도 그렇고 수십 년간의 변화도 그렇다. 이런 여러 가지 방법들은 모두 기준이 되는 평균을 정한 뒤 측정값과 비교하는 방식이다. 하지만 기준점은 측정 방법에 따라, 또 시간에 따라 달라지기 마련이다. (무슨 이야기인지 이해하기 힘들어도 괜찮다. 당신만 그런

게 아니다.)

[그림 17~19]와 일반적인 방식으로 그린 또 하나의 그래프 [그림 20]은 글로벌 기후변화에 대해 각기 다른 집단의 과학자들이 추정한 세 가지 결과를 보여 준다. 세 가지 그래프가 똑같이 제시하는 게 있다. 지금 지구는 빠르게 온난화되고 있다는 사실이다. 서로 다른 점은 온난화하는 정도, 그리고 언제 정확하게 기온이 올랐고 떨어졌냐는 정도다. 이런 차이가 발생한 사소한 이유 중 하나는 각각의 사례에 서로 다른 평활화(smoothing) 방식을 썼기 때문이다. 원래 데이터를 만든 사람이 한 평활화일 수도 있고, 좀 분명한 그림을 보여 주기 위해 내가 한 것일 수도 있다. 이 그래프들은 이 책 전체의 맥락과는 좀 어울리지 않는 모습이기도 하다. 모두 최근까지 계속 가속화되고 있기 때문이다.

[그림 17]을 보면 1990년 이후 거의 모든 게 오른편에 위치하고 있다. 매년 계속 오르기만 하고 있다는 말이다. 증가하는 정도 자체도 오르고 있는, 즉 가속화 상태에 있다. 이 때문에 시간선은 점점 더 오른쪽으로 기우는 모습이다. 그만큼 기후변화는 우리가 직면한 가장 큰 공포인 것이다. 앞서도 언급했듯이 이런 그래프를 그리기 위해서는 고품질의 데이터가 필요하다. [그림 17]과 [그림 18]에서 가져 온 데이터 역시 고품질이긴 하지만, 각각 떨어져 있는 지상의 온도계에서 가져온 것들이다. 따라서 일부 부유한 나라들의 기록이 집중되는 경향이 있다.

바다 위에는 상대적으로 기상 관측소가 적다. 극한 지역에는 이보다 더 적다. [그림 17]이 불완전해 보이는 것은 다분히 측정을 한 곳만의 지역적, 단기적 요인을 반영했을 수 있기 때문이다. 혹은 화산이 폭발하여 그런 것일 수도 있다. 태평양에서 엘니뇨가 풍향에 영향을 주었거나, 경기침체 혹은 과거의 큰 전쟁 때문에 공해에 있어 잠시 소강기였을 수도

212

있다. 지금 사용할 수 있는 수단들을 백분 활용하려면 각각의 결과에 가중치를 두는 수밖에 없다. 그렇게 해서 전반적인 글로벌 평균기온에 대한 최상의 추정값을 계산해 내야 한다.

이렇게 [그림 17]에 나타난 것처럼 글로벌 평균기온에 대한 계산을 마치고 나면 어떤 상관관계가 드러날 수 있다. 시간이 지남에 따라 바뀌는 원유 가격과 전 세계적으로 빨라졌다가 느려졌다가 했던 기온 상승 간의 상관관계다.[13] [그림 17]을 구성하기 위해 사용한 데이터는 나사의 고다드 우주연구소(GISS)가 제공한 것이다. 특히 이 연구소에서 매년 내놓는 육상-해양 온도지수를 LOWESS(locally weighted scatterplot smoothing, 극소가중산점도 평활화) 방식으로 5년 단위로 평활화한 추정 값이다. 원본 자료를 직접 찾아서 본다면 훨씬 더 많은 디테일을 발견할 수 있을 것이다. 또 이 수치들이 언제든 접근할 수 있는 개방된 대양(Ocean)의 자료들만으로 평균을 낸 것이라는 사실도 알 수 있다. 결빙되는 일이 없는 일부 대양에서만 측정했다는 것이다. 그런데 여기서 중요한 대목은 이것이 그동안 세계적으로 가장 자주 언급되던 데이터라는 점이다. 다만 여기서는 기존에 보던 일반적인 그래프와는 다른 방식으로 시간선을 만들어 표현했을 뿐이다.

이 부분은 여러 번 강조할 필요가 있다. 특히 참지 못하고 다시 앞부분을 펼쳐보기보다는 책 중간으로 건너뛰는 사람들을 위해서 그렇다. [그림 17]의 그래프, 여기서 내가 시간선이라고 부르는 이것은 사회과학 분야에서 흔치 않은 기술을 사용한 것이다. 시간에 따른 변화와 함께 변화하는 정도까지 동시에 보여 준다. 연간 기온이 증가하는 정도가 줄면 진자는 왼쪽으로 기울고, 정도가 증가하면 오른쪽으로 움직인다. 얼마나 크게 운동하느냐가 변화율을 나타낸다. 시간선상의 어느 지점의 높이는 그 당시의 평균기온을 나타낸다. 데이터는 전반적인 변화를 좀 더 분명히 알 수 있도록 미세조정했다. 그렇다 하더라도 이런 기술을 적용하려면 시계열에 따른 데이터들이 고품질이어야 한다. 그렇지 않으면 비논리적인 진자의 움직임이 나오게 된다. 그러고 나서는 해당 시점의 실제 데이터를 쓰기보다는 앞뒤 시점의 평균을 가지고 추가로 평활화 작업을 한다. 이를 통해 유별난 값을 제거할 수 있다.

[그림 17]에서는 육상과 개방된 대양의 평균온도가 1950~1980년 사이 평균보다 1℃ 오르고 있는 과정을 강조하고 있다. 이 책이 찍혀 나오기 훨씬 이전의 시점이다. 그러나 이 시간선을 보면 두 차례의 세계대전을 포함한 중요한 사건들이 인간이 유발하는 기후변화에 어떤 영향을 미쳤는지 나타난다. 1970년대 국제 유가가 극적으로 치솟았던 것 역시 마찬가지인데, 당시 석유 사용량이 줄고 배출량도 줄면서 잠시 동안 기온 상승 속도가 주춤하기도 했다. 1990년대 초반과 2008년의 경기침체 역시 그 즈음 기온 상승을 막은 요인일 수 있다. 아마도 그랬을 것이다. 이 그래프를 보면서 여러 가지를 추측하기 쉽지만, 너무 구체적으로 이야기를 만들기 전에 일단 다음의 두 그래프([그림 18]과 [그림 19])를 살펴보자.

1980년대 이전에는 글로벌 온도의 상승 속도가 느렸다. 이런 사실을 감안할 때, 온도 상승을 발견했다는 것 자체가 놀라운 일이었다. 지금은 이렇게 빠르게 온도가 오르는데도 사람들이 별로 관심을 안 가진다는 게 놀라운 일이다. 아마도 천천히 가열되고 있는 냄비 속 개구리가 뛰쳐나오지 못하는 것처럼 우리도 조금씩 더워지고 있는 지구에 너무 익숙해져 버린 것은 아닌지 모르겠다. 그래서 정말 위험한 수준으로 뜨거워졌을 때에도 더 이상 놀라지 않게 될 수도 있다. 모든 변화에서 그래 왔듯이 우리는 변화가 일어난 뒤 조금 지나면 금세 익숙해져 버린다. 나사

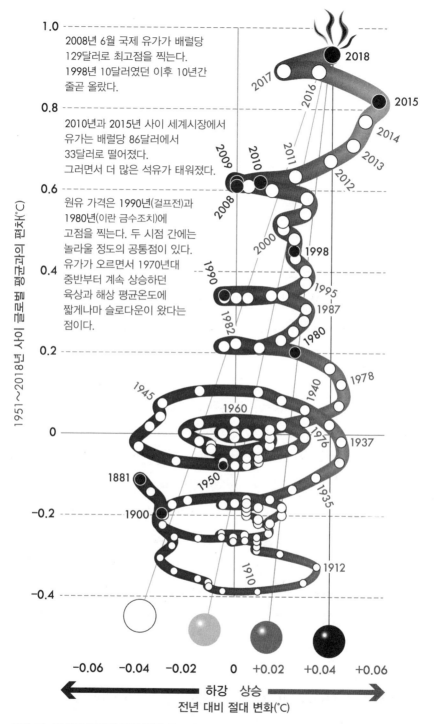

그림 17. 육상과 해양의 연간 평균 온도, 1881~2018년

나사 고다드 우주연구소, GISTEMP v4 2019, "Global Mean Estimates Based on Land and Ocean Data," 2019년 9월 19일 접속. https://data.giss.nasa.gov/gistemp/ graphs/graph_data/Global_Mean_Estimates_based_on_Land_and_Ocean_Data/ graph.csv.

의 데이터에 따르면 글로벌 기온이 마지막으로 감지할 수 있는 만큼 떨어진 게 1969년이었다. 1981년과 1990년에도 떨어졌지만 감지할 수 있는 수준은 아니었다.

2011년 이후에 대해선 특별한 분석이 필요하다. 정말로 놀라운 시기였다. 이 시기에 접어들자 기후변화를 부정하던 이들은 침묵하게 됐다. 2008년 금융위기를 맞으면서 세계는 1930년대 이후 가장 큰 경기침체에 빠져들었다. 사실 그 유명한 대공황보다 더 심각한 상황이었다. 그렇지만 이 사건이 기온 상승에는 아무 영향을 주지 못한 것으로 보였다. 분명히 전혀 영향이 없었다. 그렇다면 대기 중의 온실가스가 2008년 수준에 이른 상황, 즉 여전히 많은 이산화탄소가 배출되고 있는 상황에서는, 경기침체로 살짝 배출량이 주춤했다고 해서 연간 기온 상승에는 별 영향을 줄 수 없었던 것일까?

2016년 초가 되자 글로벌 기온은 머지않아 완전히 통제 불능 상태가 될 것처럼 보였다. 해수면은 2만 년 전에 비해 130m나 높아져 있었다. 1880년 이후로는 23cm 높아졌고, 최근 10년으로 보면 3cm 이상 올라갔다. 극단적인 날씨 변화가 해수면 상승 문제를 더 심각하게 하고 있다. 만년설과 빙하가 녹으면서 해수면을 수십 미터 끌어올릴 수도 있다. 단 1m만 올라도 많은 사람들의 삶을 파괴해 버릴 수 있다. 우리는 이런 변화들의 결과로 이미 위험천만한 정귀환(positive feedback)의 시대로 접어든 것일까? 적어도 이를 경계해야 하는 것만큼은 분명하다.

그런데 결국 아주 작은, 한 점 희망이 보이기도 한다. 2016년의 기온 상승이 2015년만큼 빠르지 않았던 것이다. 우리 종이 아직은 죽음의 소용돌이에 빠져들 때가 아니었던 것일까? 그렇지만 인공적으로 배출되는 이산화탄소 양이나 전반적인 온실가스 수준과 상관없이, 또 다른 많은 것들이 글로벌 기후에 영향을 미치고 있다. 벌목으로 산림이 없어지고, 영구 동토층이 녹고, 전 세계 축산농가에서는 수십 억 마리의 소, 또 다른 수십 억 마리의 양을 키우고 있었다. 큰 바다들은 가스를 빨아들이는 역할을 하고, 또 (어느 정도인지는 밝혀지지 않았지만) 깊은 바다는 열을 저장하기도 한다. 여기에 흰 눈이 태양 에너지를 반사해 버리는, 이른바 알베도 효과(albedo effect)를 내던 만년설의 규모도 점점 줄고 있다. 다시 우리를 절망 쪽으로 기울게 하는 요인들이다. 엄청난 수의 책과 과학 논문이 나와 있음에도 이런 현상이 장차 어떤 결과를 낳을지는 미지수다. 전 세계적으로 전례 없는 양의 연구가 행해졌지만 아직도 정확히는 알 수는 없다(연구도 가속화되지는 않고 있다).

물론 여전히 논란의 여지는 많다. [그림 18]의 시간선에는 다른 데이터를 사용했다. 이 데이터는 영국 요크 대학의 케빈 코우턴(Kevin Cowtan)과 로버트 웨이(Robert Way)가 만든 것이다. 영국 기상학연구소의 HadCRUT4라는 온도 기록을 수정한 것으로 1850년부터 2017년까지의 데이터를 담고 있다.[14] 이 기상학 연구실의 온도 기록이 근거로 하고 있는 데이터는 극지방을 제외한 지구의 6분의 5 지역을 커버하고 있다. 지구 전체에 대한 데이터로 수정을 했더니 2016년과 2017년에 감속하고 있다는 신호가 없어졌다는 점만 빼고 앞에서 보았던 시간선과 매우 유사한 기록이 나타났다. 앞서 나타났던 한 점 희망마저 사라진 것이다.

[그림 18]에서의 시간선은 [그림 17]보다 조금 일찍 시작한다. 1850년부터 1922년 사이에는 구조적인 변화가 거의 없었던 것으로 보인다. 제1차 세계대전과 1918~1919년 사이 인플루엔자 대유행으로 산업활동이 잠시 중단됐지만, 전체적인 흐름에서는 별로 영향을 미칠 만한 일이 아니었다. 오히려 무언가 중요한 변화가 있었던 것은 1922년이 되어서

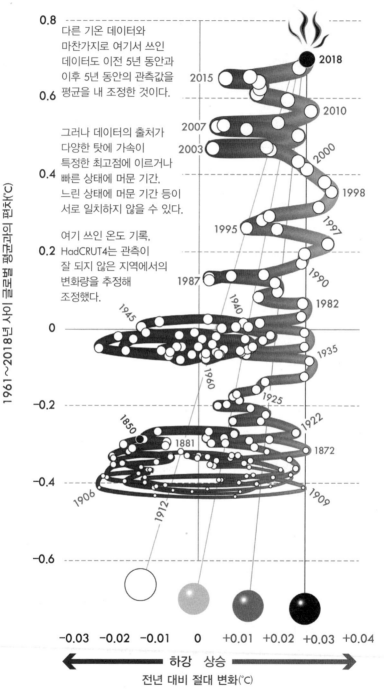

0.8

다른 기온 데이터와
마찬가지로 여기서 쓰인
데이터도 이전 5년 동안과
이후 5년 동안의 관측값을
0.6 평균을 내 조정한 것이다.

그러나 데이터의 출처가
다양한 탓에 가속이
특정한 최고점에 이르거나
빠른 상태에 머문 기간,
0.4 느린 상태에 머문 기간 등이
서로 일치하지 않을 수 있다.

여기 쓰인 온도 기록,
0.2 HadCRUT4는 관측이
잘 되지 않은 지역에서의
변화량을 추정해
조정했다.

2015
2010
2007
2003
2000
1998
1997
1995
1990
1987
1982
1945
1940
1935
0
1960
1925
−0.2
1850
1881
1922
1872
1906
1909
−0.4
1912
2018

−0.6

1961~2018년 사이 글로벌 평균과의 편차(°C)

−0.03 −0.02 −0.01 0 +0.01 +0.02 +0.03 +0.04

◀ 하강 상승 ▶
전년 대비 절대 변화(°C)

그림 18. 육상과 해양의 연간 평균 온도, 1850~2018년
케빈 코우턴과 로버트 웨이의 연구에서 가져온 데이터. 버전2.0. 1850년부터 현재까지 장
기적으로 복원한 기상 자료. 2019년 6월 21일에 업데이트. 영국 기상학연구소의 HadCRUT4
데이터들을 편향 수정함. http://www-users.york.ac.uk/~kdc3/papers/coverage2013/
series.html.

다. [그림 17]의 시간선만 살펴서는 아직 어떤 결론도 내릴 수 없다.

[그림 18]의 데이터 작성자들은 이렇게 지적한다. "기상학자들은 전통적으로 기후를 30년이나 그 이상의 장기적인 관점으로 본다. 그렇지만 미디어나 대중은 더 단기적인 추세를 알고 싶어 한다. 길어야 지난 15~16년 정도에만 관심을 갖는다. 단기적인 추세는 장기적인 추세를 상쇄하는 다른 여러 요소들에 의해 영향을 받기 때문에 훨씬 더 복잡하다. 16년 단위의 추세를 해석하려면 고려해야 할 요소들이 많다. 화산이나 태양의 움직임, 극동 지역에서의 배출량, 해양 조류의 변화 등이다. 이 논문에서 언급하고 있는 편향은 좀 큰 조각이긴 하지만 퍼즐의 한 조각에 불과하다."[15]

[그림 17]과 [그림 18]을 보면서 떠오르는 의문점이 있다. 1978년 이후에는 무슨 일이 생긴 것일까? 왜 그 시점부터 기온이 어떤 통제로부터 완전히 벗어난 것처럼 보일까? [그림 16]으로 되돌아가 배출 기록을 살펴보면 1978년 이전에 이례적으로 큰 규모의 증가가 있었음을 발견할 수 있다. 1980년대 경기침체로 잠시 주춤했다가 기온은 상승 일변도가 된다. 최근 몇십 년 동안 특이한 대형 화산 폭발은 없었다. 태양 흑점의 움직임도 딱히 특이할 게 없었다. 간혹 동남아시아에서 대형 산불이 나기는 했는데 이게 특정한 영향을 주었을 수도 있다. 그러나 해양순환도 우리가 이제 익숙하게 알고 있는 주기적인 움직임 말고 대단한 변화는 없었다.

우리가 하나 확실히 알고 있는 것은 1970년대 후반 이후 많은 사람들의 행동이 바뀌었다는 점이다. 만약 당신이 계속 커지기만 하는 소비지상주의 경제사회에 살고 있다면(거의 모든 기업들의 꿈일 것이다), 또 계속 대출이 증가하기만 하는 곳에 있다면(많은 대출업자들은 투자라고 부르고 싶어 한다), 그리고 벼락부자가 되는 것을 가장 권장할 만한 일로 보는 사회에 있다면, 앞으로 어떤 일이 벌어질까? 부자가 될 수 있는 한 가지 확실한 방법은 화석연료를 더 많이 태워 얻은 에너지로 더 많은 제품을 만드는 것이다. 특히 자동차같이 이산화탄소를 많이 뿜어내는 것들이 제격이다. 이렇게 함으로써 가능한 가장 빠른 속도로 대기 중의 온실가스 양을 늘릴 수 있다. 우리는 또 이렇게 함으로써 빠른 시일 안에 지구 온난화를 가져올 것이라는 사실을 잘 알고 있다.

어느 순간, 위의 두 시간선은 세로축의 반대편으로 돌아가게 될 것이다. 당신이 지금 젊다면 살아 있는 동안 그렇게 되기를 바란다. 그렇게 되기 전에 너무 많이 오르지는 않기를 바랄 뿐이다. 시간선이 위로 오르느냐 마느냐는 것은 결국 우리에게 달렸다. 마지막 대가속을 가능한 빨리 끝내는 것도 우리에게 달린 일이다.

기후변화에 대한 회의론

우리는 우리가 지구를 파괴하고 있다는 것을 알게 된 첫 세대다.

그러면서 아무것도 할 수 없는 마지막 세대다.

– 타냐 스틸(Tanya Steele), 세계자연기금 대표[16]

우리 스스로 생태시스템을 파괴하고 있다는 주장에 대해 극단적으로 회의적인 사람들이 있다. 이들은 대안적인 데이터를 가지고 논박하는데, 거기엔 반박할 수 없을 정도로 명확한 온난화에 대한 이야기는 쏙 빠져 있다. 세 번째이자 마지막으로 이 책에서 사용한 기온 추정값 데이터는 앨라배마 대학(UAH)에서 만든 것이다. [그림 19]에 나타냈는데, 앞의 두 데이터보다 훨씬 변동 폭이 크다는 것을 알 수 있다. 위성 이미지에 기반해 지구를 둘러싼 온도를 매달 측정한 값이다(이 데이터들은 위성이 처음으로 적합한 데이터를 보내온 1978년부터 기록됐다).

이 세 번째 데이터들은 앞의 것들과는 상당히 다르게 보인다. 이 데이터 열을 구축하기 위해 사용한 정보의 출처도 매우 다르다. 미국 국립해양대기국(NOAA)의 위성들이 지속적으로 보내온 정보들을 사용했다. 이 위성들은 빛을 측정할 수 있는 장치를 갖추고 있는데, 특히 대기 중 산소가 자연 상태에서 극초단파 열을 배출하는 정도를 측정한다. 앨라배마 대학의 존 크리스티(John Christy)와 로이 스펜서(Roy Spencer)가 여러 차례 계산을 수정하면서 현재의 데이터들을 만들어 냈다. 여기서 나온 숫자들은 가장 낮은 대류권의 평균기온을 가지고 계산한 것이다(염두에 둘 것은 [그림 17]이나 [그림 18]에서처럼 몇 년 단위로 다듬은 수치가 아니라는 점이다). 인공위성이 지구로 점차 가까이 오게 되면 측정할 수 있는 범위가 약간씩 줄기 때문에 수치를 보정해 줄 필요가 있다. 신형 위성에서 다른 도구를 사용하게 될 경우에도 보정이 필요하다. 이 두 가지 경우 말고도 또 수정이 필요할 때가 있다. 인공위성으로 얻은 데이터는 더 넓은 지역을 다루고 있기 때문에 온도계로 측정한 데이터보다 더 정확하다는 인식이 있었다. 그래서 오랫동안 보정 작업이 이루어지지 않았다.

장기적으로 의미 있는 추세가 나타나지 않았거나, 몇 년 단위로 평활화하지 않았을 경우, 혹은 데이터의 품질이 별로일 경우, 시간선은 [그림 19]에서처럼 엉망이 될 수밖에 없다. 이 장 마지막의 [그림 20]은 똑같은 데이터를 사용했는데 다만 좀 더 전통적인 방법으로 그린 것이다.

이 세 번째 데이터들이 암시하는 바는 [그림 17], [그림 18]이 보여 준 것과 크게 다르지 않다고 결론 내릴 수 있다. 오히려 이 데이터를 보면 훨씬 더 불안해질 수도 있다. 세계는 지금 실제로 뜨거워지고 있으며, 그런 온도 상승은 대부분 최근에 일어났고, 아직까지는 슬로다운할 기미가 전혀 보이지 않는다는 인식을 더 확실히 해 주는 그런 데이터들이다.

[그림 19]에서 아랫부분에 엉켜 있는 시기가 거의 1970년대와 1980년대라는 점을 눈여겨볼 필요가 있다. 최근이 될수록 점점 위로 올라간다. 시간선에서 가장 더워진 시기이다. 그리고 비교 대상으로 삼았던 기준선 역시 가장 최근인 1981~2010년 사이로 바뀌었다. 인공위성이 있었던 시기만 기준선으로 잡을 수 있기 때문이다. 따라서 1981~2010년 사이 기준선 위에 있는 온도의 평균값도 정의상으로는 0이 된다. 그런데 1997~1999년 사이 글로벌 기온에 있어서 엄청난 상승과 하락이 있었던 점을 주목해 보자. 실제 그랬던 것일까 아니면 오류일까? 정말로 지구 전체의 온도가 단 1년 만에 거의 0.5°C나 올랐다가 다시 12개월 만에 그만큼 떨어질 수 있는 것일까? 인공위성에서 들어온 원자료를 가지고 대기온도의 평균값을 구하는 것은 복잡한 작업이다. 그리고 리모트 센싱 시스템(Remote Sensing Systems) 같은 다른 연구팀은 완전히 똑같은 데이터를 가지고 훨씬 더 기온을 높게 측정하기도 했다. 이들의 측정값이 오히려 앞서 시간선에서 사용한 지표면 온도 기록들과 더 잘 맞아떨어진다. 그렇지만 여기서 굳이 앨라배마 대학의 수치를 가져온 이유가 있다. 그게 더 정확하다고 판단해서가 아니라 기후변화에 의문을 제기하는 회의론자들이 많이 가져다 인용하는 데이터이기 때문이다.

지난 10년간 기온이 오르면서 이제 논쟁도 끝이 났다. 이 이슈에 친숙한 사람들 대부분은 1.5°C가 오르는 것을 막기 위해 이산화탄소 배출

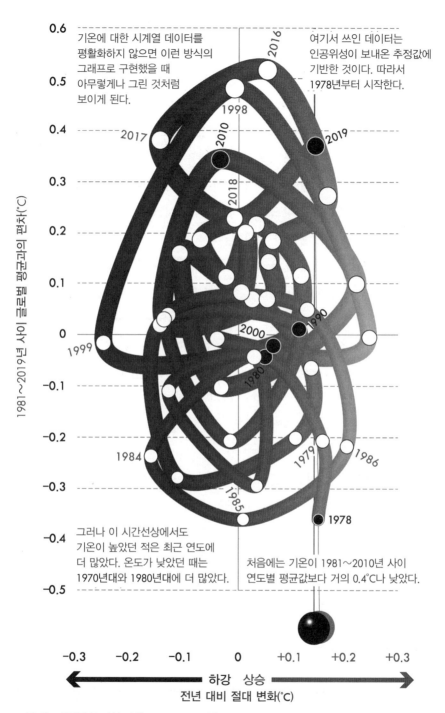

기온에 대한 시계열 데이터를 평활화하지 않으면 이런 방식의 그래프로 구현했을 때 아무렇게나 그린 것처럼 보이게 된다.

여기서 쓰인 데이터는 인공위성이 보내온 추정값에 기반한 것이다. 따라서 1978년부터 시작한다.

그러나 이 시간선상에서도 기온이 높았던 적은 최근 연도에 더 많았다. 온도가 낮았던 때는 1970년대와 1980년대에 더 많았다.

처음에는 기온이 1981~2010년 사이 연도별 평균값보다 거의 0.4°C나 낮았다.

하강 상승
전년 대비 절대 변화(°C)

그림 19. 대류권의 이상 기온, 1978~2019년

국립우주과학기술센터(NSSTC), 앨라배마 대학 헌츠빌(UAH) v6.0 인공위성 기온 데이터, 글로벌 기온 보고서 version 6, 대류권 하부 데이터, 2018년 12월 업데이트, https://www.nsstc.uah.edu/data/msu/v6.0/tlt/uahncdc_lt_6.0.txt.

량을 50% 줄이는 데 12년이 걸린다는 것을 2019년 초에 알게 되었다. 이들에게 지구는 단 하나뿐인 행성이다. 만약 기후변화에 관한 정부간 협의체(IPCC)가 다른 감축 목표를 잡았고, 그게 달성되었다면 아마 사람들은 12년이 아닌 다른 숫자에 집착했을 것이다. 하지만 그렇다고 해도 메시지는 다르지 않았을 것이다. 우리가 배출하는 탄소량과 온도 상승은 이제 비례관계인 것으로 판명났다. 이 사실과 이것이 의미하는 바를 이해하는 게 이제 중요한 일이다.

2019~2020년 현재 우리가 무언가를 시작하지 않으면 미래에는 탄소 배출을 한순간에 통제해야 할 상황이 닥칠 수도 있다. 우리는 이산화탄소를 대기 중으로 내보내는 것보다 더 많은 양을 빨아들일 수 있도록 하는 방법을 찾아야 한다. 단순히 나무를 더 많이 심는다고 해결될 일이 아니다. 그러기까지 시간도 많이 걸리거니와 지금도 이미 탄소를 과도하게 배출하고 있기 때문이다. 하지만 2030년 즈음까지 배출량을 절반으로 줄이는 목표를 달성하지 못한다고 해서 곧장 재앙이 닥쳐오는 것은 아니다.

우리가 알고 있듯이 글로벌 평균기온이 1.5°C 오른다고 해서 세계가 끝나는 것은 아니다. 그러나 지구와 우리가 받게 될 피해는 온도가 상승하는 정도보다 훨씬 더 클 수 있다. 굳이 기다리지 않아도 피해가 어느 정도일지 알 수 있다. 이미 그와 관련한 증거들이 나오고 있다. 2018년 말에 설정한 12년 목표는 슬로건과 잘 맞아떨어지긴 하지만 자의적인 면이 있다. 그것만 지나면 모든 게 사라질 것이라든지, 이후에는 덜 걱정해도 된다든지 하는 특정한 데드라인이 있는 것처럼 보여서는 안된다.

지금 같은 변화가 이어진다면 우리가 알고 있는 한 지구의 해수면은

2100년까지 1~2m 정도 오르게 될 것이다. 그다지 많이 오르지 않는 것처럼 들릴 수도 있다. 하지만 해안가에 위치한 도시들에겐 재앙과 같은 일이다. 인간이 일으킨 온난화로 기온이 오를 데까지 오르면 물이 팽창하고, 극지방의 빙하가 녹을 것이다. 그러면 장기적으로 해수면 상승은 불가피하다. 우리가 온난화를 2°C 이내로 막지 못하면, 그래서 만년설이 녹는 것을 피하지 못하면 해수면은 전 세계 평균적으로 10m까지 오를 수 있을 것으로 예상된다.

폭염이나 가뭄 같은 극단적인 기상현상은 이미 종종 일어나고 있다. 강력한 허리케인과 토네이도 역시 앞으로 자주 일어날 것으로 예상된다. 오히려 작은 규모의 허리케인은 덜 생길 수도 있다. 제트기류가 큰 폭으로 오락가락 하면서 겨울 눈폭풍을 더 강하게, 더 자주 발생시킬 것이며 폭염이나 여름철 홍수도 잦아질 수 있다. 앞으로 몇 년간 과학적인 분석이 추가되면 더 자세한 정보를 알 수 있게 될 것이다. 지금으로서 확실한 것은 1850년부터 2020년까지 세계가 약 1.1°C 정도 더워졌다는 사실이다. 그리고 이상한 화산 폭발 같은 영향이 있지 않는 한, 이런 온난화는 모두 우리 탓이라는 점이다.

가속화는 통제 불능한 것이라고 보는 게 옳다. 속도를 내며 날아오는 화살이나 돌맹이는 좀처럼 예측하기 힘든 위험이다. 그러나 완전히 새로운 현상을 마주하게 되면 우리가 어떤 본질적인 위험 의식을 가지고 있지 않다는 사실을 깨닫게 된다. 근대의 가속화를 과거 위험에 대한 정신적 모델과 연결시키는 정도만 할 뿐이다. 새로운 형태의 재난을 상상하는 것은 아주 어려운 일이다.

기후변화에 대해 회의론자들이 가장 좋아하는 데이터조차도 지구가 온난화되고 있다는 분명한 증거를 보여 주고 있다. [그림 20]에서 사용한 데이터는 [그림 19]를 그리는 데 사용한 것과 똑같은 것이다. 여기서도 0점 기준선은 1981~2019년 사이의 평균값이다. 가끔은 전통적인 방법이 변동성이 큰 데이터를 보여 줄 때 더 효과적일 때도 있다. 특히 보여주고자 하는 것이 명확할 때 그렇다. 전통적인 방식으로 그린 [그림 20]을 보면 1998년의 결과가 오류라고 넘겨 버릴 수도 있다. 이뿐 아니라 사실 1996~2000년 사이의 평균값을 보면 1995년보다 조금 높고 2001년보나는 조금 낮다. 하지만 이는 우연일 뿐이다. [그림 20]에서 어느 연도의 데이터가 왜 갑자기 치솟는지는 알 수 없다. 다만 그렇다고 해서 중장기적으로 계속 더워지고 있는 대세에는 별 영향이 없다는 점은 분명하다.

이 책 후반부에서 얼마나 많은 사람들이 앞으로 닥칠 기온 상승의 영향을 받게 될지 살펴보도록 하자. 또 지난 2020년 동안과 비교해 앞으로 80년 동안 전 세계적으로, 혹은 특정 지역에서 인구가 얼마나 많이 증가할 것이라고 UN이 예측했는지도 알아볼 것이다. 우리 중 80년 뒤에 그런 상황을 맞이할 사람이 얼마나 될까? 과연 앞으로 인구 증가에 슬로다운이 오면 지금까지 우리가 겪은 실패를 만회하게 해 줄 것인가? 또 기후변화를 가속화시켜 온 소수의 행동도 막을 수 있을 것인가?

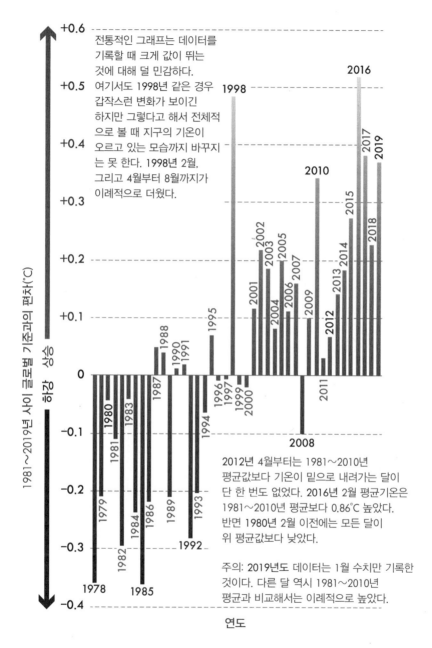

그림 20. 대류권의 이상 기온, 1978~2019년 (전통적 그래프)
[그림 19]에서 본 것과 똑같은 데이터를 사용. 다만 전통적인 방식의 그래프로 구현함.

제 7 장

인구
맹렬한 기세의 슬로다운

UN이 틀렸다고 믿는 사람들이 늘고 있다.

세계 인구는 2100년까지 110억 명에 이르지 않을 것이다.

오히려 이번 세기 중간에 80억이나 90억 명 근처에서 정점을 찍을 것이다.

그러고는 감소할 것이다.

– 대럴 브리커와 존 이빗슨, 2019년 1월 27일

2019년 초, 인구 증가는 이제 끝났다는 인식이 폭넓게 퍼지기 시작했다. 여론조사 업체인 입소스 퍼블릭 어페어(Ipsos Public Affairs)의 최고 운영책임자(COO)인 대럴 브리커와 존 이빗슨이 함께 쓴 『텅 빈 지구 (*Empty Planet: The Shock of Global Population Decline*)』가 호평 속에 출간됐다. 한 저널리스트는 이 책을 두고 "매혹적인 추측으로 가득 차 있으며 때로는 흥밋거리가 되는 에너지를 가지고 있다"라고 평했다.[1]

브리커(Darrell Bricker)와 이빗슨(John Ibbitson)은 UN이 미래를 잘못 예측했다는 주장을 뒷받침하기 위해 상당한 양의 증거를 쌓아 놓았다. 특히 그들은 노르웨이 학자인 요르겐 랜더스(Jørgen Randers)를 인용했다. 그는 1972년에 세계 인구를 예측했는데, 당시에는 인구가 불안정한 상태가 되면서 2030년까지 150억 명이 될 거라고 예측했다. 그러다가 최근 들어 출산율이 급격히 떨어지면서 전망치를 수정했다. "세계 인구가 결코 90억 명에 이르지 못할 것"이라며 "2040년 80억 명에서 정점을 찍은 뒤 감소세로 돌아설 것"이라고 전망했다.

오슬로(Oslo)에서 기후 전략을 연구하고 있는 랜더스 교수는 UN의 인구통계학자들이 최근 예상한 것보다 출생률은 훨씬 더 급속하게 떨어질 것이라고 예상했다. 랜더스는 이상주의자가 아니다. 다음 80년 동안 UN 인구통계학자들의 예상값보다 30억 명이나 줄 것이라고 했지만 "세계는 여전히 21세기 후반부에 벌어질 기후 대재앙을 향해 나아가게 될 것"이라고 언명했다. 이산화탄소 배출량이 2040년 정점을 찍고, 그에 따라 기온은 2050년 무렵, 지금보다 2도 이상 오르게 될 거라고 본 것이다.[2] 머지않은 미래에 인구 증가가 급속하게 슬로다운한다고 해서 모든 게 곧 좋아질 것이라고 예상할 수는 없다. 공해 문제는 결코 인구문제 탓만이 아니기 때문이다.

브리커와 이빗슨은 인구증가율이 기운 것에 초점을 맞추었다. 큰 그림을 보진 않았기 때문에 훨씬 더 낙관적이었다. 그들은 볼프강 루츠(Wolfgang Lutz)의 발표를 인용했다. 빈의 국제응용시스템분석연구소(IIASA)에서 일하는 그는 동료들과 함께 세계에서 가장 존경받는 인구통계학자로 꼽힌다. 그는 글로벌 인구가 2050년까지 안정화되며 이후부터 감소할 것이라고 믿고 있다. 인구의 슬로다운은 이미 가속화되기 시작했다는 것이다. 2018년에 루츠와 그의 동료들은 전 세계 인구가 2070년이 조금 지난 뒤 정점을 찍을 거라고 예측해 발표했다. 이들의 예상에 따르면 2100년 무렵의 인구는 UN이 추정한 것보다 20억에서 30억 명 정도가 적다.[3]

일부 인구통계학자들은 인구의 슬로다운이 몇십 년 전 시작됐다는 것을 분명히 알고 있었다. 하지만 그 슬로다운이 얼마나 빨리 일어나고 있는지는 최근에서야 명확하게 알게 됐다. 지구 전체적으로 사람 수를 다 세었을 때 특히 더 그랬다. 하지만 일부 국가는 슬로다운이 더 빨리 시작됐고, 특히 이들 나라의 몇몇 도시에는 저출산 문제가 일찌감치 두드러지게 나타났다. 세계적으로 가장 큰 변화의 순간, 국제적인 전환점이 된 것은 1968년 무렵이었다. 이제는 슬로다운이 맹렬한 기세로 다가오고 있다는 증거가 명백해졌다. 브리커와 이빗슨은 최근 산지브 산얄(Sanjeev Sanyal)이 낸 도이체방크(Deutsche Bank)의 보고서를 인용했다. 지구상 인간들의 숫자는 2055년 87억 명 수준에 이른 뒤 2100년 80억 명으로 줄 것이라는 내용이다.

인구 증가에 더 극적인 슬로다운이 올 것이라는 시나리오에 대해 최근에 비판적인 시각으로 보는 이들도 많아졌다.[4] 비판의 초점은 슬로다운이 단순히 자동적으로 일어날 것이라는 가정에 맞춰져 있다. 이는 높은 수준의 중등교육 기회가 무상으로 제공되는 등 다른 요인들은 감안하지 않은 것이다. 나라면 고등교육 역시 무상으로 받을 기회를 확대할 것이다. 어쩌면 이것이 도시화보다 더 효과적인 피임법이 될 수 있기 때문이다. 인구 성장이 정체될 거라는 전망을 비판하는 이들이 가정하고 있는 것은 앞으로 수십 년 동안 세계 전쟁이나 대규모 기근, 감염병의 대유행, 혹은 사회 질서를 뒤엎을 수 있는 재난이 일어나지 않을 거라는 점이다. 하지만 이들 모두 장기적으로는 반대 방향으로 가는 결과를 낳을 수 있는 일들이다. 2020년대, 2030년대, 2040년대, 2050년대, 그리고 2060년대까지 이런 재앙을 어느 정도 피할 수 있을 거란 생각은 희망적인 사고일 뿐이다. 그때쯤이면 나는 죽어 있을 것이니 그 결과를 알 수는 없겠다. 내 아이들 세대나 알 수 있을 것이다. 하지만 우리에게 과거의 실수로부터 배울 수 있는 능력이 있다고 믿는다면, 또 전 세계 사람들이 그 어느 때보다도 제대로 된 교육을 받고 있고, 더 확고한 위치를 차지할 여성들이 점점 많아질 거라 믿는다면, 희망을 가져 볼 수 있을 것 같다.

세계 인구의 슬로다운

이미 글로벌 인구에 분명히 슬로다운이 진행되고 있다는 이야기는 여러 번 해도 부족함이 없다. 그만큼 중요하다. 인구통계학자들은 이번 세기에 들어서면서 이미 다 알고 있었는데, 오히려 나는 좀 늦게 깨닫게 된 편이다. 2013년에 『100억 명(Population 10 Billion)』이라는 책을 낸 바 있다. 출판사에서 붙인 부제는 '다가오는 인구학적 위기와 살아남는 법' 이었다. 부제가 너무 극적이다 보니 오히려 책의 논점을 흔들리게 할 정도였다. 실제 위기는 없었고, 인구도 결코 100억 명에 이르지 않을 것임을 이성적으로 판단할 수 있기 때문이다. 그 당시 내가 생각하기로는 2060년 무렵에 최대 93억 명까지 오른 뒤 2100년까지는 아마도 74억 명으로 떨어지지 않을까 싶었다. 그런데 그런 중요한 정보를 350페이지에 가서야 적어 넣는 실수를 저질렀다. 아무도 그런 책을 350페이지까지 읽지 않는다. 그런 뉴스는 책 표지에 적었어야 했다. 솔직히 말하면 그런 위험을 감수하는 것을 약간 걱정했었다. 앞서 2011년에 잘 알려지지 않은 잡지에 그런 추정값을 소개한 적이 있다.[5] 통계학 잡지는 만약 틀린 것으로 판명 날 때를 대비해 자신 없는 내용을 숨기기에는 아주 제격이다. 거의 아무도 읽지 않기 때문이다. 그때 나는 글로벌 인구수가 최근 도이체방크 연구원인 산지브 산얄이 예상한 것보다 약간 높은 수준에서 최고치에 다다를 것이라고 추정했다. 또 요즘 많은 이들이 생각하는 것보다 더 빠르게 떨어질 거라고 본 것이다.

당시 벌어지고 있는 여러 일들을 보면서, 내 예상을 숨기길 잘했다는 생각을 했었다. 『100억 명』이 출판되던 주에 UN은 2100년 글로벌 인구 전망치를 당초 100억 명에서 110억 명으로 올렸다. 만약 내 책 표지에 "74억 명입니다. 걱정 마세요"라는 문구를 넣었다면 우스운 사람이 될 뻔했다. 2015년에 UN은 2100년에 글로벌 인구가 112억 명에 이를 거라는 수정 전망치를 내놓았다. 2017년에도 같은 숫자를 전망했다. UN이라는 기관이 이런 추측 게임을 점점 더 잘 해내는 것처럼 보였다. 하지만 그렇지 않다는 게 곧 드러났다. UN의 인구통계학자들은 단지 자기 확신만 강해졌을 뿐이었다. 나나 다른 사람들이 몇 년 전 직면했던 똑같은 문제가 그대로 남아 있었다. UN의 인구통계학자들은 베이비붐을 간과했다. 이들의 모델에선 2011년에서 2019년 사이에 높았던 출생률을 감안하지 않았다. 이 사이 출생자들은 제2차 세계대전 이후 전 세계적으로 반짝 많이 태어났던 사람들의 증손자들이다. 이렇게 한 번 정점을 찍으면 세대를 지나며 계속 영향을 주게 된다. 이와 함께 UN은 최근 아프리카 국가들 사이에서 출산율이 높은 이유가 무엇인지(이와 관련해서는 뒤에 더 자세히 다룬다) 이해하지 못했다. 지금 세계에서 여성의 권리와 대우에 대한 문화적 변화가 한창 진행되고 있다는 점도 알지 못했다.

인구통계학자라면 문화적 변화 같은 것은 잘 모르더라도 베이비붐과 관련한 모든 것을 알고 있을 거라고 생각하기 쉽다. 꼭 그렇지만은 않다. UN의 인구통계학자들을 위해 변명을 하자면, 그렇게 중요한 베이비붐이라 할지라도 대부분 나라에서 제대로 관측되지 않는다. 인도의 독립(1947년)과 중국의 공산혁명(1949년)이 일어날 당시 어마어마한 사람들이 목숨을 잃었다. 하지만 그때 평소보다 더 많은 아기들이 태어났다. 사람들은 뭔가가 잘못 돌아가는 것처럼 보이거나 재앙이 닥쳤을 때 아기를 더 많이 낳기 마련이다. 모든 것이 잘 돌아갈 때는 오히려 아기를 적게 낳는다. 정말로 안전하다고 느낄 때 그 숫자는 더 줄어든다. 사회가 나를 돌봐 줄 거라는 신뢰가 있을 때 아기를 낳지 않거나 하나만 낳는 쪽으로 선택하게 된다. 보험 삼아 나중에 자신을 돌봐 줄 아이를 가질 필요가 없기 때문이다. 또 아이가 태어난 뒤 살아남을 가능성이 희박할 때에도 아이를 더 많이 낳게 된다. 여성이 아이를 낳을지 말지, 낳는다면 몇 명을 가질지 스스로 선택할 수 있게 되면, 그때에는 많은 것이 바뀌게 된다.

누구 말이 맞고 누구 말이 틀렸는지는 곧 밝혀질 것이다. 하지만 UN의 인구통계학자들이 2100년까지 112억 명이 될 거라고 예측한 것 역시 상당한 슬로다운으로 볼 수 있다. 이 장의 시간선들은 지금부터 80년 뒤 112억 명이 될 것이라는 UN의 예측값을 가져다 썼다. 내가 보기엔 과대평가한 수치이지만 그래도 이를 사용한 것은 이 수치에도 급격히 진행되고 있는 슬로다운이 드러나고 있기 때문이다. 또 미래에 이 정도는 될 거라고 본 것 중에 가장 큰 숫자인 만큼 보수적인 예측이라고도 할 수 있다. 1940년대와 1950년대 인구 증가 폭은 전 세계적으로 엄청났다. 1960년대가 시작되면서부터는 증가율 자체가 오르게 됐다. 그러다가 갑작스러우면서도 놀라울 만큼 부드럽게 증가율이 속도를 줄이기 시작했다. 마치 누군가가 거대한 브레이크 페달을 밟은 것 같았다.

1980년부터 지금까지 글로벌 인구증가율은 매년 8,000만 명 정도가 증가하는 수준으로 안정화됐다. 출산은 적어졌는데 결정적으로 사망자 수도 줄면서 두 요인이 결합해 안정적인 증가세를 가져왔다. 지금은 사람들이 더 오래 살게 되면서 증가가 이어지고 있는 것이다. 그런데 기대수명이 늘어나는 데는 한계가 있다. 따라서 2020년부터는 전 세계 인구 증가율이 꺾일 수밖에 없다. UN은 증가율이 아주 꾸준히 감소해 2030년에는 한해 7,000만 명이 증가하는 수준이 될 거라고 봤다. 2040년에는 6,000만 명, 2050년에는 5,000만 명, 2060년에는 4,000만 명이 되고, 2070년에 이르면 한 해 증가하는 숫자가 불과 3,000만 명 남짓일 거라고 예측했다. 그리고 나서는 슬로다운을 하는 속도에도 약간의 슬로다운이 있을 거라고 보았다. 왜 그럴까? UN의 인구통계학자들은 지금 전 세계가 두 자녀를 갖는 추세가 될 거라고 보고 있다. 그렇지만 어떤 역사적이거나 과학적인 근거를 가지고 내린 가정은 아니다. 그래도 이를 통해 이른 시일 안에 우리 종의 숫자가 112억 명이라는 최고치에 이르기는 힘들 거란 점은 알 수 있다. 모든 것이 정말 많이 바뀌었다. 두 아이를 가지는 경우가 여전히 많기는 하지만, 이제 전 세계적으로 자녀를 낳지 않거나 한 아이만 낳겠다고 결심하는 여성도 상당히 많아졌다.

가끔은 전혀 그렇지 않을 것 같은 곳에서 중요한 힌트를 얻을 수 있다. 2019년 2월 영국의 『데일리 메일(Daily Mail)』 신문에 난 기사에 아이디(ID)가 폴(Paul)인 네티즌이 이는 의심의 여지가 없는 사실이라고 댓글을 달았다. 인구 도표를 본 적 있거나 수학에 대한 기본적인 이해가 있는 사람이라면 누구나 명백히 알 수 있는 일이라고도 했다. 그는 "인구의 음의 2차 도함수(다시 말해 증가율의 감소)가 명확하게 나타나고 있으며, 장차 음의 1차 도함수(인구 자체의 감소)로 이어질 것"이라고 적었다. 그러면서 "지적인 사람들(예를 들어 스티븐 호킹)이 어째서 이를 보지

못했거나 못 보고 있는지 놀라울 뿐"이라고 결론 내렸다.⁶

스티븐 호킹(Stephen Hawking)의 경고는 한 해 전에 나왔다. "살아남고 싶다면 앞으로 200년 안에 인간들은 지구를 떠나야 한다"는 것이었다.⁷ 당연한 말이지만 인류라는 종족이 아주 똑똑한 집단과 아주 멍청한 집단으로 똑 떨어지게 나뉘는 것은 아니다. 우리는 대부분 평균적인 사람들이며, 모두가 가끔은 상당히 멍청한 짓을 하기도 한다. 하지만 이따금 생각할 만한 충분한 시간과 장소가 주어진 경우, 운 좋게도 적절한 시기에 대단한 통찰력을 가진 사람이 될 수도 있다. 하지만 그런 평가를 너무 자주 내리는 것은 조심해야 한다. 소수의 사람들, 영특한 사람들만 부각하면서 나머지 인간들은 통찰력이 부족하다고 섣불리 평가해서는 안 된다.

이『데일리 메일』기사를 읽고 의견을 내는 독자들은 지구상에서도 문맹률이 가장 낮고 교육 수준이 가장 높은 10분의 1에 속하는 이들일 것이다. 폴의 댓글 뒤에는 또 다른 댓글이 붙었다. "모든 인간이 사라지면 세계는 더 살기 좋은 곳이 될 것이다", "인구 과밀이 문제다. 그러나 신의 중재가 지구를 살릴 것이다. 무한한 자비와 지혜를 가진 신은 이를 기근이나 전쟁, 전염병으로 다룰 것이다. 믿음을 가지라!", "징기스칸은 많은 사람들을 죽여 지구를 식게 했다(그렇게 믿고 있다). 그의 생각이 옳았던 것일까?", "내 생각엔 오바마가 시작한 것 같다. 우리는 멸망으로 가고 있다" 그리고 (가장 역겨운 반응이었지만) "부분적으로만 옳은 이야기다. 세계에선 백인이 바닥날 것이다"라는 내용도 있다.

그렇다고 절망하지는 말자. 평생을 빅뱅이나 블랙홀 같은 연구만 했던 사람들에게 인구학적 통찰력을 기대할 필요는 없는 일이다. 또 온라인 신문기사에 아무말이나 낙서하듯이 댓글을 다는 한 줌의 남성들(간혹 여성들도 있지만)에게도 마찬가지다. 둘 모두 인구문제에 대해 오랜 시간 생각해 보지 않은 집단이다. 물론 가끔은 위에서 언급한 폴처럼 다른 사람들보다 조금 더 깊게 생각해 본 이들도 있겠지만.

[그림 21]을 자세히 살펴보면, 인간의 인구학적 역사에서 최근 170년을 제외한 모든 시간이 그래프 맨 아래의 좁은 공간에 몰려 있는 것을 알 수 있다. 그 지점부터 우리는 항상 성장을 거듭해 왔다. 성장은 1850년 즈음부터 시작됐다. 대영제국이 정점을 향해 가고 있을 때이다. 이 무렵 이미 영국인들은 지금 UN에 가입한 193개국 가운데 171곳을 침략했었다. 물론 이들 중 상당수는 실제 국가 형태를 갖추고 있지는 않았다.[8] 그런 침략은 파괴적인 영향을 미쳤다. 이런 행동을 한 것은 영국인들만이 아니었고, 실행에 옮긴 것도 영국인들이 처음은 아니었지만 가장 큰 영향을 미친 것만큼은 분명했다.

당신이 완전히 혹은 거의 대부분 동떨어져 있던 대륙을 침략했다고 생각해 보자. 호주나 미 대륙 같은 곳 말이다. 당신은 그곳들을 아주 작은 부분까지 근본적으로 부숴 놓을 것이다. 이는 마치 상상도 못했던 무기와 믿기 어려울 정도의 잔혹함, 또 전혀 경험해 보지 못한 치명적인 질병을 가지고 외계에서 이방인이 쳐들어 온 것과 같다. 처음에는 침략 당한 장소에서 급격하게 인구가 감소할 것이다. 감소 폭이 너무 커서 전 세계 인구에 슬로다운에 일어날 수도 있다. 1850년 이전의 10년을 살펴보면 이 이야기에 대한 증거를 발견할 수 있다. '아프리카 쟁탈전'은 유럽에서 노예무역이 시작된 지 한참 뒤에 일어났다. 미국에 공짜 노동력을 제공하기 위한 것이었다. 대서양을 가로지르는 노예무역은 아프리카를 황폐화했다. 처음 이런 충격과 파괴가 가해진 뒤, 아프리카 대륙 전체에서 수 세기에 걸쳐 만들어진 사회 구조와 규범들이 모두 무너져 내렸다(침략을 받고 식민지가 된 다른 모든 곳이 그랬다). 그러면서 상대적으로 안정된 인구를 유지해 주던 규범들도 무너졌다. 그러고 나선 가속화가 시작됐다. 가속화는 전 세계적으로 엄청난 인구 증가를 가져왔는데 1850년대부터 1930년대까지 이어졌다.

총인구 면에서 볼 때 [그림 21]은 슬로다운이 아직 오지 않은 것처럼 보인다. 그러나 우리는 이미 슬로다운이 시작됐다는 것을 알고 있다. 이미 출산율은 떨어지고 있다. 지금 인구가 증가하는 것은 단지 사람들이 더 오래 살게 됐기 때문이다. [그림 22]는 미 대륙 침략과 아프리카 식민화 같은 파괴적인 사건 이후에 인구가 증가한 것을 강조하고 있다.

1939년 시작된 제2차 세계대전은 계속 올라가던 글로벌 인구증가율을 잠시 주춤하게 했다. 많은 사람들이 죽었을 뿐 아니라 당시엔 아이를 별로 낳지 않으려 했기 때문이다. 물리적으로 서로 떨어져 있다 보니 아이를 낳을 수도 없었다. 1930년대 유럽과 북미는 출산율이 급격하게 떨어졌다. 그러다 전쟁을 겪으면서 또 한 번 곤두박질쳤다. 그렇지만 전쟁이 끝나자 그동안 가정을 꾸리는 것을 미루었던 커플들이 앞다퉈 아이를 낳기 시작했다. 이런 베이비붐은 전후 부자 나라들뿐 아니라 중국(혁명으로 아수라장이 된 이후)과 인도(1947년 분리독립 과정에서 사망자 수가 끔찍하게 증가한 직후)에서도 퍼져 나갔다. 1960년대에 이보다는 좀 작은 규모의 두 번째 베이비붐이 있었다. 하지만 1960년대 후반에는 인구증가율이 떨어졌다(그래프에서 원들이 가까이 뭉치기 시작하는 모습으로 나타난다). 1980년대에는, 제1차 세계대전으로 인한 베이비붐 세대의 손자들이 태어나면서 인구 증가에 가속이 일어났고, 가장 최근에는 증손자들이 태어나면서 또 한 번 나타났다. [그림 21]을 로그척도로 다시 그려서 [그림 22]의 시간선처럼 구현하면 이런 모습이 더 확실하게 나타

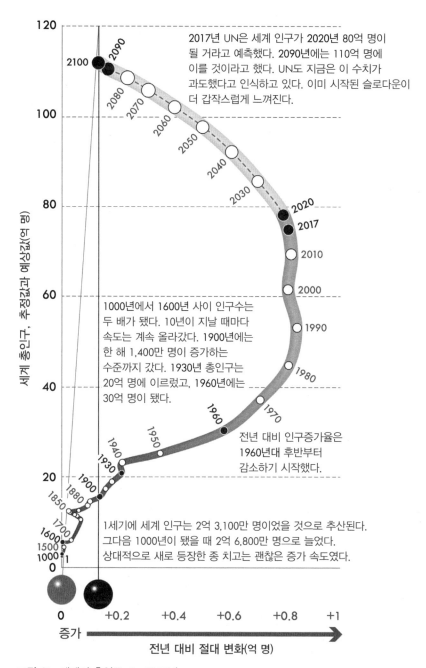

120 ──

2100

2090

2080

2070

2017년 UN은 세계 인구가 2020년 80억 명이
될 거라고 예측했다. 2090년에는 110억 명에
이를 것이라고 했다. UN도 지금은 이 수치가
과도했다고 인식하고 있다. 이미 시작된 슬로다운이
더 갑작스럽게 느껴진다.

100 ──

2060

2050

2040

2030

세계 총인구, 추정값과 예상값(억 명)

80 ──

2020
2017
2010
2000
1990
1980

1000년에서 1600년 사이 인구수는
두 배가 됐다. 10년이 지날 때마다
속도는 계속 올라갔다. 1900년에는
한 해 1,400만 명이 증가하는
수준까지 갔다. 1930년 총인구는
20억 명에 이르렀고, 1960년에는
30억 명이 됐다.

60 ──

40 ──

1960

1970

전년 대비 인구증가율은
1960년대 후반부터
감소하기 시작했다.

1950

1940

1930

20 ──

1900

1880

1850

1700

1600

1세기에 세계 인구는 2억 3,100만 명이었을 것으로 추산된다.
그다음 1000년이 됐을 때 2억 6,800만 명으로 늘었다.
상대적으로 새로 등장한 종 치고는 괜찮은 증가 속도였다.

1500
1000 1

0 ──

0   +0.2   +0.4   +0.6   +0.8   +1

증가 ━━━▶

전년 대비 절대 변화(억 명)

그림 21. 세계의 총인구, 1~2100년

[그림 21]부터 [그림 31]까지 사용한 데이터는 흐로닝언 대학(University of Groningen)의 2018년 앙구스 매디슨 프로젝트 데이터베이스(the Angus Maddison Project Database)에서 가져온 것임. https://www.rug.nl/ggdc/historicaldevelopment/maddison/releases/maddison-project-database-2018, UN 경제사회국(Department of Economic and Social Affairs)이 발표한 『UN 세계 인구 전망 2017(UN World Population Prospects: The Revision)』의 데이터를 이용해 업데이트함. https://www.un.org/development/desa/publications/world-population-prospects-the-2017-revision.html.

난다.

[그림 22]는 사실상 로그-로그 척도로 변환한 것이다. 총인구뿐만 아니라 변화율도 로그 변환했다. 글로벌 인구가 증가하는 과정에서 세 번 주춤하는 지점이 있었던 게 명확히 드러난다. 1500년에서 1600년 사이, 1820년에서 1850년 사이, 그리고 2020부터 지금까지 진행되고 있는 슬로다운이다. 앞의 두 번은 당시 대규모 혼란이 발생하면서 결국 인구가 폭증하는 것으로 마무리됐나.

좀 더 짧은 간격으로 추정값을 구할 수 있었다면 주춤했던 시기는 더 자주 드러났을 것이다. 예를 들어 서기 165년의 안토니우스 역병이나 541년에 시작된 성 유스티니아누스 역병(당시 세계 인구의 6분의 1이 죽었다), 1347년 유럽 전역에 퍼지며 인구 절반을 쓸어 버린 흑사병 때가 그랬다. 그래도 가장 확실하게 주춤한 흔적이 드러났던 것은 유럽인들이 아메리카 대륙에 질병을 가지고 들어갔던 때였다. 이로 인해 1500년에서 1600년 사이 글로벌 인구 증가에 있어서 장기적인 슬로다운이 처음으로 나타난다. 이런 모습들이 [그림 22]에 모두 나타난다. 두 번째 지속적인 슬로다운은 19세기 유럽이 세계의 대부분을 식민지화하면서였다. 세 번째 슬로다운을 맞게 된 것은 바로 지금이다. 논란의 여지는 있지만 1968년부터 희미하게 조짐이 있었다. 하지만 엄청난 감속은 2020년부터 드러났다.

[그림 22]를 보면서 역사는 반복된다고 결론 내릴 수도 있겠다. 최근의 글로벌 슬로다운은 2100년 이후 다시 뒤집힐 수도 있다. 결과적으로 스티븐 호킹의 말이 옳다고 판명날 수도 있는 것이다. 200년 안에 인간들은 지구를 떠나 또다시 급격한 확장을 거듭할지도 모른다. 그러나 세 번째 대규모 슬로다운은 우리의 선택으로 일어난 것이다. 강제로 맞게

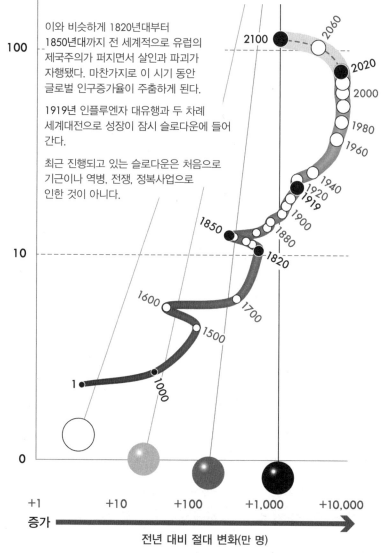

시간선의 양 축을 로그척도로 변환하면 여러 시기에 발생한 다양한
슬로다운이 더 분명하게 드러난다.

1820년 이전의 글로벌 인구 추정값은 특히 신뢰도가 낮다.
그래도 처음 1,000년 동안 가속이 붙은 정도는 장기적으로 비교했을 때
그 어느 시기보다 높았다. 인간은 여전히 지구 전역으로 퍼져 나가고 있었다.

기근과 역병, 질병이 구대륙에서 신대륙으로 흘러 들어갔다. 그리고 1492년
이후 한동안 여러 재앙들이 인구 증가 속도를 늦추었다.

이와 비슷하게 1820년대부터
1850년대까지 전 세계적으로 유럽의
제국주의가 퍼지면서 살인과 파괴가
자행됐다. 마찬가지로 이 시기 동안
글로벌 인구증가율이 주춤하게 된다.

1919년 인플루엔자 대유행과 두 차례
세계대전으로 성장이 잠시 슬로다운에 들어
간다.

최근 진행되고 있는 슬로다운은 처음으로
기근이나 역병, 전쟁, 정복사업으로
인한 것이 아니다.

그림 22. 세계의 총인구, 1~2100년 (로그척도)
앙구스 매디슨 프로젝트와 『UN 세계 인구 전망 2017』의 데이터.

된 것도 아니고, 왜 일어났는지도 잘 알고 있다. 그리고 이런 선택을 내린 이들은 바로 여성이다.

우주여행을 하는 것은 주로 소년들의 꿈이다. 아이 없이 살거나 한둘만 낳는 것은 대부분 여성의 권한이다. 물론 여성이 그런 선택을 내리려면 먼저 그럴 수 있는 환경이 조성되어야 한다. 장소에 따라 좀 다르긴 하지만 지금은 분명 그런 환경이 되어 가고 있다. 이 장의 나머지 부분에서는 여러 나라의 상황을 둘러보고자 한다. 이 시간선을 각 나라 사정에 맞춰, 또 그 나라가 위치한 대륙에 맞춰 그려 보겠다.

미국과 중국에서의 슬로다운

돈을 기준으로 지금 이 세상에서 가장 강력한 두 나라는 미국과 중국이다. 구매력 평가를 감안하면 중국이 미국보다 좀 더 생산적이라고 할 수 있다. 이는 세계은행(World Bank)과 국제통화기금(IMF), 그리고 미중앙정보부(CIA)의 통계를 바탕으로 한 평가다. 이런 생산성과 이로 인해 생긴 수입은 중국에서 더 많은 사람들에게 배분된다. 그러면서도 (흥미로운 것은) 미국에서 그러는 것처럼 불평등하게 돌아간다.[9]

여기서 사용한 인구추계는 두 시계열을 합친 것이다. 첫 번째 것은 세계에서 가장 유명한 경제역사학자 중 한 명인 앙구스 매디슨(1926~2010)이 만든 것이다. 여기에는 1950년 이전의 제한된 연도의 데이터만 있다. 그래서 시간선에도 그 연도들만 표시했다. 그는 현재 지리적 경계에 맞춰 과거의 인구를 추산했는데 지금도 가장 폭넓게 쓰이고 있는 방법이다. 끈기를 가지고 정확하게 만든 덕분에 그가 사망한 지 10년이 지난 뒤에도 지금까지 가장 훌륭한 자료로 평가받는다. 여기서는 두 번째 데이터들과 자연스럽게 이어질 수 있도록 매디슨의 추계에 조금 수정을 했다. 이를 위해 사용한 것이 1950년부터 2100년까지의 세계 인구를 전망한 UN의 2017년 수정판 자료다.

이번 장에서의 시간선을 만들기 위해 매디슨의 데이터를 각 지역별로 정해져 있는 요소들에 맞춰 크기 조정을 했다. 그래야 그가 1950년에 맞춰 추정한 값을 UN의 자료와 맞출 수 있기 때문이다. 이 작업이 미치는 영향은 아주 미미하지만 그래도 그해에 갑작스러운 변화가 없었다는 점은 확실히 알 수 있다. UN의 데이터는 이 책을 집필하는 시점에서 가져다 쓸 수 있는 가장 최근 자료다. 그런데 지금은 이 데이터가 앞으로 80년간의 인구 변화를 과소평가했다는 인식이 보편적으로 퍼져 있다. 그러니 여기 시간선에서는 슬로다운이 실제 일어날 상황 보다 덜 극적으로 나타날 수도 있다.

1500년 당시 미국의 인구는 200만 명 정도였을 것으로 추산된다. 이들은 거의 2만 년 전 이곳에 도착한, 이민자들의 선조였을 것이다. 아마도 지금은 베링해협 밑으로 가라앉은 지협을 통해 건너왔을 것이다.[10] 물론 다른 곳을 통해 이곳에 다다른 이들도 있다. 그렇지만 이들 모두 한데 뒤섞였고 또 퍼져 나갔다. 지금의 미국이라고 불리는 곳에 살게 된 초기 정착민들은 다른 곳에서 들여오지 않은 독창적인 이야기들을 만들어 갔다(세계적으로도 그런 이야기는 많지 않다). 이 지역의 인구는 더 따뜻한 남쪽에 비해 거의 항상 적었다. 그러나 리오그란데강 이북의 원주민 수가 아주 천천히 늘기 시작해 콜럼버스가 대서양을 건너 지금의 미국 땅 남쪽을 밟게 될 당시 인구는 200만 명에 이르렀다. 당시 인류 전체의 0.5%에 해당하는 숫자였다. 매디슨을 포함해 다른 모든 자료들은 그 뒤에 이어진 인명 살상에 대해 기록하고 있다. 인구수는 1600년에 150만 명으로 떨어지더니, 1700년에는 100만 명에 불과했다. 메이플라워호 (Mayflower)가 케이프코드(Cape Cod)에 상륙한 것이 1620년이다. 하지만 그보다 훨씬 전에 첫 번째 방문자로부터 전해진 질병이 더 남쪽으로 퍼져 있는 상태였다. 질병은 스페인 정복자들을 비롯한 유럽의 침략자들이 밟았던 땅에서부터 시작돼, 침략을 받지 않았던 지역까지 퍼져 나갔나. 이런 내용이 [그림 23] 시간선의 첫 부분에서 살짝 보인다.

훗날 미국이라고 불리게 되는 이 지역의 인구는 1700년 무렵부터 계속해서 증가한다. 구대륙으로부터 더 많은 배가 들어왔고, 유럽에서는 더 많은 정착민이, 아프리카에서는 노예가 된 이들이 들어왔다. 정착민과 노예들은 아이를 낳기 시작했다. 미국에서 최초의 인구조사는 1790년에 시행됐다. 그때부터 인구추계는 훨씬 더 믿을 만하게 됐다. 비록 1870년까지 원주민들의 숫자는 인구조사에 반영되지 않았지만 말이다!

중간에 남북전쟁도 있었지만 1790년부터 10년 단위로 봤을 때 미국의 인구는 이전보다 항상 증가했다. 1902년에 처음으로 감속의 신호가 보였지만, 1905년을 지나며 다시 가속이 시작됐다. 멀리 떨어진 다른 대륙에서 벌어지는 일들이 이런 변동의 주된 원인이었다. 유럽에서 제1차 세계대전이 일어나면서 미국으로 들어오는 이주자가 줄었다. 대신 거의 300만 명에 달하는 미군이 해외로 나갔다. 인플루엔자의 대유행은 한층 더 감속을 가져왔다. 그러다 군인들이 돌아오고, 이주자가 많아지면서 인구 증가는 1923년 정점을 찍었다. 그리고 1924년 잠시 주춤하게 된다. 차별적인 쿼터를 두면서 특정 국가로부터 선호하는 이주자들만 받았던 시기다.

1930년대에는 슬로다운이 시작됐다. 대공황 때문만이 아니라 당시

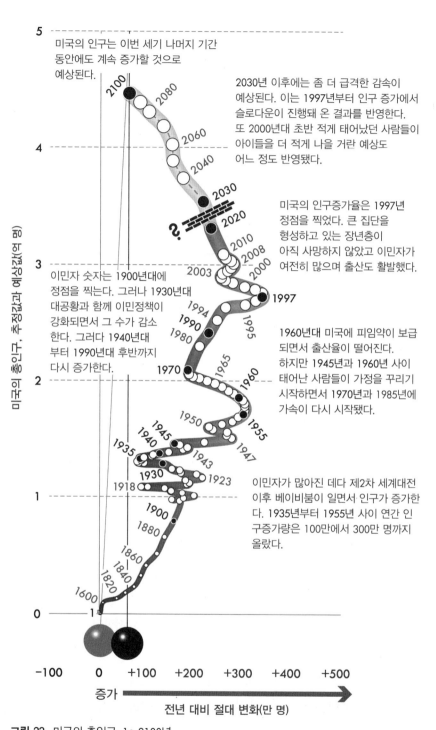

그림 23. 미국의 총인구, 1~2100년

앙구스 매디슨 프로젝트와 『UN 세계인구 전망 2017』의 데이터.

의 편협함도 한몫 했다. 미국으로 들어오려는 이민자들을 막았을 뿐 아니라, 미국을 모국이라고 부르게 된 사람들(특히 멕시코인들)조차도 대규모로 추방했다. 그러나 당시 이민 통제정책은 전체 이주자 수를 규제하지는 않았다. 통제정책은 선호하는 나라의 인종으로 이주자 집단의 구성을 바꿀 뿐이었다. 이주자 수는 일을 할 수 있는지, 다른 전망이 있는지에 달렸다. 제2차 세계대전 이후 미국에는 많은 고용이 창출됐다. 그리고 제1차 세계대전 때보다는 인구학적으로 덜 타격을 입었다. 1946년 시작된 베이비붐은 1947년 가속화되다 잠시 속도를 늦췄다가 다시 반등했다. 1950년에서 1957년 사이 이주자가 더 많이 들어왔는데, 이와 맞물려 인구 증가 속도는 다시 한번 빨라졌다. 이 무렵까지 엄청난 가속이 있었다. 사라질 때까지 그랬다.

1957년부터 1970년까지 미국에는 인구학적인 슬로다운이 일어났다. 유럽과 중국의 재건이 진행됐음을 반영한다. 필사적으로 탈출해 대서양이나 태평양을 건너 아메리카로 들어오려는 사람들이 줄었던 것이다. 라틴아메리카의 인구도 상대적으로 안정됐는데 이 역시 북미로 이주하려는 사람이 줄었음을 의미한다. 일정 부분 남미의 출생률이 떨어졌던 탓도 있다. 이 시기에 미국의 경제적 평등 수준도 상당히 올라간다. 이는 소득수준에 따른 피라미드에서 가장 밑바닥에 있는 일자리, 이주자같이 '인구조사 대상이 되지 않는 사람들'이 채웠던 일자리가 현격히 줄어들었음을 의미한다. 한 나라의 경제적 불평등이 심하면서 낮은 임금의 일자리가 생긴다면 거의 대부분 이주자가 증가하게 된다. 그 나라가 분류상 부자일 경우(GDP가 높을 경우) 그렇다.

1970년대 중반 들어 미국에서의 불평등은 한층 심해졌다. 1976년에만 해도 잘 버는 상위 1%의 세전 소득 비중은 10.4%에 불과했다. 2012

년에는 그 두 배인 20.8%가 됐다. 상위 1% 부자가 가지고 있는 재산의 비중도 비슷하게 증가했다. 1978년 21.7%였던 것이 2012년에는 40.1%가 됐다(이후 부의 불평등 정도 역시 줄어들었다).[11] 불평등이 커지면서 이주자를 끌어들였다. 그렇지만 출생률은 계속 떨어지기만 했다. 이 때문에 빠르게 속도를 높여 가던 미국 인구증가율도 주춤하게 됐다. 경제적으로 더 불평등한 나라일수록 출생률이 더 높아진다. 경제적 불안정성이 커지면서 사람들이 아이를 더 낳기 때문이다. 나이 들었을 때 자신들을 돌봐 줄 보험인 셈이다. 그러나 당시 미국의 불평등이 걷잡을 수 없이 커졌다고 해도 더 작은 가족을 꾸리려는 추세, 슬로다운을 되돌릴 수는 없었다. 게다가 남미에서 미국으로 넘어오는 이주자들을 보면 대부분이 이미 미국보다 출산율이 낮아진 지 오래인 곳에서 오는 사람들이었다(어쩌다 이런 일이 일어났는지 8장의 [그림 46] 안에 있는 설명을 보면 알 수 있다).

미국은 슬로다운이 가장 두드러지게 나타나기 전인 1990년대에 마지막으로 정점을 한 번 찍는다. 2006년, 전 세계 사람들이 어떻게 이동하는지를 알 수 있는 고품질의 데이터를 처음으로 사용할 수 있게 됐다. 나는 동료들과 함께 수백 개의 세계지도를 그리기 시작했다. 월드맵퍼(Worldmapper)라고 불린 프로젝트의 일환으로 각 나라별 차이점과 시간에 따른 변화를 기록한 지도였다. 그 당시 우리는 1990년부터 2017년 사이 미국으로 유입된 이주자들의 대부분은 이웃한 멕시코에서 왔다는 것(1,270만 명)을 알게 됐다. 이 기간 동안 미국으로 들어온 이주자 가운데 중미와 카리브해 지역에서 온 사람들이 47%(2,240만 명)를 차지했다. 비중으로 따지면 멕시코 다음은 중국과 인도, 그리고 필리핀이었다. 각각 200만 명 이상이 이주해 들어왔다. 그 밖에 6개국에서 미국으로 들어온 이주자 수가 100만 명 이상이었다. 푸에르토리코와 베트남, 엘살바도르, 쿠바, 한국, 그리고 도미니카공화국이다.[12] 경제적 불평등이 더 심각해지면서 미국은 바로 인접했거나 근처에 있는 나라에서 사람들을 빨아들였다. 특히 멕시코로부터 그랬다.

미국의 정치인들은 이런 가속화를 제재로 맞섰다. 「불법이민개혁 및 이민책임법(Illegal Immigration Reform and Immigrant Responsibility Act, IIRIRA)」이 1996년 9월 발효됐다. 뉴욕 대학교의 낸시 모라웨츠(Nancy Morawetz) 교수는 IIRIRA와 함께 이민에 영향을 준 1996년 법을 두고 "사람들이 이들 법을 별로 고마워 할 것 같지 않다"라고 말했다. 한 가지 영향은 분명했다. 그동안 미국에서 추방되는 것은 드문 일이었지만 IIRIRA가 발효된 뒤로는 비교적 흔한 일이 됐다. 사회학자인 더글러스 매시(Douglas Massey)와 캐런 프렌(Karen Pren)은 "1996년 이전까지 출입국 관리에 있어서 내부 단속 활동이 별로 중요한 역할을 하지 않았다"라고 기록한다. 하지만 "그 이후부터 단속 활동이 강화됐고 강제추방 운동이 있었던 대공황 수준까지 올라갔다"라고 했다. (이민문제를 전문적으로 다루어 온) 저널리스트 다라 린드(Dara Lind)는 최근 역사에 대해 기술하면서 "오늘날 미국에 이처럼 불법 이민자가 많은 큰 이유 중 하나는 미국의 이민 단속이 강화된 탓"이라고 설명했다.[13] 사람들이 고향 나라를 오가는 게 어려워지면서 미국에 더 눌러앉게 된 면도 있다. 그러면서 법적 지위를 얻는 것은 더 문제가 됐다.

IIRIRA 법안이 통과될 시점에 미국에서 인구 증가 추세는 가속에서 감속으로 돌아섰다. 정말 고약한 법이었지만 우연히도 그렇게 됐다. 어쨌든 미국에서는 이전에도 고약한 이민 법안들이 통과된 바가 있다. IIRIRA가 통과되면서 시작된 감속을 지속시킨 것은 점점 줄고 있던 출산율이었다.

다른 미주 대륙 국가들과 달리 미국은 2100년에도 여전히 크기 면에서 성장할 것으로 예상된다. 하지만 인구학적 기록을 살펴보면 미국이 자유의 땅이기는커녕 머지않아 이민자들의 발길이 줄어드는 곳이 될 것으로 보인다. 트럼프 시대의 유산이 영향을 미칠 것이다. 미국에 관한 한 개인적으로 UN의 예측이 지나치게 낙관적인 것 같지는 않다. 미국의 인구는 앞으로 올 세기의 어느 시점에 실제로 떨어지게 될 것이다.

중국은 미국과는 매우 다른 상황이다. 하지만 두 나라는 많은 사람들이 생각하는 것보다 서로 더 많이 연결돼 있다. 적어도 지난 세월 중국에서 미국으로 건너간 이주자 수만 생각해도 그렇다. 1700년대 중국은 출산을 통해 성장했는데, 그 속도는 미국보다 훨씬 느렸다. 영국이 아편의 '자유무역' 시장을 찾기 위해 1839년 홍콩에 전함을 보냈을 때까지도 그랬다. 하지만 한 걸음 물러나 그 당시를 바라볼 필요가 있다. 그런데 그 한 걸음이 2,000년 정도는 뒤가 되어야겠다. 아메리카 대륙과 달리 중국은 이미 2,000년 전부터 인구가 밀집해 있었기 때문이다.

중국 한나라 시절 평제는 인구조사를 명했는데, 그때가 우리가 지금 서기 2년이라고 부르는 때였다.[14] 같은 시기에 로마인들도 전체 로마 시민을 대상으로 인구조사를 했는데 20년마다 시행했다. 로마제국의 총인구는 5,700만 명이 채 안 됐다. 중국의 인구는 새 천년이 시작될 무렵 6,000만 명이었다. 하지만 한 세기가 지나자 5,000만 명 정도로 줄었다. 수나라 때인 606년 조사가 진행됐는데 당시 중국 인구는 4,600만 명이었던 것으로 추정된다. 또 한 세기 지나 당나라 시대였던 705년에 조사했을 때는 3,700만 명까지 떨어졌다(악명 높은 측천무후가 사망한 해였다. 아주 엄밀히 말하면 그녀는 아주 짧게 존재했던 주나라 사람이었다).[15]

1290년 원나라가 통치할 당시 중국의 인구는 다시 한번 뛰어올라 5,900만 명이 된다. 1393년 명나라 때에는 결국 6,000만 명에 이른다. 명나라가 멸망하면서 1600년에서 1650년 사이에 인구가 줄어드는데 이 과정이 [그림 24]의 시간선에 나타나 있다. 그런 뒤 다시 성장이 시작된다. 1749년 청나라 시대에는 1억 7,700만 명이 살게 됐다. 1791년에는 3억 400만 명까지 오르더니 1811년에는 3억 5,900만 명이 됐다. 1850년에서 1864년 사이에는 인구가 줄어든다. 1차 아편전쟁 이후 태평천국의 난이 일어난 시기다. 이때 1억 명 정도가 죽은 것으로 추정되는데 이후에도 한동안 사망자는 계속 늘었다.[16] 이런 엄청난 퇴보에도 불구하고 인구 성장은 이내 회복됐다. 중화인민공화국이 세워진 지 4년째 되던 1953년, 인구는 5억 9,300만 명에 이르렀다. 여기서 그리하지는 않았지만, 당시 홍콩 인구까지 포함시킨다면 총 숫자는 200만 명이 추가됐을 것이다.

앙구스 매디슨의 자료에는 중국 본토의 인구가 1960년 6억 6,700만 명에서 1961년 6억 6,000만 명으로 떨어진 것으로 추정했다. 이와 달리 UN에서는 같은 시기 1,000만 명이 늘었다고 추정했다. 일관성을 유지하기 위해 이 장 전체에서 UN의 추정값을 사용하기로 한다. 그러나 그 추정값에는 1958~1961년 사이 벌어진 중국의 대기근으로 인한 사망자 숫자가 빠져 있다. 왜 누락됐는지, 매우 이상한 일이기 때문에 여기에 적어 둘 필요가 있다. 지금 사용할 수 있는 중국의 데이터나 앙구스 매디슨 추계에 따라 출생률이 1953~1957년 기간과 같았다면 1958년과 1959년, 1960년, 1961년에 중국에서는 9,200만 명의 아기가 태어났어야 한다. 하지만 지나고 보니 1958~1961년 사이에 태어난 아이는 6,100만 명에 불과했다. 사망률 역시 그대로였다면 2,900만 명이 사망했어야 했다. 하지만 이 기간 동안 실제 대기근으로 인해 사망한 숫자는 4,400만 명이었다. 많은 여성들이 출산을 하기에 영양이 부족했기 때문에 태어난 아기 숫자도 3,000만 명이나 줄었다. 사망자 수는 1,500만 명이 늘었다. 결국 1958~1961년 사건이 없었다면 이 정도였을 거라고 기대됐던 숫자보다 인구는 4,500만 명이 줄었다.

중국의 대기근은 기상이변과 비극적인 인간의 실수가 빚어낸 합작품이었다. 하지만 UN의 데이터에는 이런 재앙이 마치 일어나지 않았던 것처럼 기록돼 있다. 당시 중국에선 의사들이 기아를 사인으로 적는 게 금지됐다. 앞서 언급한 숫자들이 이제는 중국에서도 잘 알려져 있는 만큼 UN에서도 데이터를 업데이트하는 게 낫지 싶다.

대기근에서 회복되면서 중국 인구는 1964년 7억 명에 이르렀다. 1969년에 8억 명, 1974년에 9억 명, 그리고 1981년에 10억 명이 됐다. 이후 도입된 한 자녀 정책은 출산율이 주춤하는 데 도움이 됐는데, 이미 슬로다운은 어느 정도 조짐이 있었다. 그 결과 인구는 1987년이 되어서야 11억 명이 됐다. 12억 명에 이른 것은 1992년이었는데, 아이를 많이 낳았다기보다는 사람들이 더 오래 살게 됐기 때문이었다. 2003년에 13억 명, 2016년에는 14억 명을 기록했다. 이제 중국 인구는 2030년에 14억 4,000만 명으로 정점을 찍을 것으로 보인다. 그러고 나서는 떨어지기 시작해 2044년에 14억 명 이하, 2060년에 13억 명 이하, 2070년 직후에 12억 명 이하, 2086년에 11억 명 이하가 된 뒤, 2104년 무렵에는 10억 명 아래로 떨어질 것으로 예상된다. 물론 현재의 예상값이 정확하다면 말이다. 더 빨리 떨어질 수도 있다. 한 자녀 정책은 폐기됐지만 출산 증가에 큰 영향을 미치지 못하고 있다. 가족의 규모에 대한 문화적인 태도가 삶의 방식을 바꾸어 놓았는데, 이제 와서 이를 되돌리기는 힘들게 된 것이다.

중국의 인구는 1968년부터 슬로다운에 접어들었다. 그리고 지금부터 10년 안에 절대적인 수치에서 감소를 경험하게 될 것이다. 미국과 달리 중국은 경제적으로 여전히 급성장하고 있다. 마지막 장에서 다루게 되겠지만, 중국 경제 역시 불가피한 슬로다운을 겪고 있다. 게다가 최근 중국 출생률은 UN이나 중국 당국이 예상했던 것보다 훨씬 더 빠르게 떨어지고 있다.

2018년 중국에서는 1,520만 명이 태어났다. 2017년에 비해 200만 명이 줄었다. 이로 인해 국가 인구증가율이 한 해 만에 0.53%에서 0.38%로 떨어졌다. 슬로다운은 이주자들이 계속 밀려들어 오는 도시에서 가장 빠르게 일어난다. 도시 이주가 계속되면 시골 지역에의 슬로다운도 가속화된다. 인구가 밀집해 있는 중국 동부지역, 산둥(山東) 지방에는 칭다오라는 상대적으로 작은 도시가 있다(인구는 '고작' 900만 명 정도). 2018년 이곳의 출생자 수는 1월부터 11월까지 기준으로 2017년 같은 기간에 비해 21%가 줄었다.[17] 칭다오는 이 지역에서 경제적으로 가장 성공한 도시다. 중국 정부의 경제 번영 정책인 '일대일로(一帶一路)'의 핵심적인 동부 연결점이다. 발전은 곧 아이들이 더 적어진다는 것을 의미한다.

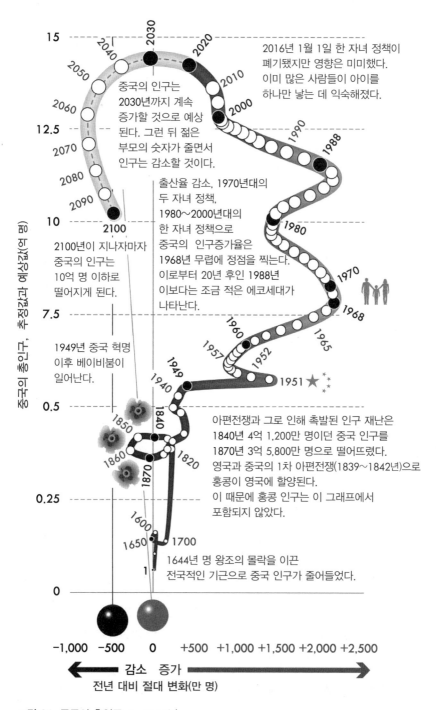

2016년 1월 1일 한 자녀 정책이
폐기됐지만 영향은 미미했다.
이미 많은 사람들이 아이를
하나만 낳는 데 익숙해졌다.

중국의 인구는
2030년까지 계속
증가할 것으로 예상
된다. 그런 뒤 젊은
부모의 숫자가 줄면서
인구는 감소할 것이다.

출산율 감소, 1970년대의
두 자녀 정책,
1980~2000년대의
한 자녀 정책으로
중국의 인구증가율은
1968년 무렵에 정점을 찍는다.
이로부터 20년 후인 1988년
이보다는 조금 적은 에코세대가
나타난다.

2100년이 지나자마자
중국의 인구는
10억 명 이하로
떨어지게 된다.

1949년 중국 혁명
이후 베이비붐이
일어난다.

아편전쟁과 그로 인해 촉발된 인구 재난은
1840년 4억 1,200만 명이던 중국 인구를
1870년 3억 5,800만 명으로 떨어뜨렸다.
영국과 중국의 1차 아편전쟁(1839~1842년)으로
홍콩이 영국에 할양된다.
이 때문에 홍콩 인구는 이 그래프에서
포함되지 않았다.

1644년 명 왕조의 몰락을 이끈
전국적인 기근으로 중국 인구가 줄어들었다.

중국의 총인구, 추정값과 예상값(억 명)

-1,000 -500   0   +500 +1,000 +1,500 +2,000 +2,500

◀ 감소   증가 ▶
전년 대비 절대 변화(만 명)

그림 24. 중국의 총인구, 1~2100년
앙구스 매디슨 프로젝트와 『UN 세계 인구 전망 2017』의 데이터.

아프리카와 영국제도의 슬로다운

다음으로 아프리카와 영국제도에 대해 생각해 보자. 여기서 두 지역을 한데 묶은 것은 최근 들어 서로 가깝게 연결됐기 때문이다. 인구학적 측면에서 중국과 가장 큰 차이가 나는 곳이 바로 아프리카 대륙이다. 2020년 아프리카의 인구는 13억 5,000만 명까지 증가할 것이다. 14억 2,000만 명인 중국 인구에 여전히 못 미치는 숫자다. 그러나 중국은 슬로다운하고 있는 반면, 대부분의 아프리카 국가는 인구 가속이 이어질 것으로 예상된다. 따라서 2020년이 지나자마자 아프리카 대륙 전체의 인구는 중국을 앞지를 것이다. 중국보다 아프리카에 더 많은 사람이 살게 되는 것은 수천 년 역사에서 처음 있는 일일 것이다. 추측으로 이야기하는 것은 두 지역의 인구가 비슷했던 마지막 시기가 언제였는지는 확실하게 알기 힘들기 때문이다. [그림 25]의 시간선에 담은 최근 데이터들은 품질이 낮은 편이다. 대다수 아프리카 국가들에 대한 UN의 데이터를 신뢰하기 힘들기 때문이다. 그래서 시간선에서 개별 국가가 아닌, 전체 대륙을 다루었다.

아프리카에서 인구 증가 수준을 예상하는 데 사용한 인구학 모델이 있긴 하지만, 이 모델이 얼마나 정확한지는 의문이다. 지금 세계에서 가장 출산율이 높은 나라들이 대부분 아프리카에 몰려 있다는 것에는 의문의 여지가 없다. 그러나 아프리카의 출생률이 그냥 걷는 정도의 속도로 슬로다운하게 될 거라는 말에는 선뜻 수긍하기 힘들다. 이는 결국 지구상 다른 지역에서 일어나는 일들이 아프리카 대륙에서만큼은 예외일 거라는 의미이기 때문이다.

세계의 대부분 나라에서 인구가 부족해지면, 미래에는 아프리카를 떠나는 이주자들이 더 많아질 것이다. 지구의 나머지 국가들이 젊은 사람을 필요로 하게 될 것이기 때문이다. 이로 인해 아프리카에서 인구 증가가 가속화되는 속도는 UN의 예상보다 훨씬 더 낮아질 수 있다. 성인들이 더 많이 아프리카를 떠나면서, 아프리카에서 태어나는 아이들 숫자도 줄게 될 것이다. 게다가 출산율이 높던 고국을 떠난 이민자들은, 고향에 남아 있는 사람들보다 아이를 적게 낳는 경향이 있다. 그런데 여기까지는 동료 집단에서 한 부분이 사라질 때 (혹은 이민을 떠날 때) 출산율 추세에 영향을 주지 않는다는 가정하에 한 이야기다. 하지만 이민자들이 떠난 뒤 남아 있는 이들의 삶의 질이 좋아지고, 중등교육, 고등교육의 기회가 더 주어질 수 있다. 그래서 떠날 이유가 줄어든다면 상황은 바뀔 수 있다.

아프리카 전역에서 앞으로 여성들이 아이를 몇 명 낳겠다고 할지, 그리고 몇 명을 낳을 수 있을지는 21세기적 맥락에서 결정될 것이다. [그림 25]에서 보이는 것처럼 과거의 가속 양상이 비슷하다고 해서 역사가 반복될 것이라고 볼 수는 없다. 시간선만 봐도 알 수 있다(이 경우에는 2017년 UN의 추계를 기반으로 했다). 시간선을 유심히 잘 보면 가장 최근인 2000~2015년 아프리카에서 이례적으로 인구 증가가 많았던 것을 알 수 있다. 이처럼 최근 이례적으로 높았던 인구증가율은 2017년 UN이 발행한 예측 모델에도 영향을 미쳤다.

최근 몇 년 동안 아프리카의 인구 변화는 일탈적인 현상이라는 증거가 속속 나오고 있다. 2019년 2월 『국립과학원회보(the Proceedings of the National Academy of Sciences)』에 발표된 연구결과가 전 세계적으로 보도된 적이 있다. 연구자의 말은 다음과 같다. "2000년대 초반, 몇몇 아프리카 국가들 사이에서 출산율이 더 이상 감소하지 않는다는 것을 발견

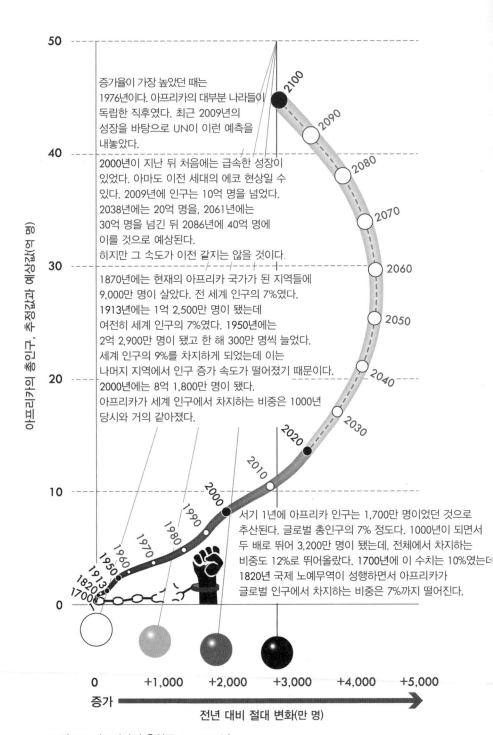

50

증가율이 가장 높았던 때는
1976년이다. 아프리카의 대부분 나라들이
독립한 직후였다. 최근 2009년의
성장을 바탕으로 UN이 이런 예측을
내놓았다.

2100

2090

40

2000년이 지난 뒤 처음에는 급속한 성장이
있었다. 아마도 이전 세대의 에코 현상일 수
있다. 2009년에 인구는 10억 명을 넘었다.
2038년에는 20억 명을, 2061년에는
30억 명을 넘긴 뒤 2086년에 40억 명에
이를 것으로 예상된다.
하지만 그 속도가 이전 같지는 않을 것이다.

2080

2070

1870년에는 현재의 아프리카 국가가 된 지역들에
9,000만 명이 살았다. 전 세계 인구의 7%였다.
1913년에는 1억 2,500만 명이 됐는데
여전히 세계 인구의 7%였다. 1950년에는
2억 2,900만 명이 됐고 한 해 300만 명씩 늘었다.
세계 인구의 9%를 차지하게 되었는데 이는
나머지 지역에서 인구 증가 속도가 떨어졌기 때문이다.
2000년에는 8억 1,800만 명이 됐다.
아프리카가 세계 인구에서 차지하는 비중은 1000년
당시와 거의 같아졌다.

30

20

2060

2050

2040

2030

2020

2010

10

2000

1990

1980

1970

1960

1950

1913

1820

1700

서기 1년에 아프리카 인구는 1,700만 명이었던 것으로
추산된다. 글로벌 총인구의 7% 정도다. 1000년이 되면서
두 배로 뛰어 3,200만 명이 됐는데, 전체에서 차지하는
비중도 12%로 뛰어올랐다. 1700년에 이 수치는 10%였는데
1820년 국제 노예무역이 성행하면서 아프리카가
글로벌 인구에서 차지하는 비중은 7%까지 떨어진다.

0

0   +1,000   +2,000   +3,000   +4,000   +5,000
증가
전년 대비 절대 변화(만 명)

아프리카의 총인구, 추정값과 예상값(억 명)

그림 25. 아프리카의 총인구, 1~2100년
앙구스 매디슨 프로젝트와 『UN 세계 인구 전망 2017』의 데이터.

하면서 연구를 시작했다. 왜 그런지 알기 위해 연구 대상이 되는 국가들을 대상으로 몇 년마다 설문조사를 진행해 데이터를 얻었다. 좀 더 구체적으로 말하자면 1950년부터 1995년까지의 데이터를 들여다 보았다."[18]

연구자들은 1980년대 상당수 아프리카 국가의 사람들, 특히 여성들이 제대로 된 교육의 기회를 갖기 힘들었고, 이것이 젊은 여성들이 아이를 더 많이 낳게 되는 계기가 됐다고 분석했다. 그러면서 최근의 현상(일시적인 현상일 가능성이 아주 높지만)은 빠르게 슬로다운이 진행되던 와중에 일어난 일탈이라고 분석했다. 빠르게 슬로다운이 진행되는 모습은 시간 선 상 1980년에서 1995년 사이에서 나타난다. 자세히 보면 아주 살짝 더 빠르게 슬로다운이 시작되려는 와중에 제동이 걸린 것을 알 수 있다. 더 일찍 올 수도 있었는데 그렇지 못했다.

지난 20년 동안 아프리카 전역에서 여자 아이들이 교육받을 기회는 눈에 띄게 개선됐다. 이런 것들은 UN의 예측 모델에 전혀 반영되지 않았다. 1980년대에는 이런 기회가 방해를 받았는데, 당시는 아프리카 국가들 전체적으로 최악의 경기 침체를 겪고 있을 때였다. 국제통화기금(IMF)과 세계은행(World Bank)이 구조조정 정책을 도입하면서 발생한 경기 하락이었다. 만약 국제금융기관들의 파괴적인 행동을 되돌릴 수 있다면 세계를 위해 정말 좋은 일이 될 것이다. 사회적으로 가장 순진한 경제학자들의 행동을 통제하지 못한다면(몇몇 경제학자들은 매우 순진할 수 있다는 점을 짚고 가야겠다), 또 자신들의 연구 결과에 따라 정책을 입안하는 사람들을 통제하지 못하면, 몇십 년 안에 인구 증가는 가속화될 수 있다. 1980년대 후반과 1990년대 초반, 구조조정 때문에 학교 갈 기회를 잃은 여성들은 평균적으로 아기를 더 일찍 낳게 되고, 더 많이 가지게 됐다. 가난과 절망, 무지가 출산율을 끌어올렸다. 이런 구조조정

프로그램은 대륙에 파괴적인 영향을 미쳤다. 1980년대 초와 1990년대 말 사이, 아프리카 대부분 지역의 국가들은 개인 총소득과 정부 소득이 모두 줄어들었다.[19]

국제적인 간섭이 아프리카에 해악을 끼친 역사는 이미 오래됐다. 1500년과 1600년 사이, 대륙 전체의 인구는 4,700만 명에서 5,600만 명으로 뛰었다. 그다음 세기에 6,100만 명까지 올랐는데, 당시 중국의 절반에 못 미치는 수준이었다. 1870년, 아프리카의 전체 인구는 9,100만 명이었다. 같은 해 중국 인구의 4분의 1밖에 안 되는 숫자였다. 아프리카에서 무슨 일이 있었는지 중국의 상황과 비교해 볼 필요가 있다. 중국의 인구는 이보다 30년 전, 영국이 아편을 강제 수출하면서 기울기 시작했다. 나중에 영국의 총리가 된 윌리엄 글래드스턴(William Gladston)은 이와 관련한 갈등을 다음과 같이 묘사했다. "이보다 더 부당한 이유로 일어난 전쟁, 한 나라를 영구적인 불명예로 덮기 위해 계산된 전쟁을 나는 알지도 못하고 본 적도 없다."[20] 아프리카의 땅 면적은 3,000만km² 가 넘는다. 오늘날 중국보다 세 배 이상 크다. 중국과 비교하면 인구는 덜 밀집돼 있다. UN에 따르면 아프리카의 인구는 2020년에서 2080년까지 60년 사이에 세 배가 늘 것으로 예상된다. 오늘날 중국의 도시지역과 비슷한 정도로 밀집하게 되는 것이다. 하지만 그런 일은 아마도 일어나지 않을 것 같다. 아프리카 내에서 비옥하다고 할 수 있는 토지가 중국과 비슷한 수준이기 때문이다.[21]

유럽의 지중해 북부해안에 위치한 스페인, 그리스, 이탈리아 사람들 대부분은 이민 통제가 필요하다고 믿고 있다. 고향에 남는 젊은이들이 부족해지자, 이들 나라를 일정 기간 이상 떠나 있는 것을 제한해 두고자 하는 것이다. 그런데 유럽 본토에서 이런 움직임이 다수의 지지를 받고 있는 곳은 아프리카에 인접해 있는 이 세 나라뿐이다.22 나중에 아프리카 사람들이 지중해를 건너 이주해 오는 게 더 쉬워지면, 젊은이들이 너무 많은 지중해 남쪽과는 반대로 너무 적은 지중해 북쪽의 불균형 문제가 저절로 해소될 거라고 말하는 사람이 나올지도 모르겠다.

그러나 이주민을 가장 꺼려 하는 곳은 남유럽 국가들이 아니다. 유럽에서 최고의 이주민 회피 국가는 영국이다. 이 나라의 이민정책은 영국제도(British Isles) 전체에 영향을 미치고 있다. 이 책을 쓰고 있을 당시, 이 섬들은 모두 국경 검문 없이 자유롭게 이동할 수 있는 셍겐 지역(Schengen Area) 바깥에 위치해 있었다. 영국은 EU 국가들 중에서 셍겐 조약(EU 회원국 간의 국경 개방 조약-옮긴이)의 영구적인 예외를 인정받는 유일한 곳이었다. 심지어 셍겐 지역에는 EU에 가입이 안 된 4개국이 포함돼 있다(이들 나라는 유럽자유무역지역에는 여전히 포함돼 있다).

아프리카 나라들과 달리 영국제도(대부분이 잉글랜드이고, 아일랜드, 웨일스, 스코틀랜드로 구성돼 있음)는 1500년부터 1600년 사이 인구 폭발을 경험했다. 당시 한 세기 동안 전체 인구가 무려 3분의 1이나 증가했다. 1700년까지 그 다음 한 세기에는 4분의 1이 더 증가했다. 1665~1666년 흑사병으로 인해 런던 인구의 4분의 1이 사망했음에도 불구하고 그랬다. 그러고 나서 1700년에서 1800년 사이 인구는 85% 증가했다. 당시 토머스 로버트 맬서스(Thomas Robert Malthus)는 나중에 여러 차례 수정을 거치게 되는 자신의 에세이 초판을 발행하게 된다. 에세이에서 그는 통제할 수 없는 수준으로 인구가 증가할 거라는 끔찍한 예상을 했다. 그 다음 찾아온 세기, 1800년대 동안 영국제도의 인구 증가 속도는 더 빨라져, 160%가 늘었다. 1840년대 아일랜드에는 엄청난 기근이 발생했다. 인구 증가가 대규모의 죽음을 가져올 거라는 맬서스의 경고를 확인시켜 주는 것 같았다.

아일랜드의 기근은 14세기 흑사병이 창궐한 이래 영국제도 역사에서 가장 중요한 인구학적 사건이었다. 흑사병 때보다 더 많은 사망자를 기록했다. 1845년 당시에는 더 많은 사람들이 살고 있었기 때문이다. 인구가 엄청나게 감소했는데, 많은 이들이 굶주림으로부터 도망치면서 상황은 너 나빠졌다. 아일랜드에서 미국으로 떠나는 이주자들이 급증했고, 영국제도의 인구는 한 해 동안 내리막을 걸었다. 인구에 대한 통제력을 상실한 상황이 궁금하다면, 19세기 영국과 아일랜드를 보면 된다. 통제할 수 없을 정도의 팽창과 끔찍한 비극을 모두 겪었다.

1840년대 이후 영국제도에서 더 이상 대기근은 없었다. 기근이 자연현상으로 시작되긴 했지만, 이는 아일랜드인에게 먹을 것을 보내지 말자는 영국 정치인들의 결정으로 인한 것이었다. 이 때문에 사망자가 많이 발생하고 이민을 떠나는 이들이 많았다. 잉글랜드의 정치계급은 자신들에게 내재적인 도덕적 우월성이 있다는 믿음과 과대망상으로 점철돼 있었다. 그런 우월감은 전 세계에 영향을 미쳤다. '자유무역'이라는 이름으로 중국에 아편을 실어 나른 것을 정당화한 것부터, 대서양을 가로지르는 노예제도를 옹호한 것, 그리고 고국으로 돌아와선 '자연도태'라는 명분으로 아일랜드인들을 천천히, 고통스럽게 죽도록 내버려 둔 것까지 모두 그랬다.

1840년대 인구 감소에는 상황에 또 다른 원인이 작용했는지도 모른다. 이른바 '방랑벽', 그러니까 '주체할 수 없을 만큼 떠나고 싶은 마음' 때문인 것인데, 어쩌면 더 나은 삶을 찾기 위해 뭐라도 하고자 하는 주체할 수 없는 심정이었는지도 모른다. 강제로 이주를 하게 된 이들은 또 있었다. 영국 법원은 1776년 이전까지는 추방하는 사람들을 미국 식민지로 보냈고, 1868년까지는 호주의 형사범 식민지로 내보냈다. 영국제도를 떠나는 이민자들 숫자는 기하급수적으로 늘었다. 그럼에도 불구하고 1852년에서 1990년까지 인구는 다시금 증가 속도를 올려 왔다. 이 기간의 전반부 동안에 매년 15만 명이 증가했다. 현재 옥스퍼드시의 인구와 맞먹는 수준이다. 1901년 빅토리아 여왕이 사망했을 당시, 증가율은 한 해 38만 명 수준으로 정점을 찍는다.

1901년은 광란의 시기였다. 작가 에밀리 뷰캐넌(Emily Buchanan)이 E. M. 포스터(Forster)와 휴머니즘의 기원에 대해 쓴 글에는 20세기가 시작될 무렵에 대한 통찰력 있는 내용이 담겨 있다. 당시 세계는 많은 것이 너무 빠르게 바뀌고 있었다. 영국제도에서 무언가 시작되면 곧 전 세계 모든 곳으로 퍼져 나갔다.

세기의 전환점은 광란의 진보, 급격한 도시화의 시기였다. 빅토리아 여왕이 막 사망한 때였다. 우리의 진보에 대한 현대적 성향을 자극하면서 기계는 산업과 문화를 지배하기 시작했다. 포스터는 『하워즈 엔드(*Howards End*)』에서 이렇게 썼다. "달이 바뀔 때마다 도로에서는 석유 냄새가 더 강하게 풍겨 나왔고 길을 건너기는 더 힘들어졌다. 인류는 서로의 말을 더 알아듣기 힘들게 됐고, 공기는 덜 들이마셨으며 하늘도 덜 보게 됐다." '지속적인 변화'의 상태가 낡음과 새로움 사이에 가로놓여 있는 사회를 사로잡았다. 이러한 긴장감은 포스터와 동시대 인물인 미첼과 케니언(Mitchell and Kenyon)의 사회 기록 영화에 놀라울 정도로 분명하게 담겨 있다. 특히 브래드퍼드(Bradford)의 1902년 작 영화에는 전차와 마차가 도로를 공유하는 모습이 나온다. 좀 더 자세히 보면 친숙한 브랜드 광고들이 있는데 21세기 자본주의의 태동을 보는 듯하다. 하지만 여전히 사람들은 소심하면서도 정중한 모습인데, 어느 모로 보나 빅토리아 시대 사람들이었다. 이런 모습은 카메라 앞에서 노골적이면서도 가끔은 코믹한 이들의 행동에서 아주 잘 나타났다. 당시 카메라를 손에 들고 다니는 것은 상상하기 힘들었던 진보적인 광경이었다. 그러다 보니 신이 난 아이들이 무리지어 촬영감독을 따라다녔다. 어른들은 겁에 질리고, 약간은 못마땅한 호기심으로 이들을 멍하니 바라보았다. 그들의 매혹적인 불편함은 그 자체로 매혹적이었다.[23]

미첼과 케니언이 이런 매혹적인 불편함을 필름에 담은 지 몇 년 지나지 않아 기계화된 전쟁이 들이닥쳤다. 그런데 제1차 세계대전이 일어나기 전에도 두 차례의 슬로다운 시기가 있었다. 1880년과 1885년 사이 적당한 수준으로 한 번 있었고, 1910년에서 1913년 사이에는 의미 있는 규모로 있었다. 1877년 사회 개혁가이자 피임 운동가였던 애니 베전트(Annie Besant)와 찰스 브래들로(Charles Bradlaugh)의 첫 시도 이후 콘돔이 대중화되었다. 그러면서 출생률을 다시는 예전만큼 오를 수 없을 정도로 떨어뜨렸다. 게다가 1910년부터 1913년 사이 아일랜드의 인구가 이전보다 좀 더 빠르게 줄어들었다. 제1차 세계대전이 일어나기 직전까지 미국으로 가는 이민자 수가 더 빠른 속도로 증가했다. 이와 관련한 1910~1913년 사이 유입량은 [그림 23] 미국의 시간선에서 확인할 수 있다.

우리가 잘 알고 있는 가장 가까운 과거일수록 더 명확하게 파악할 수 있다. 영국제도 입장에서는 제2차 세계대전에 받은 타격이 제1차 세계대전 때보다 덜했다. 지금은 영국과 아일랜드 공화국, 두 개의 국가로 분리돼 있다. 1945년 전쟁이 끝나면서 베이비붐이 찾아왔다. 하지만

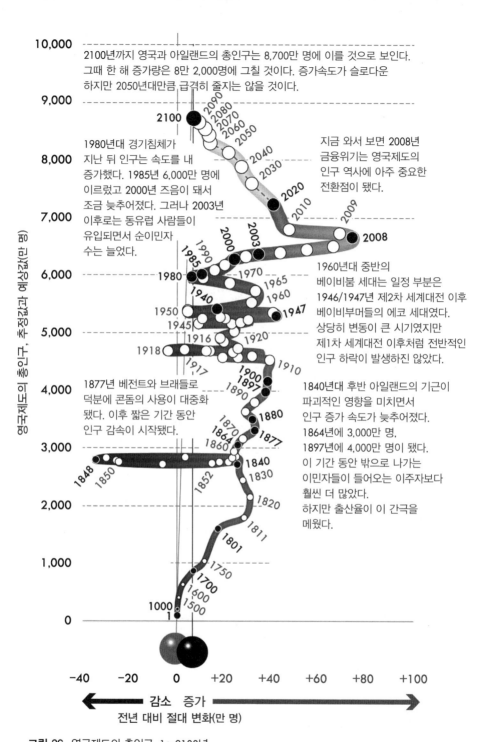

10,000

2100년까지 영국과 아일랜드의 총인구는 8,700만 명에 이를 것으로 보인다. 그때 한 해 증가량은 8만 2,000명에 그칠 것이다. 증가속도가 슬로다운 하지만 2050년대만큼 급격히 줄지는 않을 것이다.

9,000

2100

2090
2080
2070
2060
2050

8,000

1980년대 경기침체가 지난 뒤 인구는 속도를 내 증가했다. 1985년 6,000만 명에 이르렀고 2000년 즈음이 돼서 조금 늦추어졌다. 그러나 2003년 이후로는 동유럽 사람들이 유입되면서 순이민자 수는 늘었다.

2040
2030
2020
2010

지금 와서 보면 2008년 금융위기는 영국제도의 인구 역사에 아주 중요한 전환점이 됐다.

7,000

2003
2000
1990
1985
1980

2009

2008

6,000

1970
1965
1960
1940
1950
1945

1947

1960년대 중반의 베이비붐 세대는 일정 부분은 1946/1947년 제2차 세계대전 이후 베이비부머들의 에코 세대였다. 상당히 변동이 큰 시기였지만 제1차 세계대전 이후처럼 전반적인 인구 하락이 발생하진 않았다.

5,000

1916
1918
1917
1920

1910

1900
1897
1890

4,000

1877년 베전트와 브래들로 덕분에 콘돔의 사용이 대중화 됐다. 이후 짧은 기간 동안 인구 감속이 시작됐다.

1880
1870
1864
1860
1877

1840년대 후반 아일랜드의 기근이 파괴적인 영향을 미치면서 인구 증가 속도가 늦추어졌다. 1864년에 3,000만 명, 1897년에 4,000만 명이 됐다. 이 기간 동안 밖으로 나가는 이민자들이 들어오는 이주자보다 훨씬 더 많았다. 하지만 출산율이 이 간극을 메웠다.

3,000

1848
1850
1852
1840
1830

2,000

1820
1811
1801

1,000

1750
1700
1600
1500

1000
1

0

-40   -20   0   +20   +40   +60   +80   +100

◀ 감소   증가 ▶

전년 대비 절대 변화(만 명)

영국제도의 총인구, 추정값과 예상값(만 명)

그림 26. 영국제도의 총인구, 1~2100년
앙구스 매디슨 프로젝트와 『UN 세계 인구 전망 2017』의 데이터.

1945년 이전에 태어난 이들이 워낙 적었기 때문에 1960년대 젊은 성인들의 숫자도 너무 적었다. 영국 정부는 카리브해나 인도 지역으로부터의 이민을 장려했다. 하지만 (이기적인 정치인들과 신문에 영향을 받은) 영국인들은 예전 식민지로부터 (예전 대영제국의 일원이던) 이주자들이 들어오는 것을 불만스러워했다. 그리고 1965년 이민 통제법안이 통과됐고 이후 더 많은 조치가 뒤따랐다. 역설적으로 1965년 법안은 이주자들을 더 많이 들어오게 만들었다. 이미 들어와 있는 사람들은 좀처럼 떠나지 않으려 했고, 오히려 나이 많은 친척들을 가능한 한 더 데리고 들어오려 했기 때문이다.

이렇게 이민을 통제하려는 시도가 이주자들의 수를 증가시켰음에도 불구하고, 이미 진행되고 있던 인구 증가 면에서의 하향 추세는 더 뚜렷해져만 갔다. 그러면서 1980년대 초반 경기침체로 인해 인구 증가는 더 주춤하게 된다. 그러다 최근 역사에서 이례적인 반향이자 마지막 대규모 전진이라 할 수 있는 인구 증가가 2003년 이후 이민을 장려하면서 시작됐다. 영국이 다시 한번 이민자들을 받아들이는데, 이번에는 EU 가입국인 동유럽 국가 시민들이 대상이었다. 영국은 다른 서유럽 국가들보다 더 일찍 이들을 받아들여 자국에서 살면서 일하게 했다.[24] 아일랜드의 호황과 맞물려 2003년부터 2008년 사이 영국제도는 이전에 경험해보지 못한 최고의 인구 가속화를 경험할 뻔했다. 하지만 2008년 엄청난 경기침체로 가속은 갑자기 끝나 버렸다. [그림 26]에 나타난 격동의 세월을 감안하면 UN의 인구학자들이 왜 미래에도 성장이 꾸준히 진행될 거라고 예상하는지 미스터리할 뿐이다.

　　　　　　　　　　　　　　　　　　　　　　　　　슬로다운

인도와 일본에서의 슬로다운

인도 대륙은 지금의 인도와 파키스탄, 방글라데시를 말한다. 앞으로 이곳의 인구 변화는 규모가 더 작은 영국제도의 인구와 비교해 오히려 더 완만해 보인다. 부분적으로 좀 짜깁기한 면이 있긴 한데, 이는 초창기 데이터의 신뢰도가 떨어지기 때문이다. 따라서 여기서 다 표시하지는 않았다. 이는 규모가 큰 지역의 평균을 낼 때 일어날 수 있는 일이다. 다각도의 추정을 바탕으로 2만 년 전 인도 대륙의 인구는 100명 정도였을 것으로 보인다. 6,000년 전에는 100만 명, 4,000년 전에는 600만 명이 됐다.

도시가 출현하고 관개농법이 도입되고, 문명화되면서 인구는 다시 증가했다. 2000년 전 쯤에는 대략 7,500만 명이 정착해 살았다. 1,000년 전까지는 때때로 발생한 전염병이나 침략 등으로 아주 약간의 숫자 변화만 있었을 뿐이다. 이후 점차 증가해 1600년에는 1억 3,500만 명이 됐다. 동인도회사가 엘리자베스 1세 여왕으로부터 설립허가(royal charter)를 받았던 해다. 이렇게 영국이 개입을 하면서(처음엔 조심스러웠지만 나중엔 흉포해졌다) 인구는 계속 증가했다. 과거 성장을 조절했던 규범들이 점차 사라지게 됐다. 1820년 인도 대륙의 인구는 2억 명을 넘어섰다. 그리고 나서 [그림 27]의 시간선에 나타나듯이 가속화가 제대로 시작됐다.

전체 인구에 대한 데이터가 너무 듬성듬성 있기 때문에 [그림 27]의 시간선에서 다 드러나지 않는 부분이 있다. 1,000만 명의 사망자를 낸 1769~1770년 벵갈(Bengal) 대기근, 1,100만 명이 죽은 1783~1784년 찰리사(Chalisa) 기근 등이다. 1791~1792년 스컬(Skull) 기근 때도 수백

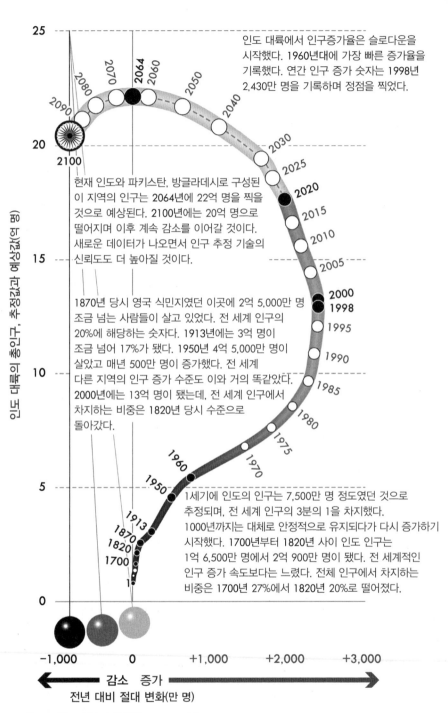

인도 대륙에서 인구증가율은 슬로다운을 시작했다. 1960년대에 가장 빠른 증가율을 기록했다. 연간 인구 증가 숫자는 1998년 2,430만 명을 기록하며 정점을 찍었다.

현재 인도와 파키스탄, 방글라데시로 구성된 이 지역의 인구는 2064년에 22억 명을 찍을 것으로 예상된다. 2100년에는 20억 명으로 떨어지며 이후 계속 감소를 이어갈 것이다. 새로운 데이터가 나오면서 인구 추정 기술의 신뢰도도 더 높아질 것이다.

1870년 당시 영국 식민지였던 이곳에 2억 5,000만 명 조금 넘는 사람들이 살고 있었다. 전 세계 인구의 20%에 해당하는 숫자다. 1913년에는 3억 명이 조금 넘어 17%가 됐다. 1950년 4억 5,000만 명이 살았고 매년 500만 명이 증가했다. 전 세계 다른 지역의 인구 증가 수준도 이와 거의 똑같았다. 2000년에는 13억 명이 됐는데, 전 세계 인구에서 차지하는 비중은 1820년 당시 수준으로 돌아갔다.

1세기에 인도의 인구는 7,500만 명 정도였던 것으로 추정되며, 전 세계 인구의 3분의 1을 차지했다. 1000년까지는 대체로 안정적으로 유지되다가 다시 증가하기 시작했다. 1700년부터 1820년 사이 인도 인구는 1억 6,500만 명에서 2억 900만 명이 됐다. 전 세계적인 인구 증가 속도보다는 느렸다. 전체 인구에서 차지하는 비중은 1700년 27%에서 1820년 20%로 떨어졌다.

그림 27. 인도 대륙의 총인구, 1~2100년
앙구스 매디슨 프로젝트와 『UN 세계 인구 전망 2017』의 데이터.

만 명이 죽었는데 시체가 너무 많아 다 화장하거나 매장하지 못할 정도였다고 한다. 여기에는 100만 명이 사망한 1886년 오리사(Orissa) 기근, 150만 명이 죽은 1869년 라즈 푼타(Raj Punta) 기근, 1876~1879년 사이 600만~1,000만 명의 사망자를 낸 남부 인도 기근, 분델칸드(Bundelkhand)에서 시작돼 100만 명이 사망한 1896년의 기근, 역시 100만 명이 목숨을 잃은 1899년 인도 서부와 중부의 기근, 150만 명이 비참하게 죽은 1943~1944년 벵갈 기근도 반영되지 않았다. 아일랜드 기근 때와 마찬가지로 기근을 막기 위한 정책이 제대로 시행되지 않았던 데는 영국의 탓이 컸다. 기근 초기에 그토록 치명적인 피해를 입은 것도 영국의 통치 탓이었다.

　제1차 세계대전 이전만 해도 인도에서 인구가 가속화되는 정도는 그렇게 빠르지 않았다. 1881년과 1891년 인구조사를 보면 그 사이 증가폭은 10% 남짓에 그쳤다. 그러나 1921년 이후 인도의 인구는 더 큰 폭으로 증가했다. 바로 현재까지도 그렇고 앞으로 몇십 년 동안도 계속 그럴 것 같다. 출산율이 이렇게 높은 상태를 유지하는 동안, 새로 태어나는 아기들이 면역력을 가지게 되고 공중위생도 갖춰지게 된다면 가속도 자체에 더 속력이 붙을 것이다. 1947년 영국의 분리정책이 실패하면서 폭력이 뒤따랐고 이로 인해 200만 명 가까운 희생자가 발생했다. 그러나 전쟁이 그렇듯, 분리정책이 가져온 분열은 베이비붐을 이끌었다.

　인도 독립 이후 영아사망률이 개선되면서 인도의 인구는 새로운 국면에 접어들었다. 1951년부터 10년 단위로 볼 때 20% 이상씩 인구가 증가했다. 2001~2011년이 될 때까지도 그랬는데, 정확하게 측정할 수 있었던 이 마지막 10년 동안에는 성장이 좀 늦어져 20% 약간 밑으로 내려갔다. 파키스탄의 인구도 그에 못지않게 늘었는데, 2001년에서

2011년 사이에는 속도가 조금 느려져 20.1% 증가했다. 최근 몇 년 동안에는 더 감속이 된 것으로 추정된다. 무엇보다 중요한 건 가장 빨랐던 방글라데시가 슬로다운에 들어갔다는 점이다. 2001년에서 2011년 사이 인구는 불과 16.9% 증가하는 데 그쳤다. 인구가 늘어난 것은 아이들이 많이 태어나서라기보다는 사람들이 더 오래 살게 되었기 때문이다. 같은 기간 새로 태어나는 아이들은 줄면서 인구증가율은 매년 감소했다.

인도 대륙 전체의 인구가 속도를 내며 증가하던 시기는 1995년에 끝이 났다. 당시 한 해 동안에만 2,400만 명의 인구가 늘었다. 슬로다운은 이보다 앞서 이미 시작됐다. 인도에서는 25년 전 시작됐는데, 지금부터는 느린 슬로다운이 진행될 것으로 예상된다. 2020년에는 한 해 2,000만 명이 추가되는 수준으로 증가 폭이 감소하고, 2043년에는 증가 폭이 1,000만 명 이하, 인구수가 정점을 찍을 2063년에는 0명이 될 것이다 (2019년 UN 추계는 2059년이 될 것으로 추정했다). 그런 뒤 2017년 UN 추계는, 2094년 인도 인구가 처음으로 한 해 700만 명 이상 줄게 될 거라고 예상했다. 그렇다 해도 1987년 10억 명에 이르렀던 총인구는 여전히 20억 명을 넘는 상태가 된다. 그렇지만 슬로다운이 이보다 더 빨리 일어날 거라고 볼 만한 근거들이 있다. 특히 최근 출산율이 떨어진 것을 보면 2017년과 2019년 UN의 예상값이 모두 미래 인구 수준을 과대평가했다는 사실이 분명해지고 있다. 그런데 다른 나라의 이야기에도 시사점이 있다. 찾아보기만 하면 최근 다른 곳에서 벌어진 일들을 통해서도 많은 것을 배울 수 있다.

일본 역시 인도와 마찬가지로 기근을 겪었지만 여기서 기록하지는 않았다. 관련 데이터가 이 책의 시간선에 넣을 만한 품질이 아니기 때문이다. 일본에서는 1640~1643년에 발생한 간에이 대기근으로 10만 명 가까이 사망했다. 1732년 교호 기근 때는 기록에 따라 1만 2,000명에서 100만 명이 죽은 것으로 나타난다.

1782~1788년 덴메이 대기근은 일본의 인구를 거의 100만 명 가까이 감소시켰다. 기근으로 약해진 사람들은 질병에도 취약해졌다. 1833~1887년 덴포 기근으로 일부 지역에서는 인구의 3~4%가 목숨을 잃기도 했다. 하지만 [그림 28]의 시간선에도 나타나듯 나머지 대부분의 기간에는 기근이 발생하지 않았다. 일본의 인구는 꾸준히 증가하더니 점차 가속화됐고 1500년부터 1700년 사이 두 배로 늘어, 최소 2,700만 명에 이르렀다. 그 이후 인구는 아주 천천히 증가했다. 쇼군이 통치하던 에도시대 후기에 특히 그랬다. 외부로부터 들어오는 영향을 전국적으로 막던 시기였다. 적절한 무역 허가를 받지 못했다면, 다시 말해 네덜란드 동인도회사 소속이 아니라면 모든 외국 선박은 '대포를 쏴서' 격퇴하라는 칙령이 1825년 내려졌다. 1822년 콜레라가 창궐한 이후 시행된 조치인데 이로 인해 인구도 줄었다. 여기서 사용한 데이터에도 이런 감소가 분명하게 나타나며 시간선상에서도 볼 수 있다. 하지만 당시 콜레라가 얼마나 심각했는지에 대해선 명확한 증거를 찾아보기 어렵다. 우리의 미래만큼이나 과거에 대해서도 제대로 알지 못하는 경우가 허다하게 널려 있다.

1868년 왕정복고를 이룬 메이지시대에 이르러 일본의 인구 가속화가 다시 시작됐다. 1891년 노비 지진(미노-오와리 지진)으로 화재가 나고 많은 사상자를 내면서 슬로다운이 찾아왔다.[25] 제1차 세계대전 동안 도쿄에 군대가 주둔하면서 인플루엔자를 퍼뜨렸다. 또 전쟁 전에 동원령이 내려지면서 약간의 인구 슬로다운을 가져왔다(그만큼 출산이 줄었기

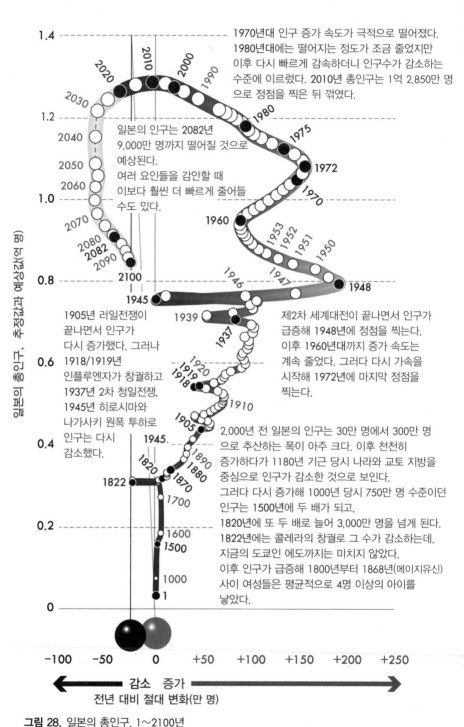

1970년대 인구 증가 속도가 극적으로 떨어졌다. 1980년대에는 떨어지는 정도가 조금 줄었지만 이후 다시 빠르게 감소하더니 인구수가 감소하는 수준에 이르렀다. 2010년 총인구는 1억 2,850만 명으로 정점을 찍은 뒤 꺾였다.

일본의 인구는 2082년 9,000만 명까지 떨어질 것으로 예상된다. 여러 요인들을 감안할 때 이보다 훨씬 더 빠르게 줄어들 수도 있다.

제2차 세계대전이 끝나면서 인구가 급증해 1948년에 정점을 찍는다. 이후 1960년대까지 증가 속도는 계속 줄었다. 그러다 다시 가속을 시작해 1972년에 마지막 정점을 찍는다.

1905년 러일전쟁이 끝나면서 인구가 다시 증가했다. 그러나 1918/1919년 인플루엔자가 창궐하고 1937년 2차 청일전쟁, 1945년 히로시마와 나가사키 원폭 투하로 인구는 다시 감소했다.

2,000년 전 일본의 인구는 30만 명에서 300만 명으로 추산하는 폭이 아주 크다. 이후 천천히 증가하다가 1180년 기근 당시 나라와 교토 지방을 중심으로 인구가 감소한 것으로 보인다. 그러다 다시 증가해 1000년 당시 750만 명 수준이던 인구는 1500년에 두 배가 되고, 1820년에 또 두 배로 늘어 3,000만 명을 넘게 된다. 1822년에는 콜레라의 창궐로 그 수가 감소하는데, 지금의 도쿄인 에도까지는 미치지 않았다. 이후 인구가 급증해 1800년부터 1868년(메이지유신) 사이 여성들은 평균적으로 4명 이상의 아이를 낳았다.

일본의 총인구, 추정값과 예상값(억 명)

감소 ← 증가 →
전년 대비 절대 변화(만 명)

그림 28. 일본의 총인구, 1~2100년
앙구스 매디슨 프로젝트와 『UN 세계 인구 전망 2017』의 데이터.

때문이다). 제2차 세계대전이 일어나면서 비슷한 슬로다운이 나타났다. 1945년 미국이 원자폭탄 두 발을 투하하면서 1822년 이후 처음으로 일본에서 인구가 감소했다. 이후 베이비붐이 이어졌고 1948년 정점을 찍게 되는데, 그 해에만 200만 명이 추가됐다. 여기 시간선에는 평활화 작업을 거쳤기 때문에 잘 드러나지는 않는다. 정점을 지나고 나서 출산율은 급격히 떨어졌다. 1960년 인구는 89만 명 순증하는 데 그쳤다. 그러고 나서 출산율(여성이 낳는 평균 아기의 수)이 아닌, 출생률(그해 태어나는 아기의 수)이 다시 증가했다. 1966년과는 별개로, 제2차 세계대전 베이비붐 시기에 태어난 아이들이 다시 가장 많이 아기를 낳게 된 1972년에 인구는 150만 명가량 반짝 올랐다.[26]

　1972년 이후 일본의 출생률은 다시 하락에 하락을 거듭한다. 처음에는 빠르게 떨어지다가 2009/2010년까지는 그래도 조금 천천히 떨어졌다. 이때 일본의 인구는 최고치를 기록한다. 1975년 여성 한 명당 낳는 아기의 평균 숫자는 2명 아래로 떨어진다. 1993년 1.5명 이하, 2003년에는 1.3명 이하가 됐다. 현재 도쿄의 출산율은 1.09명인데 지금도 계속 떨어지고 있는 중이다. 2018년 겨울, 『저팬타임스(Japan Times)』에는 이런 보도가 나왔다. "이 데이터는 출생률이 떨어지는 가운데 인구의 감소 속도도 빨라지고 있다는 것을 보여 준다. 2025년도까지 합계출산율을 1.8명으로 끌어올리겠다는 정부의 목표는 점점 더 멀어지고 있다."[27] 공무원들은 이런 식으로 특정 연도까지 출산율 목표를 잡으면서 사람들을 어떤 상품처럼 다루는 습성이 있다. 그러나 이민을 적극적으로 받아들이는 쪽으로 정책을 바꾸지 않는 한, 일본의 인구는 2065년까지 1억 명 이하로 떨어질 수밖에 없다. 2099년에는 8,500만 명 수준이 예상된다.

1970년대 초반 이후 일본 여성들이 하게 됐던 것들을 이젠 인도 대륙의 여성들도 모두 할 수 있게 됐다. 피임이나 낙태뿐 아니라 교육의 기회도 늘었다. 남성들의 여성에 대한 인식도 높아졌다. 자식들이 성인으로 자라면 부모보다 오래 살 거라는 점도 분명히 알게 됐다. 아직까지는 출산율이 높지만, 이런 나라에서 일본이 50여 년 전 겪었던 일들이 일어나지 말라는 법이 없다. 더 빨리 일어날 수도 있다. 1970년 당시 일본은 15세 이하 인구가 전체의 4분의 1을 차지했다. 지금 바로 인도 인구의 4분의 1이 어린이다.

유라시아 전체에서의 슬로다운

유라시아 나머지 지역은 어떨까? 아시아와 유럽의 경계선은 의미 없는 선이다. 두 대륙이 분리된 대륙이 아니니 말이다. 그렇다면 이번에는 영국제도나 인도 대륙, 중국, 일본을 제외한 나머지 유라시아 지역에 대해 생각해 보자. 그러니까 이 장에서 다루지 않은 광대한 대륙의 대부분 지역에 대한 이야기다. [그림 29]의 시간선에는 이제 익숙한 모습이 그려진다. 처음에는 중요한 인구 변화가 거의 없는 것처럼 보인다. 하지만 이는 당시 인구변화율이 미미하기 때문에 그런 것뿐이다. 이 때문에 아무리 좋은 데이터를 확보했다 하더라도 로그-로그 척도를 사용하지 않고는 뚜렷한 변화를 나타낼 수 없는 것이다.

1820년 이후, 나머지 유라시아 지역은 인구 증가에서 있어서 소폭의 가속이 시작됐다. 그러다 전쟁이 발발하고 인플루엔자가 퍼지면서 속도는 멈췄고 1918년 역성장으로 돌아섰다. 그렇지만 1920년 다시 가속이 시작됐다. 그러다 또 제2차 세계대전으로 주춤하게 되고, 이후 베이비붐이 찾아온다. 사망률이 떨어지면서 인구가 엄청나게 증가하면서 1965년 10억 명이던 총인구는 2025년 무렵 20억 명까지 늘어나게 된다. 정점을 찍는 것은 2060년이 되어서다. 2100년까지 인구는 40년 동안 감소하면서 다시 20억 명 수준이 될 것이다. 항상 그랬듯 UN의 2017년 추계에는 일본이 겪고 있는 급격한 슬로다운을 반영하고 있지 않다. 그러면서 앞으로 그럴 것이라고 예상되는 것보다, 그리고 최근 몇 년 동안 실제 겪고 있는 것보다 상당히 부드러우면서도 느리게 변화가 진행될 거라고 보고 있다. 과거의 전례를 살펴보면 슬로다운이 전쟁이나 기근, 전염병으로 인한 게 아닌 경우, 가속이 진행됐다.

[그림 29]의 시간선에서 움푹 들어간 부분은 2000년이다. 1975년 즈음 있었던 초기 출산 감소(baby slump)의 메아리 효과다. 이들 역시 제2차 세계대전 이후 1차 베이비붐이 끝났을 때 태어난 이들의 메아리였다. 하지만 놀라운 부분은 지난 21세기 동안 유라시아 대륙 안에서 상대적인 인구분포가 매우 일정했다는 점이다. 현재 국경을 기준으로 나눴을 때, 첫해에 인구가 가장 많았던 상위 10개국은 러시아(750만 명), 이탈리아(700만 명), 터키(610만 명), 프랑스(500만 명), 스페인(450만 명), 이란(400만 명), 독일(300만 명), 인도네시아(280만 명), 필리핀(240만 명), 그리스(200만 명) 등이었다. 1820년 들어 폴란드와 한국이 톱 10에 들어갔고 이란과 그리스가 빠졌다. 2020년 현재 인도네시아가 (2억 7,200만 명)으로 1위를 차지할 것이며 이란이 다시 톱 10에 들어갈 것이다. 베트남과 태국, 미얀마가 새로 진입하면서 스페인과 폴란드, 한국이 밀려나게 된다. 물론 상당히 큰 변화이지만 극적이라고까지는 볼 수 없다.

요약하자면, 오늘날에도 유라시아 대륙의 사람들은 2,000년 전 그랬

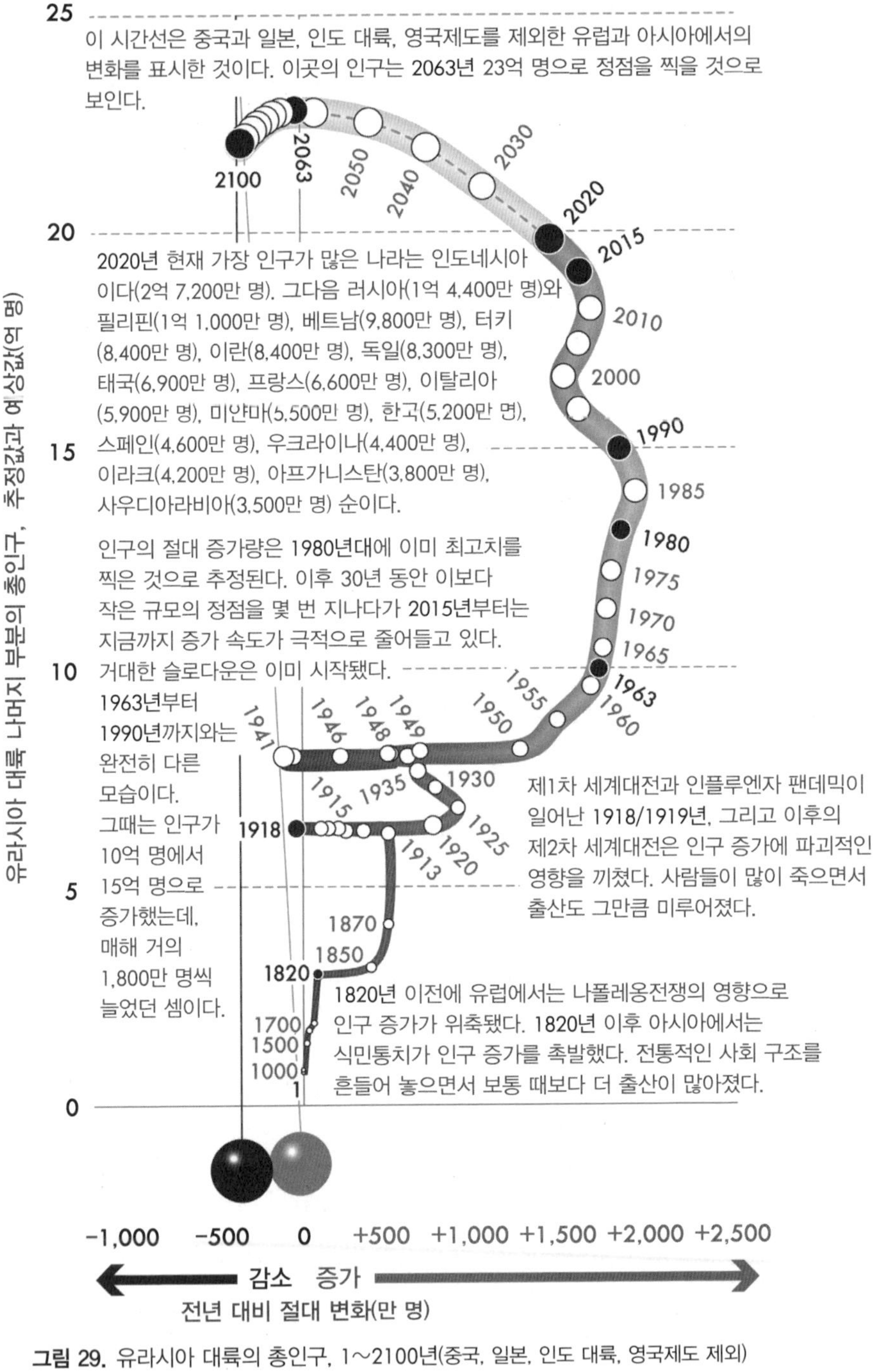

이 시간선은 중국과 일본, 인도 대륙, 영국제도를 제외한 유럽과 아시아에서의 변화를 표시한 것이다. 이곳의 인구는 2063년 23억 명으로 정점을 찍을 것으로 보인다.

2100 2063 2050 2040 2030 2020 2015 2010 2000 1990 1985 1980 1975 1970 1965 1963 1960 1955 1950 1949 1948 1946 1941 1935 1930 1925 1920 1915 1918 1913 1870 1850 1820 1700 1500 1000 1

2020년 현재 가장 인구가 많은 나라는 인도네시아이다(2억 7,200만 명). 그다음 러시아(1억 4,400만 명)와 필리핀(1억 1,000만 명), 베트남(9,800만 명), 터키(8,400만 명), 이란(8,400만 명), 독일(8,300만 명), 태국(6,900만 명), 프랑스(6,600만 명), 이탈리아(5,900만 명), 미얀마(5,500만 명), 한국(5,200만 명), 스페인(4,600만 명), 우크라이나(4,400만 명), 이라크(4,200만 명), 아프가니스탄(3,800만 명), 사우디아라비아(3,500만 명) 순이다.

인구의 절대 증가량은 1980년대에 이미 최고치를 찍은 것으로 추정된다. 이후 30년 동안 이보다 작은 규모의 정점을 몇 번 지나다가 2015년부터는 지금까지 증가 속도가 극적으로 줄어들고 있다. 거대한 슬로다운은 이미 시작됐다.

1963년부터 1990년까지와는 완전히 다른 모습이다. 그때는 인구가 10억 명에서 15억 명으로 증가했는데, 매해 거의 1,800만 명씩 늘었던 셈이다.

제1차 세계대전과 인플루엔자 팬데믹이 일어난 1918/1919년, 그리고 이후의 제2차 세계대전은 인구 증가에 파괴적인 영향을 끼쳤다. 사람들이 많이 죽으면서 출산도 그만큼 미루어졌다.

1820년 이전에 유럽에서는 나폴레옹전쟁의 영향으로 인구 증가가 위축됐다. 1820년 이후 아시아에서는 식민통치가 인구 증가를 촉발했다. 전통적인 사회 구조를 흔들어 놓으면서 보통 때보다 더 출산이 많아졌다.

25
20
15
10
5
0

유라시아 대륙 나머지 부분의 총인구, 추정값과 예상값(억 명)

-1,000 -500 0 +500 +1,000 +1,500 +2,000 +2,500

◀ 감소 증가 ▶
전년 대비 절대 변화(만 명)

그림 29. 유라시아 대륙의 총인구, 1~2100년(중국, 일본, 인도 대륙, 영국제도 제외) 앙구스 매디슨 프로젝트와 『UN 세계 인구 전망 2017』의 데이터.

던 것처럼 강줄기를 따라 같은 장소에서 살고 있다. 큰 차이점이라면 사람들이 사는 곳은 바뀌지 않았는데, 당시 한 명이 살았던 장소에 지금은 30명이 살고 있다는 점이다. 그런데 앞으로 펼쳐질 변화는 지난 세월 겪었던 것보다 더 극적이다. 이 '유라시아의 나머지 지역'에 지금 10명이 살고 있다면 2100년에는 11명이 살게 될 것으로 예상된다. 다음 80년 동안 불과 10%만 증가하는 셈이다. 그때가 되면 가장 인구가 많은 10개 국도 〈표 6〉과 같이 될 것이다.

2100년쯤 인도네시아의 인구는 2009년 미국 수준이 될 것이다. 필리핀 인구는 1999년의 브라질을 따라잡을 것이다. 이라크 인구는 지금의 파키스탄보다 적어질 것이고, 러시아 인구는 1963년 수준으로 되돌아갈 것이다. 그렇다면 당신이 지금 걱정하고 있는 것은 무엇인가? 앞으로

표 6. 2100년 기준 유라시아에서 가장 인구가 많아질 국가
(중국, 일본, 영국제도, 인도 대륙 제외)

인구수(명)	국가
3억 600만	인도네시아
1억 7,300만	필리핀
1억 5,600만	이라크
1억 2,400만	러시아연방
1억 700만	베트남
8,500만	터키
7,400만	프랑스
7,200만	이란
7,100만	독일
7,000만	아프가니스탄

출처: UN 경제사회국, 『UN 세계 인구 전망 2017』, https://www.un.org/develop-ment/desa/publications/world-population-prospects-the-2017-revision.html.

80년 동안 UN의 2017년 예상대로 인구가 증가한다고 해도 말이다.

우리가 인구 증가를 걱정한다고 할 때 정작 걱정을 하는 대목은 성장이 아니라 죽음이다. 사람들이 너무 많아져서 기근이 생길 것이라는 걱정이다. 이런 걱정은 기근이 너무 많은 사람들 때문에 생기는 게 아니라 정치 때문에 발생한다는 사실을 아직까지 깨닫지 못하기 때문에 하는 것이다. 이와 함께 우리는 인구 증가가 대규모 이민을 촉발할까 봐 걱정한다. 이 역시 앞으로 이주민의 수요가 엄청나게 커질 것이며, 이주자가 너무 많아질 것보다는 오히려 너무 적어지는 것을 근심해야 한다는 큰 그림을 이해하지 못하고 있기 때문에 하는 걱정이다. 또 '너무 사람들이 많아지면' 전쟁이 일어날 것이라고도 생각한다. 하지만 전쟁을 일으키는 것은 아주 소수의 남자들이다. 그리고 안타깝게도 전쟁을 멈추기까지는 많은 사람들의 희생이 필요하다. 사람들이 너무 많아지면 새로운 질병이 퍼질 수 있다고도 걱정한다. 이것은 인구가 아주 적었을 때도 얼마나 치명적인 질병이 존재했는지 잊고 하는 말이다.

우리는 두려움에 대한 공통된 기억을 가지고 있다. 흑사병은 1350년 무렵 유럽 인구 전체의 33%에서 60%까지의 목숨을 앗아 갔던 것으로 추정된다. 이 특정 감염병으로 인해 전 세계 인구가 적게는 1억 명에서 4억 5,000만 명 정도까지 줄었을 것으로 추측된다. 지구상의 인류가 이전의 인구수를 회복하는 데 두 세기가 걸렸다. 그런데 감염병은 또 다시 발생했다.

〈표 6〉이 틀릴 수도 있다. 제3차 세계대전이나 또 다른 팬데믹이 발생한다면 완전히 틀린 게 될 수 있다. 그와 유사한 사건들 때문에 또 이 〈표〉가 틀리게 될 수도 있다. 그런데 가장 많이 틀릴 것 같은 것은 이라크와 아프가니스탄이다. 인구가 좀처럼 증가하지 않아 다시는 톱 10 그

룹에 들지 못할 것이라는 추정이다. 일부 나라들의 인구가 더 빠르게 줄 수도 있다. 일부 국가들은 더 이상 지금과 같은 국경을 유지하지 않은 채, 국경 자체가 이름만 남고 사라질 수도 있다. 머지않아 독일과 프랑스, 다른 유럽 본토 국가들의 국경이 지금 영국의 머시아(Mercia)와 웨섹스(Wessex) 사이 경계 정도의 의미가 될 수도 있다.

오세아니아와 남북 아메리카 대륙의 슬로다운

이 지구상에서 아직 우리가 다루지 않은 두 광활한 지역이 오세아니아와 아메리카 대륙(이 장 첫머리에서 다룬 미국은 제외)이다.

정복되기 전 오세아니아의 인구는 50만 명 정도였던 것으로 추정되는데, 1년부터 1770년까지 상당히 안정되면서도 천천히 증가를 해 왔다. 그러다 영국의 제임스 쿡(James Cook) 선장과 선원들이 보타니만(Botany Bay)에 발을 내디뎠다. 이 끔찍한 만남 이후, 태평양의 다른 작은 섬들에도 수백만 명의 불청객들이 들이닥치게 된다. 그러면서 인구의 5분의 1이 사망했다. 1820년 오세아니아의 총인구는 53만 9,000명까지 줄었다. 그 이후에도 인구는 계속 감소했다. 어디서 들었던 이야기가 계속 반복되는 것처럼 느낄 수 있다. 실제 그랬기 때문이다.

그들이 발 딛는 곳마다 큰 혼란이 일어났다. 오세아니아에 있던 사람들은 외지인이 가지고 온 균에 취약했고 결국 굴복하게 된다. 이뿐 아니라 다른 식민통치자들이 자신들의 사회 질서를 도입하면서, 수천 개의 작은 섬들마다 안정적으로 유지해 온 사회 시스템이 무너졌다. 뒤이어 호주나 뉴기니, 뉴질랜드 등을 구성하고 있는 일부 큰 섬에서는 엄청나게 인구가 폭증했다.

1840년에는 유럽에서 오세아니아로 들어오는 이주자들의 증가 속도가 빨라졌다. 자발적으로 오는 이도 있었지만 강제로 오는 이들도 있었다. 유입되는 숫자가 질병이나 기아, 직접적인 박해로 사망하는 숫자를 뛰어넘었다. 1852년 오세아니아의 인구는 두 배로 늘어 100만 명이 됐다. 1851년 시작된 골드러시로 증가 속도는 더 빨라졌다. 1864년 200만 명이 됐고, 1877년에는 300만 명을 기록했다. 골드러시는 여기서 다 기록하기 힘들 정도로 자주 일어났다. 1885년에는 400만 명에 이르렀고 대부분 호주에 모여 살았다. 그리고 1893년 인구는 500만 명이 됐다. 결국 1829년부터 1885년까지 56년에 불과한 기간 동안 인구가 10배로 증가한 셈이다. 당시 인구는 통제 불능의 상태로 가속화했던 또 다른 전형적인 사례가 됐다. 다만 이 기간이 [그림 30]의 시간선에서 크게 눈에 띄지 않는 것은 당시 총인구가 여전히 아주 작은 수준이었기 때문이다.

제1차 세계대전과 제2차 세계대전은 대부분 거의 지구 반대편에서 일어났지만 오세아니아의 인구에도 비슷한 타격을 주었다. 남자들이 이 역만리에서 싸우면서 많은 수가 사망했다. 대부분은 징병제도가 없는 상태에서 입대가 이루어졌다. 호주의 경우도 1942년이 되어서야 징병제가 도입됐다. 전쟁이 끝난 뒤 베이비붐이 일었는데, 이때 유입되는 이주자 수가 더 많았다. 대부분이 영국으로부터였고, 유럽의 다른 지역이나 중국에서 오는 이들도 많았다. 베이비붐이 지나간 뒤 1989년 가속이 정점에 이르렀다. 저 멀리 유럽에서는 베를린 장벽이 무너지고 철의 장벽이 사라졌다. 2008년 케빈 러드(Kevin Rudd, 당시 호주 총리)는 그동안 논란이 됐던 마누스(Manus)섬과 태평양의 작은 나라인 나우루(Nauru)에 있는 이민자 수용시설을 폐쇄한다고 발표했다. 또 앞으로 있을 난민들

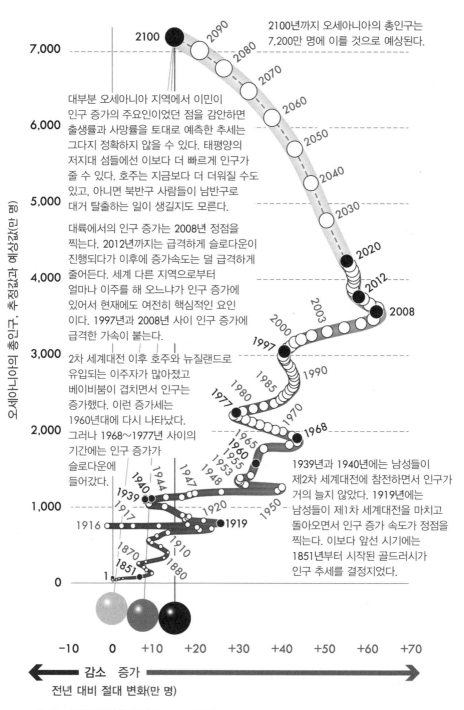

2100년까지 오세아니아의 총인구는 7,200만 명에 이를 것으로 예상된다.

대부분 오세아니아 지역에서 이민이 인구 증가의 주요인이었던 점을 감안하면 출생률과 사망률을 토대로 예측한 추세는 그다지 정확하지 않을 수 있다. 태평양의 저지대 섬들에선 이보다 더 빠르게 인구가 줄 수 있다. 호주는 지금보다 더 더워질 수도 있고, 아니면 북반구 사람들이 남반구로 대거 탈출하는 일이 생길지도 모른다.

대륙에서의 인구 증가는 2008년 정점을 찍는다. 2012년까지는 급격하게 슬로다운이 진행되다가 이후에 증가속도는 덜 급격하게 줄어든다. 세계 다른 지역으로부터 얼마나 이주를 해 오느냐가 인구 증가에 있어서 현재에도 여전히 핵심적인 요인이다. 1997년과 2008년 사이 인구 증가에 급격한 가속이 붙는다.

2차 세계대전 이후 호주와 뉴질랜드로 유입되는 이주자가 많아졌고 베이비붐이 겹치면서 인구는 증가했다. 이런 증가세는 1960년대에 다시 나타났다. 그러나 1968~1977년 사이의 기간에는 인구 증가가 슬로다운에 들어갔다.

1939년과 1940년에는 남성들이 제2차 세계대전에 참전하면서 인구가 거의 늘지 않았다. 1919년에는 남성들이 제1차 세계대전을 마치고 돌아오면서 인구 증가 속도가 정점을 찍는다. 이보다 앞선 시기에는 1851년부터 시작된 골드러시가 인구 추세를 결정지었다.

그림 30. 오세아니아의 총인구, 1~2100년

앙구스 매디슨 프로젝트와 『UN 세계 인구 전망 2017』의 데이터.

을 크리스마스섬에서 처리하는 방안을 함께 내놓았다.[28] 그해 인구 증
가의 가속이 그쳤지만, 이런 조치들 때문은 아니었다. 숫자에 영향을 주
기에는 난민 숫자가 워낙 적었다. 가속이 끝난 것은 베이비붐 세대의 메
아리가 끝났기 때문이었다.

UN의 예측이 옳다면 2100년에 오세아니아는 여전히 세계에서 차지
하는 인구 비중이 극히 작은 곳으로 남아 있을 것이다. 7,200만 명 정
도, 지구 전체로 보면 155명당 한 명꼴로 이곳에 살고 있을 것이다. 하
지만 미래의 상황은 언제든 달라질 수 있다. 오세아니아의 저지대 섬들
은 2100년 무렵이면 바다 밑으로 가라앉을 수도 있다. UN은 이 부분까
지는 계산에 넣지 않았다. UN은 그런 섬들에도 여전히 사람들이 살고
있을 것이라고 예상했다. 아마도 바다 밑에 사는 게 될 텐데도 말이다.
그러면서도 다른 넓은 섬들의 텅 빈 광활한 공간은 채워지지 않은 채 남
아 있을 것이라고 전망했다. 또 호주와 뉴질랜드의 편견과 수많은 인
종차별적인 이민법안들 역시 앞으로 계속 남아 있을 것이라고 예상한
다. 또 UN은 공식적으로 서파푸아의 독립이 앞으로도 절대 인정되지
않을 것이며, 폭력 사태가 끝나 안정이 찾아오는 일도 없을 거라고 보고
있다.

마지막으로, 아메리카 대륙은 어떤가? (여전히 가속화되고 있는) 미국
을 제외하면, 총인구 면에서 완전히 다른 그림이 펼쳐진다. 아마도 이
제는 상당히 익숙해진 그림일 것이다. [그림 31]의 시간선을 보면 커다
란 물음표 모양의 슬로다운 양상이 다시 한번 나타난다. 다만 이 시간
선에는 초기 아메리카 대륙이 겪은 재앙이 명확하게 드러나지 않는다.
2,000년 전 570만 명이었던 인구는 1000년에 1,160만 명으로 늘었고

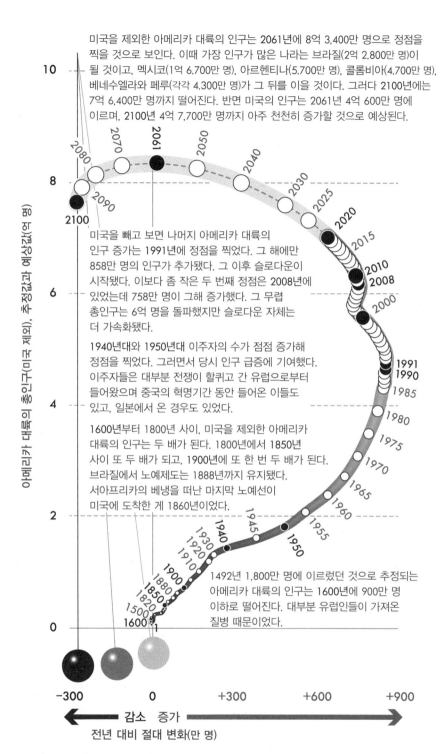

미국을 제외한 아메리카 대륙의 인구는 2061년에 8억 3,400만 명으로 정점을 찍을 것으로 보인다. 이때 가장 인구가 많은 나라는 브라질(2억 2,800만 명)이 될 것이고, 멕시코(1억 6,700만 명), 아르헨티나(5,700만 명), 콜롬비아(4,700만 명), 베네수엘라와 페루(각각 4,300만 명)가 그 뒤를 이을 것이다. 그러다 2100년에는 7억 6,400만 명까지 떨어진다. 반면 미국의 인구는 2061년 4억 600만 명에 이르며, 2100년 4억 7,700만 명까지 아주 천천히 증가할 것으로 예상된다.

미국을 빼고 보면 나머지 아메리카 대륙의 인구 증가는 1991년에 정점을 찍었다. 그 해에만 858만 명의 인구가 추가됐다. 그 이후 슬로다운이 시작됐다. 이보다 좀 작은 두 번째 정점은 2008년에 있었는데 758만 명이 그해 증가했다. 그 무렵 총인구는 6억 명을 돌파했지만 슬로다운 자체는 더 가속화됐다.

1940년대와 1950년대 이주자의 수가 점점 증가해 정점을 찍었다. 그러면서 당시 인구 급증에 기여했다. 이주자들은 대부분 전쟁이 할퀴고 간 유럽으로부터 들어왔으며 중국의 혁명기간 동안 들어온 이들도 있고, 일본에서 온 경우도 있었다.

1600년부터 1800년 사이, 미국을 제외한 아메리카 대륙의 인구는 두 배가 된다. 1800년에서 1850년 사이 또 두 배가 되고, 1900년에 또 한 번 두 배가 된다. 브라질에서 노예제도는 1888년까지 유지됐다. 서아프리카의 베냉을 떠난 마지막 노예선이 미국에 도착한 게 1860년이었다.

1492년 1,800만 명에 이르렀던 것으로 추정되는 아메리카 대륙의 인구는 1600년에 900만 명 이하로 떨어진다. 대부분 유럽인들이 가져온 질병 때문이었다.

그림 31. 아메리카 대륙의 총인구(미국 제외), 1~2100년

총인구는 첫해 600만 명, 1000년 1,200만 명, 1500년 1,800만 명. 1600년에 총인구가 900만 명으로 감소하여 이 그래프에는 드러나지 않음. 앙구스 매디슨 프로젝트와 『UN 세계 인구 전망 2017』의 데이터.

1500년에는 1,780만 명이 됐다. 그러다 1600년, 인구의 절반 이상이 줄어 890만 명이 된다. 이 정도의 변화가 있으려면 10% 수준의 인구 감소가 불과 100년 안에 일곱 번 이상 있어야 한다. 이런 일이 실제로 일어났다. 모든 것을 뒤바꿔 놓았던 바로 그 사건 직후였다. 그것은 콜럼버스가 대양을 가로질러 항해했던 1492년이다. 이후 스페인과 포르투갈이 아메리카 대륙에 대한 통치에 들어가고 아프리카로부터 노예를 들어오면서 아메리카 대륙의 인구는 천천히 회복되었다. 1700년에는 인구가 1,230만 명으로 증가했다. 그런데 영국 식민지였던 카리브해의 나머지 섬들, 지금의 캐나다 지역, 그리고 지금은 벨리즈(Belize)인 과거 영국령 온두라스 등은 이번 대상에서 빠졌다. [그림 31]부터는 나중에 결국 미국 영토가 되는 과거 영국 식민지 13곳도 제외했다.

1800년 아메리카 대륙의 나머지 지역들은 결국 예전 수준의 인구를 회복했다. 콜럼버스 이전인 300년 전의 수준이다. 1820년에 인구는 2,290만 명에 이르고 1880년에 두 배가 돼 5,200만 명에 이른다. 그러고는 1930년에 1억 2,100만 명을 기록한다. 그러다 경기침체가 미국과 유럽, 그리고 일본과 중국에까지 닥치면서 새로운 이주자들이 밀려들었고, 예전보다 더 큰 가속이 시작됐다. [그림 31]의 시간선에서 1940년에서 1980년 사이 오목하게 들어간 부분은 감속하는 가속이 어떤 것인지 보여 주는 거의 완벽한 사례다. 1960년에는 인구가 두 배로 늘어 2억 4,200만 명이 됐고, 1991년에 4억 8,400만 명이 됐다. 1991년 역시 가속이 최고조에 이르렀던 해이다. 앞으로 인구가 정점을 찍을 것으로 보이는 해는 2060년이다. 미국을 제외한 아메리카 대륙의 인구는 8억 3,400만 명이 될 것으로 예상된다. 그러고는 다른 모든 지역들과 마찬가지로 인구는 점점 줄어들게 된다. 예상보다 더 일찍, 더 빠르게 떨어질지도 모른다. 예기치 못한 큰 재난이 일어나지 않는 한, 그런 상황은 불가피하다고 봐야 한다. 그제야 사람들은 자신들의 어리석음, 근시안적인 행동들을 후회하게 될 것이다. 하지만 미래에도 이런 집단적인 멍청함은 피할 수 없는 것일까? 전쟁은 악한 것이라고, 사람들에게는 이를 피할 권리가 있다고 가르친다면 기아를 몰아낼 수 있다. 질병을 치료할 수 있게 되고 예방할 수 있게 된다. 또 여성들은 자신이 아이를 낳을지, 낳는다면 언제 낳을지를 결정할 권리도 가질 수 있게 된다.

마지막으로 세계에서 살펴봐야 할 지역이 네 곳 남았다. 먼저 하늘의 인구다. 지금도 여전히 증가하고 있어 2018년 기준으로 130만 명에 이르렀다. 즉, 20만 대의 비행기가 떠다니고 있다는 말이다. 또 하나는 선박 위의 인구인데, 이는 아직 제대로 계산되지 않았다. 나머지는 남극 대륙의 인구, 그리고 우주의 인구다.[29] 남극을 집으로 삼고 있는 사람은 겨울철에 1,000명 이하, 여름철에 4,000명 남짓이다. 국제우주정거장의 인구는 2009년 13명으로 정점을 찍었다.[30] 우리가 인구 시한폭탄에서 벗어나기 위해 우주로 이주하는 일은 없을 것이다. 지구 주변에 딱히 갈 만한 곳이 없어서만은 아니다. 인구 시한폭탄이라는 것 자체가 없을 것이기 때문이다. 인구 시한폭탄은 그동안에도 존재한 적이 없었다. 거듭 강조하지만 이번 장에서 인용한 예상값은 UN이 2017년 "가장 유력하다"라고 한 추정값이다. 그리고 UN이 2019년 업데이트하면서 이 숫자들 거의 대부분을 조금씩 줄였다. 게다가 이렇게 공식적으로 축소한 수정값보다 세계 인구는 더 빠르게 슬로다운이 진행될 거라는 증거도 많다.

제8장

출산율
역대급 슬로다운

시간은 흘러가고, 코호트 내의 사람들은 늙어 간다. 과학자들은 다음 자료 수집에 들어가는데, 그러면 코호트에 대한 새로운 발견이 쏟아져 나온다.

– 헬렌 피어슨(Helen Pearson), 2016년

신약 개발이나 역학조사 면에서 세대 간에 어떤 변화가 있는지 팩트를 알아내기 위해 수천 명 혹은 수백만 명으로 이루어진 코호트(cohort)를 활용하는 사례가 점점 늘고 있다. 영국 의사들은 (1950년대부터 시작한) 코호트 연구를 통해 담배가 가져오는 복합적인 부작용을 우연히 발견할 수 있었다. 오늘날에는 그런 충격적이면서도 중요한 발견들을 빠르게 해낼 수는 없다. 지금 우리는 세계나 글로벌 정치가 급변한다고 있다고 느끼지만, 실제로는 어느 것도 예전처럼 그렇게 빠르게 변하지 않고 있다. 지금 엄청나게 많은 과학적 연구가 진행되고 있어도, 우리는 더 이상 자신에 대해 방대한 학습을 하지 못하고 있다. 물론 지금도 배우고 있는 양은 상당하지만, 예전처럼 그렇게 방대하지는 않다. 나처럼 대학에서 일하고 있는 사람들은 위대한 발견 이후에도 계속 위대한 발견을 하고 있다고 말해야 할 것 같은 의무감을 느낀다. 경제적으로 불평

등한 나라일수록 이렇게 하는 게 맞을 수도 있다. 개인 연구자들이나 과학 저널이 그러는 것처럼 대학들도 뭔가 특별한 존재인 것처럼 포장을 해야 하기 때문이다. 책을 팔기 위해서는 뭔가 새로운 메시지가 있다고 말할 수 있어야 한다. 그러나 빠른 속도로 무언가를 발견하던 시대는 이미 지났다.

우리는 아주 흥미로울 정도로 예외적인 시대에 살고 있다. 이제 너무나 많은 것들이 너 이상 빠르게 번하지 않고 있기 때문이다. 가끔은 슬로다운이 어떤 저주인 것처럼 언급되지만 그럴 이유가 없다. 오히려 우리 자신을 되돌아 볼 기회가 될 수 있다. 슬로다운은 임금 상승이나 혁신, 소비 등 모든 면에서 일어나고 있다. 무엇보다도 사람들 사이에서 슬로다운이 가장 두드러진 것은 출산이다. 지금 직면하고 있는 슬로다운은 우리가 행복하게 살아남기 위해 꼭 필요한 것이다. 어쩌면 자본주의의 종말이 시작되는 시점에 살고 있다는 사실은 행운일 수 있다. 아니면 적어도 최근까지 자본주의가 작동하던 방식이 끝나는 시점일 수도 있겠다. 우리는 무한 성장이 끝나는 지점에 와 있다. 그런데도 슬로다운을 반갑게 맞이하기는커녕, 그게 어떤 의미인지조차 알아채지 못하고 있다.

엄청나게 몸집을 키우던 자본주의의 소용돌이 속에서 살아온 이들은 전 세계적으로 지난 다섯 세대에 불과하다(이들 세대는 〈표 7〉(p. 310)에서 설명했다). 이 시대에는 개인의 이익을 가장 중요시했고, 각 세대의 믿음과 생존의 기회, 삶의 기준 같은 것들이 쓰나미급의 변화를 겪었다. 그 시대 이전에는 전 세계의 대부분 사람들이 부모님 세대와 비슷한 삶을 살았다. 부모와 같은 혹은 비슷한 일을 하고 비슷한 생활방식을 유지했으며 같은 믿음을 가졌다. 맞닥뜨리는 위험도 비슷했다. 인류 역사 전

슬로다운

체를 두고 봐도 경제적 이익이 좀 줄었다고 해서, 한 장소가 버려진다고 해서 마을 전체 혹은 도시나 국가 전체가 갑자기 전혀 다른 곳으로 변하는 일은 없었다. 갑자기 엄청난 돈을 벌면서 한 마을이 도시가 될 때도 그랬다.

우리는 어느 순간 변화를 일상적인 것으로 생각하게 됐다. 옥스퍼드 주의 마을만 해도 1950년대까지 전기도 없고 가스도 공급되지 않았으며, 주민들은 대부분은 농장에서 일했다. 지금은 이곳에 런던으로 가는 고속도로 분기점이 놓여 있다. 그리고 현재 이곳의 집 한 채 값은 60년 전 마을 전체 가격보다 더 비싸다. 한때 자동차 제조와 음악으로 세계에서 가장 유명했던 미국의 한 도시를 생각해 보자. 지금은 버려진 땅, 납 성분이 검출된 수돗물 등으로 유명해져 있다. 어떤 나라를 떠올려 봐도 한 세기 전과 지금은 전혀 다른 모습이다. 이런 나라들이 지금의 세계를 이루고 있다.

부모님 세대가 누렸던 삶의 방식을 우리 아이들, 또 그 아이들의 아이들 역시 마주하게 될 시점에 처했다. 사회적인 쓰나미가 진정되고, 변화의 속도가 줄고, 갈등이 해소되고, 옷 입는 법이나 일하는 방식, 사는 방식, 배우는 방식이 점차 고착화되면서 그렇게 될 수 있다. 젊은 세대와 나이든 세대가 다시 한번 비슷한 일을 하고, 비슷한 휴일을 보내며, 비슷한 관점을 가지고 비슷한 것을 기대하며 살아가게 될 수도 있다. 아직은 그런 시점에 이르지 않았지만 그런 방향으로 가고 있다.

이미 지금 가장 젊은 성인층인 Y세대들은 이전 세대에 비하면 살면서 기술적인 변화를 거의 겪지 못했다. 그들 입장에선 새로운 인터넷이 등장하지도 않았고, 새로운 전력원이 나오지도 않았으며, 새로운 교통수단, 또 (다행스럽게도 아직까지 우리가 알기로는) 새로운 전쟁무기가 나오지도 않았다. 하지만 우리는 지금 기술 변화를 너무 당연하게 여기며, 그런 상황에 익숙해져 있다. 그러다 보니 기술 면에서 슬로다운이 일어나고 있다는 단순한 사실을 받아들이기 몹시 힘들어 한다. 지난 10년간 신제품이라고 나온 것들을 보면 거죽만 살짝 바꾼 게 대부분이었다. 각 사회가 부유해질수록 삶의 질이 조금씩 개선되는 것은 그다지 중요한 일이 아닌 게 된다. 기술적으로 진보한다고 해서 우리가 얻을 수 있는 것노 점점 줄고 있는 모습이다. 이런 현상은 앞으로 아주 일반적인 일이 되어서 따로 이야기할 필요조차 없게 될 것이다.[1]

슬로다운이 일어나기 직전 가장 급격하게 변한 것이 있다. 우리 종이 겪고 있던 극도의 희소성 문제나 극심한 고난이 줄어들기 시작한 것이다. 우리가 멸종시켰거나 멸종 직전까지 이르게 한 지구상 수많은 다른 종들이 겪은 것과는 정반대의 상황이다. 물질적으로 더 편한 삶을 살게 되고, 슬로다운이 계속 진행되고, 기술적으로 새로운 장난감이 나왔다고 해서 우리 삶은 쉽게 바뀌지 않게 됐다. 그러면서 우리가 어떤 해악을 끼치고 있는지 더 잘 알게 됐다. 부수적 피해나 외부효과뿐 아니라 정신적, 감정적 세계에서 내적인 손상이 가해지는 것도 지켜보았다. 우리는 좀 더 부드러워졌고 계급이나 사회적 관계 면에서도 그렇게 됐다. 억압이 줄어들었고, 서로에게 덜 폭력적이 됐고, 덜 계급적이 됐다. 우리는 해악을 끼치거나 파괴했던 모든 것에 대해 훨씬 더 잘 알게 된 것이다.

계급이나 위계질서는 기본적으로 희소성 때문에 발생한다. 최근의 사회적 쓰나미를 동반한 경제성장이 가져온 중요한 결과 중 하나는 사회심리학적으로 사람들이 온순해졌다는 점이다.[2] 우리가 측정할 수 있는 범위 내에 있는 각 세대들은 이전 세대와 비교해 점점 더 인내심이 많아지고, 서로를 아끼며, 덜 잔인한 쪽으로 진화했다. 왜냐하면 그렇게 할 수 있었기 때문이다.[3] 그렇다고 해서 우리가 더 행복해졌거나, 걱정을 덜 하게 된 것은 아니다. 걱정을 덜 하며 산다는 것은 기본적으로 행복의 한 요소이다. 슬프게도 아직 우리는 그 단계로 가려면 멀었다. 여전히 엄청난 불안과 불확실성에 직면하고 있기 때문이다. 게다가 탐욕을 어떻게 극복해야 하는지도 아직 익히지 못했다. 그래도 우리는 이제 부가 탐욕의 결과물이라는 점은 인지하고 있다. 어떤 능력이나 권리가 아니고 재능이나 내재적인 가치로 인한 것도 아니다.

예전 인류들과 달리 우리가 서로를 다르게 볼 수 있게 된 아주 중요한 요인이 있다. 불과 몇 세대 되지 않는 기간 동안 자손들 상당수가 유년기에 목숨을 잃을 거라고 생각하던 종에서 마침내 행복하게도 안정감을 느낄 수 있는 종으로 변화했다는 점이다. 이제는 심지어 아이를 적게 낳거나 아예 낳지 않겠다고까지 결정할 수 있는 종이 됐다. [그림 32]의 시간선은 전 세계 출산율이 얼마나 어마어마한 속도로 줄고 있는지 보여 준다. 지구상 여성들이 평균적으로 몇 명의 아이를 낳을지 보여 주는 이 숫자는 매년 집계된다. 하지만 미래에는 다른 방식으로 측정해야 할지도 모른다. 슬로다운 때문에 변화가 더 미묘해졌기 때문이다.[4]

총 출산율은 여성 한 명이 가질 것으로 보이는 아이들의 평균 숫자를 말한다. 특정 연령대에 지금의 비율이 유지된다는 가정하에 정하는 것이다. 예를 들어 1960년 초, 엘리자베스 2세 여왕은 34세였고 둘째 아들 앤드루(Andrew)를 임신 중이었다. 큰 아들인 찰스(Charles)는 열 두 살이었다. 딸 앤(Anne)은 열 살이었다. 여왕이 38세가 됐던 1964년에는 셋째 아들인 에드워드(Edward)를 가지게 된다. 그러면 그녀의 출산율은 4명이 되는 건데, 1960년 당시 글로벌 평균이던 5명보다 딱 한 명 모자라는 셈이다. 영국 왕실 가족 역시 다른 사람들과 별 다를 게 없었다. 적어도 출산율 면에서는 그랬다.

[그림 32]는 글로벌 총 출산율이 계단식으로 떨어지는 모습을 보여주는데, 슬로다운의 특징이라고 할 수 있다. 1960년대 초반에 서서히 올라가기 시작하더니 1964년에 이르러 제2차 세계대전 이후 최고치인 5.07명을 기록한다(에드워드 왕자가 태어난 해이다). 그러다 1976년 글로벌 총 출산율은 4명으로 곤두박질치더니 1992년에 3명, 2010년에 2.5명까지 떨어졌다. 이 숫자는 최근까지도 급격하게 떨어져 전 세계적으로 여성 한 명당 평균 2.4명 이하로 내려갔다. 전 세계적으로 각 지역에 따라 출산율이 상당히 다를 것이라고 생각하기 쉽다. 하지만 그건 단순히 슬로다운이 다른 지역보다 좀 일찍 시작됐는지, 아니면 더 늦게 일어났는지의 차이일 뿐이다. 지금은 분명히 전 세계적으로 슬로다운이 진행되고 있다.

앞으로 보게 되겠지만, 슬로다운에 대한 이야기는 이제 모든 지역에서 거의 비슷하게 펼쳐지고 있다. 중국에서 미국, 과테말라에서 한국, 브라질에서 동티모르까지 이어지고 있다. 대개는 각 지역별 차이를 좀 과장해서 부각시키는 경향이 있다. 그런 차이를 부풀리는 게 흥미를 끌기 때문이다. 그렇지만 이번 장에서 제시하는 도표들은 별 차이 없이 모두 감소하는 모습을 보여 주고 있다. 서로 구분을 하기 위해 (도표를 그린) 커스틴 맥클루어가 도표마다 아기를 전해주는 다른 종류의 새를, 각기 다른 위치에 그려 놓았을 뿐이다. 전 세계 상황을 나타낸 시간선에는 황새를 그렸고, 미국에는 대머리독수리, 중국에는 두루미, 니제르에는 타조, 동티모르에는 황갈색 앵무새, 과테말라에는 케트살(원주민의 머리 장식 - 옮긴이), 아이티에는 히스파니올란 트로곤(히스파니올라섬에 서식하

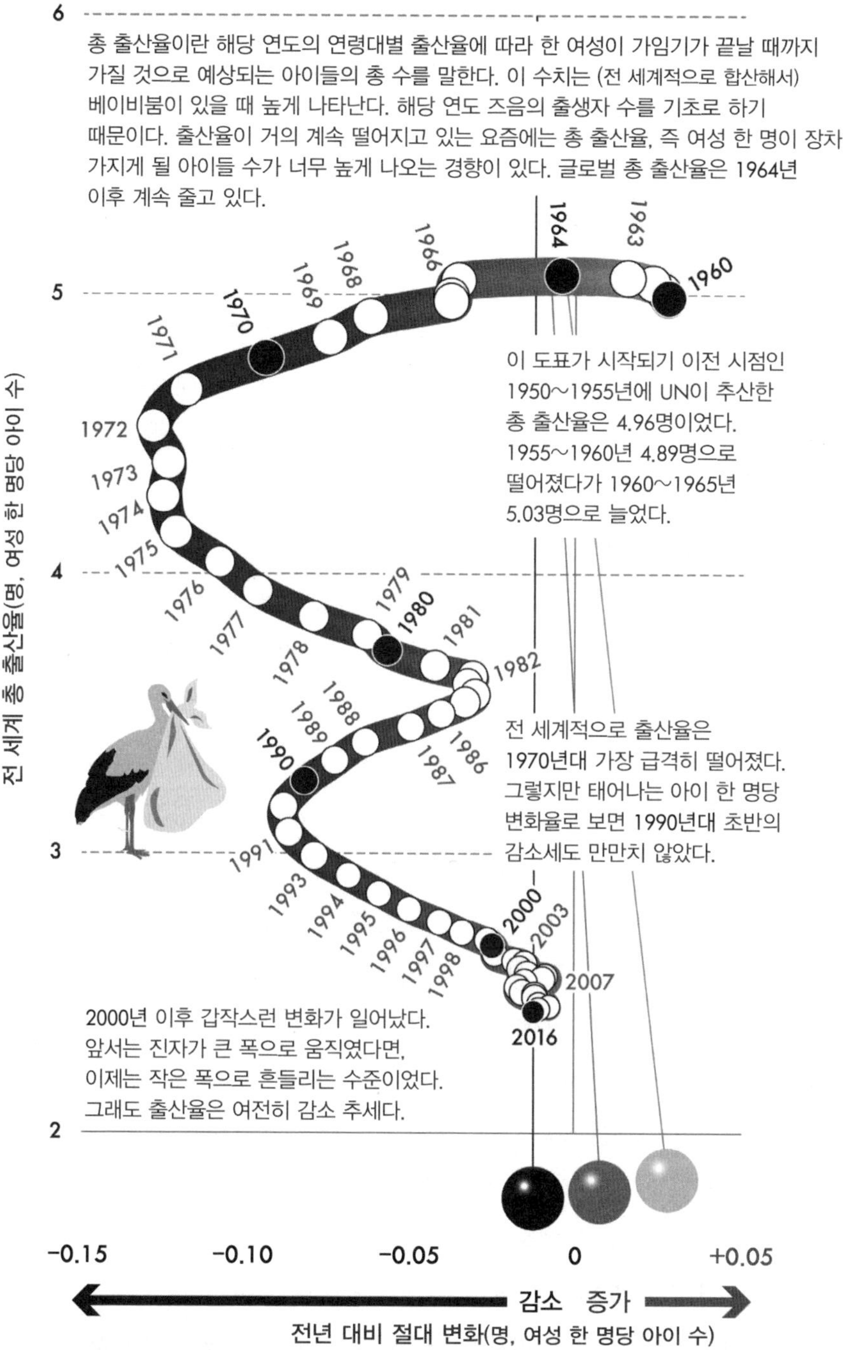
6
5
4
3
2
총 출산율이란 해당 연도의 연령대별 출산율에 따라 한 여성이 가임기가 끝날 때까지 가질 것으로 예상되는 아이들의 총 수를 말한다. 이 수치는 (전 세계적으로 합산해서) 베이비붐이 있을 때 높게 나타난다. 해당 연도 즈음의 출생자 수를 기초로 하기 때문이다. 출산율이 거의 계속 떨어지고 있는 요즘에는 총 출산율, 즉 여성 한 명이 장차 가지게 될 아이들 수가 너무 높게 나오는 경향이 있다. 글로벌 총 출산율은 1964년 이후 계속 줄고 있다.
1960
1963
1964
1966
1968
1969
1970
1971
1972
1973
1974
1975
1976
1977
1978
1979
1980
1981
1982
1986
1987
1988
1989
1990
1991
1993
1994
1995
1996
1997
1998
2000
2003
2007
2016
이 도표가 시작되기 이전 시점인 1950~1955년에 UN이 추산한 총 출산율은 4.96명이었다. 1955~1960년 4.89명으로 떨어졌다가 1960~1965년 5.03명으로 늘었다.
전 세계적으로 출산율은 1970년대 가장 급격히 떨어졌다. 그렇지만 태어나는 아이 한 명당 변화율로 보면 1990년대 초반의 감소세도 만만치 않았다.
2000년 이후 갑작스런 변화가 일어났다. 앞서는 진자가 큰 폭으로 움직였다면, 이제는 작은 폭으로 흔들리는 수준이었다. 그래도 출산율은 여전히 감소 추세다.
전 세계 총 출산율(명, 여성 한 명당 아이 수)
−0.15
−0.10
−0.05
0
+0.05
감소 증가
전년 대비 절대 변화(명, 여성 한 명당 아이 수)

그림 32. 세계의 총 출산율, 1960~2016년

세계은행 오픈 데이터. 『UN 세계 인구 전망 2017』과 다른 자료들을 바탕으로 추산한 총 출산율. https://data.worldbank.org/indicator/sp.dyn.tfrt.in.

는 비단날개새-옮긴이), 프랑스에는 수탉, 영국에는 울새, 한국에는 까치, 포르투갈에는 바루셀루스 수탉, 브라질에는 큰부리새를 그렸다. 혹시라도 이 부분을 놓칠까 봐, 새를 별로 좋아하지 않는 이들도 있겠지만 여기서 일부러 설명을 덧붙였다.

실제로 엘리자베스 여왕의 어머니인 엘리자베스 안젤라 마거리트 보우스라이언은 말을 더 좋아했다. 그녀는 1900년에 태어났다. 2002년에 사망했는데 그 오랜 세월을 사는 동안 많은 현상들이 변하는 것을 목격했다. 특히 도시는 거의 알아볼 수 없을 정도로 변했다. 여왕의 어머니는 런던에서 태어났는데 정확히 어디였는지는 알려지지 않았다. 아마도 말이 끄는 구급차를 타고 런던에 있는 병원으로 달려가던 길 위였을 수도 있다. 1901년 당시 런던은 세계에서 가장 큰 도시였다. 극심한 빈곤으로도 유명했다. 이 도시의 삶의 질이 얼마나 비참한지가 불과 몇 년 전 드러났다. 이는 찰스 부스(Charles Booth)라는 부자에 의해 밝혀졌는데, 처음에는 빈곤이 그렇게 만연하지 않다는 것을 증명해 보이려고 연구를 시작했다. 그러다 자신이 발견한 것을 두고 충격을 받게 된다.[5] 1901년 당시 대부분의 런던 사람들은 부모 세대보다 결코 나을 게 없는 조건에서 살고 있었다. 이전 세대들은 모두가 그런 건 아니더라도 상당수가 시골이나 외국에서 온 이주자들이었다. 1800년부터 1900년 사이 불과 한 세기 동안 런던의 인구는 100만 명에서 650만 명으로 증가했다. 과밀한 인구는 삶의 질을 더 나쁘게 만들었다. 오늘날 전 세계 어떤 슬럼가보다도 열악했다. 사람들은 하수구 근처에서 해충들과 함께 살아갔다. 영아사망률은 계속 최고치를 경신했고, 길고도 뜨거웠던 1905년 여름, 역대 최고 기록을 세웠다. 새로 태어나는 아이들이 너무 많이 죽다 보니 지속적으로 이민자가 필요했다. 도시를 키우기 위해서가 아니라 성인 인구수를 유지하기 위해서 그랬다.

18세기 후반, 철학자 장자크 루소(Jean-Jacques Rousseau)는 인류가 유지되려면 지구상의 여성들이 적어도 4명의 아이를 낳아야 한다고 주장했다. 당시 어린이들이 질병으로 죽을 확률과 비슷한 수준이었다. 프랑스에서도 마찬가지였다. 프랑스는 출산율이 본격적으로 감소하기 시작한 첫 나라였다. 루소는 당시 상황 변화를 보면서 영감을 받았을지도 모른다.[6] 당시에는 도시가 시골보다 훨씬 위험했다. 인구가 집중돼 있는 곳에서 질병이 훨씬 쉽게 전파될 수 있기 때문이다. 20세기가 시작될 무렵, 자기 아이 2명이 살아남아서 계속 자손을 보려면 적어도 4명의 아이를 낳아야 했다. 지금은 그래도 위생이 개선되고 세균에 대해 밝혀진 이론을 사람들이 받아들이면서 영아사망률은 상당히 떨어졌다. 오늘날 중국의 경우, 시골보다 도시에서 태어나는 게 더 안전하다. 중국 도시 지역의 아기는 태어난 첫해 사망에 이를 위험이 미국 내 (전부는 아니더라도) 많은 지역에서보다 더 낮다.

공중위생이나 의료 서비스가 좋아지면서 아이를 적게 낳아도 괜찮게 되었다. 그렇지만 여전히 일부 여성들에게 아이를 더 많이 낳으라고 독려하는 상황이 이어졌다. 1930년대 동안 윌리엄 베버리지(William Beveridge)는 영국의 중산층 여성들이(중산층으로 한정지었다는 점을 주목해야 한다) 인류 전체를 위해서 아이를 네 명은 낳아야 한다고 주장했다. (윌리엄 베버리지는 영국을 나중에 복지 국가로 만드는 데 영향을 미친 인물이다).[7] 베버리지는 사회개혁가였다. 그러면서도 그 당시 많은 이들이 그랬듯 젊은 시절에는 우생학자이기도 했다. 이제는 다행히도 유전적으로 우월한 아이들이 사회 지도층이 되는 게 아니라는 점을 웬만한 엘리트들도 다 알고 있다. 이런 우생학적인 생각 역시 대변혁의 흐름과 함께 부침을 겪게 된다.

한 세기 전, 세계는 몹시 빠른 속도로 변했고, 예전처럼 그렇게 많은 아이들이 태어날 필요가 없어졌다. 그러다 보니 누가 태어나야 하느냐를 놓고 사람들이 논쟁하기 시작했다. 1920년대 뉴욕은 세계에서 가장 큰 도시가 됐다. '데카당스' 시대에 이르자, 뉴요커들은 일상생활에서 엘리베이터를 이용하는 것을 당연하게 어기게 됐고, 펜트하우스 개념도 처음 생겼다.[8] 우리는 지금의 현대 세계의 모습이 최근에야 나타났다는 사실을 종종 잊곤 한다. 불과 한 세기 전만 해도 이제 막 세계경제가 형성되는 과정에서 가장 역동적인 도시였던 이곳의 거리는 말들과 또 그 말들이 내놓은 분뇨로 가득 차 있었다. 도시나 시골 할 것 없이 대분 사람들은 걸어 다녔다. 일하러, 물건 사러, 무슨 일을 할 때도 몇 킬로미터씩 걸어 다녔다.

자신들이 우생학적으로 우월하다고 여겼던 과거 백인들(특히 중산층 백인들)의 발언은 혐오스럽지만, 쉽사리 비판할 수는 없다. 그들이 겪어온 대혼란을 잘 알지 못하니 말이다. 그들이 혼란스러워했던 것은 당연하다. 하지만 지금은 그와 같은 변명거리는 통하지 않는다. 이제 모두가 우생학은 틀린 개념일 뿐 아니라 사악하다는 사실도 잘 알고 있다.

[그림 33]은 [그림 32]의 확대판이다. 너무 긴 시대를 들여다보다 보면 가장 최근의 변화가 묻힐 수 있기 때문에 확대해서 보는 작업이 필요하다. 좀 더 자세히 그려진 시간선을 보면 처음에는 가속화가 다시 진행되는 것처럼 보인다. 하지만 [그림 32]에서 그린 좀 더 큰 그림의 맥락에서 이를 보기를 바란다. 그러면 우리가 지금 글로벌 출산율의 전환점을 보고 있다는 사실이 좀 더 분명히 눈에 들어올 것이다. 1998년부터

2006년까지 출산율은 다시 증가 추세가 된 것처럼 보였다. 그러나 지나고 보니 이는 잠시 8년 동안의 일탈이었다. 과거의 반향이었을 뿐이었는데 그나마도 이제는 더 이상 그 효과가 생기지 않고 있다.

1998~2016년 까지를 전 세계적으로 개관하면 출산율은 감소했다. 그러나 2001년에서 2003년 사이, 그리고 2004년과 2006년 사이의 감소 속도는 점점 더 줄어드는 것으로 보인다. 그러나 2014년 이후에는 이런 양상도 끝이 난다. 출산율은 다시 속도를 내 줄기 시작한다. 통계가 나오면 2017년에서 2020년 사이 출산율 감소에 얼마나 가속도가 붙었는지 알 수 있을 것이다. 또 앞으로 얼마나 더 속도를 낼지도 짐작할 수 있다. 앞으로 나올 UN의 글로벌 총인구 추계에 있을 변화도 이 숫자에 달려 있다. UN 인구학자들이 지금 벌어지고 있는 일을 바라보는 관점에도 영향을 미칠 것이다.

[그림 33]의 시간선이 일단 2명에 이르면, 사실 그보다 더 이른 시점이 되겠지만 인류는 역사상 처음으로 수적인 증가를 멈추게 될 것이다. 이는 사망하는 사람보다 태어나는 아이 수가 적기 때문에 발생하는 일이다. 출산율이 2.4에서 2로 떨어지기까지의 기간은 2.7에서 2.4로 떨어졌던 때와 같을 수 있다. [그림 33]에서 보면 그 기간은 20년이다. 모든 아이들이 양육기가 끝날 때까지, 혹은 성인이 될 때까지 사는 것은 아니다. 따라서 진자가 멈추는 지점은 2명보다는 2.1명 근처가 될 수 있다. 그렇지만 이런 이야기 자체가 무의미할 수도 있다. 가장 최근 나온 글로벌 리포트를 바탕으로 이 책에서 인용한 최근 사건들을 보면 계속 떨어지는 출산율이 2명에서 멈출 것 같지 않다. 지금도 계속 내려가고 있는 모습이다. 그 지점 아래로 내려가면 무슨 일이 벌어질지 짐작조차 하기 힘들다. 얼마 전까지도 전 세계적으로 출산율이 이만큼까지 내려

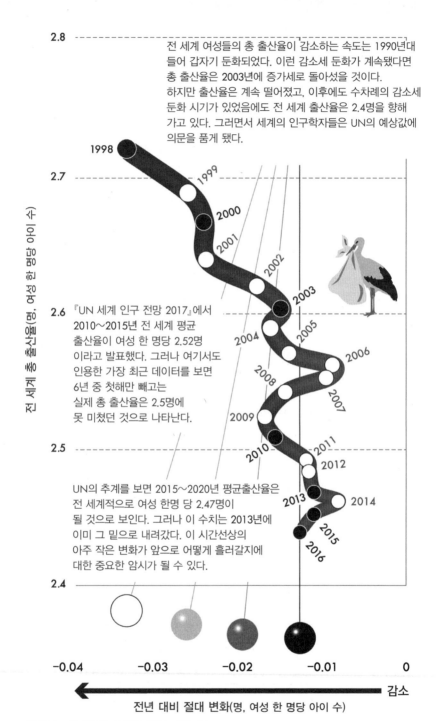

2.8

전 세계 여성들의 총 출산율이 감소하는 속도는 1990년대
들어 갑자기 둔화되었다. 이런 감소세 둔화가 계속됐다면
총 출산율은 2003년에 증가세로 돌아섰을 것이다.
하지만 출산율은 계속 떨어졌고, 이후에도 수차례의 감소세
둔화 시기가 있었음에도 전 세계 출산율은 2.4명을 향해
가고 있다. 그러면서 세계의 인구학자들은 UN의 예상값에
의문을 품게 됐다.

1998

2.7

1999

2000

2001

2002

2003

2.6 『UN 세계 인구 전망 2017』에서
2010~2015년 전 세계 평균
출산율이 여성 한 명당 2.52명
이라고 발표했다. 그러나 여기서도
인용한 가장 최근 데이터를 보면
6년 중 첫해만 빼고는
실제 총 출산율은 2.5명에
못 미쳤던 것으로 나타난다.

2004

2005

2006

2008

2007

2009

2.5

2010

2011

2012

UN의 추계를 보면 2015~2020년 평균출산율은
전 세계적으로 여성 한명 당 2.47명이
될 것으로 보인다. 그러나 이 수치는 2013년에
이미 그 밑으로 내려갔다. 이 시간선상의
아주 작은 변화가 앞으로 어떻게 흘러갈지에
대한 중요한 암시가 될 수 있다.

2013

2014

2015

2016

2.4

-0.04   -0.03   -0.02   -0.01   0

감소

전년 대비 절대 변화(명, 여성 한 명당 아이 수)

그림 33. 세계의 총 출산율, 1998~2016년

세계은행 오픈 데이터. 『UN 세계 인구 전망 2017』과 다른 자료들을 바탕으로 추산한 총
출산율. https://data.worldbank.org/indicator/sp.dyn.tfrt.in.

갈 거라고는 상상하기 힘들었으니 더 그렇다. 이처럼 예상치 못했던 중요한 변화를 생각하면 다음에 어떤 일이 벌어질 거라고 감히 자신있게 말할 수 없는 노릇이다.

많은 사람들이 자본주의는 실제보다 더 긴 역사를 가지고 있다고 여긴다. 자본주의(capitalism)라는 용어는 1850년대에 처음 사용됐다. 초기 산업화와 새로운 형태의 상업 거래가 치열하게 펼쳐지던 일부 지역의 모습을 표현하기 위해 쓰였다. 영국, 특히 런던은 자본주의의 요람이었다. 암스테르담과 베니스, 리스본도 마찬가지였다.

그러나 1850년대에는 이 같은 자본주의의 요람에 살고 있던 이들이라고 해도 대부분이 산업체나 항만, 공장, 광산 같은 곳에서 일한 것이 아니었다. 더 많은 돈을 가지고 있던(다른 말로, 더 많은 자본을 가지고 있던) 자본가의 손때가 묻지 않은 이들이 대부분이었다. 산업활동이나 개발, 무역의 결과로 엄청난 양의 새로운 이익이 창출됐지만, 여기서 얻은 소득으로 더 많은 여가 시간을 누리게 된 이들은 소수에 불과했다. 이들은 무언가를 생각해 볼 시간을 가지게 된 첫 번째 그룹이었다. 지금은 수백만의(아직 수십억 까지는 아니지만) 사람들이 이런 시간을 가질 수 있지만 말이다. 이들은 그제야 처음으로 여러 가지를 상상해 볼 수 있게 됐다. 인간이 여러 종 가운데 하나라는 사실도 1850년대 이후가 되어서야 알게 됐다.

식민지를 통해 무역이 증가하고, 산업화가 진행되면서 여행도 활발해졌다. 그러면서 지구 곳곳의 동물이나 식물의 표본을 모을 수 있게 되고, 모은 것들 간의 상관관계도 이해할 수 있게 됐다. 많은 사람들이 이런 학습과정에 연계됐다. 이 가운데 우리 모두가 기억하는 한 사람이 바로 찰스 다윈이다. 1960년대부터 지금까지 인류의 출산율은 그 무엇보다도 가장 극적이면서도 폭넓은 슬로다운을 겪고 있다. 이는 다윈이 집필에 들어갔던 시기에서 꼭 한 세기가 지난 시점이다. 너무나 많은 일들이 너무 빨리 일어났기 때문에 우리는 여전히 상황을 파악하고 있는 중이다. 옛 생각들은 우리가 확실히 잘못됐다는 것을 알게 됐어도 사라지기까지 시간이 걸린다. 새로운 생각은 지금 여전히 생성되는 중이다. 특히 인류는 지금 무엇을 하고 싶어 하며, 앞으로 어떻게 될 것인지, 현재의 슬로다운을 설명할 수 있을 그런 생각들이 만들어지고 있다.

슬로다운은 10년 단위가 아닌 세대 단위로 진행된다

선택은 변화와 유산을 통해 이루어진다.
인류가 농업을 처음 시작한 뒤부터 겨우 240세대가 지났다.
농업이 확산된 시점부터는 아마도 160세대가 채 지나지 않았다.
– 제임스 C. 스콧 (James C. Scott), 2017[9]

인류학자이자 정치학자인 제임스 스콧의 이야기다. 그는 인류가 길러져 왔다고 추측했다. 우리가 동물이나 곡물을 일부러 선택해 길렀던 것처럼 우리 역시 선택적으로 길러진 것일까? 그는 더 유순하고, 더 공동체적이고, 더 비굴한 인간들이 정착된 공동체에서 살아남을 가능성이 더 높다고 진단했다. 그러나 겨우 240세대나 160세대로 진화론적인 효과를 내기에는 부족하다고 경고했다. 본질적으로 볼 때, 우리 대부분은 수렵채집을 하던 선조들과 유전적으로 매우 비슷하다. 이처럼 우리가 물려받은 본성을 바꾸기에 수십 세대로는 부족하다면, 다윈이 『종의 기원(*On the Origin of Species*)』을 쓴 뒤 태어난 일곱 세대에만 초점을 맞춰 살펴보자. 특히 1901년 이후 태어난 뒤의 다섯 세대를 생각해 보자. 이 다섯 세대 중 첫 세대는 1901년에서 1928년까지 태어난 사람들이다. 이들은 자신의 생애에 펼쳐지는 일들을 보면서 정신을 차리기 힘들었을 것이다. 여왕의 모친은 승마만큼이나 진을 마시는 것도 좋아했다. 그러니 눈앞의 광경을 제대로 보지 못했을 수도 있다. 그러나 그녀의 세대는 누구보다도 큰 사회적 변화를 경험했다. 특히 노년에 그런 엄청난 변화들을 목격했다.

[그림 34]는 1960년부터 2016년까지 미국의 출산율 감소 추세를 보여 준다. 1960년대 이전 여성 한 명당 거의 평균적으로 아이 4명이 태어났다. 1965년에 이 숫자가 3명 이하로 떨어지더니, 1969년에 2.5명(이 당시 순간적으로 총 출산율은 다시 증가하는 것처럼 보이기도 했다), 1972년에 2명, 1983년에 1.799명으로 최저치를 기록했다. 여기서 보여 주는 가장 최근 수치는 2016년인데, 다시 그 당시 기록에 육박하고 있다. 지금도 여전히 떨어지는 중이다. 2017~2020년 사이 적어도 어느 한 해에는 최저치에 다시 다다를 것으로 보인다. 꼭 그 사이가 아니더라도 그 이후에 새 기록을 세울 가능성이 높다.

"도대체 젊은 애들한테 무슨 일이 일어난 거야?" 기성세대들마다 이구동성으로 묻는 단골 질문이다. 찰스 다윈은 세대에 집착했다. 다윈의 연구 자료를 보면 '세대'라는 단어가 2,000번 넘게 등장한다.[10] 이 책 1장에서 언급했듯이, 이번 장에서 초점을 맞추고 있는 다섯 세대 중 첫 번째 세대가 태어나기 오래 전 다윈은 이렇게 말했다.

"두세 번의 계절 동안 우호적인 환경이 지속된다면 자연 상태에서 다양한 종류의 동물들이 놀랄 만큼 빠르게 증가한다는 수많은 연구 사

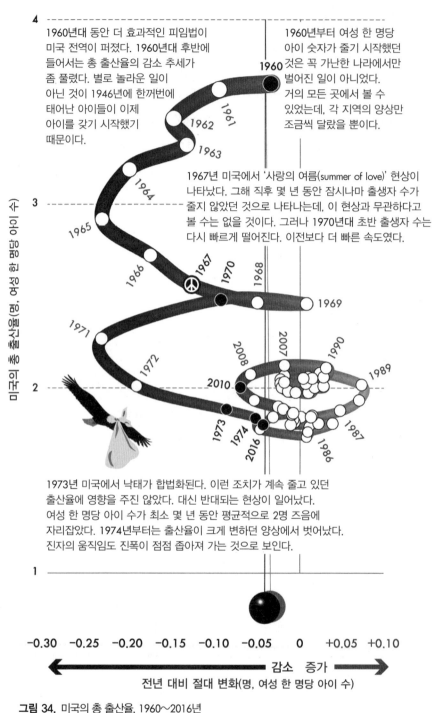

4

1960년대 동안 더 효과적인 피임법이 미국 전역이 퍼졌다. 1960년대 후반에 들어서는 총 출산율의 감소 추세가 좀 풀렸다. 별로 놀라운 일이 아닌 것이 1946년에 한꺼번에 태어난 아이들이 이제 아이를 갖기 시작했기 때문이다.

1960년부터 여성 한 명당 아이 숫자가 줄기 시작했던 것은 꼭 가난한 나라에서만 벌어진 일이 아니었다. 거의 모든 곳에서 볼 수 있었는데, 각 지역의 양상만 조금씩 달랐을 뿐이다.

1960

1961
1962
1963

1967년 미국에서 '사랑의 여름(summer of love)' 현상이 나타났다. 그해 직후 몇 년 동안 잠시나마 출생자 수가 줄지 않았던 것으로 나타나는데, 이 현상과 무관하다고 볼 수는 없을 것이다. 그러나 1970년대 초반 출생자 수는 다시 빠르게 떨어진다. 이전보다 더 빠른 속도였다.

1964

3

1965
1966
1967
1970
1968
1969
1971
1972
2008
2007
1990
2010
1989

2
1973
1974
2016
1986
1987

미국의 총 출산율(명, 여성 한 명당 아이 수)

1973년 미국에서 낙태가 합법화된다. 이런 조치가 계속 줄고 있던 출산율에 영향을 주진 않았다. 대신 반대되는 현상이 일어났다. 여성 한 명당 아이 수가 최소 몇 년 동안 평균적으로 2명 즈음에 자리잡았다. 1974년부터는 출산율이 크게 변하던 양상에서 벗어났다. 진자의 움직임도 진폭이 점점 좁아져 가는 것으로 보인다.

1

-0.30 -0.25 -0.20 -0.15 -0.10 -0.05 0 +0.05 +0.10

◀── 감소 증가 ──▶

전년 대비 절대 변화(명, 여성 한 명당 아이 수)

그림 34. 미국의 총 출산율, 1960~2016년
세계은행 오픈 데이터. 『UN 세계 인구 전망 2017』과 다른 자료 들을 바탕으로 추산한 총 출산율. https://data.worldbank.org/indicator/sp.dyn.tfrt.in.

레들이 있다."

다른 생명체를 두고 한 말이었지만, 이는 우리에게도 적용될 수 있는 이야기다. 한 발 떨어져 있는 관찰자들은 인구의 증가를 보면서 우호적인 시즌이 이어지고 있다고 생각할지 모른다. 하지만 직접 관련돼 있는 동물들 입장에서 보자면 자신의 집단이 왜 갑자기 커졌는지에 대해 별 생각이 없다.

이제 인간에게 우호적인 시즌이 끝났다는 점은 분명하다. 그러나 아주 괜찮은 방향으로 끝이 났다. 그동안 출산율을 조정해 주던 것들이 회복 불가능할 정도로 파괴되면서 전 세계 인구는 폭발적으로 증가했다. 이는 사망률이 현저히 줄었기 때문이기도 하다. 그러나 사람들은 점차 아이들이 자신보다 더 오래 살 거라고 확신하게 됐고, 늙고 병들어도 사회가 돌봐 줄 것이라는 사실을 알게 됐으며, 아이를 몇 명이나 낳을지 더 쉽게 조절할 수 있게 됐다. 그러면서 (평균적으로) 더 적은 수의 아이를 가지게 됐다.

되돌아보면 우호적인 시즌은 지난 다섯 세대 중 첫 번째 세대, 그러니까 1901년 이후 태어난 사람들이 겪었다. 전쟁으로 점철됐던 탓에 사람들은 끔찍한 시기였다고 생각하고는 한다. 하지만 그 뒤에서 무슨 일이 벌어졌는지를 살펴봐야 한다. 종 차원에서 볼 때 이 시즌이 우호적이었던 것은 우리 개체수가 배에서 또 배로 늘었기 때문이다. 하지만 우리는 이때를 경이로운 시기로 이야기하지 않는다. 오히려 인구 증가를 쓴 열매로 보고 있다. 우리의 지식이나 경험에서 상전벽해 같은 변화가 있었다. 그러면서 앞으로 우리들 모두에게 어떤 일이 닥칠지에 대한 관심도 커졌다. 엄청난 변화 속에 있거나 가속이 진행되는 가운데 있으면, 특히 미래가 더 불투명해 보일 수밖에 없다.

1901년 이전에는 지구상 대부분 사람들이 앞으로 어떤 일이 있을지 예상할 수 있었다. 다음 세대는 당시 사람들보다 오래 살 게 분명했다. 다음 세대는 말을 이용해 밭을 갈 것이었다(트랙터가 처음 발명된 것은 불과 1910년 즈음이었다).[11] 앞으로 어떤 일이 있을지 예상하는 데 세대 간의 차이는 거의 없었다. 토지에는 울타리가 쳐지기 시작했다. 지역에 이렇게 울타리가 생기면서 쫓겨난 개별 가족들에게는 이런 변화가 갑작스러운 재앙일 수밖에 없었다. 하지만 전 세계직으로 보자면 말할 것도 없고, 국가 전체적으로 볼 때, 변화는 훨씬 이전부터 달팽이처럼 느릿느릿 진행돼 왔다. 새로운 농업 기술은 천천히 도입됐다. 당시 미래에 대한 걱정은 (적어도 서구 사회에서는) 다분히 개인적인 일이었다. 장차 천국에 갈 것인지, 아니면 영원히 지옥 불에 고통받게 될 것인지 따위의 걱정 말이다. 국가의 미래 같은 일반적인 걱정은 거의 없었다. 하물며 세계에 대한 걱정은 더구나 없었다. 왕자들은 나라를 분할해 가졌다. 우리가 관심을 가지기엔 세계는 너무 컸다. 그건 신의 영역이었다.

개체수가 두 배로 늘기 시작하면서 변화의 선도자들이 나타났다. 1820년에서 1926년 사이 전 세계적으로 인구수는 더 빠른 속도로 늘어 또 다시 두 배가 됐다. 대부분 지역에서 이런 두 배씩의 증가는 사람들의 삶에 그다지 큰 영향을 미치지 않았다. 당시 가장 급격한 변화가 진행된다고 여겼던 잉글랜드나 미국에서도 그랬다. 우리의 최근 조상들은 거의 대부분 시골에 살았기 때문이다.

이처럼 106년 동안 글로벌 인구가 두 배로 증가한 결과, 소수의 지역에서만 급속한 성장이 일어났다. 또 전 세계에서도 소수의 사람들만 이를 느낄 수 있다. 왜냐하면 두 배가 됐다고 해도 평균적으로는 매년 0.7% 미만으로 증가한 셈이기 때문이다. 1926년까지 세계 인구는 인간이 거주하고 있는 지역 대부분에서 특별한 사건이 없었는데도 두 배로 늘어 20억 명이 됐다. 그러나 반세기도 지나지 않아 다시 두 배로 늘어 1974년 40억 명이 됐다. 또 다른 반세기가 지나 2024년쯤이 되면 그 숫자는 80억 명이 될 것이다. 그렇게 되면 인류의 일원이라는 의미 자체도 바뀌게 될 것이다.

[그림 35]는 1973년부터 2016년까지 짧은 기간 동안 미국에서 총 출산율이 어떻게 변했는지 보여 주는 시간선이다. 총 출산율은 다양한 새로운 제도가 도입되면서 여러 지점에서 반복적으로 움직임을 멈추는 듯하다가, 이내 구간을 벗어나 위아래로 흔들리게 된다. 이 지점의 시간선은 '매듭'처럼 그려지는데 왜 이런 모습이 나타났는지 생각해 보고 연구해 볼 만하다. 물론 시간선은 총 출산율이라는 집합적인 인구통계만을 보여 줄 뿐이다. 하지만 그 안에는 개인적인 결정, 공통의 기회, 수 억명에게 영향을 줄 수 있는 외부효과가 반영돼 있다. 많은 이들의 삶에서 가장 중요할 수 있는 사건, 바로 아이를 낳는다는 것에 어떤 영향을 미쳤는지 드러나 있다.

[그림 35]에서 시간선이 밑바닥에 위치해 있는 1970년대를 보면 베이비붐의 영향이 더 이상 미치지 않음을 알 수 있다. 여기서는 태어나는 아기의 총수를 집계하는 것이 아니라, 여성들이 아이를 낳는 비율, 빈도를 보는 것이다. 1977년 무렵 이 비율은 1.8 이하로 안정화되는 것처럼 보인다. 1980년 이후에도 1.8명을 살짝 넘기면서 또 한 번 안정화되는 모습이다. 그러다 1980년대 동안 2명을 넘어선다. 로널드 레이건이 '미국의 아침(morning in America)'이라고 이름을 붙인 시기였다. 그를 백악관으로 보냈던 정치적 선택 탓에 빈곤율은 치솟고 경제는 불안정해졌으며 경제적 불평등은 심해지고 있었다.

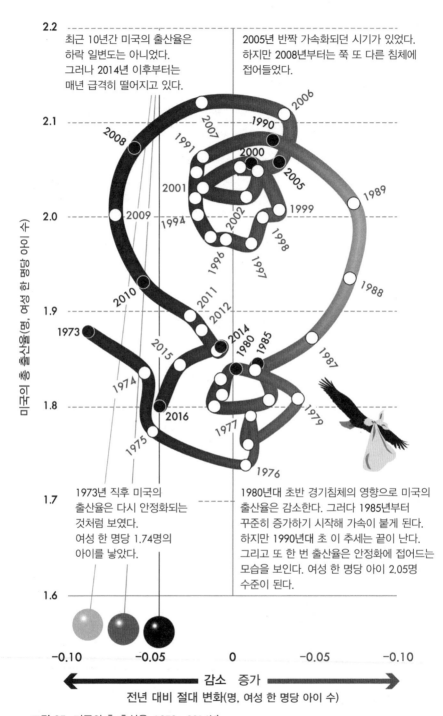

2.2

최근 10년간 미국의 출산율은
하락 일변도는 아니었다.
그러나 2014년 이후부터는
매년 급격히 떨어지고 있다.

2005년 반짝 가속화되던 시기가 있었다.
하지만 2008년부터는 쭉 또 다른 침체에
접어들었다.

2.1

2008

2007

1991

2006

1990

2000

2005

1989

2.0

2009

1994

2001

1999

2002

1998

1996

1997

1988

1.9

2010

2011

2012

1973

2015

2014

1980

1985

1987

1974

1.8

2016

1977

1979

1975

1976

1.7

1973년 직후 미국의
출산율은 다시 안정화되는
것처럼 보였다.
여성 한 명당 1.74명의
아이를 낳았다.

1980년대 초반 경기침체의 영향으로 미국의
출산율은 감소한다. 그러다 1985년부터
꾸준히 증가하기 시작해 가속이 붙게 된다.
하지만 1990년대 초 이 추세는 끝이 난다.
그리고 또 한 번 출산율은 안정화에 접어드는
모습을 보인다. 여성 한 명당 아이 2.05명
수준이 된다.

1.6

미국의 총 출산율(명, 여성 한 명당 아이 수)

-0.10   -0.05   0   -0.05   -0.10

◀━━━━ 감소   증가 ━━━━▶

전년 대비 절대 변화(명, 여성 한 명당 아이 수)

그림 35. 미국의 총 출산율, 1973~2016년

세계은행 오픈 데이터, 『UN 세계 인구 전망 2017』과 다른 자료들을 바탕으로 추산한 총
출산율. https://data.worldbank.org/indicator/sp.dyn.tfrt.in.

1990년부터 2005년까지 [그림 35]의 시간선을 따라가 보면 추세가 다시 안정화되는 것처럼 보인다. 미국 여성 한 명당 아이 2.1명 수준으로 돌아가는데, 완전히 한 세대를 거슬러 올라가 1970년대 초반에 봤던 수치다. 하지만 그때에는 무언가 더 급격히 끌어내리는 요인이 있었다. 그 무언가가 바로 글로벌이다. 미국 밖에서 일어나고 있던 무언가가 그런 상황을 만들었던 것이다. 다른 나라에서 미국으로 이민 오는 사람들이 이제는 아이를 예전보다 적게 낳게 됐다. 심지어 이민 초기보다도 더 적게 낳았다. 이제 지구상에서 글로벌 슬로다운 추세를 멈출 수 있는 곳은 어디에도 없어 보인다. 2007년 이후 미국의 총 출산율은 매년 감소하고 있다. 점점 더 빠르게 아래로 향하고 있다.

좀 더 안정된 세대로 회귀하는 슬로다운

1820~1926 사이 긴 시간 동안 글로벌 인구는 천천히 처음 두 배로 증가했다. 어린이 보건이 개선되면서 전체 인구를 끌어올리는 중요한 원인이 됐는데, 이는 후반부 25년 동안 일어난 일이다. 그 전의 인구 증가는 사회적 혼란의 결과였다고 할 수 있다. 무역이 증가하고 도시화가 진행되면서 사람들이 아이를 더 많이 가지려 했다. 그렇다고 꼭 모두 건강한 아이였다고 할 수는 없다. 수십 년 전 발견된 세균 이론 덕분에 1901년 무렵에는 모든 것이 정말 빠르게 바뀌었다. 이로 인해 로베르트 코흐(Robert Koch)는 1905년에 노벨상을 받았다.

(다른 분야에서의) 첫 번째 노벨상은 이보다 4년 전인 1901년에 수여됐다. 사람들은 조금씩 자신들을 다르게 보기 시작했다. 이전의 성과들

표 7. 35개의 세대 분류, 900~2042년생

분류상 왕조	생애	세대	시작	끝	기간(년)
에드먼드 1세	921~946	1	900	934	34
에설레드	968~1016	2	935	969	34
에드가	1003~1066	3	970	1004	34
윌리엄 1세	1028~1087	4	1005	1036	31
윌리엄 2세	1056~1100	5	1037	1067	30
헨리 1세	1068~1135	6	1068	1101	33
헨리 2세	1133~1189	7	1102	1135	33
리처드 1세	1157~1199	8	1136	1166	30
존	1166~1216	9	1167	1200	33
헨리 3세	1207~1272	A	1201	1234	33
에드워드 1세	1239~1307	B	1235	1270	35
에드워드 2세	1284~1327	C	1271	1305	34
에드워드 3세	1312~1377	D	1306	1341	35
헨리 4세	1367~1413	E	1342	1376	34
헨리 5세	1386~1422	F	1377	1411	34
리처드 3세	1452~1485	G	1412	1446	34
헨리 7세	1457~1509	H	1447	1480	33
헨리 8세	1491~1547	I	1481	1514	33
엘리자베스 1세	1533~1603	J	1515	1548	33
제임스 6세	1566~1625	K	1549	1582	33
찰스 1세	1600~1649	L	1583	1616	33
찰스 2세	1630~1685	M	1617	1650	33
조지 1세	1660~1727	N	1651	1682	31
조지 2세	1683~1760	O	1683	1718	35
조지 3세	1738~1820	P	1719	1754	35
조지 4세	1762~1830	Q	1755	1787	32
빅토리아	1819~1901	R	1788	1819	31
에드워드 7세	1841~1910	S	1820	1845	25
조지 5세	1865~1936	T	1846	1875	29
조지 6세	1895~1952	U	1876	1900	24
엘리자베스 2세	**1926~**	V	**1901**	**1928**	**27**
찰스	1948~	W	1929	1955	26
다이애나	*1961~1997*	X	1956	1981	25
윌리엄	*1982~*	Y	1982	2011	29
조지	*2013~*	Z	2012	2042	30

출처: 잉글랜드 군주와 영국인 생명표를 활용해 지은이가 계산.

은 대부분 모두가 함께 노력한 결과였다. 그렇지만 단지 몇몇 개인들만 유독 특별한 존재인 것처럼 매년 선정되는 시대로 접어들게 된 것이다 (당시에는 우생학이 여전히 인기를 끌고 있었다는 점도 기억할 필요가 있다). 그런데 이런 것들 역시 우리가 슬로다운에 접어들면서 변하게 될 모습이다. 미래에는 한 개인보다는 단체가 이런 상을 받게 될 것이다.

한 세대는 보통 기간으로 볼 때 25년 정도라고 생각한다. 그렇지만 초경을 13세 무렵에 겪게 되고, 폐경은 평균적으로 51세 무렵에 일어나는 것을 감안할 때, 현대의 피임 방식이 나오기 이전의 한 세대는 (그 중간 정도인) 32년으로 보는 게 나을 것이다. 〈표 7〉은 이런 셈법으로 지난 세계를 35세대로 나누었다. 영국 역사를 아는 사람들은 각 군주(혹은 승계를 기다리는 군주)들이 어느 세대에 포함됐는지를 보면 맥락을 이해하기 더 쉬울 것이다. 초기 일부 세대의 기간은 군주의 집권기에 맞춰 약간의 추측을 동원해 조금씩 손을 보았다. 1707년부터 영국의 군주는 잉글랜드만이 아니라 대영제국을 통치했으며, 1876년부터 1948년까지는 인도의 황후, 황제를 겸했다. 1901년부터는 출생자 수 면에서나 산모들이 아이를 낳는 실제 평균연령 면에서도(첫째 아이를 낳은 시기만이 아니라 모든 아이를 낳은 때를 말한다) 훨씬 더 좋은 품질의 데이터에 기반해 세대를 나눴다. 1901년을 새로운 세대의 시작으로 정했는데, 이에 따라 이 데이터를 사용할 때 다음 세대의 날짜가 정해진다.

〈표 7〉에서 표시한 세대 분류는 좀 작위적일 수도 있다. 상당히 영국 중심적이기도 하다. 그렇지만 다른 지역에서도 잘 적용이 된다. [그림 36]은 중국 총 출산율의 최근 시간선이다. V세대, 그러니까 1901년에서 1928년 사이 태어난 중국 여성은 1914년에서 1979년 사이에 아이를 낳았을 것이다. 그중에서도 거의 대부분은 1940년대와 1950년대에 출산

이 집중됐다. 당시 어머니들은 평균적으로 6명 이상의 아이를 낳았다. 당시 글로벌 평균보다 한 명 더 많았고, 영국의 엘리자베스 2세 여왕보다 두 명 더 많았던 숫자다. 이런 높은 출산율은 [그림 36]에서 시간선이 시작되는 지점에 반영돼 있다. 그렇지만 어머니 세대나 할머니 세대에 비해 급격한 슬로다운을 처음 겪게 된 이들은 중국의 W세대 여성들, 그러니까 1929년에서 1955년 사이에 태어난 여성들이다. 이들은 평균적으로 4명의 아이를 낳았다(그리고 머지않아 3명으로 줄었다). 이들의 딸인 X세대는 1956년에서 1981년 사이에 태어나는데 대부분은 1960년대와 1970년대에 집중된다. 이들은 평균적으로 미국에 있는 동년배에 비해 훨씬 적은 아이를 가졌다. 대부분 한 명만 낳았는데 아예 낳지 않는 경우도 둘을 낳는 경우와 비슷했다. 여기서 X세대는 일반적으로 인식되는 것보다 좀 더 일찍 시작된다. 1960년대에 시작돼 좀 더 늦게 끝난다. 이 책에서는 해당 시기 출생 기록에 따라 실제 인구학적인 세대의 길이를 반영해 구분했기 때문이다. 특정 세대의 문화적인 특징에 따라 세대를 나누지는 않았다. 그렇게 하면 실제 세대의 길이보다 좀 더 협소하게 세대가 정해질 수 있기 때문이다.

일단 아이를 한 명만 가지기로 마음먹으면 대개는 일찍 가지려고 하지 않는다. 그렇다고 아이를 가질 수 있는 최종 몇 년까지 기다리지도 않는다. 서두를 게 없으니 계획을 짜게 된다. 과거에는 여성들이 임신이 가능할 때까지 아이를 낳았기 때문에 한 세대가 약 32년 동안 지속됐다(믿을 만한 피임법이 없었기 때문에 아이를 낳아야 할 때까지 낳았는지도 모른다). 종교적으로나 또 다른 이유로 아주 어린 여성들은 아이를 낳지 않게 하기도 했다. 아무튼 이 장에서 굳이 세대를 분류한 이유는 단순하다. 얼마나 변했는지 보여 주기 위해서다. 물론 이것이 완벽한 분류라고

312   슬로다운

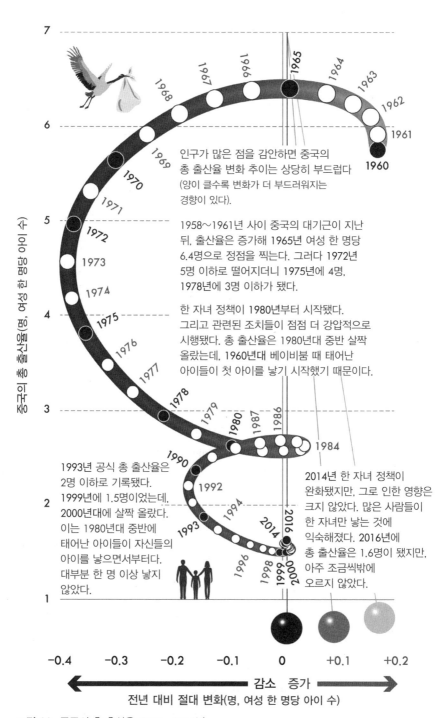

7

6

5

4

3

2

1

종국의 총 출산율(명, 여성 한 명당 아이 수)

1968 1967 1966 1965 1964 1963 1962 1961 1960

1969 1970 1971 1972 1973 1974 1975 1976 1977 1978 1979 1980 1981 1986 1984

인구가 많은 점을 감안하면 중국의 총 출산율 변화 추이는 상당히 부드럽다 (양이 클수록 변화가 더 부드러워지는 경향이 있다).

1958~1961년 사이 중국의 대기근이 지난 뒤, 출산율은 증가해 1965년 여성 한 명당 6.4명으로 정점을 찍는다. 그러다 1972년 5명 이하로 떨어지더니 1975년에 4명, 1978년에 3명 이하가 됐다.

한 자녀 정책이 1980년부터 시작됐다. 그리고 관련된 조치들이 점점 더 강압적으로 시행됐다. 총 출산율은 1980년대 중반 살짝 올랐는데, 1960년대 베이비붐 때 태어난 아이들이 첫 아이를 낳기 시작했기 때문이다.

1990 1992 1994 1993 1996 1998 2000 2014 2016

1993년 공식 총 출산율은 2명 이하로 기록됐다. 1999년에 1.5명이었는데, 2000년대에 살짝 올랐다. 이는 1980년대 중반에 태어난 아이들이 자신들의 아이를 낳으면서부터다. 대부분 한 명 이상 낳지 않았다.

2014년 한 자녀 정책이 완화됐지만, 그로 인한 영향은 크지 않았다. 많은 사람들이 한 자녀만 낳는 것에 익숙해졌다. 2016년에 총 출산율은 1.6명이 됐지만, 아주 조금씩밖에 오르지 않았다.

-0.4　　-0.3　　-0.2　　-0.1　　0　　+0.1　　+0.2

← 감소　증가 →

전년 대비 절대 변화(명, 여성 한 명당 아이 수)

그림 36. 중국의 총 출산율, 1960~2016년

세계은행 오픈 데이터. 『UN 세계 인구 전망 2017』과 다른 자료들을 바탕으로 추산한 총 출산율. https://data.world bank.org/indicator/sp.dyn.tfrt.in.

는 할 수 없다. 영국 왕실에 뭔가 특별한 것이 있어서 그렇게 한 것도 아니다. 〈표 7〉에 공간이 있다면 각 세대마다 집권했던 중국 왕조를 함께 넣고 싶었다. 그러나 중국 황실은 이제 존재하지 않는 만큼, 현재까지의 숫자를 나타내는 데에는 영국 왕실을 사용하는 게 유용한 셈이다.

우리가 익숙한 것은 최근의 다섯 세대다. V세대는 1901년부터 1928년까지 태어난 이들이다. 엘리자베스 2세 여왕과 중국의 푸이(溥儀)가 여기 포함된다. 1912년 혁명으로 중화민국이 세워지면서 물러난 중국의 마지막 황제다. 엘리자베스 여왕의 장자 찰스는 1948년에 태어났다. 여기서 W세대라고 부르는 베이비붐 세대의 일원이었다. 이 세대는 중국 공산혁명 말기에 태어난 아이들도 포함한다. X세대 기간 전체 동안에는 영국에서 군주가 한 명도 태어나지 않았다. 따라서 찰스의 첫 번째 부인인 고 다이애나 스펜서(Diana Spencer)를 대신 표시했다. 이른바 '밀레니얼' 세대는 Y세대에 속한다. 다이애나의 장자인 윌리엄(William)이 2000년에 18세가 됐으니 이 세대에서 가장 연장자인 셈이다. Z세대는 이제 막 시작됐다. 처음에 이 다섯 세대들은 바로 이전 세대와는 거의 닮아 보이지 않았다. 하지만 최근의 가장 어린 세대들은 서로 점점 닮아가는 모습이다.

이 책에서 여러 번 사용하고 있는 비유로 다시 돌아가 보자. 당신은 지금 한 번도 속도를 늦춰 본 적 없는 기차에서 평생을 살아 왔다. 당신의 부모님도 그랬고 할아버지, 할머니도 그랬다. 인류의 최근 다섯 세대는 항상 달리는 기찻길 위에서 살았다. 처음부터 항상 상상치 못한 변화를 기대하며 살았다. 기차는 너무 오랫동안 너무 빠르게 달렸기 때문에 승객들은 안정적인 삶이 뭔지 전혀 모를 수밖에 없다. 영국은 (명예혁명 당시를 제외하고) 1066년 이후 침략을 당한 적이 없었다. 그리고 수세기 동안 같은 왕실 가족이 권력을 쥐고 있었다. 이런 영국에서도 달리는 기차 안의 승객같이 느꼈다면, 여러 차례의 혁명을 겪고 침략을 받았으며 근본적인 믿음이 완전히 흔들리는 경험을 한 다른 곳에서도 마찬가지였을 수밖에 없다.

이 책에서 벌써 여러 차례 이야기했지만 또 강조하고 싶은 것은, 1901년 이전의 사람들은 세계가 매년 변하는 것을 거의 느끼지 못했다는 사실이다. 각 세대는 그 이전 세대보다 더 오래 살았다. 예를 들어 1066년 잉글랜드에 살던 사람들 대부분은 정복자 윌리엄이 왕이 된 것에 거의 영향을 받지 않았다. 20년이 지난 뒤 이들은 영주의 땅을 조사하겠다며 누군가가 찾아와 소들의 숫자를 세는 광경을 보게 된다. 조사는 인구조사가 아닌 가축 조사였다. 우리가 돔즈데이 북(토지대장, Domesday Book)이라고 알고 있는 잉글랜드와 웨일스에서의 대조사(great survey)는 사람 숫자를 세기 위한 게 아니었다. 같은 시기 중국에서는 요(遼)나라의 도종(道宗)이 황제였다. 귀족들 사이에서의 분쟁은 좀 있었지만 대부분 사람들의 삶은 부모 세대 때와 비슷했고 자식 세대에서도 마찬가지였다. 그런데 오늘날을 보면 이때와 비슷한 안정이 펼쳐지고 있다. 물론 지금은 모든 사람들이 중요하고 의미가 있다. 우리는 더 이상 왕이나 황제를 최고의 존재라고 생각하지 않으며, 그저 과거 시대를 기억하는 유용한 지표로 활용하고 있다.

이제 기차는 슬로다운하고 있다. 이는 당연히 겁이 나는 일이다. 지속적인 변화가 우리에게는 '정상'이기 때문이다. 우리는 걷는 수준으로까지 속도를 늦춘다는 게 어떤 건지 알지 못한다. 월급과 연봉이 (평균적으로) 상승을 멈추고, 인구가 정체하며, 지난 수십 년간 그랬던 것과 달리 유행이 훨씬 더 느리게 오는 상황을 상상하기 힘들다. 19세기나 20세기 초 소설에서는 주인공이 빵을 사기 위해 몇십 페니를 내는 장면을 심심찮게 볼 수 있었다. 그러나 요즘 소설에서는 가격이 좀처럼 언급되지 않는다. 지금은 그다지 높지 않지만, 아주 최근까지도 인플레이션 수준이 높았기 때문이다. 따라서 소설에서 어떤 가격을 언급하면 금세 구식이 되어 버릴 수 있다. 무언가가 빨리 구식이 돼 버릴 수 있다는 인식조차 아주 최근의 것이다. 엄청난 변화가 지속될 것이라는 기대가 낳은 산물이다. 주거나 교육 방식, 누군가의 부엌, 자동차, 생활용품, 휴가를 보내는 방법 등, 구식이 될 수 있는 모든 것은 결국 구식이 된다.

우리는 다음 세대가 이전 세대와는 완전히 다를 것이라는 기대감을 계속 가지고 있다. 그러면서 이를 진보라고 부른다. 하지만 언제부터 '오늘날(nowadays)'이라는 단어를 이렇게 자주 쓰게 됐을까? 이 단어는 고대 영어에도 있었지만 자주 쓰이게 된 것은 1920년대부터다. 그 사용 빈도가 1860년에 비해 무려 14배나 늘었다.[12] 기차가 속도를 줄이는 것, 슬로다운하는 것을 우리는 정체라고 여긴다. 진보에 실패한 것으로 본다. 그러나 우리는 왜 정체를 나쁜 것이라고 여기는 것일까? 이는 단순히 상대적인 평형상태에 이른 것일 뿐이다. 변화가 좀 덜 빠르게 일어나는 시기인 것이다. 인류 역사의 대부분 기간 동안 정체는 일반적인 현상이었다. 지금 그 일반적인 상황으로 다시 돌아가고 있는 것이다.

정체라는 것이 어떤 상황인지 알기 위해선 좀 더 깊이 들여다 볼 필요가 있다. [그림 37]은 [그림 36]에서 가장 최근 시점 부분을 부각한 것이다. 해당 시기에는 거의 변한 것이 없어 보이기 때문에 추세가 명확하게 드러나지는 않는다. 물론 그때도 여전히 변화는 있었고 (아주 작다고는 해도) 상당히 구조화된 변화가 있었다. 중국의 출산율이 슬금슬금 오르기 시작하다가 2002년 들어 다시 슬로다운에 접어들었다. 그리고 또

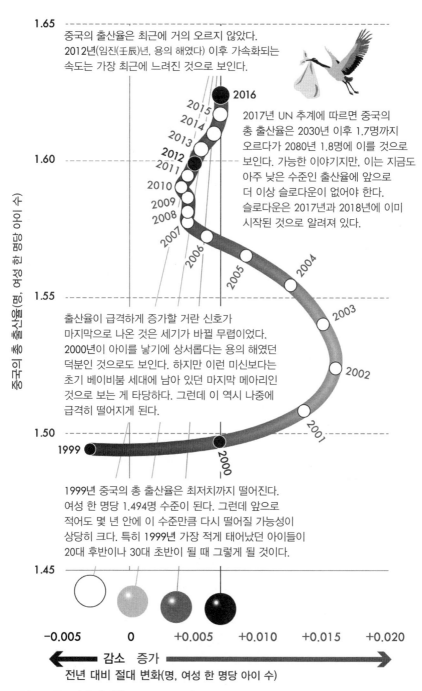

1.65

중국의 출산율은 최근에 거의 오르지 않았다.
2012년(임진(壬辰)년, 용의 해였다) 이후 가속화되는
속도는 가장 최근에 느려진 것으로 보인다.

2016

2015
2014
2013
2012
2011
2010
2009
2008
2007
2006
2005
2004

2017년 UN 추계에 따르면 중국의
총 출산율은 2030년 이후 1.7명까지
오르다가 2080년 1.8명에 이를 것으로
보인다. 가능한 이야기지만, 이는 지금도
아주 낮은 수준인 출산율에 앞으로
더 이상 슬로다운이 없어야 한다.
슬로다운은 2017년과 2018년에 이미
시작된 것으로 알려져 있다.

1.60

2003

1.55

2002

출산율이 급격하게 증가할 거란 신호가
마지막으로 나온 것은 세기가 바뀔 무렵이었다.
2000년이 아이를 낳기에 상서롭다는 용의 해였던
덕분인 것으로도 보인다. 하지만 이런 미신보다는
초기 베이비붐 세대에 남아 있던 마지막 메아리인
것으로 보는 게 타당하다. 그런데 이 역시 나중에
급격히 떨어지게 된다.

1.50

1999

2001

2000

1999년 중국의 총 출산율은 최저치까지 떨어진다.
여성 한 명당 1.494명 수준이 된다. 그런데 앞으로
적어도 몇 년 안에 이 수준만큼 다시 떨어질 가능성이
상당히 크다. 특히 1999년 가장 적게 태어났던 아이들이
20대 후반이나 30대 초반이 될 때 그렇게 될 것이다.

1.45

중국의 총 출산율(명, 여성 한 명당 아이 수)

| −0.005 | 0 | +0.005 | +0.010 | +0.015 | +0.020 |

◀ **감소 증가** ▶

전년 대비 절대 변화(명, 여성 한 명당 아이 수)

그림 37. 중국의 총 출산율, 1999~2016년
세계은행 오픈 데이터. 『UN 세계 인구 전망 2017』과 다른 자료들을 바탕으로 추산한 총
출산율. https://data.world bank.org/indicator/sp.dyn.tfrt.in.

2015년부터 미묘하게 슬로다운이 다시 시작됐다. 중국은 이제 실제로 안정화 된 상태다.

이제 슬로다운은 모든 곳에서 일어나고 있다

중국이나 미국, 영국에서만 일어나는 일이 아니다. 최근의 세대들은 인구 면에서 이 세계가 뒤집어지는 것을 지켜보고 있다. 사회적인 쓰나미가 전 지구를 휩쓸고 있다. 몇몇 세대에게는 최근에 겪은 것이 가장 급격한 변화였는지도 모른다. 자신의 손녀들이 어린 시절 겪었던 극적인 변화들 말이다. 또 다른 세대에게는 자신들의 젊은 시절 진행된 슬로다운이 가장 큰 변화일 수도 있다. V세대에 속하는 아기들(1901~1928년생)은 영국 여왕이자 인도 황후였던 빅토리아가 사망한 해부터 태어난 이들이다. 그리고 마지막 해에는 월스트리트가 무너졌다. 이 세대는 격동의 세월을 보냈다. 두 번의 세계대전이 있었고, 그야말로 경이로운, 가장 급격한 인구 증가를 목격했다. 1926년에는 인류 숫자를 20억 명으로 채워 줄 사람이 태어났다.

이보다 불과 몇 년 전인 1922년, 북서 아프리카의 중심에서는 옛 고대 왕국이 있던 곳에 프랑스 식민지가 들어섰다(이곳엔 옛 카넴보르누(Kanem-Bornu) 제국의 영토 일부도 포함된다). 이미 예전부터 프랑스는 아직 영국의 수중에 들어가지 않은 아프리카 대륙의 나머지 지역을 침략해 왔다. 이곳에는 니제르강이 흐르고 있었는데 이 나라의 이름도 여기서 따왔다. 2010년 이 자리에 7번째로 들어선 국가가 바로 니제르 공화국이다. 반대파를 축출하기 위해 군이 개입한 지 수십 년이 지난 뒤 나라가 세워졌다. 니제르를 여기 포함시킨 이유는 아마도 이곳이 슬로다운이 가장 마지막에 일어날 것 같은 곳이기 때문이다. 지금 현재도 지구상 어떤 나라보다 높은 출산율을 기록하고 있다.

1901년의 니제르와 영국에서 가장 흔한 직업은 다른 나라들과 마찬가지로 농업 종사자, 농부였다. 1908년까지도 네 바퀴 달린 트랙터는 나오지 않았다. 세 바퀴 달린 공업용 트랙터가 나온 게 1901년이었다. 니제르에는 최근 수십 년 동안 별 변화가 없었다. 2018년에 니제르 정부는 130대의 트랙터를 도입했고, 중국 기업들과 함께 관개사업을 확장한다고 밝혔다.[13] 1901년 당시 지금의 니제르 땅에 살았던 여성, 아이들, 남성은 손으로 작물을 수확했다. 그들의 부모나 조부모가 했던 방식 그대로였다. 많은 이가 유목민이었다. 일부는 수렵채집을 했다. 니제르에서 가장 큰 변화를 겪은 이들은 아마도 V세대일 것이다. 유년기에는 전쟁을 겪었고, 나중에는 기술의 진보를 보게 된다. 1960년 프랑스로부터 독립을 얻어 낸 것도 이 세대다. 이후 여러 번 공화국이 세워지는데 그때마다 군부의 간섭을 받게 된다. 농사짓는 방식과 마찬가지로 니제르에서의 삶의 방식도 처음에는 천천히 변했다. 그래도 알아차리지 못하는 동안 변화는 계속돼 왔다.

요즘은 V세대를 영국의 에드워드 7세 때부터 미국의 재즈 시대까지, 무기력했던 시대로 규정하고는 한다. 하지만 대부분의 평범한 사람들에게는 별 의미가 없는 일이었다. 1901년부터 1928년까지 잉글랜드와 웨일스에서는 매해 100만 명 넘는 남성들이 탄광에서 대부분의 시간을 보냈다. 이후 이들은 전무후무한 변화를 경험한다. 그러고는 광부들의 숫자는 엄청난 폭으로 줄게 된다. 많은 사람들이 최악의 환경에서 일을 했다. 영국에서는 전환기가 시작되기 전부터 여성과 아이들이 탄광에서 일하는 것을 금지했다. 그러나 이를 진보라고 볼 수는 없다. 오히려 재앙이라고 부르는 게 나을 것이다. V세대는 영국의 총파업, 니제르의 식민지화와 함께 끝이 났다. 그 시절 어린이들은 여전히 공장에서 일을 하고 있었다. 영국 여성들에게 가장 흔한 직업은 집안일을 하는 것이었다. 니제르의 아이들은 여전히 밭에서 일을 하고 있었지만 석탄과 우라늄 광산이 이들을 기다리고 있었다.

전 세계적으로 V세대가 처음 태어났을 때 대략 1,000명당 한 명이 전쟁으로 목숨을 잃었다. 이 세대가 어른이 됐을 때 이 숫자는 거의 1,000명당 두 명으로 증가했다. 그들의 아이들 역시 마찬가지였다. 그러나 그들의 손자뻘인 X세대 때는 이 숫자가 대략 1만 명당 한 명이 된다. 그리고 또 이들의 증손자뻘인 Y세대에 들어서는 (지금까지) 10만 명당 두 명 수준에 머물고 있다. 물론 니제르에서의 이 숫자는 여전히 훨씬 높다. 하강 추세가 계속 이어지면서 Z세대 때는 이 숫자가 더 줄 수 있기를 기대해 본다.[14] 이 데이터가 유효하다면 전 세계에서 합법적인 폭력으로 목숨을 잃는 사람들의 숫자가 다섯 세대 만에 100분의 1로 줄게 되는 셈이다.

몇몇 지역에서는 여전히 폭력이 일상화된 채로 남아 있다. 미국이나 프랑스, 영국 같은 부자 나라들은 '개입'이라는 명분으로 국제 전쟁을 펼치고 있다. 그러면서 자기 병사들이 다치지 않도록 드론과 폭탄을 사용하고 있다. 니제르에서 발생한 전쟁은 대부분 내전이었다. 1960년대에는 쿠데타가 자주 일어났다. 1960년대 초반만 해도 출산율 면에서 슬로다운이 있었지만 이내 상황이 뒤바뀌었다. 1974년 군사쿠데타가 일어나면서 가뭄과 기근이 겹쳤고 총 출산율은 여성 한 명당 7.8명으로 뛰어올랐다. 이미 아슬아슬했던 사회의 안정은 무너져 내렸다. 니제르는 세계에서 가장 출산율이 높은 국가라는 명예 아닌 명예를 안고 있다. 지난 세월의 사회적인 진보가 너무 더뎠기 때문이다. 우라늄 같은 천연자원을 둘러싼 외부의 간섭도 이런 스토리에 영향을 주지 않았다고는

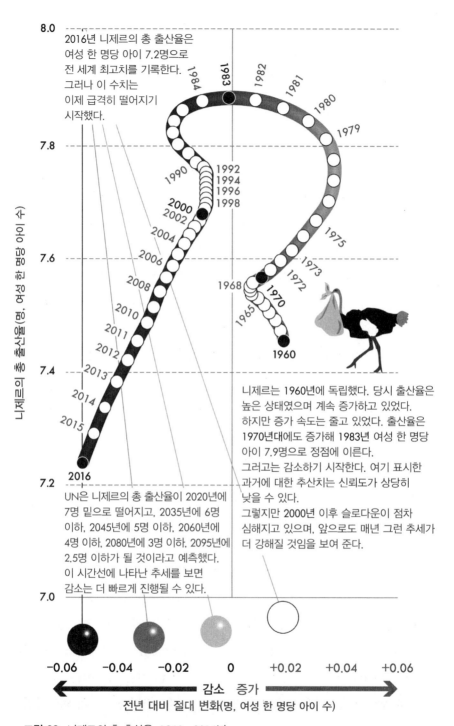

8.0

2016년 니제르의 총 출산율은 여성 한 명당 아이 7.2명으로 전 세계 최고치를 기록한다. 그러나 이 수치는 이제 급격히 떨어지기 시작했다.

7.8

7.6

7.4

7.2

7.0

니제르의 총 출산율(명, 여성 한 명당 아이 수)

1984 1983 1982 1981 1980 1979

1990 1992 1994 1996 1998 2000 2002 2004 2006 2008 2010 2011 2012 2013 2014 2015

1975 1973 1972 1970 1968 1965 1960

2016

UN은 니제르의 총 출산율이 2020년에 7명 밑으로 떨어지고, 2035년에 6명 이하, 2045년에 5명 이하, 2060년에 4명 이하, 2080년에 3명 이하, 2095년에 2.5명 이하가 될 것이라고 예측했다. 이 시간선에 나타난 추세를 보면 감소는 더 빠르게 진행될 수 있다.

니제르는 1960년에 독립했다. 당시 출산율은 높은 상태였으며 계속 증가하고 있었다. 하지만 증가 속도는 줄고 있었다. 출산율은 1970년대에도 증가해 1983년 여성 한 명당 아이 7.9명으로 정점에 이른다. 그러고는 감소하기 시작한다. 여기 표시한 과거에 대한 추산치는 신뢰도가 상당히 낮을 수 있다. 그렇지만 2000년 이후 슬로다운이 점차 심해지고 있으며, 앞으로도 매년 그런 추세가 더 강해질 것임을 보여 준다.

-0.06   -0.04   -0.02   0   +0.02   +0.04   +0.06

감소   증가

전년 대비 절대 변화(명, 여성 한 명당 아이 수)

그림 38. 니제르의 총 출산율, 1960~2016년

세계은행 오픈 데이터. 『UN 세계 인구 전망 2017』과 다른 자료들을 바탕으로 추산한 총 출산율. https://data.world bank.org/indicator/sp.dyn.tfrt.in.

볼 수 없다. 그런데 [그림 38]의 시간선을 보면 이랬던 니제르의 출산율 조차도 지금은 속도를 늦추고 있는 모습이다. 특히 최근 몇 년을 보면 슬로다운이 확연히 눈에 들어온다. 니제르의 출산율은 분명 예전과 다르다. 슬로다운은 최근 몇 년 들어 더 확연해졌다.

지난 다섯 세대에 속한 사람들은 다른 인류들보다 상대적으로 가장 긴 평화 시기를 보냈다. 부자 나라에서는 이 중 첫 번째 세대만 성인 시질에 전쟁을 직접 경험했다. 이 중 일부는 그 나라 정부가 해외에서 전쟁을 직접 벌였거나 지원한 경우였다. 니제르의 상황은 이와 완전히 달랐다. 니제르에 살고 있는 대부분 아이들은 부모들이 그랬던 것처럼 고향 주변에서 전쟁이 일어나는 것을 지켜봤다. 1990년대에는 투아레그 (Tuareg)족의 반란이 있었다. 그런 뒤 2차 투아레그 반란이 또 있었다. 새로운 세기가 시작되면서는 마그레브(Maghreb) 반란이 일어났다. 그리고 최근에는 보코 하람(Boko Haram) 반란이 있었다. 결국 니제르의 총 출산율 속도를 지속적으로 늦추려면 평화가 필요하다. 트랙터 130대를 들여오거나 중국이 관개시설을 지어 주는 정도의 제한적인 번영으로는 불가능하다.

변화가 속도를 내는 모습을 보려면 W세대(1929~1955년 생)를 돌아봐야 한다. 1946~1950년 엄청났던 베이비붐을 포함하는 세대다. 당시 출산율은 전 세계적으로 치솟았다. 그러다 얼마 지나지 않아 1955년이 되어 영국에서는 출산율이 감소하기 시작했다. '궁핍한 영국(austerity Britain)'으로 알려져 있던 시대였다. 다른 많은 나라에서도 이때부터 출산율이 떨어졌다. (출산율이 굉장히 높기로 유명한) 동티모르에서도 1960년대와 1970년대까지도 출산율 하락이 멈추지 않았다. 당시에는 전 세계 어디에서도 슬로다운이 일어나고 있던 때였다. 그러다 전쟁이 일어나면서 출산율이 오르기 시작했다. 이 이야기는 [그림 39]에 반영돼 있다. 그렇지만 지금은 슬로다운이 어느 곳에서나 일어나고 있고, 동티모르에서도 마찬가지다. 인도네시아의 지배로부터 벗어났으며 수십만 명의 희생자를 낸 갈등도 끝난 덕분이다. 하지만 여전히 총 출산율로 보면 아시아 전체에서 가장 높은 수준이다.

W세대는 유럽 전역과 미국, 일본에서 전례 없는 수의 후손을 남기며 살아남은 이들이다. 살아남은 형제자매들이나 조카들의 수도 엄청나다. 이 세대의 마지막 해에는 출생자 수가 뚝 떨어지게 되는데 이는 영국에서뿐만 아니라 미국에서도 그랬다.[15] 각 세대를 깔끔하게 구분하는 것이 쉽지는 않지만 두 나라에서는 W세대의 시기가 상당히 잘 맞아 떨어진다. 오히려 그렇기 때문에 두 나라의 사례를 가져오지 않았다. 그 시기는 1901년 이후 태어난 사람들이 아이를 가장 많이 낳았을 때와 또 그 손자들이 태어난 때로 정해진다. 그러니까 당신의 부모와 조부모가 가장 많이 태어났을 시기와 겹치는 것이다.

니제르는 영국과 같은 경도에 위치하고 있다. 하지만 위도상으로는 30도 이상 더 남쪽에 있다. 동티모르는 거의 미국 중심에서 파고들어 가면 반대편에서 나올 정도로 멀리 떨어져 있다. 말 그대로 지구 대척점에 있는 것이다. 이곳 역시 영국이나 미국처럼 출산율이 떨어지고 있던 나라였다. 전쟁이라는 엄청난 변수가 생기기 전까지는 그랬다. 동티모르의 W세대는 평화와 번영을 누릴 수도 있었다. 하지만 이 세대에 속한 이들은 한동안, 아니 상당히 오랜 기간 부모 세대보다 못한 삶을 살아야 했다.

부유한 나라에서 W세대는 부모 세대와 너무도 다른 삶을 살았다. 두 세대가 조금이라도 서로를 이해할 수 있었던 것을 보면 인류의 능력이 얼마나 대단한지 알 수 있을 정도다. 또 W세대의 한쪽 극단에는 히피가 있었던 한편, 다른 쪽에는 대량생산 체제에 동원됐던 노동자들도 있었다. 이들은 성인이 되면서 자동차부터 가공식품까지 수백만 종류의 생산 라인에 얽히게 된 첫 세대였다.

또 기술 면에서 W세대는 원자력 세대라고 할 수 있다. 이들 대부분은 원자폭탄이 사람들 머리 위로 직접 떨어졌던 사건의 이전에 태어났다. 미국은 '팻보이(Fat Boy)'의 '리틀맨(Little Man)'을 히로시마와 나가사키에 투하했다. 다행히 이런 일은 지금까지 단 한 번만 일어났지만, W세대가 성인이 되자 수만 기의 핵폭탄이 생산됐다. 그리고 핵 감축이 시작되면서는 전 세계적으로 핵무기가 6분의 1로 줄었다. W세대에서 가장 앞에 태어난 이들이 은퇴를 고려할 때 즈음엔 보편적 핵실험 금지조약이 맺어지면서 더 이상 핵실험이 진행되지도, 핵이 개발되지도 않게 됐다. 이런 추세가 계속 이어진다면 이 세대에서 가장 어렸던 이들, 혹은 가장 오래 산 이들이 죽을 때쯤이면 세계는 전반적으로 핵무기에서 자유로운 곳이 돼 있을 것이다. 불가능한 일은 아니다. 1980년대부터 실제 핵무기 실험을 하는 나라 숫자는 급격이 줄었다.[16]

안정적인 인구를 유지하려면 전쟁을 피하는 게 무엇보다 중요하다. 전쟁은 베이비붐을 유발하고 또 유지시킨다. 이를 보여 주는 전형적인 사례가 동티모르다. 2002년 평화가 찾아오면서는 출산율은 뚝 떨어지기 시작했다. 하지만 폭력의 위협으로부터 벗어났다고 해서 반드시 슬로다운에 이를 수 있는 것은 아니다. 경제적인 안정도 필요하다. 먹을 거리도 안정적으로 공급돼야 한다. 안정적인 주거, 더 나은 교육, 의료시스템, 그리고 자신들의 아이들이 잘 살아남을 수 있을 거라는 분명한 확신이 있어야 한다. 동티모르에서는 이 모든 것들이 개선됐다. 하지만

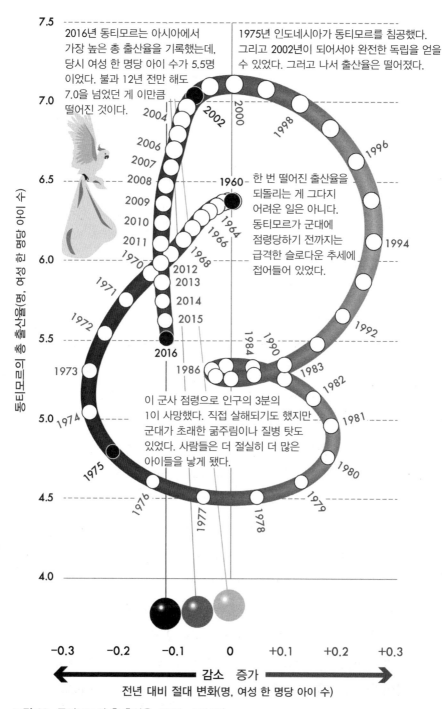

7.5

2016년 동티모르는 아시아에서 가장 높은 총 출산율을 기록했는데, 당시 여성 한 명당 아이 수가 5.5명이었다. 불과 12년 전만 해도 7.0을 넘었던 게 이만큼 떨어진 것이다.

1975년 인도네시아가 동티모르를 침공했다. 그리고 2002년이 되어서야 완전한 독립을 얻을 수 있었다. 그러고 나서 출산율은 떨어졌다.

7.0

2004 2002 2000 1998 1996

2006
2007

6.5   2008   1960   한 번 떨어진 출산율을 되돌리는 게 그다지 어려운 일은 아니다. 동티모르가 군대에 점령당하기 전까지는 급격한 슬로다운 추세에 접어들어 있었다.

2009
2010
2011   1966 1964
6.0   1970 1968 1994
       2012
1971   2013
       2014
1972   2015   1992

5.5

2016   1984 1990

1973   1986   1983
                1982

이 군사 점령으로 인구의 3분의 1이 사망했다. 직접 살해되기도 했지만 군대가 초래한 굶주림이나 질병 탓도 있었다. 사람들은 더 절실히 더 많은 아이들을 낳게 됐다.

5.0   1974   1981

1975   1980

4.5   1976 1977 1978 1979

4.0

동티모르의 총 출산율(명, 여성 한 명당 아이 수)

-0.3   -0.2   -0.1   0   +0.1   +0.2   +0.3

◀ 감소 증가 ▶

전년 대비 절대 변화(명, 여성 한 명당 아이 수)

그림 39. 동티모르의 총 출산율, 1960~2016년

세계은행 오픈 데이터. 『UN 세계 인구 전망 2017』과 다른 자료들을 바탕으로 추산한 총 출산율. https://data.world bank.org/indicator/sp.dyn.tfrt.in.

이는 상당히 최근 일이다. [그림 39]에서도 일정 부분 이런 결과가 나타난다.

지금 동티모르는 이미 다른 곳에서는 일반적이라고 할 수 있는 상태로 나아가고 있다. W세대에선 가장 나이 든 이들이 태어났을 때부터 가장 어린 층이 태어난 시기까지 음식 가격은 절반으로 떨어졌다. 예를 들어 뉴질랜드에서 빵 한 덩어리 가격은 1929년 직후 거의 8펜스였다.[17] 실질 물가로 1955년 직전에는 이 가격의 절반밖에 되지 않았다. 음식 값이 훨씬 싸진 것이다. 이후에도 뉴질랜드에서 이때처럼 빵 값이 빨리 떨어진 적은 없었다. 오히려 국제 곡물가가 오르면서 빵 값도 덩달아 올랐다. 아무튼 이 때의 하락 폭만큼 내린 적도, 오른 적도 없었다.

W세대(1929~1955년 생)가 유년기일 때, 전 세계적으로 먹을 게 풍족해지면서 음식 값이 떨어진 일이 발생했다. 전쟁과 함께 배급제가 시작됐는데 영국에서는 1950년대까지 이어졌다. 그러면서 사람들의 수요를 자극했다. 배급제를 하면서 평균적으로 그 이전에 먹었던 것보다 훨씬 더 많은 양의 음식을 아이들에게 제공할 수 있게 됐다. 또 예전과 달리 어린이를 자신들의 미래로 보기 시작했다. 미래는 지금과 다를 것이라는 확신을 조금씩 하게 됐던 것이다.

대중문화에서도 미래가 어떤 모습일지 그리기 시작했다. W세대의 유년 시절에는 공상과학 소설의 인기가 점점 더 높아졌다. 미래에는 어마어마한 변화가 일어나면서 어떤 일이든 가능할 것처럼 보였다. H. G 웰스(H. G. Wells)는 1898년 『세계 전쟁(The War of the Worlds)』을 썼다. 무성영화가 등장한 시기이면서 우리의 다섯 세대 중 첫 세대가 막 태어나기 전이었다. 유성영화가 전 세계적으로 퍼진 때가 겨우 1930년대 초반이었다는 점을 염두에 둘 필요가 있다. 『세계 전쟁』은 1938년 그 유명한(동시에 악명 높았던) 라디오 극본으로 제작됐다. 그리고 1953년에 테크니컬러(Technicolor)에서 처음 영화로 만들어 상영됐다. 우호적인 시즌 가운데 두 번째 세대의 후반부가 지나고 있던 때였다.

질병도 이제 점점 사라지고 있었다. 컴퓨터가 개발됐고 대학이 세워졌다. 교육을 받는 기간이 길어졌다. 기대수명도 높아졌다. 오래 살 수 있게 되면서 연금을 준비하는 게 일상화됐다. 정부가 노년층에 제공하는 보편적 복지도 늘었다. 하지만 여전히 갈팡질팡하는 모습도 보였다.[18] 동티모르는 1975년 11월 포르투갈로부터의 독립을 선언했다. 하지만 1975년 12월 (호주와 영국, 미국의 지원을 받은) 인도네시아의 침략을 받는다. 제대로 발전할 틈이 없었다.

X세대와 함께 시작된 슬로다운

엄청난 사회적 전환을 겪은 다섯 세대 가운데 세 번째는 1956년 출생자들과 함께 시작됐다. 수에즈 사태가 일어난 해이면서, (적어도 유럽에서는) 미국이 이제 세계 최강대국이 됐다는 사실을 최종적으로 알게 된 시기이다.

미국인이나 캐나다인이라면 수에즈 사태에 대해 관심을 기울일 필요가 있다. 두 나라에서는 상대적으로 그다지 중요하지 않았던 사건일 수 있기 때문이다! 이 책에서는 X세대를 1956년에서 1981년 사이 태어난 이들로 정의했다. 다른 곳에서는 이 세대의 시기를 좀 더 짧게 잡기도 하고, 시작점이나 끝나는 지점을 조금씩 다르게 잡기도 한다. 하지만 각 세대 간의 실제 기간에 따라 따져 보면 〈표 7〉에서 정리한 장기적인 세대 구분에 이 기간만큼 딱 들어맞는 정의도 없다.

X세대는 이전 모든 세대와 비교해 봐도 가장 다른 세대다. 어쩌면 이 때문에 다른 세대들보다 가장 먼저 알파벳 이름이 붙었는지도 모른다. 캐나다 작가인 더글라스 커플랜드(Douglas Coupland)가 1987년 무렵 이 세대에 대한 이름을 붙인 것으로 알려져 있다. 과거와는 상당히 달랐던 바로 직전 W세대의 마지막 구성원이 태어난 이후였다. 일부는 운 좋게도 '좀 배운' 부모 밑에서 자랐지만, 대부분은 윗세대를 구식이라고 여기며 살았다. 이 세대는 '섹스가 시작된' 시절에 태어나 한참 후 성인이 되었다. 급진주의 시인 필립 라르킨(Phillip Larkin)이 쓴 시 「기적의 해(Annus Mirabilis)」에 따르면 X세대가 태어난 그 시절은 1963년이다. 아무튼 이 세대는 좀 달랐다.

전형적인 X세대 구성원들은 아주 젊은 W세대 부모를 두고 있었다. V세대에 속한 조부모들 역시 상당히 젊었다(이때부터 사람들이 평균적으로 첫 아이를 낳는 시기가 점점 늦어졌다). 영국에서 X세대의 조부모들은 왕위를 포기하는 일을 지켜봤고 부모 세대는 (남자의 경우) 완전 고용을 누렸다. 여성에 대한 처우도 빠르게 개선됐다. 그러는 동안 X세대는 브라운관을 통해 TV를 시청했다. 이들의 자식들은 나중에 평면 TV를 보게 됐다. 아마도 손자들은 구글 글래스나 전자 콘택트렌즈를 통해 무언가를 보게 될 수도 있다. 하지만 그 이후에는 뭔가 더 기술적으로 진보할 여지가 줄어들지도 모른다. 혹시라도 안구를 건너뛰어 시각 이미지를 뇌로 직접 전달하는 기술이 발견된다면 모를까 말이다. 시각장애인들에게 유용한 기술일 수 있겠다. 미래에는 여러 기술이 발달하면서 시각장애를 겪는 이들이 줄 수도 있다.

종종 모든 것이 변하는 것처럼 보이기는 하지만, 영원히 변하는 것은 없다. 섹스, 마약, 로큰롤, 학교, 직장, 가정, 건강, 신념, 관점, 경험, 여행 등등. 이 모든 게 매번 이전 세대와 달라질 수는 없다. 우리는 간혹 요즘 음악이 예전만큼 좋지 않다고 이야기한다. 사실 이는 X세대의 어린 시절처럼 음악이 빠르게 변하지 않기 때문에 그런 것일지도 모른다. 이들의 유년기에는 특히 정치적인 활동이 활발했다. 세계에 대해 더 많이 알게 되면서 다른 나라에 대한 관심도 높아졌다. 미국인들이 관심을 가졌던 가장 대표적인 곳은 베트남이었다. 이보다 가까운 곳에는 과테말라가 있었다.

이 장의 다음 시간선(그림 40)으로 과테말라의 사례를 가져온 것은 아메리카 대륙에서 가장 높은 총 출산율을 기록하고 있는 곳이기 때문이다. 이런 현상은 이번에도 역시 외부 간섭으로 인해 빚어진 일이다. 출산율이 높은 곳에 태어났다고 해서 비난의 대상이 될 수는 없다. 어쩌다 보니 외부 간섭을 받았던 그 나라에 태어난 것뿐이다. 그런데 이런 나라들을 잘 살펴보면 그 배경에 있어서 거의 차이가 없다는 것을 알 수 있다. 이 무렵 전 세계에서는 너무나 비슷한 내용의 이야기가 전개되고 있었다.

X세대의 첫 아이들이 태어나기 직전, 미국은 중앙정보국(CIA)를 이용해 과테말라에서 쿠데타를 일으켰다. 당시 패권국가인 미국은 소련과 지구를 핵무기로 파멸시킬 수도 있는, 죽음을 무릅쓴 전쟁을 치르고 있다고 믿었다. 아이러니하게도 미국인들은 중국 공산당이 커지고 있는 것을 알아채지 못했다. 1972년 닉슨의 그 유명한 중국 방문이 이루어졌는데, 여기서 앞서도 이야기한 "뭐라 말하기에는 아직 이르다"라는 오해의 발언이 나왔다. 미국은 전략적인 고립지역이라고 여겼던 아메리카 대륙에 신경 쓰느라 정신이 없었다. 그러다 보니 세계의 다른 지역에 대

해 관심 가질 겨를이 없었고, 중국이 미국과는 다른 방식으로 부흥하고 있다는 사실 역시 간파하지 못했다.

미국이 개입한 과테말라 내전은 1960년 시작됐다. 그리고 거의 40년이나 이어졌다. 최근 최고 수준의 출산율을 기록했던 나라들을 보면 이와 비슷한 사건을 겪은 경우가 대부분이다. 만약 미국이 없었다 하더라도 다른 패권국가가 나타나 세계 곳곳에서 혼란을 일으켰을 것이다. 특히 친언지원이나 원유가 있는 나라들이 그 대상이 됐을 것이다. 그러나 이런 (1960년대와 1970년대, 1980년대, 그리고 1990년대 초반까지 이어졌던) 전쟁에도 불구하고, 평화가 정착된 1990년대 후반부터는 과테말라의 총 출산율도 급격히 감소했다. 1970년 이후부터 계속 줄어 왔다. 이제는 여성 한 명당 아이 세 명 이하가 되면서 한때 아메리카 대륙에서 가장 출산율이 높은 국가였던 위상도 바뀌었다. 아메리카 대륙 전체의 인구가 이제 슬로다운에 접어든 것이다.

이제 X세대의 자식들로 초점을 맞춰 보자. Y세대는 1982년에 시작되고 (모든 통계를 감안하면) 2011년이 Y세대가 끝나는 지점인 것으로 보인다. 노산이 많아지면서 이 기간이 조금 더 늘어날 수도 있다. 영국의 윌리엄 왕자를 포함한 Y세대의 초창기 구성원들은 중국 인구가 처음 10억 명을 넘었던 해에 태어났다. 중국은 10억이라는 수치에 이른 첫 번째 나라였다. 이들은 슬로다운이 본격적으로 일어나는 것을 처음 본 세대다. 그래서 이들은 자신들의 정체성이 부모 세대와 별반 다르지 않다고 여긴다. 어쩔 때 보면 부모 세대보다 더 올바르게 행동하는 모습이다. 술은 적게 마시고 약도 적게 먹으며, 폭동을 일으키지도 않는다. 질문을 해 보면 나라를 위해 전쟁에 나가는 일은 없을 거라는 응답이 대부분이다. 이들 부모 세대는 단지 소수의 히피만이 그랬다. 이들의 할아버

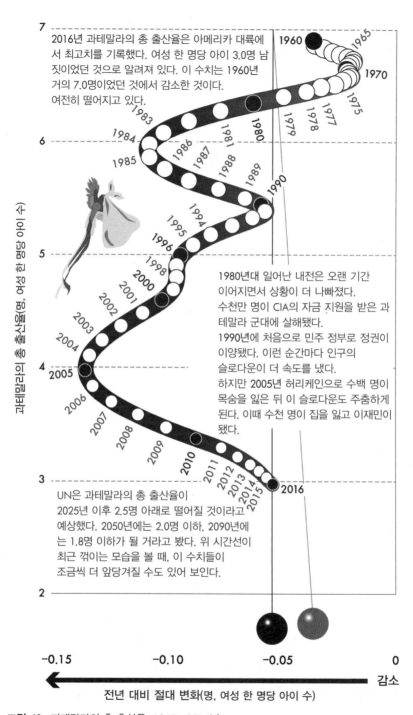

7

2016년 과테말라의 총 출산율은 아메리카 대륙에서 최고치를 기록했다. 여성 한 명당 아이 3.0명 남짓이었던 것으로 알려져 있다. 이 수치는 1960년 거의 7.0명이었던 것에서 감소한 것이다. 여전히 떨어지고 있다.

1960 · 1965 · 1970 · 1975 · 1977 · 1978 · 1979 · 1980 · 1981 · 1983 · 1984 · 1985 · 1986 · 1987 · 1988 · 1989 · 1990

6

5

과테말라의 총 출산율(명, 여성 한 명당 아이 수)

1994 · 1995 · 1996 · 1998 · 2000 · 2001 · 2002 · 2003 · 2004 · 2005 · 2006 · 2007 · 2008 · 2009 · 2010 · 2011 · 2012 · 2013 · 2014 · 2015 · 2016

1980년대 일어난 내전은 오랜 기간 이어지면서 상황이 더 나빠졌다. 수천만 명이 CIA의 자금 지원을 받은 과테말라 군대에 살해됐다. 1990년에 처음으로 민주 정부로 정권이 이양됐다. 이런 순간마다 인구의 슬로다운이 더 속도를 냈다. 하지만 2005년 허리케인으로 수백 명이 목숨을 잃은 뒤 이 슬로다운도 주춤하게 된다. 이때 수천 명이 집을 잃고 이재민이 됐다.

4

3

UN은 과테말라의 총 출산율이 2025년 이후 2.5명 아래로 떨어질 것이라고 예상했다. 2050년에는 2.0명 이하, 2090년에는 1.8명 이하가 될 거라고 봤다. 위 시간선이 최근 꺾이는 모습을 볼 때, 이 수치들이 조금씩 더 앞당겨질 수도 있어 보인다.

2

−0.15   −0.10   −0.05   0

감소

전년 대비 절대 변화(명, 여성 한 명당 아이 수)

그림 40. 과테말라의 총 출산율, 1960~2016년

세계은행 오픈 데이터. 『UN 세계 인구 전망 2017』과 다른 자료들을 바탕으로 추산한 총 출산율. https://data.world bank.org/indicator/sp.dyn.tfrt.in.

지들은 징병제도를 받아들여 전쟁에 나갔다. 하지만 Y세대는 다르다. 바로 이전 세대와 아주 많이 다르지는 않더라도. 이제 슬로다운이 완전히 자리 잡은 탓에 Y세대는 부모 세대처럼 행동하고 닮아 가는 첫 번째 세대가 됐다. 물론 2020년 현재까지의 모습만 보고 하는 말이다. 이들이 나이가 들면 또 완전히 다른 모습이 될 수도 있다. 앞으로 더 지켜볼 일이다.

30년 전인 1990년, 월드와이드웹(World Wide Web)이 처음 세상으로 뻗어 나갔다. 그리고 9년 후 제임스 글릭(James Gleick)은 『더 빠르게: 거의 모든 것의 가속화(Faster: The Acceleration of Just about Everything)』를 출간한다. 이 책에서 그는 금융부터 사람들의 관계까지, 모든 것이 속도를 내고 있다고 적었다. 돈은 더 빠르게 움직이고, 더 많은 잠자리 상대를 가지게 되며, 이런 모든 것들이 Y세대에 영향을 미치게 될 거라고 봤다. 그러면서 이들을 밀레니얼 세대라고 불렀다.

하지만 글릭을 포함해 미래의 가속화를 이야기했던 많은 이들의 예상은 틀렸다. 신기술을 먼저 받아들인 곳에서 인간관계가 오히려 좁아졌다. 1970년까지만 해도 50세 인구 중에 미혼인 남성은 60명 중 한 명에 불과했다. 2015년 기준으로 일본에서는 남성 4명 중 한 명 꼴로, 여성은 7명 중 한 명 꼴로 배우자가 없는 상태다.[19] 2016년 기준으로는 35세 이하 일본 남성의 42%, 여성 44%가 "성경험이 없다"라고 답했다.[20] 1990년 당시 글릭 입장에선 인구에서 시작된 슬로다운이 기술이나 생활방식에서도 나타날 거라고 알아차리긴 힘들었을 것이다. 하지만 지나고 보면 그렇게 시작되고 있었던 게 분명했다. 당연히 나도 그랬고 다른 이들도 그랬지만, 여러모로 글릭은 미래에 대해 집필하면서 과거를 반영하고 있었던 셈이다.[21]

Y세대 입장에서 컴퓨터나 전화, 자동차, 비행기 등 일반적인 기술은 거의 변화가 없었다. 지금 이 내용을 타이핑하고 있는 중에도 TV에서 화면이 접히는 폴더블 스마트폰이 나왔지만 잘 작동하지는 않는다는 뉴스가 나오고 있다. 우리가 지금 새롭다고 하는 것들은 사실 예전에 나온 것과 근본적으로는 그다지 다르지 않은 경우가 많다. 예전에 새롭다고 했던 것보다 덜 새롭거나 실용적으로도 그다지 새롭지 않다. 화면으로 상품 목록을 보며 주문하는 것은 사실 인쇄된 것으로 보며 주문한 것과 별반 다르지 않다. 영상통화 역시 처음 전화로 통화하게 됐던 것에 비하면 그다지 획기적인 변화는 아니다. 이들은 또 자식을 보기까지 가장 오래 기다린 세대이기도 하다. 평균적으로 볼 때 이들이 첫째를 보게 된 나이는 증조부 세대가 여러 자식들 가운데 중간쯤을 낳았을 나이와 같다.

물론 지구상의 일부 국가에서는 Y세대가 여기 규정한 시기보다 좀 더 늦게 시작됐을지도 모른다. 반대로 일본 같은 곳에서는 좀 더 일찍 시작됐다. 그래서 어떤 나라는 좀 뒤처진 것처럼 보이기도 한다. 그런 곳 중 하나가 아이티다. 오늘날 아메리카 대륙에서 두 번째로 총 출산율이 높은 국가다. 1960년부터 1986년까지 아이티의 출생률은 오르락내리락 요동쳤다. [그림 41]의 원 모양 부분은 너무 부드럽게 이어져 있는 모습인데, 수학적 모델을 사용해 각 수치를 예상해 정해진 위치에 점을 찍었기 때문인 것으로 보인다.

지구상에 아직도 진보의 때가 묻지 않은 곳이 있을까. 1986년 아이티에서 일어난 급격한 변화를 보면 그렇지 않은 것 같다. 당시 여성들은 한 명당 평균적으로 6명의 아이를 가졌다. 이 6명 중 일부는 정확히 한 세대가 지난 2016년, Y세대의 가장 젊은 층에 속하게 됐다. 그리고 아이티의 Z세대 중 첫째 아들, 첫째 딸은 대부분 5명이 아니라 두 명의 형제자매를 가지게 된다.

이런 이야기 속의 또 짧은 이야기에 등장하는 마지막 세대가 Z세대다. 이들 중 첫 번째 구성원은 2012년에 태어난 이들이다. 마지막 구성원은 늦어도 2042년쯤 태어나게 될 것이다. 이런 이야기들은 순전히 추론의 영역에서 하고 있는 것이다. 그럼에도 불구하고 많은 다른 이들이 예상한 바에 근거하고 있기 때문에 충분히 논의해 볼 만하다. 잉글랜드 차기 국왕으로 유력한 케임브리지의 조지 알렉산더 루이스(George Alexander Louis of Cambridge) 왕자는 2013년에 태어났다. 그가 바로 Z세대에 속한다. 조지 왕자의 형제자매 수는 지금 아이티에서 태어나는 아이들의 형제자매 수와 같다. 그의 형제자매는 두 명(루이스와 샬럿)이다. (모든 이에게 적어도 네 명의 증조할머니가 있는데) 조지 왕자의 증조할머니 중 가장 유명한 사람이 엘리자베스 여왕이다. (1926년에 태어난) 그는 V세대의 젊은 층 가운데 한 명이었다. 조지 왕자의 할아버지 중 한 명인 찰스는 1948년에 태어났다. W세대의 중간층에 속한다. 할머니 중 한 명인 다이애나는 1961년에 태어났다. X세대의 구성원이다. 그리고 그의 부모는 모두 1982년생이다. Y세대가 시작되는 시점에 태어난 것이다. 평균적으로 Z세대의 가족이 규모 면에서 가장 작을 수 있다. 우리 종의 역사상, 한 자녀 가정이 가장 많은 세대가 될 수도 있다. 물론 두 명 이상의 형제자매를 가지고 있는 조지 왕자처럼 아주 드문 예외도 있을 것이다.

또 Z세대는 부모 세대와 가장 다르지 않은 삶을 사는 세대가 될 수도 있다. 부모 세대보다 수입이 더 많지는 않지만, 더 많은 재산을 가지고 더 넓은 집에 살면서 더 빠른 차를 몰고 더 환상적인 휴가를 보내며

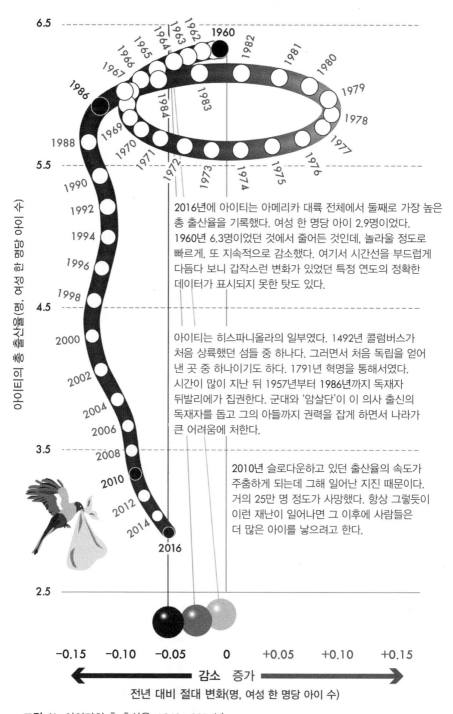

6.5

1962 1960 1982
1963 1981
1964 1980
1965 1979
1966 1978
1967 1977
1986 1983
1969 1976
1988 1970 1975
1971 1974
1990 1972 1973

2016년에 아이티는 아메리카 대륙 전체에서 둘째로 가장 높은
총 출산율을 기록했다. 여성 한 명당 아이 2.9명이었다.
1960년 6.3명이었던 것에서 줄어든 것인데, 놀라울 정도로
빠르게, 또 지속적으로 감소했다. 여기서 시간선을 부드럽게
다듬다 보니 갑작스런 변화가 있었던 특정 연도의 정확한
데이터가 표시되지 못한 탓도 있다.

아이티는 히스파니올라의 일부였다. 1492년 콜럼버스가
처음 상륙했던 섬들 중 하나다. 그러면서 처음 독립을 얻어
낸 곳 중 하나이기도 하다. 1791년 혁명을 통해서였다.
시간이 많이 지난 뒤 1957년부터 1986년까지 독재자
뒤발리에가 집권한다. 군대와 '암살단'이 이 의사 출신의
독재자를 돕고 그의 아들까지 권력을 잡게 하면서 나라가
큰 어려움에 처한다.

2010년 슬로다운하고 있던 출산율의 속도가
주춤하게 되는데 그해 일어난 지진 때문이다.
거의 25만 명 정도가 사망했다. 항상 그렇듯이
이런 재난이 일어나면 그 이후에 사람들은
더 많은 아이를 낳으려고 한다.

2.5

−0.15   −0.10   −0.05   0   +0.05   +0.10   +0.15

◄━━━ 감소   증가 ━━━►
전년 대비 절대 변화(명, 여성 한 명당 아이 수)

그림 41. 아이티의 총 출산율, 1960~2016년

세계은행 오픈 데이터. 『UN 세계 인구 전망 2017』과 다른 자료들을 바탕으로 추산한 총
출산율. https://data.world bank.org/indicator/sp.dyn.tfrt.in.

잠에서 깨는 순간마다 여러 활동으로 가득 찬 그런 삶을 살 수 있다. 그동안 우리는 쓸 수 있는 시간 동안 더 많은 일을 할 수 있게 됐다고 생각해 왔다. '가속화'라는 것은 짧은 시간 동안 더 많은 일을 한다는 것을 의미하기 때문이다.[22] 그러나 Z세대는 꼭 그렇게 할 필요가 없다. 그들에게는 예전보다 더 힘들게, 더 빠르게 살 이유가 없는 것이다. 그렇게 하라고 해도 할 수 없다.

Z세대의 삶이 가장 극명하게 다른 곳이 아마도 아이티 같은 나라일 것이다. 지금도 많은 것들이 바뀌고 있다. 기본적인 사회복지가 보편적이지 않고, 기대수명이나 문맹률, 건강, 복지 등은 여전히 크게 개선될 여지가 많다. 우리는 간혹 엄청난 변화를 갈망하는 듯 하지만 실제로는 작은 것을 보고 있을 때가 많다. "미국을 다시 위대하게(America great again)" 할 수 있는 날은 오지 않을 것이다. 그러나 그 이전 시대 역시 그다지 위대하지 않았다는 사실을 미국인들이 조만간 깨달을 수는 있을지 모른다. 마치 슬로다운이 영국인들로 하여금 그들 가슴 속에 있던 대영제국이 안정과는 거리가 먼 불안정한 곳이었다는 사실을 깨닫게 했던 것처럼 말이다.[23] Z세대는 인류의 총인구가 자연감소하는 것을 처음 목격하게 되는 세대가 될 것이다. 그때에는 인구조사 기법도 조금 더 발전하면서, 어느 달에 정확히 그런 일이 발생했는지까지 밝힐 수 있을 것이다.

Z세대를 이야기할 때 우리는 현재 추세상으로 떠올린 것을 말할 수밖에 없다. 지금 잘 자리 잡고 있는 추세일 수도 있고, 이 모든 것을 다 뒤집어 버릴 무엇일 수도 있다. 기후변화나 전쟁, 기아, 전염병, 질병 같은 것들이 그것이다. 앞으로 닥칠 종말에 나타날 '네 마리 말'의 유력한 후보로 꼽히는 것들이다. 1982년 개봉한 영화 「블레이드 러너(Blade

Runner)」는 사회적으로 분열된 디스토피아적 도시를 그렸다. 영화 속에서 전반적으로 동아시아의 이미지를 가져왔다. 그런 이미지를 사용한 것은 당시 미국이 일본의 경제부흥에 대해 집단적인 공포심을 가지고 있었기 때문이다. 만약 미래의 중국 이미지를 가져왔다면 훨씬 더 예지력 있는 영화가 됐을 것이다. 2017년에는 그 속편이 엄청난 호평 속에 개봉됐다. 하지만 좀 질리기 시작하는 면이 있었다. 여기서 한국은 아주 조금 더 정치적으로 올바른 이국적인 곳으로 그려진다. 영화의 원작은 필립 K. 딕(Philip K. Dick)이 1968년 쓴 공상과학 소설, 『안드로이드는 전기 양의 꿈을 꾸는가?(Do Androids Dream of Electric Sheep?)』에서 따온 것이다. 그 당시에 비슷한 책이 많이 나왔다. 이 책의 결론 부분인 12장은 또 다른 디스토피아를 그린 1968년 공상과학 소설, 『잔지바르에 서서(Stand on Zanzibar)』 이야기로 시작한다. 왜 이 소설이 그 당시에 쓰였는지에 대해서도 다루겠다.

우리는 불평등이 점차 커지고 있는 시대에 살고 있다. 1960년대 소설에나 등장할 만한 상황을 이제는 피할 수 없게 된 것이다. 당시에는 소위 '새로운' 아이디어라는 것들이 가속화 시대의 끝물에 나오는 책들의 재탕인 경우가 많았다. 이때가 바로 2차 도함수에서 변화가 일어나는 순간, 그러니까 증가에서 감소로 증가율의 변화가 생기는 순간, 혹은 시간선상에서 보았을 때 진자가 반대 방향으로 움직이기 시작하는 순간이었다.

우리는 가까운 미래가 최근의 과거와 완전히 다를 것이라는 희망 섞인(하지만 아마도 그렇지 않을) 이론을 믿고 있다. 그래서 이에 부응하기 위해 이제 곧 재앙이 닥칠 것이라는 생각에 사로잡히곤 한다. 이런 생각은 각 세대마다 엄청난 변화가 일어난다는 학습된 경험에도 부합하는 일이다. 하지만 그런 변화가 이제는 늦어지고 있다는 사실을 알아야 한다. 변화가 여전히 일어나고 있다고 해서 반드시 재앙이 올 거라고 두려워할 필요도 없다. 물론 그럴 수도 있지만, 꼭 그럴 이유가 있는 것은 아니다. 게다가 변화하는 속도는 예전 같지도 않다. 안정은 재앙을 불러오지 않는다. 전쟁으로 인한 죽음이나 인플루엔자 창궐, 대규모 기아, 마지막 대기근 등의 재앙은 자본주의로의 전환이 최고조에 이르렀을 때 모두 함께 징점을 찍었다. 모두 지난 다섯 세대에 일어난 일이다(1958~1961년 중국의 대기근은 앞서 일어난 인도의 대기근이나 1980년대 동아프리카 기근보다 더 피해가 컸다). 오직 글로벌 기온만 여전히 가속화하며 상승하고 있다. 다른 변화들보다 수십 년 정도 늦게 정점을 찍을 가능성이 있다.

프랑스에서 출산율은 1963년에 정점을 찍었다. 잉글랜드에서 '섹스가 시작됐다(Sex began)'고 선언됐던 해이다.[24] [그림 42]는 출산율의 급격한 감속을 보여 주는데 여성 한 명당 아이 2.9명이던 게, 「블레이드 러너」가 극장에서 처음 인기를 끌던 해에는 1.9명까지 떨어졌다(당시 인구의 안정을 위해서도 2.1명은 돼야 하는 상황이었다). 출산율을 끌어올리기 위해 프랑스 정부는 다양한 시도를 했다. 하지만 몇 년 동안 고작 2명을 살짝 넘는 수준밖에 이르지 못했다. 최근 몇 년 동안은 1.96명 수준을 유지하고 있다. 다른 나라들의 추세를 감안하면 조만간 이보다 조금 더 떨어질 게 확실해 보인다. 아이가 적은 젊은 부모일수록 시위를 하기가 더 쉬워진다. 상대적으로 자유롭게 집회에 나갈 수 있기 때문이다. 그래서 근대의 대규모 시위는 1968년 프랑스에서부터 시작됐다. 언제든 기저귀를 갈아야 하는 부모들은 집회에 나가기 쉽지 않았을 것이다. 오늘날 기후변화에 대한 시위의 원조 역시 1968년에 있던 각종 집회들로 본

슬로다운

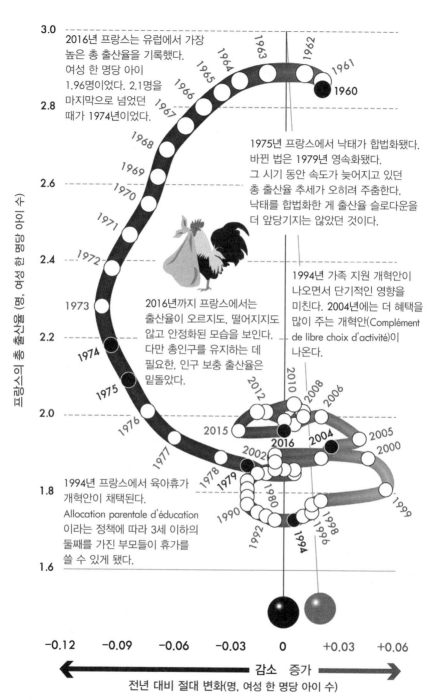

3.0

2016년 프랑스는 유럽에서 가장 높은 총 출산율을 기록했다. 여성 한 명당 아이 1.96명이었다. 2.1명을 마지막으로 넘었던 때가 1974년이었다.

1975년 프랑스에서 낙태가 합법화됐다. 바뀐 법은 1979년 영속화됐다. 그 시기 동안 속도가 늦어지고 있던 총 출산율 추세가 오히려 주춤한다. 낙태를 합법화한 게 출산율 슬로다운을 더 앞당기지는 않았던 것이다.

2016년까지 프랑스에서는 출산율이 오르지도, 떨어지지도 않고 안정화된 모습을 보인다. 다만 총인구를 유지하는 데 필요한, 인구 보충 출산율은 밑돌았다.

1994년 가족 지원 개혁안이 나오면서 단기적인 영향을 미친다. 2004년에는 더 혜택을 많이 주는 개혁안(Complément de libre choix d'activité)이 나온다.

1994년 프랑스에서 육아휴가 개혁안이 채택된다. Allocation parentale d'éducation 이라는 정책에 따라 3세 이하의 둘째를 가진 부모들이 휴가를 쓸 수 있게 됐다.

프랑스의 총출산율 (명, 여성 한 명당 아이 수)

−0.12   −0.09   −0.06   −0.03   0   +0.03   +0.06

감소 증가
전년 대비 절대 변화(명, 여성 한 명당 아이 수)

그림 42. 프랑스의 총 출산율, 1960~2016년

세계은행 오픈 데이터. 『UN 세계 인구 전망 2017』과 다른 자료들을 바탕으로 추산한 총 출산율. https://data.world bank.org/indicator/sp.dyn.tfrt.in.

다. 특히 프랑스에서 일어난 시위들이다.

이제 더 이상 흥청망청 소비하지 않는 시기가 오고 있다. 그런 시기가 오면, 부가 행복을 보장하지 않으며, 대부분의 광고는 질투심만 자극한다는 사실을 깨닫게 될 것이다. 또 경쟁이 아닌 협조와 더 나은 조직으로 사람들의 삶이 나아질 수 있다는 점도 알게 될 것이다. 월드와이드웹이 점점 더 커지면서 우리가 즐길 수 있는 것 대부분이 공짜라는 것을, 사실상 공짜라는 것을 이해하게 될 것이다. 사랑과 우정, 애정이 자본주의를 넘어서 더 오래 살아남을 것이다. 자본주의는 하나의 전환일 뿐 지속되는 상태가 아니다. 1968년 시위대들은 단지 시대를 좀 앞서갔을 따름이다.

슬로다운이 진행되고 있다는 사실을 알지 못했던 2018년, 사람들은 아직도 『지구를 구하라—아이를 낳지 말자(Save the Earth—Don't Give Birth)』 같은 책을 쓰고 있었다.[25]

이런 시각에 대해 불만을 가진 이들도 있었다. "영향력 있는 환경 컬럼니스트인 조지 몬비오(George Monbiot)가 인구문제에 부정적인 입장을 보임으로써 '이에 대한 대중의 이해를 상당히 방해했다'"라는 비판이었다.[26] 하지만 슬로다운이 언제나 눈에 잘 띄는 것은 아니다. 몬비오는 상당히 초기에 인류의 인구문제에 있어 이런 부분을 인식하고 있던 환경운동가 중 한 명이다. 슬로다운은 갑자기 일어나지 않는다. 어떤 경우 몇 세대에 걸쳐 일어난다. 우리는 급격한 사회 진보나 변화가 계속될 거라고 기대하면서 새로운 것, 신나는 것, 뭔가 다른 것을 찾는 데 익숙해져 있다.

인류가 확장하는 데 우호적인 계절은 이제 끝나 가고 있다. 급격한 기술 발전이나 우리가 사는 곳의 지리적인 재편을 이룰 수 있는 시기는 지나간 것이다. 인구학적으로 볼 때 전혀 겁낼 일은 아니다. 물론 기후 변화는 매우 두려운 일이다. 그러나 그렇게 당장 해결해야 할 긴급 사안을 제외하고는 앞으로 더 느린 변화가 많이 일어날 것이다. 지금까지 일어났던 것에 비하면 덜 극적인 변화일 것이다. 우호적인 계절은 영원히 지속될 수 없다. 보편적으로 볼 때 모두에게 유익한 것도 아니었다. 오히려 유익과 거리가 멀 수도 있다. 그렇지만 '우호적인 계절'이라는 정의에 입각할 때, 그 시기가 없었다면 우리 중 상당수는 오늘날 살아남지 못했을 수도 있다.

인류의 엄청난 인구 증가는 그것이 인류에게 어떤 의미를 갖는지와 맞물려 변해 왔다. 인류가 도시로 이주하면서 일부 상류층 여성을 포함한 사람들은 키가 더 커지고, 약간은 덜 인종차별주의자가 됐으며, 더 깨끗해지고, 교육수준이 올라갔다. 하지만 그러면서 더 탐욕적이 됐다. 우리가 새로운 인구에 맞춰 살아남고자 한다면, 오랫동안 이런 탐욕을 숭배해 왔던 태도를 버려야 한다. 계속해서 더 많은 재물을 소유할 수는 없다. 전체 숫자 면에서도 재물은 줄어들 것이지만 말이다. 과거에는 우생학적인 사고방식에 따라 특정한 사람이 다른 사람들보다 더 우월하다고 생각한 적이 있다. 그런 사람이 더 많이 가질 자격이 있다면서 탐욕을 옹호하기도 했다. 우생학은 이제 악한 것으로 간주된다. 탐욕이 좋을 수는 없다.

보편화되고 있는 슬로다운

1492년 구대륙과 신대륙을 잇는 지리학적 사건이 발생한다. 이로 인해 자본주의로의 전환이 점차 시작됐다. 하지만 전 세계 대부분 사람들은 이를 알아채지 못했다. 의미 있는 낌새를 차리게 된 것은 1901년이었다. 여러 통치자가 등장했다가 사라지고, 몇 번의 전쟁을 치렀지만 사람들의 삶은 여진히 예전과 비슷했다. 산업화가 일찍 시작된 잉글랜드에서조차 대부분 사람들은 한 세기가 바뀔 때까지 자신의 삶에서 가장 중요한 변화가 일어나고 있다는 사실을 깨닫지 못했다. 바로 아이들이 자신들보다 더 오래 살게 된다는 변화다. 내 아이가 나보다 오래 살 거라고 확신할 수 있다면 무엇 하러 아이를 둘 이상 낳을 것인가? 또 내 유전자가 아주 특별하거나 내 형제, 친척들과 딱히 다르지 않다면 무엇 하러 또 다른 한 명의 아이를 만들려고 할 것인가? 굳이 생물학적 부모가 되지 않더라도 인류를 더 잘 보살필 수 있다. [그림 43]은 영국의 최근 출산율을 보여 준다. 그 추세가 이제는 좀 친숙하게 느껴질 것이다.

1901년을 가속화가 시작된 해로 꼽는 여러 이유가 있다. 당시는 엄청난 변화를 경험하게 될 첫 세대가 태어나기 시작한 해이기도 하다. 그렇게 된 이유 중 하나는 바로 영아사망률이다. 그해 미국에서 태어난 10만 명의 아이 가운데 사망하는 경우는 바로 직전인 1900년에 비해 2,000명이나 줄었다. 이처럼 빠른 속도로 영아사망률이 줄어든 것은 이전에도 없었고 이후에도 없는 일이었다.[27] 1900년 영국에서는 새로 태어나는 아이 10만 명당 1만 3,000명이 사망했다. 1960년에는 2,000명 수준으로 떨어지더니 1990년에는 790명, 2000년에 560명, 2010년에 430명, 2014년에 390명이 됐다.[28] 최근 영국은 보건 서비스, 산모에 대한 혜택

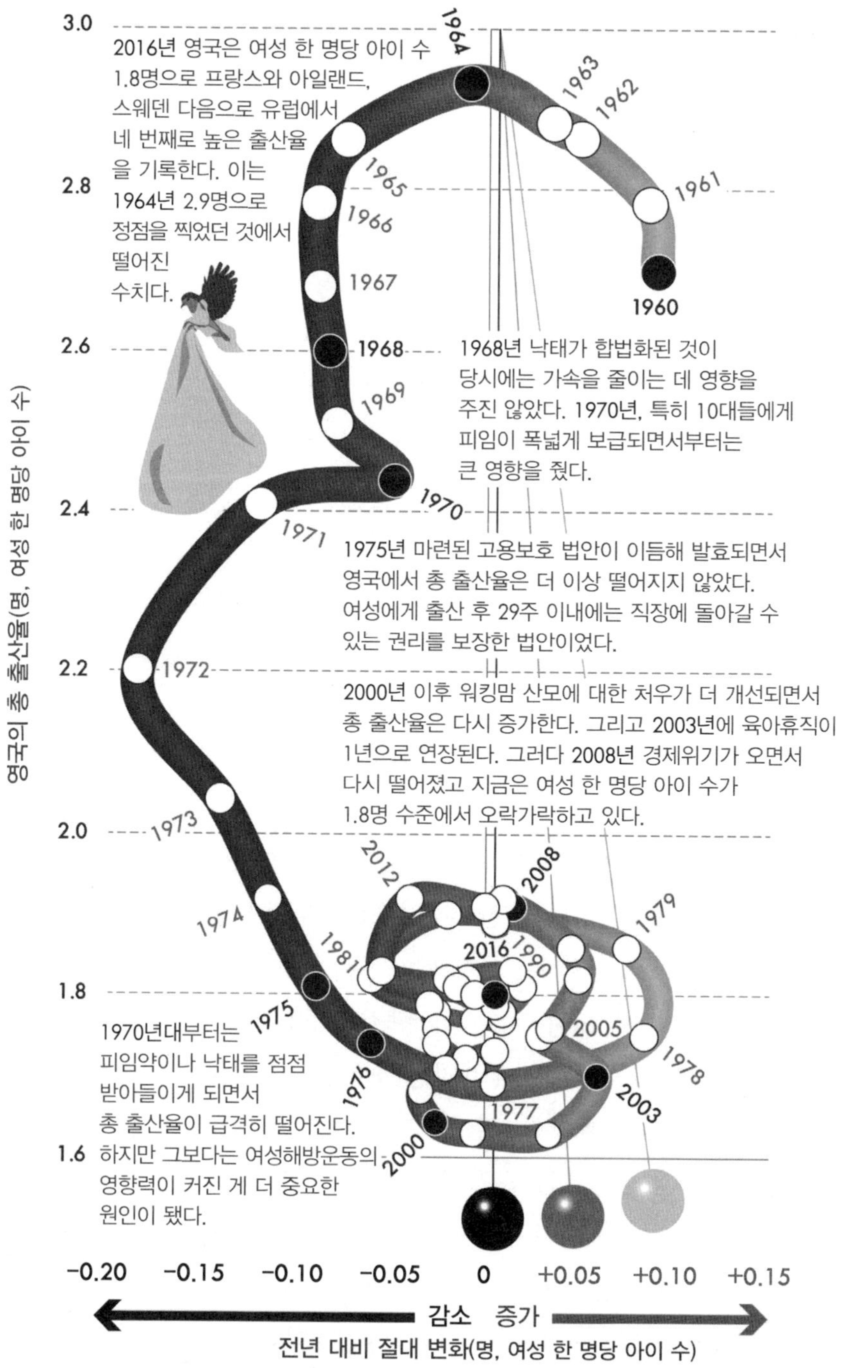

2016년 영국은 여성 한 명당 아이 수 1.8명으로 프랑스와 아일랜드, 스웨덴 다음으로 유럽에서 네 번째로 높은 출산율을 기록한다. 이는 1964년 2.9명으로 정점을 찍었던 것에서 떨어진 수치다.
1968년 낙태가 합법화된 것이 당시에는 가속을 줄이는 데 영향을 주진 않았다. 1970년, 특히 10대들에게 피임이 폭넓게 보급되면서부터는 큰 영향을 줬다.
1975년 마련된 고용보호 법안이 이듬해 발효되면서 영국에서 총 출산율은 더 이상 떨어지지 않았다. 여성에게 출산 후 29주 이내에는 직장에 돌아갈 수 있는 권리를 보장한 법안이었다.
2000년 이후 워킹맘 산모에 대한 처우가 더 개선되면서 총 출산율은 다시 증가한다. 그리고 2003년에 육아휴직이 1년으로 연장된다. 그러다 2008년 경제위기가 오면서 다시 떨어졌고 지금은 여성 한 명당 아이 수가 1.8명 수준에서 오락가락하고 있다.
1970년대부터는 피임약이나 낙태를 점점 받아들이게 되면서 총 출산율이 급격히 떨어진다. 하지만 그보다는 여성해방운동의 영향력이 커진 게 더 중요한 원인이 됐다.
영국의 총 출산율(명, 여성 한 명당 아이 수)
3.0
2.8
2.6
2.4
2.2
2.0
1.8
1.6
1960
1961
1962
1963
1964
1965
1966
1967
1968
1969
1970
1971
1972
1973
1974
1975
1976
1977
1978
1979
1981
1990
2000
2003
2005
2008
2012
2016
−0.20
−0.15
−0.10
−0.05
0
+0.05
+0.10
+0.15
감소 증가
전년 대비 절대 변화(명, 여성 한 명당 아이 수)

그림 43. 영국의 총 출산율, 1960~2016년

세계은행 오픈 데이터. 『UN 세계 인구 전망 2017』과 다른 자료들을 바탕으로 추산한 총 출산율. https://data.world bank.org/indicator/sp.dyn.tfrt.in.

을 줄였는데, 이게 정상으로 돌아오면 이 숫자가 조만간 더 떨어질 수 있다. 여기에 최근 단기적으로 올랐던 빈곤율까지 다시 제자리를 찾으면 더 그렇게 될 수 있다(그러려면 2017년 선출된 정부, 2010년 이후 집권하고 있는 세력이 물러나야 한다).[29]

훨씬 더 가난한 나라들의 데이터를 보면 영아사망에 있어 중요한 변화가 나중에 일어났다는 것을 알 수 있다. 영국의 경우 이보다 이른 1870년 즈음부터 개선되기 시작했다. 그 이후 몇 세기 동안 영아사망률은 떨어지지 않고 정체된 상태를 유지한다. 약간 오르는 듯하다가 1905년 이후부터는 줄곧 하향세였다. 전 세계적으로 한 번 영아사망률이 개선되기 시작하니 계속 그 추세를 유지하게 됐다. 지구상 모든 곳에서 영아와 어린이 사망률이 뚝 떨어졌다. 부자 나라들에서 이런 하락 추세가 시작된 것은 1901년 무렵이다. 이유는 잘 알려진 대로다. 보건과 위생이 엄청나게 개선됐고 여성과 가난한 사람들에 대한 정책적 접근도 달라졌다.[30]

1890년 당시 잉글랜드와 웨일스에 살고 있던 20~24세 사이의 여성들은 절반이 기혼자였다. 한 세기가 지난 뒤 이 비율은 5분의 1로 줄었다. 일반적으로 결혼하는 나이가 30세를 넘었다. 이것도 엄청난 변화가 일어나고 있음을 보여 주는 사례 중 하나였다.[31] 하지만 태어난 아이가 사망할 위험이 줄어든 것에 비하면 아무것도 아니었다. 불과 몇 년 동안 5세 이하 아이가 사망할 확률이 4명 중 한 명에서 5명 중 한 명으로 떨어졌다. 그러다 그 아이들이 부모가 됐을 무렵에는 10명 중 한 명으로 떨어졌고, 그 손자들이 태어났을 즈음엔 15명 중 한 명으로 떨어진다. 그리고 이제는 전 세계 대부분의 나라에서 그런 문제를 거의 걱정하지 않을 정도가 됐을 만큼 숫자는 훨씬 더 감소했다.

'이 모든 게 바뀐 시기'가 정확하게 언제인지는 가져다 붙이기 나름이다. 영국에서 1901년 1월은 빅토리아 여왕이 사망하면서 '한 시대가 끝난 것'으로 인식된다. 이 책에서 1901년을 엄청난 전환점으로 꼽은 것은 미국 전역에 걸쳐 영아사망률이 처음으로 현저하게 떨어진 때이기도 해서다. 그 전까지 각 세대는 생존 확률이 적은 상황에서(어쩔 때는 점점 악화되는 상황에서) 살아왔다. 산업화되는 도시에서는 더 나빴고 시골에 가면 그나마 조금 나았다. 1901년 이후 뚜렷한 전환이 일어났다. 일단 사람 수가 가속도로 증가했다. 그러면서 훨씬 많은 영아들이 잘 자라서 어른이 될 수 있었다. 그렇게 어른이 된 이들은 자신의 아이가 더 오래 살 수 있을 거란 사실을 알게 됐고, 그 뒤부터 감속이 진행됐다. 이는 끝이 날 수밖에 없는 전환이었다. 특히 어린이 사망률 때문에 그랬다. 일단 다섯 살 이전에 사망하는 아이들이 거의 사라지게 되면, 그때부터는 뭔가 의미 있는 개선이 더 일어나지 않는다. 가장 잘 사는 나라들은 이제 거의 그런 단계에 이르렀다. 물론 아직 미국에서는 흑인이나 가난한 계층은 그 단계에 이르지 못했지만 말이다.

그런데 왜 이런 상황은 10년 단위가 아닌, 세대별로 나눠 봐야 하는 걸까? 전통적으로 세대는 어떤 전환이 일어나는 변화를 해석하는 방법으로 사용돼 왔다. 10년 단위는 시간 단위로 삼기에 너무 짧거나 너무 임의적이다. 우리는 보통 우리 삶을 부모나 조부모 시절과 비교하지, 1990년대 혹은 1940년대와 비교하지는 않는다. 이 장에서 다섯 세대를 가져 온 이유는 매우 간단하다. 1901년부터 지금까지 이어 온 세대 숫자이기 때문이다. 대부분의 사람들이 느끼기에 인류가 아주 급격한 변화를 겪기 시작한 시기였다. 〈표 7〉(p. 310)에는 그 기간 동안 어느 세대가 언제 태어났고, 또 언제 태어나게 될지를 표시했다. 더 안정되고 독특할 것 없는 이전 30개 세대와 최근의 5개 세대를 나란히 두고 볼 수 있다.

〈표 7〉을 보면 시간을 임의로 나눈 것처럼 생각될 수도 있다. 그렇지만 한 세대에 속한 부모들 상당수가 이전 세대에선 아이였고, 그들의 아이들은 대부분 그다음 세대에 태어났거나 그럴 예정이다. 그 날짜를 추산하기 위해 여성의 평균출산연령을 가져다 썼는데, 아주 정확한 것은 아니다. 만약 당신이 1981년생이라고 해서 X세대의 마지막이라고 안타까워할 필요는 없다. 오히려 Y세대처럼 행동하고 있거나 그쪽에 더 가까울 수도 있다. 그렇지만 그보다 이전 세대인 W세대, 혹은 그 이후의 Z세대와 같은 경험을 공유하고 있거나 비슷한 태도를 보이지는 않을 것이다. 이는 오늘날 전 세계 어느 곳에서도 마찬가지다.

[그림 44]는 1960년 이후부터 한국의 출산율 변화를 보여 준다. 급감하는 추세를 보면 놀라울 정도다. 우리는 한때 '선진 경제', '개발된 국가'라는 잘못된 용어를 쓴 적이 있었는데, 한국에서의 급격한 출산율 감소는 그런 것과는 상관이 없다. 서로 다른 시기, 다른 장소에 적용되는 각기 다른 전환 모델이 있는 것은 아니다. 전 세계적으로 단 하나의 모델이 다양한 형태로 나타나는 것이다. 초기 한국에 외부 요인이 개입한 것은 1950~1954년 전쟁이었다. 그 이후로 사회적인 안정이 찾아왔고 대한민국의 경제적 번영이 지금까지 계속되고 있다.

〈표 7〉을 보면 내가 어느 세대에 속했는지 알 수 있다. 한국에서 태어난 W세대(1929~1955년)에 속한 여성이라면 대부분 5~6명의 아이를 낳았다. 그리고 이 자녀들은 모두 X세대가 됐다. W세대에서 가장 어린 축에 속하는 이들은 3~4명의 아이만 낳았을 수도 있다. 한 세대 안에서도 출생연도에 따라 평균출산율이 상당히 달라질 수 있다. 그만큼 1960년대와 1970년대 한국에서의 변화 속도가 빨랐기 때문이다.

　　　　　　　　　　　　　　　슬로다운

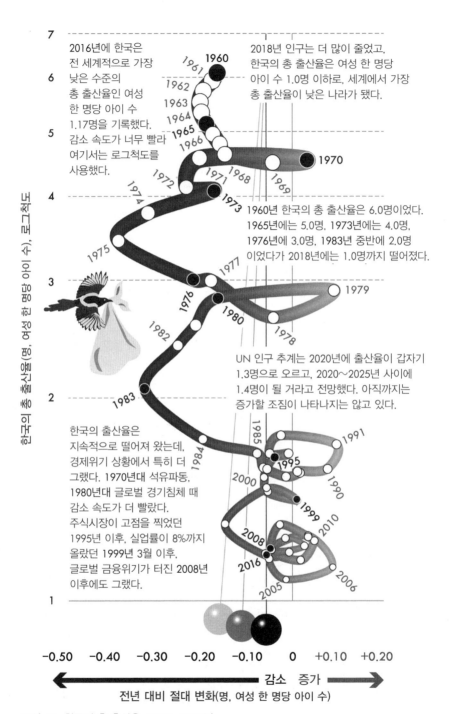

세로축 (왼쪽): 한국의 총 출산율(명, 여성 한 명당 아이 수), 로그척도

2016년에 한국은 전 세계적으로 가장 낮은 수준의 총 출산율인 여성 한 명당 아이 수 1.17명을 기록했다. 감소 속도가 너무 빨라 여기서는 로그척도를 사용했다.

2018년 인구는 더 많이 줄었고, 한국의 총 출산율은 여성 한 명당 아이 수 1.0명 이하로, 세계에서 가장 총 출산율이 낮은 나라가 됐다.

1960년 한국의 총 출산율은 6.0명이었다. 1965년에는 5.0명, 1973년에는 4.0명, 1976년에 3.0명, 1983년 중반에 2.0명 이었다가 2018년에는 1.0명까지 떨어졌다.

UN 인구 추계는 2020년에 출산율이 갑자기 1.3명으로 오르고, 2020~2025년 사이에 1.4명이 될 거라고 전망했다. 아직까지는 증가할 조짐이 나타나지는 않고 있다.

한국의 출산율은 지속적으로 떨어져 왔는데, 경제위기 상황에서 특히 더 그랬다. 1970년대 석유파동, 1980년대 글로벌 경기침체 때 감소 속도가 더 빨랐다. 주식시장이 고점을 찍었던 1995년 이후, 실업률이 8%까지 올랐던 1999년 3월 이후, 글로벌 금융위기가 터진 2008년 이후에도 그랬다.

가로축: -0.50 -0.40 -0.30 -0.20 -0.10 0 +0.10 +0.20

← 감소 증가 →

전년 대비 절대 변화(명, 여성 한 명당 아이 수)

그림 44. 한국의 총 출산율, 1960~2016년

세계은행 오픈 데이터. 『UN 세계 인구 전망 2017』과 다른 자료들을 바탕으로 추산한 총 출산율. https://data.world bank.org/indicator/sp.dyn.tfrt.in.

대한민국에서 X세대로 태어난 아이들(1956~1981년)은 어른이 됐을 때 아이를 세 명 이상 낳지 않으려 했다. 나중에 태어난 이들일수록 자식을 두 명이나 한 명을 낳거나, 아니면 아예 낳지 않으려고 했다. Y세대로 태어난 한국의 아이들(1982~2011년)은 자녀를 한 명만 낳는 게 일반적이 됐다. 두 명을 갖는 것보다도 아예 낳지 않는 경우가 더 많았다. 2019년 대한민국의 농어촌 지역에서는 글을 읽을 줄 모르는 70대 할머니들이 초등학교에 들어간다는 소식이 전해졌다. 그만큼 교실을 채울 아이들 숫자가 부족했던 것이다.[32]

더 젊은 집단에 속해 있을수록, 더 최근에 태어났을수록, 자신의 일생에서 엄청난 변화가 있다고 생각하기가 쉽지 않다. 단지 비교 대상이 될 만한 인생을 아직 덜 살았기 때문만은 아니다. 실제로 대단한 변화가 일어나지 않았기 때문이다. 그리고 이전 세대가 겪었던 것처럼 인생에서 중요한 것들이 지금처럼 빠르게 변하지 않고 있기 때문이기도 하다.

이 장에서 언급하고 있는 세대 간의 기간은 조금씩 다르다. 최근 다섯 세대 가운데 앞부분 세 번의 세대에서는 큰 전환이 일어나면서 사람들이 아이를 빨리 낳게 됐다. 가장 어린 나이에 아이를 낳았던 시기는 1970년대 초반이다. 하지만 이후부터 여성들은 점점 더 생애 첫 아이를 늦게 낳기 시작했다. 아직 바로 직전 세대 여성들이 마지막 아이를 낳았던 시기만큼 늦어지진 않았지만. 연구를 하는 데 이들 세대가 유용한 면이 있다. 같은 경험을 가지고 있거나, 가질 거라고 기대되는 집단들로 편하게 나눌 수 있기 때문이다. 그리고 그 경험들이 각각 어떤지 집중해서 살펴볼 수 있다. 최근 들어 정상이라고 하는 것들이 더 이상 빠르게 변하지 않는다. 대다수의 여성들이 0명이나 1명, 2명의 아이를 낳는 쪽으로 출산율이 떨어지기 시작한 뒤로는 조금도 다시 오를 기미는 보이지 않는다. 먼 미래에는 안정성을 위해 점차 그렇게 될 필요가 있을지도 모른다.

[그림 45]에서는 포르투갈에서 최근 출산율이 감소하는 모습을 보여준다. 여기 표시한 시간선은 한국의 경우와 크게 다르지 않다. 1960년과 1975년 사이에 약간의 변화가 있었고, 1999년까지 많은 변화를 겪은 뒤에, 2016년까지 다시 작은 변화가 있었다. 1960년과 1975년, 1999년, 2016년까지 각 변화 지점 사이의 짧은 몇 년 동안은 총 출산율이 떨어지지 않았지만 대체로는 엄청나게 하락했다.

중기적으로 포르투갈은 인구가 줄고, 부족분을 이민자로 채우거나 아니면 어느 시점 출산율이 살짝 오를 수도 있다. 아마도 그 세 가지가 복합적으로 나타날 가능성이 높다. [그림 45]에 나타나듯 출산율은 엄청난 사회적 불안이 일어났을 때, 혹은 그 뒤에 오르기 마련이다.

추세를 알 수 있는 방법 중 하나는 세계를 각 지역별로 나눠 보는 것이다. 1960년에는 전 세계에서 9%의 사람들이 아프리카에 살았다. 14%는 아메리카 대륙에, 22%는 중국에, 15%는 인도에, 26%는 서유라시아 대륙의 나머지 지역(인도와 중국의 북서부)에 살았다. 14%는 동아시아/태평양 지역에 살았다. 아시아 동쪽에서부터 인도와 중국의 동남부까지를 일컫는다(이 지역은 1960년대 인구밀도가 높았던 일본, 인도네시아, 방글라데시, 베트남, 태국, 필리핀, 한국이 포함된다).

반면 2017년이 되자 전 세계 17%의 사람이 아프리카에 살게 됐다. 13%가 아메리카 대륙에 살고 중국에 사는 사람은 18%, 인도에 사는 사람도 18%에 그쳤다. 그 밖의 유라시아 대륙 서쪽(인도와 중국의 북서부)에 사는 사람들은 19%에 불과했고, 동아시아/태평양 지역에 사는 사람들은 15%가 됐다. 오늘날 이들 여섯 지역이 글로벌 인구를 골고루 나

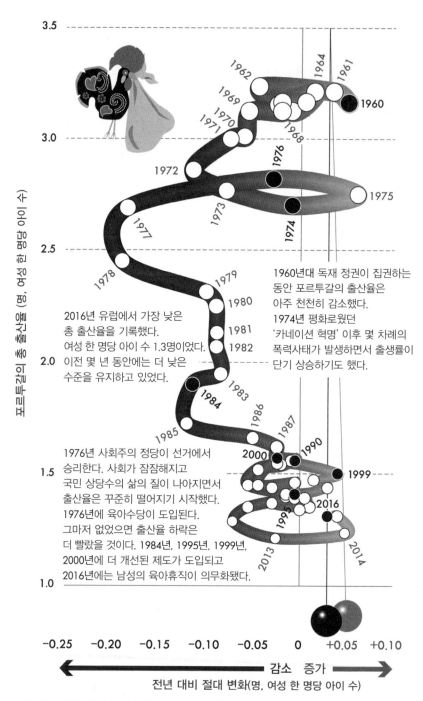

3.5

1962

1964

1961

1969

1960

1970

1971

1968

3.0

1976

1972

1975

1973

1977

1974

2.5

1978

1979

1980

**2016년 유럽에서 가장 낮은
총 출산율을 기록했다.
여성 한 명당 아이 수 1.3명이었다.
이전 몇 년 동안에는 더 낮은
수준을 유지하고 있었다.**

1981

1982

2.0

**1960년대 독재 정권이 집권하는
동안 포르투갈의 출산율은
아주 천천히 감소했다.
1974년 평화로웠던
'카네이션 혁명' 이후 몇 차례의
폭력사태가 발생하면서 출생률이
단기 상승하기도 했다.**

1983

1984

1986

1987

1985

**1976년 사회주의 정당이 선거에서
승리한다. 사회가 잠잠해지고
국민 상당수의 삶의 질이 나아지면서
출산율은 꾸준히 떨어지기 시작했다.
1976년에 육아수당이 도입된다.
그마저 없었으면 출산율 하락은
더 빨랐을 것이다. 1984년, 1995년, 1999년,
2000년에 더 개선된 제도가 도입되고
2016년에는 남성의 육아휴직이 의무화됐다.**

2000

1990

1.5

1999

1995

2016

2013

2014

1.0

포르투갈의 총 출산율 (명, 여성 한 명당 아이 수)

-0.25   -0.20   -0.15   -0.10   -0.05   0   +0.05   +0.10

감소   증가

전년 대비 절대 변화(명, 여성 한 명당 아이 수)

그림 45. 포르투갈의 총 출산율, 1960~2016년
세계은행 오픈 데이터. 『UN 세계 인구 전망 2017』과 다른 자료들을 바탕으로 추산한 총
출산율. https://data.world bank.org/indicator/sp.dyn.tfrt.in.

뉘 가지고 있다.

〈표 8〉은 1960에서 2017년까지 여성들이 출산한 아이들의 평균 숫자가 각 10년마다 어떻게 변했는지를 보여 준다. 일단 마지막 10년은 아직 끝나지 않았고, 마지막 세대의 첫 번째 구성원들이 이제 막 태어났다는 점을 염두에 둘 필요가 있다. 〈표〉에서는 해당 10년 동안 가장 많이 태어난 세대별로 각 10년을 구분했다. 가장 최근 10년 동안에는 각각의 연도를 표시했다. 그 뒤에는 절대적인 변화량도 나타냈다.

그런데 예외적인 곳이 바로 아프리카였다. 아프리카는 출산율 하락면에서 전 세계 다른 어느 곳보다도 큰 변화를 겪었다. 또 예외적이었던

표 8a. 전 세계 지역별 여성 한 명당 자녀 수, 1960~2017년

(단위: 명)

세대	아프리카	아메리카 대륙	중국	서 유라시아	인도	동아시아/ 태평양	세계
W: 1960년대	6.8	4.5	6.2	3.4	5.8	5.1	5.1
W: 1970년대	6.7	3.6	4.0	3.1	5.2	4.6	4.3
X: 1980년대	6.4	3.0	2.6	3.0	4.5	3.6	3.6
X: 1990년대	5.6	2.6	1.8	2.5	3.7	2.8	3.0
X/Y: 2000년대	5.1	2.3	1.5	2.2	3.0	2.3	2.7
Y: 2010년대	4.7	2.0	1.6	2.2	2.4	2.1	2.5
연도별로 표시한 2010년대							
2010	4.9	2.1	1.6	2.3	2.6	2.2	2.6
2011	4.9	2.1	1.6	2.2	2.5	2.2	2.5
2012	4.8	2.0	1.6	2.3	2.5	2.2	2.5
2013	4.8	2.0	1.6	2.2	2.4	2.1	2.5
2014	4.7	2.0	1.6	2.2	2.4	2.1	2.5
2015	4.7	2.0	1.6	2.2	2.4	2.1	2.5
2016	4.6	2.0	1.6	2.2	2.3	2.1	2.5
2017	4.5	1.9	1.6	2.2	2.3	2.1	2.4

곳을 하나 더 꼽으라면 서유라시아를 들 수 있겠는데, 1980년대에서 1990년대 사이 출산율 하락 폭은 1960년대에서 1970년대 사이보다 더 급격했다. 하지만 출산율은 1960년대 초에 이미 여성 한 명당 아이 세 명이 조금 넘는 수준까지 떨어져 있었다.

반면 아메리카 대륙은 1960년대와 1970년대 사이에 출산율이 가장 빠르게 떨어졌다. 여성 한 명당 아이 수가 거의 한 명 정도로 줄었다. 중국에서는 같은 기간 그 하락 폭이 두 명 이상이었다. 인도에서는 1980년대에 변화가 가장 심했다. 동아시아/태평양 지역에서의 출산율은 1970년대에서 1980년대를 거치며 가장 빠르게 떨어졌다. 전 세계적

표 8b. 자녀 수의 변화, 이전 10년 대비, 1960~2017년   (단위: 명)

세대	아프리카	아메리카 대륙	중국	서 유라시아	인도	동아시아/ 태평양	세계
1960~70년대	-0.04	-0.92	-2.12	-0.25	-0.59	-0.52	-0.78
1970~80년대	-0.34	-0.60	-1.43	-0.12	-0.73	-0.97	-0.67
1980~90년대	-0.75	-0.43	-0.82	-0.47	-0.81	-0.84	-0.63
1990~2000년대	-0.52	-0.33	-0.23	-0.27	-0.70	-0.45	-0.34
2000~2010년대	-0.38	-0.24	+0.06	-0.01	-0.57	-0.20	-0.15
연도별로 표시한 2010년대							
2010~2011	-0.04	-0.03	+0.00	-0.02	-0.07	-0.02	-0.02
2011~2012	-0.04	-0.02	+0.01	+0.01	-0.06	-0.01	-0.01
2012~2013	-0.05	-0.02	+0.00	-0.02	-0.05	-0.02	-0.02
2013~2014	-0.06	-0.01	+0.01	+0.00	-0.04	-0.02	-0.01
2014~2015	-0.06	-0.02	+0.01	-0.01	-0.03	-0.01	-0.01
2015~2016	-0.06	-0.02	+0.01	-0.01	-0.03	-0.02	-0.02
2016~2017	-0.06	-0.03	+0.01	-0.02	-0.02	-0.02	-0.02

출처: 세계은행, "World Development Indicators, Fertility Rate, Total (Births per Woman)," 2019년 4월 24일 접속. https://data.worldbank.org/indicator/SP.DYN.TFRT.IN.

           슬로다운

으로는 1970년대보다 1960년대에 출산율이 급격하게 하락했다. 1980년대보다는 1970년대에 더 급격했고 그 이후로도 계속 그런 추세가 이어졌다. 가장 빠르고 극적인 변화는 이미 왔다가 사라졌다.

모든 지역을 한 선에 나타내면 시간선이 명확하게 나타나지 않는다. 급격한 변화나 재미있는 변화가 모두 평균 처리되면서 사라지기 때문이다. 즉, 다른 시간대, 각각의 나라에서 일어난 일들을 표시할 수 없게 된다. 그렇지만 여기에 나타낸 〈표〉에서는 일반적으로 출산율이 저하되는 추세가 전 세계로 퍼져 나가는 모습을 볼 수 있다. 최근 10년 동안 표시한 각 연도별 데이터를 보면 출산율이 슬로다운하는 추세에서 예외인 곳이 없었다. 그나마 있었던 예외가, 아프리카에서 2012년부터, 아메리카 대륙에서 2014년부터 출산율이 가속화됐던 것이다. 서유라시아와 동아시아/태평양 지역에서는 가장 최근에 출산율 증가 속도가 가장 빠른 편이다. 인도에서는 출산율이 가속화되진 않지만 총 출산율이 이제 여성 한 명당 아이 수 2.3명 수준이다. 중국에서는 증가하고 있지만 한 해 아이 수가 100분의 1 정도씩 많아지는 정도다. 출산율은 여성 한 명당 아이 수 1.6명에 머물고 있다. 전 세계적인 출산율은 여성 한 명당 아이 수 2.4명까지 떨어졌다. 출산율의 하락에 속도가 붙고 있다. 우리는 이제 진정한 슬로다운 시대에 살고 있는 것이다.

이제 이야기를 아메리카 대륙에서 가장 인구가 많은 나라, 브라질에서 마무리 짓고자 한다. [그림 46]에서 보여 주는 시간선을 보면 누군가가 마지막 부분에 가서 매듭을 지으려고 하는 것처럼 보인다. 세계가 변하면서 브라질도 변했다. 아메리카 대륙도 변했다. 우리는 이제 정말 뭔가 새로운 세계를 살고 있는 것이다.

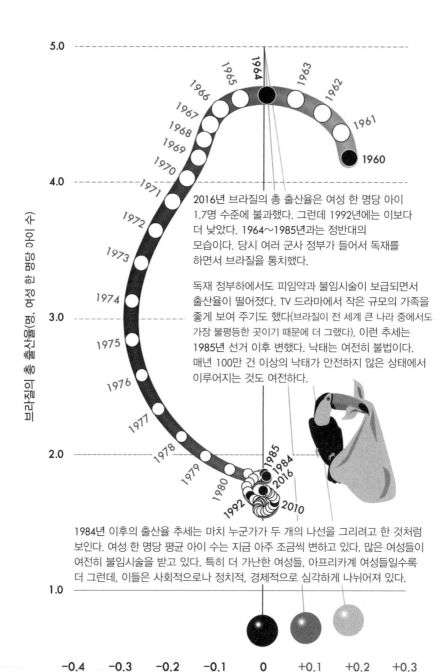

5.0

4.0

3.0

2.0

1.0

1966 1965 **1964** *1963 1962*

1961

1960

1967
1968
1969
1970
1971
1972
1973
1974
1975
1976
1977
1978
1979
1980
1985 1984 2016
1992 2010

브라질의 총 출산율(명, 여성 한 명당 아이 수)

2016년 브라질의 총 출산율은 여성 한 명당 아이 1.7명 수준에 불과했다. 그런데 1992년에는 이보다 더 낮았다. 1964~1985년과는 정반대의 모습이다. 당시 여러 군사 정부가 들어서 독재를 하면서 브라질을 통치했다.

독재 정부하에서도 피임약과 불임시술이 보급되면서 출산율이 떨어졌다. TV 드라마에서 작은 규모의 가족을 좋게 보여 주기도 했다(브라질이 전 세계 큰 나라 중에서도 가장 불평등한 곳이기 때문에 더 그랬다). 이런 추세는 1985년 선거 이후 변했다. 낙태는 여전히 불법이다. 매년 100만 건 이상의 낙태가 안전하지 않은 상태에서 이루어지는 것도 여전하다.

1984년 이후의 출산율 추세는 마치 누군가가 두 개의 나선을 그리려고 한 것처럼 보인다. 여성 한 명당 평균 아이 수는 지금 아주 조금씩 변하고 있다. 많은 여성들이 여전히 불임시술을 받고 있다. 특히 더 가난한 여성들, 아프리카계 여성들일수록 더 그런데, 이들은 사회적으로나 정치적, 경제적으로 심각하게 나뉘어져 있다.

-0.4   -0.3   -0.2   -0.1   0   +0.1   +0.2   +0.3

◀ 감소   증가 ▶

전년 대비 절대 변화(명, 여성 한 명당 아이 수)

그림 46. 브라질의 총 출산율, 1960~2016년

세계은행 오픈 데이터. 『UN 세계 인구 전망 2017』과 다른 자료들을 바탕으로 추산한 총 출산율. https://data.world bank.org/indicator/sp.dyn.tfrt.in.

인구 증가의 종말

장기적인 관점에서 볼 때, 최근 전 세계적으로 떨어지고 있는 출산율을 그저 희망적인 신호로만 볼 수는 없다. 이제 모든 것이 변할 것이라는 장기적인 깨달음으로 이어져야 한다. 전 세계에서 출산율이 아직 가속화하고 있을 때 태어난 마지막 아이들은 이제 그 어느 때보다 오래 살 것으로 기대되는 장년층의 첫 집단이 됐다. 인간이 오랫동안 행복하고 건강하게 살 수 있는 기간에는 한계가 있다. 다행히도 이 한계를 계속 뒤로 밀어내려 하던 인간의 집착도 조금씩 사라지고 있다. 부자 나라들에선 미래에 인간이 얼마나 더 오래 살 수 있을지에 집착했던 소수의 인구학자들이 있었다. 오늘날 세계 대륙에서 큰 지역들 간의 다양성은 줄고 있다. 앞서 언급한 6개 지역은 이제 글로벌 인구를 각기 비슷한 분량으로 나눠 가지고 있다. (장기적인 관점에서) 가장 중요한 것은 얼마나 오래 살 것이냐가 아니라, 사랑하는 사람들과 얼마나 오래 시간을 보낼 수 있느냐는 것이다.

최근 랜싯(Lancet)의 연구원들이 표현한 바에 따르면 우리는 지금 "놀라운 변화"의 시대를 살고 있다. 2018년 후반 이들이 낸 보고서가 있다. 최근 하락하는 출산율이 더 가속화되고 있음을 보여 주는 데이터를 보면 지구상 절반 이상의 나라가 '베이비 버스트(baby bust, 출산율 급락)'에 직면해 있다는 내용이다. 각 나라의 인구 규모를 유지하기에 아이들이 부족하다는 것이다. 연구원들은 이런 내용을 두고 "엄청난 충격"이라고 했다. 또 "손자보다 조부모가 더 많아지면서" 사회에 엄청난 결과를 초래할 거라고도 전망했다.[33]

슬로다운하는 세상 속에서 우리가 할 수 있는 일은 무엇일까? 무엇보다도 우리가 낳는 아이들 수는 더 적어지고 있다. 이는 거의 전 세계 모든 곳에서 일어나는 현상이다. 그리고 그런 변화가 얼마나 엄청난지는 앞에서도 언급했다. 하지만 출산율 하락이 가지고 있는 거대하고 보편적인 성질을 충분히 설명하려면 한 장 전체에 걸쳐 다룰 필요가 있다. 가장 최근의 출산율만 해도 상당히 눈길을 끌고 있다. 몇 년 동안 슬로다운은 가속화됐다. 그래서 슬로다운의 존재에 대해 좀 더 자신감을 가지고 이야기할 수 있게 됐다. 중국이나 브라질 같이 인구가 많은 나라에서조차도 여성 한 명이 두 명 이하의 아이를 낳고 있는 상황이다.

가속에서 감속으로 전환이 일어난 것은 1968년 무렵이다. 그렇지만 한 세대가 지난 이후인 2000년에는 전 세계적으로 2차 출생 감속이 일어난다. 분명히 둘은 서로 연결돼 있다. 그러나 두 번째 감속이 첫 번째 감속의 결과물인 것만은 아니었다. 슬로다운은 우리가 생각하는 것보다 더 빠르게 진행되고 있다. 우리가 가능할까 생각했던 것보다도 더 빠르게 늦추고 있다. 점점 더 많은 지역에서 정부들은 (항상 실패하곤 했지만) 출산율을 끌어 올리려고 노력하고 있다.

1970년대 들어 아프리카 대부분 나라에서 출산율이 둔화되기 시작했다. 전 세계적으로는 이보다 훨씬 전부터 느려지기 시작했다. 이번 세기 들어 첫 10년 동안 지구 절반의 나라에서 한 부부가 자녀를 낳는 비율은 2.3명까지 떨어졌다. 세계 인구 6분의 1을 차지하는 중국, 36분의 1을 차지하는 브라질에서조차 이 비율이 줄고 있다. 2010년에도 또 한 번 이 수치가 떨어졌다.

중요한 건 전 세계적으로 출산율이 머지않아 한 부부당 두 명이 될 것이라는 점이다. 이는 벌써 많은 이들 사이에서 현실이 되고 있다. 그리고 전 세계 주요 도시에서 이 비율은 더 급속하게 떨어지고 있다. 결국 전 세계적으로 이 수치는 한 부부당 두 명 이하로 떨어질 것이다. 한 세대 혹은 두 세대, 늦어도 세 세대 안에 그렇게 될 수 있다. 과연 그 이후의 세계는 어떻게 될지 아무도 알 수 없는 일이다.

제 9 장

경제
GDP, 임금, 주택, 금, 주식

놀랍게도 영란은행(Bank of England)은 2009년 이전에 다른 은행에
단기 금리 2% 이하로는 돈을 빌려준 적이 없었다. 이 정도면 나폴레옹 전쟁
시대나 두 번의 세계대전, 대공황 시대에나 있을 법한 이자율이다.
하지만 최근 10년 동안의 금리는 거의 0에 가까웠다. 영란은행은
그나마 괜찮은 편이다. 미국의 연방준비제도는 기준금리를 가까스로
2.5%까지 끌어올렸지만, 아주 어렵게 한 일이었다. 유럽중앙은행은
여전히 기준금리를 거의 0으로 유지하고 있다. 일본은행 역시 마찬가지다.
일본은행의 기준금리는 1995년부터 거의 0에 가까웠다.
-『파이낸셜타임스』, 2019년 5월 7일

산업혁명의 본고장인 잉글랜드는 인구가 팽창할 수 있는 우호적인
계절이 이어지는 동안, 변화의 전환점이 되었다. 2005년까지 1인당 탄
소 배출량을 따져보면 영국은 지구상 그 어느 곳보다 많이 배출한 나라
일 것이다. 역사적으로 영국인들이 한 일을 봐도 그렇고, 지금 봐도 그
렇다.[1] 그 수치는 다른 나라들을 압도할 정도다. 잉글랜드는 전 세계에
서 벌어들인 돈을 본국으로 보냈다. 제국이 없었다면 탄소연료로 만든

공산품들을 팔아 치울 수 있는 큰 시장을 확보할 수 없었을 것이다. 잉글랜드는 자본주의가 아주 견고하게 자리 잡은 최초의 장소다. 엄청난 붕괴가 오지 않는 한 자본주의는 멈추지 않을 것으로 보였다. 지금도 많은 사람들은 자본주의의 종말을 떠올리느니 세계의 종말을 더 쉽게 떠올린다.

1867년에 칼 마르크스(Karl Marx)는 "현재까지 [자본가들의] 전통적 본고장은 잉글랜드"라고 적었다.[2] 자본주의가 태동한 곳은 잉글랜드가 아닐 수도 있다. 아마도 암스테르담이나 베네치아, 아니면 리스본일 수 있다. 그렇지만 자본주의적인 행동이 가장 처음 분명하게 수백만 명의 사람들에게 변화를 주고, 나아가 전 세계 각지에 사는 수십억 명의 삶에 영향을 미친 곳은 잉글랜드가 맞다.

대전환은 런던을 중심으로 빠르게 시작됐다. 대서양을 건너 쌍둥이가 태어난 것은 훨씬 나중의 일이다. 바로 뉴욕이다. 런던과 뉴욕은 그때부터 한 쌍으로 움직였다. 같은 축으로 공전하는 행성처럼, 20세기 세계경제의 심장을 축으로 삼아 함께 공전했다.[3] 하지만 그 경제의 축을 지탱하던 에너지가 이제는 소진되고 있다.

우리는 전환의 시대에 살고 있다. 미래의 어느 시점에 움직임이 갑자기 멈추는 일은 없을 것이다. 하지만 그 속도가 느려지고 있는 것은 분명하다. 그리고 최근 들어 점점 더 그런 추세가 확연해지고 있다는 것이 팩트다. 글로벌 중심이 태평양 반대편으로 이동하고 있기는 하지만, 그렇다고 베이징이나 다른 어느 한 두 도시가 다음 중심이 될 거라고 보기는 힘들다. 모든 전환은 결국 끝이 나고 만다. 금융이나 제조업, 정치권력 모두 지금부터 언젠가는 전 세계로 고르게 퍼져 나갈 것이라고 봐야 한다.

자본주의는 하나의 전환이다. 생산 방식이 아니었다. 어떤 방식이란 것은 안정성의 척도가 된다. 자본주의하에서는 안정성이 없었다(이에 대한 공산주의의 반응 역시 마찬가지였다). 인구학적으로나 경제적으로나 사회적으로나 모든 면에서 그랬다. 안정적인 사회 구조에서는 세대가 변해도 삶의 방식은 매우 비슷하다. 이런 상황에서 자본주의는 우리가 아직 다다르지 못한 어떤 것으로 변화하는 기간이었다. 아마도 안정을 향한 변화일 수 있다. 변화의 속도가 빨랐기 때문에, 자본주의가 그만큼 불안정했기 때문에 그 상황이 전환이라는 것을 알 수 있었다. 경제가 앞으로도 계속 어떤 특정한 방식으로 반복해 작동하지 않을 거란 점은 이제 명확하다. 많은 것이 변했다.

자본주의는 무자비하게 더 많은 신제품을 만들고 새로운 시장을 개척하고 새로운 수요와 필요를 만들어 내는 것에 의존했다. 지난 세기 동안은 광고의 홍수 속에 이런 것들이 효율적으로 작동했다. 스스로 살아남기 위해 자본주의는 더 큰 수요와 영구적인 변화를 요구했다. 진보를 위한 진보였던 셈이다. 또 다른 최고의 상품을 사고파는 일을 이어가기 위해, 신제품을 계속 만들고 이를 소비할 시장을 만들어야 했다. 바로 이런 속성 때문에 자본주의는 지속가능하지 않다는 것이다. 그렇다면 왜 그런 것일까.

바로 직전 조상들의 소비 패턴을 떠올려 보자. 그들의 종교적 믿음이나 옷 입는 법, 옷을 만들기 위해 무슨 재료를 사용했는지, 어떻게 또 얼마나 자주 여행을 했는지, 어떤 여가 활동을 했는지, 무엇을 먹었는지 등을 생각해 보자. 한 걸음 물러나 변화의 속도를 생각해 보면, 자본주의를 어떤 정해진 시대로 여기는 게 얼마나 잘못된 것인지 알 수 있다.

자본주의가 어떤 시대가 아닌 하나의 변화, 혼란이었음을 이해하려면 자본주의 아래에서의 삶이 지금까지 얼마나 빨리 변해 왔는지를 돌이켜 봐야 한다. 잉글랜드나 웨일스의 과거 인구조사 데이터를 가지고 광부들의 숫자를 세어 보는 것도 좋은 방법이다. 이전 장에서 언급한 최근 다섯 세대 가운데 첫 세대인 1921년 당시, 갱도에서 일하던 광부들의 숫자는 124만 명이었다. 두 번째 세대가 끝날 무렵(1951년)에는 절반 수준인 59만 명으로 떨어졌다. 세 번째 세대가 끝날 때(1971년)에는 여기서 또 절반인 23만 명이 됐고, 그다음 세대에는 또 절반 이상이 줄었다. 다섯 번째 세대에는 거의 없다고 해도 될 정도가 됐다.[4]

1882년 최초로 석탄 발전을 하는 에디슨 전기조명회사가 런던에 세워졌다. 이후 가장 오랫동안 전기를 만들어 낸 기록이 114시간이다. 2019년 5월 현재, 영국 사람들은 석탄을 쓰지 않고도 전기를 만들어 살며, 즐기면서 일하고 있다. 2019년 5월 7일 기준으로 영국인들은 석탄 발전 없이도 1,000시간을 살 수 있는 것으로 나타났다.[5] 아일랜드에서는 석탄을 태워 전기를 만들지 않아도 600시간을 살 수 있는 것으로 나타났다. 아일랜드 전국에 전력망이 깔린 이래 최장 기록으로 2019년 5월 10일 무렵 세운 것이다.[6] 이미 무(無)석탄 시대를 시작한 나라도 있으며, 처음부터 그랬던 곳도 있다.

최근 몇십 년은 안정적인 시스템 아래 생산이 이루어졌다고 말하기 힘들다. 오히려 급진적이었으며 전방위적인 변화가 일어난 시대였다. 산업용 발전을 위한 동력원이 완전히 바뀌고 얼마 안 가 또 바뀌었다. 사람들이 가장 많이 종사하는 직업도 바뀌었고, 난방을 하는 방식, 서로 말하는 방식도 계속 바뀌었다. 이런 급격한 변화는 한 종이 역사 속에서 좀처럼 경험하기 힘든 일탈이며 전환이다.

신문이나 잡지에는 무(無)석탄 발전 기록을 갱신하는 것을 축하하는 기사가 나온다. 우리가 얼마나 점점 더 안정된 상태로 변하고 있는지를 보여 주는 팩트라고 할 수 있다. 비정상적인 기후 온난화 때문이라든지, 전기를 만드는 다른 동력원으로 전환이 실현되었기 때문이라는 설명은 오히려 설득력이 떨어진다.

최고치의 성장

국내총생산(GDP)이란 참 이상한 개념이다. GDP가 쓰인 것은 고작해야 제2차 세계대전 이후부터였다. 그리고 그 정의는 이후에도 계속 땜질식으로 보완됐다. 그렇지만 국제적인 합의 덕분에 최근 들어서는 서로 비교 가능하도록 일관성을 띠게 됐다. 가장 간단한 정의는 특정한 기간, 특정한 장소에서 최종 생산된 재화와 제공된 서비스 가치의 총합이다. 앞서도 이 책에서 앵거스 매디슨이 만든 세계 인구에 대한 역사 통계 방식을 사용한 바 있다. 그는 시간대별로 GDP를 추산할 수 있는 방식을 만든 것으로도 잘 알려져 있다. 전 세계의 과거 GDP까지 짐작할 수 있는 것이다. 그는 2010년 사망했지만, 그의 동료들에 의해 추산치에 대한 업데이트가 계속 진행되고 있다. 여기서도 그 수치를 가져와 썼다.[7]

[그림 47]의 시간선은 전 세계적으로 1인당 GDP가 어떻게 변했는지 보여 준다. 측정 혹은 추정할 수 있는 과거부터 집필 시점까지 가져다 쓸 수 있는 최근 데이터까지를 사용했다. 시간선에 그려진 대로 가장 빠른 성장을 이룬 해로 보이는 것은 2006년이다. 그러다가 2010년과 2017년에 바닥을 친다. 그렇지만 상대적인 개념으로 볼 때, 역대 성장이 가장

빨랐던 연도는 1964년이었다. 전 세계적으로 1인당 GDP가 4.15%나 올랐다. 시간선에는 1인당 평균 230달러가 오른 것으로 표시된다. 이렇게 보면 그다지 커 보이지 않지만 원래 숫자에서부터 1964년 지점까지 (모든 지점은 똑같이 상대적 증가를 나타낸다) 사선으로 그려 보면, 이 선보다 더 오른쪽으로 가는 선을 발견할 수 없을 것이다.

1972년, 전 세계 GDP는 1인당 262달러 증가했다. 하지만 증가율로 보면 3.75%에 불과하다. 2006년에는 1인당 460달러나 증가했지만 역시 증가율은 3.38%에 그쳤다. 1964년 이후 글로벌 GDP가 그때만큼 급격하게 증가한 적이 없었다. 2008년에 떨어졌다가, 이후 10년 동안은 2% 이상 성장한 해가 3개년도에 그쳤다. 2006년부터 2018년까지는 글로벌 슬로다운의 추세가 이어졌다고 볼 수 있다. 이 책 11장의 [그림 60]에는 로그척도를 통해 이런 부분을 더 명확하게 표시했다. 하지만 [그림 47]에서도 이런 사실을 볼 수 있다. 굳이 로그 공간에서 변환하지 않더라도 보일 정도로 추세는 명확해졌기 때문이다.

우리는 이제 더 이상 자원을 쓰고 쓰고 또 쓸 수 없다는 것을 알고 있다. 특히 에너지원이 되는 화석연료는 고갈되고 있다. 한 세대 전만 해도 우리는 이런 사실을 알지 못했다. 이제 앞으로는 광부들의 숫자가 급격하게 줄어드는 것을 보기는 힘들 것이다. 이미 줄 만큼 줄어서 아주 소수에 불과하기 때문이다. 요즘은 거대한 기계가 석탄을 캐내고 있다. 오늘날 석탄 생산을 가장 많이 하는 곳은 중국이고 그다음이 인도, 그리고 미국 순이다. 네 번째로 가장 많이 생산하는 나라는 호주인데, 석탄 생산량의 23%를 일본에, 18%를 중국에 수출한다. 이 물량은 모두 화력발전에 쓰인다.

지금 매년 전 세계 석탄의 45%를 중국이 채굴하고 있다. 그러나 (미

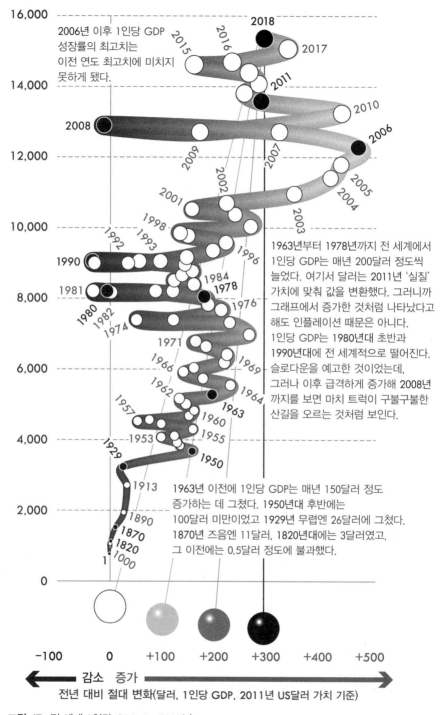

전 세계 1인당 GDP(달러, 실질 연평균, 2011년 US달러 가치 기준)

2006년 이후 1인당 GDP 성장률의 최고치는 이전 연도 최고치에 미치지 못하게 됐다.

1963년부터 1978년까지 전 세계에서 1인당 GDP는 매년 200달러 정도씩 늘었다. 여기서 달러는 2011년 '실질' 가치에 맞춰 값을 변환했다. 그러니까 그래프에서 증가한 것처럼 나타났다고 해도 인플레이션 때문은 아니다. 1인당 GDP는 1980년대 초반과 1990년대에 전 세계적으로 떨어진다. 슬로다운을 예고한 것이었는데, 그러나 이후 급격하게 증가해 2008년 까지를 보면 마치 트럭이 구불구불한 산길을 오르는 것처럼 보인다.

1963년 이전에 1인당 GDP는 매년 150달러 정도 증가하는 데 그쳤다. 1950년대 후반에는 100달러 미만이었고 1929년 무렵엔 26달러에 그쳤다. 1870년 즈음엔 11달러, 1820년대에는 3달러였고, 그 이전에는 0.5달러 정도에 불과했다.

-100 0 +100 +200 +300 +400 +500

← 감소 증가 →

전년 대비 절대 변화(달러, 1인당 GDP, 2011년 US달러 가치 기준)

그림 47. 전 세계 1인당 GDP, 1~2018년

흐로닝언 대학 매디슨 프로젝트 데이터베이스 2018. 세계은행과 IMF의 자료를 가지고 업데이트. https://www.rug.nl/ggdc/historicaldevelopment/maddison/releases/maddison-project-database-2018.

국과 달리) 중국인과 중국 정부는 앞으로 정해진 시한 안에 다른 동력원을 찾아야 한다는 사실을 잘 알고 있다. 이제 생산량이 적어지면서 석탄 산업 종사자 수도 전 세계적으로 줄게 될 것이다. 최근에도 전 세계 인구는 계속 늘고 있지만, 석탄 채굴량은 줄고 있다.[8] 대부분의 탄광이 끈끈한 유대감 속에 일을 하지만, 노동 환경 자체는 매우 열악하다. 따라서 탄광의 일자리가 없어진다는 것은 모두에게 좋은 일이긴 하다. 하지만 그럼에도 이런 변화가 모든 면에서 잘된 일이라고 보기는 힘들다. 오늘날 전 세계 대부분의 사람들은, 가장 부자 나라에 살고 있는 이들조차도(어쩌면 특히 그런 이들이) 불안과 불확실성에 놓여 있다. 노동자들이 노조를 결성하기 전의 탄광업이 바로 그러했다.

많은 부분이 개선됐다고 하지만 우리는 여전히 가난과 탐욕, 무지에 둘러싸여 있다. 이런 것들은 모두 전환의 징표다. 안정적이었던 이전 시대에는 엄청난 가난과 탐욕, 무지가 동시에 나타나는 일이 없었다. 사람들은 일용할 양식을 충분히 얻을 수 있었고, 탐욕은 관습이나 규정, 종교 등으로 제한됐다. 욕심이 가득 차 있는 단지의 뚜껑을 이런 것들이 닫아 놓았다. 무지의 정도도 약했다. 대다수 사람들이 직업이나 삶의 방식에 대해 알아야 할 건 다 알고 있었기 때문이다(지금 우리가 하고 있는 일들과 별반 다르지 않았다). 우리는 종종 옛날 사람들은 어리석은 종교나 미신을 믿으며 옳지 않게 살아왔다고 생각하곤 한다. 아마 미래 사람들이 우리를 비슷하게 볼지도 모른다. 특히 지난 다섯 세대 동안 급격한 돌연변이들이 나왔던 것을 보면서 지금이야말로 종교와 경제, 과학적 믿음 등이 어지럽게 뒤엉켜 있던 시대로 볼 수도 있다. 어쩌면 그렇게 당시 사람들은 그런 가속과 전환이 유지되지 않을 거란 사실을 알아채지 못했는지 궁금해할지도 모른다. 우리는 정말 기후의 위기가 임박했다는 것을 왜 더 빨리 알아채지 못했을까? 정말로 우리는 역사상 가장 무지한 세대일지도 모른다.

과거에는 전환이 일어나기 전에, 그러니까 자본주의가 시작되기 전에는 불확실성이 크지 않았다고 반박할 수도 있겠다. 대부분 사람들이 자신이 알아야 할 것을 어느 정도 알고 있었고, 직업은 대개 아버지들이 하던 일과 같았다. 따라서 직업 훈련도 그냥 당연한 과정으로 이루어졌다. 또 사람들은 어떻게 행동해야 할지를 종교 지도자들로부터 배웠다. 대부분이 너무 뚱뚱해지거나 너무 마르지 않을 정도로 충분히 먹을 수 있었다. 전반적으로 사회가 좀 더 느긋했고, 개인들은 더 자율적으로 보였다. 특히 수렵채집 사회에 있던 구성원들은 상당한 여가 시간을 누렸다. 탐욕스러웠던 사람들은 결국은 종교 권력을 통해 처벌받았다. 아니면 새로 시작된 종교가 책임을 물었는데, 종종 그 시대나 그 장소에서 탐욕이 너무 커지면서 점차 세계 종교로 성장하기도 했다.[9]

지금 우리는 성장에 너무 익숙해져 있다. 그러다 보니 성장이 조금이라도 늦어질 것 같으면 신문에 헤드라인으로 실리면서 이내 경고음이 울린다. 2019년 4월 『파이낸셜타임스(Financial Times)』는 세계경제가 한꺼번에 슬로다운에 접어들었다고 보도했다. 그러면서 "지난 6개월간 나온 경제지표들을 보면 상당히 실망스러운데, 미국이나 중국, 유럽에서 모두 마찬가지"라고 덧붙였다.[10] 슬로다운이 실망스러운 것인지 아닌지는 각자 생각하기 나름이다. 만약 경제가 매년 성장하는 게 가능하다고, 또 그래야 한다고 생각한다면, 그래서 경기침체가 오는 이례적인 상황을 막아야 한다고 여긴다면, 오늘날 동조화된 슬로다운 소식이 기차의 급브레이크 소리처럼 공포스럽게 들릴 것이다.

자본주의는 한 방에 사라지지 않고, 찔끔찔끔 종말을 맞이할지 모른다. 봉건주의는 모든 곳에 무역이 정착되고 축적된 자본을 군대에 투자하면서 끝이 났다. 따라서 자본주의 역시 지구상 어떤 지역에서는 벌써 밀려나고 있을 수도 있다. 세금으로 거둔 돈을 부자들의 행동을 바로잡는 데 쓰고 있는 정부에 의해서 말이다. 처음에는 우리가 예전에 보았던 것과 변화가 그리 크지 않다고 느낄지도 모른다. 그저 어떤 장소를 두고 보호주의적인 복지국가이면서 덜 기업친화적인 곳이라고 평가할 수도 있다. 협력이 잘되는 곳일수록 더 많은 발명이 일어나는 법인데도 그렇다. 또 이런 곳을 두고 여성의 권리를 지지하는 전통이 오히려 강하다고 말할지도 모른다. 그런 전통은 어렵게 얻어낸 것임에도 말이다. 우리는 이런 추세가 어떤 특정한 문화에서 더 세차게 나타난다고 이야기할 수도 있다. 그러나 이 점을 알아야 한다. 일반적으로 이런 변화가 일어나는 곳들이 넓게 퍼지고 있다는 것이다.

출산율 면에서 슬로다운이 가장 급격하게 일어나는 곳이나 1인당 탄소배출량이 급격히 떨어진 곳을 보면 이런 것들에 대한 단서를 발견할 수 있다. 교육이 순수하게 가장 큰 규모로 확대된 곳을 살펴봐도 알 수 있다. 장삿속으로 가짜 학위를 팔아서 돈만 챙기는 그런 곳 말고 말이다. 돈을 주고 산 학위는, 과거 면죄부를 돈 주고 샀던 것처럼 허위라고 봐야 한다. 이익만 좇는 대학에 다니는 것은 진정한 배움이라고 할 수 없다. 죄를 면하기 위해 돈을 내는 사람들의 죄가 정말 사해지는 게 아닌 것과 같은 이치다. 일단 돈이 개입되면, 교육은 어린 학생이나 부모들을 속이는 방향으로 가기 마련이다. 뭔가 유용한 것을 배웠다고 믿게 만들고, 뭔가 잘 해냈다고 확신할 수 있도록 좋은 점수를 주게 된다.

2018년 8월, 10억 달러가 넘는 미국 자산관리회사의 공동 창업자인 제러미 그랜섬(Jeremy Grantham)이 자신의 생각을 담은 미래 보고서를 하나 썼다. 「기후변화에 대한 대처법: 우리 인생의 경주」라는 제목이었다. 그는 상당히 흥미로운 이야기를 자주 한다. 자신이 기금을 마련해 진행하고 있는 지구온난화에 대한 연구를 비롯해 여러 분야에 박식하기 때문이다. 그는 종종 이런 식으로 주장을 해 왔다. "우리의 약점은 우리 종이 지난 수만 년 동안 이런 장기적이면서 천천히 불붙는 이슈들에 대해서는 이야기하지 않은 채 발전을 해 왔다는 것이다. 오늘도, 아마 내일도 잘 먹고 잘 살면서 말이다."[11]

그런데 인류 발전에 대한 그랜섬의 주장은 상당히 많이 틀렸다. 지난 6,000년을 지내 오면서 우리는 엄청나게 많은 수의 지속가능한 사회를 만들어 왔다. 호주의 어떤 사회체는 무려 5만 년 동안 안정을 유지해 왔다.[12] 인간들은 이미 오래 전에 천천히 불붙는 이슈들에 대해 이야기하는 법을 배웠다. 과거가 얼마나 지속가능했는지에 대해 인식하지 못하게 된 것은 모든 것이 빠르게 불붙는 최근 우리 시대에 들어와서다. 그러면서 우리는 현재의 문제들이 사람들 개개인에 내재돼 있는 상상 속의 무언가가 결여돼 있기 때문이라고 비난한다. 소수의 응집된 탐욕으로 인해 집단적으로, 자신도 모르는 사이 우리 자신의 이야기를 듣지 않게 됐기 때문이라고는 생각하지 않는다. 자산을 매매하면서 엄청난 돈을 번 것처럼 보이는 사람들은 축적한 부를 가지고 자신이 사람들을 잘 통치할 거라고 믿는다. 또 자연스럽게 정책도 잘 수립할 것이라고 확신한다. 왕이 신성한 권리를 가지고 통치한다고 믿던 시대에도 이런 식으로 생각하는 사람들이 있었다.

「우리 인생의 경주: 재검토」에서 그랜섬은 개개인들의 잘못인지, 아니면 소수가 저지른 일인지에 대해 좀 더 큰 논제를 꺼낸다. 그는 "우리는 기술을 과소평가해서도 안 되지만, 우리 인류가 이를 엉망으로 만들어 버리는 능력에 대해서도 얕봐선 안 된다"라고 말한다. 이어서 이런 말을 덧붙인다. "계산에 따르면 당신이 어디 사느냐에 따라 풍년일 수 있는 기한은 30년에서 70년밖에 남지 않았다"라는 것이다. 그는 석유 귀족들의 이해관계에 따라 좌지우지되는 몇몇 나라들이 안고 있는 문제점에 대해서도 알고 있다. 그랜섬은 '의혹을 파는 상인들'에 대해 이야기하면서 "그런 상인 중 한 명이 바로 MIT 교수인 리처드 린젠(Richard Lindzen)"이리고 말했다. 그리고 이렇게 설명했다. "그는 TV 인터뷰에서도 담배를 뻑뻑 피우는 것으로 유명하다. 담배를 옹호하는 것부터 기후변화의 문제를 부인하는 것까지 일관된 모습이다 … 이는 중국이나 인도, 독일, 아르헨티나에서 일어나는 일이 아니다. 이는 영어를 쓰는 기름이 풍족한 나라들, 미국이나 영국, 호주같이 화석연료의 힘이 정치와 여론에 모두 영향을 미치는 곳에서 나타나는 특징이다."[13] 만약 그랜섬이 [그림 48]처럼 미국의 최근 GDP 증가 추세에서 슬로다운의 모습이 나타나는 것을 보았다면 더 고무됐을지도 모르겠다.

[그림 48]에서 어느 해에 상대적인 증가 폭이 실제 가장 컸는지 살펴보자. 절대적인 변화는 1998년과 1999년에 가장 컸다. 변화를 계산하는 방식을 감안할 때 그 전년도부터 그 다음해까지의 기간이 가장 두드러진다. 그렇지만 상대적인 증가를 따진다면, 답은 1965년이 된다. 미국의 GDP가 5.15% 증가한 때다. 거의 20년 후인 1984년 증가 폭(4.59%) 바로 다음으로 가장 높은 수치였다. 미국에서 마지막으로 GDP 성장률이 2% 이상을 기록한 것은 2005년이다. 당시에도 2.19%에 불과했다. 인류는 소비와 생산을 점점 덜하는 방식을 배우고 있다. 그 어느 때보다 '더 높은 수준의 기술'에 접근하고 있기는 하다. 우리는 기술의 중요성을 과대평가할 필요가 없다. 동시에 인류가 자신의 삶을 안정적으로 변

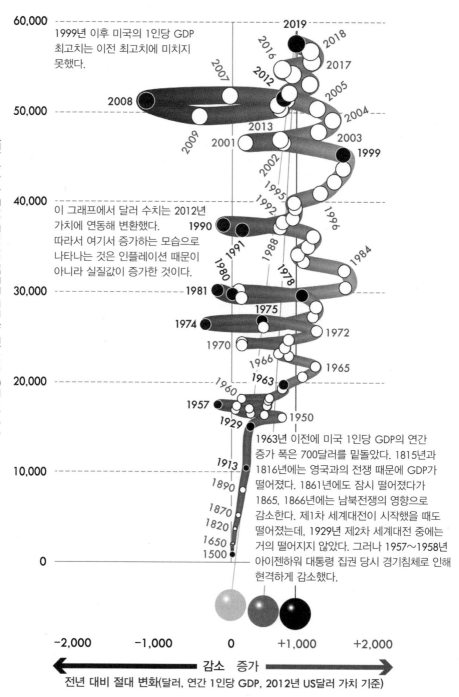

세로축 레이블: 미국의 1인당 GDP(달러, 연간 실질값. 2012년 US달러 가치 기준)

1999년 이후 미국의 1인당 GDP
최고치는 이전 최고치에 미치지
못했다.

60,000
50,000
40,000
30,000
20,000
10,000
0

2019
2018
2016
2017
2007
2012
2005
2008
2004
2013
2003
2009
2001
1999
2002
1995
1992
1996
1990
1991
1988
1984
1980
1978
1981
1975
1974
1972
1970
1966
1965
1960
1963
1957
1950
1929
1913
1890
1870
1820
1650
1500

이 그래프에서 달러 수치는 2012년
가치에 연동해 변환했다.
따라서 여기서 증가하는 모습으로
나타나는 것은 인플레이션 때문이
아니라 실질값이 증가한 것이다.

1963년 이전에 미국 1인당 GDP의 연간
증가 폭은 700달러를 밑돌았다. 1815년과
1816년에는 영국과의 전쟁 때문에 GDP가
떨어졌다. 1861년에도 잠시 떨어졌다가
1865, 1866년에는 남북전쟁의 영향으로
감소한다. 제1차 세계대전이 시작했을 때도
떨어졌는데, 1929년 제2차 세계대전 중에는
거의 떨어지지 않았다. 그러나 1957~1958년
아이젠하워 대통령 집권 당시 경기침체로 인해
현격하게 감소했다.

-2,000   -1,000   0   +1,000   +2,000

감소 증가

전년 대비 절대 변화(달러, 연간 1인당 GDP, 2012년 US달러 가치 기준)

그림 48. 미국 1인당 GDP, 1500~2019년

매디슨 프로젝트 데이터베이스 2018. 미 경제통계국의 1950~2019년 GDP 분석을 이용
해 업데이트. FRED, 세인트루이스 연방준비은행 2019년 5월 15일 접속. https://fred.
stlouisfed.org/series/A939RX0Q048SBEA.

화시킬 수 있는 능력을 과소평가해서도 안 된다. 우리가 한 종으로 존재했던 시간 동안, 대부분은 안정된 공동체에서 살아왔다. 그게 우리가 살아남은 방식이다. 오늘날의 모습은 일시적인 일탈일 뿐이다.

그렇다면 지구상에서 두 번째로 경제 규모가 큰 곳, 중국의 사정은 어떨까? 인구 면에서 중국은 지구상에서 가장 큰 나라다. 그러면서 시장을 신으로 여기기보다는 상당한 고난을 거치면서 지난 70년 동안 전혀 나르게 지내 온 사람들이 여기 살고 있다([그림 24] 참조). 부자 나라의 여전히 많은 사람들은 어떻게 중국이 그토록 많은 면에서 성공할 수 있었는지 의아해 한다. 오랫동안 미국은 중국이 내놓는 GDP 숫자에 회의적이었다. 이제 그런 회의적인 생각은 사라졌다.[14] 이제는 유수의 미국 기업이 자신들의 재정적 어려움을 중국 탓으로 돌린다. 그런 기업의 최고경영자(CEO)인 팀 쿡(Tim Cook)이 했던 이야기는 곱씹어 볼 만하다. 여기서는 많은 소비자들이 한 번쯤 가져 보았던 최첨단 기술 제품이 언급된다. 하지만 꼭 기능이 중요하다기보다는 항상 최신 모델을 소유하는 게 중요한 제품들이다.

우리는 핵심 신흥시장으로부터의 도전을 예상하고 있었습니다. 그러나 그러는 동안 경제 감속의 위력은 미리 내다보지 못했습니다. 특히 대중화권에서 그렇습니다. 사실 우리 매출이 목표치(미래 수입에 대한 추정값)에 못 미치는 이유는 대부분 중국의 아이폰, 맥, 아이패드 판매량 때문입니다. 전 세계에서 매출이 줄고 있는 이유도 100% 그 때문입니다.

중국 경제는 2018년 하반기부터 속도를 늦추고 있습니다. 중국 정부가 발표한 4분기 GDP 성장률은 지난 25년 동안 두 번째로 낮은 수치입니다. 앞으로도 중국의 경제 환경은 깊어지고 있는 미국과의 무역 갈등에 더 영향

슬로다운

을 받을 것입니다. 금융시장의 불확실성이 커지면서, 그 영향이 소비자들에게도 미칠 것으로 보입니다. 분기가 지날수록 중국에서는 우리 소매점이나 판매망으로 접근하는 빈도도 줄어들 것입니다. 시장 데이터에 따르면 스마트폰 시장 규모의 감소 추세는 대중화권에서 특히 더 급격합니다.**15**

슬로다운을 처음 맞닥뜨리면 충격을 받게 된다. 슬로다운이 미치는 영향이 충격을 준다. 일단 무슨 일이 일어나고 있는지 스스로에게 묻게 된다. 왜 무역 전쟁은 다시 일어나는가? 무엇을 가지고 정말 싸우고 있는가? 우리 정치인이나 기업인들이 '자신들의 국민'에게 다음 세대에 더 잘 살 수 있을 거라 약속하지 못하게 된다면, 앞으로 무슨 일이 일어날 것인가? 지금 당신은 비난할 다른 나라를 찾고 있는가? 그런데 그렇게 한다면 공동전선을 유지하기는 쉽지 않게 된다. 어떤 기업인들은 지금 정부가 도움이 안 된다며 정치인들을 탓할지도 모른다. 위의 경우는 도널드 트럼프를 향해 공격의 화살이 맞춰졌다. 팀 쿡의 메시지 행간에 그런 의미가 담겨 있다.

애플은 2019년 매출 기준 전 세계에서 11번째로 큰 기업이다. 미국에서는 네 번째로 크다. 이런 애플의 최고경영자가 미국과 중국의 관계를 신경 써야 한다고 말하고 있다. 그의 전임자는 중국에서 생산을 하는 게 최선인지, 리스크는 없는지를 걱정했다. 쿡 입장에선 이 나라에서 계속 물건을 팔 수 있을지, 중국이 만드는 제품과 어떻게 경쟁해야 할지, 특히 둔화하는 중국 GDP 성장 등 국가 차원의 걱정이 점점 커지고 있다.

[그림 49]의 시간선은 중국 경제가 최근 두 번, 2010년과 2017년에 거의 같은 수준으로 최고치를 기록하며 반등했던 모습을 보여 준다(둘 다 절대 수치로 봤을 때이다). 상대적인 1인당 GDP 성장률은 최근 세 번 최

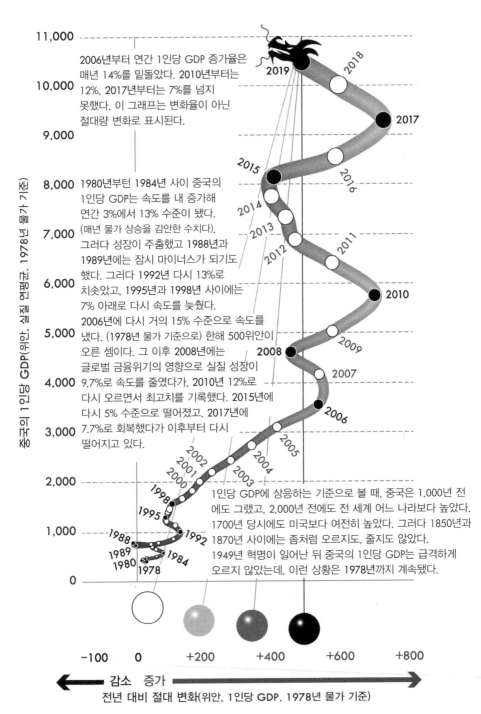

11,000

2006년부터 연간 1인당 GDP 증가율은 매년 14%를 밑돌았다. 2010년부터는 12%, 2017년부터는 7%를 넘지 못했다. 이 그래프는 변화율이 아닌 절대량 변화로 표시된다.

10,000

9,000

8,000 1980년부터 1984년 사이 중국의 1인당 GDP는 속도를 내 증가해 연간 3%에서 13% 수준이 됐다.

7,000 (매년 물가 상승을 감안한 수치). 그러다 성장이 주춤했고 1988년과 1989년에는 잠시 마이너스가 되기도

6,000 했다. 그러다 1992년 다시 13%로 치솟았고, 1995년과 1998년 사이에는 7% 아래로 다시 속도를 늦췄다. 2006년에 다시 거의 15% 수준으로 속도를

5,000 냈다. (1978년 물가 기준으로) 한해 500위안이 오른 셈이다. 그 이후 2008년에는 글로벌 금융위기의 영향으로 실질 성장이

4,000 9.7%로 속도를 줄였다가, 2010년 12%로 다시 오르면서 최고치를 기록했다. 2015년에 다시 5% 수준으로 떨어졌고, 2017년에

3,000 7.7%로 회복했다가 이후부터 다시 떨어지고 있다.

2,000

1인당 GDP에 상응하는 기준으로 볼 때, 중국은 1,000년 전에도 그랬고, 2,000년 전에도 전 세계 어느 나라보다 높았다. 1700년 당시에도 미국보다 여전히 높았다. 그러다 1850년과 1870년 사이에는 좀처럼 오르지도, 줄지도 않았다. 1949년 혁명이 일어난 뒤 중국의 1인당 GDP는 급격하게 오르지 않는데, 이런 상황은 1978년까지 계속됐다.

1,000

0

중국의 1인당 GDP(위안, 실질 연평균, 1978년 물가 기준)

-100   0   +200   +400   +600   +800

← 감소 증가 →

전년 대비 절대 변화(위안, 1인당 GDP. 1978년 물가 기준)

그림 49. 중국 1인당 GDP, 1978∼2019년
중국 통계청 데이터, 『중국 통계연감 2018』. 인플레이션 보정치. http://www.stats.gov.cn/tjsj/ndsj/2018/indexeh.htm.

고 수준으로 올랐다. 1984년에 13.4%, 1992년에 13.0%, 2006년에는 14.8%였다. 이 수치는 2010년 이후 계속 10%를 밑돌고 있다. 대부분은 한참 아래에 머물고 있다. 중국에서 최근 출산율이 급격하게 줄어든 것도 이런 최근의 경제적 슬로다운과 밀접하게 연관돼 있다. 우리는 이제 중국 인구가 앞으로 어떻게 떨어질지 잘 알고 있다. 하지만 중국의 1인당 GDP가 어떻게 될지는 인구만큼 확실하게 예상하지는 못한다. 다시 반등하기 전까지 몇 번 더 충격을 받을지도 모른다. 그러면서 점점 더 왼쪽 축으로 향할 수 있는데, 결국 제로 성장으로 간다는 이야기다. 이미 오래전부터 진행됐기 때문에 한 가지 확실하게 알 수 있는 게 있다. 앞으로 중국 GDP의 대분을 기여하게 될 이들, 특히 젊은 층의 숫자가 이미 줄고 있다는 사실이다.

GDP가 행복의 척도는 아니다. 얼마나 깨끗한 물을 마실 수 있는지도 보여 주지 않는다. 사람들의 안전이나 삶의 질에 대한 척도도 될 수 없다. 심지어 사람들의 일반적인 소득수준이 어떻게 되는지도 알 수 없다. 더 많은 무기를 만들어 팔면 그 나라의 GDP도 올라가게 된다. 보건복지 혜택을 더 많이 주면 되려 GDP가 떨어질 수 있다. 보건복지에 종사하는 노동자들이 무기를 만들어 파는 일을 한다면 이익을 더 많이 낼 것이기 때문이다. 그렇다면 보건복지를 생산활동으로 포함시키는 쪽으로 GDP의 기준을 다시 수립해 볼 수도 있다. 고든 브라운(Gordon Brown) 영국 총리가 시도했던 것처럼 말이다. 하지만 정말 제대로 중요한 것을 파악하려면 추상적인 생산성 측정 방식에 매달리기보다는 중산층의 생활수준이 어떤지 초점을 맞추는 게 낫다.

생활수준은 GDP 성장이 슬로다운하기 훨씬 이전부터 망가지기 시작했다. 이런 현상은 영국 같은 곳에서 먼저 발견됐다. 1974~1976년 사이 영국 사람들 대부분은 지금보다 더 잘살았다. 2004년 팀 잭슨(Tim Jackson)은 신경제재단(New Economics Foundation)에 「진보 따라잡기: 경제성장 측정방식을 넘어서」라는 제목의 보고서를 냈다. 그는 우리 삶의 질을 측정하는 방식을 개선하면 한 가지 분명하게 보이는 것이 있을 거라고 했다. (1954년부터) 지난 50년간을 살펴보면 영국에서 사회적인 진보는 경제성장과 점점 더 비동조화돼 왔다는 것이다. (1974년부터) 지난 30년긴은 그런 상황이 완전히 고착화됐다. 1974년 당시엔 남성들만 고용됐고, 경제적 불평등이 그다지 심하지 않았으며, 대부분 사람들이 젊은 나이에 가정을 꾸렸다. 집주인에게 엄청난 월세를 내지 않아도 살 곳을 마련할 수 있었고 휴일에 놀러 다닐 수도 있었다. 오늘날 영국에서는 거의 절반 가까운 어린이들이 1년에 한 번도 휴가 여행을 즐기지 못한다. 반면 잘 사는 상위 20%의 어린이들은 한 해에도 여러 번 해외여행을 떠난다.

잭슨은 이미 GDP라는 조잡한 측정 방식을 외면했던 다른 경제학자들의 작업을 보완, 연구했다. 그는 대신 국내총진보(Measure of Domestic Progress, MDP)라는 측정법을 내세웠다. GDP처럼 계산을 하되, 몇 가지 중요한 부분을 수정했다. 생산에 다른 사회적 비용이나 오염으로 인한 환경 비용을 상쇄하기 위해 쓰이는 돈은 잭슨의 계산법에서 빼 버렸다. 방위비라고 알려져 있는 무기 산업 역시 지워 버렸다. 대신 환경 파괴에 따른 장기적인 비용이나 천연자원에 대한 감가상각 요인을 반영했다. 신중한 투자를 더 높이 평가하고 무역수지 개선을 장려하는 쪽으로 기준을 보정했다. 요리를 하고 집 청소를 하는 가정주부의 업무도 포함시켰다. 또 "여윳돈은 부자들보다 가난한 이들에게 더 필요하다는 사실을 감안해 소득분배의 변화도 계산에 넣었다"라고 밝혔다.[16]

잭슨의 추산에 따르면 영국의 MDP는 1976년에 정점을 찍었다. 그리고 1980년대 경제 불황기에 바닥을 쳤다. 그리고 1976년의 고점을 다시는 회복하지 못하고 있다. 2004년 생태학자인 조지 몬비오(George Monbiot)는 MDP와 관련해 이렇게 분석했다. "우리 삶의 질은 1976년에 정점이었다 … 우리는 인류 역사상 가장 행복하고, 가장 건강하고, 가장 평화로운 시대에 살고 있다. 이런 시기는 오래가지 않을 것이다."[17] 아직까지 이런 그의 비관론을 뒷받침할 만한 근거는 없다. 2004년 당시, 세계가 누리고 있던 평화는 여전히 지속되고 있다. 물론 종종 제국주의자들의 전쟁으로 방해를 받긴 했다. 전 세계에서 가장 부자인 나라들은 자신들이 얼마나 비싼 무기를 가지고 있는지 보여 주기 위해 수십 억 달러짜리 전투기를 이라크나 시리아, 예멘의 하늘에 띄웠다.[18]

전 세계적으로 사람들의 건강상태도 좋아지고 있다. 조지 몬비오는 너무 비관적이라 이런 상황이 오래 가지 않을 거라고 전망했다. 지금 행복 수준은 별로 나아지지 않고 있다. 전반적인 웰빙도 마찬가지다. 하지만 팀 잭슨이 첫 보고서를 낸 뒤 10년 동안 주장한 바가 있다. 2017년 6월 영국 총선을 앞두고도 비슷한 내용의 보고서가 많이 나왔다. "영국 정치에서 무언가 이상한 일이 생기고 있다. 브렉시트라는 분열의 수렁에 빠진 것이나 인종혐오가 무섭게 커지는 것을 이야기하는 게 아니다. 최근 반세기 동안 유지해 온 경제 모델이 틀렸다는 사실에 대해 각 정당이 공감을 하고 있다는 점이다. 2017년 선거에서 여러 색깔의 공약이 나왔지만 '모든 사람에게 도움이 되는 경제'를 건설해야 한다는 주장이 공통적으로 나온다."[19] 2004년만 해도 소수의견이었던 게 2017년에는 주류의 의견이 된 것이다.

2019년 4월 앤드루 오스왈드(Andrew Oswald)와 그의 동료들은 풍족한 나라에서 왜 그토록 정신적 고통을 받는 사람들이 많은지를 연구한 논문 초안을 발행했다. 그들은 풍족한 나라에서 중년의 연령대(50세 전후)가 상대적으로 많이 목숨을 끊는다는 점을 발견했다. 이들보다 높은 연령대나 낮은 연령대와 비교해 불균형할 정도였다. 이들 중 상당수는 불면증에도 시달렸다. 풍족한 나라에서 50세는 알코올에 의존하기도 가장 쉽고 자살에 대해 더 많이 생각하고, 살아갈 가치가 없다고 느끼기 쉬운 나이였던 셈이다. "집중하기 힘들고, 잘 까먹고, 직장 일에 짓눌려 있으며, 심각한 두통에 시달리는 시기"였다.[20] (당신이 아주 심한 불면증을 겪어 보지 않았다면) 사소하다고 생각할 수도 있다. 아주 심각한 상태까진 아니라 해도 이를 유발하는 여러 질병이 존재한다.[21]

오스왈드와 그의 동료들은 어쩌다 이렇게 됐는지는 확인하지 못했다. 다만 이와 관련해 "현대사회의 특성 때문에 생긴 부산물일 수 있다. 아니면 현재까지는 알 수 없는 아주 미묘한 어떤 집단적인 혹은 시기적인 효과 때문일지도 모른다"라고 분석했다. 여기서 말하는 집단적, 시기적 효과란 가장 호시절인 1970년대에 유년기를 보낸 경험이 포함될 수 있다. 희망이 넘쳤지만 이후엔 심각한 실망의 시기를 보내야 했던 때이다. 특히 미국과 영국에서 그랬다. 오스왈드와 그의 동료들은 "이런 중년 시기의 패턴은 단지 아이들을 가져서 생긴 것도 아니고, 한두 곳의 특정한 나라에서만 나타나는 것도 아니다"라고 적었다. 그렇지만 여기서는 일단 데이터가 가장 많이 확보돼 있는 미국 한 곳에 초점을 맞춰 보겠다. 사람들의 가치를 평가하는 방법이 미국에서 최근 어떻게 변했는지 살펴보려고 한다.

요즘 세상에서 임금은 사회가 당신을 얼마나 가치가 있다고 보는지 알려 주는 척도다. 중간값 임금이란 그 값보다 많이 버는 사람들의 수가 그보다 적게 버는 사람의 수와 같을 때의 수치를 말한다. [그림 50]은 이제 미국에서 그 숫자가 줄고 있는 특권 계층의 주급 중간값이 어떻게 변해 왔는지 보여 준다. 여기서 특권 계층이라 함은 바로 정규직 노동자를 일컫는다. 보통 정규직 노동자를 그렇게 부르진 않지만, 비정규직에 비해 훨씬 더 많은 보상을 받고 덜 불안정한 상태인 것은 사실이다. 당신에게 어떤 일이라도 돈을 받을 수 있는 직업이 있다면 그 사회에서 그렇지 못한 사람보다 우위에 있게 된다. 돈이 필요한 사람들에게 그냥 나눠 주지 않고, 몇몇 사람에게만 몰아서 보상을 해주는 시스템에 있는 한 그럴 수밖에 없다. 그래서 우리는 의미 있는 일을 하라고 조언하기보다는, 고용주들을 위해 최대한 돈을 많이 벌라고만 말하게 된다.

1970년대 초반은 미국 노동자들에게 가장 호시절이었다. 불평등 수준이 (역대) 가장 낮았고 실질 주급은 최고치였다. 그렇지만 1970년대 후반에 이르러 고정 달러 기준, 그러니까 어느 시기이든 무언가를 살 수 있는 1달러의 가치가 똑같다고 했을 때, 미국의 중간값 임금은 곤두박질쳤다. [그림 50]에 이런 부분이 분명하게 나타난다. 미국 평균 노동자들의 삶은 점점 더 나빠졌다. 중간값에 위치하는 정규직 노동자의 경우, 실질임금이 1979년에 4% 이상, 1980년에 3% 이상 떨어졌다. 로널드 레이건은 집권과 함께 '미국의 아침(morning in America)'을 선언했다. 결국 다수에겐 춥고 우울한 아침이 됐지만.

미국의 정규직 임금 중간값은 1981년 주당 310달러 남짓까지 떨어졌다. 이어서 좀 회복되긴 했지만 미미했다. 1980년대 후반 실질가치 기준으로 좀 올랐어도 주당 330달러에 못 미쳤다. 하루 3달러 정도 오른 셈이었다. 정규직 노동자의 절반, 그리고 미국인의 대다수는 먹고 살기 위해 하루에 집으로 가져가는 돈이 47달러가 안 됐다. 1990년대 초반의 회

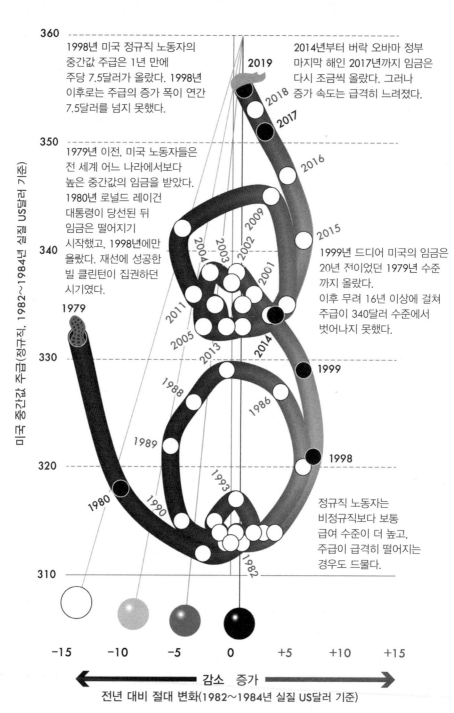

그림 50. 미국 중간값 정규직의 주당 실질소득, 1979~2019년

미국 노동통계청 자료. "Employed Full Time: Median Usual Weekly Real Earnings: Wage and Salary Workers: 16 Years and Over" [in 1982~1984 CPI-adjusted dollars], FRED, 세인트루이스 연방준비은행, 2019년 5월 19일 접속. https://fred.stlouisfed.org/series/LEU0252881600A.

복은 이보다 더 미미했다. 1990년대 후반 그나마 다시 하루에 추가로 3달러를 더 가져가는 수준으로 회복됐다. 20년 동안 기술의 발달은 대규모 실업을 초래했다. 일시해고 기간이 길어졌고 노동 안정성도 사라졌으며 노조는 와해되고 공동체도 무너졌다. 가정도, 인간관계도 해체됐다. 미국의 기대수명도 정체됐다.

요즘 미국의 임금 중간값은 다시 조금씩 오르고 있다. 1999년에서 2019년 사이 하루 3달러 정도만큼 올랐다. 하지만 그만큼 오르는 데 20년이나 걸린 것인데, 1년에 15센트씩 오른 셈이다. (1983년 기준으로) 3달러를 가지고 뭘 할 수 있단 말인가? 지금 대부분의 미국 내 정규직들은 이런 특이한 상황의 데자뷔를 느끼며 살고 있는 두 번째 세대다. 그렇지만 모든 게 똑같지는 않았다. 최근 들어서 불평등은 오히려 심해졌다. 중간값 밑에 위치한 미국 정규직 노동자의 절반의 삶은 더 나빠졌다. 점점 늘어나는 비정규직과 무직자들의 삶과 마찬가지였다. 중간값보다 한참 위에 위치한 소수의 사람들만 자신들의 보상(compensation)/송금(remittance)/사례(reward)/연봉(salary)이 실제 엄청나게 오르는 경험을 할 수 있었다[부자들은 좀처럼 월급(wage)이라는 말을 안 쓴다]. 소득이 크게 늘어난 사람들 숫자가 너무 적다 보니, 미국인들은 국민소득의 상당 부분을 소비하느라 저축의 필요성을 못 느낄지도 모른다.[22]

사람들이 슬로다운을 두려워하는 이유는 지금 상황이 계속 이어져야 한다고 생각하기 때문이다. 미국에서는 경제성장이 없으면 대부분이 고생하게 될 거라고 믿는다. 그럴 거라고 들어 왔기 때문이다. 안정은 곧 가난을 뜻한다. 그러나 절대적으로 꼭 그렇지만은 않다. 과거에 미국은 전체적으로 더 적게 가졌지만 더 많은 사람들이 폭넓게 잘 살았던 적이 있다. 꼭 그 당시를 염두에 두어서가 아니라 오늘날의 상황을 봐도 그렇다. 지금 슬로다운이 가장 급격하게 일어나고 있는 장소들에서도 사람들은 잘 적응하고 있다. 미국인들에게 일본을 비교 대상으로 삼는 것은 무리일 수도 있겠다. 그렇다면 유럽을 한번 보자. 최근 유럽에선 무슨 일이 일어나고 있는지 이어서 살펴보겠다.

미국 밖에서는 자동화와 수요 감소, 자원공유 등이 상당히 다른 방식으로 다루어진다. 핀란드에서는 '노사정 협의'라는 방식을 쓰고 있다. 중년의 중간층 노동자들이 뒤처지는 것을 막으면서도 실제적으로는 노동의 결실을 얻기 위한 방식이다.[23] 노사정 협력은 덴마크에서는 일반적이다. 가끔은 일의 진척 속도가 너무 늦다는 비난이 나오기는 한다.[24] 독일이나 스웨덴의 경우 2016년 디지털화나 노동시장 문제에 있어 사회적 파트너들이 8개의 대규모 노사정 협의회에서 활동했다. 만약 노사정 협의회란 말이 낯설다면 아마도 영국이나 미국에서 살고 있는 사람일 것이다. 이는 사용자 단체와 노조, 그 나라 정부 간의 협의체다.

부자 나라를 벗어나면 미국보다 상황이 더 안 좋은 경우도 많다. 2019년 2월 말레이시아 일간지 『뉴 스트레이츠 타임스(New Straits Times)』는 수억 명의 사람들이 하나 이상의 직업을 가지고 있는데도 매우 가난한 상태라는 내용의 기사를 냈다. 기사가 인용한 글로벌 보고서는 "지구상 33억 명 정도가 지난해 '물질적 복지, 경제적 안정성, 자기계발을 위한 평등한 기회의 부족'을 겪었다 … 이 중 7억 명의 사람들은 고용된 상태지만 가난을 겪고 있으며 그 정도가 심각한 경우도 있다"라고 결론 내렸다.[25] 뉴 스트레이츠 타임스는 20억 명 정도, 즉 전 세계 노동자의 61%가 비정규직이라고 전했다. 사회적으로나 고용 면에서 거의 보호를 받지 못하는 이들이다. 이런 비정규직이 많은 나라들은 미국에서 적용했던 방식을 주로 가져다 쓰고 있다. 그러다 보니 미국과 마찬가지로 거대한 안정으로 향하는 대열에 올라타는 것을 주저하고 있는 것이다. 그렇지만 이런 나라들이 나중에 더 빨리 방향을 바꿀 수도 있다. 국민의 삶이 얼마나 나아지고 있느냐는 면에서 보자면 미국은 부자 나라들 중 가장 덜 발전하고 있는 곳이다. 반면 대가속이 이미 오래 전에 일어난 지구 반대편의 나라에서는 이제 안정으로의 전환이 착착 진행되고 있다. 그런 곳 중 하나가 바로 암스테르담이다.

돈의 환상

너무 많은 것이 슬로다운하고 있기 때문에 어느 것을 사례로 들어야 할지 고르기 힘들 정도다. 오늘날 부자 나라에서 사람들이 가장 많은 비용을 지불하고 있는 게 바로 주택이다. 가난한 나라에서는 식비에 돈이 많이 든다. 부자 나라와 가난한 나라의 중간에 있는 사람들의 씀씀이에서 가장 돈이 많이 드는 아이템은 자동차다. 우리는 종종 주택을 자산이라고 생각한다. 특별한 경우를 제외하고는 항상 가치가 오를 거라고 여긴다. 그러나 어느 시대, 어느 장소에서나 보편적으로 적용되는 이야기는 아니다. 부동산 상승은 단지 최근 몇 세대 동안 일부가 겪을 수 있었던 현상이다.

[그림 51]은 세계에서 가장 유명한 주택가격 지수의 시간선을 보여준다. 1628년 시작해 1973년까지 암스테르담의 한 부촌에서의 실질 부동산 가격 평균 기록이다. 현재 수치까지 업데이트해 기록하면 지금 보이는 시간선과는 다른 모습이 될 것이다. 실질가치로 급여, 연봉과 비교한다면 집값은 장기적으로 볼 때 안정적이라고 할 수 있다. 집값이 최대

가치의 4.8배를 넘지 않는다. 헤렌그라흐트(Herengracht) 운하 주택의 경우, 가장 집값이 낮았던 때가 1814년이다. 정점을 찍었던 때는 1724년이다. 250년여 동안 암스테르담에서의 집값은 항상 그 정점 아래였다. 대부분의 기간 동안 안정적인 가치의 범위를 벗어나지 않았다. 이런 부분을 제대로 보려면 바로 지난 수십 년만 살펴서는 안 되고 몇 세대 전까지 거슬러 올라가야 한다.

1952년부터 네이션와이드 빌딩 소사이어티(Nationwide Building Society)가 모아둔 영국 데이터 덕분에 X세대의 첫 구성원이 태어난 연도에 영국의 평균 집값이 얼마였는지 쉽게 알 수 있었다. (인플레이션이 반영되지 않은 가격 기준으로) 2,000파운드 밑에서 거래됐다.[26] 그때가 1956년이었다. Y세대(밀레니얼)의 첫 구성원이 태어난 1982년, 이 가격은 2만 4,000파운드로 뛰었다. 그리고 Z세대의 첫 구성원이 태어난 해(2012년)에는 16만 4,000파운드까지 올랐다.

절대적인 상승 폭만 보면 어마어마하다. 하지만 상대적인 증가 속도는 이 시기에 줄어들었다. 거의 절반 정도가 됐다. Z세대 첫 구성원의 부모들이 내야 했던 집값은 Y세대 첫 구성원의 부모들이 직면했던 가격의 불과 6배 정도였다. 바로 전 세대 간에는 12배가 올랐었다. 이 시기를 살아간 사람들은 가격 상승 속도가 둔화되었다고 느끼기 힘들다. 특히 소득이 그만큼 빠르게 증가하지 않았기 때문이다. 그럼에도 주택 가격의 상승 속도가 슬로다운하고 있는 것은 사실이다. 이렇게 된 단기적인 요인은 1989년과 2008년에 각각 있었던 두 번의 주택 시장 붕괴 때문이다. 영국 주택 시장의 시간선을 추가할 수 있는 공간이 있다면 두 번 모두 마이너스 영역으로 들어가는 것을 볼 수 있을 것이다(이 시간선들을 이 책 홈페이지의 [그림 51] 파일에 올려놓았다. 홈페이지에는 책에서보다 더 많

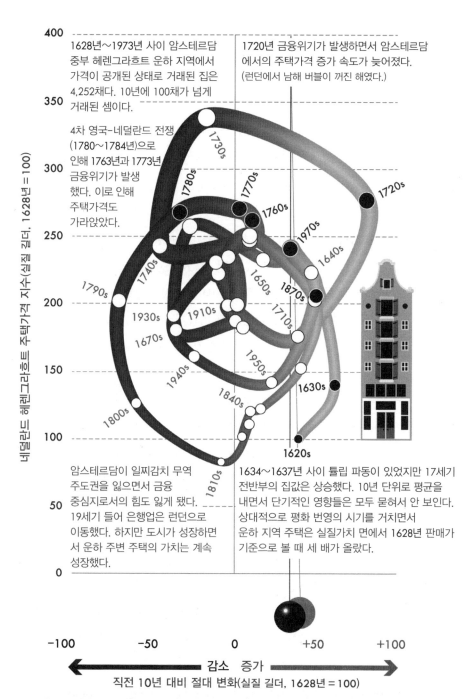

그림 51. 네덜란드 헤렌그라흐트 주택가격 지수, 1628~1973년

1628년 평균 주택가격을 기준으로 물가상승을 고려해 비율을 계산한 것. 보정이 안 된 명목지수와 비교해 '실질 길더'라고 부른다. 피에 아이크홀츠(Piet Eichholtz)의 「장기적인 주택가격 지수: 헤렌그라흐트 지수, 1628~1973」을 인용, *Real Estate Economics* 25, no. 2 [1997]: 175~92, https://papers.ssrn.com/sol3/papers.cfm?abstract_id=598.

은 시간선들을 볼 수 있다(www.dannydorling.org/book/SLOWDOWN/data.html).

우리는 가장 최근의 주택가격 변화에만 집착하는 경향이 있다. 적어도 집을 담보로 대출을 받을 만큼 나이가 있거나, 여러 채를 소유할 정도로 부자일 경우 그렇다. 영국의 신규 주택가격은 정점을 찍고 내려오고 있다(네이션와이드 빌딩 소사이어티의 통계학자들이 내놓은 숫자를 보면 놀라울 정도로 정확하게 끝수까지 맞추고 있다). 2016년 3분기에 21만 9,881파운드였던 게 2017년 들어서면서 21만 6,824파운드로 떨어졌다. 계절성이 보정된 영국 주택의 평균가격은 2018년 21만 7,010파운드로 정점을 찍었다가 2019년 21만 4,920파운드에 머물게 된다. 하지만 이런 구체적인 숫자는 접어 두고, 한 걸음 물러서 장기적인 관점에서 둘러보자.

영국의 경우를 장기적인 관점에서 살펴보자. 이 책의 홈페이지에서 볼 수 있는 [그림 51]의 추가 데이터를 보면, 최근 들어서 완전히 다른 모양이 툭 튀어나오는 것을 볼 수 있다. 지금 보면 1989년 주택가격 붕괴가 더 크게 나타난다. 거의 2008년 붕괴와 비슷한 급으로 느껴진다. 이에 대한 시간선이 여기 추가되었다면 두 개의 고리 모양이 거의 같은 크기임을 확인할 수 있을 것이다. 하지만 지금 여기 있는 그림만 봐도 충분히 상상할 수 있다. 어느 순간 갑자기 치고 올라오는 부분이 더 분명히 보이기 시작하지만 전체적인 높이는 시간이 지남에 따라 계속 낮아지고 있다. 인플레이션은 1970년대에만 있었던 것은 아니다. 이후 수십 년 동안에도 우리와 함께 있었다. 하지만 일반적인 인플레이션 역시 슬로다운하면서 주택 값이 잇따라 치솟는 정도도 점점 줄어들었다.

2014년 한 기자가 『파이낸셜타임스』에 이런 것들이 영국인들에게 무엇을 의미하는지 설명하고자 했다. 즉, 돈에 대한 환상의 실체를 보여

388

주려고 한것이다. 불가피하게 설명 과정은 고통스러울 수밖에 없었다. "데이터가 시작되는 1975년과 1983년 사이, 주택가격 면에서 큰 이득은 없었다. 1978년과 1980년 사이 명목가격이 50% 올랐다고 해도 마찬가지다. 집주인들은 상당히 부자가 된 것처럼 느꼈을 것이다. 그렇지만 그들의 집은 전과 마찬가지로 딱 상품과 서비스의 제공량만큼만 가치가 있었다. 인플레이션이 커지고 있는 동안의 소득을 생각해 보면, 이런 부자가 된 느낌은 이른바 돈의 환상이다. 급여가 오르면 (적어도 한동안은) 인플레이션이 그 급여의 구매력을 갉아먹고 있는데도 기분이 좋을 수 있다. 하지만 주택을 소유하고 있는 사람은 실제로 부자가 되고 있다고 볼 수 있다. 급여가 증가하는 것에 비해, 내야 하는 할부금은 빠르게 줄고 있는 셈이니 말이다."[27]

1972년 영국 주택가격은 11% 올랐다. 1979년에는 8%, 1988년 6%, 2014년 3%, 그리고 2018년 7월까지 2.5%가 올랐다. 그러나 2019년 4월까지 가장 많이 오른 게 불과 1년 기준 0.9%였다. 주택가격이 올랐을 때 고점의 위치가 예전보다 상대적으로 낮아졌다. 전반적인 변화 폭도 시간이 지날수록 줄었다. 주택가격이 초기에 작고 짧은 상승을 이어가다 장기적으로 불규칙한 슬로다운에 접어들었다면, 영국의 평균 주택가격은 가구당 100만 파운드 수준에서 상승을 마감했을 것이다. 적어도 그보다 높지는 않았을 것이다. 또 영국 경제에 더 빨리 슬로다운이 시작됐다면 더 낮은 위치에서 정점을 찍었을 것이다. 주택가격이 언제까지 계속 상승만 할 수는 없다. 다른 어떤 것도 마찬가지다.

절댓값을 사용한 그래프를 보면 가격은 계속 뛰기만 하고 재앙은 점점 더 다가오는 것처럼 보인다. 반면 상대적인 변화를 보여 주는 그래프, 그러니까 로그척도를 사용하면 어떤 규칙을 발견하게 된다. 실제 주택가격이 떨어졌던 최근 두 시점과 과거 집값 하락이 있었던 때 사이에 어떤 같은 원리가 있었던 것도 알 수 있다. 1972년부터 1974년 사이 주택가가격의 하락 폭은 1979년부터 1981년 사이보다 더 컸다. 1980년대 초반 주택가격의 슬로다운은 1988~1990년 사이 하락 시장과 비교할 수 있다. 그 뒤 2007년에서 2009년 사이 주택가격은 가장 최근 떨어졌을 때보다 더 큰 폭으로 하락했다(현재까지 가장 최근의 하락은 2016년이었다). 하지만 싱대적인 척도, 로그척도로 계산해 보면 예전에 비해 하락 폭이 줄어든 셈이다.

그렇다면 무슨 일이 벌어지고 있는 것일까? 쉽게 알 수는 없다. 하지만 일어나지 않을 일에 대해서 어느 정도 한계를 설정할 수는 있다. 예를 들어 1970년대 초반에 있었던 갑작스런 주택가격 상승이 또 일어날 가능성은 극히 희박하다. 그 당시에는 모든 가격이 다 급격히 오르고 있었다. 주택가격뿐 아니라 급여도 그랬다. 반면 장기적인 추세를 감안하고 1990년대와 최근 10년 동안의 하락을 보면, 가까운 미래에 주택가격이 엄청난 폭으로 떨어질 것 같지는 않다. 장기적으로 가격은 안정화 추세로 가고 있으며, 분기별 변화는 점점 미미해지고 있다.

어떻게 이게 가능한 것일까? 최근 몇십 년 동안 집값이 뛴 게 얼마인데, 상승 폭이 둔화되고 있다고 말할 수 있는 것일까? 두 가지 근거를 들 수 있다. 첫째 2017년, 2018년, 2019년 영국 주택시장은 분명히 슬로다운했다. 상승이 있었다 하더라도 장기적으로 봤을 때 그 속도가 아주 느렸다는 점이다. 1970년대 이후 영국과 미국 주택가격은 10년씩 끊어보면 계속 상승했지만 그 폭은 매 10년마다 일정한 비율로 줄었다. 단지 투자를 위해 샀을 때 노리는 시세차익도 줄고 있다. 이제 머지않아 우리는 주택을 은퇴를 대비한 투자 수단이 아닌, 정말 살 집으로만 보게 될 것이다.

주택가격으로 돌아가기 전에 조금 다른 이야기도 한번 해 보자. 바로 금이다. [그림 52]에서 나타낸 금값에 대한 시간선은 인플레이션 보정을 하지 않은 것이다. 따라서 가격은 계속 오르기만 하는 것처럼 보인다. 하지만 금값이 상승하던 시기에는 항상 갑작스런 시장 붕괴로 상승이 멈추는 일이 생겼다. 그리고 대개 몇 년 동안은 가격이 고정된 지점 주변을 맴도는 안정된 시기가 이어졌다. 그러다 다시 오르기 시작했다. 오늘날 국제 금값이 맴돌고 있는 지점은 온스당 약 1,250달러다.

금값이 재미있는 것은 금을 안전한 피난처로 생각하지, 재산으로 여기지 않는다는 점이다. 불확실한 시절에는 돈이 금으로 몰려든다. 금은 계속 가치를 간직할 거라 생각하기 때문이다(게다가 조세 당국의 눈을 피할 수 있을 거라고도 생각한다). 그러나 금의 가치는 보석이나 일부 가전제품의 효용과 달리, 사람들이 품고 있는 자산의 위험을 분산하기 위해 계속 금을 선호할 거라는 믿음에 전적으로 기반하고 있다. 슬로다운에 대한 현실을 좀 더 폭넓게 자각하게 되면 이제 스스로에게 묻게 될 것이다. 왜 군이 금이라는 형태로 그토록 많은 재산을 보유하는 위험을 감수하는 것일까? (근본적으로 상징적인 상태인) 내재적 가치가 예전 같지 않은데도 말이다.

1956년과 1982년 사이 금의 가치는 10.7배 올랐다. 같은 기간 영국 주택의 명목가치가 12배 오른 것에 비하면 상승 폭이 크지 않다. 1982년과 2012년 사이 금값은 4.4배 올랐다. 5.8배 오른 영국 주택가격보다 역시 낮은 편이다. 다른 데이터를 들춰 봐도 마찬가지다. 영란은행의 종합주택가격 지수를 보면 V세대가 태어난 1901년부터 1928년 사이 집값은 67% 올랐다. W세대의 시대인 1929년부터 1955년까지는 두 배 이

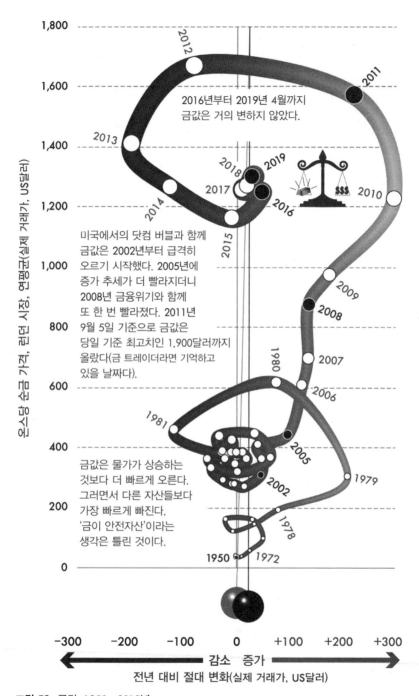

그림 52. 금값, 1950~2019년

『파이낸셜타임스』(1968년 4월~1974년 3월); Samuel Montagu & Co. Ltd. (1974년 4월~
1980년 12월); 『파이낸셜타임스』(1981년 1월~1998년 12월); 런던 금시장연합회(1999년 1월~
현재). "Historical Gold Prices—833 to Present" 참조. 2019년 9월 기준 https://nma.
org/wp-content/uploads/2016/09/historic_gold_prices_1833_pres.pdf.

상인 169%가 올랐다. 그런데 X세대가 태어난 시기(1956~1981년)에는 무려 1,152%가 올랐다. 무려 12배다. 그때부터 실질 기준으로 가격은 안정되기 시작했다. 아주 천천히 오르거나 어떨 때는 떨어지기도 했다. 앞으로 다시 집값이 급격히 오르는 일이 있을까? X세대 기간 동안 그랬던 것만큼 주택가격이 다시 한번 치솟는다면 매우 놀랄 만한 일이 될 것이다.

1956년에서 1981년 사이 영국의 주택가격은 국제 금시세와 마찬가지로 왜 그렇게 급격하게 올랐던 것일까? 일단 염두에 둬야 할 것은 수요 공급과는 아무 상관이 없었다는 점이다. 그 기간 동안 주택공급 속도는 수요보다 훨씬 빨랐다. 1981년 인구조사에서 주거수준이 가장 나쁜 10분위조차도 평균적으로 가족 수만큼 방이 있는 집에서 살았다. 1951년과 1981년 인구조사를 했던 기간 동안 주거환경에 있어 여러 조치가 취해졌고 눈에 띄는 개선이 있었다. 전후 주택건설 붐이 일었던 시기다.[28] 비슷한 시기에 전 세계적으로 더 많은 금을 파내기 시작했다. 2010년까지 연간 2,000t이 넘는 금이 채굴됐다. 이 수치는 2019년 3,000t 이상까지 올라갔다.[29]

소비자들은 금값이나 집값이 수요 공급에 의해 결정되지 않는다는 사실을 좀처럼 믿지 않는다. 1988년 경제학자인 칼 케이스(Karl Case)와 로버트 J. 실러(Robert J. Shiller)는 미국 4개 도시에서 당시 주택을 구매한 사람들을 대상으로 설문조사를 했다. 자신들이 살고 있는 집값에 영향을 미친 요인이 뭐라고 생각하는지 물었다. "886명의 응답자 중에 미래의 수요 공급 추세에 대한 양적 증거를 언급한 사람은 단 한 명도 없었다. 미래의 수요 공급에 대한 전문가적인 전망도 없었다"라고 케이스와 실러는 말했다.[30] 당시 두 경제학자는 "이상할 정도로 펀더멘털에 대한 객관적인 증거에 대해 아무도 흥미를 갖지 않았다"라고 결론지었다. 만약 구매자들에게는 수요 공급이 근본적인 가격결정 요소가 아니라는 점을 미리 알았다면 이들은 더 통찰력 있는 결론을 낼 수 있었을 것이다. 그런데 어떻게 이런 일이 가능한 것일까? X세대가 유년기인 동안 미국에서의 주택공급은 계속 늘고 있었는데도 말이다.

실러와 케이스는 이런 조사를 한 뒤 25년이 지나 노벨 경제학상을 받았다. 주택가격을 결정하는 게 수요와 공급이 아니라면 무엇이 영향을 미치는 것일까? 구매자들이 중요하게 여기는 것은 투기적인 요소다. 주택 경제학자들은 정답을 알지 못했다. 과거에 이들은 모기지를 지원해주면 주택가격이 떨어질 거라고 여겼다. 하지만 지나고 보니 그 기간 동안 실제 주택가격은 오히려 상승했다. 이들이 세운 모델이 제대로 적용되려면 '광풍(frenzy)'이라는 요소를 포함시켜야 한다. "엄청난 주택가격의 상승이 있었던 1971~1973년, 1978년~1979년, 1986~1989년에 그랬듯이, 수요를 폭증시키는 어떤 행위나 '광풍'이 더 높은 가격을 형성하는 결과를 낳았다"[31]라는 점도 알아야 한다. 다시 말해 이들은 가격이 오른 시기에 뭔가 예측 불가능했거나 이상한 일이 일어났다고 지적한다. 주택 판매자나 구매자 모두 갑자기 집값이 계속 오를 거라고 생각한다. 그리고 실제로 집값은 올랐다. 하지만 경제학자들이 세운 모델에서는 이런 광풍을 예측할 수가 없다. 물론 그 광풍이 언제 수그러들지도 알지 못한다.

지금 시점에서 되돌아볼 때 이런 가격 상승은 어떻게 설명될 수 있을까? 아마도 가격이 오르기 시작하기 직전인 1970년과 1977, 1982, 1986, 1996, 2010년에서 원인을 찾을 수 있을 것이다. 아직 증가세는 낮지만 이제 곧 가격이 엄청나게 오르게 될 시기였다. 1977년, 훗날 영란은행 총재가 된 한 젊은이는 개인 간에 계약을 맺은 주택의 임대료를 정부가 규제하고 있는 점을 지적했다.[32] 그렇다면 사람들은 무엇 때문에 돈을 더 많이 들여 집을 사려 했던 것일까?

돌이켜 보면 1988년 당시 케이스와 실러의 설문에 응답한 구매자들의 말이 옳았다. 핵심은 투기였다. 1970년 영국 총선은 우파인 보수당의 승리로 끝났다. 보수주의자들은 주택 보유자들을 먼저 챙기는 경향이 있다. 나이 든 주택 구매자나 땅주인 등 기본적으로 집값이 오르면 이익을 보는 계층들 말이다. 1977년에는 (1974년 선거에서 이긴 좌파 정당인) 노동당이 이끄는 정부가 다시 선거를 치를 거라고 예상됐다. 하지만 이는 1979년까지 미뤄졌다. 비슷하게 1982년과 1986년은 보수당이 선거에서 이기기 직전이었다. 1996년은 영국 '신노동당'이 첫 승리를 거두기 전 해였다. 그러다 2010년 보수당과 자유민주당의 연합을 이끈 선거가 끝난 뒤에는 집값이 다시 조금 올랐다.

미국 주택가격을 연구해 온 경제학자들은 1970년대 집값 상승의 원인을 실질금리 인하에서 찾는다. 1980년대 상승은 세금 규정이 바뀐 탓이라고 설명한다. 하지만 둘 모두 결국 정부 정책이 바뀌면서 일어난 결과다. 민주당과 공화당이 각각 임명한 정부 관료들에 의해 그렇게 된 것이다. 정형화된 변설만 가지고서는 미국 내 집값 상승을 설명할 수 없다. 투기 탓이라고밖에는 볼 수 없는 일이다. 실수요로 주택을 사는 투자자들은 이성적으로 무언가를 기대하는 것은 아니다. 하지만 과거를 기반으로 추론해 주택 구매 후 얻게 될 자본이득을 생각할 수밖에 없다.[33]

앞서 [그림 51]에서 표시한 암스테르담 중심부의 345년간의 집값 기록같이 장기적인 주택가격을 연구하는 경제학자들은 가격 상승이나 하락 이후 '평형으로의 보정'이 있는지 찾게 된다. 이런 보정에는 수십 년이 걸리기도 하고, 과거와 상당히 다른 모습의 평형이 이루어지기도 한다. 그러면서 그 평형이라는 게 과연 무엇을 의미하는지에 대한 의문도 제기하게 된다.[34]

채권과 주식 투기

주류 경제학자들은 최근 엄청난 압력에 시달리고 있다. 주택가격 같은 기초적인 가치의 변화에 대해 예측도 못하고, 심지어 모델을 만들지도 못하고 있는 까닭이다. 사실 거의 불가능한 일이기도 한데, 경제학자들은 고집도 세다. 일례로 매튜 드레넌(Matthew Drennan)이 이렇게 지적한 바 있다. "주류 경제학자들은 소득분배에 아무런 도움도 안 되는 소비이론에 집착하고 있다. 그러다 보니 대공황을 제대로 이해하지 못하는 것이다."[35]

그동안 많은 경기침체가 있었는데, 가장 최근 일어난 게 2008년이다. 그 장기적인 여파로 지금까지도 더딘 성장이 이어지고 있다는 주장도 나온다. 이 책의 여러 부분에서 닷컴 버블에 대해 언급한 바 있다. 거품이 어떻게 커지는지 이해하기 위해 당신이 1996년 크리스마스를 한 주 앞둔 뉴욕의 한 사무실에 앉아 있다고 상상해 보자. 당신은 고객이 투자하라고 맡긴 돈을 가지고 있다. 엄청난 부자이면서도 자기 돈을 애지중지 신경을 많이 쓰는 고객이다. 당신은 내년에도 이 일자리를 유지해야 한다. 그러면서 보너스도 받기를 원한다. 고객에게 상담을 해 주고 투자처를 찾아 주는 게 당신의 일이다. 그렇게 함으로써 아주 작은

슬로다운

부분을 수수료로 받아 간다. 당신은 부드러운 곡선으로 디자인된 베이지색의 멀티싱크 비디오 그래픽 어레이(VGA) 브라운관 최고급 모니터를 앞에 놓고 [그림 53]에 나타낸 시간선과 같은 자료를 보고 있다. 많은 IT 회사들이 포함된 나스닥 종합주가지수가 어떻게 변했는지 보여주는 그림이다.[36] 자, 이제 당신은 어떤 결정을 내릴 것인가?

투기 자금이 국경을 건너 주택이나 다른 투자처에 들어가기도 하고 빠져나오기도 한다는 것은 누구나 알고 있다. 그래서 투자를 이해하는 게 점점 더 어려워지고 있다는 사실도 잘 안다. 돈은 이익을 좇는다. 담보할 수 있는 최고의 이익을 찾아간다. 돈을 많이 가지고 있을수록 오히려 더 많은 이익을 추구한다. 1년에 2%나 4% 정도 수익률로는 만족할수 없다. 적어도 한 해 10% 이상 실질적으로 자산이 불어나는 것을 봐야만 성이 찬다. 그렇기 때문에 당신에게서 '최고의 조언'을 듣기를 원하는 것이다. 2018년 들어 슬로다운의 시대에 더 높은 수익을 절박하게 좇는 게 얼마나 허망한 일인지 분명해졌다. 그러면서 몇몇 경제학자들은 돈의 유입과 유출을 막는 자본 통제를 신중하게 도입할 필요가 있다고 주장하기 시작했다.[37] 수익을 숭배하는 이들에게 자본 통제라는 것은 이단적인 조치다. 그러나 1996년을 살고 있는 당신에게는 알고 있어봤자 다 쓸모없는 사실들이다.

아무튼 그래서 당신은 25년 전 미국으로 돌아가 자신의 책상 앞에 앉아 있다. 이 상황을 제대로 상상하려면 당신이 최근 배운 것들은 잊어버려야 한다. 당신이 일하고 있는 이 시점은 투기를 억제하기 위한 첫 번째 조치가 내려지기 전이고, 중국이 미국의 잠재적인 경제적 라이벌로 인식되기 훨씬 전이다.

2018년보다 훨씬 이전에도 정부가 투기를 더 강하게 규제해야 한다는 주장은 계속 나왔다. 특히 2017년과 2018년 주요 도시에서 주택가격 붕괴가 예상됐던 중국에서 그랬다.**38** 2017년에는 거품이 터지지 않도록 정부가 개입해야 할 도시들의 목록이 공개되기도 했다. 베이징과 센양, 청두, 우한, 시안, 선전, 충칭 등이다.**39** 중국 정부는 "주택은 살기 위한 곳이지 투기의 대상이 아니다"라고 이유를 대며 시장에 직접 개입했다. 하지만 2019년 현재 글로벌 투자자들은 중국 정부가 이런 식으로 집값 거품을 너무 키우지 않기를 바라고 있는 상황이다.**40** 이는 전체 스토리의 아주 일부일 뿐이다. 자 이제 과거로 다시 돌아가 보자.

1996년 12월 다시 당신의 뉴욕 사무실이다. 그리고 앞으로 벌어질 사태는 전혀 모르고 있다. 그저 크리스마스 선물로 무엇을 살지, 어떻게 해야 상사를 더 기쁘게 할지, 연휴를 어떻게 보낼지 머리를 굴리고 있다. 당신은 아직도 젊지만, 미래를 내다볼 수 있는 수정구슬도 없다. 따라서 UN이 미래에 다음과 같은 설명을 내놓을 것은 상상도 못했다. "2017년 글로벌 임금 상승률은 2016년보다 낮을 뿐 아니라 2008년 이래 최저치다. 글로벌 금융위기가 일어나기 이전 수준에도 훨씬 못 미치고 있다. 실질가치로(인플레이션을 감안해 보정된 수치로) 글로벌 임금 상승률은 2016년 2.4%에서 2017년 1.8%로 떨어졌다. 많은 인구와 급격한 성장으로 글로벌 평균값에 상당한 영향을 미치고 있는 중국을 제외한다면, 글로벌 임금 상승률은 2016년 1.8%에서 2017년 1.1%로 떨어진 셈이다."**41**

당신은 살아가는 동안 오직 성장밖에는 보지 못했다. 대개는 가속도가 붙은 성장이었다. 가끔 가격이 떨어지면 몇몇 호구들이나 단기 투자자들이 떨려 나갈 뿐이었다. 당신은 2차 베이비붐이 있었던 1960년대 초에 태어났다. 1990년에 인구의 정점을 찍을 '피크 베이비(peak baby)'

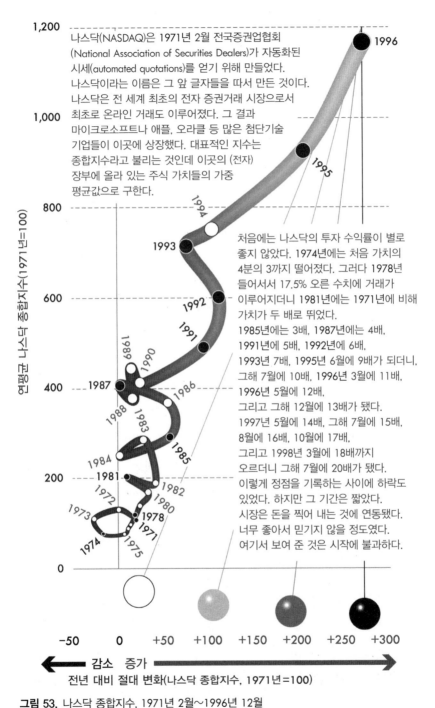

나스닥(NASDAQ)은 1971년 2월 전국증권업협회
(National Association of Securities Dealers)가 자동화된
시세(automated quotations)를 얻기 위해 만들었다.
나스닥이라는 이름은 그 앞 글자들을 따서 만든 것이다.
나스닥은 전 세계 최초의 전자 증권거래 시장으로서
최초로 온라인 거래도 이루어졌다. 그 결과
마이크로소프트나 애플, 오라클 등 많은 첨단기술
기업들이 이곳에 상장했다. 대표적인 지수는
종합지수라고 불리는 것인데 이곳의 (전자)
장부에 올라 있는 주식 가치들의 가중
평균값으로 구한다.

처음에는 나스닥의 투자 수익률이 별로
좋지 않았다. 1974년에는 처음 가치의
4분의 3까지 떨어졌다. 그러다 1978년
들어서서 17.5% 오른 수치에 거래가
이루어지더니 1981년에는 1971년에 비해
가치가 두 배로 뛰었다.
1985년에는 3배, 1987년에는 4배,
1991년에 5배, 1992년에 6배,
1993년 7배, 1995년 6월에 9배가 되더니,
그해 7월에 10배, 1996년 3월에 11배,
1996년 5월에 12배,
그리고 그해 12월에 13배가 됐다.
1997년 5월에 14배, 그해 7월에 15배,
8월에 16배, 10월에 17배,
그리고 1998년 3월에 18배까지
오르더니 그해 7월에 20배가 됐다.
이렇게 정점을 기록하는 사이에 하락도
있었다. 하지만 그 기간은 짧았다.
시장은 돈을 찍어 내는 것에 연동됐다.
너무 좋아서 믿기지 않을 정도였다.
여기서 보여 준 것은 시작에 불과하다.

연평균 나스닥 종합지수(1971년=100)

그림 53. 나스닥 종합지수, 1971년 2월~1996년 12월

NASDAQ OMX Group. NASDAQ Composite Index[NASDAQCOM]. 세인트루이스 연방
준비은행, 2019년 5월 12일 접속 기준. https://fred.stlouisfed.org/series/NASDAQCOM

가 태어날 거라는 사실을 알지 못했다. 학문적으로 연구된 바도 없고, 아직 관련 데이터도 나오지도 않았기 때문이다. 컴퓨터가 어마어마한 일을 할 수 있을 거라고 믿게 된 것은 1996년에 들어서다. 고객이 최신 기술주에 투자한다면 엄청난 이익을 얻게 될 것 같았다. 당신은 꽤 괜찮은 투자고 옳은 일이라고 스스로에게 이야기한다. 왜냐하면 그런 투자가 혁신을 만들고 진보를 이끌 것이기 때문이다. 또 당신은 자신의 고액 연봉이 책상 앞에서 보내는 오랜 시간에 대한 적정한 시장의 대가라고 생각한다. 당신이 엄청난 재능이라고 생각하는 것에 대한 대가다. 당신은 이듬해인 1997년에 액정표시장치(LCD)가 그다음 엄청난 물건이 될 거라는 이야기를 들었다. 엄청난 물건은 앞으로도 계속 끊임 없이 나올 것이라는 사실을 믿어 의심치 않는다.

물론 주식시장에는 단기적으로 소위 무작위행보(random walk)가 발생할 수 있다는 점을 알고 있다. (불법행위인) 내부정보를 이용하지 않고서는 앞으로 무슨 일이 벌어질지 정확히 예측할 수 없다. 그렇지만 당신은 지금 10억 달러가 넘는 고객의 돈을 굴리고 있다. 그리고 전략은 매우 단순하다. "대규모로, 적당한 레버리지의, 시장 중립적인 주식 포트폴리오를 짠 뒤, 시스템적으로 아침에 이를 늘렸다가 오후에 줄이는 일을 매일매일 하는 것이다."[42] 물론 기본적으로 나스닥에 기반하고 있지만 당신의 재능을 보여 주고 싶어 몇 가지 변경을 하기도 한다. 하지만 스스로도 당신의 재능을 아주 높게 평가하고 있지는 않기에 너무 많이 변경하지는 않는다. 당신이 왜 부모 세대보다 그토록 많은 돈을 받는지 설명해야 할 필요성을 느낄 때만 그렇게 한다. 그리고 주가가 계속 오르는 동안, 당신의 실적도 좋을 것이다.

사실 주가는 매일 0.04% 정도씩 오른다. 이런 증가율이 25년 동안 계속 쌓였다고 생각해 보면 1996년에서 2019년 사이 당신이 투자하는 돈은 11배가 돼 있을 것이다. 시장이 가장 성공적이었을 때 일반적으로 얻을 수 있는 수익을 상회하는 수치다.[43] 당신의 고객은 결국 이 돈의 대부분을 가져갈 것이다. 투자 규모가 충분히 크고, 거래수수료가 당신이 특별히 좀 더 얻어 낸 이익을 상쇄하지 않을 정도로 작다면 말이다. 그 특별한 이익은 투자 금액이 적은 다른 트레이더들이 얻는 것보다 좀 더 많은 수준일 뿐이다.

당신 스스로 운이 참 좋다고 느꼈다. 그러면서 좀 더 많은 돈을 나스닥에 넣었다. 점심때는 크리스마스 음료를 사 마셨다. 그리고 결국 당신의 운이 좋다는 게 또 한 번 입증됐다. 1996년 크리스마스는 이런 첨단 기술주를 사기에 적기였다. [그림 54]의 시간선에서 볼 수 있듯 그때부터 주가가 뛰기 시작했다. 이후 36개월 동안 역사상 가장 급격한 상승장이 펼쳐진다. 당신은 1996년 크리스마스이브에 주당 약 1,287.63달러로 수십억 달러 어치의 주식을 사들였다.

3년이 지난 1999년 12월 말, 당신 고객의 자산가치는 주당 4,069.31달러가 됐다. 3년 동안 당신의 자산도 세 배 이상이 됐다. 이제 당신은 어마어마한 부자가 됐다. 그러면서 당신이 대부분 알지 못하는 다른 사람들은 같은 기간 더 가난해졌다. 당신의 거래행위로 인한 직접적인 영향으로 그들이 더 가난해졌다는 사실을 당신을 알 길이 없다. 당신이 번 돈은 실제로는 다른 사람의 희생으로 가능했던 것이다. 그렇다고 당신이 실제 그 정도로 가치 있는 일을 한 것도 아니다. 그저 당신은 시장이 효율적이고 '낙수효과'가 가난한 이들에게 전해질 것이라고 믿을 따름이었다.[44]

이후 재앙이 들이닥쳤다. 그러나 당신은 이미 오래 전에 분산투자를

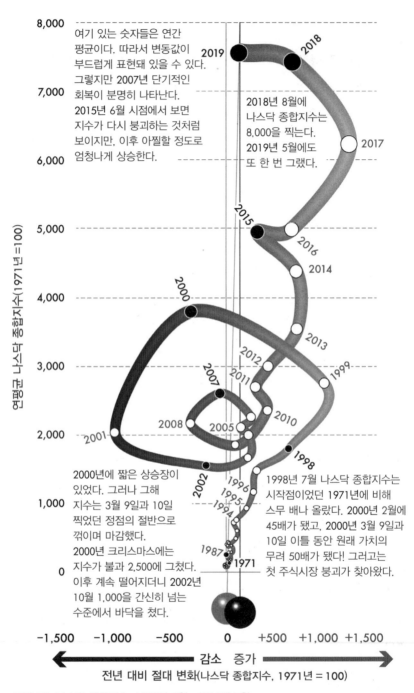

여기 있는 숫자들은 연간 평균이다. 따라서 변동값이 부드럽게 표현돼 있을 수 있다. 그렇지만 2007년 단기적인 회복이 분명히 나타난다. 2015년 6월 시점에서 보면 지수가 다시 붕괴하는 것처럼 보이지만, 이후 아찔할 정도로 엄청나게 상승한다.

2018년 8월에 나스닥 종합지수는 8,000을 찍는다. 2019년 5월에도 또 한 번 그랬다.

8,000
7,000
6,000
5,000
4,000
3,000
2,000
1,000
0

2019
2018
2017
2015
2016
2014
2000
2013
2012
1999
2011
2007
2010
2001
2008
2005
1998
2002
1996
1995
1994
1987
1971

연평균 나스닥 종합지수(1971년=100)

2000년에 짧은 상승장이 있었다. 그러나 그해 지수는 3월 9일과 10일 찍었던 정점의 절반으로 꺾이며 마감했다. 2000년 크리스마스에는 지수가 불과 2,500에 그쳤다. 이후 계속 떨어지더니 2002년 10월 1,000을 간신히 넘는 수준에서 바닥을 쳤다.

1998년 7월 나스닥 종합지수는 시작점이었던 1971년에 비해 스무 배나 올랐다. 2000년 2월에 45배가 됐고, 2000년 3월 9일과 10일 이틀 동안 원래 가치의 무려 50배가 됐다! 그러고는 첫 주식시장 붕괴가 찾아왔다.

-1,500 -1,000 -500 0 +500 +1,000 +1,500

◀ 감소 증가 ▶
전년 대비 절대 변화(나스닥 종합지수, 1971년=100)

그림 54. 나스닥 종합지수, 1971년 2월~2019년 5월

NASDAQ OMX Group. NASDAQ Composite Index[NASDAQCOM]. 세인트루이스 연방
준비은행, 2019년 5월 12일 접속 기준. https://fred.stlouisfed.org/series/NASDAQCOM

해 놓았다. 그동안 번 돈으로 부동산을 좀 매수했던 것이다. 1997년에 일부를 샀고, 1998년과 1999년에 좀 더 샀다. 임대 수입은 쏠쏠했고 현금이 더 잘 들어왔다. 이렇게 2000년과 2001년 닷컴 버블을 잘 버텨 낼 수 있었다. 연봉이나 보너스는 예전만큼 빠르게 오르지 않았지만 말이다. 2004~2007년 사이 소규모 활황 때는 신중하게 움직였고, 그 결과 당신은 회사의 파트너가 됐다.

당신의 대표적인 매매 기법은 오전에 전 세계 증시에서 주식을 대규모로 사들인 뒤 매일 (각 지역의) 장 마감 전에 팔아 버리는 것이다. 이 방식은 잘 먹히는 것처럼 보였다. 그렇지만 2008년 폭락에서 살아남은 이후에는 모든 것이 그다지 중요하지 않게 보였다. 더 젊은 트레이더들의 압박을 받았지만 어느 정도 잘 버텨 냈다. 2008년이 지난 뒤 얼마 되지 않아 시장은 다시 상승세를 이어 갔다. 2015년에 살짝 겁나는 상황이 있었지만 이 역시 짧게 지나갔고 2019년 여름에 한 번 더 그런 일이 있었다. 하지만 믿을 수 없을 만큼 돈이 많은 부자들은 여전히 태울 수 있는 돈이 충분했다. 여전히 당신을 찾아와 조언을 구했고, 예전엔 꼬마였던 이들 부자의 자제들도 이제 성인이 돼 재산을 물려받은 뒤 당신을 찾아왔다. 당신은 이들을 더 부자로 만들어 주었다. 게다가 이제는 당신도 그들 중 한 명이 돼 있다. 그런데 언젠가는 이 사기 수법이 더 이상 먹히지 않는 날이 올 것이다 .

2020년대가 되자 어느 시점부터 시장의 신뢰가 떨어지기 시작한다. 단기적으로 그런 게 아니라 장기적으로 신뢰가 떨어질 것이다. 무언가 근본적으로 다른 상황이 펼쳐지는 것이다. 그 크기와 형태조차 가늠하기 힘들다. 이전에는 전혀 볼 수 없던 것이다. 이번에는 정말 다르다. 고객들은 점점 더 많은 것을 요구하면서도 리스크는 줄이기 원한다. 당신은 '가장 똑똑한 최고의 인재'를 구하고자 하지만 이제는 그러기가 힘들다. 자아도취돼 수익의 신을 숭배하고 그 여동생인 낙수(trickle down)의 여신을 믿는 젊은이들은 이제 거의 없다. 당신이 부동산을 사 놨던 곳의 주정부는 임대 규제를 하겠다고 위협을 하고 있다. 트럼프 대통령이 2019년에 세금 규정을 되돌려 놓는 바람에 뉴욕에 높은 세금을 내고 있는데도 연방 세금을 면제받을 수 없게 됐다. 플로리다로 이사 가는 것도 생각해 봤지만, 인생은 짧고 피부암에 걸릴 위험은 너무 컸다.

당신은 지금 1996년 크리스마스 이래 4반세기 동안 일구어 놓은 성공적인 시간선을 돌이켜 보고 있다.

그러다 문득 깨닫는다. 기업들은 지난 수십 년 동안 무언가 근본적인 발명은 하지 못한 채 지식재산권만 쥐고 있고, 그래서 당신이 보유하고 있는 주식들도 거의 아무런 가치가 없다는 사실을 말이다. 그동안 짧게나마 첨단기업에 집착했던 것은 모두 환상이었다. 그 기업들은 아무것도 모르는 순진한 젊은이들, 교활하고 탐욕스러운 늙은이들을 기반으로 계속 부자가 돼 왔다. 또 지속적으로 아주 적은 법인세를 냄으로써 살아남았다. 당신이 태어났을 때 그 기업들은 존재하지도 않았다.

갑자기 슬로다운이 다가오면서 당신과 당신처럼 부자인 사람들에게 더 이상 안전한 것은 없다는 생각이 뇌리를 스치게 된다. 당신이 속한 소규모 집단에게 이제 안정이란 것은 사라지는 것이다. 슬로다운에 맞춰 정치권까지 변하면 어떻게 될지 생각해 보게 된다. 지금이 결단을 내릴 때다. 이제 당신은 은퇴를 하고 자산을 팔아 치운 뒤, 플로리다로 이주를 한다. 그리고 인터넷에 뜬 기사에 댓글을 달면서 시간을 보낸다. 인생 말년에 접어든 당신은 그동안 항상 옳다고 생각했던 것들이 얼마나 잘못됐는지 이제야 깨닫게 된다.

제10장

진보
느리지만 분명한 변화

우리가 공간 감각을 상실했다는 것을 당신도 알고 있다.

우리는 "공간이 파괴되었다"라고 말하지만

우리는 공간이 아니라 감각을 파괴한 것이다.

‒ E. M. 포스터(Forster), 1909년

사람은 인생의 말년이 되어서야 그동안 믿었던 것들의 오류를 발견할 수 있게 된다. 성숙해져야만 질문을 제대로 던질 수 있기 때문이다. 하지만 대부분 사람들은 이렇게 하지 않는다. 그냥 같은 이야기를 믿으며 평생을 살아간다. 나 역시 그런 사람들 중 하나다. 자기 생각을 근본적으로 바꾸는 사람은 거의 없다. 그리고 어떤 생각이 젊은이들에게, 특히 자신의 첫 세계관을 형성하는 시기에 형성된다면, 그것이 장기적으로 미치는 영향은 엄청날 것이다.

생각은 공간을 따라 퍼진다. 그런데 1837년 전신이 발명되고, E. M. 포스터 시절에 전화가 발명되고, 1974년 인터넷이 등장하면서 공간은 급격히 쪼그라들었다. 누군가는 파괴되었다고 생각할 정도였다.[1] 대신 서로를 연결해 주는 장치가 발전함에 따라, 생각도 공간을 뛰어넘어 빠르게 퍼지기 시작했다. 하지만 그럼에도 지역적으로 서로 다른 사회환경에서 형성된 정치체제 사이에는 엄청난 다양성이 존재했다. 그러면서 우리는 스스로 통찰력 있는 사상가가 될 수 있다는 생각도 갖게 됐다. 또 다른 세계라는 것은 충분히 존재할 수 있다. 지구상 어딘가에 이미 다른 세계가 와 있는 곳도 있기 때문이다. 이런 현상이 발견될 수 있는 특정한 장소들이 있는데, 바로 슬로다운이 이미 진전돼 있는 나라들이다. 어떤 특정한 생각을 가지고 있는 이들 사이에서도 발견할 수 있다.

이런 특정한 장소의 사람들은 이제 자신들이 공공의 행동을 할 수 있다는 사실을 깨닫고 있다. 그리고 가장 빠른 가속화를 이끌었던 이기주의의 시대가 끝났다는 것도 알게 됐다. 이기주의의 시대는 철학자이자 소설가인 아인 랜드(Ayn Rand)가 작품에 사용하면서 유명해진 용어다. 랜드(1905~1982)는 끔찍한 소설가였다. 스스로는 객관주의라고 이름 붙인, 이기주의 사조의 사제였다. 그녀는 공공선을 위해 일하는 것은 무의미하다고 믿었다. 랜드 같이 이기적인 개인들은 어느 시대에나 있기 마련이다. 슬로다운의 시대에 성공적인 지정학을 위해서는 그녀의 추종자들을 넘어서야 한다. 그녀는 많은 극우 정치인들이나 자유론을 주장하는 기업인들에게 영웅 대접을 받는다. 만약 당신이 그녀의 이야기에 귀 기울이지 않는다면, 우리 안의 이기심을 물리치고 집단적인 승리를 거둘 수 있다는 희망의 징표라고 할 수 있다.[2]

현대사회에서 이기심이 커져 가는 게 처음 관측된 것은 17세기 암스테르담이다. 부둣가 근처의 집값이 역대 최고치로 오르고 있던 시기였다([그림 51] 참조). 1631년 르네 데카르트(René Descartes)는 다음과 같이 기록했다. "나만 빼고 모두가 무역에 종사하고 있다. 모두가 이익을 좇는 데만 혈안이 돼 있기 때문에 나는 여기서 누구의 눈에도 띄지 않고 살 수 있다."**3** 장루이 게즈 드 발자크(Jean-Louis Guez de Balzac)에게 보낸 편지에서 한 말인데, 상당히 신이 나서 하는 말같이 들리기도 한다. 데카르트 입장에선 남들 눈에 띄지 않는 게 좋았는지 모르지만, 다른 시대의, 다른 사람들까지 모두 그런 것은 아니다. 대부분의 사람들은 어느 정도 인정받기를 바란다. 정치적으로 누군가에게 당신은 중요하지 않다는 메시지를 전하고 싶다면 그냥 무시하면 된다. 가장 효과적인 방법은 돈을 아주 조금만 주거나 (노예 부리듯) 아예 주지 않는 것이다.

슬로다운의 지정학은 과거에 무시되었던, 보잘것없는 이들의 정치학일 수 있다. 대가속이 사라진 상태에서는 소수가 다수를 짓밟는 게 상당히 힘들어지기 때문이다. 18세기에 놀라울 만큼 속도를 가장 빠르게 내고 있던 곳은 바로 파리였다. 이기심의 중심이 암스테르담에서 파리로 옮겨 갔다. 1721년 파리에서 프랑스인들은 항상 바빴다. "해야 할 중요한 비즈니스가 있었기 때문"**4**이었다. 파리에서 휴식을 취할 수 있는 것은 죽고 나서 뿐이었다. 1791년 아이티에서 시작된 혁명으로 인해 많은 이들이 목숨을 잃었다. 노예 상태였던 이들이 폭동을 일으켰고 파리에서는 1893년에 끝이 났다.

많은 사람들이 프랑스를 떠나 영국해협을 건넜다. 그러면서 런던에는 전 세계에서 가장 긴 강둑이 건설됐다. 이곳은 1830년대까지 충격과 경외감을 불러일으켰던 장소가 되었다. 그러다 뉴욕시가 다음 역할을 이어받았다. 1904년에 타임스퀘어가 생겼다. 정말로 시간을 뜻하는 곳이라기보다는 신문 이름에서 따온 것이다. 오늘날 인구와 부(富) 면에서 가장 빠르게 성장하는 곳은 베이징이다. 그러나 앞서 도시들과는 달리 이기적인 방식으로 커지고 있지는 않다. 아직 서구 학자들은 이런 특별한 변화를 제대로 알아차리지 못했다.**5**

2017년 여름 기준으로 전 세계 금융의 중심지는 순위별로 런던, 뉴욕, 싱가포르, 홍콩, 그리고 도쿄다.[6] 뒤의 세 곳은 중국, 즉 베이징을 중심으로 모여 있다. 순위를 어떻게 매겼는지는 중요하지 않다. 중요한 것은 이미지다. 아무도 순위를 매긴 방법은 눈여겨보지 않는다. 거의 대부분 그냥 주어진 순서대로 받아들인다. 채 2년이 지나지 않은 2019년, 같은 기관에서 매긴 순위에 약간의 변화가 생겼다. 뉴욕, 런던, 홍콩, 싱가포르, 그리고 상하이 순이었다.[7] 이 세계 순위는 안정적인 게 아니다. 하지만 슬로다운이 자리 잡으면서 이 순위 역시 정해진 형태로 흘러가는 모습이다. 런던은 순위가 떨어지고 있다. 그 어느 때보다 가장 빠르게 하락하면서 런던은 불과 2년 만에 1등 자리에서 2등으로 밀려났다. 중국은 순위가 오르고 있다(물론 천천히 오르고 있다). 뉴욕은 불안정한 상태이고, 도쿄는 상하이에 자리를 내주었다. 전반적으로 힘은 집중되지 않고 점점 분산되고 있는 모습이다.

민주주의와 진보

지정학은 공간뿐 아니라 시간에 관한 학문이다. 그동안 우리는 우리가 알지 못하는 먼 과거의 일들을 배웠다. 그렇다면 인류는 장차 어떻게 될 것인가? 최근 미국 고고학자 그룹이 케냐의 투르카나(Turkana) 호수 근처에서 작업을 하다 한 동굴을 발견했다. 이곳에서 5,000년 전에 거대한 집단에 속한 사람들이 사회적 위계질서에 따라 업무를 분담하고 수 세기 동안 여러 세대를 지나면서 성공적으로 이를 이어왔다는 사실을 알게 됐다.[8]

4,000년 전에는, 나중에 인더스문명이라고 불리게 된 인류가 사회적 위계질서가 없는 도시를 건설했다. 앞에서 언급한 이들은 하라파 (Harappa) 문명으로 잘 계획된 장소에 널찍한 공공도로, 공용 혹은 개인 우물을 갖추고, 하수와 목욕 시설, 공공 의료시설도 만들었다. 1920년대까지 이곳의 역사는 전혀 알려지지 않았다.[9] 내가 다닌 학교에서도 이런 시설들을 처음 만든 이들은 로마인이라고 배웠다. 하지만 이들은 유럽에서 최초였을 뿐이었다. 지구 다른 곳에서 이미 2,000년 전 누군가 만들었던 것을 재생산한 것일 뿐이었다.

의회에 기반한 민주주의의 역사는 인더스문명이 존재했던 시대로 거슬러 올라간다. 지금은 시리아와 이라크, 이란이 있는 곳이다. 인도에서는 이들이 베다 시대 초기에 생겼다고 보고 있다. '의회가 통치하는 공화정이 보편화된 시기'[10]이다. 이런 사상은 당시 여행을 다니던 젊은이들에 의해 도입됐다. 그리고 비블로스(Byblos)와 시돈(Sidon) 등 페니키아 도시들로 퍼져 나갔다. 그리고 서서히 아테네에 이르렀다. 우리는 아테네같이 유럽과 가까운 문명의 역사만 기억하고 이를 바탕으로 재구성하는 경향이 있다.

한때 위키피디아에 이렇게 기록된 적이 있었다. "민주주의 왕국(가나라쟈, Ganarajya)이 존재했다는 가장 오래된 기록은 기원전 599년, 고대 인도의 바이샬리(Vaishali)가 있던 바지(Vajji)로 거슬러 올라간다. 그곳에선 왕이 국민들의 투표로 선출됐다. 이곳은 자이나교의 24번째이자 마지막 티르탕카(Tirthankara, 깨달은 스승을 일컫는 말-옮긴이)인 마하비라 (Mahavira)가 태어난 곳이다." 하지만 이 문장은 지금 수정돼 없어지고, 좀 더 복잡한 설명으로 대체됐다. 아마도 위키피디아에 가명을 쓰고 활동하는 학자들이나 전문가들이 한 것으로 추정된다. 오늘날 많은 것들이 슬로다운에 들어가면서 과거에 대해 논쟁할 시간이 많아지면서 서로 다른 미래를 그리려다 보니 그렇게 한 것 같다.[11]

모든 사람들이 공평하다는 생각은 한 장소에서 '시작'된 것이 아니다. 그 시작점을 보면 분명히 알 수 있다. 호주에서 발견된 초기 민주주의의 모습은 외부 영향 없이 가장 오래 이어진 사례라고 볼 수 있다. 인류가 창조된 시기부터 세대를 두고 이어졌다. 그러면 지금의 케냐 지역인 투르기나 호수에서 사회주의자들이 번성했던 시절에서 2,000년이 지난 뒤의 영국의 모습은 어땠을까? 데본(Devon)의 고대 석기 거주지를 보면 사회적인 위계질서가 거의 없었다는 것을 알 수 있다. 그때는 지금부터 3,000년 전이다. 당시에는 지도층이 없었기 때문에 전쟁도 거의 일어나지 않았다. 싸우라고 명령할 사람이 없는데 어떻게 전쟁이 일어났겠는가?[12]

중국 북부의 평원에선 100세대 걸친 사람들이 똑같은 삶을 살았던 것으로 알려졌다. 높은 인구밀도 속에서 안정적이면서 지속가능한 삶을 살았다. 이런 식의 사회는 통제할 능력이 있는 지도층이 있을 때만 가능하다. 통제 불능의 지도층은 전쟁을 일으키게 된다.[13] 언제든 지도층에게 아첨하지 않고는 못 배기는 몇몇 이들이 있기 마련이다. 이들은 "우리에게 무엇이 최선인지 알고 있는" 소수에게 통치를 맡겼을 때 모든 것이 잘될 것이라고 말한다. 2018년 스티븐 핑커(Steven Pinker)는 『현재의 계몽주의: 이성, 과학, 휴머니즘, 그리고 진보의 사례(*Enlightenment Now: The Case for Reason, Science, Humanism, and Progress*)』라는 책을 냈다. 여기서 그는 인류가 지금같이 좋은 적이 없었다고 적었다. 빌 게이츠는 이 책을 "이제껏 가장 마음에 드는 책"이라고 평가했다.[14]

하지만 핑커의 이야기가 틀렸다는 것은 금세 드러난다. 오늘날 핑커

412

를 제외한 나머지 많은 사람들은 우리가 너무 많이 소비하고 있다는 사실을 잘 알고 있다. 핑커의 아이디어에서 얻을 게 있는 사람들은 오직 부자들뿐이란 점도 우리는 잘 알고 있다. 부자들은 낙수의 경제학이 실제 작동할 수 있는 것처럼 군다(실제 그렇게 믿기도 한다). 핑커는 GDP 같은 구식의 경제 측정 방식을 선호한다. 그러다 보니 제러미 렌트(Jeremy Rent)같은 이들은 핑커를 비판한다. 렌트같은 이들은 세계순수진보율(Worlds Genuine Process Rate, GPR)같은 다른 측정 방식을 적용하면, 1976년 정점을 찍었다가 "그 이후로 계속 하락하고 있다"라고 말한다. 렌트의 이야기는 이렇다. "수십 년 동안 다양한 분야의 진보적인 사상가들은 희망적인 미래에 대한 복잡하면서도 정교한 모델을 만들어 왔다. 하지만 핑커는 자본주의는 선하고 공산주의는 악하다는 식의 마니교도 같은 관점의 흑백논리를 칠함으로써 이런 노력을 무너뜨렸다. 새로운 관점들은 전통적으로 좌파 대 우파라는 핑커 스타일의 잘못된 이분법을 바로잡을 수 있다. 그들은 파괴적인 글로벌 경제 시스템을 훨씬 더 공정하고 지속가능하고 인류가 번영할 수 있는 시스템으로 대체할 가능성을 모색하고 있다. 그러니까 21세기에도 계속 진보할 수 있는 모델 말이다."[15]

더 크게, 더 깨끗하게, 더 스마트하게

물론 지금 더 많은 것들이 나아지고 있다는 증거도 있다. 영아사망률이나 문맹률 같은 것들이다. 그런데 원래 너무 나빴거나 별로 필요한 일이 아니었기 때문에 지금 좋아진 것들도 있다(읽을 게 별로 없던 시절에 문맹률은 별로 중요하지 않았다). 이에 대한 좋은 예가 인간의 키다. 우리는 수렵채집을 할 당시, 키가 제일 컸다(솔직히 말하면 수렵보다는 채집이 거의 대부분이었다). 그러다 농경을 하면서 점차 작아졌다. 우리는 채집을 할 만한 것이 거의 없어졌을 무렵 농경을 시작했다. 그리고 농장에서 일을 하게 되면서 키는 한 번 더 작아졌다. 이런 농장을 포루투갈어로 파젠다(fazenda)라고 부른다. 또 포루투갈인들은 페이토리아(feitorias)라는 무역 거점을 발 빠르게 세웠는데(네덜란드인이나 영국인은 이를 16세기에 세웠다) 이것이 나중에 '팩토리(factory, 공장)'가 된다.[16] 영국에서 공장은 전혀 다른 개념으로 발전한다. 그리고 공장 생활은 인류의 키를 어느 때보다 가장 작게 만들었다.[17]

1870년대부터 1970년대에 이르면서 미국이나 서유럽의 공장 근로 환경은 개선됐다. 그러면서 이들의 평균 신장이 조상들의 수준을 다시 회복했다. 이 시기 동안 키가 평균적으로 11cm(4인치)나 커졌다. 10년간 1cm 이상씩 커진 셈이다. 북유럽과 중유럽 국가의 사람들은 1911년에서 1955년 사이 가장 급격하게 커졌다. 전쟁과 경제공황이 있었지만 공중보건이 개선되면서 그 충격을 상쇄시켰다. 그러나 공중보건보다 더 중요한 것은 인권이 신장되고 민주주의가 정착됐다는 점이다. 학자들은 이 밖에도 다른 중요한 요소들이 있다고 분석한다. 예를 들어 "가족 크기가 작아진 것도 어린이들의 영양을 개선하는 데 중요한 요소"가 됐다는 것이다. "19세기 후반부터 출산율이 급격하게 낮아졌는데 이 역시 영양 면에서 변화를 가져 온 중요한 요인"이라면서 "연구 대상이 된 나라에서 1900년대부터 1930년대 사이 유독 출산율 하락이 두드러졌다"라고 밝혔다.[18] 이 시기는 이들 나라에서 여성들이 참정권을 얻게 된 때이기도 하다. 지금 전 세계적으로 출산율이 떨어지고 있는 추세를 감안

414

하면, 미래의 지구에는 지금보다 좀 더 큰 사람들이 살지만, 그 커지는 속도는 슬로다운하게 될 거라는 점을 쉽게 짐작해 볼 수 있다. 이미 성장에서의 슬로다운이 시작된데다, 인간이 커지는 데도 생물학적으로 한계가 있기 때문이다.

부자 나라 사람들의 키가 부쩍 커진 것은 비교적 최근의 일이다. 덴마크나 핀란드, 네덜란드, 노르웨이, 스웨덴 등 북유럽인들은 오히려 가장 최근에 성장 속도가 느렸는데, 1955년에서 1980년 사이에는 10년에 0.99cm씩 커졌다. 그러면서 이곳에서는 이미 최대로 성장하는 시기를 지났다.[19] [그림 55]의 글로벌 신장표를 보면 성인 평균 신장은 지금 줄어들고 있다. 인종 구성이 급격하게 변했기 때문이다. 그러니까 키가 큰 나라들은 아이를 점점 덜 낳게 됐고, 평균적으로 키가 작은 나라들은 아이를 더 많이 낳았다. 물론 평균적으로 아이들이 부모 세대보다 커지긴 했지만 인종 구성이 달라지면서 전 세계적으로 평균 신장은 줄어든 것이다. 인종구성의 변화가 안정되면 글로벌 평균 신장은 다시 급격하게 커질 것이다. 물론 아주 잠시 동안 그럴 것이다. 우리가 거인이 될 수는 없는 노릇이니 말이다.

한 종으로서 우리는 변화를 거듭해 왔다. 평균 신장은 어느 순간 갑자기 커졌다가 다시 슬로다운에 접어들었다. 최근의 변화가 이제 끝나가고 있음을 보여 주는 신호는 여러 곳에서 나오고 있다. 여러 사물에서 변화 속도가 점점 줄고 있는 모습이 매일 나타난다. 싱크대, 세탁기, 샤워기, 욕조 등은 지난 다섯 세대 동안 엄청나게 변해 왔다. 하지만 이제는 외형상으로 거의 고정된 형태를 유지하고 있다. 새로 나온 제품이 좀더 에너지 효율적일지는 모른다. 그러나 찬물에서 뜨거운 물이 나오게 된 것, 빨래를 짤 수만 있던 탈수기를 쓰다 세탁기를 쓰게 된 것, 욕조가 없던 시절에 살다가 양철 욕조를 쓰게 되고, 또 전기 샤워기를 쓰게 된 것과 같은 큰 변화는 더 이상 볼 수 없다. 우리 몸을 씻는 것처럼 매일 하는 단순한 일들은 이제 다시 정해진 형태로 계속하게 되었다. 급격한 가속화 시대를 맞이하기 전, 우리가 몇 세대 동안이나 우물에서 물을 길어다 몸을 씻었던 것처럼 말이다. 그러다 변화의 시점이 온 게 1901년이었다.

지금까지도 아직 물을 안 써도 되는 새로운 형태의 샤워기 같은 것을 개발했다는 이야기를 들어보지 못했다. 아직 누구도 완전히 새로운 변기를 고안하지도 못했다(물론 건강상의 이유로 다시 옛날처럼 쪼그려 앉는 방식의 변기로 돌아간 사람들은 있다). 사실 지금의 기술적 발전은 너무 느려서 일반 가전제품에 아주 작은 변화만 주어도 굉장한 발전인 것처럼 인식되곤 한다. 2007년 제임스 다이슨(James Dyson)이 먼지주머니 없는 진공청소기를 개발했을 때도 그랬다. 1901년 미국과 영국에서도 원조 진공청소기와 조금씩 다른 형태의 제품이 개발됐지만 인정을 받지는 못했다. 왜냐하면 당시에는 그런 식의 발전이 너무 빨랐기 때문에, 알아차리기도 전에 또 다른 발명이 등장했기 때문이다.[20] 요즘은 어떤 발명 사례를 찾기가 아주 힘들다. 우리가 덜 창의적이어서가 아니라 쉽게 얻을 수 있는 성과들은 이미 다 이루어졌기 때문이다. 그리고 그런 성과들은 거의 대부분 지난 다섯 세대 동안 거두었다.

그런 쉬운 성과들이 많은 사람들을 공장 노동에서 해방시켰다. 또 집안 청소, 세탁 등의 가사를 훨씬 편하게 만들었다. 또 쉬운 성과들은 이후 세대에서 사람들의 키를 다시 자라게 했다. (전 세계 평균 면에서뿐 아니라) 모든 나라에서 슬로다운이 일어나기 전까지 계속 그랬다.

최근의 기술 발전이 보잘것없다는 말이 미심쩍다면, 오수에서 깨끗

첫 번째 가속은 1909년 출생자들이 1927년 18세가 되면서 일어났다. 그들이 자랄 때 세균 병원설에 대해 폭넓게 알게 됐고, 질병을 가벼이 여기는 사람도 줄었다.

1932년에 태어난 남녀 간의 평균 신장 차이는 10.83cm에 불과했다. 1941년생들 사이에서 이 격차가 늘더니 1982년생 사이에서는 12.07cm 까지 벌어졌다. 이후에 다시 남녀 간의 신장 차이는 계속해 줄어들었다.

1896년에 태어난 이들이 그때까지 살아남았다면 1914년에 성인이 됐다. 전 세계적으로 그때 남성은 162cm였고 여성은 151cm로 11cm 더 작았다. 남녀를 모두 합친 평균 신장은 157cm 이하였다.

이 당시 사람들의 신장은 급속도로 커지고 있었다. 가장 키가 큰 나라들의 인구가 여전히 빠르게 증가하고 있었기 때문이다. 1940년대 생들이 태어나면서 슬로다운이 시작됐고, 이들이 성인이 된 1960년대에 가시화됐다. 슬로다운은 부분적으로 이 당시 이후 인구 증가에 슬로다운이 진행된 탓도 있다. 그러나 글로벌 인구 구성이 바뀌었던 게 주된 이유였다. 신장이 좀 더 작은 나라의 젊은 성인들 비중이 더 커진 것이다. 여전히 전체적으로 키가 커지고 있었는데도 그랬다. 1978년생 이후로 인류의 평균 신장이 줄고 있는 것도 이 같은 글로벌 인구 구성의 변화 때문이다. 따라서 성인 평균 신장이 최고점을 찍은 것은 1996년이었다(1978+18).

그림 55. 전 세계 성인 평균 신장, 1896~1996년생

이 시간선에서는 사람들의 출생연도와 18세가 됐을 때의 평균 신장을 나타냈다. 왼쪽은 센티미터로, 오른쪽은 인치로 표시했다. 마지드 에자티(Majid Ezzati) 등, "A Century of Trends in Adult Human Height," *NCD-RisC*, 2016년 7월 26일, http://www.ncdrisc. org/data-downloads-height.html.

한 물을 걸러 내는 하수처리장의 사례를 살펴 보자. 하수처리장이 발명된 것은 1913년이다. 이듬해인 1914년 윌리엄 로킷(William Lockett)과 에드워드 아던(Edward Ardern)은 『공업화학회지(*Journal of the Society of Industrial Chemistry*)』에 '활성 슬러지(active sludge)' 방식에 대해 발표했다. 그리고 맨체스터 다비흄(Davyhulme)에 첫 처리시설이 들어서게 되는데, 그때가 V세대의 유년기 시절이다.[21] 사람들에게 대규모의 위생 환경을 제공할 수 있게 된 것은 상당히 최근 일이다. 지난 다섯 세대 가운데 첫 세대가 활동할 무렵부터 시작됐다. 그 이후부터는 새로운 발명을 통한 진정한 진보라는 것이 많지 않았다. 다만 예전에 발명된 것들을 다른 나라, 더 많은 사람들에게 전파했을 뿐이다.

전 세계적으로 사람들의 키가 이전 세대보다 더 커지는 현상은 1900년 직전부터 시작됐다. 그러나 이런 현상은 1960년대 직후 갑자기 멈추게 된다. 아주 잘사는 몇몇 나라는 경제 발전과 함께 사람들의 키가 10년에 약 2cm씩 커졌다.[22] 신장에서뿐 아니라 우리 몸의 다른 곳에서도 변화가 발견됐다. 키가 커지기 시작하면서 사람들이 더 똑똑해지는 모습도 보였다.

신장 면에서의 변화가 지능 면에서도 똑같이 나타났던 것이다. 물론 신장과 달리 지능은 평준화할 수 있는 방법이 없다. 가속화 시대 동안 사람들의 IQ는 10년당 3포인트씩 증가했다.[23] IQ는 단순히 IQ 테스트에서 높은 점수를 받는 능력이긴 하다. IQ가 높아졌다고 반드시 감정적으로나 지적으로 능력이 높아졌다고 볼 수는 없다. 이는 우리가 종이 위에 적힌 수학 문제를 잘 풀거나 분석적인 사고력, 공간 인지력, 단기 기억력 면에서 훈련을 잘 받았다는 것을 의미한다. 이게 높다고 해도 우리 할아버지들이 능숙하게 하는 일들을 하는 데는 더 서툴러졌을지도 모른다.

처음에는 이런 상승이 모든 곳에서 똑같이 진행되지 않았다. 평균 신장과 평균 IQ는 부유한 나라에서 먼저, 더 빠르게 상승했다. 또 그런 나라 안에서도 부유한 집단일수록 그런 현상이 잘 나타났다. 이후 폭포 효과처럼 다른 사회계급으로 폭넓게 퍼져 나갔다. 이런 현상은 헤로인을 투약하는 패턴과도 비슷하게 나타난다. 더 넓고 좋은 집에 사는 상류층이 먼저 '즐긴다'는 면에서 그렇다. 초기에 이런 것으로 이익을 얻는 것은 부유층이다. 그러다 흡연이나 과식, 약물 과다복용 등을 먼저 삼가게 되는 이들도 부유층이다. 또 유리 창문이나 수돗물, 변기, 환기나 난방이 잘되는 집에 먼저 사는 사람들도 부유층이다. 대학이 단지 성직자가 되기 위한 곳 이상이 된 뒤에는 부유층이 대학에 갈 기회도 먼저 얻게 되었다([그림 56] 참조).

전 세계적으로 고등교육의 증가는 이보다 앞서 중등교육이 늘었던 것과 같은 양상으로 진행됐다. 그렇지만 미국처럼 경제적으로 상당한 슬로다운을 겪고 있는 곳에서는 최근 대학 교육의 증가가 결국 엄청난 부채의 증가와 맞물려 있다. 아리안 드 가야든(Ariane de Gayardon)과 그의 동료들은 "1995년부터 2010년 사이 연방 대출액 총액이 매해 세 배씩 증가했다"라고 최근 밝혔다. "그러다 연방 차원의 대출 정책이 바뀌면서 2010년 그 증가 속도가 줄기 시작했다 ⋯ 2014~2015년 현재, 학사 학위 취득 기관에 다니는 이들은 대학에 등록금을 내기 위해 평균적으로 매년 대략 7,500달러를 대출받는다"라고 분석했다.[24] 미국에서 대출을 받는 대학생 숫자와 평균 대출액은 계속 증가해 왔다(3장 [그림 6] 참조). 그런데 몇몇 부자 나라는 대출 규모와 대학생 숫자가 함께 커지면서 도대체 다음 세대에는 어떤 일이 벌어질지 걱정이 커져 갔다. 교육이 마치 무기 경쟁과 비슷한 양상이었기 때문이다. 급기야 한 미국 과학자

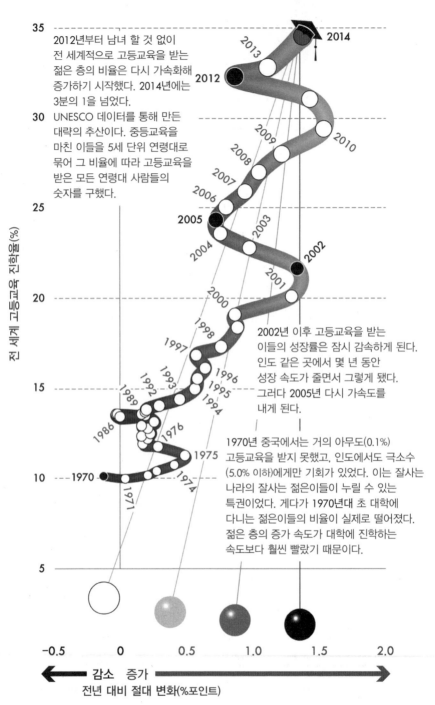

전 세계 고등교육 진학률(%)

2012년부터 남녀 할 것 없이 전 세계적으로 고등교육을 받는 젊은 층의 비율은 다시 가속화해 증가하기 시작했다. 2014년에는 3분의 1을 넘었다.

UNESCO 데이터를 통해 만든 대략의 추산이다. 중등교육을 마친 이들을 5세 단위 연령대로 묶어 그 비율에 따라 고등교육을 받은 모든 연령대 사람들의 숫자를 구했다.

2002년 이후 고등교육을 받는 이들의 성장률은 잠시 감속하게 된다. 인도 같은 곳에서 몇 년 동안 성장 속도가 줄면서 그렇게 됐다. 그러다 2005년 다시 가속도를 내게 된다.

1970년 중국에서는 거의 아무도(0.1%) 고등교육을 받지 못했고, 인도에서도 극소수 (5.0% 이하)에게만 기회가 있었다. 이는 잘사는 나라의 잘사는 젊은이들이 누릴 수 있는 특권이었다. 게다가 1970년대 초 대학에 다니는 젊은이들의 비율이 실제로 떨어졌다. 젊은 층의 증가 속도가 대학에 진학하는 속도보다 훨씬 빨랐기 때문이다.

감소 증가
전년 대비 절대 변화(%포인트)

그림 56. 전 세계 고등교육 진학률, 1970~2014년

세계은행, UNESCO 통계국 데이터, "World Bank EdStats", 2019년 6월 15일 접속. https://data.worldbank.org/data-catalog/ed-stats.

는 "앞으로 10년 안에 시험관아기 시술을 받는 커플들은 가장 똑똑한 배아를 선택할 옵션이 주어질 것"이라고 예측하기도 했다.[25]

태아에 대해 정확한 IQ 테스트를 할 수 있다는 것 자체가 웃기는 이야기다. 게다가 10년 안에 그렇게 한다는 것도 말이 안 된다. 아마도 유전자 검사보다는 부모의 소득수준을 보고 그 태어날 아이의 미래 IQ를 예측하는 게 더 나을 것이다. 각각의 게놈에 접근해 두 배아 중 누구의 IQ가 더 높은지 학문적으로 알아내는 척을 할 수는 있겠지만, 아마도 맞히는 것만큼 틀리는 경우가 많을 것이다. 또 다른 문제는 IQ가 더 높은 배아를 골라 낼 수 있을지 몰라도 다른 요소들은 어떻게 골라 낼 것이냐는 점이다. 아직 인류 유전자 연구는 특정 관심 분야 이외에 다른 부분들이 어떤 식으로 작용하는지 충분히 밝혀지지 않았다.

다시 우리 키가 얼마나 커졌는지, 또 얼마나 커질 수 있는지에 대한 이야기로 돌아가 보자. 키는 유전자에 상당히 영향을 받지만, 그간 평균 신장의 변화는 유전자가 변한 결과물이 아니었다. 다분히 문화적, 사회적 요인이 컸다. 평균 IQ의 변화도 마찬가지다. 따라서 (유전자 점수로 요약한) 유전적 데이터보다는 (부모의 사회경제적 지위나 교육 수준 같은) 이전의 교육적 성과를 보는 것이 앞으로 그 개인이 거둘 교육 성과를 예측하는 더 좋은 지표가 될 수밖에 없다.[26] 예를 들어, 여러 데이터를 가지고 한 아이가 학교에 비교적 잘 적응하고 있는지 평가할 수 있겠지만, 그 아이가 학교 다니는 것을 즐기느냐는 부분도 어느 것 못지않게 중요한 요소일 수 있다.[27] 대부분 사람들이 그렇게 생각하겠지만, 교육적 성과가 유전적으로 결정돼 있다고 믿는 사람들은 동의하지 않을 수 있다. 우연찮게도 후자의 사람들은 종종 자신들의 '성공'을 특권이 아닌 우월한 유전자 덕분이라고 믿고는 한다.

속도, 성 정치학, 그리고 시대정신

불과 10년 전만 해도『초고속 사회: 사회적 가속, 권력, 그리고 근대화(High-Speed Society: Social Acceleration, Power, and Modernity)』같은 제목의 책을 심심찮게 볼 수 있었다. 이 책은 처음부터 가속화가 이뤄지고 있다는 증거를 제시하고 있다(2쪽). 영화와 TV 면에서 "영화나 광고, 심지어 다큐멘터리에서도 한 장면의 길이가 최대 50분의 1로 짧아졌다"는 것이다.[28] 이에 대한 최근 분석 자료를 보면, 1930년 당시 평균 12초였던 한 장면의 길이가 2010년에는 2.5초로 줄었다. 하지만 옛날 영화를 보면 한 장면 속에 더 많은 캐릭터를 집어넣는 경향이 있었다. 관객들이 그 장면에 더 오래 머물게 하기 위해서였다. 한 캐릭터가 추가될 때마다 한 장면에 1.5초의 시간이 더해졌다.[29]『초고속 사회』의 저자는 7쪽에서 더 먼 과거에 대해 이야기한다. "대부분 저자들이 가속화가 일어난 중요한 시기로 1880년에서 1920년 사이를 꼽는다"라고 했다. 물론 그때가 가장 중요한 시기일 수도 있다. 그리고 가속화를 다룬 이 책을 통해 오히려 지금 우리가 슬로다운에 접어들었다는 사실을 확인할 수도 있다.[30]

우리가 무엇을 하다 겪은 변화들은 과정이 변하면서 생긴 결과물일 수 있다. 스포츠 경기에서 새로운 기록이 나올 수 있었던 것은 더 많은 사람들이 후원을 한 결과다. 그 덕에 선수들이 훈련에 더 많은 시간을 보낼 수 있게 됐고, 새로운 훈련 기법과 장비가 개발됐다. 과거 올림픽에선 특정 국가가 성과를 높이는 약물을 통해 엄청난 신기록을 달성한 적도 있었다. 약물검사가 일반화되면서 기록이 슬로다운에 접어든 것도 마지막 변화의 요인이 됐다.

인류는 항상 빠르게 생각해야 했다. 꼭 그렇지 않을 수도 있겠지만,

더 위험한 자연에 노출돼 있던 먼 과거에 더 그랬다. 그리고 최근에는 위험한 사업 환경 속에서 빠르게 사고하는 게 중요해졌다. 그렇지만 우리가 더 빠르게 생각할 수 있게 됐다는 진화론적인 이유(혹은 증거)는 없다.

분명히 이 지점에서 뭔가 빼먹은 게 있다고 생각할 수 있다. 지금 우리가 그 어느 때보다 삶 속에서 많은 것들을 하고 있지 않느냐고 지적할 수도 있다. 그것들을 모두 다 해내려면 더 빠른 속도로 살 수밖에 없다. 또 말이나 마차를 타고 다니던 시절보다 지금 더 빠르게 이동할 수 있게 되지 않았냐고 지적할 수도 있다. 그러나 우리가 A에서 B로 이동하는 데 보내는 시간은 과거와 별반 다르지 않다. 그저 A와 B 사이의 거리가 늘었을 뿐이다. 우리는 과연 과거보다 여행을 더 많이 하고 있을까. 더 먼 거리를 간다는 면에서는 그렇다고 볼 수 있다. 하지만 우리 삶에서 더 많은 비중을 여행에 보내고 있느냐 하면 그렇지 않다. 오늘날 우리가 더 빠르고 더 멀리 여행한다고 해서, 가장 빨리, 가장 멀리 갈 수 있는 것은 아니다.

무언가 근본적으로 변할 때, 그 변화는 종종 점진적이 아니라 갑자기 세대를 뛰어넘는 수준으로 일어나곤 한다. 성 정치학적인 측면에서 생각해 보자. 우리가 항상 빠르게만 살고 있다면, 왜 우리는 더 많은 성적 파트너를 가지거나 더 자주 결혼하고, 더 많은 불륜을 일으키진 않는 것일까?[31] 제2차 세계대전 이후 잉글랜드와 웨일스의 경우를 살펴보자. 1947년 한 해 동안 40만 커플이 결혼을 했다. 이후에는 전쟁 탓에 사람들이 결혼을 미루면서 전체 숫자가 조금 떨어졌다. 그러고 나서 약 15년 동안은 연간 결혼하는 커플 수가 35만 명 수준에서 오락가락했다. 이 시기 초반에 결혼한 이들 사이에서 태어난 아이들, 즉 1947년에 임신돼

1948년에 태어난 이들이 16세를 넘어 결혼할 나이가 된 1964년까지 이런 상황은 계속됐다. 이들뿐 아니라 1945년과 1946년, 1947년에도 엄청난 숫자의 아기들이 태어났다. 이들은 1964년에 각각 19세와 18세, 17세가 됐는데 이때부터 젊은 신랑 신부의 공급이 엄청나게 증가했다.

1960년대 중반, 결혼하는 이들의 숫자에 가속도가 붙었다. 결혼 적령기가 된 이들의 숫자가 늘었기 때문이었다. 그러나 증가세는 곧 슬로다운에 접어들었다. 1960년대 말 낙태가 합법화되고 피임약이 폭넓게 사용되면서 결혼하는 이들의 증가속도가 급격하게 줄었다. 가장 큰 변화가 온 것은 1972년부터 1973년 사이다. 그리고 10대들이 (「Anarchy in the UK」를 부르던) 섹스 피스톨스(Sex Pistols)의 노래를 듣던 1976년에는 한 해 결혼하는 숫자가 35만 건 수준으로 되돌아갔다. 하지만 당시에는 젊은 커플 수만큼 이혼하는 이들도 상당히 많았다(결혼 건수는 공교롭게도 섹스 피스톨이 신곡 "God Save the Queen"을 발표한 1977년에 다시 한번 감소한다). 매년 결혼 건수는 예년과 비슷했지만, 인구 대비 결혼하는 이들의 비율이 점점 줄었다. 그러다 1990년에 어떤 사건이 일어난다. 그 일의 존재는 [그림 57]의 시간선에서 확연히 드러난다. 1994년까지만 해도 한 해 결혼 건수는 30만 건까지 유지됐다. 그러다 2001년에 25만 건 수준으로 떨어졌다. 그 당시 무슨 일이 있었던 것일까?

정확하게는 알 수 없다. 1970년대 초반 결혼을 미루었던 이들은 아이를 적게 낳았다. 그러다 보니 20년이 지난 뒤 결혼할 사람 숫자도 줄었다. 1990년대에 들어서면서 소규모 경기침체가 있었다. 그러나 무엇보다도 결혼이라는 것 자체가 꼭 하고 싶은 일이기보다는 하나의 선택 사양이 됐다. 동성애자들은 더 이상 예전처럼 정체성을 숨길 필요가 없게 됐다. 또 아이를 낳아서 키우지만 굳이 결혼을 할 필요도 없게 됐다.

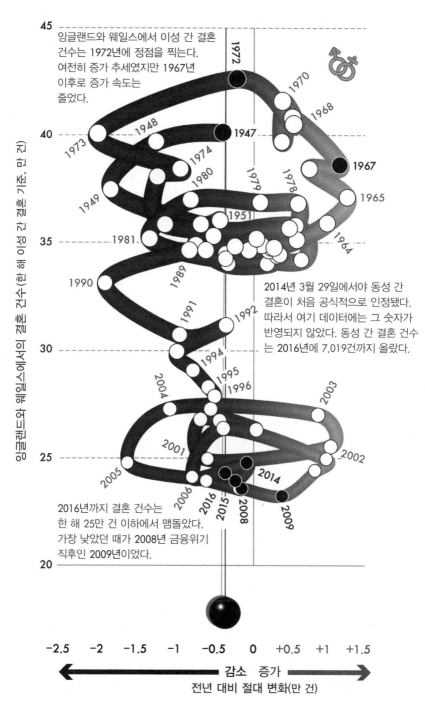

그림 57. 잉글랜드와 웨일스의 이성 간 결혼 건수, 1947~2016년

영국 통계청, "Marriages in England and Wales: 2016", 2019년 3월 28일과 그 이전 자료들 참조. https://www.ons.gov.uk/peoplepopulationandcommunity/birthsdeath-sandmarriages/marriagecohabitationandcivilpartnerships/bulletins/marriagesineng-landandwalesprovisional/2016.

1971년 당시 여성의 초혼 연령이 23세 전후였다. 하지만 2015년에는 31세가 됐다. 남성의 경우 25세였던 게 33세가 됐다(모든 결혼의 평균 연령은 여성이 36세, 남성이 38세가 됐다). 그런데 여기서 중요한 것은 1990년에 대체 무슨 일이 일어났느냐는 것이다. 결혼의 감소 속도를 부추긴 무언가가 있었다. 그리고 이제는 그런 추세가 완전히 자리를 잡았다.

미래의 장소

다른 지역보다 문화적으로 조금 앞서는 곳들이 있다. 영국에서는 결혼 건수가 가장 먼저 감소한 곳이 런던이다. 1991년 인구조사 이후 런던 전역에서 이런 모습이 확연히 드러났다. 미국에서는 1998년 뉴욕시를 배경으로 한 TV 드라마 「섹스 앤 시티(Sex and the City)」가 처음 방영됐다. 이처럼 트렌드를 앞서가는 몇몇 도시들이 있었는데, 모두 규모가 큰 곳들이다. 1782년에 나온 『위험한 관계(Les liaisons dangereuses)』라는 소설을 보면 상당히 짜릿하다. 또 1930년대 바이마르 시대 베를린에는 카바레가 있었다. 재즈 시대의 뉴욕은 좀 더 대담한 분위기였다. 그러나 이 모든 것은 단지 소수를 위한 것이었다.[32] 1991년 런던에서는 1985년 작품인 영화 「나의 아름다운 세탁소(My Beautiful Laundrette)」가 이미 고전이 돼 있었다. 트렌드라는 것은 처음엔 분명하게 나타나지 않는다. 처음에는 한 지역의 사람들이 하는 행동이 이상하게 보이기도 한다. 그러다 갑자기 다른 지역에서 하나둘 이런 행동을 따라하게 된다. 그러면서 뉴노멀(new normal)이 되는 것이다.

한편 예측하기 어렵지 않은 트렌드도 있다. 앞으로 지구상에서 여성 숫자가 40억 명이 될 것이고, 남성들보다 평균적으로 교육 수준이 높아질 거라는 사실 등이다. 이미 전 세계적으로 대학 졸업자 중 여성이 다수를 차지한다. 머지않아, 어쩌면 벌써 일어나고 있는지 모르지만, 인류 역사상 처음으로 여성의 수가 남성의 수를 앞지를 수도 있다. 태어날 때는 남성이 더 많이 태어나지만 여성이 더 오래 산다. 일본 같은 경우는 여성이 6년 이상이나 오래 산다.[33] 출산을 하다 사망하는 여성 수가 줄어든 것이 균형을 무너뜨려 여성이 다수인 행성이 될 수 있다. 우리는 이런 상황에 아주 가까이 다가갔다. 딸이 아들보다 더 귀하다는 사실을 알게 돼 성별에 따른 낙태가 사라지면 이런 변화가 공고해질 수 있다(특히 출산율이 낮은 나라에서 그렇다). 정치는 계속 변하기 마련이다. 폭력이 나쁘다는 것을 점차 모두가 받아들이고 있다. 그런 면에서 다음 세대에 또 다른 간디가 나온다면 남성이 아닐 가능성이 높다. 그레타라고 불리는 16살 소녀일 수도 있고, 지금 전 세계적으로 저항하고 있는 수십만 명의 젊은 여성일 수도 있다.

지금은 알 수 없다. 총구에 꽃을 집어넣는 식의 해법은 제한적으로나 가능한 일이라고 말하는 이들도 있다. 하지만 누가 알겠나?[34] 정치의 속도 자체가 슬로다운하게 될지 말이다. 어째서 지난 130년 동안 인류는 새로운 이렇다 할 '~주의(이즘, ism)'를 만들어 내지 못했을까? 사회주의와 무정부주의조차도 이미 오래된 개념이다. 페미니즘이라는 단어가 처음 쓰인 게 1880년대이다. 그 당시 참 많은 신조어들이 등장했다. 1888년에만 해도 생소했던 '실업'이란 단어도 그때 등장했다. 1887년 11월 13일 첫 '피의 일요일' 당시 트라팔가 광장에 모인 이들이 모두 실업자였다.

1880년대 이후로 이렇다 할 새 '주의'가 나타나지 않았다는 점을 생각해 보면, 지금 사람들은 몇 가지 '주의'를 적절히 섞어 변종으로 만든 아이디어 주위를 맴돌고 있는 것은 아닌가 싶다. 우리에겐 새로운 아이디어가 없는 상태다. 지금의 사회주의는 예전보다 순화됐고, 좀 불분명해진 면도 있다. 자본주의 역시 예전만큼 혹독하지 않다. 제국주의나 식민주의 같은 단어가 여전히 쓰이고 있긴 하지만, 원래 담고 있던 의미보다 많이 퇴색됐다. 파시즘 역시 마찬가지다. 여전히 나쁜 의미이긴 하지만 그렇게 치명적이지는 않다. 그렇다면 어떤 새로운 '주의'가 있는 것일까? 대처리즘? 트럼피즘? 시(진핑)이즘?

학자들은 우리가 과거로 돌아가고 있는 것은 아닌지 예의 주시하고 있다. 2019년 안나 뤼어만(Anna Lührmann)과 스태판 린드버그(Staffan Lindberg)는 독재정권이 들어선 나라들의 사례를 통해 '독재화'의 역사에 대해 들여다봤다. 거의 절대적인 권력을 가진 단 한 명에 의해 통치되는 나라들이었다. 1900~2017년까지 기간을 정해 살펴보니 109개 나라에서 217번의 독재화 사례를 발견할 수 있었다. 소수의 69개 나라에서만 이 기간 영향을 받지 않았던 것으로 나타났다. 그리고 2017년 현재 33개 국가는 여전히 독재국가로 분류될 수 있다고 뤼어만과 린드버그는 결론지었다. 그런데 동시에 이들은 독재화가 증가하고 있다는 증거를 발견할 수 없었다고 했다. 대신 독재국가가 되는 비율도 서서히 떨어지고 있었고, 그 속도도 느려지고 있었다. 저자들은 "독재화에 있어 제3의 물결이 펼쳐지고 있다"라고 평가했다. 그러면서 다음과 같이 덧붙였다. "이것이 법적인 외형에서 민주주의를 점차 퇴보시키고 있다. 이점이 우려를 자아내고 있지만, 이 글에서 보여 준 역사적 관점에서 볼 때 꼭 혼란스러운 일은 아니다. 현재의 퇴보는 상대적으로 온건한 편이고 전 세계적으로 민주국가들이 차지하는 비율은 역사상 가장 높은 상태이다.

1992년 당시 '역사의 종말'을 선언하는 게 너무 이른 일이었던 것처럼, 지금 '민주주의의 종말'을 선언하는 것 역시 시기상조다."[35]

　어떤 면에서 지금 유럽의 정치는 웃음거리가 되고 있다. 사람들이 마치 역사는 반복된다고 한 카를 마르크스의 말이 옳았다는 것을 증명하려고 하는 듯하다. 그는 나폴레옹 1세로부터 그의 조카인 루이 나폴레옹(나폴레옹 3세)으로 이어지는 것을 두고 "처음엔 비극이었다가 나중엔 희극"이라고 말한 바 있다. 2019년 5월 덴마크의 극우 정당인 강경노선(Stram Kurs)은 모든 무슬림을 덴마크에서 추방해야 한다고 주장했다. 그러면서 선거에 가장 희극적인 후보들을 내보냈다. 그중 한 명은 말 그대로 '주정뱅이'도 있었다.[36] 강경노선은 선거에서 표를 1.8%밖에 얻지 못했다. 따라서 하원에서 한 석도 확보하지 못했다. 남아프리카공화국의 정치학자인 시템빌레 음베테(Sithembile Mbete)가 지적했듯이 포퓰리즘은 일종의 극장과도 같다.[37]

　전 세계에서 포퓰리즘이 부상하고 있는 곳으로 남아프리카공화국이나 브라질, 터키, 러시아 등이 거론되지만 사실 이뿐만이 아니다. 도널드 트럼프가 등장하면서 미국이 그 첫 번째로 꼽힌 바 있다(물론 트럼프는 그렇게 불리는 것을 좋아한다). 그렇지만 뤼어만과 린드버그가 지적했듯, 포퓰리즘은 일반적으로 쇠퇴의 길을 걷고 있다. 우리가 다 같이 믿고 있는 것을 위해 노력하면서 개인주의나 이기심, 편견, 포퓰리즘을 앞장서 물리치고 있는 곳들이 있다. 오늘날 런던이나 뉴욕 같은 곳들이다.

　[그림 58]은 1932년에서 2016년까지 뉴욕주에서의 대통령 선거 결과를 보여 준다. 각 선거에서 민주당이 공화당에 비해 얼마나 더 표를 얻었는지를 가지고 표시했다. 1932년에는 대선에 참가한 모든 미국인들 가운데 57.4%가 민주당 후보였던 프랭클린 D. 루스벨트에게 표를 던졌

다. 그러나 뉴욕주에서 루스벨트가 가져간 표는 54.1%에 그쳤다. 뉴욕주에서도 유권자 대부분은 뉴욕시에 살고 있다. 하지만 분위기가 바뀌기 시작했다. 1936년이 되자 뉴요커들이 민주당에 투표하는 비율이 미국 전국 평균과 비슷해졌다. 서서히 민주당을 자신들의 정당으로 여기게 된 것이다. 그러다 존 F. 케네디가 1960년 대통령에 당선되면서 뉴욕은 처음으로 공고한 민주당 강세지역으로 자리 잡았다.

민주당은 처음에 남부를 기반으로 한 정당으로 시작했다. 원래는 연방정부를 만드는 것에 반대하고 노예제를 지지하던 정당이었다. 그러나 루스벨트가 당의 입장을 진보 쪽으로 옮겨 놓았다. 노조를 지지하고 시민의 권리를 강조하면서 인종차별에 반대했다. 뉴요커들이 평균적으로 민주당에 따뜻한 반응을 보이기 시작한 게 이 무렵이었다. 그러면서 민주당에 반대하는 이들은 자신들을 보수주의자라고 부르기 시작했다. 자신들이 생각하기에 좋았던 옛 방식을 지키고자 하는 이들이었다. 당시 뉴욕은 여러모로 새로움 그 자체였다.

대공황 이후 뉴욕이 공화당을 지지한 것은 단 여섯 차례뿐이었다. 1948년과 1952년, 1956년, 1972년, 1980년, 1984년이다. 민주당에 대한 지지세는 왔다 갔다 하면서도 결국 계속 위로 올라갔다. 잠시 떨어졌던 것보다 훨씬 더 많이 상승했다. 리처드 닉슨 집권 당시 조금 떨어졌지만, 1976년 지미 카터가 당선된 후에는 다시 지지세가 올랐다. 로널드 레이건이 집권한 8년 동안 뉴요커들은 점점 더 자신들이 민주당 쪽이라는 것을 확신하게 됐다. 조지 W. 부시 집권기 동안 지지세가 살짝 떨어졌다가, 버락 오바마 재선 때 새로운 최고점을 찍게 된다. 당시 투표를 하기로 했던 (혹은 할 수 있었던) 전국 유권자 중에는 민주당 후보에게 표를 준 이들이 전국적으로 50.9%였는데, 뉴요커들 사이에선

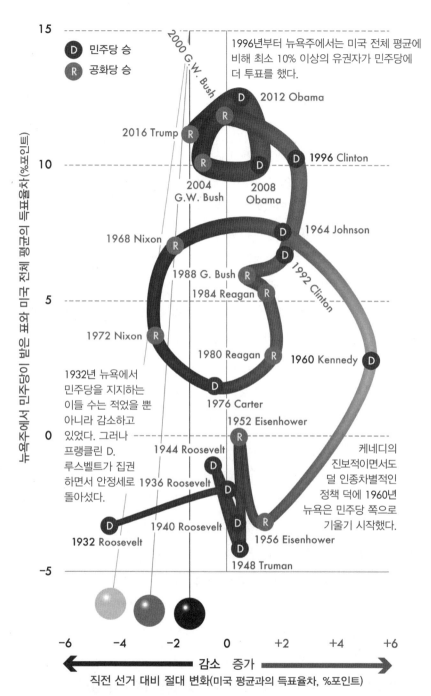

그림 58. 뉴욕주의 민주당 지지율, 대통령 선거 기준, 1932~2016년

Dean Lacy, Zachary D. Markovich, "Why Don't States Switch Sides Anymore? The Rise and Fall of American Electoral Volatility" [working paper, 2016], https://cpb-us-e1.wpmucdn.com/sites.dartmouth.edu/dist/9/280/files/2016/10/Volatility. Simple. v8.pdf; and personal correspondence.

63.4%나 됐다.

　장기적으로나 최근 상황으로 봐서나 뉴욕의 이런 민주당 강세 분위기는 런던에도 반영이 됐다. 반(反)보수주의 색채가 강해졌다([그림 59] 참조). 앞으로 미국이 더 이상 예전처럼 위대하지 않고 미국의 패권도 끝나 가고 있다는 것을 알게 되면 뉴요커들이 어떻게 반응할지도 관전 포인트다. 지금도 영국인들은 자신이 승자였던 시절을 떠올리며 말머리를 꺼내곤 한다. 2018년에 폴 보몬트(Paul Beaumont)는 이렇게 지적했다. "영국인들이 자신들이 한때 '세계를 지배했다'는 사실을 떠올리게 되자, 타협을 기반으로 하는 유럽연합의 일이 형편없어 보였다. 협력이란 것은 복종으로 보이기 십상이었다. 따라서 브렉시트는 과거의 영화에 기댄 미래에 목적지를 맞춰 놓음으로써 영국의 쇠락을 붙잡아 두려는 급진적인 시도로 이해된다."**38** 대부분의 중장년층 영국인, 특히 나이든 중산층 잉글랜드인들이 왜 2016년 국민투표에서 유럽연합을 떠나자고 투표했는지를 설명해 주는 가장 설득력 있는 이유 중에 하나는 이들이 어릴 적 학교에서 받았던 교육에서 찾을 수 있다.**39**

　삶의 질에 대한 국가별 순위는 어느 나라에서 매겼느냐에 따라 또 언제 했느냐에 따라 다르기 마련이다. 미국은 종종 세계에서 가장 강한 나라로 꼽히곤 한다. 경제 혁신이나 교육 성과 같은 다른 지표에서는 더 이상 그렇지 않은데도 말이다. 심지어 다른 지표상으로는 (특히 국민 보건의 면에선) 오히려 급격히 순위가 떨어지고 있다. 반면 러시아는 "과잉 실행을 하는 불만족스러운 권력"으로 평가된다. 국가 지도층 스스로가 바깥 세계로부터 진지한 대접을 받지 못하고 있다고 여기고 있다는 것이다.**40** 영국도 마찬가지다. 국가를 책임지는 이들은 자신들이 좀 더 존경을 받아야 한다고 생각하고 있다. 그러나 러시아와 달리 영국은 원유도 얼마 남지 않았고, 내놓을 만한 것이 거의 없는 상태다.

엘리 자레스키(Eli Zaretsky)가 최근에 설명한 게 있다. "잉글랜드에서 브렉시트의 배후 세력인 수혜 집단에 속한 사람들의 심리를 연구하고 있다. 이들은 신이 '새로운 위대한 시대를 시작하라고 선포했다'고 한다 … 영웅적인 실패를 숭배하는 기저에 깔린 바탕은 나르시시즘으로의 회귀다."41 그렇지만 영국의 중심, 런던은 지금 정치적으로 조금씩 달라지고 있다. 지금 뉴욕시가 미국 내 다른 곳들보다 훨씬 앞서 정치적으로 변하고 있는 것과 비슷한 양상이다. 뉴욕시장인 빌 드블라시오(Bill de Blasio)는 경찰에게 바디캠을 착용시켰고 대마초 사범에 대한 기소를 줄이라고 지시했다. 또한 백만장자들에게 세금을 더 거두는 등 불평등을 줄이기 위한 시도를 하고 있다.

지난 몇 년 동안, 또 수십 년, 수세기 동안의 정치 변화를 살펴보면, 슬로다운의 존재를 발견할 수 있다. 슬로다운이 새로운 유토피아는 아니다. 그리고 안정이 불변을 의미하는 것도 아니다. 변화는 항상 있기 마련이다. 반대로, 그럴 수도 없지만 폭발적인 변화가 항상 필요한 것은 아니다. 빈곤을 예로 들어 보자. 중세시대에는 지독하게 가난했고 교육의 기회도 부족했다. 그런데 안정이 상대적 빈곤에 대한 감각을 무디게 했고, 불확실성도 줄였다. 안정된 사회에서는 사람들이 자신을 둘러싼 조건에 맞춰 사는 데 익숙하다. 그런 사회에서는 더 많은 안전을 보장받을 수 있다. 하지만 2019년 현재 미국, 특히 영국은 이런 안정과는 아주 거리가 멀다.

런던 시민들은 국가 전체적으로 무슨 일이 벌어지고 있는지 잘 알고 있다. 영국에서 가난한 지역은 대부분이 런던에 몰려 있다. 아동 빈곤 비율이 가장 높은 12개 지자체 가운데 절반이 런던에 있다.42 영국의 아동들은 점점 더 학교와 지역에서 분리되고 있다. 종교나 인종에 따라서가 아니라 부유한지, 가난한지, 줄어들고 있는 중산층에 속하는지에 따라 그렇게 되고 있다. 북아일랜드에서 학생 대부분이 가톨릭이거나 개신교인 학교의 숫자는 1997년 827곳이었는데 2012년 493곳으로 줄었다.[43] 영국에서 이처럼 종교 면에서의 분리는 점점 줄고 있지만, 사회적, 경제적인 분리의 골은 더 깊어지고 있다.

정치 면에서 볼 때, 우리는 장기적인 추세보다는 단기적인 사건들에 더 영향을 많이 받는다. 2019년 5월 초『옵서버(Observer)』지는 여론조사 결과를 바탕으로 다음과 같은 결론을 냈다. "불과 지난달에 창당한 브렉시트당이 엄청난 승리를 눈앞에 두고 있다. (브렉시트당 대표인) 패라지(Farage)는 이 승리를 이용해 영국이 아무 협상 없이 즉시 EU를 떠나야 한다고 했던 자신의 주장을 관철시킬 것이다. 의회의 걱정이 커지고 있다."[44] 실제 캐서린 블레이크록(Katherine Blaiklock)이 개인회사처럼 차린 이 브렉시트당은 그달에 열린 유럽의회 선거에서 선전한다. 그렇지만 브렉시트를 지지하는 다른 정당들[보수당, UKIP(영국독립당), 북아일랜드의 연합당 등 모두 유럽의 주류 보수주의보다도 오른쪽에 있는 당들]과 합쳐서 생각해 보면, 브렉시트를 주장하는 세력은 유럽의회에서 모두 11석을 잃었다. 영국이 가지고 있는 73석 가운데 15%를 잃은 셈이다.[45] 영국 브렉시트당에서 새로 당선된 유럽의회 의원들은 아슬아슬한 줄타기를 하는 것처럼 느껴졌다. 유럽의회 내에서 함께 일할 동맹을 찾을 수 없었다. 처음에는 비극이었는데, 지금은 희극이 돼 버렸다.

정치 상황은 금세 바뀐다. 당신이 이 책을 읽고 있는 동안 제러미 코빈(Jeremy Corbyn)은 더 이상 영국 노동당 당수가 아닐지 모른다. 영국에 살고 있지 않다면 그의 이름을 들어본 적조차 없을 수도 있다. 미국으로 치면 버니 샌더스(Bernie Sanders)가 민주당 대통령 후보가 된 것 정도로 생각하면 되겠다. 2017년 영국에서는 제러미 코빈은 선거에서 예상 밖의 승리를 이끌면서 보수당으로부터 다수당의 지위를 빼앗았다. 그러자 코빈을 지지하는 진보주의자들 사이에서 이런 이야기가 나왔다. "이제 인정하자. 오버튼의 창문(Overton window)이 이동한 것을 보면 우리는 새로운 가능성이 존재하는 것 같은 환각 상태에 있었던 것이다. 이는 권력을 쥘 수 있다는 흥분에 찬 기대감이 급진적인 변화를 일으키는 사회적 동력이 될 수 있음을 보여 준다. 그렇지 않다면 우리는 곤경에 처할 것이다. 독한 코비니즘은 입문 단계의 약물 역할을 해야 한다. 그렇지 않으면 모두 사라질 것이다."[46] 이런 논평 자체가 그동안 벌어진 변화를 나타낸다. 장기적으로 볼 때 투표나 여론은 진화해 왔다. 시간선을 이용해 여론조사를 연구해 보면 이런 사실이 분명해진다. 유권자들은 단기적으로 갑자기 극우 쪽으로 우르르 몰렸다가 동력을 상실하면 다시 수그러들곤 한다.

런던이 그간 어땠는지, 적어도 상당한 숫자의 런던 시민들이 최근 커진 영국 노동당의 극단주의나 당수인 리더 제러미 코빈의 메시지에 어떻게 대했는지 생각해 보자. 일단 이런 면에서 지금 영국에 있다는 것은 다행이다. 1835년까지 거슬러 올라가 총선에서의 투표 추세를 살펴볼 수 있기 때문이다. 1835년 런던은 반보수주의 분위기였다. 휘그당(나중에 자유당이 됨)은 영국 전체에서의 득표율보다 런던에서 더 많은 표를 받았다. 1865년 이후 파머스턴 경은 자유당의 전국적인 승리를 이끈다. 이때 런던은 지주들의 이익을 대변하는 토리당 쪽으로 기운다. 파머스톤은 누구 못지않은 전쟁광이었다. [그림 59]에 나타나듯 당시 런던은 친 토리당 성향이었다. 이런 경향은 2015년 제러미 코빈이 노동당 당수

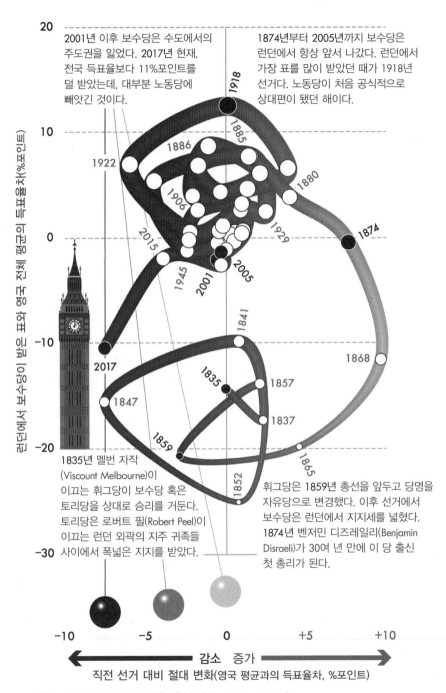

세로축 (왼쪽): 런던에서 보수당이 받은 표와 영국 전체 평균의 득표율차(%포인트)

20

2001년 이후 보수당은 수도에서의 주도권을 잃었다. 2017년 현재, 전국 득표율보다 11%포인트를 덜 받았는데, 대부분 노동당에 빼앗긴 것이다.

1874년부터 2005년까지 보수당은 런던에서 항상 앞서 나갔다. 런던에서 가장 표를 많이 받았던 때가 1918년 선거. 노동당이 처음 공식적으로 상대편이 됐던 해이다.

1918

10

1885

1886

1922

1880

1906

2015

1929

1874

0

1945

2005

2001

1841

-10

1868

2017

1835

1857

1847

1837

1859

1865

-20

1852

1835년 멜번 자작
(Viscount Melbourne)이
이끄는 휘그당이 보수당 혹은
토리당을 상대로 승리를 거둔다.
토리당은 로버트 필(Robert Peel)이
이끄는 런던 외곽의 지주 귀족들
사이에서 폭넓은 지지를 받았다.

휘그당은 1859년 총선을 앞두고 당명을 자유당으로 변경했다. 이후 선거에서 보수당은 런던에서 지지세를 넓혔다. 1874년 벤저민 디즈레일리(Benjamin Disraeli)가 30여 년 만에 이 당 출신 첫 총리가 된다.

-30

-10   -5   0   +5   +10

감소 증가

직전 선거 대비 절대 변화(영국 평균과의 득표율차, %포인트)

그림 59. 런던의 보수당 지지율, 총선 기준, 1835~2017년.

선거관리위원회 등 다양한 기록에서 발췌. https://beta.ukdataservice.ac.uk/datacata-logue/studies/study?id=3061.

가 될 때까지 이어졌다. 그러면서 런던 시민들은 분명히 또다시 급진적이 됐다. 노동당 지도부들의 바람과는 달리, 이런 급진적인 변화는 2000년 켄 리빙스턴(Ken Livingston)이 런던시장이 되기 직전부터 이미 시작됐다.

종의 변형

> 인류세(人類世, Anthropocene)는 이 세상의 종말이 아니다.
> 단지 시작일 뿐이다. 전체적으로 볼 때 우리는 그동안 우리가 만들어 왔던 것보다 더 나은 행성을 만들 잠재력이 있다. 자, 이제 우리가 원하는 더 나은 미래에 대해 이야기를 시작해 보자. 원치 않는 미래에 대해서는 논하지 말자. 가치를 추구하고 지구상 다른 생명체들과 이 행성을 서로 공평하게 나누는 것에 관한 이야기다. 우리가 만드는 행성은 결국 우리 자신을 비춘다.
> – 얼 엘리스 Erle Ellis, 2018[47]

자본주의의 전환이 막바지에 이르렀다는 증거들이 여기저기서 나오고 있다. 이런 이론에 딱 맞는 정치적 변화는 관점에 따라 다를 수는 있지만 눈에 띈다. 매일매일의 사소한 것에 매달리지 말고 한 걸음 물러나 넓은 관점으로 바라봐야 한다. 한 종으로서 우리는 근본적인 변화를 겪어 왔다. 서로 조직화하는 방법에서, 소통하는 방법에서, 무언가를 믿고 관계 맺는 면에서, 서로를 알아 가는 면에서 그래 왔다. 육체적으로도 변했다. 만약 지금 어떤 젊은이를 증조할아버지 시대로 되돌려 보낸다면 혼자 키가 너무 커서 불쑥 튀어나와 있을 것이다. 어디에서 태어났든 마찬가지다. 우리는 앞으로 또 어떤 변화가 올지 알 수 없다. 또 지금 우리의 상태가 어떻게 정착될지도 알 수 없다. 하지만 인류의 삶에서 근본적인 부분들은 최고 속도의 변화가 끝났다는 점은 알 수 있다. 최근 영아사망률이 급속하게 줄었던 속도만큼 앞으로 그렇게 감소하는 일은 없을 것이다. 영아사망률이 마이너스가 될 수는 없는 노릇이니 말이다.

각 세대는 교육의 기회가 많아지면서 부모 세대보다 지적인 능력에서도 앞서갔다. 더 많은 물건을 가질 수 있게 됐고 더 멀리 여행할 수 있게 됐다. 최근 들어 그런 기회가 점점 더 불평등해지고 있긴 하지만 말이다. 그러나 이런 추세도 끝나고 있다. 우리는 클 수 있는 만큼 컸고, 배울 수 있는 만큼 배웠다. (이제는 아주 작아진) 우리 행성 안에서만 여행할 수 있고, 커지는 불평등을 참는 것도 몇십 년 안에는 끝날 것이다. 소득 불균형은 더 이상 커지지 않고 많은 나라에서 감소하고 있다. 우리는 점점 더 공정하고 안정적인 미래를 향해 가고 있다.[48]

최근 다섯 세대가 변해 온 속도와 양상, 그리고 미지의 영역으로 진보하는 모습은 나라마다 조금씩 다르다. 서구의 경기침체로, 또는 중국의 부상으로 슬로다운에 대해 몇 가지 오해하는 게 있다. 사실 중국은 출산율 면에서 가장 큰 슬로다운을 겪고 있다. 최근 몇 년 동안은 경제성장률 면에서 급속한 감속이 진행 중이다. 가장 최근의 변화는 서구의 쇠퇴도, 미국에서 중국으로 경제 패권이 넘어간 것도 아니다. 전 세계를 뒤덮었던 자본주의의 전환이 끝나 가고 있다는 사실이다. 이는 새로운 안정의 시작이다. 이는 디스토피아도 유토피아도 아니다. 바로 다섯 세대 이전에 일반적이었던 안정과는 좀 다른 결의 안정일 뿐이다.

자본주의는 변화를 필요로 한다. 시장의 지속적인 성장, 소비의 증가 같은 것들이다. 하지만 이는 결국은 커지다가 종당에 터지기 마련이다. 여러 면에서 지금 우리는 제로성장을 향해 가고 있다. 이자율이 매우 낮았던 시대로 돌아가고 있다. 우리는 안정을 맞기에 아직 준비가 덜 된 모습이다. 그래서 우리는 어떻게 해서든지 이를 피하려 한다. 젊은 층에, 그리고 독재자가 지배하는 신생국가에 그 부담을 지우면서 말이다. 새롭게 등장한 영국의 정치권은 이런 현상을 조금씩 이해하고 있는 것 같다. 그러나 미국의 낡은 정치권은 아직 이를 따라잡지 못하고 있다.

이런 현상은 최근까지도 명확하게 나타나지 않았다. 상당 부분은 지금도 여전히 안갯속에 싸여 불분명하다. 그렇기 때문에 뭔가 잘못되기도 쉽다. 그렇지만 우호적인 시기가 끝났다는 점을 인식하는 것은 중요하다. 우리는 여전히 전환이 일어나고 있지만 슬로다운하는 시기에 살고 있다. 앞으로 적어도 한 번 이상은 재난의 세대가 올 것이다. 하지만 우리가 최근 몇십 년 동안 겪어 온 변화의 속도가 갑자기 뒤집히지만 않는다면 그 재난도 곧 진정될 것이다. 다음 세대를 향해 이미 진행되고 있는 변화는 느린 변화이다.

앞서도 이야기했듯 전 세계 인구는 곧 다섯 배에 다다를 예정이다. 1901년 20억 명이었던 게 21세기 중반에는 100억 명이 될 것이다. 이는 2017년 UN 인구통계에 따른 전망이다. 2019년 6월 17일 아침, 나는 이렇게 기록한 바 있다. "오늘 나올 전 세계 UN 통계의 다음 발표를 기다리고 있다. 어떤 내용이든 간에 최근 분명히 나타나고 있는 슬로다운에 대해 확인하는 자료가 될 것이다."49 결국 사실이었다. 통계 내용은 정말 그랬다. 오래전 각각의 신석기 혁명 동안 (상당히 느린 속도지만) 엄청난 변화가 발생했다. 이런 혁명적 변화는 수백까지는 아니지만 수십 세대에 걸쳐 일어났다. 그런데 우리가 지금 겪고 있는 혁명적 변화는 불과 여섯 세대에 걸쳐 일어났고, 그나마도 이제 멈춰 서고 있다.

불안정한 시기, 지속적인 변화의 시기에는 정상적인 것이 없다. 우리가 익숙해하는 것 가운데에서도 정상적인 것을 찾아낼 수 없다. 최근 다섯 세대 가운데 두 번째 혹은 세 번째 세대에 속해 있는 우리들은 변칙적인 세계를 살았다. 이를 알 수 있는 방법 중에 하나는 다른 장소에서의 변화 속도를 비교하는 것이다. 몇몇 장소는 다른 곳들보다 변화의 속도가 빨랐다. 그러나 지금은 모든 곳에서 슬로다운이 시작됐다. 대부분 비슷한 시기에, 그리고 매우 빠르게 진행되고 있다.

한 세대의 경험이 다음 세대로 전환되는 것은 장소에 따라 다르게 일어난다. 모든 곳에서 똑같이 끝나지도 않고, 변화의 궤적도 모두 다르다. 이런 변화를 제대로 보려면 지리적인 이해가 필요하다. 지금 형성되고 있는 상황을 제대로 보기 위해서도 필요하다. 안정의 시대가 오고 있음을 보여 주는 각각의 추세들은 여러 지역에서 한꺼번에 드러난다. 거의 모든 곳에서 아이를 하나 혹은 둘만 낳는 추세가 나타나고 있다. 어린이들도 이제 살아남을 확률이 보편적으로 아주 높아졌다.

변화가 계속 이루어졌다는 사실을 이해하기 힘들다면, 이 책 앞머리에서 인용한 찰스 다윈의 믿음을 떠올려 보자. 『인간의 유래(The Descent of Man)』에서 다윈은 문명화된 백인종이 어떤 믿음을 가지고 '야만인' 인종을 말살시킬 것이라고 주장했다. 앞서 철학자 G. W. F 헤겔이 인종 간에 명확한 차이가 있다는 생각으로 만든 터무니없는 위계질서에 기반한 믿음이다.[50] 지금은 이런 편견의 정도 역시도 슬로다운하고 있다. 부자 나라 가운데 경제적으로나 사회적으로 가장 진보한 두 도시, 최소한 런던과 뉴욕에서는 사람들이 전통적인 관점을 버리고 좀 더 진보적인 관점을 취하고 있다.

슬로다운

2018년 10월 31일 런던 의회 광장에서 연설을 한 열다섯 살 소녀의 이야기로 마무리를 짓고자 한다. "왜 아무도 평등이나 기후에 대해 이야기 하지 않습니까? … 부자 나라들은 앞으로 6~12년 안에 탄소 배출 제로를 달성해야 합니다. 그래야 가난한 나라의 사람들도 이미 우리가 만들었던 기반시설을 만들고 삶의 질을 높일 수 있습니다. 도로나 병원, 전기, 학교, 마실 수 있는 깨끗한 물 같은 것 말이죠. 이미 모든 것을 가지고 있는 우리가 관심을 갖지 않고 파리협정도 지키지 않는데, 어떻게 인도나 나이지리아 같은 나라들이 기후 위기에 관심을 가질 것이라고 기대할 수 있겠습니까?"[51] 그녀의 통찰력은 다윈의 '야만인' 이야기와 비교해 볼 만하다. 소녀는 왜 사람들이 경제 불평등과 기후변화를 연결 짓지 않는지 의문이었다. 사람들은 알고 있다. 슬로다운은 지금 일어나고 있다. 우리는 선택의 여지가 없다.

제11장

이후의 삶
지속가능성에 대한 고민

나는 정부가 우리와 접촉하고 있지 않는 것 같다.

– 캐롤(Carol), 2017년

실인증(agnosia)은 딱히 청각이나 시각, 기억력 상실이 없는데도 어떤 것을 인식하지 못하는 증상을 말한다. 여기서 유래한 사회–감정 실인증은 다른 사람의 얼굴 표정에 드러난 감정이나 몸짓, 목소리의 변화 등을 인식하지 못하는 것을 말한다. 실인증은 신경체계나 뇌손상으로 인해 일어난 의학적 소견이다. 그런데 왜 그토록 많은 정부기관의 공무원들은 실인증 환자 같은 행동을 하는 걸까? 그들이 봉사하라고 있는 주민들이 힘들다는 신호를 보내고 있지만, 그들은 이를 알아차릴 능력을 점차 잃어버리고 있는 것 같다. 그들은 '우리들' 전체를 보지 못한다. (위의 인용에서) 캐롤이 이야기한 것처럼 '우리' 즉 모두가 속한 집단을 보지 못한다. 슬로다운이 어떤 영향을 미칠 것인지, 특히 경제 면에서 어떨 것인지 알아차리지 못하고 있다. 그들은 성장을 치료책으로 이야기하지만, 전통적인 개념의 성장은 이제 끝났다. 일부에선 다른 곳보다 훨씬 더 빠르게 슬로다운이 나타나고 있다. 캐롤이 살았던 잉글랜드의 리버풀이 그런 곳 가운데 하나이다.

1980년대 영국 BBC는 「브레드(Bread)」라는 시트콤을 방송했다. 리버풀이 배경이었다. 브레드는 두 가지 의미가 있다. 빵이라는 뜻 외에 비속어로 돈을 뜻하기도 한다('breadwinner'나 'make some dough' 같은 표현에도 나타난다). 오랜 세월 동안 경제역사학자들은 빵과 밀의 가격 변화를 통해 일반적인 음식 물가를 측정했고 소득수준과 비교했다. 프랑스혁명을 일으킨 원인 중 하나도 빵값이었다. 1980년대 잉글랜드의 빵값은 꽤 비싼 편이었는데 오늘날 그런 현상이 다시 나타나고 있다. 실질소득이 줄었다는 것은 상대적으로 빵값(그리고 다른 필수품들의 가격)이 올랐다는 것을 의미한다.

주기도문은 로마가 유대 민족을 지배하던 시절에 나왔다. 이는 어떤 특정한 개인들을 위한 기도가 아니다. 개인들이 이루고 있는 집단, 하루하루 살아가는 '우리'를 위한 기도인데, "우리에게 일용할 양식(bread)을 주시고"라는 문구가 들어 있다. 결핍에 대한 신호가 보이고, 성장이 없거나 아주 작은 수준으로만 이루어질 때면 우리는 그 부족한 것을 구하고, 가진 것을 어떻게 나눌 것인지 생각한다. 남보다 항상 더 많이 가져야 하고, 그렇게 하면 가장 밑에까지 낙수가 전해질 것이라는 생각 따위는 하지 않게 된다. 그렇지만 정부가 닿을 수 없는 곳에 있거나 슬로다운을 보지 못한다면, 정부에게는 무엇도 기대하기 힘들다.

이런 결론에 의문을 품을 수도 있다. 정말로 우리는 많이 가진 사람이 좀 덜 가지게 되고, 아주 많이 가지고 있던 사람은 훨씬 덜 가지게 되는 새로운 시대로 접어들고 있는 것일까? 아니면 이 책에서 이야기하는 슬로다운은 단지 단기적인 경제순환의 일부인 것은 아닐까? 여기서 이야기하는 것들은 단지 산업이나 인구학, 사회지표 등 여러 분야에서 급속한 성장 이후 슬로다운이 따르기 마련인 동일한 양상일 뿐인 것일까? 만약 그런 게 아니라면 대가속 시대 이후의 삶이 어떨 것이라고 보여 주는 징표같은 것이 있을까?

어떤 이들은 이 책의 시간선을 보면서 단순히 한 사회의 규범 혹은 기술이 다음 세대로 어떻게 이어졌는지에 초점을 맞춘다. 전반적으로 슬로다운이 일어나고 있다는 신호를 보지 못하는 것이다. 동의하지는 않지만 이해할 수는 있다. 비판을 하는 이들은 우리에게 발생하는 것들이 생활주기상의 질적인 변화라고 주장한다. 물론 양적인 변화로도 옛 것이 새로운 형태로 바뀔 수 있다. 운하부터 철도, 도로, 공항, 우주기지까지 한때 전성기를 누리다가 다음 형태로 이어진 것들이 바로 그 사례라고 볼 수 있다. 하지만 실제 이런 것들을 이전과 완전히 다른 근본적인 변화라고 보기는 힘들다. 영국 정부는 2018년 우주개발에 200만 파운드를 투자하기로 했다. 우주기지를 설립하겠다는 계획을 내놓았지만 마음속 깊이 이것이 엄청난 진보가 될 거라고 생각하는 사람은 많지 않다.[1] 그나마 미국에서 처음 스페이스 셔틀 프로그램을 발표했을 때 사람들은 굉장한 진보가 될 거라고 기대했지만 이마저도 사실은 지구의 낮은 궤도를 벗어나지 못하는 우주선이었을 뿐이다. 진정한 우주 탐사를 한다면 이를 준비하는 데만 훨씬 더 많은 공적 자금을 써야 한다. 우리는 무의식적으로라도 이제 슬로다운에 접어들었다는 것을 알고 있다.

슬로다운이 실재한다는 증거는 또 있다. 1880년대 소리를 녹음하는 왁스 실린더는 78회전(rpm) 셸락(천연수지의 일종-옮긴이)을 기반으로 하는 장치로 대체됐고, 이후 비닐 레코드로 바뀌었다. 그리고는 테이프로 대체된 뒤 콤팩트디스크, 음성 파일, 그리고 클라우드에 저장되는 소리로 바뀌었다(클라우드 서버는 아무것도 없는 장소에 위치한다. 가급적 서늘한 곳이면 더 좋다). 우리가 슬로다운의 시대에 접어들었다는 사실에 회의적인 이들은 이런 것들의 발전을 시간선으로 그렸을 때, 매번 새로운 기술은 이전 것을 대체하는 과정에서 급격히 성장했다가 슬로다운에 접어들면 급격히 떨어진다고 주장한다. 하지만 나는 각각의 발전이 이전 것보다 갈수록 덜 인상적이 됐다고 말해 주고 싶다. 물론 이런 의견에 동의하지 않을 수 있다. 다음 세대 역시 지금 부자 나라에 사는 우리들이 그러는 것만큼 많은 음악을 들을 것이다. 이번 장에서는 슬로다운의 영향에 대해 알아볼 것이다. 지금의 어려움에서 벗어나려면 단기간에 변하지 않는 측정지표들을 살펴볼 필요가 있다. 이런 지표들이 변화가 적은 시대로 접어들고 있다는 결론을 뒷받침해 줄 것이다. 전 세계 총생산이나 전 세계 종의 숫자, 전체 여행 규모, 태어난 아기 수, 혹은 인류의 수가 정점에 이르기 몇 년 전까지 태어날 아기들의 수 같은 것들이다.[2]

만약 옛것에서 새것으로의 양적인 변화가 속도를 줄이고 있다면, 1인당 에너지 사용량이나 총인구, 1인당 GDP가 증가하는 속도 역시 느려질 것이다. 미국의 인류학자인 레슬리 화이트(Leslie White)는 에너지 사용량이 문화적 진보의 동력이 된다는 점을 발견했다. 처음 인류 자신의 근육 힘으로 시작해 가축의 힘, 풍력과 수력, 그리고 나선 화석연료에 이어 결국은 원자력까지 이어졌다.[3] 그가 1975년에 사망하지 않았다면 재생에너지까지 언급을 했겠지만, 그는 재생에너지가 부상하는 것을 볼 기회도 없었다. 화이트는 인류의 수요에 따라 많은 에너지를 공급해 주고 그에 따라 최대한의 권력과 영예를 가질 수 있도록 해 준 것이 바로 이런 사회들(그는 문화라고 불렀다)이라고 말했다.

1973년 사회역학자인 리처드 윌킨슨(Richard Wilkinson)은 저서 『빈곤과 진보(Progress and Poverty)』에서 다음과 같이 밝혔다. "안정적인 문

슬로다운

화 시스템을 위해선 필수 조건이 있다. 모두가 잘 알고 있는 입증된 삶의 방식이 정착돼 있어 어떤 혁신이 없이도 만일의 사태들에 대처할 수 있는 사회, 환경과 균형 있는 관계를 발전시킨 곳 등이다."4 짧지만 함축적인 이 책의 144쪽을 보면 초기 뉴코먼(Newcomen) 엔진에서 1750년대 후반에 나온 엔진까지 증기기관의 효율이 40% 가까이 개선된 과정이 나와 있다. 그러다 이 효율은 1760년대까지 두 배가 되고, 1780년대 후반에 또 두 배로 올랐다. 채굴한 석탄에서의 에너지 손실을 줄이면서 가능했던 일이다. 효율은 1830년대에 이르러 증기터빈이 발명되면서 다시 두 배가 됐고, 1910년까지 또 두 배로 늘었다. 그런데 이런 기술적 도약이 이루어진 기간들을 한번 주의해서 보자. 1750년 이후 10년 단위였던 것이 20년이 되고, 40년, 80년이 됐다. 그렇다고 해서 1910년에서 2070년까지 다시 효율이 두 배가 될 거라고 기대하기는 힘들다. 지금까지 그런 걸 기대할 만한 조짐도 보이지 않는다. 터빈에서 전기가 생산되는 효율 역시 슬로다운하고 있다. 다음 몇 세대는 아마도 이미 우리가 가지고 있는 기술을 그대로 사용하게 될 것 같다. 그들은 1700년대 증기기관이나 1900년대 반도체가 가속화시킨 기술적 혁신을 경험하기 힘들 것이다.

증기기관은 처음에는 틈새 산업이었다. 한 세기 전 말이나 소가 쟁기를 끌던 시절에서 트랙터를 사용하는 시기에 이르기까지, 우리의 에너지 사용량은 엄청나게 증가했다. 하지만 지금 전 세계적으로 1인당 에너지 사용 증가량은 줄고 있다. 전체적인 사용량은 여전히 증가하고 있지만 18세기나 19세기 같은 증가 속도에는 미치지 못한다. 1인당 사용량 면에서 우리의 에너지 사용 총량은 그 어느 때보다 상대적으로 천천히 증가하고 있다. 오늘날 우리가 더 효율적으로 에너지를 전환할 수 있게 될수록(예를 들어 태양광 패널이 더 개선됨에 따라), 더 크게 에너지 효율을 높일 수 있는 시대로부터는 멀어지고 있는 셈이다. 초기 화력발전 증기기관에서 경험했던 것처럼 말이다. 다행히 인류의 인구 역시 엄청난 슬로다운이 진행되고 있기에 이런 것들이 대처하지 못할 문제만은 아니다.

때가 되면 언제 안정화에 이를 수 있을지 알게 될 것이다. 안정화는 꼭 이 행성에서 인류 수가 더 이상 증가하지 않는 시점을 말하는 것은 아니다. 아마도 지금 태어나는 아기들이 살아가는 동안 그 시점을 맞닥뜨리게 될 것이다. 미래에 인류의 1인당 에너지 소비량이 줄면서 전체 에너지 사용량도 감소하는 시점이 바로 그때일 수 있다. 그때가 되면 웰빙에 대한 기준을 다시 생각해 보게 될 수 있다. 경제적인 웰빙뿐 아니라 행복 정도, 삶의 만족도, 건강 기대수명 등에 대한 여러 측정 지표 면에서도 그렇다. 오늘날 몇몇 곳에서는 이런 지표들이 더 이상 개선되지 않거나 예전에 비해 개선 속도가 둔화되고 있다.

미래에는 기술 변화의 속도가 더 느려질 것이다. 그것이 더 이상 웰빙에 기여하지 못하기 때문이다. 다시 한번 음성녹음의 사례를 떠올려 보자. 초기에 개발된 기술들은 엄청난 진보였다고 할 수 있다. 초기 레코드판은 78s라고 불렸다. 1분에 78번 회전했기 때문인데, 1898년 당시에는 부자들만 들을 수 있었다. 이후 출시된 45s나 33s, 그리고 카세트 테이프나 콤팩트디스크, 이후의 음악 파일 포맷들은 초기 기술을 거의 원시 도구나 다름없게 만들었다. 그러나 이제는 사운드 품질 개선에 있어 우리가 실질적으로 얻을 수 있는 것들이 점점 줄고 있다(MP3나 CD를 비교해 보면 사운드 품질 면에서 개선된 것이 전혀 없다). 우리는 생태학자들이 기후가 정점인 상태에서 안정을 유지하는 집단(성숙 단계에 이른 열대

슬로다운

우림 같은 곳)이라고 이야기하는 것과 비슷한 상태로 접어들고 있다. 인류에게 일어났던 대부분 일들은 앞으로도 한동안 지속될 것이다. 그렇다면 중요한 질문은 이것이다. 어떤 모습으로 지속이 될 것인지, 얼마나 많은 인류에게 그럴 것인지, 그리고 인류는 어떤 삶을 살게 될 것인지 하는 부분이다.

글로벌 경제의 슬로다운

새로운 세기가 시작될 때 인류의 상태가 어땠는지 이해하려면,
먼저 속도에 대한 사회적 경험에 대해 분석해야 한다.
– 윌리엄 슈어먼(William Scheuerman), 2004[5]

경제학적으로 보면 거의 모든 분야에서 속도가 느려지고 있다. 사람들이 많은 곳에서 특히 더 그렇다. 3세기 전 토머스 뉴코먼의 증기기관은 가속화의 전조였다. 2세기 전 막 독립한 미국은 어떤 왕조가 없이도 조용히 확장하고 혁신을 이어 가고 있었다. 이 자체가 혁신이었다. 1세기 전 부자 나라들은 전쟁 중이었고 아주 많은 혁신이 일어났다. 오늘날 우리 시대에 경제적으로 가장 성공을 거둔 곳, 가장 놀라운 곳, 그러면서도 우리가 별 기대를 하지 않았던 곳이 바로 중국이다. 그렇지만 산업, 정치적 혁신의 초기 중심들이 훨씬 오랜 기간 성장을 했던 것과 달리 중국은 벌써 슬로다운에 접어들었다.[6]

중국은 영국이나 미국이 자본주의의 정점에 이른 뒤 그랬던 것보다 훨씬 더 급격하게 발전 속도를 늦추고 있다. 자본주의는 (지금도 그렇지

만) 과정이었고, 전환이었기 때문이다. 혁명으로 뒤집어지기 전까지 끊임없이 반복되는 어떤 종착점이 아니다. 경제적 진보가 아주 빠르게 이어졌던 시절은 일종의 일탈이었다. 우리는 이제 정체 상태로 돌아가고 있다. 과거에는 항상 정체 상태였다는 사실조차 지금은 기억하기 힘들다. 그때는 평형이 유지됐고 인류애가 살아 있었다. 정체는 좋은 것일 수도 있다. 정체의 반대는 격변이다. 정체가 꼭 무기력함을 뜻하는 것은 아니다. 단지 급격한 변화가 없는 상태일 뿐이다. 가끔 철학자들은 진환에 대해 이렇게 배배 꼬면서 설명한다. "자원의 집단화를 위한 평화적, 주관적인 기반을 형성해 코드화하는 평등주의적인 상징, 평등한 주관적 권리에 대한 차이의 인식, 그래서 궁극적으로 분리된 국가 형태를 사라지게 하는 것"이라고 말이다.[7] 철학자들이 오늘날 이런 문장을 쓰게 된 것은 이제야 그것이 가능하다는 조짐들을 보았기 때문이다. 이것은 단지 이론적인 몽상이 아니다.

우리는 그동안 절박하게 새로운 발전, 더 큰 변화를 추구해 왔다. 글로벌 1인당 GDP를 생각해 보자. 1950년대에는 한 해 100달러에서 150달러가 증가했다. 인플레이션이 심했던 1972년 한 해 동안 260달러, 2006년에는 470달러가 늘었다. 이제 글로벌 평균은 1만 5,000달러를 조금 넘고 있다. 그렇지만 2008년 글로벌 금융위기 이후 절대적인 증가량뿐 아니라 증가 속도 역시 매우 급격하게 슬로다운하고 있다. 절대적인 수치 면에서 (앞서 [그림 47]에서 나타냈듯) 슬로다운은 2006년에 시작됐다. 상대적인 수치 면에선 (이제 [그림 60]에서 보여 주듯) 1인당 GDP의 슬로다운은 1964년부터 시작됐다. 어쩌면 GDP라는 개념이 처음 공식적으로 등장한 지 얼마 안 된 1950년부터 시작됐는지도 모른다.

[그림 60]의 추세를 한번 살펴보자. 1950년부터 2018년까지 왼쪽으

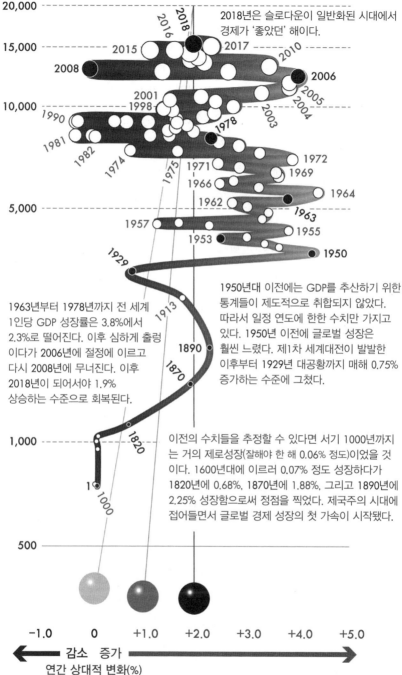

세로축: 세계 1인당 GDP(달러, 실질 연평균, 2011년 US달러 가치 기준), 로그척도

20,000

2018
2016
2018년은 슬로다운이 일반화된 시대에서 경제가 '좋았던' 해이다.

15,000 — 2015
2017
2010
2008
10,000 — 2001
1998
1990
1981
1982
1974
1978
2006
2005
2004
2003
2005

1972
1969
1971
1966
1964

1962
1963

1957
1955

5,000 — 1953
1950

1929

1963년부터 1978년까지 전 세계 1인당 GDP 성장률은 3.8%에서 2.3%로 떨어진다. 이후 심하게 출렁이다가 2006년에 절정에 이르고 다시 2008년에 무너진다. 이후 2018년이 되어서야 1.9% 상승하는 수준으로 회복된다.

1913
1890
1870

1950년대 이전에는 GDP를 추산하기 위한 통계들이 제도적으로 취합되지 않았다. 따라서 일정 연도에 한한 수치만 가지고 있다. 1950년 이전에 글로벌 성장은 훨씬 느렸다. 제1차 세계대전이 발발한 이후부터 1929년 대공황까지 매해 0.75% 증가하는 수준에 그쳤다.

1,000

1820

1
1000

이전의 수치들을 추정할 수 있다면 서기 1000년까지는 거의 제로성장(잘해야 한 해 0.06% 정도)이었을 것이다. 1600년대에 이르러 0.07% 정도 성장하다가 1820년에 0.68%, 1870년에 1.88%, 그리고 1890년에 2.25% 성장함으로써 정점을 찍었다. 제국주의 시대에 접어들면서 글로벌 경제 성장의 첫 가속이 시작됐다.

500

-1.0   0   +1.0   +2.0   +3.0   +4.0   +5.0

◀ 감소 증가 ▶
연간 상대적 변화(%)

그림 60. 전 세계 1인당 GDP, 1~2018년 (로그척도)

흐로닝언 대학 매디슨 프로젝트 데이터베이스 2018, 세계은행과 IMF 데이터를 활용해 업데이트. https://www.rug.nl/ggdc/historicaldevelopment/maddison/releases/maddison-project-database-2018.

로 점점 기우는 게, 급격한 감속이 일어났던 1890년부터 1929년까지와 비교했을 때 꾸준히 이동하는 것처럼 보인다. 물론 모든 것을 알게 될 때까지는 항상 뭐라 단언하기가 힘들다. 하지만 일단 알게 되면 모든 것이 분명하게 보인다. 지금 시점에선 경제가 롤러코스터를 타고 있다는 정도로 표현하는 게 안전하겠다. 그 롤러코스터는 가장 최근에만 역대 최고점에서 최저점으로 출렁였다. 호황과 불황이다. 우리는 또 무엇이 올까 두려워하며 살고 있지만, 아마도 곧 끝이 날 것이다. 앞으로 올 것은 아마도 작은 변화들일 뿐이다. 우리가 올라타고 있는 것은 이제 종착점에 올 것이다. 역사의 종말이 아니라, 단지 롤러코스터가 끝나는 것이다.

현재의 글로벌 경제를 바라보는 관점 중 하나는 1942년에 일어난 일들을 그 기원으로 삼는 것이다. 그때 이후 더 많은 사람들이 글로벌 경제 속으로 뛰어들었지만 세계화가 무엇인지 제대로 아는 이는 없었다. 때때로, 특히 제2차 세계대전 이후로 우리는 세계경제를 직접 관리해 보려고 시도했다. 어떤 면에서 경제와 우리가 가진 자원들은 경작을 할 때 땅에 일어나는 일들과 흡사하다. 처음 농사를 지으면 땅의 영양분은 급격히 고갈되고 작물도 곧 죽게 된다. 그러면 수확도 줄어든다. 이렇게 농사를 배우게 되듯이 자본주의 역시 종말로 가지 않고 학습 과정을 거치고 있는 것처럼 보인다. 그렇다면 그다음은 무엇일까? 지금은 알 수도 없고, 뭐라 말할 수도 없다. 그러나 무엇이 되던 지속가능한 것이어야 한다. 그래야 한다고 사정하는 게 아니다. 단지 관찰의 결과이다. 우리는 그것을 향해 지금 슬로다운하고 있다. 이 책 한 권으로 이를 이해하게 된다면 충분한 사고의 도약을 하게 되는 셈이다. 여러 시사점을 가지고 있는 중요한 도약이다. 우리 손자들이 앞으로 평생 청바지만 입고 살지 모른다는 아주 사소한 것부터, 더 부유한 경제권에서 먼저 슬로다운이 일어났고 지금 좀 더 평등한 미래로 향하고 있다는 심오한 것까지 시사하고 있다.

아직도 변해야 할 것들이 많다. 그러나 롤러코스터에 올라타는 것을 당연히 여기기보다는 경제적으로 안정된 상태를 이루는 것이, 그런 변화들을 잘 가져오는 데 도움이 될 것이다. 2017년 전 세계적으로 14억 명의 노동자가 불안정한 고용 상태에 있고, 고용을 보장해 주는 계약도 없는 상태였다. 국제노동기구(ILO)는 2019년까지 3,500만 명이 추가로 이런 상태가 될 거라고 예상했다. ILO는 극빈 국가에서 노동자 네 명 중 세 명이 여전히 불안정한 고용상태인 것으로 보고 있다. 부자 나라의 경우 극도의 빈곤 상태에 있는 노동자 숫자가 앞으로 몇 년 동안 1억 1,400만 명 이상을 유지할 것으로 예상했다. 2018년 기준으로 모든 피고용자들의 40%에 해당하는 숫자다.[8] 2019년 ILO는 창립 100주년을 맞아 기본적인 노동자 권리와 적정 임금, 근로시간 제한, 안전하고 건강한 근로환경 등을 지켜 주는 일반적인 노동권 보장을 주장했다.[9] 분명히 이런 변화는 가능하다.

2018년에서 2019년 사이 비관적이던 ILO의 보고서는 낙관적인 톤으로 바뀌었다. 그동안 ILO가 전 세계 노동시장에서 최악인 부분에 초점을 맞춰 왔다면, 이제는 실현가능한 실질적인 목표로 시선을 돌렸다. 그러다 2019년 7월이 되자 다시 끔찍한 뉴스가 나오기 시작했다. "6억 5,000만 명에 이르는 하위 20% 노동자의 소득의 합이 전 세계 노동자 소득의 1%에도 미치지 못 한다"라는 것이었다(기사 한 구석에 "전체적으로 근로소득의 불평등은 2004년 이후 줄고 있다"라고 적기는 했다).[10] 아마도 ILO는 매년 자신들이 찾아낸 것이 전 세계 신문이나 방송에 나올 수 있도록 한쪽 극단에서 다른 쪽으로 움직이고 있다는 것을 강조하고 싶었는지도 모른다. 매년 발표되는 내용의 세부사항을 들여다보면 그다지 대단한 게 없다. 좀 더 천천히 나아지고 있긴 하지만, 항상 연속해서 변하고 있는 것은 아니다. 이는 여태까지도 그랬고, 앞으로도 상당히 오랫동안 그럴 것이다. 그렇지만 전반적인 곡선은 평등이 증진되는 쪽으로 향하고 있다. 노동력을 제공하는 이들을 뜻하는 '노동공급자(labour-giver)'라는 개념은 1883년 칼 마르크스의 『자본론』 3판 서문에서 조롱의 대상이 됐다.[11] 마찬가지로 오늘날 우리는 '부의 창조자(wealth creator)'라는 용어가 얼마나 멍청한 말인지 일일이 설명을 해야 한다. 단순히 어쩌다 보니 부자가 돼서 돈을 투자할 수 있게 된 것이니 말이다. 대규모 수익을 창출하는 투자들은 결국 다른 사람의 빚, 다수의 가난한 사람들로부터 비롯된 것이다. 그리고 인구와 시장이 빠르게 성장하던 때가 지나면서 투자자들이 얻을 수 있는 수익은 점점 줄어들고 있다. 성장이 둔화되면서 재분배는 단지 희망사항이 아니라 필수사항으로 되어가고 있다. 브루킹스 연구소가 2020년 미국 신문의 헤드라인을 예측한 자료가 있다. 민주당의 차기 대통령 후보가 지난 10년 간 2조 5,000억 달러 오른 미국 가계 상위 1%의 재산 가운데 1%를 소득세로 걷는 것을 논의하게 될 것이라는 이야기다. 이 정도 액수면 모든 미국 가계에 연간 1,400달러의 세금 감면 혜택을 줄 수 있는 규모다.[12] 이런 논의가 나오는 것은 앞으로의 기술 혁신이 더 이상 가난한 이들을 더 잘살게 해줄 수 없기 때문이다. 이제는 오직 재분배와 사회 혁신만이 그 역할을 할 수 있다. 미국인들은 가계당 1,400달러씩 조성될 기금으로 더 좋은 의료체계를 가질 수 있게 되고, 누구든 아프면 이를 활용하게 될 것이다. 만약 아주 심각한 병에 걸린다면 당신은 1년에 1,400달러가 넘는 혜택을 받게 될 것이고, 병에 안 걸린다면 그대로 또 좋은 일인 셈이다. 슬로다운으로 많은 것이 바뀔 수 있다.

기술의 기적

우리는 엄청난 변화를 가져온 기술 혁신들이 이미 다 성취되었다며 아쉬워한다. 로버트 고든(Robert Gordon)은 2012년에 이런 이야기를 했다. "앞서는 영국이 만들었고, 이제는 미국이 만든 경계들이 1750년 이후 빠른 속도로 확장됐다. 20세기 중반 그 속도는 최고조에 이르렀다. 이후에는 속도를 줄이더니 이내 슬로다운의 과정으로 접어들었다."[13] 그가 직접 언급하지는 않았지만, 혁신 역시 이제 어느 곳에서도 속도를 내지 못하고 있다. 모든 곳에서 혁신은 이제 느려지고 있다. 고든은 그동안 일어난 혁신들 대다수가 한 번으로 끝날 것이라고도 덧붙였다. 우리는 단지 한 세기 동안 가장 빠른 이동 수단으로 말에서 제트기까지를 경험했다. 이런 도약을 다시는 하기 힘들다. 우리가 한 세기 안에 순간이동까지 하는 경지에 오를 것 같진 않다. 이제는 우리가 가진 것에 익숙해지고, 또 효율적으로 써야 할 때다.

고든은 건물의 실내 온도를 가지고도 이런 변화를 설명했다. 과거의 겨울은 얼어붙을 정도로 춥고, 여름에는 숨이 막힐 정도로 더웠지만, 1870년대 이후 바뀌었다. 오늘날은 많은 곳에 에어컨이 설치돼, 1년 내내 화씨 22°C를 안정적으로 유지할 수 있다. 이 덕분에 생산성도 높일 수 있다. 그러나 변화의 순간이 왔고, 더 이상 이렇게 할 수 없게 됐다. 그는 과거 시골이던 미국이 대부분 도시화된 나라로 바뀌어 왔는데, 이런 전환 역시 다시 일어날 수 없다고 지적했다. 예를 들어 그 다음 단계로 '슈퍼-도시화' 같은 것은 없기 때문이다. 그는 여러 다른 사례를 가지고 더 이상 근본적인 변화가 생기기 힘든 이유를 설명했다. 그러고는 미래에 소득이 증가할 수 있는 미국인들의 발목을 잡고 있는 가장 중요한 요인으로 '불평등의 증가'를 꼽았다.

일본이나 스칸디나비아 같은 나라들은 세계 역사상 가장 평등한 도시사회를 이루고 있다. 이들 사회에 있는 사람들은 미국이나 영국에 사는 사람들보다 더 창의적이다. 그렇지만 심지어 이들의 창의성조차 그 발전 속도가 떨어지고 있다.[14] 물론 지구상 어떤 사회도 지금보다 더 평등해지지 말라는 법은 없다. 하지만 지금 가장 평등하다는 평가를 받는 곳은 이제 그간 해 왔던 만큼의 속도로 성장을 할 수는 없을 것이다. 이미 지난 세기 동안 이들 장소의 경제적 불평등이 상당히 제거됐기 때문이다.

고든은 미국인들에게 비숙련 이주자를 더 많이 받아들여야 한다고 주장하며 이야기를 마치고 있다. 그렇지만 대럴 브리커(Darrell Bricker)와 존 이빗슨(John Ibbitson)은 "앞으로 머지 않아 이주자들을 확보하는 것 자체가 힘들게 될 것"이라고 예상했다.[15] 경제학자들은 생산성이 떨어지는 게 단지 지금만의 이야기가 아니라 앞으로 계속 그렇게 될 것이라는 사실을 받아들이기 힘들어한다. 일부 경제학자들은 최근에도 이렇게 말한 적이 있다. "슬로다운은 실재한다 … 다른 많은 요인들도 중요하지만, 투자의 슬로다운, 최전방 기업과 뒤처지는 기업 간의 커지는 격차, 무역에서의 슬로다운, 기술적 변화 등으로 설명될 수 있다. 생산성의 슬로다운은 가속화되는 기술적 변화와 함께 일어나면서 대조를 이루고 있다. 이런 역설은 측정을 잘못했거나 기술적 구현이 지연됐기 때문일 수 있다. 창조적 파괴 과정으로 설명될 수도 있다."**16** 하지만 여기서 그들이 말하지 않은 게 있다. 왜 슬로다운이 일어나고 있는지 그들은 알지 못한다는 점이다. 전통적인 경제학자들은 여전히 가속이 필요하다고 생각하고 가속은 좋은 것이라고 여긴다. 그래서 슬로다운을 최근의 '창조적 파괴'의 결과물이라고 설명하려 한다. 또 다른 새로운 자본주의가 출현하고 다시 가속화 시대로 돌아가기 직전의 소강상태 정도라고 생각하는 것이다.

창조적 파괴는 한 경제학자에 의해 최근 제기된 것으로 역시 지금은 서서히 사라지고 있는 아이디어다. 파괴에 창조적인 것이 있을 수 없다. 슬로다운은 허상이라고 믿고 싶은 희망을 붙잡아 줄 수 있는 것은 없다. 이미 지금 슬로다운에 대한 너무 많은 신호들이 나타나고 있기 때문이다. 미국에서는 거의 모든 아이디어를 특허로 등록하는 경향이 있다. 그럼에도 2000년을 전후해 나온 것들은 거의 무시해도 될 정도로 새로운 차원의 발명은 없었다. 미국의 인구는 여전히 증가하고 있고, 대학과 R&D 기관은 여전히 성장하고 있는데도 그랬다. 특허를 등록하는 열기도 반짝 뜨거웠다가 이제는 급락한 모습이다. 혁신을 계속 발전시켜 뭔가 중요한 결과를 얻으려면 더 막대한 투자가 필요하다.**17**

최근 일어나는 슬로다운의 상당 부분이 창조적 파괴인 것처럼 여전히 묘사된다. 낡은 것들이 끊임없이 새 것으로 교체되는, 이른바 '시장청산'의 과정인 것처럼 그려진다. 마치 자본주의 전환은 우리가 빠져나오지 못하는 역사의 종언과 같은 과정인 듯 여겨진다. 금융 애널리스트들은 자신들이 1980년대와 1990년대에 학교에서 배운 경제학 지식을 가지고 새로운 현실은 직시하지 못한 채 주제넘은 주장들을 내놓는다. 그들은 위대한 예언자로 평가받길 바라면서 특별한 주문을 되뇌고 있다. 최근의 슬로다운을 설명하기 위한 시도가 아마도 수백만 번은 있었을 것이다. 여기 그중 한 애널리스트의 분석을 소개한다. 이 사례는 호주의 쇼핑센터 몰락과 관련된 이야기다. "그러므로 우리는 쇼핑센터의 가치가 계속해서 떨어질 것이라고 본다. 그러면 시장 청산을 돕기 위해 가격이 조정될 것이다."[18] 여기서 일단 시장이 '청산'되면 가격은 다시 예전처럼 오르지 않을 것이란 점을 짐작할 수 있다. 물론 새 쇼핑센터가 들어서고, 새로운 물건, 이전보다 훨씬 더 비싼 물건을 팔게 될지도 모르지만 꼭 그렇다는 법은 없다. 대신 우리는 가진 것에 만족할 줄 알게 되고, 항상 더 많은 것을 소비해야 한다는 생각을 바꾸게 될 수도 있다.

영국에서는 잊을 만하면 "영국 부자들의 재산이 5년 동안 2,740억 파운드 증가했다"라는 제목의 기사가 나온다. 가장 부유한 1,000가구의 재산은 2013년 4,500억 파운드였는데, 2018년 현재 7,240억 파운드가 됐다는 내용이다.[19] 이듬해 이들 부자 1,000가구의 재산을 다시 한번 조사해 보니, 같은 집단에서 성장률이 둔화된 것을 발견할 수 있었다. 그룹에서 이탈된 이들은 제외했고, 새로 들어온 이들의 수치를 집어넣어 반영했다.

2019년 상위 1,000가구의 재산 총액이 480억 파운드 증가하는 데 그쳤다. 그러나 여전히 기사 제목은 이랬다. "페라리와 푸드뱅크의 나라—지난 5년간 영국 부유층의 재산 2,530억 파운드 증가."[20] 하지만 이렇게 기사를 썼어야 했을 것이다. "부자들의 재산 증가는 2017년 정점을 찍으며 820억 파운드 늘었다. 그러다 점차 줄기 시작해 2018년 660억 파운드 증가에 그친 뒤, 2019년에는 증가 폭이 불과 480억 파운드까지 떨어졌다." 물론 영국의 재산 증가 추이와 불평등 정도가 다시 방향을 바꿔 상승할 수도 있다. 그러나 현재로만 보면 최고 부유층의 재산 증가

속도는 분명히 슬로다운하고 있다. 가장 최근 영국 상위 1,000가구에 새로 진입한 이들의 총 재산 규모 역시 줄고 있는 것으로 보인다.

글로벌 경제의 슬로다운이 심각하다 보니 부자들이 계속 부를 늘려가는 것도 쉽지 않은 상황이다. 1950년, 전 세계 평균 1인당 GDP는 요즘 통화가치로 환산했을 때 전년 대비 156달러 정도 증가했다. 4.3% 정도의 증가율이다. 2015년에는 전년 대비 1.6% 증가한 158달러가 올랐다. 3분의 1에 불과한 속도인 셈이다.[21] 그나마 이 수치들은 경제학자들이 최고점에서 가져온 것들이다. 결국 경제적인 슬로다운이 진행되고 있다는 신호들은 점점 더 많이 나타나고 있다. 어쩌면 이는 우리가 더 똘똘 뭉치는 계기가 될 수 있다. 또 다른 위기를 피하기 위해 일부러 슬로다운하거나, 서둘러 지속가능한 삶의 방식을 배울 필요는 없다. 적어도 우리는 살아온 세월보다 더 오랫동안 지속가능성에 대해 고민해 왔다. 우리 마음속 깊은 곳에서, 점점 더 많은 이들이 슬로다운의 필요성을 인식하고 있다.

세계를 실망시키다

> 미친 놈! 당신들이 다 망쳤어! 망할 놈들! 모두 지옥에나 가!
> – 영화 「혹성탈출」의 마지막 대사, 1968[22]

이 책 첫 장에서 당신에게 미래를 그려 보라고 말한 적이 있었다. 2222년 (당신이 아이를 낳고 또 아이들이 계속 아이를 낳는다는 가정하에) 당신의 손자의 손자의 손자의 손자의 손자들은 무엇을 걱정하게 될지 떠올려 보자는 이야기였다. 그때는 인구가 서너 세대 동안 증가하지 않는 상황일 것이다. 경제적 불평등은 몇 세대에 걸쳐 개선된 상황이다. 지구에는 더 이상 온난화가 진행되지 않는다. 최근 몇십 년 동안 계속 오르기만 했던 해수면도 이제 안정을 되찾았다. 전력공급도 상당히 안정되면서 이제는 더 이상 문제로 언급되지도 않는다. 이런 미래에는 아주 똑똑하지는 않더라도 인공지능(AI)이 미리 전력량을 예측해 공급하는 방식이 정착돼 있을 것이다. 모두에게 영양공급도 잘 이루어지지만, 그렇다고 너무 뚱뚱해지지도 않을 것이다. 그렇다면 당신의 손자의 손자의 손자의 손자의 손자들을 무엇을 걱정하게 될까?

슬로다운이 계속 진행되면 당신은 아마도 100명 정도의 후손을 얻게 될 것이다. 인구가 계속 안정된다면 (평균적으로) 128명까지 얻게 될 수 있다. 당신에게 아이가 없더라도 조카, 사촌, 육촌들까지 따져 보면 결과는 비슷할 것이다. 약간 희석되긴 하겠지만 당신의 유전자는 대를 이어서도 살아남을 것이다. 직계 자손이 없다 하더라도 우리는 모두 후손을 남겨 두게 되는 셈이다. 그 후손들은 무언가를 또 걱정하게 될 텐데, 아마도 나름대로는 대단히 심각한 걱정거리일 것이다. 인간은 살면서 걱정을 하지 않을 수 없다. 항상 걱정거리가 있게 마련이다. 이 책 첫머리에서도 지적했듯, 인간이 된다는 것 자체가 걱정을 달고 산다는 것이다. 미래에 우리가 품게 될 대단한 걱정거리 중 하나는 함께 살아갈 동물들의 종이 너무 적어질 수 있다는 점이다.

2019년 UN은 「'전례 없는' 자연의 위험한 감소. '가속화되는' 멸종 비율」이란 보고서를 냈다.[23] 사실 [그림 61]을 보면 멸종 비율은 1980년대 이후 가속화되지는 않았다. 여기에선 2018년 발표된 「지구생명지수(Living Planet Index, LPI)」가 제시한 세 가지 시나리오 가운데 최악의 경우를 보여 주고 있다. "글로벌 LPI는 1970년에서 2014년 사이 60%가 감소했다. 이는 평균적으로 동물 개체수가 1970년에 비해 절반 정도가 됐다는 것이다.[24] LPI 감소 추세가 더 이상 가속화되지 않는다고 해도, 급격한 멸종이 지속되고 있다는 점은 짐작할 수 있다. 정확하게 수치화할 수는 없더라도 잠재적으로 엄청난 위협과 재앙과 같은 손실을 초래할 것이다. 현재 추세가 가속화된다면, 몇십 년 안에 지구상 모든 생명체는 멸종을 맞을 것이다. 인류 역시 마찬가지다. 게다가 관련된 조사를 할 때마다 더 나쁜 소식이 들려온다. 세계자연보호연맹(International Union for Conservation of Nature, ICUN)에서 새로운 종이나 덜 알려진 종에 대한 조사를 진행하면 할수록 적색 리스트(Red List)의 길이가 점점 길어지고 있는 것이다.[25]

우리는 한때 희망에 가득 차 있었지만, 이제는 공포심이 그 자리를 대신하고 있다. 적어도 지금은 우리가 무엇을 하고 있는지 알지도 못한다는 사실을 깨닫고 있다. 우리는 미치지 않았다. 우리는 그저 무지한 유인원일 뿐이다. 결국 우리는 지구상의 종들이 서로 얽히고설켜 있다는 사실 조차도 최근에야 깨달았다. 그때가 우리의 고조부의 아버지가 어린이였거나 이제 막 성인이 됐을 시기였다. 우리의 고조부는 아마도 자신의 가족들 중에서 처음으로 학교에 처음 다니게 됐을 것이다. 우리의 증조부 때가 되서는 멸종에 대해 배우기 시작했다. (좀 젊은 독자라면) 당신의 할아버지는 이 지구가 맨틀 위를 떠다니는 지각으로 만들어졌다는 사실을 처음 배웠을 것이다. 그러다 우리 부모들은 지구가 뜨거워지고 있다는 사실을 듣게 된 첫 세대가 됐다. 그리고 우리는 우리가 지구 역사상 가장 크고 빠른 대멸종을 초래했다는 것을 알게 된 첫 세대다. 이는 엄청나게 놀라운 일이다. 이 모든 것이 단 다섯 세대 동안 일어났다.

세 가지 시나리오 중 최악의 경우를 그린 [그림 61]에서는 1970년까지 유지됐던 생물 다양성이 1994년 대부분 사라진다. 포유류와 다른 큰 동물들의 경우, 내가 살았던 삶의 전반부 동안 대부분의 희귀종이 사라졌다. 물론 우리가 일부러 그러려고 한 것은 아니었다. 그토록 많은 동물들이 멸종위기에 있었다는 사실을 몰랐을 뿐이다. 돼지와 양, 염소, 닭 등 가축을 키우고, 밀이나 쌀을 경작하고, 땅을 밀고, 바닷물을 산성화하는 등, 우리가 한 모든 것이 서식 환경을 파괴하고 강과 바다를 오염시키고 기후 전체를 변화시켰다. 우리는 우리가 무슨 짓을 하고 있는지 몰랐다는 점에서 용서를 빌 뿐이다.

대가속이 시작되던 시기에 우리는 낙관적인 전망을 가지고 있었다. 1914년 브래드퍼드의 시의원인 프레드 라일스(Fred Liles)가 이스트 브래드퍼드 사회주의 주일학교에 현수막을 하나 내걸었다.[26] 중간에 과실나무 두 그루가 있는데, 각각 지식과 진실을 상징하는 것이다. 그 뒤에는 (일용할 양식이 넘치는) 풍요로운 세계를 뜻하는 밀밭이 펼쳐졌다. 나무 아래 잔디밭에서는 양귀비꽃이 자라고 있었다. (현수막에 대한 설명에 따르자면) 주일학교 어린이들이 혼란스러운 지구에서 태어나는 아름다움을 배웠으면 하는 바람으로 그렇게 그렸다고 했다. [그로부터 불과 몇 년 뒤 양귀비꽃은 갑자기 '플랑드르 들판(Flanders Field)'과 제1차 세계대전 전장 곳곳에 등장했다. 그리고 제1차 세계대전 희생자를 추모하는 상징이 됐다.] 현수막 배경에서 태양이 떠오르는 모습은 용감한 신새벽을 상징했다. '평화'나 '행복', '풍요'같은 단어가 나무를 장식했다.[27]

비록 우리가 어떤 상황을 마주하고 있는지 알고 있지만 우리는 다시 낙관적이 될 필요가 있다. 당시 브래드퍼드 사회주의 주일학교의 어린

슬로다운

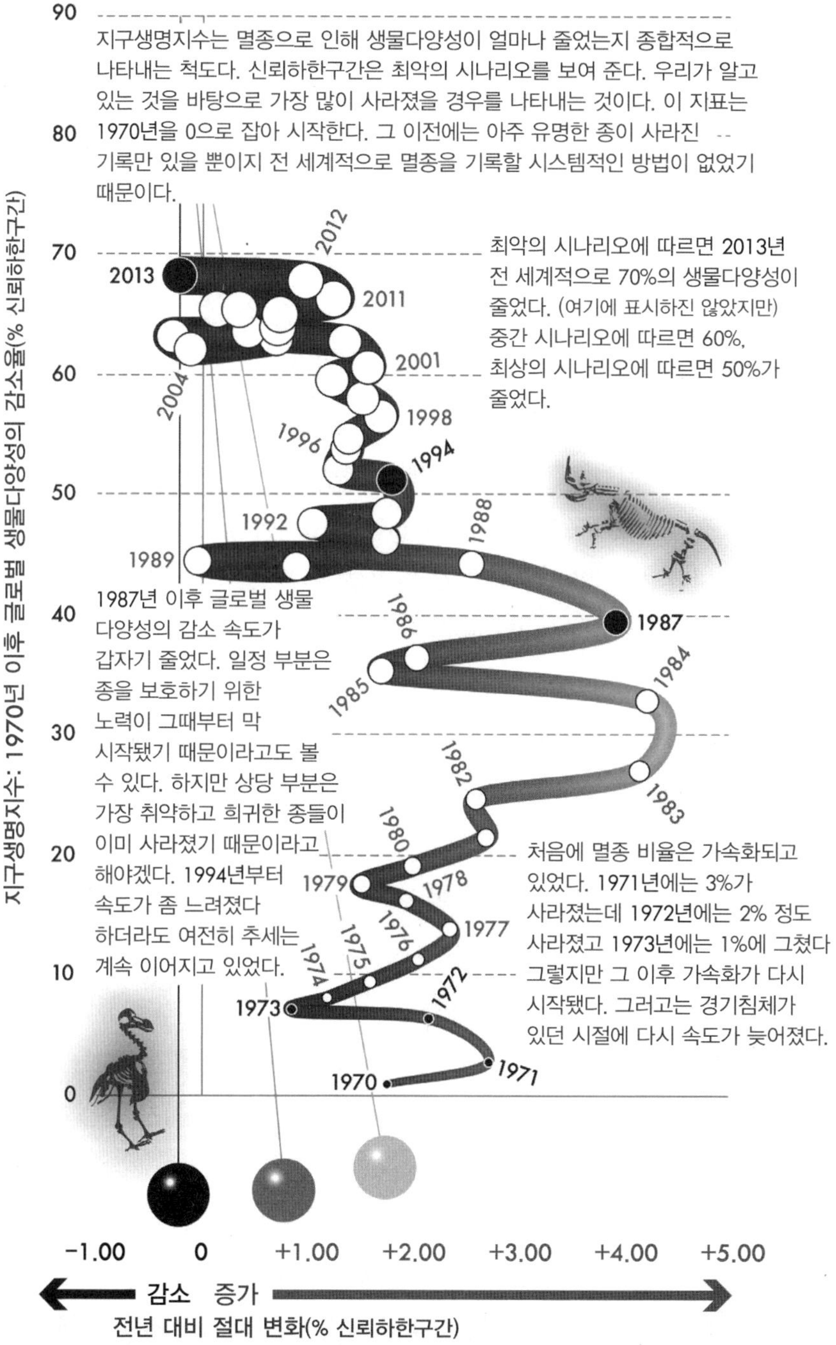

90

지구생명지수는 멸종으로 인해 생물다양성이 얼마나 줄었는지 종합적으로
나타내는 척도다. 신뢰하한구간은 최악의 시나리오를 보여 준다. 우리가 알고
있는 것을 바탕으로 가장 많이 사라졌을 경우를 나타내는 것이다. 이 지표는
80 1970년을 0으로 잡아 시작한다. 그 이전에는 아주 유명한 종이 사라진
기록만 있을 뿐이지 전 세계적으로 멸종을 기록할 시스템적인 방법이 없었기
때문이다.

70

2013

2012

2011

최악의 시나리오에 따르면 2013년
전 세계적으로 70%의 생물다양성이
줄었다. (여기에 표시하진 않았지만)
중간 시나리오에 따르면 60%,
최상의 시나리오에 따르면 50%가
줄었다.

2001

60

2004

1998

1996

1994

50

1992

1988

1989

1987년 이후 글로벌 생물
다양성의 감소 속도가
갑자기 줄었다. 일정 부분은
종을 보호하기 위한
노력이 그때부터 막
30 시작됐기 때문이라고도 볼
수 있다. 하지만 상당 부분은
가장 취약하고 희귀한 종들이
이미 사라졌기 때문이라고
해야겠다. 1994년부터
속도가 좀 느려졌다
하더라도 여전히 추세는
계속 이어지고 있었다.

40

1986

1985

1982

1980

1979

1978

1976

1974

1975

1973

1972

1970

1971

1987

1984

1983

1977

처음에 멸종 비율은 가속화되고
있었다. 1971년에는 3%가
사라졌는데 1972년에는 2% 정도
사라졌고 1973년에는 1%에 그쳤다
그렇지만 그 이후 가속화가 다시
시작됐다. 그러고는 경기침체가
있던 시절에 다시 속도가 늦어졌다.

지구생명지수: 1970년 이후 글로벌 생물다양성의 감소율(% 신뢰하한구간)

-1.00   0   +1.00   +2.00   +3.00   +4.00   +5.00

← 감소 증가 →
전년 대비 절대 변화(% 신뢰하한구간)

그림 61. 지구생명지수(LPI): 신뢰하한구간에서의 생물다양성 감소율, 1970~2013년
「2018 지구생명지수 데이터」. 리처드 그레니어(옥스퍼드 대학교), 모니카 봄, 루이스 맥레
이(런던 동물학연구소).

이들은 두 번의 세계대전과 1929년 붕괴, 대공황이 올 거라고는 알지 못했다. 여기서 생존한 이들은 중년이 되어서 그들이 약속받았던 신새벽이 도래하는 것을 보기 위해 살았을 것이다. 복지국가나 무상 의료서비스, 완전고용, 평등한 사회, 급격하게 개선되는 삶의 질 같은 것을 기대하며 말이다. 이런 현수막이 아직까지 걸려 있을 수 있는 것도 이런 이유에서다. 여러 도전을 겪었음에도 그들은 결국 이겨 냈다. 우리는 다시 승리할 수 있는 계획이 필요하다.

현수막이 내걸린 뒤 정확히 한 세기 만에 옥스퍼드 대학교 인류미래연구소(Future of Humanity Institute)의 한 연구원이 앞으로 인류가 살아남는 데 있어 가장 위협이 될 다섯 가지를 꼽은 보고서를 발표했다. 핵전쟁, 생물공학적인 팬데믹, 초지능, 나노기술, 그리고 우리가 알지 못하는 알려지지 않은 것(unknown unknowns) 등이다. 한 세기 전만 해도이런 것들은 우리에게 위협이 되지 않았다. 다섯 가지 중에 핵전쟁의 위협이 가장 컸지만 그마저도 지금은 사라지고 있다. 1984년 이후 핵무기 개발은 슬로다운하고 있을 뿐 아니라, 전 세계적으로 핵 폐기 작업이 이뤄지고 있다. 생물공학적인 팬데믹은 만드는 것도, 예방하는 것도 전적으로 우리 손에 달렸다. 초지능은 저자 자신도 인정했듯이 꼭 걱정거리가 될 거라고만 볼 수는 없다. "빠르고 강력한 지능 폭발이 가능한지도 알 수 없다는 것이 초지능의 특이한 점"이기 때문이다.**28** 나노기술 역시 전적으로 우리 하기에 달려 있는 것이다. 그리고 알려지지 않은 우리가 모르는 것은 언제나 존재해 왔다. 흥미로운 것은 저자가 기후변화나 멸종을 언급하지는 않았다는 점이다.

5년 뒤 같은 저자가 "인공지능에 대해 상당한 연구를 한 뒤" 다시 보고서를 냈다. "지금 위험은 상당히 최소화됐지만, AI가 점점 더 개선되고 똑똑해지면서 앞으로 위험이 더 커질 수 있다"라고 했다.[29] 아마도 지난 5년 동안 AI가 큰 걱정거리를 만들지 않았음을 짐작해볼 수 있는 대목이다. 그런데 이번에는 비록 멸종위기는 여전히 언급하지 않았지만 기후변화에 대해 말하고 있다. 그런데 그가 보고서를 내기 불과 5주 전인 2019년 부활절 기간 동안, 그가 있던 곳에서 불과 50마일(약 80km) 떨어진 런던에서는 1,000명 이상의 젊은이들이 멸종을 우려하는 시위를 벌였다. 앞으로 인류미래연구소가 얼마나 운영될지는 모르겠다. 하지만 이 기관이 멸종위기를 인류가 직면할 중대 위협에서 빠뜨렸다는 것은, 우리가 살고 있는 곳, 살아가는 방식에 대해 아직도 배울 것이 많다는 점을 보여 준다. 다행히도 많은 이들이 이런 짐을 나눠지고 있다. 몇몇 상아탑에 앉아 있는 소수의 위대한 사상가에게만 의존할 필요도 없다. [그림 61]을 다시 한번 살펴본 뒤, [그림 62]로 넘어가 보자. 그리고 이제 본격적으로 걱정을 시작해 보자(인류가 잘하는 바로 그 걱정 말이다).

지구에서 생명이 나타난 뒤, 다섯 번의 중대한 멸종위기가 있었다. 4억 5,000만 년 전에는 빙하기가 오면서 지구상 생물의 7종 중 6종이 사라졌다. 3억 8,000만 년에서 3억 6,000만 년 전 사이에는 4분의 3이 사라졌다. 아마도 이때는 여러 요인이 있었는데, 이산화탄소 수준이 떨어지고 기온도 내려갔기 때문으로 보인다. 2억 5,000만 년 전에도 급격한 기후변화가 다시 일어났다. 기온이 5°C나 따뜻해졌고 평균적으로 25개 종 가운데 한 종만 살아남았다. 2억 년 전쯤에 이르러 또 한 번 기후변화가 일어났고 5개 종 가운데 한 종이 살아남았다. 그러고 나서 다섯 번 가운데 마지막 중대한 멸종위기가 6,500만 년 전쯤 찾아왔다. 폭이 6~9마일(약 10~14km) 정도 되는 소행성이 지구에 충돌하면서 모든 종의 4분의 3이 사라졌다(공룡의 대부분이 이때 사라졌다). 오늘날 대규모 멸종이 급격한 속도로 진행되면서, 최근 몇십 년 동안 우리는 여섯 번째 중대한 멸종위기에 접어들고 있다. 인류의 습성이 소행성 충돌보다도 지구에 더 악영향을 미치고 있다.[30] 그렇지만 동시에 우리는 지구상에 살아남은 종들을 그 어느 때보다 많이, 또 빠르게 대륙을 건너 이동시키고 있다. 그러면서 새로운 종의 출현을 가속화시키고 있는지 모른다. 다만 이런 일들이 어떤 결과를 가져올지는 전혀 알지 못한다.

이 부분에서 잠깐 논의를 멈추고, 슬로다운 추세에서 예외적인 한 가지 현상을 생각해 볼 필요가 있다. 바로 매년 비행기로 여행하는 승객의 숫자다. 6,500만 년 전에는 공룡이라고 볼 수 있는 개체들이 16미터쯤 되는 날개를 퍼덕이며 하늘을 날았다. 가장 큰 익룡으로 알려진 케찰코아틀루스는 다른 공룡들이 멸종할 때 함께 사라진 것으로 추정된다. 한편 맹금류 중에서 가장 큰 동물은 하스트 독수리였는데 날개 길이는 케찰코아틀루스보다 훨씬 작은 3미터 정도였다. 알바트로스보다도 크지 않았다. 하스트 독수리의 마지막 개체는 600년 전에 죽었다. 500파운드(약 227kg)가 넘는 날지 못하는 새, 모아(moa)가 이들의 주된 먹이였는데 뉴질랜드에서 남획으로 모아가 멸종했기 때문이다.

그러다 1903년, 노스캐롤라이나 키티 호크(Kitty Hawk)에서 12미터짜리 날개를 매단 첫 동력 비행기가 하늘로 이륙했다. 요즘은 이보다 엄청나게 큰 비행기들이 안에 사람을 태우고 하늘을 날아다니고 있다. 비행기는 매년 40억 명의 승객을 실어나르고 있다. 현재까지는 항공 여행에 대한 수요가 슬로다운할 기미를 보이지 않는다. 항공 여행에 대한 탄소세를 부과하는 등 여행 제한조치가 따로 마련되지 않는 한 계속 그럴 것이다. 그런데 이런 세금은 스웨덴에서 이미 도입됐고 프랑스에서도 도입을 검토 중이다. 아마도 이 책이 출간되기 전까지 추가로 도입하는

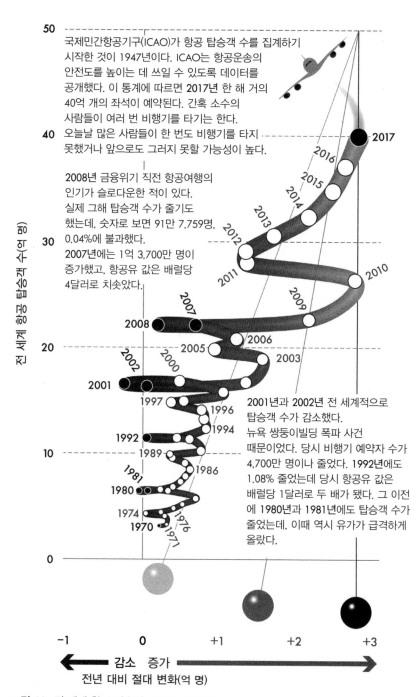

국제민간항공기구(ICAO)가 항공 탑승객 수를 집계하기 시작한 것이 1947년이다. ICAO는 항공운송의 안전도를 높이는 데 쓰일 수 있도록 데이터를 공개했다. 이 통계에 따르면 2017년 한 해 거의 40억 개의 좌석이 예약된다. 간혹 소수의 사람들이 여러 번 비행기를 타기는 한다.

오늘날 많은 사람들이 한 번도 비행기를 타지 못했거나 앞으로도 그러지 못할 가능성이 높다.

2008년 금융위기 직전 항공여행의 인기가 슬로다운한 적이 있다. 실제 그해 탑승객 수가 줄기도 했는데, 숫자로 보면 91만 7,759명, 0.04%에 불과했다. 2007년에는 1억 3,700만 명이 증가했고, 항공유 값은 배럴당 4달러로 치솟았다.

2001년과 2002년 전 세계적으로 탑승객 수가 감소했다. 뉴욕 쌍둥이빌딩 폭파 사건 때문이었다. 당시 비행기 예약자 수가 4,700만 명이나 줄었다. 1992년에도 1.08% 줄었는데 당시 항공유 값은 배럴당 1달러로 두 배가 됐다. 그 이전에 1980년과 1981년에도 탑승객 수가 줄었는데, 이때 역시 유가가 급격하게 올랐다.

전 세계 항공 탑승객 수(억 명)

감소 증가
전년 대비 절대 변화(억 명)

그림 62. 전 세계 항공 탑승객, 1970~2017년

ICAO와 세계 민간항공 통계에서 가져온 데이터. ICAO의 추계치와 세계은행 자료도 취합, 2019년 9월 8일 접속 기준. https://data.worldbank.org/indicator/IS.AIR.PSGR.

나라가 있지 않을까 싶다. 이런 우울한 소식은 잠시 뒤로 하고, 다시 여섯 번째 중대한 멸종위기 이야기로 돌아가 보자. 좋은 소식은, 당신이 멸종의 기준을 (적어도 양성생식을 하는 종에서) '더 이상 번식을 하지 못하게 되는 때'로 잡을 경우, 멸종이 쉽게 일어나지는 않을 것이라는 점이다. 나쁜 소식은 환경보호론 차원에서 볼 때 이것을 멸종으로 볼 수 없다는 점이다. 중요한 것은 기능 면에서의 멸종이다. 한 종이 개체수가 너무 줄어 생태계에서 더 이상 제 기능을 할 수 없을 정도가 됐을 때를 멸종으로 봐야 하는 것이다.[31] 인간의 경우는 조금 달라서, 인간의 해부학적, 생화학적, 유전적 변이의 손실은 마지막 인류가 죽음으로써 실제 사라지게 된다. 우리에게 다소 위안이 되는 이야기일 수도 있겠다. 우리는 한 종이 사라질 때 그다지 가시적인 상실감을 느끼지는 못한다. 하지만 여전히 우리가 좀 더 신경을 쓴다면, 지금도 이 지구상에서 구해낼 수 있는 종들이 아주 많다.[32]

2019년 5월 8일 런던 카스 비즈니스스쿨의 어맨다 구달(Amanda Goodal)과 워윅 대학교(University of Warwick)의 경제학자 앤드루 오스왈드(Andrew Oswald)가 『파이낸셜타임스』에 기고를 했다. "환경이 파괴된 것은 상당 부분 경제·산업활동의 결과"라는 내용이었다.[33] 그들은 파이낸셜타임스가 선정한 각 경영전문대학원의 저널 50개를 분석했는데, 여기에 최근 실린 4만 7,000여 편의 논문 가운데 단 11편만이 생물다양성과 종의 감소에 대한 우려를 다루고 있었다. 경영 면에서는 흥미로운 주제가 아니었던 것이다. 저자들은 "경영이나 경제 연구자들이 오늘날 등장한 새로운 문제에는 관심이 없다. 지위에 대한 욕심이나 인센티브 때문에 과거에 행해진 연구를 모방함으로써 저널 목록에 오르는 데만 혈안이 돼 있다"고 지적했다. 그러면서 "자연과학자들이 해 왔던 것처럼 사회과학자들도 이제 자신들이 해야 할 일을 해야 한다"라고 했다. 결론은 『파이낸셜타임스』가 추천하는 학문 저널들이 세계를 실망시키고 있다"라는 것이다.

지위에 대한 집착은 불안을 낳고, 또 잘못된 노력으로 이어진다. 그리고 보통은 높은 지위를 얻게 될수록 다른 사람들이 그것을 알아 주기를 더 간절히 바라게 된다. 일부 학자들에겐 지위가 자신의 전부인 경우도 있다. 내 경우에도 사람들이 나의 학문적 성과를 인정하는지 아닌지를 완전히 무시하지 못한다(나이를 들면서 조금씩 무뎌지고 있기는 하지만 말이다). 다행히도 나보다 더 열심히 하는 연구자들이 앞장서서 잘 읽지도 않는 저널에 쓸모없는 글을 올리는 짓은 이제 그만두어야 한다는 주장을 하고 있다. 그 대신 무언가 좀 더 유용한 일을 하자는 이야기다.[34] 물론 최근의 학문적 성과들 중에 상당히 유용한 것도 많다. 그러나 내용이 틀렸거나 완전히 오도하는 것들도 상당수다. 여기서 중요한 것은 오늘날 과학자들이 우리 가족을 넘어선 공동체, 도시, 국가 등 더 큰 집단에 대해 고민한다면, 그간 발견한 매력적인 성과들을 생존에 꼭 필요한 것으로 유용하게 쓸 수 있다는 점이다. 겨에서 밀을 더 잘 걸러 낼 수 있는 법을 알아내는 것처럼 말이다. 10년 전에 알아낸 복잡한 모델링 덕분에 지금의 갑작스러운 기후변화가 시스템적인 슬로다운에 앞서 나타난다는 점을 알 수 있게 됐다(이 기후변화는 소행성이나 사람에 의한 게 아니라 더 느려진 진행과정에 의해 일어나는 것이다).[35] 이제 우리는 지구를 더 뜨겁게 만들기 전에 앞으로 어떻게 해야 할지 결정할 수 있게 됐다. 물론 그런 중요한 시점이 언제가 될지 예상하는 것은 너무나 어려운 일이다. 그렇지만 여러 분야의 과학자들이 언제 위험한 순간이 닥칠지 알려주는 다양한 조기경보 방식에 대한 연구 성과를 내놓고 있다.[36] 우리가 엄청난 오염물질을 쏟아부으며 끼어들지만 않는다면 앞으로 어떤 일이 펼쳐질지 예측해 볼 수 있다. 미래에 자연의 균형이 실현되는 시대가 오지 않을 수도 있다. 하지만 우리는 최소한 그게 어떤 것인지 알고 있다. 그러므로 그것을 목표로 삼아야 한다.

볼티모어에 있는 매릴랜드 대학교 지구환경시스템 교수인 얼 엘리스(Erle Ellis)는 우리의 복잡한 문제를 풀기 위해 지도자들이나 전문가들에게만 의존해선 안 된다며 다음과 같이 설명한다. "나에게 맞는 해결 방법이 당신에게는 맞지 않을 수 있다. 따라서 환경적으로 사회적으로 더 좋은 결과물을 낼 수 있는 사회적 전략 대신 환경적 한계에만 초점을 맞춰서는 안 된다. 우리에게 도움이 될 수 있는 유일한 자연의 힘, 바로 더 나은 미래를 향한 인류의 갈망을 사용할 수 없게 되는 것이다 … 우리가 진정 문제를 풀고자 한다면 의미가 있었지만 이제는 낡은 믿음들, 오직 전문가들에 의해서만 정의된 자연의 균형이나 인간의 무한한 독창성, 협상 불가능한 환경적 한계 같은 것들은 뒤로 밀쳐놓아야 한다."[37] 그러면 이제 나올 수 있는 질문은 우리 스스로 어떻게 슬로다운에 대한 열망을 가질 수 있느냐는 것이다. 어떻게 하면 이를 제대로 활용할 수 있는 수준에 도달할 수 있을 것인가?

지난 다섯 세대 동안 우리는 폭풍 같은 변화를 겪었다. 어떻게 살아야 할 것인지도 깨닫게 됐다. 이런 변화들은 또 다른 후폭풍을 낳고 있다. 그중 대표적인 게 빠르게 변하고 있는 기후다. 우리는 워낙 '극적인 변화' 같은 표현에 익숙해져 있기 때문에 기후를 놓고도 그렇게 예측하는 것인지 모른다. 그러나 미래에 엄청난 규모로 멸종이 일어나면서 기후 역시 (격변이라고 할 정도의) 변화가 올 거라는 사실은 너무 쉽게 예측할 수 있다. 우리가, 오직 우리만이 이런 미래를 바꿀 수 있다. 우리가 무엇을 선택하느냐에 달렸다. 슬로다운하는 세계에서는 우리에게 더 많은 선택지가 있다.

지금까지 일어난 기후변화는 전적으로 의도하지 않는 상태에서 일어났다. 별 생각 없이 농업을 기계화하고, 산업화하고 해외여행을 다니고 끝없이 자원을 소진해 온 결과물이다. 전 세계의 비옥한 지역에서 과잉 경작을 해 왔던 것은 그런 과잉 경작이 가능할 것이라고 생각조차 못했기 때문이다. 그러나 이제 우리는 그 결과물이 무엇인지 알아야 한다. 그리고 이제까지 해 온 방식을 바꿔야 한다.

우리 종의 개체수를 유지하며 살아남으려면 인간이 초래한 기후변화는 지금 당장 슬로다운을 시작해야 한다. 최소한 지난 수십 년간 대부분의 핵무기를 해체했듯이 빠르게 움직여야 한다. 이런 상황은 사막 근처에서 관개농업을 하면서 작황을 좋게 하기 위해 배수층의 물을 다 뺀 뒤 다시 계속 물을 대는 것과 비슷하다. 지금 전 세계적으로 고대의 화석연료를 너무 빠른 속도로 뽑아내고 있다. 그렇지만 예전처럼 어떤 피해나 결과를 생각하지도 않고 너무 많이, 너무 빨리 추출하는 일은 없을 것이다. 어떤 결과가 발생할지도 잘 알지 못하니 말이다. 땅속 배수층에 지하수가 잘 흐르고 있던 때도 사람들은 아무 걱정을 하지 않았다. 하지만 지하수에서 소금 맛이 나기 시작하면서 상황은 달라졌다.

이 책에서 설명하고 있는 슬로다운은 스스로 알고 내린 선택과 불가피한 상황이 혼재된 결과물이다. 모든 슬로다운은 인간이 개입한 결과이지만, 또 인간의 무지도 영향을 미쳤다. 인간이 초래한 기후변화 역시, 앞으로 사람들이 무슨 일을 하든지 슬로다운이 시작되는 지점이 있을 것이다. 우리 문명이 붕괴해 인구가 줄어드는 시점이 될 수도 있고, 스스로 오염을 줄임으로써 이런 운명을 피하게 되는 시점이 될 수도 있다. 우리 자신을 구원할 방법 중 하나는 지금의 경제적 슬로다운을 가속화하면서, 동시에 재분배에도 속도를 내는 것이다. 제24차 UN 기후변화협약(UNFCCC, COP24로도 알려져 있다)에서 발표된 것처럼 전체 탄소 배출 증가량을 계속 2% 수준으로 묶어 두는 것도 대안이 될 수 있다. 정확히 50년 전인 1968년 당시 글로벌 인구증가율을 2%로 묶어 두려 했던 것만큼 힘든 일이지만 말이다.[38]

희망을 가져야 한다. 과거 핵무기 감축을 주장했던 이들도 희망을 가지고 있었다. 희망이 없었다면 그런 문제에 신경도 쓰지 않았을 것이다. 지금 기후변화의 전조로 인구 증가나 제품 소비 면에서 대규모 슬로다운이 나타나고 있다. 좀 더 친환경적고자 하는 열망이 가속화되는 것도 그런 전조 중 하나라고 볼 수 있다. (지금 풍족한 상태인) 우리는 아마도 미래에 좀 덜 소유하게 될지도 모른다. 그리고 그때는 많은 이들이 지금 우리가 하는 조치들이 충분하지 않았다고 지적할 수도 있다. 그렇지만 우리는 여전히 적응하며 배우고 있다. 슬로다운은 그렇게 빨리 일어나지 않는다. 이산화탄소 배출량 같은 것은 앞으로 20년 안에 슬로다운이 추가로 일어나겠지만 말이다. 지리학적으로 지난 20년 동안 벌어진 일들은 (앞서 다섯 번의 대규모 멸종의 원인이 된 것으로 인식되는) 엄청난 화산 폭발에 비교될 수 있다. 그만큼 위험한 일이었다. 그러나 화산 폭발과 다른 점은, 우리가 미래에 오염물질을 얼마나 배출할지 선택할 수 있다는 것이다. 아주 간단한 선택이다.

이해의 변화

2019년 6월 17일 월요일, UN은 최신판 『세계 인구 전망』을 내놓았다.[39] "2050년까지 지구상 인구 97억 명. 그러나 성장률은 둔화"라는 제목이 달렸다. 하루 전까지만 해도 UN의 2050년 추정값은 98억 명에 가까웠다. 그리고 2100년에는 112억 명이 될 것이라고 전망했다. 그런데 이 수치 역시 지금은 갑자기 109억 명으로 줄었다. 인구 증가는 우리가 생각했던 것보다 더 빠르게 둔화되고 있는 것이다.

UN 보고서는 우선 여전히 인구가 가장 많이 증가하고 있는 곳이 어디인지에 초점을 맞췄다. 그러면서 이런 증가가 새로 태어나는 이들보다는 오래 사는 이들 때문에 일어난다는 사실에 방점을 찍지 않았다. "지금부터 2050년까지 인도는 가장 많은 인구 증가가 일어날 곳이다. 2027년 무렵에는 세계 최대 인구 타이틀을 중국으로부터 가져올 것이다. 지금부터 2050년까지는 인도와 그 밖의 8개 나라에서 증가하는 인구가 전체 증가분의 절반을 차지할 것이다. 이처럼 가장 큰 인구 증가를 보일 9개 나라는 인도를 비롯, 나이지리아, 파키스탄, 콩고민주공화국, 에티오피아, 탄자니아, 인도네시아, 이집트, 그리고 미국이다."

그렇다. 인구 증가 폭이 클, 문제의 나라 중 하나에 미국이 꼽힌다. 그러나 UN 보고서는 이 부분도 지적한다. "많은 나라에서 점점 더 인구 규모는 실제로 작아지고 있다. 2010년부터 27개 국가 혹은 지역에서 1% 이상의 감소가 있었다. 지속적인 출산율 저하 때문이다. 지금부터 2050년 사이 이처럼 1% 이상의 인구 감소를 경험하게 될 나라들은 55개국으로 늘어날 전망이다. 게다가 이들 중 절반 정도는 인구 감소 폭이 10% 이상일 것이다." 그런데 이 보고서는 UN이 새로 제시한 2100년도 예측값이 110억 명을 밑돈다는 점은 강조하지 않았다. 주 보고서에 딸린 데이터를 보면 한 살 이하 아기들의 숫자가 어떻게 될지에 대한 수정 전망치 등 새로운 숫자들이 나와 있다. 이 부분은 [그림 63]에 나타냈다.

이 책을 읽다가 중간에 건너뛰었거나 〈표〉 보는 법을 읽지 않은 독자를 위해 [그림 63]을 가지고 다시 간단히 설명해 보겠다. 1950년에는 전 세계적으로 8,000만 명 미만의 아이들이 태어났다. 이는 시간선에서 '1950'이라는 글자 왼쪽의 검은 점으로 나타난다. 바로 위 점선을 따라 세로축까지 따라가 보면 8,000만 명이라고 적혀 있다. 가로축으로 내려가 보면 바로 4라는 숫자에 이른다. 이는 전년도와 비교해 그해 전 세계적으로 태어난 아기 숫자가 400만 명 증가했다는 의미다. 이는 1951년 그 폭이 조금 줄어든 채로 증가한다. 그러다 1956년부터 증가율은 실제로 감소한다(시간선이 세로 중심축의 왼쪽으로 이동한 것을 보면 알 수 있다). 그리고 시간선을 보면 1958년에 태어난 아이들이 1955년 당시보다 적다. 시간선이 지저분하게 될까 봐 모든 점에 연도를 표시하지는 않았다. 그러나 앞뒤로 연도를 세면서 그 점이 언제인지 충분히 알 수 있을 것이다. 시간선 밑부분에 그려 놓은 진자 추는 가속화에서 안정된 상태로 운동하는 전반적인 추세를 보여 준다. (1950년이라고 적힌 밑부분에 있는) 흰색 추부터 2100년 지점 바로 밑에 있는 검은 추까지 이어진다.

좀 뒤로 물러나 [그림 63]을 전체적으로 살펴보자. 연속적으로 원을 그리다 나중에는 더 큰 원을 그린다. 1989년에는 무려 1억 3,500만 명의 아기가 태어나는 수준에 이른다(그해 주변에 점들이 많이 몰려있기 때문에 정확하게 연도가 표시돼 있지는 않다). 이런 원은 1998년 즈음이 되어 멈춘다. 이후로는 갑자기 전혀 다른 추세가 진행된다. 이는 전적으로 그런 건 아니지만 중국과 관련이 있다(7장과 8장 참조). 이 책을 쓰고 있던 시

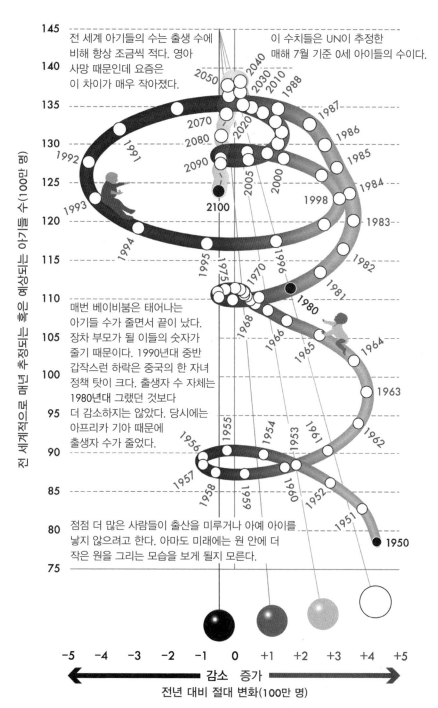

그림 63. 전 세계 1세 미만 인구, 1950~2100년

이 표는 1세 미만 아이들의 수를 가지고 표시한 것이다. 영아 사망 때문에 출생자 수보다 조금씩 작을 수 있다. 『UN 세계 인구 전망 2019』, 2019년 6월 20일 기준. https://population.un.org/wpp/Download/Standard/Interpolated/.

점에는 몇 달 전보다 추세가 세로축 쪽으로 좀 더 빠르게 다가가고 있었다. 새로 태어나는 아기 수가 또다시 감소 쪽으로 가고 있었던 것이다. 그러나 지금 상태에서는 다시 상승 추세로 갈 것 같은 조짐은 보이지 않는다. 2021년, 그리고 2023년에 UN이 다시 전망치를 수정할 때면 시간선의 좀 더 아래쪽에 원이 그려질 거라고 쉽게 예상해 볼 수 있다. 그렇지만 그 원은 좀 더 왼쪽에 그려질 텐데, 이는 머지않은 미래에 엄청난 슬로다운이 닥칠 것이라는 의미다. 이 데이터를 제공한 인구학자들은 아직 그런 상황을 예상하지 못하고 있다. 오히려 UN의 인구학자들은 상황이 갑자기 안정화될 거라고 가정하고 있다. 거의 모든 지역에서 모든 사람들이 평균적으로 두 명의 자녀를 낳을 거라고 보고 있는 것이다. 지금도 자녀 수가 이에 훨씬 못 미치는 곳에서조차 그렇게 될 것이라 보고 있다. 전 세계적으로 콘돔을 무료로 나눠 주던 이들이 슬로다운이 닥쳤다는 사실을 깨닫고 갑자기 자신들이 하던 일을 멈추기라도 한단 말인가. 내 생각에는 UN의 예측보다 출산율 감소는 훨씬 빠른 속도로 일어날 것이다. 이렇게 예측을 하는 사람은 나뿐만이 아니다.

2019년 6월 17일 『세계 인구 전망』 보고서에서 UN의 인구학자들은 2025년 7월에 태어나 첫 생일을 맞이할 아기들이 1억 3,600만 명이 될 것이라고 전망했다. 그러고 나서 2030년에 이 숫자는 1억 3,700만 명, 2040년에 1억 3,800만 명, 2050년엔 여전히 1억 3,800만 명, 2060년에는 1억 3,700만 명, 2070년에 1억 3,500만 명이 될 것이라고 추정했다. 하지만 미래는 이처럼 안정되지 않을 것이다. 여러 이유에서 출생자 수는 훨씬 더 적을 것이다. 관계 당국의 전망치도 지금 떨어지고 있다. 당장 가까운 과거에 얼마나 많은 변화가 빠르게 일어났는지 다시 한번 떠올려 보자. 그런 변화는 앞으로도 많이 일어날 것이기 때문이다. 1844년 찰스 굿이어(Charles Goodyear, 굿이어 타이어 주인공)는 고무에 황을 가하는 방식에 대해 특허를 냈다. 1855년에 고무로 만든 첫 콘돔 제품이 나왔다. 이 소식이 널리 전해지기까지는 약간의 시간이 걸렸다. 그리고 이 발명은 1870~1930년 사이 유럽의 출산율 감소를 가져왔다. 이런 추세가 자리 잡게 되자, 이번에는 인구 감소를 되돌리기 위해 임신을 장려하는 움직임이 나타났다. 군대에 갈 인력이 필요했던 것이다. 모든 시도는 실패했지만 의미 있는 결과도 있었다. 이 덕분에 사회적으로나 정치적으로 여러 혜택이 생겼기 때문이다.

아주 가까운 미래에, 아마도 슬로다운에 대한 반응으로 출산을 장려하기 위해 모성이나 부성 지원 제도가 더 많이 생길 것이라고 본다. 경제협력개발기구(OECD)가 고맙게도 직접적인 모성 지원 제도에 대한 데이터를 취합해 놓았다. 특히 유럽에서 어머니들에게 더 많은 아이를 낳으라고 장려하기 위해 도입한 것들이다. 출생자 수가 떨어지기 시작하던 시점에 이런 제도가 도입됐다는 것은 결코 우연이 아니다.[40] 1877년 스위스는 출산휴가에 대한 첫 연방 차원의 법을 제청했다. 무급휴가였지만 해당 어머니의 일자리는 8주 동안 보장됐다. 1878년 독일에서는 임신한 여성이 출산 직전 3주 동안은 일을 할 수 없도록 못 박았다. 1885년 오스트리아에서도 임신한 여성에 대한 노동 제한 규정을 도입했다. 하지만 이런 제도들이 출생률 감소를 막지는 못했다. 1957년 오스트리아에서 수당을 주면서 일자리까지 보호해 주는 출산 휴가 제도를 도입했지만, 이 역시 역부족이었다.

1889년 벨기에와 네덜란드에서는 출산 여성에 대해 4주간의 무급휴가를 법제화했다. 벨기에는 1954년, 네덜란드는 1966년에 이 휴가를 유급으로 바꾸었다. 체코 공화국(당시 이름은 체코슬로바키아)은 이런 작업을 이미 1948년에 마쳤다. 1956년에는 유급휴가를 18주까지 늘렸다. 이보다 앞서 아이슬란드에서는 1938년에 재정적 지원까지 했다. 덴마크는 1892년에 무급 출산휴가를 의무화했다. 스페인은 1900년, 스웨덴은 1902년에 도입했다. 1902년에 이탈리아는 출산 후 4주간 노동을 금지시켰다. 모두 무급이었다.

프랑스가 4주간의 무급 출산휴가 제도를 도입한 것은 1909년이다. 그리스는 1910년에 임신 여성의 노동을 금지했다. 핀란드에서 무급 출산휴가를 처음 도입한 것은 1917년이다. 같은 해 멕시코가 한 달간의 유급 출산휴가를 만들었다. 폴란드는 1924년 12주간의 유급휴가를 도입했다. 1930년 터키는 6주간의 무급휴가를 추진했다. 일본은 1947년에 출산휴가 제도를 들여왔다(패전 후 낙태율이 믿을 수 없을 정도로 치솟을 때였다). 영국은 1948년 13주간의 출산휴가 제도를 시작했다. 하지만 이 시점부터도 수십 년 동안 여성 노동자들은 출산 휴가 기간 동안 일자리를 보장받지 못했다. 한국은 1953년 출산휴가 제도를 도입했고, 룩셈부르크는 1962년, 포르투갈은 1963년, 캐나다는 1971년 이를 시작했다. 호주는 조금 늦은 편이어서 1973년에 출산휴가 법안을 통과시켰다. 12주간의 유급, 40주간의 무급휴가였다. 그러면서도 가장 늦었던 나라가 미국이다. 1978년까지 모성 권리에 대한 이렇다 할 정책을 전혀 내놓지 않았다. 기존의 질병이나 상해 시 주어졌던 것보다 아주 조금 더 많은 권리를 제공함으로써 오히려 비웃음만 샀다. 지금 미국은 전 세계에서 산업화된 나라 가운데 일하는 여성과 남성에게 일자리가 보장되는 종합적인 유급 출산휴가를 제공하지 않는 유일한 곳이다. 아마도 다른 나라에 비해 인구 감소에 대한 걱정을 가장 늦게 시작했기 때문일 수 있다.

유럽의 많은 나라들은 결혼한 이들, 아이를 가진 이들, 가족들에게

(대개는 재정적으로) 지원을 해 준다. 그렇지만 동시에 병원에서는 가족계획 상담을 해 줌으로써 출생자 수의 순감소에 기여하고 있다. 출생자 수가 순감하고 있지 않는 곳이 있다면, 대개는 최근 들어온 이민자들이 낳은 아이들 덕분일 것이다. 물론 이들이 고향에 남아 있었다면 훨씬 더 낳았을 것이다. 지구상에 이민자가 더 많아진다면, 미래의 출산율은 더 빠르게 떨어질 수밖에 없다. 결국 이런 방법으로도 더 많은 아이를 얻지는 못했다. 그렇다면 이 과정에서 얻어 낸 것은 무엇일까? 바로 여성의 자유다. 선택의 자유다. 대감속을 이끌어 낸 것은 남성이 아니라 여성이었다. 앞으로도 이런 감속을 지지할 것 같은 이들도 여성이다. 녹색 정치인들 중 대다수가 여성인 것도 결코 우연이 아니다. 기후변화에 대응하기 위해 나섰던 스웨덴의 학생도 여성이었다. 우리는 아주 가까운 미래에 여성들이 정치에 엄청나게 참여하는 것을 보게 될 것이다. 그리고 여성들은 정치권에서 더 많은 요직을 차지하게 될 것이다. 아마도 슬로다운하지 않는 몇 가지 중 하나가 될 수 있다.

이토록 짧은 시간 동안 여성의 권리가 얼마나 많이 달라졌는지 잠시 생각해 보자. 생각할수록 더 낙관적일 수밖에 없다. 얼마 전까지도 여성에게는 기본적인 교육조차 허락되지 않았다. 이 책에서 사용한 원리들을 개발한 이들도 소수의 남성 물리학자나 수학자였다. 1870년대, 인류의 감소가 시작되는 것을 막기 위한 보편적 모성 조치가 처음 도입되었다. 인류의 삶에서 대부분이 가속화하던 시기에 이런 일들이 일어난 것이다.

21세기 들어 출산율을 기준 삼아 사회 변화 속도를 연구한 결과가 있다. 이 연구는 "사회적인 변화 속도가 20세기 내내 가속화됐다"라고 언급한다.[41] 또 다른 연구에서는 이렇게 이야기한다. "삶을 통제하고 계획을 짤 수 있게 하는 안정성이 훼손된다면, 그래서 사회적인 가속이 일어나고 있다는 느낌을 받는다면, 그렇게 된 원인을 따져 묻기 전에 이런 상황의 본질에 대해 알아보고 처음 그런 일이 발생한 곳에서부터 조사를 해야 한다."[42] 그러나 가속은 일어나고 있지 않다. 우리가 그렇게 느꼈다면, 그 느낌을 바꿔야 한다.

왜 우리는 명확하게 벌어지고 있는 것을 보지 못하고 있는 걸까? 초기에 출산율이 감소한 나라들, 그러니까 1900년 이전 서유럽 국가에서의 출산율 감소 속도는 아주 느렸다. 감소가 가장 최근에 일어난, 그러니까 1972년 이후에 시작된 나라에서의 감소 속도는 아주 빨랐다. 대부분은 아프리카의 국가들이었다. 따라서 1972년 이후에는 '크레센도 효과'가 나타났다. 모든 오케스트라가 한꺼번에 소리를 내듯, 모든 곳에서 그 어느 때보다 빠르게 출산율이 안정화되는 방향으로 나아가게 된 것이다.

1972년 이전에는 이런 크레센도가 있을 거라고는 누구도 알지 못했다. 1968년 『사회 변화의 지표(Indicators of Social Change)』라는 제목의 책이 출간됐다.[43] 거의 전적으로 미국에 관한 내용이었다. 가장 흥미로웠던 대목은 변화를 측정하는 방법이 오늘날 사용되는 것과 유사했다는 점이다. 오히려 변화율이라는 개념을 그때보다 덜 사용하는 것 같지만, 다른 면에서도 그다지 많이 바뀐 게 없었다. 이 책의 저자는 이렇게 이야기했다. "미국이 직면하게 될 가장 심각한 문제 중 하나는, 사회적 지위가 낮은 사람들 사이에서 정치적 표현에 대한 요구가 더 커질 것이란 점이다. 그러면서 사회적 지도층이 가지고 있던 신뢰는 점점 사라지게 될 것이다." 우리가 슬로다운하면서 모든 것들이 덜 빠르게 변하고 있다. 1968년이란 해를 앞뒤로 비교해 보면, 1918년보다는 2018년과 훨씬 더 비슷하다. 따라서 2018년이란 해 역시 1968년보다는 2068년과 더 비슷할 것이다. 이 역시 슬로다운이 일어나고 있는 증거 중 하나다.

시사주간지 『타임』의 기자인 제이미 두샴(Jamie Ducharme)은 최근 "2018년 미국에서 태어난 아기 수가 1986년 이후 가장 적지만 꼭 나쁜 일이 아닐 수 있다"라는 제목의 기사를 냈다. 이 기사에서 그녀는 인구가 감소한 것이 일정 부분은 10대의 출산이 줄었기 때문이라고 말했다. 그러면서 펜실베이니아대학교의 사회학과 교수인 한스-피터 콜러(Hans-Peter Kohler)의 말을 빌려 결론을 내렸다. 약간은 트럼프 대통령을 꾸짖으면서 오바마 대통령에게 감사의 뜻을 표하는 내용이었다. "이를 두고 콜러는 물론 좋은 일이라고 했다. 10대 임신은 실수였거나 원치 않은 경우가 대부분이기 때문이다. 그는 10대 출산율이 감소했다는 것은 더 효과적이고 오래 지속되는 피임 방식이 더 폭넓게 보급됐음을 의미한다고도 했다. 이는 건강보험개혁법(Affordable Care Act)이 시행된 덕분일 수 있다고도 했다."[44] 이 법안이 통과된 덕분에 2016년 미국에서 보험 적용을 받지 못하는 사람들의 숫자는 2014년에 비해 절반으로 줄었다. 우리는 슬로다운하면서 더 많은 것을 깨닫는다. 진보는 그렇게 실현되는 것이다. 진보의 일정 부분은 (대개 부자들인) 나쁜 사람들이 내리는 나쁜 결정에 대해 걱정하고 비관하면서 구현되기도 한다. 우리는 최근까지도 그들이 하라는 대로 그대로 받아들여 왔다. 이제는 더 이상 그래선 안 된다.

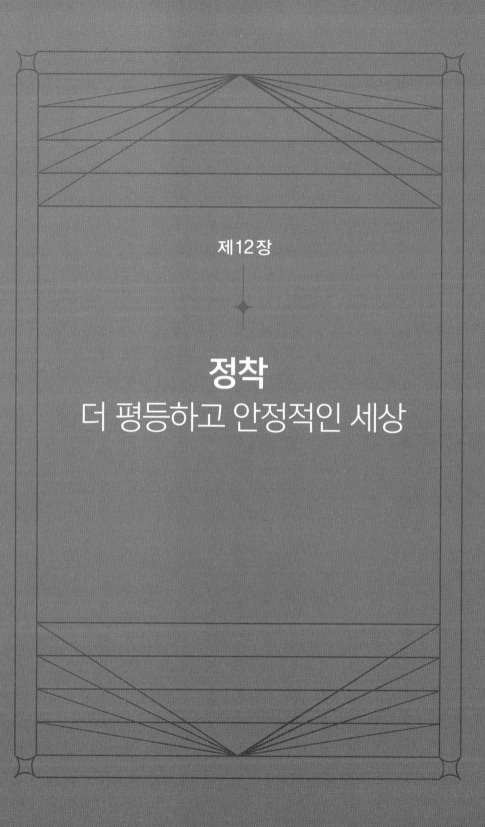

제12장

정착
더 평등하고 안정적인 세상

경기침체에 대한 공포가 또다시 시장을 사로잡았다. 그러나 투자자와 애널리스트들은 근본적이고 구조적인 변화를 더 우려하고 있다. 세계경제가 이른바 '일본형 불황'이라는 현상에 빠지게 될 수 있다는 것이다.

- 『파이낸셜타임스』, 2019년 8월 27일

1968년 출판된 공상과학소설 『잔지바르에 서서(Stand on Zanzibar)』에는 인구가 과밀 상태에 이른 세계에서 앞으로 누가 자식을 낳을 수 있게 할지 유전학자들이 결정하게 된다는 내용이 담겨 있다. 영국인 저자인 존 브루너(John Brunner, 1934~1995)는 "인공지능이나 인종차별, 마약, 환경, 우주여행, 신기술 복지"같은 소재를 가지고 종종 으스스한 미래에 대해 글을 썼다.[1] 그는 2010년께 이 행성에서 인류의 숫자가 70억 명에 이를 것이라고 내다봤다. 거의 맞혔다. 그 숫자에 이른 게 2011년 늦은 봄이었다.

브루너는 이미 많은 것을 알고 있었다. 그는 유명한 핵무기 반대 노래인 「수소폭탄의 천둥(The H-bomb's Thunder)」의 가사를 썼다. 이 노래는 '핵무장감축운동(CND)'이 런던부터 올더마스턴(Aldermaston)까지 행진할 때 사용됐다. 올더마스턴은 영국의 핵무기 연구소가 있는 곳이다. 1968년 당시 브루너 같은 사람들은 우리가 머지않은 미래에 다 죽을 수도 있다고 생각했다. 그와 CND는 거의 10년 가까이 완전히 무시를 당하고 있었다. 하지만 그는 희망을 잃지 않았다.

1901~1968년 사이의 시기는 인류 역사상 가장 급격한 변화가 일어난 때이다. 말로부터 동력을 얻는 시대가 끝난 것부터 수소폭탄이 개발된 것까지, 이 모든 일이 한 사람이 살아 있는 동안 일어났다. 1901년 이전에는 삶의 질 개선이라는 관념이 여러 사람에게 퍼지기까지 많은 시간이 걸렸다. 부자 나라에서나 전 세계적으로나 다 그랬다. 그러나 1901년 이후의 변화는 더 크고 빨랐다. 영국에서는 1901년에 인구조사가 있었다. 영국 제도 역사상 가장 빠른 인구 성장이 전개되는 10년이 시작된 해이기도 했다.[2] 전 세계적으로 1901년은 연간 글로벌 인구증가율이 처음으로 1%를 넘은 해였다.

전쟁과 팬데믹이 있었던 짧은 기간을 제외하면 1901년 이후 글로벌 인구증가율은 항상 1%를 넘었다. 그렇지만 2019년 6월 발간된 최신판 『UN 세계 인구 전망』에 따르면 2023년쯤 이 수치는 그 당시보다 떨어질 것으로 보인다. 그러고는 더 급격히 감소해 2027년에는 0.9%에도 못 미치게 되는데, 그 이후에는 하락 폭이 그만큼 크지는 않을 전망이다. 그런데 UN의 인구학자들은 0.9% 밑으로 내려가는 시점을 점점 당겨 왔다. 먼 미래로 갈수록 전망치를 보수적으로 잡는 경향이 있는데도 그랬다. 이제 UN은 2051년에 연간 글로벌 인구증가율이 0.5% 밑으로까지 떨어질 것이라고 보고 있다. 2100년이 조금 지나서는 0%(인구수가 정점을 찍는 순간) 밑으로 떨어질 것이다. 최근 몇 년 동안 UN 보고서에는 인구 성장 전망치를 계속 낮추고 있다. 따라서 이번 세기가 지나기 전에 인구수가 정점을 찍을 것으로 예측된다. 2015년 연간 인구성장률이 1.15% 아래로 떨어졌다는 것도 최근에서야 알려진 일이다.[3]

여전히 슬로다운이 우리에게 닥쳤다는 것을 믿지 못하겠거든, 인구 말고도 변화가 느려지고 있는 다른 분야를 살펴보자. 교육 차별 역시 속도가 줄고 있는 분야다. 두 번의 세계대전 사이에 태어난 존 브루너 같은 영국인은 (비싼 사립학교인) 특수학교를 다녔다. 경제적으로 성공할 수밖에 없게 해 주는 학교들이다. 브루너의 동시대 여성들은 대다수가 대학에 가지 못했다. 사립학교에 가는 것보다는 누구와 결혼하느냐가 자신들의 미래에 더 큰 영향을 미쳤다.[4] 1870년 이전 영국의 어린이들 거의 절반이 정규교육을 받지 못했다. 하지만 얼마 지나지 않아 5세에서 12세 사이의 거의 모든 어린이들이 공립학교를 다닐 수 있게 됐다. 1920년 영국에서는 대학에 진학하는 이가 거의 없었다. 한 해 남성 3,000명, 여성 1,000명 남짓만이 대학에 들어갔다. 1920년은 처음으로 여성에게 옥스퍼드 대학교 졸업장이 허락된 해였다. 오늘날 영국은 21세에서 64세 사이 노동 인구의 42%가 대졸자다. 젊은 층 대부분은 대학을 나왔다. 2019년 기준, 한 해 등록금이 9,250파운드(1만 3,050 US달러)에 달할 정도로 영국 대학의 등록금은 부자 나라에서도 최고 수준인데도 그렇다.[5]

지난 다섯 세대 동안 모든 것이 정말 빠르게 변했다. 그러나 교육 분야는 앞으로 더 이상 그렇지 않을 것이다. 이 역시 슬로다운으로 가는 길에 접어들고 있다. 좀 더 느려진 미래에는 남성이든 여성이든 대학 졸업 여부가 그다지 중요하지 않게 될 수도 있다. 우리 모두는 좀 더 평등해질 것이다. 그런 미래에는 과거의 우리가 얼마나 이상했었는지 배우고 있을 수도 있다. 영국 선임 법관의 65%가 사립학교를 나왔고, 대학

총장 여섯 명 중 한 명이 사립학교를 나왔던 기이한 시절이 있었다는 따위다. 아마도 이런 미래는 몇 세기 뒤에나 올 거라고 생각할지 모른다. 하지만 과거의 엘리트 연고주의는 벌써부터 조금씩 사라지고 있다. 5년 전만 해도 선임 법관의 71%가, 대학 총장 다섯 명 중 한 명이 사립학교 출신이었는데 지금 이만큼 줄어든 것이다.[6] 영국의 우월감 역시 슬로다운하는 것 가운데 하나다. 미국의 자만심 역시 측정하기 힘든 부분이긴 히지만 하락하고 있는 추세다. 경제적으로 불평등한 세계는 지속가능하지 않다. 따라서 곧 끝이 날 텐데, 몇 가지 좀 더 나은 결말이 있다.

우리는 감속하고 있으면서도 가속에 대해 걱정하고 있다. 2018년까지도 한 구호단체는 "아프리카에 인구 폭발이란 시한폭탄이 있다. 건강과 교육에 대한 대규모 투자가 없으면 증가하는 어린이, 청소년들이 장차 큰 부담이 될 수 있다. 심각한 위기를 초래할 수 있다"라고 경고했다.[7] 이 책에서 수차례 이야기했듯 인구 시한폭탄은 틀린 이야기다. 하지만 구호단체의 이야기 중에 옳은 부분도 있다. 이 기관은 아프리카 대륙의 어린이 3분의 1이 영양실조에 걸려 있는 끔찍한 현실에 대해 방점을 찍고 있다. "많은 아프리카 어린이들이 학교를 다니고는 있지만 제대로 배우고 있지 못하다. 다섯 명 중 한 명은 읽기나 쓰기, 간단한 셈도 할 줄도 모르는 채 초등학교를 졸업한다"라는 것이다. 그렇지만 이런 현실 역시 빠르게 변하고 있다. 동시에 영국의 엘리트들도 이제야 드디어 다른 이들에 비해 조금 일찍 읽기나 쓰기, 간단한 산수를 배웠다는 사실을 가지고 건방을 떨 이유가 없다는 것을 배우기 시작했다(그저 암기식 교육으로 배운 것도 있다). 이제는 아프리카에서도 점점 더 많은 어린이들이 괜찮은 수준의 중등교육을 비롯한 기본 교육의 기회를 얻고 있다.

아프리카의 인구 시한폭탄에 대해 경고했던 2018년 보고서에서도 최근 아프리카 어린이들은 더 건강해지고 평균적으로 더 오래 살고 더 좋은 교육을 받고 있다고 언급하고 있다(여전히 이들이 다니는 학교의 시설은 열악하긴 하다). 이들 거의 대부분은 이제 과거보다 더 나은 삶을 기대할 수 있게 됐다. 보고서에는 아프리카 정부들도 점차 어린이 친화적인 정책을 펴고 있다고 기록하고 있다. 예전보다 훨씬 더 많은 예산이 어린이들을 위해 집행되고 있다. 이 보고서는 존 브루너의 세대가 두려워했던 것, 르완다가 겪었던 학살 같은 것들을 이제 아프리카 사회가 피할 수 있을 거라고도 전망한다. 무엇보다 미래에는 여성들이 대학교육을 받고도 경력을 펼칠 수 없었던 과거의 실수를 반복하지 않을 것이다. 누구와 결혼하느냐로 여성의 앞날이 결정되는 시대는 이제 끝났다. 우리는 극단적인 우월감과 불평등으로부터도 슬로다운하고 있다. 지금 모든 곳에서 이런 일이 벌어지고 있다.

변하는 세계의 중심

인생 자체가 변화다. 우리는 항상 무언가를 위해 다른 무언가를 포기한다.
– 스티븐 그로즈(Stephen Grosz), 2013[8]

우리가 접하는 숫자들이 말을 할 수 있다면 이렇게 말할 것이다. "우리는 너에게 모든 정보를 주었어. 그리고 너에게 선택권도 주었지. 너희 인간들이 슬로다운하지 않는다면 너희는 끝장날 거야." 슬로다운 한다는 것은 뭔가 상실의 과정처럼 느껴지기 마련이다. 그렇지만 상실감이라는 것은 불확실한 감정이다. 전 세계적으로 많은 이들에게 인생은 익스트림 스포츠 같았고, 위기와 위험, 그리고 불확실성이 가득했다. 많은 이들이 이제 미래에는 이런 '흥분'이 없다는 사실을 반길 것이다. 이제 우리 대부분은 앞으로 무엇을 해야 할지 알고 있다. 그리고 그 일을 하기 위해 어떤 자원을 가지고 있는지도 알고 있다. 우리를 구원해 줄 마법 같은 기술이 수평선 너머로 나타나는 일은 없을 것이다. 경제를 움직이는 거대한 바퀴가 계속 굴러가면서 중심축도 계속 움직이고 있지만, 곧 저속 기어가 걸릴 것이다. 그리고 점점 속도를 늦추다 결국 멈추게 될 것이다. 그러고는 반대 방향으로 갈 것이다. 창조적 파괴 같은 신화를 믿던 재난 자본주의자들은 지금의 상태를 유지할 수 없다는 사실에 불만을 가질 것이다. 우리는 지금부터 인류 정점의 시기(살아 있는 인류의 수가 최고조에 이른 뒤 서서히 감소하기 시작할 시점)가 될 때까지 무슨 일이 일어날지 알 수 없다. 그렇지만 일어나선 안 될 일을 막기 위해 지금부터 노력은 할 수 있다.

자본주의적 전환이 시작됐을 때, 우리는 세계가 우주의 중심에 있다고 믿었다. 전환이 가속화되면서 신은 존재하지 않을 수 있다고도 배우게 됐다. 각 세대는 새로 배울 게 너무 많았다. 그러다 처음으로 앞뒤 두 세대가 서로 많은 부분을 공유하는 시기를 맞게 됐다. X세대와 Y세대 사이에 그런 조짐이 나타나, Y세대와 Z세대에 이르러 분명히 그렇게 됐다. 그렇다고 아직 완전히 두 세대가 겹치는 수준에 이른 건 아니다. 전환이 시작되면서 이 세계에 경제 중심이 단 하나만 존재하는 것은 아니라는 사실을 우리는 알게 됐다. 전환이 끝날 무렵에도 마찬가지일 것이다. 앞으로 어떤 나라가 패권을 쥐게 될지 걱정할 필요가 없다. 베이징이 런던이나 뉴욕을 집어삼키지는 않을까 걱정할 필요가 없는 것이다. 이런 식의 질문은 과거의 질문이다. 전환의 시대가 정점에 이르렀을 때에나 중요한 질문이다.

지금도 아주 자잘한 변화들이 여전히 대단한 변화인 것처럼 포장된다. 한때 미국과 유럽에도 도시들이 급속하게 성장하던 시절이 있었다. 지금은 성장을 한다 해도 속도가 몹시 느리다. 이제는 새로 교외지역을 개발하거나 아파트를 신축하는 것 정도가 대단한 변화인 것처럼 그려진다. 영국 사람들은 코벤트리나 스윈던, 선덜랜드와 같은 도시에 유입되는 이민자들을 국가 인구통계에 포함시키느냐를 놓고 매년 갑론을박이다. 미국의 경우 캘리포니아의 산타아나, 메릴랜드의 볼티모어 등이 이민자 수를 가지고 사람들을 겁주려 하는 대표적인 곳들이다.[9] 공포감을 불러일으키려는 일부 마키아벨리식 정치인들은 알고 있겠지만, 대부분 사람들은 이민자 관련 숫자가 얼마나 미미한지 알지 못한다. 영국 전체 인구를 감안하면 30만, 40만 명 정도는 0.4% 혹은 0.6% 증가에 불과하다.

이제는 변화 자체가 충격은 아니다. 충격적인 것은 언제 변화가 멈추느냐는 것이다. 크레인이 해체돼 내려오면, 앞으로 우리는 오래 전에 지었던 건물들을 수리하거나 리모델링하는 정도만 하게 될 것이다. 충격적인 것은 이제 우리가 더 이상 확장하지 않는 점이다. 이제 패권을 쥔 어느 한 중심이 다른 쪽으로 이동하는 것도 볼 수 없게 될 것이다. 그렇지만 일단 슬로다운에 적응하면 변화 속도가 늦어지고 있다는 사실을 느끼지 못하게 될 것이다. 모든 것은 상대적이다. 시간의 흐름을 느끼는 것조차 상대적이다. 젊었을 때는 여름휴가를 가면 시간이 영원할 것처럼 느껴진다. 그러다 나이를 먹으면 시간이 도대체 어디로 갔는지, 생일은 왜 이리 빨리 돌아오는지 알 수 없게 된다. 슬로다운이 일어나고 있다는 것을 느끼지 못하는 것도 당연한 일이다. 변화를 이해하기가 힘들었던 것처럼 변화가 거의 없는 상태를 이해하는 것 역시 힘든 일이다. 그런 상태가 일상화되고, 우리가 나누고 있는 이야기가 실현될 때까지는 그렇다.

사람들이 모두 용한 점쟁이가 될 수는 없다. 사회학자인 스티븐 샤핀(Steven Shapin)은 유발 노아 하라리(Yuval Noah Harari)의 『호모 데우스: 미래의 역사(Homo Deus: A Brief History of Tomorrow)』를 읽고 난 뒤, DNA가 발견되기 전까지는 아무리 창의적인 공상과학소설 작가라 하더라도 중합효소 연쇄반응이나, 이를 활용한 생명공학 산업에 대해 떠올리지 못했다고 말했다.[10] 마찬가지로 월드와이드웹이 이처럼 실생활에서 다양한 방식으로 쓰이게 될 줄은 아무도 내다보지 못했다. 퍼스널 컴퓨터가 처음 사용되기 시작했던 시점에도 그랬다. 미래가 정확하게 예측된 적은 한 번도 없었다. 그럴 수도 없다. 단지 그럴 듯한 추측을 하는 것만 가능하다. 어쩌다 한두 개 정도는 실제에 근접할 수 있다. 만약 정확한 예측을 한다 해도 너무 다른 세상 이야기같이 들릴 수 있다. 게다가 낙관적인 예측은 순진한 소리를 하는 것처럼 들릴 수 있기 때문에 대개는 디스토피아를 가정하는 것을 선호하곤 한다.

물론 지금 우리가 살고 있는 세상에는 옳지 않은 것들이 여전히 많다. 경영전문가인 우메어 하크(Umair Haque)는 최근 우리가 안고 있는 문제점들에 순위를 매겼다. 그는 지나친 자본주의, (부자 나라들에 의해 좌지우지 되는) 패권주의, (부유한 가정에서 남성 중심으로 이뤄지는) 가부장제가 인류 발전을 막다른 곳으로 이끌었다고 결론지었다. 이런 것들이 불평등과 경제 정체, 파시즘, 기후변화 같은 디스토피아적 참사를 만들었는데, 미국이 바로 대표적인 예라고도 했다. 그러면서 이번 세기에 진보를 성취하려면 이런 낡은 방식과 낡은 사상, 지겹고 너덜너덜해진, 실패한 정신상태를 극복해야 한다고 강조했다.[11] 하크는 자본주의의 파괴적이면서도 창조적인 힘과 소수의 패권주의, 본능적인 가부장제에 집착해 온 결과 얼마나 많은 약탈과 착취가 일어나는지 자세히 설명했다. 그는 또 생태계가 붕괴되고 경제가 무너지고 민주주의가 망가지고 (핵무기처럼 인간이 만든 악마적인 수단에 의해) 사회 전체가 무너지는 것도 이 때문이라고 덧붙였다.

수소폭탄은 공산주의에 대한 서구의 공포 때문에 태어났다. 동시에 이를 통해 글로벌 불평등을 유지하려는 의도도 있었다. 1950년대 미국이 군사적 우위를 점하고 있던 시기에 잉태된 결과물이다. 당시 세계는 모성애 가득 찬 어머니들이 애플파이를 만들고, 아버지들이 가정에서 우뚝 서 있던 시기였다. 이제는 그런 폭탄이 유지하려고 했던 글로벌 불평등이 공중에서 사라졌다. 다 사라지지 않았더라도 최소한 불평등의 간극은 좁혀졌다고 할 수 있다.

불평등, 슬로다운, 그리고 지루함

어떤 간극은 좀 더 빠르게 좁혀지고 있다. 어떤 것들은 여전히 넓은 상태고, 많지는 않지만 더 넓어지고 있는 것들도 있다. 그러나 영아사망률같이 중요한 지표는 국가들 간에뿐만 아니라, 한 국가 내에서도 절대적인 간극이 좁혀지고 있다. 다만 상대적인 간극은 여전히 변화가 없거나 좁혀지는 속도가 느리다.[12]

제대로 돌아가지 않는 몇몇 나라들은 지금 역사적으로도 기이한 시

기를 겪고 있기는 하다. 영국이나 미국은 이 이야기를 하고 있는 동안에
도 영아사망률이 단기적으로 상승하고 있기 때문이다.[13] 의지만 있다면
이런 간극은 이제 쉽게 좁혀질 수 있다. 지금 간극이 가장 넓은 것 중 하
나는 남녀 간의 사망률 정도다.

20% 정도, 햇수로는 1년 정도 차이가 나는 남녀 간의 사망률 차이
는 생물학적인 이유 때문인 것으로 보인다.[14] 물론 남성과 여성에게 기
대되는 역할 차이가 중요한 요인일 수도 있다. 하지만 그런 역할도 슬로
다운이 진행되면서 빠르게 바뀌고 있다. 그러므로 이번에는 남성과 여
성을 합친 기대수명을 통해 슬로다운이 어떻게 진행되는지 살펴보도록
하자.

[그림 64]는 전 세계적으로 남녀를 합친 기대수명을 나타낸다. 2019년
까지 기록된 실제 사망자 수와 앞으로 예상되는 숫자를 모두 나타냈다.
각 시간선 옆에는 줄곧 상승 추세였던 기대수명이 왜 오락가락했는지
설명할 수 있는 여러 가능성들을 적어 놓았다. 지금은 단지 주어진 정보
만 가지고 앞으로의 추세까지 추측한 것인데, 나중에 좀 더 연구를 해보
면 어느 정도 맞았는지 알 수 있게 될 것이다. 그럼에도 2020년 이전까
지의 모습을 보면 그 이후를 예측한 추세가 너무 낙관적이라는 생각을
지울 수 없다. 도대체 2019년 이후에는 왜 저렇게 갑작스럽게 브레이크
가 걸렸을까? 일단 여기서 표시한 추세는 가장 최근에 나온 UN의 총인
구 추계에서 가져온 것이다.

그런데 [그림 64]처럼 남성과 여성의 기대수명을 한데 묶어 나타내
도 정말 괜찮을까? 유년기에 사망하는 여성의 수가 줄고, 전쟁으로 죽
는 남성의 수가 줄면서 성별 차로 인한 몇 가지 명백한 요인들은 점점
감소하고 있다. 남성과 여성은 예상 외로 서로를 점점 닮아가고 있는지

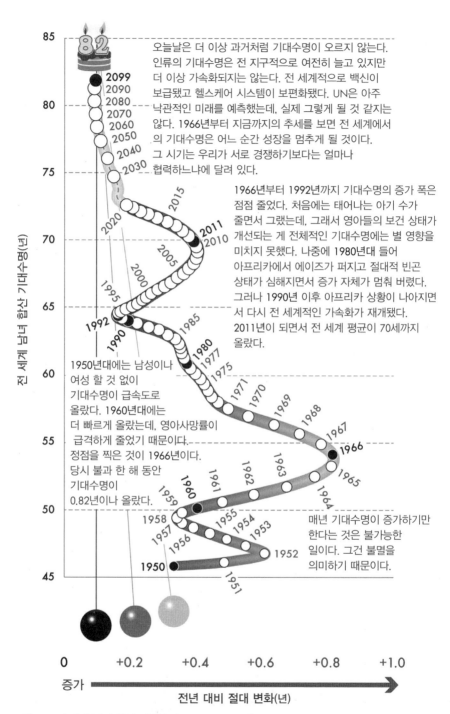

85

80

75

전 세계 남녀 합산 기대수명(년)

70

65

60

55

50

45

오늘날은 더 이상 과거처럼 기대수명이 오르지 않는다. 인류의 기대수명은 전 지구적으로 여전히 늘고 있지만 더 이상 가속화되지는 않는다. 전 세계적으로 백신이 보급됐고 헬스케어 시스템이 보편화됐다. UN은 아주 낙관적인 미래를 예측했는데, 실제 그렇게 될 것 같지는 않다. 1966년부터 지금까지의 추세를 보면 전 세계에서의 기대수명은 어느 순간 성장을 멈추게 될 것이다. 그 시기는 우리가 서로 경쟁하기보다는 얼마나 협력하느냐에 달려 있다.

1966년부터 1992년까지 기대수명의 증가 폭은 점점 줄었다. 처음에는 태어나는 아기 수가 줄면서 그랬는데, 그래서 영아들의 보건 상태가 개선되는 게 전체적인 기대수명에는 별 영향을 미치지 못했다. 나중에 1980년대 들어 아프리카에서 에이즈가 퍼지고 절대적 빈곤 상태가 심해지면서 증가 자체가 멈춰 버렸다. 그러나 1990년 이후 아프리카 상황이 나아지면서 다시 전 세계적인 가속화가 재개됐다. 2011년이 되면서 전 세계 평균이 70세까지 올랐다.

1950년대에는 남성이나 여성 할 것 없이 기대수명이 급속도로 올랐다. 1960년대에는 더 빠르게 올랐는데, 영아사망률이 급격하게 줄었기 때문이다. 정점을 찍은 것이 1966년이다. 당시 불과 한 해 동안 기대수명이 0.82년이나 올랐다.

매년 기대수명이 증가하기만 한다는 것은 불가능한 일이다. 그건 불멸을 의미하기 때문이다.

0   +0.2   +0.4   +0.6   +0.8   +1.0

증가

전년 대비 절대 변화(년)

그림 64. 전 세계 남녀 합산 기대수명, 1950~2099년

『UN 세계 인구 전망 2019』, 2019년 6월 20일 접속 기준. https://population.un.org/wpp/Download/Standard/Interpolated/.

모른다. 이 역시 슬로다운이 계속 이어지면서 드러나게 될 인류의 삶의 한 단면이 될 수 있다.

남성과 여성이 점점 더 비슷해지고 있다는 점을 인정할 수 없는 이들도 있을 것이다. 이로 인해 각자의 수명에도 영향을 주고 있다는 사실을 믿을 수 없다면, 수도승과 수녀의 사례를 살펴볼 필요가 있다. 마크 루이(Marc Luy)는 격리된 삶을 사는 이들에 대한 연구를 한 바 있다. 신앙적인 이유로 같은 성별의 사람들끼리 모여 살았던 남성과 여성의 기대수명을 사회 전체 남성과 여성의 기대수명과 비교했다.15 서로 비슷한 조건의 환경에서 비슷한 삶을 살았던 수도승과 수녀들을 대상으로 삼았다. 루이의 연구 결과에 따르면 남녀 간의 기대수명이 달랐던 것은, 80% 정도가 실제 성 역할의 차이로 인한 것이었다. 초기 남성들의 사망률은 대다수 사회에서 남성다움이 얼마나 구현되느냐와 밀접한 관련이 있었다. 일반인들과 비교해 수도승과 수녀의 기대수명은 높았다. 그러면서도 두 성별 간 차이는 현격하게 적었다. 질병을 앓는 빈도수에서도 차이가 적었다. 최근의 사회과학은 남성성을 지나치게 강조하거나 생물학적 차이에 기반해 세워진 사회구조에만 초점을 맞추어 왔다. 루이의 연구가 좀 더 널리 알려지지 않은 채, 논의의 대상조차 못됐다는 점은 이해하기 힘든 일이다.

우리가 슬로다운하게 되면서 이제 드디어 과거에 설정해 놓은 제약들에 대해 의문을 가지게 됐다. 그중 하나가 지루함이다. 세계가 천천히 변할수록 더 지겨울 거라고들 이야기하는데 사실 그럴 이유가 전혀 없다. 인류는 지루함을 싫어한다. 동물들도 동물원 안에서는 지겨워한다. 우리 지루함의 기원은 신석기시대로 거슬러 올라간다. 그때부터 우리는 스스로를 마을에 가두어 놓고 소소한 일들을 하게 됐다. 그러면서 지겨

움과 맞서는 많은 일들을 개발했다. 사람들은 수세기 동안 밭에서 일을 할 때도, 피라미드를 지을 때도 노래를 불렀다.[16] 이 장도 평화운동가들이 불렀던 노래 「수소폭탄의 천둥」 이야기로 시작했다.[17] 이 노래는 원래 미국인들에게는 「광부의 구조원(Miner's Lifeguard)」으로 알려진 노래에서 곡조를 따왔다. 가사는 물질만능주의를 비판하는 웨일스의 노래 「칼론 란(Calon Lan)」에서 따왔는데, 이 노래는 웨일스 럭비 경기에서 지금도 불리고 있다. 이 노래는 이렇게 시작한다. "나는 럭셔리한 삶을 바라지 않는다. 세계의 금도, 귀한 진주도 바라지 않는다."

스포츠나 연예 모두 지루함에 대한 대응으로 나온 거라 할 수 있다. 산업혁명 시절에는 지루함이 극적으로 증가했다. 노동자들은 지루한 일을 반복적으로 해야 했다. 시간이 지날수록 각 단계의 일들은 더 단순해졌다(그만큼 더 지루해졌다). 생산 라인을 그만큼 더 빨리 돌려야 했기 때문이다. 공장 내부는 너무나 시끄러웠기 때문에 노동요를 부를 수도 없었다.

시간이 지나면서 공장은 점점 더 조용해졌다. 산업화된 국가에서 20세기 전반부 동안 많은 작업 현장에서 소음이 줄어들었다. 1940년 6월 23일 BBC가 「일하는 동안의 음악(Music While You Work)」이라는 라디오 프로그램을 선보였는데, 27년 동안 전파를 탔다. 하루 두 번, 30분씩 방송된 이 프로그램은 '공장 노동자를 위한 특별한 음악 방송'을 표방했다. 그러면서 노동자들의 근로시간은 빠르게 줄었고, 여가시간은 남성들의 삶에 중요한 한 부분이 됐다. 여성들은 여전히 쉴 수 없었지만 말이다. 여가시간 동안의 지루함을 없애기 위해 더 많은 즐길 거리가 필요했다.

20세기 들어 크게 세 가지 면에서 즐길 거리의 변화가 생겼다. 첫 번째는 영화관이 보여 준 것처럼 더 이상 무언가를 라이브로 즐기지 않아도 된다는 점이었다. 이런 변화는 많은 이들에게 자신이 사는 곳을 넘어서는 즐거움을 느낄 수 있게 해 주었다. 두 번째는 즐길 거리가 집 안으로 들어왔다는 것이다. 무선 라디오는 사람들의 삶의 방식에 극적인 변화를 가져왔다. 이에 비하면 TV는 그저 기기 하나를 교체한 정도의 상대적으로 작은 변화였을 뿐이다. 세 번째는 즐길 거리를 가지고 다닐 수 있게 됐다는 점이다. (1979년에 나온 워크맨 같이) 휴대할 수 있는 라디오-카세트 플레이어는 혁신적이었다. 스마트폰은 이에 대한 업그레이드일 뿐이다. 세대를 거듭할수록 정말 중대한 기술적 변화는 점점 줄어들었다.

다섯 세대를 지나는 동안, 앞선 세대들은 너무 다른 시대가 지나가는 것을 안타까워했다. 지금은 가속화 시대가 지나가는 것을 감사해야하는 상황이다. 슬로다운하지 않는다면, 인구가 계속 증가하기만 할 것이고, 사회는 더 분열되고, 일인당 소비는 엄청나게 증가하면서 재앙이 펼쳐질 것이다. 물질적인 경제성장이 없다면 우리가 아는 자본주의는 뭔가 다른 형태로 변화할 것이다. 무언가 더 안정적인 것으로 변할 수 있다.

그동안 빨랐던 변화의 속도는 이제 더 이상 빠르지 않다. 우리가 미지의 미래로 던져지는 경우도 사라지고 있다. 우리가 타고 있던 롤러코스터는 이제 우리를 불안하게 하던 짙은 구름을 벗어나 점점 멀어지고 있다. 이제 좋은 시절이 오고 있다. 다윈이 말했던 우호적인 계절까지는 아니더라도 말이다.

정착

미국에서 가장 큰 도시 세 곳을 떠올려 보자. 800만 명이 살고 있는 뉴욕과, 400만 명의 로스앤젤레스, 그리고 300만 명에 근접한 시카고다. 그런데 세계 도시 순위에 비춰 보면 별것 아닌 수준이다. 이들 도시는 이미 오래 전에 확장을 멈추었다. 이번에는 유럽과 그 주변에서 가장 큰 도시 세 곳을 생각해 보자. 이스탄불에는 거의 1,300만 명이 살고 있고, 모스크바 인구도 1,300만 명을 조금 넘는다. 런던에는 약 900만 명이 살고 있다. 여기에 수백만 명이 추가로 잉글랜드 동남부의 영향권에서 살고 있다. 이들 도시의 공통점은 무엇일까? 런던과 그 일대는 유럽에서 가장 크면서도 부자인 도시다. 그러면서 런던 자체가 유물이기도 하다. 한때 전 세계가 알고 있는 거대한 제국의 중심지였던 만큼 규모가 더 커진 면이 있다. 모스크바는 소련의 수도였기 때문에 규모가 커졌고, 이스탄불은 한때 오스만제국의 심장부였기 때문에 오늘날 그렇게 커질 수 있었다. 그 이전에는 신성로마제국이나 비잔틴제국의 중심지이기도 했다.

미국 3대 도시 역시 넓은 의미에서 보면 유물이라고 할 수 있다. 역사가 짧긴 하지만 나름 각자 전성기를 누렸던 유물이다. 200만 명이 조금 넘게 살고 있는 네 번째로 큰 도시, 휴스턴(텍사스)은 석유가 모든 것이던 시절의 유물이다. 유럽에서 네 번째 큰 도시 마드리드에는 300만 명의 주민이 살고 있다. 파리를 집으로 두고 있는 이들은 200만 명을 조금 넘지만, 주변 광역권으로 따지면 1,000만 명의 사람들이 살고 있다. 그렇지만 여기서 중요한 부분은 오늘날 세계의 어떤 도시도 한때 런던이나 이스탄불, 모스크바가 그랬던 것 같은 빠른 속도로 성장하고 있지 않다는 점이다. 로스앤젤레스나 뉴욕, 시카고, 휴스턴이 성장했던 속도에 못 미치는 것은 말할 것도 없다. 좀 더 적절한 비유 상대를 든다면 뭄바이, 상파울루, 상하이가 성장했던 속도에도 못 미치는데, 모두 엄청난 전환의 정점에 있는 도시들이다.

지금 전 세계에서 가장 큰 도시들은 대부분 아시아에 있다. 이들 도시의 인구는 여전히 몇백만 명씩 증가하고 있지만 전년도와 대비한 비율 면에서는 오래전부터 증가 속도가 줄어 왔다. 도시화는 여전히 빠르게 진행되지만 시간이 지날수록 속도는 점점 더 줄고 있다. 가장 큰 글로벌 도시라고 내세우는 통계 숫자들만이 지난 시대의 화석처럼 남아 있을 따름이다.

보통은 도시들이 얼마나 빨리 성장했는지 놀라워하며 이야기를 하고는 한다. 그렇지만 이들 도시는 이제 더 이상 빠르게 성장하지 않는다. 존 브루너가 「잔지바르에 서서」를 썼을 때와 같은 속도의 성장은 더 이상 볼 수 없다. 1950년까지만 해도 이스탄불의 인구는 100만 명이 되지 않았다.[18] 지구상의 어떤 도시에서도 지난 70년 동안 그랬던 것만큼의 인구 증가가 일어날 수 없다. 그럴 만큼의 이민자도 부족하고, 공간도 부족하다. 모든 곳이 이제는 슬로다운해야 한다. 이전의 증가 속도라는 것은 지속 불가능하기 때문이다.

슬로다운은 사실 이제 기사 거리도 못 된다. 당신이 슬로다운에 대해 좀처럼 듣지 못했다면 그런 이유에서다. 많은 학자들은 직접 알아보지도 않고 거들먹거리며 우리가 여전히 급변하는 전환의 시대에 살고 있는 것처럼 말한다. 예전보다 훨씬 변화의 속도가 줄면서 이미 많은 것들이 고착화되고 있는데도 말이다. 계급이나 전쟁, 빈곤, 불안정성이 고착화된 상황에서, 사회 변화가 급속하게 일어나고 있다고 고집하는

슬로다운

건 여러모로 순진한 일일 수밖에 없다. 우리가 슬로다운하고 있는 것은 지난 시기 가속화에 대한 반작용이기도 하지만, 그 이상의 무엇이 있기 때문이다.

여성이 해방되면서, 또 인구가 증가를 멈추고 좀 더 많은 것을 배우게 되면서 우리는 안정화된 상태로 접어들었다. 하지만 이런 사실을 좀처럼 인정하려 하지 않는다. 슬로다운을 일시적인 것이라 여기려 한다. 그러면서 어떤 것이 멈추려면 항상 큰 충격이 있어야만 한다고 여긴다. 조금씩 멈춰 갈 가능성에 대해선 생각하지 않는다. 우리는 항상 새로운 것에 익숙해져 있다. 그러다 보니 새로운 것의 출현이 점점 사라지고 있다는 사실을 알아차리지 못한다.

물론 아직 일어나지 않은 일을 가지고 사례를 들어 설명하는 것은 어려운 일이다. 그래도 여기 몇 가지 예가 있다. 전 세계적으로 출산율이 다시 급등한 적은 없었다. 최근 50년 동안 그랬다는 보고서도 찾아볼 수 없다. 각 베이비붐 세대의 에코 세대는 이전보다 그 숫자가 적었다. 인구 성장이 정점을 찍은 시기는 1968~1971년 사이에 왔다가 갔다. 지난 5년간은 딱히 재난이 없는데도 오히려 전 세계적으로 급격하게 감속을 하고 있다. 게다가 (오랜 세월 동안 물리학자들이 연구했던) 원자력이 1942년 개발된 것을 제외하면, 1930년대 후반 이후에는 컴퓨터나 비행기, 나일론 같은, 이렇다 할 대단한 발명이 없었다.

한 세기 전만 해도 많은 위대한 발명이 있었지만, 이제는 거의 찾아볼 수 없다. 미국에선 마크 저커버그(Mark Zuckerberg)가 2009년 출시했다 2013년에 사라진 '페이스북 크레딧' 같은 혁신이 있긴 했다. 일론 머스크(Elon Musk)는 '스페이스X'를 통해 2023년 달에 민간인을 실어 보냈다가 '빅 팔콘 로켓'을 타고 돌아오는 계획을 발표했다. 그런데 이에 대한 많은 이들의 반응은 "왜?" 이거나 "정말?"이었다. 영국에서는 제임스 다이슨 경(Sir James Dyson)의 핸드 드라이어를 찬양해야 할 것 같은 분위기다. 리처드 브랜슨 경(Sir Richard Branson)의 틸팅 열차도 마찬가지다. 그의 회사인 버진(Virgin Group)이 개발한 것도 아닌데 말이다. 오늘날 기업체는 브랜드를 만들 뿐이지 완전히 새로운 기계를 만들지 않는다.

가시적인 미래에는 경제적으로 대단한 성과도 없을 것이다. 중국이 서서히 쇠락하는 미국을 따라잡고 있지만, 두 나라 간의 1인당 GDP가 비슷한 수준이 되기까지는 수십 년이 걸릴 전망이다. 반면 1901년 당시를 떠올려 보면 미국은 영국의 1인당 GDP를 굉장히 빠르게 따라잡았다. 지금은 누구도 중국 다음으로 어디가 초강대국이 될지 선뜻 단언하기 힘들다. 인도는 아마도 앞으로 평균 정도가 될 것이다. 그리고 그런 평균 정도의 국가는 상당히 많아질 것이다. 정치권에서 가장 새로운 움직임은 환경운동이다. 태즈메이니아와 뉴질랜드, 스위스에서 녹색당이 처음 등장한 게 1972년이다.

우리는 '역사의 종말'에 살고 있지 않다. 역사의 새로운 시대가 막 시작됐을 뿐이다. 우리 조부모 세대가 사회적, 정치적, 경제적 쓰나미의 시대를 살았던 것을 생각해 보면 이 역시 놀라운 일이다. 미래에 변화를 대단한 것으로 포장할 수 있을지는 몰라도 그 속도는 더 느릴 수밖에 없다. 많은 부분들이 속도를 내기보다는 정착을 향해 나아가고 있다. 우리 인류 자신에게도 별다른 변화의 조짐이 보이지 않는다. 최근 수십 년 동안 그랬던 것처럼 갑자기 확 키가 커진다거나 기대수명이 급증한다거나 하는 일은 없을 것이다. 이는 최근 기대수명이 개선된 인도에서도 마찬가지다. 인도 역시 1992년 이후에는 기대수명 증가 속도가 느려지고 있다.

사람들은 신체적인 면에서나 수명, 삶의 질, 교육, 이해도 면에서 서로 비슷해지고 있다. 각 나라들은 그런 비슷한 사람들이 사는 곳으로 바뀌고 있다.

21세기에도 여전히 우리가 가속화 시대에 살고 있다고 주장했던 이들은 이제 "사회적 가속화가 어떤 것이든, 가속화에 대해, 혹은 관련된 사실에 대해 경험적인 측정을 시도해 보았지만 성공을 거두지 못했다"라고 말을 바꿨다.[19] 우리는 항상 무언가가 이전보다 빠르게 변하고 있다고 생각한다. 그렇지만 그것을 제대로 측정할 수 있는 방법을 알지 못한다. 농담처럼 "세상아 멈춰라. 그만 좀 내리게"라고들 이야기한다. 이 역시 세상이 빠르게 움직이고 있다는 가정하에 하는 말이다. 일단 세상의 변화가 슬로다운하기 시작했다는 사실을 인정하면 무슨 일이 생길까? 정말 뛰어 내릴 수 있는 상황이 되면 어떻게 될까? 우리는 어떻게 정착할 수 있을까?

일본은 세계에서 처음으로 슬로다운에 접어든 곳이다. 2018년 12월 아베 신조 총리는 앞으로 5년 동안 특정 직종에 종사할 이민자를 34만 5,150명까지 들여오겠다는 계획을 발표했다.[20] 이민을 받을 원래의 목록에는 대학교수나 기업 임원, 변호사, 공인회계사 등이 포함돼 있었다. 그러다 아베 총리는 건설이나 농업, 요양원, 조선, 편의시설, 식음료 제조업, 어업, 청소대행, 철강, 기계, 전기전자 장비 수리, 항공 분야에도 더 인력이 필요하다고 설명했다.

슬로다운에 대한 신호가 처음 나타난 지 10년 뒤인 1978년, 젊은 지리학자인 가와시마 다츠히코는 ROXY 지수라는 것을 고안했다.[21] ROXY는 단순평균(Y)에 대한 가중평균(X) 비율(ratio of X to Y)의 약자다. 도시 시스템에서 집합과 분산의 정도를 재는 척도다. 예를 들어 맨

해튼에 고층빌딩이 지어지고 그랜드 센트럴역과 이어지는 열차노선을 따라 도시 외곽이 확장되던 뉴욕에서 인구가 어떻게 최대로 증가했는지를 이 지수를 통해 알 수 있다. ROXY 연구논문의 원본은 온라인에서 찾아보기 힘들다. 그러나 이후 나온 논문들을 보면 이 지수에 대해 알 수 있고, 처음 나온 지 40년이 지나는 동안 얼마나 많은 중요한 사실들을 밝혀냈는지 알 수 있다.[22]

기술적으로 ROXY 지수는 도시 중심으로부터의 거리를 바탕으로 가중치를 둔 각 지역의 성장률을 측정해 도시 인구 증가의 평균 인구를 나타낸 것이다. 값이 양이고 크다면, 인구 성장이 도심을 중심으로 이루어졌음을 의미한다. 값이 음이고 작다면 도심이 성장하는 게 아니라 외곽으로 도시가 커지고 있음을 의미한다. 값이 0에 가까울수록 큰 변화가 없음을 나타낸다.

[그림 65]는 ROXY 지수의 한 가지 추세선을 보여 준다. 언뜻 보기에는 이제껏 보던 시간선과는 좀 다른 모습일 수 있다. 그렇지만 이 역시 슬로다운이 완벽하게 진행될 때 어떻게 되는지를 보여 주는 사례로, 슬로다운이 지속되고 있는 미래의 모습이다. 이는 가와시마가 그린 원본은 아니다. 나중에 또 다른 학자인 우시지마 치히로가 다른 시간선의 형식과 맞추기 위해 다시 재구성해서 그린 것이다. 이것이 세계에서 가장 안정적인 메가시티, 도쿄의 ROXY 시간선이다. 이 방식이 항상 수렴하는 모습을 보여 주지는 않는다. 예를 들어 핀란드에서 20년 전 이 방법으로 조사를 했을 때, 인구는 여전히 헬싱키 중심으로 모여들고 있었다. 그러면서 수십 년 전 도쿄가 그랬던 것처럼 교외화와 집중화 사이에서 소용돌이치는 모습이 이어졌다.[23] 그렇지만 이 방법이 발명된 일본에서는 이제 수렴하면서 정착하는 모습을 발견할 수 있다.

[그림 65]에서 우시지마의 시간선은 도쿄가 한창 빠르게 성장하던 1920~1925년 당시부터 시작한다. 그녀의 시간선에서는 전반적으로 빠른 성장을 볼 수 없다(1920년에 370만 명이었던 것이 1940년 740만 명이 됐다). 그럼에도 도시가 처음에는 상당히 통일된 모습으로 성장했음을 알 수 있다. 이 시기 동안 세로축의 값은 거의 0에 가깝다. 1920년대 후반 도쿄의 성장은 대부분 도시 중심으로 집중되면서 이루어졌다. 그러면서 시간선은 위로 올라간다. 그러나 그 올라가는 정도 역시 줄어들기 시작한다. 1930년대까지도 성장은 여전히 대부분 중앙에 집중됐다. 고층 건물이 세워지고 그러다 전쟁이 터지면서 1945년에 인구는 350만 명까지 떨어졌다. 그리고 나서는 교외화가 시작됐다.

1940년대 도쿄의 성장은 도심에서 외곽으로 이동하며 이루어졌다. 이는 [그림 65]의 1940~1947년 사이를 보면 잘 알 수 있다. 이런 추세는 1947~1950년 사이에 뒤집힌다. 도시 중심의 성장 속도가 외곽을 앞질렀다. 상대적인 성장 비율 격차도 가장 컸다. 1950~1955년 여전히 중심지는 외곽만큼 빠른 속도로 성장했다. 그러나 1955~1960년에는 이런 도쿄의 집중화에도 슬로다운이 일어났다. 그리고 1960~1965년 도쿄 중심의 성장 속도는 외곽에 미치지 못하게 됐다. 그런데 이러는 동안에도 도시는 여전히 성장하고 있었다는 점을 기억하자. 1956년 도쿄 중심지의 인구는 800만 명에 이르렀고, 1963년에 1,000만 명, 2001년에 1,200만 명, 2008년에 1,300만 명, 2015년에 1,350만 명이 됐다. 여전히 성장은 하고 있었지만 속도는 늦어지면서 동시에 안정화되고 있었다.

[그림 65]를 보면 1965~1970년 사이 도쿄 외곽이 빠르게 성장했고, 1970~1975년 사이에는 이보다 더 빠르게 성장했음을 알 수 있다. 그러나 추세는 항상 바뀌기 마련이었다.

사실 도시는 변화를 멈춘 적이 없다. [그림 65]에서 보면 1975년에서 1990년 사이 아주 작으면서도 복잡한 소용돌이 속에 또 소용돌이들이 들어 있다. 1990년 이후에는 다시 중심지역에서의 큰 성장이 일어난다. 2000년까지는 외곽지역보다 더 큰 성장이 일어난다. 그렇지만 다시 시간선은 소용돌이를 치면서 어딘가로 향하는 모습이 분명히 드러난다. 시간선은 두 축의 중심을 향해 가고 있다. 결국 슬로다운을 향해, 안정화를 향해 가고 있는 것이다. 도쿄는 전체적으로 성장의 시기가 끝나 가고 있다. 이제 가장 성장이 많이 일어나는 곳이 중심지인지, 교외인지, 아니면 이보다 더 떨어진 곳인지 하는 질문은 의미 없게 될 것이다.

도쿄는, 좀 더 넓게 봐서 일본은 여러 면에서 슬로다운의 최전선에 있다. 일본은 그동안 많이 변해 왔고 또 빠르게 변할 것이다. 그러나 더 이상 성장할 필요가 없는 인구수나 건물의 숫자, 전체 소비량 같은 것들은 변화를 멈추게 될 것이다. 문화적으로나 지식 면에서 우리는 계속 변할 것이다. 아마도 앞으로 올 10년 동안 더 빠르게 변할 수 있다.

이제 가와시마 교수의 딸과 손자 이야기로 이 책을 마무리하고자 한다. 그는 사회과학 분야에서 변화를 측정하고 시각화하는 방법을 만들어 낸 인물인데 이 책에서도 이 방식을 계속 사용했다. 그런데 일본에서 가와시마는 다른 이유로 더 잘 알려져 있다. 1990년 그의 딸인 키코가 전 세계 기자들 앞에서 왜 자신이 약혼 후에도 석사학위 공부를 이어 나가는지 설명을 했다. 젊은 현대 여성인 그녀가 당연히 결혼을 한다고 해서 학업을 중단할 이유는 없었다. 다만 결혼 대상자가 일본 왕실의 왕자였다. 그녀는 약혼자에 대해 이야기하며 "후미히토 왕자는 메기 연구를 좋아한다"라고 했다. 그러면서 "나는 사람과 인식에 대한 연구를 좋아한다"라고 덧붙였다.[24]

슬로다운

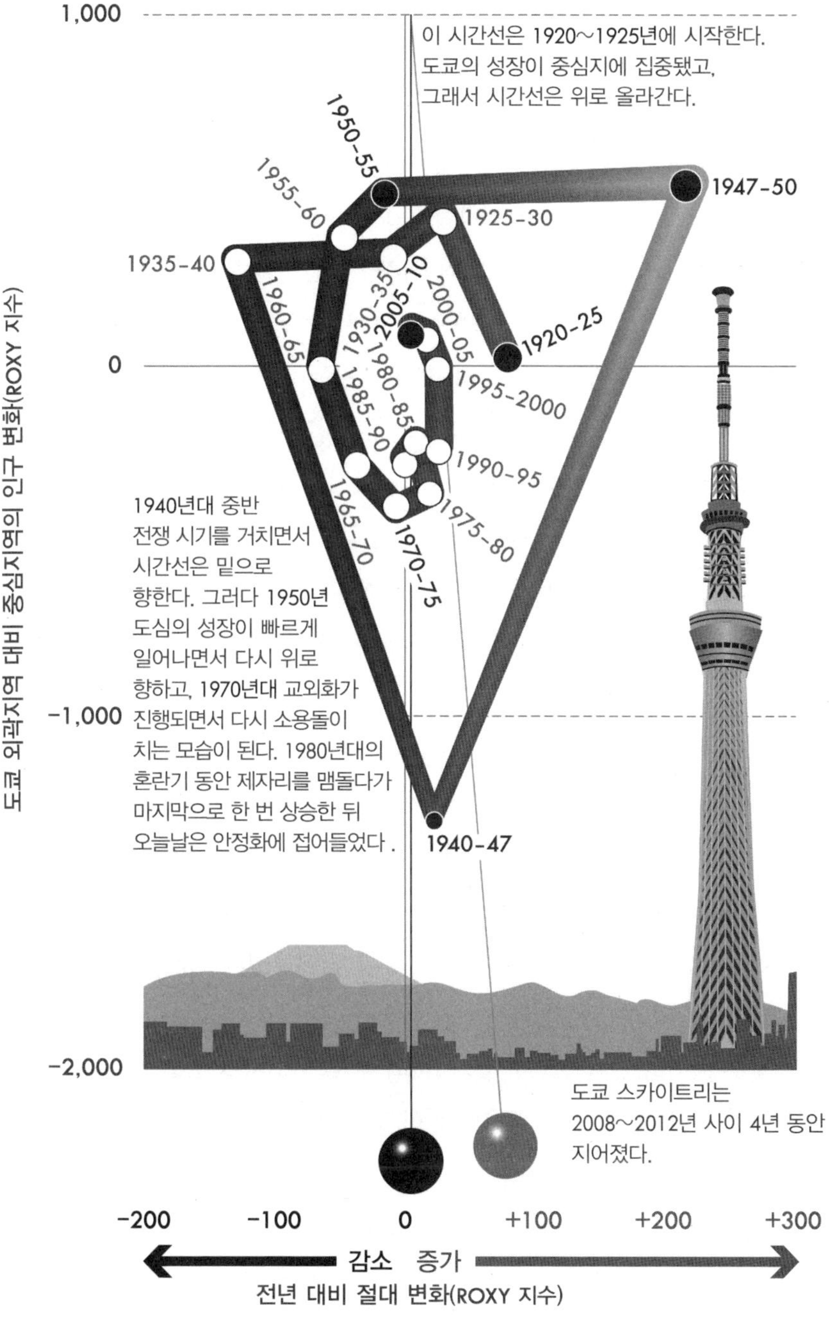

이 시간선은 1920~1925년에 시작한다.
도쿄의 성장이 중심지에 집중됐고,
그래서 시간선은 위로 올라간다.

1,000

1950-55
1955-60
1947-50
1925-30
1935-40
1960-65
1930-35
2005-10
2000-05
1920-25
1985-90
1980-85
1995-2000
1990-95
1965-70
1975-80
1970-75

0

도쿄 외곽지역 대비 중심지역의 인구 변화(ROXY 지수)

1940년대 중반
전쟁 시기를 거치면서
시간선은 밑으로
향한다. 그러다 1950년
도심의 성장이 빠르게
일어나면서 다시 위로
향하고, 1970년대 교외화가
진행되면서 다시 소용돌이
치는 모습이 된다. 1980년대의
혼란기 동안 제자리를 맴돌다가
마지막으로 한 번 상승한 뒤
오늘날은 안정화에 접어들었다.

-1,000

1940-47

-2,000

도쿄 스카이트리는
2008~2012년 사이 4년 동안
지어졌다.

-200   -100   0   +100   +200   +300

감소 증가

전년 대비 절대 변화(ROXY 지수)

그림 65. 도쿄의 인구 집중과 분산, 1920~2010년

우시지마 치히로, "The Urban Life Cycle in the Tokyo 60km Area and the Expansion and Contraction of City" [in Japanese], *Bulletin of Faculty of Literature, Komazawa University* 70(2012–2013): 117~135, Figure 2, http://repo.komazawa-u.ac.jp/opac/repository/all/32520/jbg070-03-ushijimachihiro.pdf.

16년 뒤인 2006년 키코는 히사히토 왕자를 낳았다. 일본 왕실에서 41년 만에 첫 남성 상속자가 나왔다. 그녀와 후미히토 왕자는 예상 밖의 행동을 보였다. 히사히토 왕자를 오차노미즈 여자대학 부속 초등학교에 보냈는데, 전후 왕실의 일원이 가쿠슈인 초등학교를 가지 않은 첫 번째 사례였다. 가쿠슈인 초등학교는 19세기 관료 양성을 위해 설립된 가큐슈인(学習院) 대학교의 부속 학교다.25 이렇듯 경제적으로나 인구 면에서 엄청난 슬로다운이 진행되고 있는 나라에서도 사회적, 문화적으로 변화는 가능하다. 슬로다운은 우리 자신을 돌아볼 기회를 제공하고, 정말 중요한 것이 무엇인지에 대한 판단을 바꿀 시간이 되기도 한다. 슬로다운은 우리에게 시간 자체를 주기도 한다.

키코가 약혼을 할 무렵 일본 사회에는 분명히 변화가 일어나고 있었다. 그것은 수십 년 동안 (어떤 면에서는 수세기 동안) 전혀 변하지 않았던 방식으로 진행됐다. 경제와 인구는 빠르게 슬로다운하고 있었음에도 사회적 진보는 가속화하고 있었던 것이다. 키코는 전형적인 교수 집안의 딸이었다. 이전에는 이런 배경의 인물이 왕실 가족이 된 적이 없었다. 『저팬타임스(Japan Times)』는 이를 두고 이렇게 보도했다. "왕실과는 전혀 다른 모습이 때때로 코미디같은 상황을 연출했다. 왕실청 부부장인 야스오 시게타가 생선과 약혼 선물로 가득 찬 함을 가지고 이 가족의 집을 찾은 적이 있었다. 집은 가와시마와 부부장이 서로 절을 하기에도 힘들 만큼 좁았다."26 키코 왕자비의 아들은 아마도 언젠가 황제라고 불리게 될 것이다. 하지만 황제의 시대는 이제 끝났다.

이제는 우리를 갈라놓는 것보다 뭉치게 하는 것들이 더 많다. 그리고 경쟁보다는 협력이 더 나은 결과를 낳는 경우가 많다. 무기를 만드는 것은 옳은 일이 아닐뿐더러 미래에는 무의미한 일로 간주될 것이다. 누구도 단순히 경제적인 필요 때문에 의미 없는 일을 할 필요가 없다. 옳지 않다거나 해가 되는 일이라면 더욱 그렇다. 우리에게 필요 없는 것을 팔려고 하는 사람들은 이제 더 이상 필요 없다.

감정적으로는 20세기 선조들보다는 과거 수렵채집을 하던 조상의 삶에 더 가깝게 느껴질지도 모른다. 우리는 앞으로 무슨 일이 일어날지 모른다. 그러나 더 나은 미래를 맞이하려면 우선 상상력을 발휘해야 한다. 슬로다운은 걷잡을 수 없던 자본주의의 종말을 의미한다. 시장과 채울 수 없는 욕망이 계속 커지기만 할 것이라는 기대에 기반하고 있는 자본주의는 영원할 수 없다. 이는 왜곡된 부의 집중을 가져오면서 민주주의를 웃음거리로 만들었을 뿐이다.

슬로다운이 진행되는 동안, 그리고 진행된 뒤에는 경제적 불평등은 더 이상 지속되기 힘들다. 변화가 사라지면서, 점점 고령화되는 사람들로부터 돈을 번다는 것은 훨씬 더 어려워진다. 점점 인색해진 사람들은 '새로운 것'에 잘 혹하지도 않게 될 것이다. 금이나 보석에 대한 흥미도 사라진다. 대부분 광고의 목적은 필요 없는 것을 원하게 만드는 것이다. 우리는 그것을 사야 하고, 최소한 갈망해야 하며, 꿈도 꾸지 못한다면 절망하게 된다. 그러나 이제는 많은 사람들이 심리학이나 사회과학을 연구하면서 더 많은 기술을 습득하게 됐다. 다수를 속인다는 것은 점점 더 어려운 일이 되어 가고 있다.

속도가 느려진 미래에는 손재주나 심리적 속임수가 더 이상 통하지 않게 될 것이다. 그런 것들이 더 이상 새로운 것이 아니기 때문이다. 특히 기술적 혁신에도 슬로다운이 진행되면서 새로운 것이 점점 더 적어지게 된다. 낡은 방식의 시대는 이제 지나갔다. 이제 메기에 매료된 소년, 사람과 인식에 관심이 많은 소녀가 가족의 출신과 상관없이 서로 만

날 수 있게 됐다. 물론 슬로다운이 이루어지고 있는 곳에 태어나야 한다는 전제가 있기는 하다.

그동안 부엌이나 화장실 등 우리 집 안은 빠르게 변했다. 하지만 슬로다운하는 시대에 대학, 학교, 병원 같은 기관들은 그만큼 많이 변하지 않을 것이다. 반면에 우리의 행동은 더 빠르게 변할 수 있다. 슬로다운은 우리가 서로에 대해 더 많이 걱정할 시간을 제공해 주는 반면, 우리가 미래에 얻게 될 것에 대해서는 덜 걱정하게 한다. 슬로다운은 이제 우리에게 질문을 할 수 있는 시간을 주었다. 우리 조부모 세대는 너무 많은 새로운 것들을 대하느라 그럴 시간조차 없었다.

또 슬로다운은 우리가 물건들을 더 오래 쓰게 될 것을 의미한다. 그러면서 버리는 양도 줄 것이다. 우리가 지금 사회적, 환경적으로 엄청난 문제라고 여기는 것들이 미래에는 더 이상 문제가 되지 않을 수 있다. 물론 새로운 문제가 생길 수는 있을 테다. 아마도 지금으로선 상상도 할 수 없는 문제일 것이다. 그러면서 우리는 그동안 항상 해 왔던 일들을 하게 될 것이다. 대가속 시대가 오기 전, 이미 우리가 오래 전에 그랬던 것처럼, 친구들, 가족과 함께 지내며 즐거움을 만끽할 것이다. 당신은 미래에 무엇을 하고 싶은가?

아마도 나는 해변 어딘가에서 모래성을 짓고 있을 것이다.

✦

부록

책 속 시간선 읽는 법

부록의 두 [그림]은 이 책의 시간선 읽는 법을 설명하기 위한 것이다. 2000년과 2005년에 있었던 두 번의 작은 슬로다운과 2010년부터 진행되고 있는 큰 슬로다운을 통해 슬로다운의 모습이 어떤지를 보여 준다.

[부록 그림 1]의 시간선에서 가로축은 전년 대비(year on year) 절대적인 변화량을 의미한다. 그러므로 +0.2라는 숫자는 한 해 평균 하루에 마시는 커피 잔 수가 전년도에 비해 5분의 1 늘었다는 것이다. 이는 상대적인 변화와 매우 다른 개념이다. 상대적인 변화는 애초에 마시던 커피량이 얼마냐에 달려 있다. 만약 하루에 커피를 두 잔 마셨다면, 0.2만큼 절대적으로 변했을 때 상대적 증가량은 10%가 된다. 이 책의 시간선 대부분은 절대적인 변화를 보여 준다. 그게 중요하기 때문이다.

[부록 그림 1]을 보는 또 다른 방법은 바다를 떠다니는 배의 움직임으로 생각해 보는 것이다. 시간선에 그려진 각각의 원은 그 당시 배가 어디에 있었는지를 보여 준다. 원이 북쪽에 위치할수록 더 값이 높고, 더 많이 생산했고, 더 많이 만들어졌고, 더 많이 소비된 것을 의미한다. 여기서는 그만큼 하루에 마신 커피 잔 수가 많다는 것이다. 원이 남쪽에

위치할수록 커피를 덜 마신다는 것을 뜻한다. 더 동쪽(오른쪽)에 있는 원은 그 당시 측정된 값이 점차 증가하는 시기에 있다는 것이다. 더 서쪽(왼쪽)에 있다는 것은 그 당시 감소하고 있거나 덜 증가하고 있음을 의미한다. [부록 그림 1]의 사례에서 보듯이 오락가락하면서도 하루에 마시는 커피량이 점점 더 많아지면서, 차츰 더 북쪽으로 가고 있다. 그러나 2010년 이후에 무언가 새로운 경향이 시작되는데, 바로 슬로다운이다. 2012년 이후에는 슬로다운으로 인해 커피 소비가 점점 줄게 된다. 그러면서 남쪽으로 점점 내려간다. 슬로다운 자체는 2020년이 되어서야 끝나는 것으로 보인다. 만약 당신이 줄곧 속도를 내는 것에만 익숙해져 있었다면 이러한 슬로다운을 보며 두려워했을지도 모르겠다.

이 책에 그려진 모든 시간선에서 가로축의 지점은 바로 직전 시기에 측정한 값에 비해 얼마나 변했는지를 나타낸다. 그것이 전월 대비일 수도 있고 전년 대비일 수도 있다. 그렇기 때문에 가끔은 시간선에서 가장 극단적인 지점이 원래 데이터에서 실제 극단이 나타나는 시기보다 한 시기 앞이나 뒤에 나타나기도 한다. 그래서 여기서는 각 그림에 원래 데이터에 대한 설명을 달아 놓았다.

시간선에서 맨 처음 시점과 맨 마지막 시점은 이전 데이터나 이후 데이터가 없기 때문에 그때부터, 혹은 그때까지의 변화율밖에 알 수 없다. 이 책에 쓰인 데이터와 계산법은 모두 웹사이트에 올려놓았다. 여기에다 사용하지 못한 다른 많은 시간선들도 포함시켰다. 웹사이트 주소는 www.dannydorling.org인데, 사족을 붙이자면 21세기 초의 웹사이트들이 대개 그렇듯 언제 사라질지 모른다. 만약 지금 종이책으로 보고 있다면, 당신은 이런 아이디어의 가장 든든한 사본을 보유하고 있는 셈이다.

만약 직접 시간선을 그려보고 싶다면 다음의 몇 가지 주의사항만

슬로다운

1. 슬로다운

두 점 간의 거리는 성장의 양적 측면이나 정도 면에서의 변화 속도를 의미한다.
A에서 B 까지의 경우, 2011년에서 2012년 사이에 커피를 마시는 양의 변화는 거의 없었지만,
직전부터 비교적 빠르게 진행된 슬로다운과 역성장의 영향으로 소비량 변화가 정체된 상태다.
2015년까지 슬로다운은 좀 더 느린 속도로 이어져서, B에서 C까지 같은 거리를 가는 데
3년이 걸린다. 절대적인 변화 속도는 더 느려진다.

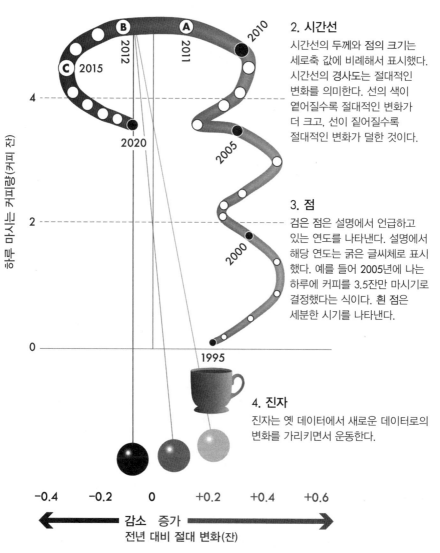

2. 시간선

시간선의 두께와 점의 크기는 세로축 값에 비례해서 표시했다. 시간선의 경사도는 절대적인 변화를 의미한다. 선의 색이 옅어질수록 절대적인 변화가 더 크고, 선이 짙어질수록 절대적인 변화가 덜한 것이다.

3. 점

검은 점은 설명에서 언급하고 있는 연도를 나타낸다. 설명에서 해당 연도는 굵은 글씨체로 표시했다. 예를 들어 2005년에 나는 하루에 커피를 3.5잔만 마시기로 결정했다는 식이다. 흰 점은 세분한 시기를 나타낸다.

4. 진자

진자는 옛 데이터에서 새로운 데이터로의 변화를 가리키면서 운동한다.

부록 그림 1. 어느 개인의 커피 소비량, 1995~2020년

따르면 된다. 내가 7년 전 처음 이런 시간선을 그렸을 때 알게 된 것들이다.

- 실제 데이터를 사용할 때는 항상 바로 전 시점(예를 들어 한 해 전, 혹은 한 달 전)에서부터 지금 시점까지의 변화율을 계산해야 한다. 그러면서 정확하게 같은 기간을 유지해야 한다. 이렇게 하면 시간선은 놀라울 정도로 부드러운 형태가 된다. 이 책에서 대부분의 시간선이 만들고 있는 원의 형태는 대략 양에 비례해서 나타난다. 세로축의 높이에도 비례하게 된다.

- 품질이 좋은 데이터를 사용해야 한다. 시간선을 그리는 방식은 데이터의 아주 미묘한 차이를 나타내는 데 유용하다. 그러나 동시에 데이터의 오류를 부각시킬 수도 있는데, 그럴 경우 잘못된 부분만 유독 두드러지게 나타날 수 있다. 눈앞에 보이는 그림이 이해하기 어려울 정도로 난삽하다면, 데이터의 간격을 좀 더 장기적으로 잡아서 평활 작업을 하도록 한다. 이는 이동평균을 구하는 것과 비슷하다. 몇 개월 단위의 변화를 보는 것보다는 몇 년 단위의 변화를 보는 게 낫다. 예를 들어 단일한 여론조사 혹은 한 달 단위의 여론조사 평균값을 비교하는 것보다는 각 대선(大選, 예컨대 4년 혹은 5년) 간의 변화를 보는 게 더 좋다. 때때로 슬로다운은 느리고 대개는 꾸준하지 않다. 따라서 너무 짧은 시간 단위를 사용하면 슬로다운이 분명하게 나타나지 않을 수 있다. 슬로다운이 일어나고 있다는 것을 알아차리기 힘든 것도 이런 이유에서다. 정확한 시간 간격을 두고 보지 않으면 대개는 엄청난 통계적 노이즈만 보

게 되거나 아무런 변화도 눈치챌 수 없게 된다.

- 시간선의 모든 지점에 설명을 붙이려고 애쓰지 마라. 간혹 지점들
이 서로 겹치기도 한다. 게다가 세계에서 가장 많이 쓰인다는 스프
레드시트 소프트웨어조차도 서로 연결된 산포도 위의 지점들에 설
명을 붙이기에 매우 불편하게 돼 있다. 엑셀에서 시간선을 그려 보
고자 한다면 'XY Chart Labeler'를 내려받는 것을 추천한다.

- 그래프의 각 지점들은 베지에 곡선으로 연결한다. 엑셀에 이런 기
능이 옵션으로 있기도 하다. 순수하게 가속만 하는 상황은 직선으
로 그려지기 때문에 이 책의 [그림 1]에서 보여 준 사례에서는 베
지에 곡선이 나타나지 않는다. 하지만 다른 모든 그림에서는 이
곡선을 볼 수 있다. 이 곡선이 무엇이고 어떻게 발명됐는지는 뒤
에 조금 더 설명을 붙였다. 우리가 지금 알고 있는 것들은 상당히
최근에 알려진 것들이다. 우리는 최근까지도 매우 빠르게 가속화
하는 시대를 살았기 때문이다.

시스템

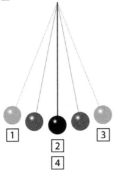

설명:

① 가장 낮은 위치. 속도 0
② 최대 속도
③ 가장 높은 위치. 속도 0
④ 최대 마이너스 속도

시계열

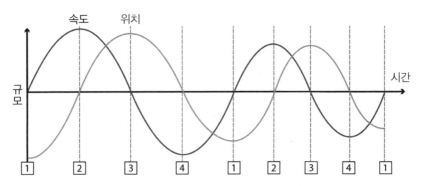

위상궤적

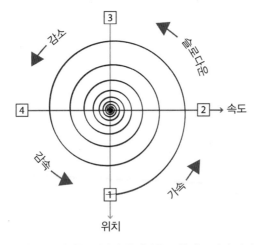

부록 그림 2. 느려지는 진자의 움직임을 표현하는 여러 가지 방법

이동 범위가 점점 줄어드는 진자의 움직임에 대한 설명. 이 책 [그림 5]에 관련 내용이 있음.

이 책의 [그림 2], [그림 3], [그림 5], 그리고 [부록 그림 2]에서 시간선이 부드럽게 나타난 것은 형태를 결정하는 공식이 매우 단순했기 때문이다. 그런데 이 책의 다른 시간선들도 대부분 부드럽게 이어진다. 이는 무슨 마법 같은 비슷한 공식을 반영했기 때문이 아니다. 각 지점을 부드럽게 연결하는 작업을 한 것인데, 그게 바로 베지에 곡선이다. 통계학 분야에선 이렇게 시간선을 그리는 것을 '노이즈를 제거한다'라고 표현한다. 전반적인 변화에 대한 좀 더 분명한 그림을 볼 수 있게 하기 위한 것이다. 다시 말해 일시적이고 짧은 순간 사라지는 변화보다는 구조적이고 근본적인 변화를 보기 위한 방법이다.

이런 편리한 기술이 있다는 걸 알면서도 못 쓰는 경우가 종종 있다. 이 책에서 시간선을 그리는 데 사용한 곡선의 이름은 프랑스의 자동차 제조업체 르노의 기술자였던 피에르 베지에(Pierre Bézier)에서 따왔다. 1968년 베지에는 자동차 보닛이나 측면을 평평하거나 각 지게 구부려 만들지 않아도 되는 방법을 고안해 발표했다.[1] 이런 것을 발명하기 이전에는 아름답게 곡선을 그리는 차체가 나올 수 없었다.

1950년대에도 곡선 형태의 자동차가 고안되기는 했다. 1960년대에 좀 더 부드러운 곡선이 나왔고, 그러면서 더 나은 형태를 만들고자 하는 욕구가 커졌다.[2] 베지에의 발명이 있기 거의 10년 전인 1959년, 시트로엥에서 일했던 또 다른 자동차 기술자인 폴 드 카스텔죠(Paul de Casteljau)가 베지에에게 필요했던 알고리즘을 개발했다. 어쩌면 이 곡선에 드 카스텔죠의 이름을 붙여도 될 정도였다. 아니면 반세기 전, 이 두 사람 모두에게 필요했던 수학적 발명을 이룬 세르게이 나타노비치 번스타인(Sergei Natanovich Bernstein)의 이름을 붙일 수도 있었을 것이다. 수학과 디자인 분야에서의 이런 모든 혁신은 놀랍게도 아주 짧은 기간 동안 일어났다.

내가 학교에 있을 때, 지금은 구식이 된 프렌치 커브라는 방식을 이용해 손으로 비슷한 곡선을 그려 보았다. 내 세대의 사람들은 젊었을 때 모든 게 너무 빠르게 지나갔다고 이야기하면 대충 변명이 될 수 있었다. 베지에 곡선 역시 이런 빠른 변화 속에서 누군가의 눈에 띄기를 오래도록 기다리고 있었다. 그러다 일단 발견된 뒤에는 여러 곳에 폭넓게 쓰이게 됐고 세상을 바꿔 놓았다. 베지에 곡선은 무엇을 제작할 때뿐 아니라, 시간을 두고 일어난 일들의 추세를 묘사하는 데에도 쓰인다.

미래에는 이전만큼 대단했던 새로운 발견이 끊임없이 일어나기 힘들 것이다. 최근의 변화라는 것들은 이전에 이미 나왔던 대단한 발견 위에 점진적으로 이루어진 것이거나, 약간 개선된 것일 뿐이다. 내 이전 세대에는 학교에서 이런 곡선을 그리고 있는 어린이들을 찾아볼 수 없었다. 대부분 열네 살에 학교를 마쳤기 때문이다. 그보다 몇 세대 이전에는 아예 대다수가 학교라는 곳에 다니지를 않았다.

마지막으로, 좀 더 완벽하게 하기 위해 덧붙이자면, [부록 그림 2]는 진자가 영구적으로 운동하는 게 아니라 실제로 움직인다면 [그림 5]가 어떻게 보일지를 나타낸다. 실제 진자는 당연히 슬로다운하기 마련이다. 완전한 슬로다운은 아름다운 소용돌이를 그린다. 신비로운 소용돌이 모양이다.

팬데믹 이후의 한국, 그리고 세계
－옮긴이가 묻고 지은이가 답하다

2020년, 인류 역사에 깊은 흔적을 남길 코로나바이러스감염증－19(코로나19)가 전 세계를 휩쓸었다. 『슬로다운』은 코로나19가 퍼지기 직전에 쓰였지만, 옮긴이는 번역하는 동안 코로나19 이후의 세계에 대한 많은 시사점을 발견할 수 있었다.

이 책에는 20세기 초 스페인 독감을 비롯한 재앙과도 같은 여러 사건 이후 세계가 인구, 경제 면에서 어떻게 '슬로다운'하고 있는지를 '시간선'과 '점', '진자'로 나타낸 독특한(?) 그래프와 함께, 지은이의 분석과 미래 세계에 대한 통찰과 예언이 담겨 있다. 독자들은 이 책을 통해 포스트 코로나19 시대가 가져올 세상의 변화를 안개 속에 갇힌 듯한 답답함에서 벗어나 좀 더 명료하게 가늠해 볼 수 있지 않을까 한다.

옮긴이는 또한 현직 기자로서 코로나19라는 대형 사건을 워싱턴에서 겪으며 과연 이 세계는 변화의 시험대에 선 것인가, 또는 희망적이든 절망적이든 미래를 엿볼 수 있는 전조로서 어떤 현상이 진행되고 있는지 지은이에게 직접 물어보면 좋겠다는 생각을 했다. 더욱이 자못 의미심장하게도 이 책은 첫머리를 한국의 인구 절벽을 우려하는 일간지 보도를 인용하는 것으로 시작하고 있다. 책과 씨름하는 사이 한국에선 인구가 처음으로 감소했고, 출산율도 세계 꼴찌가 됐다는 더 암울한 소식이 들려왔다. 인구와 밀접하게 맞물려 있을 줄 알았던 부동산 문제도 좀처럼 해결의 실마리가 보이지 않는다.

한국의 이런 상황에 대한 지은이의 분석이 무척 궁금하던 터에 한국어판에 이에 대한 질의응답을 담았으면 했고, 대니 돌링은 이런 요청에 기꺼이 응했을 뿐만 아니라 충실한 답신을 보내 주었다. 한국 독자들에게만 따로 전하는 것인 만큼 문답 형식을 그대로 살려 옮겼다.

돌링: 우선 제가 질문에 답을 드릴 수 있어 기쁩니다. 누구도 미래에 대해 확신을 가지고 예측하는 것은 불가능한 일이겠죠. 그런데도 미래를 내다보려는 행위에 매달리는 것은 역설적으로 그런 이유에서일 겁니다. 그러니 앞으로 무슨 일이 일어날 거라고 장담하지는 않겠습니다. 그럴 수도 없고요. 그저 실제 일어난다고 해도 전혀 놀랍지 않을 일들을 말씀 드리고자 합니다. 각 분야에 대한 가능성의 범위를 전해드리는 셈입니다. 약간의 기대도 섞어서 말이죠. 제가 앞으로 운 좋게 20~30년 정도를 더 살 수 있다면, 아마도 다음의 다섯 가지 질문 가운데 두세 개는 틀렸다는 사실을 인정하게 될 겁니다. 혹시라도 모두 옳았던 것으로 드러난다면 그건 제 판단력이 탁월했던 것이 아니라 그저 운이 좋았기 때문일 겁니다.

옮긴이: 슬로다운이 진행되고 있는 지구에 코로나19라는 팬데믹(pandemic)이 퍼졌습니다. 책에서는 1918년 스페인 독감 당시 전 세계 이

산화탄소 배출량이 14% 감소했지만 이듬해 다시 16% 증가했다고 소개하고 있습니다. 이번 코로나19 팬데믹 이후에는 어떤 일이 벌어질 것이라고 생각하십니까? 이번 팬데믹이 슬로다운 추세에 변수가 될 수 있을까요?

돌링: 팬데믹이 우리가 이미 가고 있는 방향을 많이 바꿀 것 같지는 않습니다. 물론 매년 전 세계에서 기하급수적으로 증가하던 항공편 탑승객 수의 슬로다운을 가져오는 촉매제가 되긴 하겠지만 말입니다. 가까운 미래에 지금보다는 많은 사람들이 비행기를 타게 된다고 해도 항공산업 자체가 2020년 이전에 몇 년 동안 그랬던 것만큼 성장하지는 못할 것입니다. 특히 우리 모두 화상으로 회의를 하는 데 이제 상당히 익숙해진 탓이기도 하죠. 다만 한동안은 팬데믹에 대한 공포심도 여전하겠지요. 이런 일은 예전에도 있었습니다. 1889~1893년 사이 코로나바이러스 팬데믹의 원조라 할 수 있는 '러시아 인플루엔자'가 유행했을 때도 그랬습니다. 과거는 미래로 가는 유일한 안내서입니다. 앞서 많은 팬데믹 이후 그러했듯 저 역시 이 바이러스가 일반적인 감기 정도로 진화하길 바라고 있습니다. 하지만 그러지 않는다면 우리 삶은 좀 더 많이 변할 수밖에 없을 것입니다.

옮긴이: 2021년 5월 26일, 한국 통계청이 인구수가 6분기 연속 감소했다고 밝혔습니다. 이제 한국은 태어나는 아이들 수보다 사망자 수가 더 많아졌습니다. 한국의 인구 감소는 '재앙' 수준이라는 이야기가 나옵니다. 그럼에도 한국은 지금 안정된 상태로 가고 있는 걸까요, 아니면 다수의 우려대로 파국으로 치닫고 있는 것일까요?

돌링: 저는 최근 한국에서 일어나고 있는 인구 변화를 두고 '재앙'이라고 하지는 않을 것입니다. 이런 변화는 예상됐던 것이고 최근 몇 년 동안 속도는 느려지고 있기 때문입니다. 한국이 전 세계적으로 볼 때 인구 감소의 극단적인 사례란 점은 분명합니다. 물론 이례적으로 사망자 수가 많아졌기 때문은 아닙니다. 오히려 팬데믹 기간이 지속되는 동안 한국에서 코로나19로 인한 사망자 수는 그다지 많지 않았으니까요. 코로나19 발생 후 18개월 동안 한국에서 바이러스로 사망한 사람 수는 유럽이나 인도, 아프리카, 미주 대륙에서 단 며칠간 발생한 사망자 수보다 적었을 정도입니다. 진짜 심각한 문제는 한국의 성인들이 아이를 낳고 부모가 되고 싶어도 그럴 여유가 없다고 느끼게 될 때입니다. 이를 막으려면 사람들에게 부모가 될 권리가 있고 그럴 만한 자원이 충분하다는 것을 확신시켜 주어야 합니다. 이를 위해 정부는 할 수 있는 모든 일을 해야 합니다. 이 중 가장 시급한 것 중 하나가 극단적인 소득 불평등을 해소하는 것입니다. 소득 불평등 정도가 매우 큰 나라들은 정치적으로나 사회적, 경제적으로 결코 안정될 수 없습니다. 경제협력개발기구(OECD)가 최근(2018년) 발표한 불평등에 대한 지니 계수를 보면 한국은 0.345입니다. 영국을 제외한 모든 유럽 국가들에 비해 높고, 경제적인 불평등 정도로 보면 이스라엘과 비슷한 수준으로 매우 분열된 나라라고 할 수 있습니다.

옮긴이: 조 바이든이 대통령이 되면서 기후변화에 대한 미국의 입장이 완전히 바뀌었습니다. 2021년 4월에는 전 세계와 함께 획기적인 온실가스 감축 목표를 세우기 위해 기후정상회담도 열었습니다. 기후변화에 대응하기 위한 이런 협력을 어떻게 생각하십니까? 당신은 책에서 그

동안 "상상 속의 외계인 방문객들이 하늘에서 인내심을 가지고 지켜보았다면" 인류의 파괴적인 탄소 배출에 경악했을 거라고 썼습니다. 앞으로도 '상상 속의 외계인'이 계속 지구를 지켜본다면 이번에는 탄소 배출량에 있어 의미 있는 감소를 목격할 수 있을까요?

돌링: 저는 기후변화에 대한 최근 논의가 약 50년 전인 1970년대와 1980년대 대륙간탄도미사일(ICBM)을 놓고 벌였던 협상과 비슷하다고 봅니다. 지금의 바이든 대통령이 그때 미국 대통령보다 좀 더 설득에 나서는 것 같기는 합니다. 당시 협상이 시작되면서 우리는 뭔가 대단한 것을 성취할 수 있을 거란 희망을 가지게 됐습니다. 결과적으로 미국과 소련이 보유하던 핵미사일 수를 크게 줄일 수 있었죠. 물론 아직 많이 남아 있기는 하지만 핵전쟁의 위협도 줄었습니다. 따라서 다시 한번 말씀드리지만 과거는 우리가 미래로 가는 지침서이고, 미래에는 단순히 과거를 반복하지 않을 것입니다. 그러니 기후변화에서도 중요한 진보를 기대할 수 있을 겁니다. 물론 좀 늦은 면이 있고 이루기 내기 쉬운 진보도 아닙니다. 1950년대에는 전 세계적으로 정말 많은 사람들이 핵전쟁의 위협에 맞섰습니다. 1960년대 들어서는 그런 사람들이 더 많아졌죠. 평화운동 캠프가 세워졌고, 여성들(항상 대부분 여성이었습니다)도 몇 년 동안이나 그 캠프에서 살다시피 했습니다. 가령 스코틀랜드의 핵잠수함 기지 근처에도 그런 캠프가 있는데, 40년 전에 설립돼 여전히 유지되고 있습니다. 그런 활동가나 시위대의 저항과 반대가 이어지지 않는다면, 가상의 외계인들은 인류 스스로 멸종 가능성을 높이고 있는 어리석은 광경을 목도하게 될 것입니다. 또한 다른 종의 생존까지 위협하는 것을 보며 분노하겠죠.

옮긴이: 최근 베이징발로 놀라운 기사가 나왔습니다. '한 자녀 정책'에서 '두 자녀 정책'으로 바꾸었던 중국 당국이 급기야 세 자녀도 허용하기로 했다는 소식입니다. 그만큼 더 많은 인구를 유지하겠다는 의도일 겁니다. 미래에는 결국 많은 인구를 유지하는 국가가 패권을 쥐게 될 거라는 이야기도 나옵니다. 이런 중국의 시도가 성공을 거둘까요? 슬로다운 시대에는 국제사회의 패권에 어떤 변화가 일어날까요?

돌링: 우선 중국 정부의 발표가 당장 인구를 급격하게 늘리려는 선언이나 시도는 아니라고 봅니다. 드디어 더 이상 가구당 자녀 수를 제한할 필요가 없다는 사실을 인지하게 됐다는 정도로 보는 것이 합당할 것입니다. 슬프게도 중국에서 이런 발표가 나오기 몇 년 전, 영국 정부는 빈곤 가정이 셋째 이상의 아이를 가질 경우 불이익을 주는 방침을 내놓았습니다. 셋째 아이부터는 복지 혜택을 추가로 주지 않겠다는 것이죠. 결국 새로운 형태의 '두 자녀 정책'이었던 셈인데, 이 때문에 세 자녀를 둔 가정들 가운데는 급격하게 경제 사정이 악화되는 경우가 많아졌습니다.

그런데 저는 국제사회의 패권이 결코 인구 규모로 결정되지는 않는다고 봅니다. 영국이 전 세계에서 가장 강한 나라였을 때 사실 인구수는 매우 적었습니다. 제1차 세계대전 이후 미국이 영국으로부터 그 자리를 넘겨받을 때도 미국 인구가 전 세계에서 차지하는 비율은 한 세기 전 영국의 비율과 큰 차이가 없었습니다. 무엇보다도 저는 한 나라가 패권을 쥐고 군림하는 시대는 막을 내렸다고 봅니다. 두 강대국이 서로 대결하는 시대 역시 끝날 것이라고 기대합니다. 중국의 성공은 인구에 달려 있지 않습니다. 미래에 더 평화롭고 안정된 세계를 이루는 데 기여하는 것이야말로 진정한 성공일 것입니다. 유럽 국가들이 가지고 있던 전투적인 기질, 그러다가 미국이 넘겨받은 그런 기질과는 거리를 두면서 말입니다.

옮긴이: 제가 대학을 졸업하고 처음 취업을 했을 때에도 많은 전문가들이 집을 사지 말라고 조언했습니다. 한국의 인구가 장차 줄고 고도성장의 시기가 끝나면서 부동산 가격이 필연적으로 떨어질 거라는 이유였습니다. 하지만 한국의 부동산 가격, 특히 서울의 집값은 떨어지기는커녕 상승에 상승을 거듭해 왔습니다. 이번 정부도 집값 안정화를 위해 여러 대책을 내놓았지만 지난해에도 전국적으로 15%가 올랐습니다. 젊은 세대는 부모에게 기대지 않고서는 집을 살 수 없는 상황에 좌절하고 있습니다. 이런 상황은 슬로다운이 진행되면서 해결될 수 있을까요? 그렇다면 해결의 그때는 언제쯤일까요?

돌링: 사실 저도 예측이 빗나간 전문가들의 난처한 입장에 상당히 공감합니다. 몇 년 동안 저에게도 영국의 젊은이들이나 중년층이 집을 사기 위해, 한국에서 유행하는 말로 소위 '영끌'을 해야 하는지 물어 왔죠. 저는 지금 영국의 집값이 너무 비싸고 너무 많이 올랐기 때문에, 내가 당신이라면 가격이 내리거나, 어차피 이대로 가면 주택시장이 붕괴할 수밖에 없을 것이니 그때까지 기다리라고 조언을 하곤 했습니다. 지금까지는 제 대답이 틀린 것으로 드러났습니다. 그렇지만 우리는 오랜 시간을 거치면서 알게 된 명백한 사실이 있습니다. 사람들이 집을 사기 위해 받은 대출을 보증하기 위해 영국 정부가 엄청난 돈을 쏟아붓고 있고, 집값을 떠받치기 위해 음으로 양으로 여러 정책들을 내놓기 바쁘다는 것입니다. 결국 집값은 계속 오르고 절대 떨어지지 않았습니다. 적어도

정부가 버틸 힘을 가지고 있는 동안은 계속 그러겠죠. 또 그렇게 함으로써 정치인들은 자산을 소유하고 있는 기득권층의 표를 확보할 수 있는 겁니다.

영국은 2021년 6월까지 1년 동안에 집값이 10% 넘게 올랐습니다. 한국에서도 집값을 계속 올리기 위해 은밀하게 이런 정책을 펴는지는 모르겠습니다. 그런데 다른 선진국, 특히 독일 같은 곳에서는 정부가 부동산 인플레이션을 막으면서도 임대료가 낮은 가격 수준에 유지되도록 하는 정책을 펴고 있는 것으로 알고 있습니다. 그렇게 함으로써 집을 살 필요를 줄이는 것이지요. 특히 지금 살고 있는 집에서 임대인들을 함부로 쫓아내지 못하게 하는 정책도 시행하고 있습니다. 부동산 문제는 어떤 방법으로든 점차 해결이 될 거라고 봅니다. 첫 번째는 집값이 말도 안 되게 계속 올라 1990년대 일본에서 그랬던 것처럼 결국 붕괴하는 겁니다. 두 번째는 정부가 정책을 바꾸도록 사람들이 실력 행사를 하는 겁니다. 다만 젊은 세대가 수적으로 적을 경우, 이 방법은 쓰기가 힘들기는 합니다. 게다가 정치에 환멸을 느껴서 투표에 참여하지 않는다면 더한층 어렵습니다.

그런데 젊은 층을 너무 신경 쓰는 노년층도 문제를 악화시키는 데 일조하고 있습니다. 이들은 집값이 오르는 동안 계속 소유하고 살다가 나중에 죽은 뒤 자녀에게 물려주려고 합니다. 그렇게 자녀들을 도와줄 수 있다고 보는 겁니다. 개별 가정으로 보면 좋은 해법이라고 할 수도 있겠지만 수백만 가정이 따라 하면 큰 문제가 됩니다. 그럴 경우 너무 오랜 기간 노인만 사는 집들이 많아질 것이기 때문입니다. 더 일찍 집을 팔고 일찌감치 작은 아파트로 이사 가지 않는 것이 가족 단위로는 해결책으로 보일 수 있겠지만, 총체적으로는 재난을 자초하는 일일 수 있습니다. 영국의 아주 이기적인 한 정치 지도자가 "사회 같은 것은 없다(There is no such thing as society)"라고 말한 적이 있습니다. 그저 개인과 그 가족만 있을 뿐이라는 겁니다. 그의 믿음은 틀렸습니다.

젊은 층 인구가 급격히 감소하는데도 부동산 인플레이션이 큰 한국의 경우, 조금씩 다가오는 슬로다운을 받아들이지 못하거나 애써 외면하는 현상이 불안정을 가속화할 수 있습니다. 사회적으로 좀 더 안정된 미래를 준비하지 못하고 있는 것입니다. 어쩌면 집값 상승이 경제적 성공의 신호라는 일부 서구 정치학자들의 이야기를 무비판적으로 체득했기 때문일 수도 있습니다. 한국의 장년층은 자신의 삶의 질이 엄청난 속도로 개선되는 것을 경험하며 살아왔습니다. 그런 배경을 감안하면 부동산 불패 신화를 무비판적으로 신봉해 온 상황이 납득되기도 합니다. 다만 앞으로 더 느려진 시간 속에서 살아야 하는 젊은 세대들은 다릅니다. 개인주의, 이기주의로 밀어붙이지 말고 서로 더 많이 나누고 협력해야 합니다. 탐욕은 나쁜 것입니다.

1장

첫머리 인용글: Song Jung-a, "South Korea's Birth Rate Falls to New Developed World Low," *Financial Times*, 28 August 2019, https://www.ft.com/content/16505438-c96c-11e9-a1f4-3669401ba76f.

1. Charles Darwin, "The Struggle for Existence," part 3 of the introduction to *Origin of Species: by Means of Natural Selection, or the Preservation of Favoured Races in the Struggle for Life* (London: John Murray, 1859). 이 이야기는 초판에서 나온 것이다. 이후 개정판과는 조금 다를 수 있다. 온라인상에 다양한 버전이 있다. https://www.gutenberg.org/files/1228/1228-h/1228-h.htm.

2. Paul Ehrlich and Anne Ehrlich, *The Population Bomb: Population Control or Race to Oblivion* (New York: Ballantine Books, 1968), 160, http://projectavalon.net/The_Population_Bomb_Paul_Ehrlich.pdf.

3. Joel E. Cohen, "How Many People Can Earth Hold?" *Discover*, 1 November 1992, http://discovermagazine.com/1992/nov/howmanypeoplecan152/.

4. 12장의 [그림 64] 참조. 이 책 도입부에 나온 주장들은 대부분 뒤에서 증거가 제시된다. 아주 일부는 단순히 나의 추측이거나 직관인 것도 있다.

5. 영국에서 가장 유명한 최고령자 그레이스 존스(Grace Jones)는 2019년 6월 14일 112세의 나이로 사망했다. 유럽 전체에서 최고령자였던 지우세피나 로부치(Giuseppina Robucci)는 2019년 6월 18일 116세로 숨졌다. 잔 루이즈 칼망(Jeanne Louise Calment) 역시 가장 오래 산 인물로 거론되지만 진위 여부에 대한 논란이 있기도 하다. 트리스틴 호퍼(Tristin Hopper) 참조. "History's Oldest Woman a Fraud? Russian Researchers Claim 122-Year-Old Jeanne Calment Was Actually a 99-Year-Old Imposter," *National Post*, 31 December 2018,

https://nationalpost.com/news/world/historys-oldest-woman-a-fraud-theory-says-122-year-old-jeanne-calment-was-actually-a-99-year-old-imposter.

6. 12장에서 슬로다운이 처음 나타난 일본에서 시간선에 대한 연구가 어떻게 시작 됐는지에, 그리고 짧은 부록에서 시간선을 어떻게 그리는지도 설명했다. 이 책 에 있는 시간선과 관련한 스프레드시트는 www.dannydorling.org에서 찾아볼 수 있다. 시간선을 어떻게 그리는지도 밝혀 놓았다.

7. Michael Friendly, Pedro Valero-Mora, and Joaquín Ibáñez Ulargui, "The First (Known) Statistical Graph: Michael Florent van Langren and the 'Secret' of Longitude," *American Statistician* 64, no. 2 (2010): 174~184, http://datavis.ca/papers/langren-TAS09154.pdf.

8. 1968년에는 인구 증가에 대한 아주 드문 예외들이 있었다. 팔레스타인의 인구는 6일 전쟁 이후 2.1%가 줄었다. 독재 치하에서의 포르투갈(연간 0.7% 감소)과 포클랜드섬(연간 0.5% 감소)에서도 그랬다. 당시 핀란드 인구는 불과 0.1% 증 가했고, 영국은 0.5%, 프랑스는 0.7%, 미국은 0.9%, 일본은 1.3%, 캐나다는 1.7% 증가에 그쳤다. 전 세계 평균이 2.1%였고, 인도의 증가 폭도 2.1%, 에티 오피아 2.5%, 중국 2.8%, 필리핀 3%, 이라크가 3.5%였다.

9. Bob Dylan, "Idiot Wind," 1974, https://www.bobdylan.com/songs/idiot-wind/.

10. 대니 돌링(Danny Dorling)의 『100억 명(*Population 10 Billion*)』 (London: Constable, 2013), 338쪽 참조. 만약 당신이 〈1313: 거대 살인벌!〉을 보았다면 시대의 종말이 이르렀다고 믿게 됐을 것이다. 사실 영화는 최악이었지만, 최근 사람들이 느끼는 공포에 대해 패러디할 수 있는 즐거움을 줄 수는 있다.

11. 사람들이 나무에서 떨어져 죽을 가능성을 동료들이 계산해 본 적이 있다. 영국 당국에서 공개한 사망, 입원 관련 통계를 활용했다. 많은 어린이들이 나무에서 떨어져 경미한 부상을 입었지만 죽는 경우는 거의 없었다. 만약 아이들의 안전 이 걱정된다면 뭔가 작은 물건을 삼키지 못하도록 신경 쓰는 게 낫다. 아주 얕은 곳이라도 물에 빠지는 것을 조심해야 하고, 차에 치이는 것을 신경 써야 한다. 다른 것들보다 이 세 가지를 주의해야 한다. 가장 중요한 것은 당신을 걱정케 하 는 모든 것들에 대한 걱정을 멈춰야 한다는 것이다. 이런 걱정 때문에 밤잠을 제 대로 못자면 오히려 위험한 실수를 저지를 수 있다.

12. "모든 도시에, 또 필요하다면 모든 가정에 이런 힘을 저장할 거대한 보관소가 마 련될 것이다. 이를 가지고 필요에 따라 열이나 빛, 동력을 만들어 낼 것이다. 이 것이 유토피아인가? 유토피아가 표시되지 않은 세계지도는 쳐다볼 필요도 없다. 인류가 지향하는 나라를 생략했기 때문이다. 인류가 그곳에 자리 잡게 되면 다 시 밖을 쳐다보게 되고, 더 나은 나라를 찾아 항해를 떠나게 된다. 진보는 유토 피아를 깨닫게 되는 과정이다." 오스카 와일드(Oscar Wilde) 『인간의 영혼(*The*

Soul of Man)』 (London: Arthur Humphries, 1900), 40, https://www.
gutenberg.org/files/1017/1017-h/1017-h.htm.

13. P. D. James, *The Children of Men* (London: Faber, 1992).

2장

첫머리 인용글: China Internet Information Center, "News Analysis: Experts
Predict Slowdown in Greek Economy," *Xinhuanet*, 25 January 2019, http://
www.xinhuanet.com/english/2019-01/25/c_137772060.htm.

1. Roxanne Darrow, "Culinary Backstreets on the Road—The Mastic Trail in
Chios," *Culinary Backstreets*, 23 September 2014, https://culinarybackstreets.
com/cities-category/athens/2014/cb-road-17/.

2. Nikos Merouses, *Chios: Physiko periballon & katoikese apo te neolithike epoche
mechri to telos tes archaiothtas* [Chios: Natural Environment & Habitation
from the Neolithic Age to the End of Antiquity], Chios: Papyros, 2002),
chapter 5, section 3. 인구수는 *Bryn Mawr Classical Review* (2006)에 대한
Maria Papaioannou의 서평에서 가져옴. http://bmcr.brynmawr.edu/2006/
2006-06-38.html.

3. Roula Ballas and Vassilis Ballas, "How Masticulture Was Created, *Masticulture*,
accessed 11 February 2019, http://www.masticulture.com/about_masticulture/
en/history-of-chios-masticulture.php.

4. $y_t = 99 + e^{(1.5 \times -t/400)} \times 10\sin(t/10)$. y는 인구수, t는 연도, e는 오일러 상수(약
2.71821818)다. 이 공식에 따라 [그림 3] 시간선의 인구 변화 추세가 나왔다.

5. 2019년 EU 통계청은 2017년 기준 EU 여성들의 첫 출산 시기에 대한 자료를 발
표했다. 가장 빠른 불가리아가 26.1세, 가장 느린 이탈리아가 31.1세였는데 EU
평균적으로는 29.1세였다. 내가 이 책을 쓰고 있는 동안에도 이탈리아 여성의
첫 출산 연령은 31.4세를 향해 가고 있었다. *Eurostat: Statistics Explained:
Fertility Statistics,* online guide to European data, https://ec.europa.eu/eurostat/
statistics-explained/index.php/Fertility_statistics. 참조. 영국에서도 2019년 1월
10일 잉글랜드와 웨일스 지역 여성의 첫 출산 시기에 대한 통계자료를 발표했
다. 2017년 기준 28.8세였는데 전년도인 2016년에 비해 오르지 않았다. 다만 남
성의 경우 처음 아빠가 된 연령은 2016년 33.3세에서 이듬해 33.4세로 올랐다.
(London: Office for National Statistics, 10 January 2019), https://www.ons.
gov.uk/peoplepopulationandcommunity/birthsdeathsandmarriages/livebirths/
bulletins/birthcharbirthcharacteristicsinenglan/2017. 일본의 경우 2017년 여성
의 첫 출산 연령이 30.7세였는데, 도쿄에서는 32.3세였다. https://stats-japan.

com/t/kiji/14299. 미국은 2017년 여성의 첫 출산 연령이 26세였던 반면, 다른 지역에 비해 가장 늦은 샌프란시스코는 31.9세였다. 전체적으로는 불가리아보다도 첫 출산 연령이 낮았다. Michelle Robertson, "San Francisco Women Have Children Later Th an Anywhere Else in the U.S. Here's Why," *SFGate*, 7 August 2018, https://www.sfgate.com/mommyfiles/article/women-sf-children-mother-motherhood-later-age-13136540.php. 2016년 미국은 사회적으로 너무나 분열된 상태였기 때문에 20세와 28세, 두 개의 정점을 가진 두 가지 형태의 출생 분포가 존재했다. 이보다 한 세대 전인 1980년에는 전체 평균이 19세였다. Quoctrung Bui and Claire Cain Miller, "The Age That Women Have Babies: How a Gap Divides America," *New York Times*, 4 August 2018. 모든 웹사이트는 2019년 7월 13일 접속 기준임.

6. 사실 그런 멍청한 공약을 내놓은 것은 데이비드 캐머런 전 영국 총리였고, 당시 내무부 장관이던 테리사 메이가 이를 이행하려고 하다 실패했다. 이후 도널드 트럼프 대통령이 미국-멕시코 간의 장벽을 세우겠다는 공약을 낸 덕분에, 미국인보다 영국인이 그나마 덜 멍청하게 보이게 되기는 했다. 슬로다운은 우리가 얼마나 멍청해질 수 있는지를 깨닫게 되는 과정이기도 하다.

7. 여기서 중심은 9,900만에 맞추었다. 주석 4번에 공식에 들어가는 숫자이기 때문이다. 이 공식에서 1.5와 400은 안정이 이루어지는 정도를 결정하는 상수이다. 르네 데카르트가 1638년 발견했고, 1692년 야코프 베르누이는 이를 두고 기적과 같다고 말했다.

8. G. J. Chin, "Flying along a Logarithmic Spiral," *Science*, 8 December 2000, http://science.sciencemag.org/content/290/5498/1857.3. See also "Spiral Mathematics," *Encyclopaedia Britannica*, https://www.britannica.com/science/spiral-mathematics.

9. "Not All Japanese Towns and Villages Are Atrophying: More Young Japanese Are Seeking a Rural Idyll," *Economist*, 22 March 2018, https://www.economist.com/asia/2018/03/22/not-all-japanese-towns-and-villages-are-atrophying.

10. S. Palmer, "Women Novelists Warned Early on That Village Life Wasn't All It's Cracked Up to Be," *Conversation*, 23 June 2018, https://theconversation.com/women-novelists-warned-early-on-that-village-life-wasnt-all-its-cracked-up-to-be-99884.

11. 크리스티안 호이겐스(Christiaan Huygens)는 시간에 관심이 많았다. 1669년 그는 연령에 따른 기대수명 분포 그래프를 만들었다.

12. Stacy Taylor, "History of the Pendulum," *Sciencing*, 24 April 2017, accessed 11 February 2019, https://sciencing.com/history-pendulum-4965313.html.

13. Sascha Reinhardt, Guido Saathoff , Henrik Buhr, Lars A. Carlson, Andreas

Wolf, Dirk Schwalm, Sergei Karpuk, Christian Novotny, Gerhard Huber, Marcus Zimmer mann, Ronald Holzwarth, Thomas Udem, Theodor W. Hänsch, and Gerald Gwinne, "Test of Relativistic Time Dilation with Fast Optical Atomic Clocks at Different Velocities," *Nature Physics,* 11 November 2007, 861~864, https://www.nature.com/articles/nphys778.

14. 1960년대에는 새로운 환각제의 도움으로 좀 더 쉬웠을지도 모른다. 이미 1797년에 새뮤얼 콜리지(Samuel Coleridge)는 시 「쿠블라 칸(*Kubla Khan*)」을 쓰면서 아편을 사용한 바 있다. 시의 부제는 '또는 꿈 속의 환상. 파편'이었다. 시 전체적으로 "엄청난 공간"들이 있는데, 시인의 머릿속에 그만한 공간이 있었다는 점을 알아야 이 시를 이해할 수 있다.

15. "The Phase Space and Density Function," *Wikipedia*, accessed 11 February 2019, https://en.wikipedia.org/wiki/Boltzmann_equation #The_phase_space_and_density_function.

16. 조시아 깁스(Josiah Gibbs)는 뉴헤이븐의 아들이었다. 그곳에서 태어나 예일대학교를 다녔다. 이 책에서 쓴 위상궤적은 그가 만든 열역학에 대한 위상궤적에서 따온 것이다. 슬로다운에 대해 처음 진지하게 연구가 시작된 것은 1970년대 도쿄인데, 슬로다운의 사회과학적인 효용에 대해서도 연구했다. 이 부분은 이 책 마지막 장에서 다루었다.

17. Haynes Miller, "Linear Phase Portraits: Matrix Entry, *MIT Mathlets*, accessed 11 February 2019, http://mathlets.org/mathlets/linear-phase-portraits-matrix-entry/.

3장

첫머리 인용글: Annie Nova, "Student Debt Continues to Grow, but There's Been a Slowdown," CNBC, 20 September 2018, https://www.cnbc.com/2018/09/20/student-debt-continues-to-grow-but-more-slowly-than-in-the-past.html.

1. 나는 2017년에 『평등 효과(*The Equality Effect*)』란 책을 썼고, 2018년에는 『불평등의 정점(*Peak Inequality*)』을 출판했다. 이 두 책에서 경제적 불평등의 속도가 줄지 않고 있다는 데이터를 인용했다. 그동안 지구상 대부분의 나라에서 불평등은 커졌지만 최근 들어 이런 추세가 뒤바뀌었다. 불평등이 전반적으로 사라지고 있다고 말하는 게 학문적으로 그럴 듯해 보여서가 아니다. 2008년부터 실제 그랬기 때문이다. 물론 지금 책을 쓰고 있는 동안에도 슈퍼리치들은 여전히 더 부자가 되고 있다. 하지만 그럴 수 있는 시간도 곧 끝나게 될 것이다. 우리가 정말로 지금 글로벌 불평등의 정점에 있다면, 앞으로는 이처럼 소수의 가문이

부를 독점하는 말도 안 되는 상황은 더 이상 보지 않게 될 것이다.

2. Statista, *Number of Higher Education Degrees Earned in the United States from 1950 to 2028*, online open access resource, accessed 11 February 2019, https://www.statista.com/statistics/185153/degrees-in-higher-education-earned-in-the-united-states/.

3. Federal Student Aid (an office of the U.S. Department of Education) *Federal Student Loan Portfolio*, accessed 11 February 2019, https://studentaid.ed.gov/sa/about/data-center/student/portfolio.

4. Melanie Lockert, "What Happens to Student Loans When You Die?" *Student Loan Hero Blog*, 18 December 2017, https://studentloanhero.com/featured/what-happens-to-student-loans-when-you-die/.

5. Danny Dorling and Michael Davies, *Jubilee 2022: Writing off the Student Debt* (London: Progressive Economy Forum, 30 October 2018), https://www.progressiveeconomyforum.com/jubilee-2022-writing-off-the-student-debt/; Michael Davies and Danny Dorling, Jubilee 2022: Defending Free Tuition (London: Progressive Economy Forum, 9 July 2019), https://progressive-economyforum.com/publications/jubilee-2022-defending-free-tuition/.

6. Jun Hongo, "Number of Cars per Household Stagnates in Japan," *Wall Street Journal*, 18 August 2014, https: //blogs.wsj.com/japanrealtime/2014/08/18/number-of-cars-per-household-stagnates-in-japan/.

7. Gil Scott-Heron, "Whitey on the Moon," *The Revolution Will Not Be Televised* (New York: Flying Dutchman Records, 1974).

8. Jeff Gitlen, "History of the Auto Lending Industry," *Lendedu*, accessed 11 February 2019, https://lendedu.com/blog/history-of-auto-lending-industry. Lendedu는 광고를 보도록 유도하는 웹사이트다.

9. Statista, *Light Vehicle Retail Sales in the United States from 1978 to 2018*, online open-access resource, accessed 11 February 2019, https://www.statista.com/statistics/199983/us-vehicle-sales-since-1951/.

10. Aarón González Sherzod Nabiyev, "Oil Price Fluctuations and Its Effect on GDP Growth: A Case Study of USA and Sweden" (BA thesis, Jönköping International Business School, Jönköping University, January 2009), https://pdfs.semanticscholar.org/e2dc/68b6cb8346e1bda8491b6dd490594d0e6e94.pdf.

11. Tracy Jan, "Redlining Was Banned 50 Years Ago. It's Still Hurting Minorities Today," *Washington Post*, 28 March 2018, https://www.washingtonpost.com/news/wonk/wp/2018/03/28/redlining-was-banned-50-years-ago-its-still-

hurting-minorities-today.

12. Federal Reserve Bank of St. Louis, *Mortgage Debt Outstanding, All Holders (MDOAH)*, accessed 11 February 2019, https://fred.stlouisfed.org/series/MDOAH.

13. Danny Dorling, *All That Is Solid*, 2nd ed. (London: Penguin Books, 2015), 236~249.

14. Daniel Thornton, "The U.S. Deficit/Debt Problem: A Longer-Run Perspective," *Federal Reserve Bank of St. Louis Review* 94, no. 6 (November/December 2012): 441~455, https://files.stlouisfed.org/files/htdocs/publications/review/12/11/Thornton.pdf.

15. International Monetary Fund, *Interest Rates, Discount Rate for United States*, Federal Reserve Bank of St. Louis 제공, 2017년 6월 1일자가 최신 자료. https://fred.stlouisfed.org/series/INTDSRUSM193N.

16. 종교에선 빚을 지지 말고 부도 쌓지 말라고 가르치고 있다. 하지만 시간이 지나며 이를 잊어 주기를 바랐다. 소수에 의한 부의 축적은 선한 것이고 그럴 자격이 있다고 주장한다. 다수에 의해 부채가 쌓인 것은 무능함의 결과이고 집단적으로 통제력을 잃었기 때문이라고 주장한다. 네덜란드가 부자가 될 수 있었던 것도 프로테스탄트 교회에 의해 고리대금업 규제가 완화된 덕분이었다. 1688년 영국이 이를 따라갔고, 미국의 프로테스탄트 엘리트들은 영국의 뒤를 따랐다. 성경은 정기적으로 빚을 탕감해 주라고 가르치고 있지만, 너무 자주 잊고 있다. 아브라함에 뿌리를 둔 세 종교 중 상대적으로 가장 최근 나온 이슬람교에서 그나마 대부업으로 부를 쌓는 것을 가장 엄격하게 금지하고 있다.

17 Tim Di Muzio and Richard H. Robbins, *Debt as Power* (Manchester: Manchester University Press, 2016), 20.

4장

첫머리 인용글: Justin Trudeau, "Justin Trudeau's Davos Address in Full," *World Economic Forum*, 23 January 2018, https://www.weforum.org/agenda/2018/01/pm-keynote-remarks-for-world-economic-forum-2018/.

1. Elizabeth Palermo, "Who Invented the Printing Press?" *Live Science Blog*, 25 February 2014, https://www.livescience.com/43639-who-invented-the-printing-press.html.

2. Mathew Wall, "Big Data: Are You Ready for Blast-off?" *BBC Business News*, 4 March 2014, https://www.bbc.co.uk/news/business-26383058.

3. Bernard Marr, "How Much Data Do We Create Every Day? The Mind-

Blowing Stats Everyone Should Read," *Forbes*, 21 May 2018, https://www.forbes.com/sites/bernardmarr/2018/05/21/how-much-data-do-we-create-every-day-the-mind-blowing-stats-everyone-should-read/#1ad9abea60ba.

4. "History of Wikipedia," *Wikipedia*, 24 April 2019, https://en.wikipedia.org/wiki/History of Wikipedia.

5. Tim Simonite, "The Decline of Wikipedia," *MIT Technology Review*, 22 October 2013, https://www.technologyreview.com/s/520446/the-decline-of-wikipedia/.

6. Max Roser, "Books," *Our World in Data*, 2017, https://ourworldindata.org/books#consumption-of-books.

7. UNESCO, *Recommendation concerning the International Standardization of Statistics relating to Book Production and Periodicals* (Paris: UNESCO, 1964), 145.

8. Eltjo Buringh and Jan Luiten Van Zanden, "Charting the 'Rise of the West': Manuscripts and Printed Books in Europe; A Long-Term Perspective from the Sixth through Eighteenth Centuries," *Journal of Economic History* 69, no. 2 (2009): 409~445.

9. "List of Book-Burning Incidents (Catholic and Martin Luther): The World," *Wikipedia*, accessed 24 April 2019, https://en.wikipedia.org/wiki/List of book-burning_incidents#Catholic_theological works_(by_Martin_Luther).

10. Science Museum, "Thalidomide," *Exploring the History of Medicine*, accessed 2 September 2019, http://broughttolife.sciencemuseum.org.uk/broughttolife/themes/controversies/thalidomide.

11. Alexander J. Field, *A Great Leap Forward: 1930s Depression and U.S. Economic Growth* (New Haven: Yale University Press, 2012). Alexander J. Field, "The Most Technologically Progressive Decade of the Century," *American Economic Review* 93, no. 4 (2003): 1399~1413, https://www.aeaweb.org/articles?id=10.1257/000282803769206377.

12. Charles Darwin, "Laws of Variation," in *The Origin of Species by Means of Natural Selection*, 6th ed. (London: John Murray, 1888), https://www.gutenberg.org/files/2009/2009-h/2009-h.htm.

13. Tim Blanning, *The Pursuit of Glory: Europe, 1648-1815* (London: Penguin, 2007).

14. Robert Colwell, director of the Microsystems Technology Office at the Defense Advanced Research Projects Agency, Bob Colwell, "End of Moore's Law: It's Not Just about Physics," *Scientific American*, August 2018에서 인용,

https://www.scientifi camerican.com/article/end-of-moores-law-its-not-just-about-physics/.

15. Evangelia Christodoulou, Jie Ma, Gary S. Collins, Ewout W. Steyerberg, Jan Y. Verbakel, and Ben Van Calster, "A Systematic Review Shows No Performance Benefit of Machine Learning over Logistic Regression for Clinical Prediction Models," *Journal of Clinical Epidemiology* 110 (2019): 12~22, https://www.jclinepi.com/article/S0895-4356 (18)31081-3/fulltext.

16. Christopher L. Magee and Tessaleno C. Devezas, "Specifying Technology and Rebound in the IPAT Identity," *Procedia Manufacturing* 21 (2018): 476~485, https://www.sciencedirect.com/science/article/pii/S2351978918301860.

17. 당연히 무어의 법칙에 대해 더 쉽게 접할 수 있는 곳이 위키피디아에 있다. *wikipedia*, accessed 2 September 2019, https://en.wikipedia.org/wiki/Moore%27s law.

18. Wgsimon, "Microprocessor Transistor Counts 1971–2011 & Moore's Law," *Wikimedia Commons*, 13 May 2011, https://commons.wikimedia.org/wiki/File: Transistor_Count and_Moore %27s_Law-_2011.svg.

19. 사물인터넷(Internet of Things)이라는 것 자체가 급격한 슬로다운에 접어들고 있음을 보여 주고 있는 용어다. 이 책을 어느 시점에 읽느냐에 따라 아무 의미 없는 것이 될 수도 있다. 21세기가 시작됐을 때 우리는 상당히 흥분하며 환상에 빠졌지만, 지나고 보니 정말 단지 환상일 뿐이었다.

5장

첫머리 인용글: Jacob Jarvis, "Greta Thunberg Speech: Activist Tells Extinction Rebellion London Protesters 'We Will Make People in Power Act on Climate Change,'" *London Evening Standard*, 21 April 2019, https://www.standard.co.uk/news/london/greta-thunberg-tells-extinction-rebellion-protesters-we-will-make-people-in-power-act-on-climate-a4122926.html.

1. Jonathan Watts, "A Teen Started a Global Climate Protest. What Are You Doing?" *Wired,* 12 March 2018, https://www.wired.com/story/a-teen-started-a-global-climate-protest-what-are-you-doing/.

2. Doyle Rice and Doug Stanglin, "The Kid Is All Right: Friday's Worldwide Climate Protest Sparked by Nobel-Nominated Teen," *USA Today,* 15 March 2019, https://eu.usatoday.com/story/news/nation/2019/03/14/climate-change-swedish-teen-greta-thunberg-leads-worldwide-protest/3164579002/.

3. Tessa Stuart, "Greta Thunberg Ups Climate Pressure Ahead of UN Summit:

'This Has to Be a Tipping Point,'" *Rolling Stone,* 29 August 2019, https://
www.rollingstone.com/politics/politics-news/climate-crisis-activist-greta-
thunberg-united-nations-summit-877973/, 이 자료에 따르면 말리지아 2호는
모나코 공국에 속한 18미터 길이의 단일 선체이며 태양열과 풍력을 이용한다.

4. Thomas Boden, Gregg Marland, and Robert Andres, *Global, Regional, and
National Fossil-Fuel CO2 Emissions* (Oak Ridge, TN: National Laboratory,
U.S. Department of Energy, 2017), doi 10.3334/CDIAC/00001_V2017,
2017, http://cdiac.ess-dive.lbl.gov/trends/emis/overview 2014.html.

5. 위키피디아에서 "Cragside"로 검색, 2019년 9월 18일 접속, https://en.
wikipedia.org/wiki/Cragside #Technology.

6. 이번 장에서 사용한 숫자들은 ICOS(Integrated Carbon Observation System)의
최신 자료들을 가져온 것이다. 2019년 9월 17일 접속, "Global Carbon Budget
2018," https://www.icos-cp.eu/GCP/2018.

7. "Monument to the First Lord Armstrong in Rothbury Graveyard," *Historic
England,* accessed 4 September 2019, https://historicengland.org.uk/listing/
the-list/list-entry/1371120.

8. William H. McNeil, *The Pursuit of Power* (Chicago: University of Chicago
Press, 1982), 26~27.

9. Ibid., 32.

10. U.S. Bureau of Transportation Statistics, "World Motor Vehicle Production,
Selected Countries," sourced from WardsAuto.com, *Motor Vehicle Facts &
Figures,* accessed 20 January 2019, https://www.bts.gov/content/world-
motor-vehicle-production-selected-countries.

11. 앙구스 매디슨(1926~2010)은 저명한 경제역사학자다. 흐로닝언 성장개발센터
는 그의 업적을 정리해 웹사이트에 올려놓았다(2019년 1월 20일 기준). 매디슨
프로젝트 데이터베이스 역시 여기 올라 있는데 지금도 업데이트되고 있다.
https://www.rug.nl/ggdc/historicaldevelopment/maddison/original-maddison.

12. National Bureau of Economic Research, *US Business Cycle Expansions and
Contractions, 1854 to 2009 List,* accessed 20 January 2019, https://www.nber.
org/cycles.html.

13. Boden, Marland, and Andres, *Global, Regional, and National Fossil-Fuel CO$_2$
Emissions.*

14. 영국의 「제너레이션 게임」에 나온 상품들이다. 1969년 네덜란드에서 다른 이름
으로 시작됐던 프로그램이다. 당시 가장 대표적인 상품이 티스메이드
(Teasmade)였다.

15. Corinne Le Quéré et al., "Global Carbon Budget 2018," *Earth System Science*

Data 10 (2018): 2141~2194, https://www.earth-syst-sci-data.net/10/2141/2018/.

16. Global Carbon Project, *Global Fossil CO2 Emissions, 1960-Projected 2018*, accessed 4 September 2019, https://www.icos-cp.eu/sites/default/files/inline-images/s09_FossilFuel_and_Cement_emissions 1959.png.

17. ICOS, "Global Carbon Budget 2018."

18. Intergovernmental Panel on Climate Change (IPCC), "Global Warming of 1.5°C: An IPCC Special Report on the Impacts of Global Warming of 1.5 °C above Pre-industrial evels and Related Global Greenhouse Gas Emission Pathways, in the Context of Strengthening the Global Response to the Threat of Climate Change, Sustainable Development, and Efforts to Eradicate Poverty," 8 October 2018, https://report.ipcc.ch/sr15/pdf/sr15_spm_final.

6장

첫머리 인용글: Fiona Harvey, "Sharp Rise in Arctic Temperatures Now Inevitable—UN," *Guardian*, 13 March 2019, https://www.theguardian.com/environment/2019/mar/13/arctic-temperature-rises-must-be-urgently-tackled-warns-un, referring in turn to United Nations Environment Programme, "Temperature Rise Is Now 'Locked-In' for the Coming Decades in the Arctic," http://www.grida.no publications/431 (accessed 12 October 2019).

1. Maria Waldinger, "Drought and the French Revolution: The Effects of Adverse Weather Conditions on Peasant Revolts in 1789" (LSE working paper, 2014), https://personal.lse.ac.uk/fl eischh/Drought%20and%20the%20French%20Revolution.pdf.

2. Tekie Tesfamichael, Bonnie Jacobs, Neil Tabor, Lauren Michel, Ellen Currano, Mulugeta Feseha, Richard Barclay, John Kappelman, and Mark Schmitz, "Settling the Issue of 'Decoupling' between Atmospheric Carbon Dioxide and Global Temperature: Reconstructions across the Warming Paleogene-Neogene Divide," *Geology* 45, no. 11 (2017): 999~1002, https://doi.org/10.1130/G39048.1.

3. IPCC, "Summary for Policymakers," in *Climate Change 2007: The Physical Science Basis. Contribution of Working Group I to the Fourth Assessment Report of the Intergovernmental Panel on Climate Change,* ed. S. Solomon, D. Qin, M. Manning, Z. Chen, M. Marquis, K. B. Averyt, M. Tignor, and H. L. Miller

(Cambridge: Cambridge University Press, 2007), https://www.ipcc.ch/site/assets/uploads/2018/02/ar4-wg1-spm-1.pdf.

4. "Thermometer," Science Museum, 2017, accessed 18 September 2019, http://www.sciencemuseum.org.uk/broughttolife/techniques/thermometer.

5. NASA explains that it uses "a lowess smooth, i.e. a non-parametric regression analysis that relies on a k-nearest-neighbor model. In order to evaluate the function, we use a fraction of data corresponding to a ten year window of data, giving an effective smoothing of approximately five years." *NASA Goddard Institute,* accessed 3 September 2019, https://data.giss.nasa.gov/gistemp/graphs/.

6. 마일스 앨런(Myles Allan)과 옥스퍼드 환경변화연구소 동료들이 여기에 쓰인 자료들을 만들었다. https://globalwarmingindex.org/(2019년 9월 17일 접속 기준), 이 자료들은 화산 폭발과 같은 일회성 사건의 영향을 덜 받을 수 있다. 케빈 코우턴(Kevin Cowtan)과 로버트 웨이(Robert Way)가 만든 자료는 비교를 위해 이 장의 후반부에 사용했다.

7. 지난 다섯 세대를 거꾸로 거슬러 올라간다면, 이들은 2011년부터 시작하는 첫 번째 세대다. 마지막 가속의 시점이며, [그림 17]의 시간선이 상승을 시작하는 시점이다.

8. 어떤 작가들은 X세대의 시작점을 1964년으로 보기도 한다. 또 1962년으로 보는 이들도 있는데, 이는 더글러스 커플랜드(Douglas Coupland)가 이 용어를 처음 사용한 해이다. 이들은 성인 시기 내내 슬로다운을 경험한 첫 세대이다.

9. Wolfgang Helmut Berger, "On the Discovery of the Ice Age: Science and Myth," in *Myth and Geology,* ed. Luigi Piccardi and W. Bruce Masse (London: Geological Society, Special Publications, 2007), 273, 271~278, http://sp.lyellcollection.org/content/specpubgsl/273/1/271.full.pdf.

10. Jason Hickel, *The Divide: A New History of Global Inequality* (London: William Heinemann, 2017), 275, 285.

11. Walmart, "Walmart on Track to Reduce 1 Billion Metric Tons of Emissions from Global Supply Chains by 2030," 8 May 2019, https://corporate.walmart.com/newsroom/2019/05/08/walmart-on-track-to-reduce-1-billion-metric-tons-of-emissions-from-global-supply-chains-by-2030.

12. Mary Schlangenstein, "Airline Shares Reach Record as Buffett's Berkshire Extends Bet," *Bloomberg News,* 15 February 2017, https://www.bloomberg.com/news/articles/2017-02-15/airlines-rise-to-a-record-as-buff ett-s-berkshire-deepens-bet.

13. [그림 7]에 사용된 유가의 출처는 *Crude Oil Prices—70 Year Historical Chart,*

accessed 10 March 2019, https://www.macrotrends.net/1369/crude-oil-price-history-chart.

14. Kevin Cowtan and Robert Way, "Coverage Bias in the HadCRUT4 Temperature Record," *Quarterly Journal of the Royal Meteorological Society,* 12 November 2013, http://www-users.york.ac.uk/~kdc3/papers/coverage2013/.

15. Cowtan and Way의 바로 위 논문에서 인용. 다음 사이트에서도 볼 수 있다. 2019년 9월 17일 접속, http://www-users.york.ac.uk/~kdc3/papers/coverage 2013/background.html.

16. 세계자연기금의 타냐 스틸(Tanya Steele) 사무총장은 데미안 캐링턴(Damian Carrington)에게 다음과 같이 말했다. "인류는 1970년부터 동물 개체수의 60%를 없애버렸다는 연구결과가 있다." Guardian 2018년 10월 30일 자, https://www.theguardian.com/environment/2018/oct/30/humanity-wiped-out-animals-since-1970-major-report-finds.

7장

첫머리 인용글: Darrell Bricker and John Ibbitson, "What Goes Up: Are Predictions of a Population Crisis Wrong?" *Guardian*, 27 January 2019, https://www.theguardian.com/world/2019/jan/27/what-goes-up-population-crisis-wrong-fertility -rates -decline.

1. David Goodheart, "Review: *Empty Planet: The Shock of Global Population Decline* by Darrell Bricker and John Ibbitson—What a Shrinking World May Mean for Us," *Times* (London), 3 February 2019, https://www.thetimes.co.uk/magazine/culture/review-empty-planet-the-shock-of-global-population-decline-by-darrell-bricker-and-john-ibbitson-people-will-disappear-5lr726vn0.

2. Jørgen Randers, "An Update of the 2052 Global Forecast Using New Data from 2011 to 2016," *Glimpse Authors' Gathering,* Cambridge, 12 October 2016, http://www.2052.info/wp-content/uploads/2016/11/2052-Jorgen-Randers.pdf.

3. 이와 관련해 존 맥케온(John McKeown)에게 감사를 표하고 싶다. IIAA (International Institute for Applied Systems Analysis)에서 "글로벌 인구가 2070~2080년 사이 정점을 찍을 거란 보고가 있었다"는 내용을 알려 주었다. 논문 발표 이후 약간의 수정이 있었다. 지금은 인구가 정점을 찍을 시점이 2070년 직후가 될 거라고 밝히고 있다.

4. John McKeown, "Part 1 of a Review of Darrell Bricker and John Ibbitson,

Empty Planet: The Shock of Global Population Decline," *The Overpopulation Project,* 11 April 2019, https://overpopulation-project.com/review-of-empty-planet-the-shock-of-global-population-decline-by-darrell-bricker-and-john-ibbitson-part-1/.

5. Danny Dorling, "We're All . . . Just Little Bits of History Repeating (Part 1 and Part 2)," *Significance,* 13 and 14 June 2011, http://www.dannydorling.org/?page_id=2255.

6. Cheyenne Macdonald, "Will the World Run out of People? Book Claims Global Population Will Start to Decline in 30 Years Despite UN Predictions—and Says Once It Does 'It Will Never End,'" *Daily Mail,* 4 February 2019, https://www daily mail.co.uk/sciencetech/article-6666745/Will-world-RUN-people-Book-claims-global-population-start-decline-30-years.html.

7. "Stephen Hawking's Final Warning to Humanity," *New Zealand Herald,* 28 March 2018, https://www.nzherald.co.nz/world/news/article.cfm?c_id=2 & objectid=12013139.

8. Gordon Brown(전 영국 총리), Danny Dorling and Sally Tomlinson, *Rule Britannia: From Brexit to the End of Empire* (London: Biteback, 2019), 78.

9. "List of Countries by GDP (PPP)," *Wikipedia,* accessed 24 April 2019, https://en.wikipedia.org/wiki/List_of_countries_by_GDP_ (PPP).

10. Simon Worrall, "When, How Did the First Americans Arrive? It's Complicated," *National Geographic,* 9 June 2018, https://news.nationalgeographic.com/2018/06/when-and-how-did-the-fi rst-americans-arrive—its-complicated-/.

11. The World Inequality Database, *Income Inequality, USA, 1913–2014,* accessed 28 March 2019, https://wid.world/country/usa/.

12. Worldmapper, *Migration to USA 1990-2017,* https://worldmapper.org/maps/migration-to-usa-1990-2017/.

13. Dara Lind, "The Disastrous, Forgotten 1996 Law That Created Today's Immigration Problem," *Vox,* 28 April 2016, https://www.vox.com/2016/4/28/ 11515132/iirira-clinton-immigration.

14. 중국 하나라의 인구조사가 최초였을지도 모른다. 한나라 평제 때 했던 것보다 약 2,000년 전이다. 당시 1,355만 3,932이라고 기록됐는데 이게 가구수를 말한다면, 인구는 3,922만 명에 이를 수 있다. 그러나 이 역시 나중에 역사서를 쓴 한나라 학자에 의해 만들어진 숫자일 수 있다.

15. Judith Banister, "A Brief History of China's Population," in *The Population of Modern China,* ed. D. L. Poston and D. Yaukey, The Plenum Series on

Demographic Methods and Population Analysis (Boston: Springer, 1992), https://link.springer.com/chapter/10.1007/978-1-4899-1231-2_3.

16. Cao Shuji, *Zhongguo Renkou Shi* [A History of China's Population] (Shanghai: Fudan Daxue Chubanshe, 2001), 455, 509.

17. AFP (Agence France-Presse), "China's Population Growth Slows," *Guardian,* 21 January 2019, https://guardian.ng/news/chinas-population-growth-slows/.

18. Bob Yirka, "Slowdown in African Fertility Rate Linked to Disruption of Girls' Education," *Phys Org,* 5 February 2019, https://phys.org/news/2019-02-slowdown-african-fertility-linked-disruption.html.

19. Danny Dorling, *Population 10 Billion* (London: Constable, 2013), 52.

20. 글래드스톤은 수요일인 1840년 4월 8일 의회에서 발언했다.

21. 아프리카에서 태양광 발전을 통한 관개사업의 잠재력이 크다고 해도, 글로벌 생태발자국 네크워크(Global Footprint Network)에 따르면 gHa(글로벌 헥타르) 면에서 중국은 13억 6,000만gHa에 이르는 반면, 아프리카는 전체를 다 합쳐도 14억 8,000만gHa이다.

22. Mark Rice-Oxley and Jennifer Rankin, "Europe's South and East Worry More about Emigration Than Immigration—Poll," *Guardian,* 1 April 2019, https://www.theguardian.com/world/2019/apr/01/europe-south-and-east-worry-more-about-emigration-than-immigration-poll.

23. E. Buchanan, "'Only Connect'? Forsterian Ideology in an Age of Hyperconnectivity," *Humanist Life,* 9 April 2014, http://humanistlife.org.uk/2014/ 04/09/ only-connect-forsteran-ideology-in-an-age-of-hyperconnectivity/.

24. 2004년 5월 1일 EU에 가입한 8개 국가는 체코 공화국, 에스토니아, 헝가리, 라트비아, 리투아니아, 폴란드, 슬로바키아, 슬로베니아였다.

25. 통계청이 공식적으로 밝힌 것처럼 실제 감소는 아니었을지라도 그해 인구증가율은 0.64%였다.

26. Kanae Kaku, "Increased Induced Abortion Rate in 1966, an Aspect of a Japanese Folk Superstition," *Annals of Human Biology* 2, no. 2 (1975): 111~115, https://www.ncbi.nlm.nih.gov/pubmed/1052742.

27. Kyodo News Agency, "Number of Babies Born in Japan in 2018 Lowest since Records Began; Population Decline the Highest," *Japan Times,* 21 December 2018, https://www.japantimes.co.jp/news/2018/12/21/national/number-babies-born-japan-2018-lowest-since-records-began-population-decline-highest.

28. "Timeline: Australia's Immigration Policy," *SBS News,* 3 September 2013, https://www.sbs.com.au/news/timeline-australia-s-immigration-policy.

29. 하늘 위 인구에 대해서는 다음 자료를 보라. Dan Satherley, "Record Number of Planes in the Air at Once," *Newshub,* 2 July 2018, https://www.newshub.co.nz/home/travel/2018/07/record-number-of-planes-in-the-air-at-once.html.

30. Clara Moskowitz, "Space Station Population Hits Record High," *Space.com,* 17 July 2009, https://www.space.com/7003-space-station-population-hits-record-high.html.

8장

첫머리 인용글: Helen Pearson, *The Life Project: The Extraordinary Story of Our Ordinary Lives* (London: Allen Lane, 2016), 343.

1. Lee Bell, "What Is Moore's Law? *Wired* Explains the Theory That Defined the Tech Industry," *Wired,* 26 July 2016, http://www.wired.co.uk/article/moores-law-wont-last-forever.

2. Richard Wilkinson, personal communication, June 2016, May 2019.

3. 미국과 영국의 사례는 다음 자료를 보라. Danny Dorling, "It Is Necessarily So," *Significance* 10, no. 2 (2013): 37~39, http://www.dannydorling.org/?page_id=3787; Danny Dorling, "When Racism Stopped Being Normal, but No One Noticed: Generational Value Change," in *Sex, Lies, and the Ballot Box,* ed. Philip Cowley and Robert Ford (London: Biteback, 2014), 39~42.

4. Danny Dorling and Stuart Gietel-Basten, *Why Demography Matters* (Cambridge: Polity, 2017), 33.

5. Charles Booth, *Life and Labour of the People in London,* vol. 2, *Streets and Population Classified* (London: Macmillan, 1892), available in full at https://archive.org/details/b28125125_0002/page/n7.

6. Gabriel Moran, *Uniquely Human: The Basis of Human Rights* (Bloomington, IN: Xlibris, 2013), 136.

7. William Beveridge et al., *Changes in Family Life* (London: George Allen and Unwin, 1932).

8. Stephen Lynch, "How Elevators Transformed NYC's Social Landscape," *New York Post,* 8 February 2014, http://nypost.com/2014/02/08/how-elevators-transformed-nycs-social-landscape/.

9. James C. Scott, *Against the Grain: A Deep History of the Earliest States* (New Haven: Yale University Press, 2017), 86.

10. John van Wyhe, *Darwin Online,* accessed 14 July 2019, http://darwin-online.

org.uk/.

11. (견인 기관차에 대응하는 개념으로) 트랙터라는 말이 처음 쓰인 것은 1896년이다. 당시 여러 시제품이 나왔다. Ivel Agricultural Motor가 1901년 만든 것이 상업적으로 첫 번째 성공한 트랙터였다. 위키피디아의 'Tractor' 항목 참조. 2019년 9월 3일 접속 기준. https://en.wikipedia.org/wiki/Tractor

12. Google Books Ngram Viewer, *Nowadays 1800–2000,* accessed 14 July 2019, https://books.google.com/ngrams/graph?content=nowadays&year_start=1800&year_end=2000&corpus=15&smoothing=3&share=&direct_url=t1%3B%2Cnowadays%3B%2Cc0.

13. Innocent Senyo, "Niger Government Secures 130 Tractors to Boost Food Production," *World Stage,* 16 May 2018, https://www.worldstagegroup.com/niger-govt-secures-130-tractors-to-boost-food-production/.

14. Max Roser, "War and Peace." *OurWorldInData.org,* 2016, https://ourworldindata.org/war-and-peace/.

15. 1955년까지 미국에서는 출생자 수 면에서 아주 작은 감소만 있었다. 당시 등록되지 않았던 숫자까지 보정하면 1,000명당 25명의 아기가 태어났다. 전체 숫자로는 404만 7,000명이었다. Robert Grove and Alice Hetzel, *Vital Statistics Rates in the United States, 1940–1960* (Washington, DC: U.S. Department of Health Education and Welfare, 1968) table 19 (p. 138), table 80 (p. 876), http://www.cdc.gov/nchs/data/vsus/vsrates1940_60.pdf.

16. Max Roser and Mohamed Nagdy, "Nuclear Weapons," *Our World in Data,* accessed 4 September 2019, https://ourworldindata.org/nuclear-weapons/#note-3.

17. Statistics New Zealand, "Sure to Rise: Tracking Bread Prices in the CPI," *Stats NZ On-line,* 2011, http://www.stats.govt.nz/browse_for_stats/economic_indicators/prices_indexes/tracking-bread-prices-in-the-cpi.aspx.

18. 놀이기구에서 따온 이름이다. 사실이든 아니든 별 상관없지만 이보다 좀 더 오래 된 세계 최초의 헬터-스켈터(Helter-skelter, 나선형 미끄럼틀)는 1905년 헐(Hull) 박람회에서 처음 선보였다. 다시는 박람회에 나오지 않는다면 더 흥미로울 것이다. 위키피디아에서 'Sheter-skelter' 참조. 2019년 9월 3일 접속 기준. https://en.wikipedia.org/wiki/Helter_skelter_(ride).

19. Kyodo News Agency, "1 in 4 Men, 1 in 7 Women in Japan Still Unmarried at Age 50: Report," *Japan Times,* 5 April 2017, http://www.japantimes.co.jp/news/2017/04/05/national/1-4-japanese-men-still-unmarried-age-50-report/.

20. Mizuho Aoki, "In Sexless Japan, Almost Half of Single Young Men and

Women Are Virgins: Survey," *Japan Times,* 16 September 2016, http://www. japan times.co. jp/news/2016/09/16/national/social-issues/sexless-japan-almost-half-young-men-women-virgins-survey/.

21. 그의 책은 여덟 살에 목숨을 잃은 그의 아들에게 헌정됐다.

22. Nicholas Gane, "Speed Up or Slow Down? Social Theory in the Information Age," *Information, Communication & Society* 9, no. 1 (2006): 35n1.

23. Danny Dorling and Sally Tomlinson, *Rule Britannia: From Brexit to the End of Empire* (London: Biteback, 2019).

24. 아마도 스코틀랜드는 조금 빨랐고, 웨일스는 조금 느렸는지도 모른다. 아일랜드 에서는 훨씬 더 느렸다. 정 알고 싶다면, 영국인 할아버지나 할머니가 있다면 그 들에게 물어보도록 하자.

25. Jonathan Austen, *Save the Earth . . . Don't Give Birth: The Story behind the Simplest, but Trickiest, Way to Help Save Our Endangered Planet* (Amazon Digital Services, 2018).

26. 이 문구는 내가 받은 'PCF Bulletin 13'이라는 제목의 문서에서 따온 것이다. 임 박한 세계의 종말에 대해 쓴 문서인데, 그래도 다음 모임은 2019년 1월 14일에 예정돼 있다고 적혀 있었다.

27. Claude Fischer, "Made in America: Notes on American Life from American History," *Lost Children Blog,* 1 November 2011, https://word press.madein-americathebook.com/2011/11/01/lost-children/.

28. *A Vision of Britain through Time* (*1801 to Now*), accessed 4 September 2019, http://www.visionofb ritain.org.uk/unit/10001043/rate/INF_MORT; and Office for National Statistics, *Trends in Births and Deaths over the Last Century,* accessed 4 September 2019, https://www.ons.gov.uk/people populationandcommunity/ birthsdeathsandmarriages/ livebirths/articles/ trends in births and deaths overthelastcentury/2015-07-15.

29. Danny Dorling, *Peak Inequality: Britain's Ticking Timebomb* (Bristol: Policy, 2018).

30. Danny Dorling, "Infant Mortality and Social Progress in Britain, 1905 – 2005," in *Infant Mortality: A Continuing Social Problem; A Volume to Mark the Centenary of the 1906 Publication of "Infant Mortality: A Social Problem" by George Newman,* ed. Eilidh Garrett, Chris Galley, Nicola Shelton, and Robert Woods (Aldershot, UK: Ashgate, 2006), 223~228, http://www.dannydorling. org/?page_id=2442.

31. Office for National Statistics, Age and Previous Marital Status at Marriage, Series, 11 June 2014, https://www.ons.gov.uk/peoplepopulationand-

community/birthsdeathsandmarriages/marriagecohabitationandcivilpartnershi
ps/datasets/ageandpreviousmaritalstatusatmarriage.

32. Choe Sang-Hun, "Running out of Children, a South Korea School Enrolls
Illiterate Grandmothers," *New York Times,* 27 April 2019, https://www.nytimes.
com/2019/04/27/world/asia/south-korea-school-grandmothers.html.

33. James Gallagher, "'Remarkable' Decline in Fertility Rates," *BBC Health,* 9
November 2018, https://www.bbc.co.uk/news/health-46118103.

9장

첫머리 인용글: Martin Wolf, "How Our Low Infl ation World Was Made,"
Financial Times, 7 May 2019, https://www.ft.com/content/1b1e0070-709b-
11e9-bf5c-6eeb837566c5.

1. H. D. Matthews, T. L. Graham, S. Keverian, C. Lamontagne, D. Seto, and
T. J. Smith, "National Contributions to Observed Global Warming,"
Environmental Research Letters 9, no. 1 (2014): 1~9, http://iopscience.iop.
org/article/10.1088/ 1748-9326/9/1/014010/pdf.

2. Karl Marx, preface to the first German edition of *Das Kapital*(1867), p. 6 of
the most popular public domain edition, https://www.marxists.org/archive/
marx/works/download/pdf/Capital-Volume-I.pdf.

3. Jared Lang, *EarthWise: A New Landscape of Globalization,* a project with
Danny Dorling and Peter Taylor, accessed 18 September 2019, https://www.
lboro.ac.uk/gawc/visual/lang_atlas3.html.

4. B. R. Mitchel, *British Historical Statistics* (Cambridge: Cambridge University
Press, 1994).

5. Tim Brown, "Britain Goes 114 Continuous Hours without Using Coal to
Generate Electricity," *Manufacturer,* 7 May 2019, https://www.themanu-
facturer.com/articles/britain-goes-114-continuous-hours-without-using-
coal-generate-electricity/.

6. Kevin O'Sullivan, "Ireland Goes 25 Days without Using Coal to Generate
Electricity," *Irish Times,* 10 May 2019, https://www.irishtimes.com/news/
environment/ireland-goes-25-days-without-using-coal-to-generate-
electricity-1.3888166.

7. *Maddison Project Database,* updated by Jutta Bolt, Robert Inklaar, Herman de
Jong, and Jan Luiten van Zanden, 2018, https://www.rug.nl/ggdc/
historicaldevelopment/maddison/releases/maddison-project-database-2018

measure: rgdpnapc—Real GDP per capita in 2011U.S.$ (국가 간 비교에 적합); 2017년 데이터는 세계은행의 1인당 GDP 추정에 따른 2016년의 변화를 사용하여 추가(in PPP constant 2011 international $); 2018년 데이터는 2018년과 2019년 사이 1인당 GDP 변화에 대한 IMF의 data-mapper 추정치를 사용하여 추가(at current prices): https://www.imf.org/external/datamapper/NGDPDPC @WEO/USA/DEU/WEOWORLD.

8. Joe Romm, "We Might Have Finally Seen Peak Coal," *Think Progress Blog,* 4 January 2016, https://thinkprogress.org/we-might-have-fi nally-seen-peak-coal-5a3e7b15cdfc.

9. Danny Dorling, *The Equality Effect: Improving Life for Everyone* (London: New Internationalist, 2017).

10. Chris Giles, "Global Economy Enters 'Synchronised Slowdown,'" *Financial Times,* 7 April 2019, https://www.ft.com/content/d9bba980-5794-11e9-a3db-1fe89bedc16e?shareType=nongift.

11. Jeremy Grantham, "The Race of Our Lives Revisited" (GMO White Paper, London: GMO Investment Management), accessed 3 September 2019, https://falcons rock impact.com/wp-content/uploads/2018/11/the-race-of-our-lives-revisited-2018.pdf.

12. Anna-Sapfo Malaspinas, Michael Westaway, Craig Muller, et al., "A Genomic History of Aboriginal Australia," *Nature,* 21 September 2016, https://www.nature.com/articles/nature18299.

13. Grantham, "The Race of Our Lives Revisited," 4.

14. Tom Orlik, "China's Latest Official GDP Report Is Accurate. No, Really," *Bloomberg Businessweek,* 25 January 2019, https://www.bloomberg.com/news/articles/2019-01-25/china-s-latest-offi cial-gdp-report-is-accurate-no-really.

15. Tim Cook, "Letter from Tim Cook to Apple Investors," *Apple Press Release,* 2 January 2019, https://www.apple.com/newsroom/2019/01/letter-from-tim-cook-to-apple-investors/.

16. Tim Jackson, *Chasing Progress: Beyond Measuring Economic Growth* (London: New Economics Foundation, 2004), https://neweconomics.org/2004/03/chasing-progress.

17. George Monbiot, "Goodbye, Kind World," 10 August 2004, https://www.monbiot.com/2004/08/10/goodbye-kind-world/.

18. 미국에 앉아 조정하는 드론은 지구 반대편의 사람들을 겨누고 있다. 이 무기는 비단 전장에만 쓰이는 게 아니라 미국과 공식적으로 전쟁을 치르지 않고 있는

나라에서도 사용되고 있다. 조지 W. 부시 대통령은 집권 기간 동안 파키스탄과 소말리아, 예멘을 상대로 57회의 드론 공격을 지시했다. 후임자인 버락 오바마 대통령은 563회의 공격을 실시했다. 이 가운데에는 예멘에서 55명의 시민을 살상한 공격도 있었다. 희생자들 중에는 어린이가 21명(5세 미만이 10명)과 여성이 12명이었는데, 그 가운데 5명은 임신부였다. Jessica Purkiss and Jack Serle, "Obama's Covert Drone War in Numbers: Ten Times More Strikes Than Bush," *Bureau of Investigative Journalism,* 17 January 2017, https://www.thebureauinvestigates.com/stories/2017-01-17/obamas-covert-drone-war-in-numbers-ten-times-more-strikes-than-bush.

19. Tim Jackson, "When All Parties Want 'an Economy That Works,' You Know Neoliberalism Is Kaput," *Guardian,* 31 May 2017, https://www.theguardian.com/commentisfree/2017/may/31/economy-neoliberalism-free-market-economics.

20. Osea Giuntella, Sally McManus, Redzo Mujcic, Andrew Oswald, Nattavudh Powdthavee, and Ahmed Tohamy, "Why Is There So Much Midlife Distress in Affluent Nations?" preprint (personal correspondence).

21. 그런 부분에 있어 내가 해 줄 수 있는 조언은 부모가 되라는 것이다. 너무 피곤해서 불면증을 겪을 일이 없게 될 것이다. 만약 실패했다면, 지쳐 쓰러질 때까지 책을 쓰는 것도 방법이다.

22. Danny Dorling, *Inequality and the 1%,* 3rd ed. (London: Verso, 2019).

23. Jenni Karjalainen, "Teaching Old Dogs New Tricks," in *Work in the Digital Age: Challenges of the Fourth Industrial Revolution,* ed. Max Neufeind, Jacqueline O'Reilly, and Florian Ranft (New York: Rowman and Littlefield, 2018), 286~294, https://policynetwork.org/wp-content/uploads/2018/06/Work-in-the-Digital-Age.pdf.

24. Anna Ilsøe, "Progressing the Voluntarist Approach," in Neufeind, O'Reilly, and Ranft, *Work in the Digital Age,* 286.

25. "Global Unemployment Down, but Too Many Working Poor: UN," *New Straits Times,* 13 February 2019, https://www.nst.com.my/world/2019/02/459969/global-unemployment-down-too-many-working-poor-un. *New Straits Times* 는 말레이시아에서 가장 오래된 정치경제 신문이다.

26. *Nationwide House Price Index,* accessed 6 May 2019, https://www.nationwide.co.uk/-/media/MainSite/documents/about/house-price-index/downloads/uk-house-price-since-1952.xls.

27. Dan McCrum, "Affordability Backwards," *Financial Times,* 19 February 2004, https://ft alphaville.ft.com/2014/02/19/1776182/affordability-backwards/.

28. Becky Tunstall, "Relative Housing Space Inequality in England and Wales, and Its Recent Rapid Resurgence," *International Journal of Housing Policy* 15, no. 2 (2015): 105~126, http://www.tandfonline.com/doi/full/10.1080/14616 718.2014.984826.

29. "Gold Supply and Demand Statistics," *World Gold Council,* accessed 6 May 2019, https://www.gold.org/goldhub/data/gold-supply-and-demand-statistics.

30. Robert Shiller, "Speculative Prices and Popular Models," *Journal of Economic Perspectives* 4, no. 2 (1990): 59, http://www.jstor.org/stable/1942890. 케이스와 실러는 수십 년간 함께 일했지만 이 논문은 실러 단독으로 쓴 것이다.

31. John Muellbauer and Anthony Murphy, "Booms and Busts in the UK Housing Market," *Economic Journal* 107, no. 445 (1997): 1701~1727, http://onlinelibrary.wiley.com/doi/10.1111/j.1468-0297.1997.tb00076.x/full.

32. Mervyn King, "An Econometric Model of Tenure Choice and Demand for Housing as a Joint Decision," *Journal of Public Economics* 14, no. 2 (1980): 137~159, https://doi.org/10.1016/0047-2727(80)90038-9.

33. James Poterba, David Weil, and Robert Shiller, "House Price Dynamics: The Role of Tax Policy and Demography," *Brookings Papers on Economic Activity,* no. 2 (1991): 183, http://www.jstor.org/stable/2534591.

34. Bruce Ambrose, Piet Eichholtz, and Thies Lindenthal, "House Prices and Fundamentals: 355 Years of Evidence," *Journal of Money, Credit and Banking* 45, nos. 2-3 (2013): 477~491, http://onlinelibrary.wiley.com/doi/10.1111/jmcb.12011/full.

35. Matthew Drennan, "Income Inequality: Not Your Usual Suspect in Understanding the Financial Crash and Great Recession," *Theoretical Inquiries in Law* 18, no. 1 (2017): 97, https://www.degruyter.com/view/j/til.2017.18.issue-1/til-2017-0006/til-2017-0006.xml.

36. 1997년에 ViewSonic, IBM, Apple 모두 LCD 모니터를 출시했다. 이후로 기술 발전이 둔화됨에 따라 우리는 여전히 비슷한 모니터를 사용하고 있다. Benj Edwards, "The Evolution of Computer Displays," *Vintage Computing and Gaming,* 17 September 2019, https://www.pcworld.com/article/209224/historic-monitors-slideshow.html #slide19.

37. William Miles, "Home Prices and Global Imbalances: Which Drives Which?" *International Review for Social Sciences* 72, no. 1 (2018): 55~75, https://onlinelibrary.wiley.com/doi/full/10.1111/kykl.12191.

38. Zhang Qun, Didier Sornette, and Hao Zhang, "Anticipating Critical Transitions of Chinese Housing Markets," *Swiss Finance Institute Research Paper,* nos. 17~18

(May 2017), https://ssrn.com/abstract=2969801; or http://dx.doi.org/10.2139/ssrn.2969801.

39. Dayong Zhang, Ziyin Liu, Gang-Shi Fan, and Nicholas Horsewood, "Price Bubbles and Policy Interventions in the Chinese Housing Market," *Journal of Housing and the Built Environment* 32 (2017): 133~155, doi:10.1007/s10901-016-9505-6.

40. Francisco Becerril, "The Sign of China's 'Rebound' May Be a Housing Bubble," *Financial Times,* 25 April 2019, https://www.ft.com/content/71d237aa-6520-11e9-9adc-98bf1d35a056.

41. International Labour Organisation, *Global Wage Report 2018/19: What Lies behind Gender Pay Gaps* (Geneva: International Labour Office, 2018), https://www.ilo.org/wcmsp5/groups/public/---dgreports/---dcomm/---publ/documents/publication/wcms_650553.pdf.

42. Bruce Knuteson, "How to Increase Global Wealth Inequality for Fun and Profit," *Social Science Research Network,* 1 12 November 2018, https://papers.ssrn.com/sol3/papers.cfm?abstract_id=3282845; or https://dx.doi.org/10.2139/ssrn.3282845.

43. Ibid., n. 15. 나는 Bruce의 조언을 보증할 수 없다. (그러나 당신이 10억 달러를 투자할 것 같지는 않다!): https://www.bruceknuteson.com/.

44. 낙수효과는 자본주의 종교라는 신전에 있는 작은 여신이라고 할 수 있다. 1980년 대 초 이에 대한 인기가 아주 높았지만 정말로 존재하는 것인지 의심하는 이들이 많았다. 이윤은 자본주의를 지배하는 신이었다. Michael Wright and Carolin Herron, "Trickle-Down Theory Revisited and Explained," *New York Times,* 8 May 1983, https://www.nytimes.com/1983/05/08/weekinreview/the-nation-trickle-down-theory-revisited-and-explained.html.

10장

첫머리 인용글: E. M. Forster, "The Machine Stops," *Oxford and Cambridge Review*, November 1909, http://archive.ncsa.illinois.edu/prajlich/forster.html.

1. 날짜는 좀 임의적이다. 1837년에 여러 발명가들이 경쟁적으로 전신에 대한 특허를 출원했고 최초로 실제 시스템이 사용됐지만, 전신이라는 것 자체는 이보다 이전에 만들어졌다. 1974년은 인터넷이라는 단어가 네트워킹 프로토콜 문서에 처음 사용됐을 때이다. Vinton Cerf, Yogen Dalal, and Carl Sunshine, *Specification of Internet Transmission Control Program,* December 1974, Network

Working Group, Request for Comments 65 (RFC65), https://tools.ietf.org/html/rfc675.

2. 이들 정치인과 기업인들 사이에서 가장 많이 언급되는 사람이 론 폴(Ron Paul)과 폴 라이언(Paul Ryan), 피터 데일(Peter Theil)이다. 그러나 위키피디아의 창립자인 지미 웨일스(Jimmy Wales)도 랜드에 관심을 가졌던 것으로 알려져 있다. 위키피디아에 있는 모든 정보가 믿을 만한 것은 아니다! "List of People Influenced by Ayn Rand," *Wikipedia*, accessed 2 July 2019, https://en.wikipedia.org/wiki/List of people infl uenced by Ayn Rand.

3. René Descartes, "Letter to Balzac," 5 May 1631, in *Selected Correspondence*, 22, http://www.earlymoderntexts.com/assets/pdfs/descartes1619_1.pdf.

4. W. Scheuerman, W., *Liberal Democracy and the Social Acceleration of Time* (Baltimore: Johns Hopkins University Press, 2004), 5.

5. Qiujie Shi and Danny Dorling, "Growing Socio-Spatial Inequality in Neoliberal Times: Comparing Beijing and London," *Applied Geography*, forthcoming.

6. R. Smith, "London Holds off New York to Keep Its Title as the World's Number One Financial Centre Despite Brexit Uncertainty," *City AM*, 27 March 2017, http://www.cityam.com/261819/london-holds-off-new-york-keep-its-top-spot-worlds-number.

7. Z/Yen Group, *The Global Financial Centres Index 25*, March 2019, https://www.zyen.com/publications/public-reports/the-global-fi nancial-centres-index-25/.

8. Jason Burke, "Kenya Burial Site Shows Community Spirit of Herders 5,000 Years Ago," *Guardian*, 20 August 2018, https://www.theguardian.com/science/2018/aug/20/kenya-burial-site-shows-community-spirit-of-herders-5000-years-ago.

9. Omar Khan et al., "A Brief Introduction to the Ancient Indus Civilization," *Harappa Blog*, 2017, https://www.harappa.com/har/indus-saraswati.html.

10. John Keane, *The Life & Death of Democracy* (London: Simon and Schuster, 2009), 1933. Keane의 설명에 따르면 이 공화국은 "사람들은 신이 아니었지만 최소한 스스로가 신이라고 생각하지는 않을 만큼 충분히 훌륭했고, 민주주의란 겸손한 자의, 겸손한 자에 의한, 겸손한 자를 위한 정부가 되는 것"으로 여겨졌다.

11. "History of Democracy," *Wikipedia*, accessed 17 June 2019, https://en.wikipedia.org/wiki/History_of_democracy.

12. JJeremy Cushing, "Peace and Equality in the Bronze Age: The Evidence from Dartmoor Suggests That War and Rich Elites Were Unknown More Than

3,000 Years Ago," *Guardian,* 24 August 2018, https://www.theguardian.com/science/2018/aug/24/peace-and-equality-in-the-bronze-age.

13. F. H. King, *Farmers of Forty Centuries: Organic Farming in China, Korea, and Japan* (1911; repr., Mineola, NY: Dover, 2004).

14. Bill Gates, "My New Favorite Book of All Time," *Gates Notes Blog,* 26 January 2018, https://www.gatesnotes.com/Books/Enlightenment-Now.

15. Jeremy Lent, "Steven Pinker's Ideas about Progress Are Fatally Flawed. These Eight Graphs Show Why," *Patterns of Meaning,* 17 May 2018, https://patternsofmeaning.com/2018/05/17/steven-pinkers-ideas-about-progress-are-fatally-fl awed-these-eight-graphs-show-why/.

16. "Meaning of *feitorias* (Portuguese)," *Wiktionary,* accessed 3 July 2019, https://en.wiktionary.org/wiki/feitoria #Portuguese.

17. Danny Dorling, *Injustice: Why Social Inequality Still Persists,* rev. ed. (Bristol: Policy, 2015), 18.

18. Timothy Hatton and Bernice E. Bray, "Long Run Trends in the Heights of European Men, 19th-20th Centuries," *Economics and Human Biology* 8 (2010): 405~413.

19. Timothy Hatton, "How Have Europeans Grown So Tall?" *Oxford Economic Papers* 66 (2014): 353 (table 2).

20. Mary Bells, "The History of Vacuum Cleaners," *The Inventors* (part of the *New York Times*), 2006, http://theinventors.org/library/inventors/blvacuum.htm: "영국 기술자인 허버트 세실 부스(Hubert Cecil Booth)는 1901년 8월 30일 영국에서 진공청소기에 대한 특허를 인정받는다. 기름으로 작동하며 말이 끌고 다녀야 할 정도로 크기가 컸다. 건물 밖에 주차해 놓은 뒤 긴 호스를 창문을 통해 넣어 청소하는 방식이다. 허버트 부스가 1901년 자신의 진공청소기를 시연하는 동안, 두 명의 미국인이 비슷한 형태의 발명품을 내놓는다. 코린 듀포(Corinne Dufour)는 젖은 스폰지로 먼지를 흡수하는 방식을 개발했고, 데이비드 E. 케니(David E. Kenney)는 거대한 장치를 지하에 설치한 뒤 각 방으로 이어지는 파이프에 연결해 청소를 했다. 청소회사 직원들이 장치를 이집 저집으로 가지고 다녀야 했다."

21. "Activated Sludge—100 Years and Counting," *International Water Association Conference,* June 2014, Essen, Germany, http://www.iwa100as.org/history.php.

22. Max Roser, "Human Height," *OurWorldInData.org,* 2016, https://ourworld-indata.org/human-height/.

23. Lisa Trahan, Karla Stuebing, Merril Hiscock, and Jack Fletcher, "The Flynn

Effect: A Meta-analysis," *Psychological Bulletin* 140, no. 5 (2014): 1332~1360, https://www.ncbi.nlm.nih.gov/pmc/articles/PMC4152423/.

24. Ariane de Gayardon, Claire Callender, KC Deane, and Stephen DesJardins, "Graduate Indebtedness: Its Perceived Effects on Behaviour and Life Choices—A Literature Review" (working paper no. 38, Centre for Global Higher Education, June 2018), https://www.researchcghe.org/publications/working-paper/graduate-indebtedness-its-perceived-Effects-on-behaviour-and-life-choices-a-literature-review/.

25. Hannah Devlin, "IVF Couples Could Be Able to Choose the 'Smartest' Embryo: US Scientist Says It Will Be Possible to Rank Embryos by 'Potential IQ' within 10 years," *Guardian,* 24 May 2019, https://www.theguardian.com/society/2019/may/24/ivf-couples-could-be-able-to-choose-the-smartest-embryo.

26. Tim Morris, Neil Davies, and George Davey Smith, "Can Education be Personalized Using Pupils' Genetic Data?" Preprint, 2019, https://doi.org/10.1101/645218. "사례 전반을 검토해 보니, 아이들의 유전자 점수로 교육적 성과를 측정한 결과는 부모의 사회·경제적 지위나 교육 수준에 따른 결과와 비슷했다. 유전자 점수와 성취도 분포 사이에는 겹치는 부분이 매우 많아서 개별적인 수준을 정확히 측정하는 데 한계가 있었다. 게다가 유전자 점수를 가지고 추후의 성취도를 예측할 수는 없었다. 결론적으로 유전자 점수가 집단적인 차이를 나타는 데는 유용하지만, 개개인의 성취도를 예측하는 데는 현재로서는 한계가 있다."

27. Tim T. Morris, Danny Dorling, Neil M. Davies, and George Davey Smith, "School Enjoyment at Age 6 Predicts Later Educational Achievement as Strongly as Socioeconomic Background and Gender," at https://osf.io/preprints/socarxiv/e6c37/.

28. Hartmut Rosa and William Scheuerman, eds., *High-Speed Society: Social Acceleration, Power, and Modernity* (Philadelphia: Pennsylvania State University Press, 2008), http://www.psupress.org/books/titles/978-0-271-03416-4.html. 이 주장을 위해 저자들은 다음을 참고했다. (Peter Wollen, "Speed and the Cinema," *New Left Review* 16 [July/August 2002], https://newleft review.org/II/16/peter-wollen-speed-and-the-cinema) 그러나 이 논문의 연구 결과는 한 장면의 길이가 50분의 1로 줄어들기는 커녕 절반으로도 줄어들지 않았음을 보여 준다.

29. Greg Miller, "A Century of Cinema Reveals How Movies Have Evolved," *Wired,* 9 August 2014, https://www.wired.com/2014/09/cinema-is-evolving/.

30. 로사(Rosa)와 스키어만(Scheuerman)은 저서에서 많은 것들이 여전히 빠르게 가속하고 있다고 주장했다. 이를 뒷받침하기 위해 내놓은 두 번째 근거는 1945년부터 지금까지 노르웨이 의회에서 진행되는 연설 속도가 50% 빨라졌다는 것이었다. 실제 그랬는지 모르지만, 빠른 말투가 유행하고, 장황한 연설이 용납되지 않는 분위기가 됐기 때문일 수도 있다. 가속에 대해 쓴 이 책은 다소 과장됐지만 영화 필름의 컷 시간이 짧아진 것부터 노르웨이 정치인들의 언어 구사 능력까지 근거로 내세우고 있다. 이 부분을 이해하려면 이 책이 출판된 2008년, 그리고 책이 쓰인 그 직전 상황을 이해해야 한다. 그 이후로는 가속의 증거를 좀처럼 찾아보기 힘들게 됐다.

31. 성적 파트너 수에 대한 조사는 전 세계적으로 많이 진행됐다. 상당 부분은 에이즈의 확산을 모니터하기 위한 용도였다. 시간이 지나면서 그 수는 증가하지 않았고 가끔은 떨어지기도 했다. 특히 다른 이들과의 접촉을 꺼리는 젊은 성인을 뜻하는 히키코모리가 일본에서 극단적으로 증가하면서 그렇게 됐다. 애초에 결혼을 하는 사람 수가 줄면서, 미국 같은 곳에서는 이혼하는 커플 숫자도 이미 예전에 정점을 찍고 내려왔다. 결혼을 하는 비율이 증가하는 데는 한계가 있을 수밖에 없다. 사람들의 성적 파트너 수는 과거보다 줄었고, 결혼하는 사람 수도 줄었다. 이런 상황에서 관계가 늘 수 있는 방법은 줄어든 사람들끼리라도 더 활발하게 살면서 더 많이 즐기는 것이다. 그러면서 그런 움직임이 전 세계적으로 증가하는 히키코모리의 숫자를 압도해야 한다.

32. '카바레'에 대해 더 알고 싶다면 다음 책을 보라. Christopher Isherwood, *Goodbye to Berlin* (London: Hogarth, 1939).

33. Office for National Statistics, *Changing Trends in Mortality: An International Comparison, 2000 to 2016*, figures 1 and 2, 7 August 2018, https://www.ons.gov.uk/peoplepopulationandcommunity/birthsdeathsandmarriages/lifeexpectancies/articles/changingtrendsinmortalityaninternationalcomparison/2000to2016.

34. George Edgerly Harris 3세가 1967년 국방부 바깥에서 총신에 꽃을 꽂고 있는 모습이 찍혔다. "Be the Flower in the Gun: The Story behind the Historic Photograph 'Flower Power' in 1967," *Vintage Everyday*, 11 September 2017, https://www.vintag.es/2017/09/be-fl ower-in-gun-story-behind-historic.html.

35. Anna Lührmann and Staffan I. Lindberg, "A Third Wave of Autocratization Is Here: What Is New about It?" *Democratization*, 1 March 2019, doi:10.1080/13510347.2019.1582029.

36. 당 대표는 "문자 그대로 오줌 예술가들과 나란히 섰다. 후보자 중 한 명은 대중 앞에서 오줌 싸는 것을 예술활동으로 하는 사람이었다. 법원은 이를 예술로 인

정하지 않았고 그는 유죄판결을 받았다." Daniel Boffey, "Danish Far-Right Party Calling for Muslim Deportation to Stand in Election," *Guardian,* 5 May 2019, https://www.theguardian.com/world/2019/ may/05/danish-far-right-party-stram-kurs-calling-for-muslim-deportation-to-stand-in-election.

37. Sithembile Mbete, "The Economic Freedom Fighters—South Africa's Turn towards Populism?" *Journal of African Elections* 14, no. 1 (2015): 35~39, https://repository.up.ac.za/handle/2263/51821.

38. Paul Beaumont, "Brexit, Retrotopia and the Perils of Post-colonial Delusions," *Global Affairs,* 26 June 2018, 379~390, doi:10.1080/23340460.20 18.1478674, https://www.tandfonline.com/doi/abs/10.1080/23340460.2018. 1478674.

39. Danny Dorling and Sally Tomlinson, *Rule Britannia: From Brexit to the End of Empire* (London, Biteback, 2019).

40. Pål Røren and Paul Beaumont, "Grading Greatness: Evaluating the Status Performance of the BRICS," *Third World Quarterly* 40, no. 3 (2018): 429~450, https://www.researchgate.net/publication/329373842_Grading_greatness_ evaluating_the_status_performance_of_the_BRICS/link/5c42f22d92851c22a 3800547/download.

41. Eli Zaretsky, "The Mass Psychology of Brexit," *London Review of Books Blog,* 26 March 2019, https://www.lrb.co.uk/blog/2019/march/the-mass-psychology-of-brexit.

42. 2019년 잉글랜드에서 보도된 바에 따르면 어린이 빈곤율이 가장 높은 곳은 다음과 같았다. Tower Hamlets—56.7%, Newham—51.8%, Hackney—48.1%, Islington—47.5%, Blackburn with Darwen—46.9%, Westminster—46.2%, Luton—45.7%, Manchester—45.4%, Pendle—44.7%, Peterborough—43.8%, Camden—43.5%, Sandwell—43.2%. See "Child Poverty Is Becoming the New Normal in Parts of Britain," *End Child Poverty,* 15 May 2019, https:// www.endchildpoverty.org.uk/chid-poverty-is-becoming-the-new-normal-in-parts-of-britain/.

43. Kathryn Torney, "The Religious Divide in Northern Ireland's Schools," *Guardian Datablog,* 24 November 2012, https://www.theguardian.com/news/ datablog/2012/nov/24/religious-divide-northern-ireland-schools.

44. Toby Helm and Michael Savage, "Poll Surge for Farage Sparks Panic among Tories and Labour," *Observer,* 11 May 2019, https://www.theguardian.com/ politics/2019/may/11/poll-surge-for-farage-panic-conservatives-and-labour?CMP=Share_iOSApp_Other.

45. 2019년 유럽 의회 선거에서 보수 성향의 다수당인 유럽인민당(EPP)은 179석을 확보한다. 사회당(PES)은 152석, 진보 성향의 유럽자유민주동맹(ALDE)은 110석, 녹색당(EGP와 EFA)은 76석을 얻었다. 극우 세력은 쪼개졌다. UKIP 두 명과 MEP 한 명은 그리스의 파시스트 골든던(Golden Dawn)과 헝가리의 파시스트 잡비크(Jobbik)당을 포함한 우파 극단주의자들 그룹에 가입했다. 이제 4명으로 줄어든 보수당 MEP는 극우 성향의 폴란드 '법과 정의'당이 장악하고 있는 ECR 에 가입했다.

46. Keir Milburn, "Acid Corbynism Is a Gateway Drug," *Red Pepper*, 10 November 2017, http://www.redpepper.org.uk/acid-corbynism-is-a-gateway-drug/.

47. Erle C. Ellis, "Science Alone Won't Save the Earth. People Have to Do That: We Need to Start Talking about What Kind of Planet We Want to Live On," *New York Times*, 11 August 2018, https://www.nytimes.com/2018/08/11/opinion/sunday/science-people-environment-earth.html.

48. Danny Dorling, *The Equality Effect: Improving life for Everyone* (Oxford: New Internationalist, 2016).

49. 사실 그들은 슬로다운이 가속화하고 있다는 것을 확인했다. 그러나 여기서 그게 중요한 부분은 아니다. 어차피 예상 가능한 일이었다.

50. 불과 150년 전에 찰스 다윈은 흑인과 호주의 원주민들을 "낮은 수준"이라고 묘사했다. 그리고 이들이 고릴라에 가깝다는 듯 말했다. 다윈은 인류가 계속 진화해 '코카서스인'보다 더 문명화된 존재가 나올 것이라고도 여겼다. 그는 코카서스인이 얼마나 덜 문명화됐는지 알지 못했다. 진화의 속도 역시 그렇게 빠르지 않다는 것을 몰랐다. 나이가 들어서도 다윈은 딱 그 정도까지였다. 가끔은 예전 같지 못했고, 박학다식함과는 거리가 멀었다. 예순을 넘기고 이런 기록을 남기기도 했다. "미래의 어느 시점에, 세기 단위로 셌을 때 그다지 멀지 않은 시점에, 문명화된 인종이 야만인 종족을 지구상에서 몰아낼 것이다. 동시에 샤프하우젠(Schaaffhausen) 교수가 주장했듯, 인간을 닮은 유인원들도 사라질 것이다. 그렇게 되면 간극은 더 커질 것이다. 현재 흑인 혹은 호주 원주민과 고릴라 사이의 거리보다, 코카서스인보다 더 문명화될 인간과 개코원숭이만큼 낮은 수준의 유인원 사이의 거리가 될 것이기 때문이다." Charles Darwin, *The Descent of Man, and Selection in Relation to Sex* (London: John Murray, 1871), 2:201, http://darwin-online.org.uk/content/frameset?pageseq=1 & itemID =F937.1 &viewtype=text.

51. Greta Thunberg, *No One Is Too Small to Make a Difference* (London: Penguin, 2019).

11장

첫머리 인용글: Mark O'Brien and Paul Kyprianou, *Just Managing: What It Means for the Families of Austerity Britain* (Cambridge: Open Book, 2017), 187.

1. Greg Clark, "One Giant Leap: Vertical Launch Spaceport to Bring UK into New Space Age," press release, Department for Transport, U.K. Space Agency, Civil Aviation Authority, Department for Business, Energy & Industrial Strategy, Office of the Secretary of State for Wales, 15 July 2018, https://www.gov.uk/government/news/one-giant-leap-vertical-launch-spaceport-to-bring-uk-into-new-space-age.

2. 항공여행이 어느 순간 우주여행으로 대체될 것 같지는 않다. 중국을 향해 서서히 떠가는 기구 여행으로 대체될 수는 있겠다. 친환경적인 태양광으로 동력을 얻고 헬륨 가스를 채운 체펠린 비행선이 무역풍을 타고 미국에서 유럽으로 동쪽을 향해 이동하다가 태평양이나 인도, 아프리카로 향할 수도 있다. 또 이를 가로질러 남아메리카로 갈 수도 있고 호주로 갈 수도 있다. 그러나 이 모든 것은 아주 천천히 실현될 것이다.

3. Leslie White, *The Science of Culture: A Study of Man and Civilization,* part 3, *Energy and Civilization* (New York: Grove, 1949).

4. Richard Wilkinson, *Poverty and Progress: An Ecological Model of Economic Development* (London: Methuen, 1983), 18.

5. William Scheuerman, *Liberal Democracy and the Social Acceleration of Time* (Baltimore: Johns Hopkins University Press, 2004), xiii.

6. "China's Slowing Pains: After Three Decades of Strong Growth, the World's Second-Largest Economy Has Been Slowing Down," *Financial Times* article series, written in 2018 and 2019, collected at https://www.ft.com/content/9903d7e2-5c43-11e9-939a-341f5ada9d40.

7. Alain Badiou, *The True Life,* trans. Susan Spitzer (Cambridge: Polity, 2017), 41.

8. Stefan Kühn et al., *World Employment and Social Outlook* (Geneva: ILO, 2018), https://www.ilo.org/global/about-the-ilo/newsroom/news/WCMS_615590/lang—en/index.htm.

9. Cyril Ramaphosa and Stefan Löfven, *Global Commission on the Future of Work* (Geneva: ILO, 2019), https://www.ilo.org/global/about-the-ilo/newsroom/news/=WCMS_663006/lang—en/index.htm.

10. Steven Kapsos (head of the ILO's Data Production and Analysis Unit), *Just 10 Per Cent of Workers Receive Nearly Half of Global Pay* (Geneva: ILO, 2019), https://www.ilo.org/global/about-the-ilo/newsroom/news/WCMS_712234/lang—en/index.htm.

11. F. Engels, preface to the third German edition of *Das Kapital* (1867), p. 17 of the most popular public domain edition: https://www.marxists.org/archive/marx/works/download/pdf/Capital-Volume-I.pdf.

12. Isabel Sawhill and Christopher Pulliam, *Six Facts about Wealth in the United States,* Middle Class Memo Series, Brooking Institute, 25 June 2019, https://www.brookings.edu/blog/up-front/2019/06/25/six-facts-about-wealth-in-the-united-states/.

13. Robert Gordon, "Is US Economic Growth Over? Faltering Innovation Confronts the Six Headwinds," *Centre for Economic Research Policy Insight,* no. 6 (September 2012), https://cepr.org/sites/default/files/policy_insights/PolicyInsight63.pdf.

14. Danny Dorling, *Do We Need Economic Inequality?* (Cambridge: Polity, 2018), 130 (figure 8.1), http://www.dannydorling.org/books/economicinequality/figures-and-tables/figure-8-1.html.

15. Darrell Bricker and John Ibbitson, *Empty Planet: The Shock of Global Population Decline* (London: Robinson, 2019), 156.

16. Ian Goldin, Pantelis Koutroumpis, François Lafond, Nils Rochowicz, and Julian Winkler, "Why Is Productivity Slowing Down?" (working paper, Oxford Martin, 17 September 2018), https://www.oxfordmartin.ox.ac.uk/downloads/academic/201809_ProductivityParadox.pdf.

17. François Lafond and Daniel Kim, "Long-Run Dynamics of the U.S. Patent Classification System," *Journal of Evolutionary Economics* 29, no. 2 (April 2019): 631~644 (figure 1), https://link.springer.com/article/10.1007%2Fs00191-018-0603-3.

18. Carolyn Cummins, "'Levels Not Seen since the GFC': NAB Calls the Retail Recession," *Sydney Morning Herald,* 14 June 2019, https://www.smh.com.au/business/companies/levels-not-seen-since-the-gfc-nab-calls-the-retail-recession-20190613-p51xbr.html.

19. "UK Rich Increase Their Wealth by £274 billion over Five Years," *The Equality Trust,* 13 May 2018, https://www.equalitytrust.org.uk/wealth-tracker-18.

20. "A Nation of Ferraris and Foodbanks—UK Rich Increase Wealth by £253 Billion over Five Years," *The Equality Trust,* 12 May 2019, https://www.equalitytrust.org.uk/nation-ferraris-and-foodbanks-uk-rich-increase-wealth- %C2 %A3253-billion-over-five-years-0.

21. Danny Dorling, *Peak Inequality: Britain's Ticking Timebomb* (Bristol: Polity,

2018).

22. 우주비행사 테일러 대령 역을 맡았던 찰턴 헤스턴(Charlton Heston, 1923~2008) 이 한 이야기의 원문은 이것이다. "희망은 아마도 유용한 감정입니다. 뉴욕 매거 진은 되돌릴 수 없는 기후변화의 데드라인이 오고 있다는 기사를 썼습니다. 바 다가 죽고, 이산화탄소의 증가로 인지력이 감퇴하며 인간의 몸이 적응할 수 없 을 정도로 기온이 올라 살 수 없는 땅이 될 거라는 끔찍한 가능성도 언급하고 있 습니다. 이 기사가 나온 뒤 사람들이 대안이 없다는 사실을 깨닫게 되면서 경각 심을 갖자는 목소리는 곧 패배주의로 바뀌었고, 서로의 무책임을 비난하게 됐습 니다." Andrew Whalen, "'Planet of the Apes' Ending Is the Antidote to Aggressively Hopeful Blockbusters," *Newsweek,* 3 April 2018, https://www. newsweek.com/planet-apes-1968-ending-explained-50th-anniversary- 870672.

23. United Nations, press release of 6 May 2019, "UN Report: Nature's Dangerous Decline 'Unprecedented'; Species Extinction Rates 'Accelerating,'" *Sustainable Development Goals,* accessed 23 June 2019, https://www.un.org/ sustainabledevelopment/blog/2019/05/nature-decline-unprecedented-report/.

24. World Wildlife Fund, *2018 Living Planet Report,* accessed 23 June 2019, http://livingplanetindex.org/projects?main_page_project=LivingPlanet- Report & home_flag=1. 지구생명지수(LPI)의 특정 서식지에 대한 자료는 다음 을 보라. http://livingplanetindex.org/projects?main_page_project=About The Index & home_flag=1(accessed 4 September 2019).

25. International Union for Conservation of Nature (IUCN), "Table 9: Possibly Extinct Species," *Red List Summary Statistics,* accessed 23 June 2019, https:// www.iucnredlist.org/resources/summary-statistics.

26. 프레드 라일스(Fred Liles)는 오랫동안 독립노동당원이었다. 브래드퍼드에서 처 음 결성돼 나중에는 영국 노동당이 됐다.

27. 1980년대에 현수막이 분실되지 않도록 지켜준 Gina Bridgeland와 Bob Jones에 대한 설명은 다음을 보라. "Banner of the East Bradford Socialist Sunday School," *Working Class Movement Library,* accessed 23 June 2019, https:// www.wcml.org.uk/our-collections/creativity-and-culture/leisure/socialist- sunday-schools/banner-of-the-bradford-socialist-sunday-school/.

28. Anders Sandberg, "The Five Biggest Threats to Human Existence," *The Conversation,* 29 May 2014, https://theconversation.com/the-fi ve-biggest- threats-to-human-existence-27053.

29. Anders Sandberg, "Will Climate Change Cause Humans to Go Extinct?" *The Conversation,* 29 May 2019, https://theconversation.com/will-climate-

change-cause-humans-to-go-extinct-117691.

30. David Wallace Wells, *The Uninhabitable Earth: A Story of the Future* (London: Allen Lane, 2019), 4.

31. Torbjörn Säterberg, Stefan Sellman, and Bo Ebenman, "High Frequency of Functional Extinctions in Ecological Networks," *Nature*, 7 July 2013, 468~470, https://www.nature.com/articles/nature12277.

32. 어떤 것이 보존할 가치가 있는지는 알기 힘들다. 보존할 가치가 있다고 판단해도 이미 환경이나 식생이 완전히 바뀌어 있는 경우도 많다. '잃어버린 것들(What is missing)'이란 웹사이트에 가 보면 내가 6세부터 18세까지 살았던 옥스퍼드셔의 자연보호구역 대한 이야기가 나와 있다. 자연보호구역 자체는 별다른 위험 없이 잘 보존되고 있다. 원래 이곳의 숲은 인공적인 섯이었다. 왕의 시냥터로 만들기 위해 오래전에 나무를 심었다. 이곳에서 버섯은 여전히 잘 자라고 있지만 원래 있던 야생동물은 자취를 감췄다. 웹사이트에는 이렇게 적혀 있다. "개인적인 추억-옥스퍼드셔, 영국. 2017년 여름 영국을 방문했을 때였다. 내가 가장 좋아하는 작가 중 한 명인 C. S. 루이스의 고향을 방문할 기회가 있었다. 그의 집 주변에는 살아생전 그의 소유였던 상당한 면적의 숲이 있었다. 최근 이곳에 대규모 아파트 단지를 지으려는 움직임이 있다는 이야기를 들었다. 이 지역의 역사적 중요성도 감안해야 할 요소지만, 나는 이 지역의 생태계도 걱정이 됐다. 많은 이들이 이곳은 진흙밭이고 연못도 깨끗하지 않으며 여기저기에 버섯만 자라는 등 아름답지 못한 숲이라고 말했다. 그러나 나는 동의하지 않는다. 모든 자연은 아름답기 마련이다." 그 말대로 모든 자연이 아름다울지 모르지만, 다른 것보다 훨씬 더 가치가 있는 것들도 있다. https://whatismissing.net/memory/forgotten-beauty (2019년 9월 4일 접속 기준).

33. Amanda Goodall and Andrew Oswald, "Researchers Obsessed with FT Journals List Are Failing to Tackle Today's Problems," *Financial Times*, 8 May 2019, https://www.ft.com/content/b820d6f2-7016-11e9-bf5c-6eeb837566c5.

34. Paul Chatterton, "The Climate Emergency and the New Civic Role for the University: As We Face a Climate Emergency, Universities Must Undergo Radical Change to Lead the Way in Tackling the Crisis," *Times Higher Education*, 21 June 2019, https://www.timeshighereducation.com/blog/climate-emergency-and-new-civic-role-university.

35. Vasilis Dakos, Marten Scheffer, Egbert van Nes, Victor Brovkin, Vladimir Petoukhov, and Hermann Held, "Slowing Down as an Early Warning Signal for Abrupt Climate Change," *Proceedings of the National Academy of Sciences* 105, no. 38 (23 September 2008): 14308~14312, doi: 10.1073/pnas.0802430105.

36. Vasilis Dakos, Egbert van Nes, Raul Donangelo, Hugo Fort, and Marten

Scheffer, "Spatial Correlation as Leading Indicator of Catastrophic Shifts," *Theoretical Ecology* 3, no. 3 (August 2010): 163~174, doi:10.1007/s12080-009-0060-6; Marten Scheffer, Jordi Bascompte, William Brock, Victor Brovkin, Stephen Carpenter, Vasilis Dakos, Hermann Held, Egbert van Nes, Max Rietkerk, and George Sugihara, "Early-Warning Signals for Critical Transitions," *Nature*, 3 September 2009. https://www.nature.com/articles/nature08227.

37. Erle Ellis, "Science Alone Won't Save the Earth. People Have to Do That: We Need to Start Talking about What Kind of Planet We Want to Live On," *New York Times*, 11 August 2018, https://www.nytimes.com/2018/08/11/opinion/sunday/science-people-environment-earth.html.

38. Global Carbon Project, "Global CO_2 Emissions Rise Again in 2018 According to Latest Data," press release, *COP24: 24th Conference of the Parties to the United Nations Framework Convention on Climate Change (UNFCCC)*, 5 December 2018, http://www.globalcarbonproject.org/carbonbudget/18/files/Norway_CICERO_GCPBudget2018.pdf.

39. United Nations press release, "9.7 Billion on Earth by 2050, but Growth Rate Slowing, Says New UN Population Report," *UN News*, 17 June 2019, https://news.un.org/en/story/2019/06/1040621.

40. OCED Social Policy Division, Directorate of Employment, Labour and Social Affairs, PF 2.5 Annex: "Detail of Change in Parental Leave by Country," *OECD Family Database*, 26 October 2017, https://www.oecd.org/els/family/PF2_5_Trends_in_leave_entitlements_around_childbirth_annex.pdf.

41. Tony Lawson, "A Speeding Up of the Rate of Social Change? Power, Technology, Resistance, Globalisation and the Good Society," in *Late Modernity: Trajectories towards Morphogenic Society*, ed. Margaret Archer (Cham, Switzerland: Springer, 2014), doi:10.1007/978-3-319-03266-5__2; http://www.springer.com/cda/content/document/cda_downloaddocument/9783319032658-c2.pdf?SGWID=0-0-45-1490820-p176345324.

42. Thomas Rudel and Linda Hooper, "Is the Pace of Social Change Accelerating? Latecomers, Common Languages, and Rapid Historical Declines in Fertility," *International Journal of Comparative Sociology*, 1 August 2005, http://citeseerx.ist.psu.edu/viewdoc/download?doi=10.1.1.1013.4276 & rep=rep1 & type=pdf. See also Chapter 2 of this book.

43. William J. Goode, "The Theory and Measurement of Family Change," in *Indicators of Social Change: Concepts and Measurements*, ed. Eleanor Bernert

Sheldon and Wilbert Moore (Hartford, CT: Russell Sage Foundation, 1968), 337.

44. Jamie Ducharme, "It May Not Be a Bad Thing Fewer U.S. Babies Were Born in 2018 Than in Any Year since 1986," *Time,* 15 May 2019, http://time.com/5588610/us-birth-rates-record-low/.

12장

첫머리 인용글: Robin Wigglesworth, "Japanification: Investors Fear Malaise Is Spreading Globally," *Financial Times,* 27 August 2019, https://www.ft.com/content/314c626a-c77b-11e9-a1f4-3669401ba76f.

1. Hephzibah Anderson, "The 1968 Sci-Fi That Spookily Predicted Today," *BBC Culture,* 10 May 2019, http://www.bbc.com/culture/story/20190509-the-1968-sci-fi-that-spookily-predicted-today.

2. James Fulcher and John Scott, *Sociology* (Oxford: Oxford University Press, 2011), 273.

3. 앵구스 매디슨과 UN의 숫자를 활용해 계산한 것이다. 1901년 글로벌 연간 인구 증가율은 1.029%였다. 1971년 2.128%로 정점을 찍었다. 증가율이 감소하는 추세는 증가할 때보다 훨씬 빠를 것이다.

4. Helen Pearson, *The Life Project: The Extraordinary Story of Our Ordinary Lives* (London: Allen Lane, 2016), 348.

5. Richard Clegg, *Graduates in the UK Labour Market: 2017* (London: Office for National Statistics, 2017), https://www.ons.gov.uk employmentandlabourmarket/ peopleinwork/employmentandemployeetypes/articles/graduatesintheuklabourmarket/2017.

6. Sutton Trust, *Elitism Britain, 2019: The Educational Backgrounds of Britain's Leading People* (London: Social Mobility Commission and the Sutton Trust, 2019), 6. https://www.suttontrust.com/wp-content/uploads/2019/06/Elitist-Britain-2019.pdf.

7. African Child Policy Forum, "The African Report on Child Wellbeing, 2018: A Ticking Demographic Time Bomb," Addis Ababa, Ethiopia, press release, 2 November 2018, https://africanchildforum.us1.list-manage.com/track/click?u =30fc8ce3edcac87cef131fc69 & id=e9f04d0f36 & e=8f9ea6f9c6.

8. Emma Hagestadt, review of *The Examined Life,* by Stephen Grosz, *Independent,* 3 January 2013, http://www.independent.co.uk/arts-entertainment/books/reviews/the-examined-life-by-stephen-grosz-book-

review-9035081.html.

9. E. Cort Kirkwood, "Immigrant Invasion," *New American,* 9 July 2019, https://www.thenewamerican.com/print-magazine/item/32664-immigrant-invasion.

10. Steven Shapin, "The Superhuman Upgrade" (a review of *Homo Deus: A Brief History of Tomorrow,* by Yuval Noah Harari), *London Review of Books,* 13 July 2017, 29~31.

11. Umair Haque, "The Three Causes of the World's Four Big Problems: Deep Transformation, or What London's Climate Change Protests Teach Us about the Future," *Eudaimonia and Co. Blog,* 22 April 2019, https://eand.co/the-three-causes-of-the-worlds-four-big-problems-e9fe49d89e3d.

12. Cesar Victora and Ties Boerma, "Inequalities in Child Mortality: Real Data or Modelled Estimates?" *Lancet,* May 2018, https://doi.org/10.1016/S2214-109X (18)30109-8.

13. Lucinda Hiam and Martin McKee, "The Real Scandal behind Britain's Falling Life Expectancy," *Guardian,* 24 June 2019, 2019, https://www.theguardian.com/commentisfree/2019/jun/24/britain-life-expectancy-health-gap-rich-poor-tory-leadership.

14. Marc Luy, "Causes of Male Excess Mortality: Insights from Cloistered Populations," *Population and Development Review,* 20 April 2004, 647~676, https://onlinelibrary. wiley.com/doi/abs/10.1111/j.1728-4457.2003.00647.x.

15. Ibid.; Jon Minton, personal communication (with thanks to him for spotting this and alerting me).

16. Gordon Marc le Roux, "'Whistle While You Work': A Historical Account of Some Associations Among Music, Work, and Health," *American Journal of Public Health* 95, no. 7 (July 2005): 1106~1109, doi:10.2105/AJPH.2004.042564; https://www.ncbi.nlm.nih.gov/pmc/articles/PMC1449326/.

17. *Union Songs: The H-Bomb's Thunder,* accessed 4 September 2019, https://unionsong.com/u576.html Accessed 7 July 2019.

18. 여러 출처를 사용하는 것이 좋다. 다음은 그중 하나이다. *The World Population Review,* accessed 4 September 2019: http://worldpopulationreview.com/world-cities/istanbul-population/.

19. Tony Lawson, "A Speeding Up of the Rate of Social Change? Power, Technology, Resistance, Globalisation and the Good Society," in *Late Modernity: Trajectories towards Morphogenic Society,* ed. Margaret Archer (Cham, Switzerland: Springer, 2014), 21~47.

20. Kimura Masato, "Warning for Japan as a 'Migrant Power': Great Britain Changes Its Immigration Policy by Leaving the EU," *Yahoo Japan,* 23 December 2018, https://news.yahoo.co.jp/byline/kimuramasato/20181223-00108781/[Japanese].

21. Kawashima Tatsuhiko, "Recent Urban Evolution Processes in Japan: Analysis of Functional Urban Regions" (paper presented at the Twenty-Fifth North American Meetings of the Regional Science Association, Chicago, 1978).

22. Kawashima Tatsuhiko and Hiraoka Norijuki, "Spatial Cycles for Population Changes in Japan: Larger Metropolitan Areas and Smaller-and-Non-metropolitan Area," *Gakushuin Economics Papers* 37, no. 3 (2001): 227~244, https://www.gakushuin.ac.jp/univ/eco/gakkai/pdf_files/keizai_ronsyuu/contents/3703＝04/3703＝04-18kawashima, hiraoka.pdf; Kawashima Tatsuhiko, Fukatsu Atsumi, and Hiraoka Noriyuki, "Reurbanization of Population in the Tokyo Metropolitan Area: ROXY-index /Spatial cycle Analysis for the Period 1947~2005," *Gakushuin Economics Papers* 44, no. 1 (2007): 19~46, https://ci.nii.ac.jp/naid/110007524073/en/?range＝0 & sortorder＝0 & start＝0 & count＝0.

23. Martti Hirvinen, Norijuli Hiraoka, and Tatsuhiko Kawashima, "Long-Term Urban Development of the Finnish Population: Application of the ROXY-index Analytical Method," *Gakushuin Economic Papers* 36, no. 2 (August 1999): 243~263, http://www.gakushuin.ac.jp/univ/eco/gakkai/pdf_files/keizai_ronsyuu/contents/3602/3602-21hirvonen,hiraoka.pdf.

24. David Sanger, "Tokyo Journal: She's Shy and Not So Shy, Japan's Princess Bride," *New York Times,* 26 June 1990, https://www.nytimes.com/1990/06/26/world/tokyo-journal-she-s-shy-and-not-so-shy-japan-s-princess-bride.html.

25. "Prince Hisahito Tells Junior High School Entrance Ceremony of New Students' Hopes to Broaden Perspectives," *Japan Times,* 8 April 2019, https://www.japantimes.co.jp/news/2019/04/08/national/prince-hisahito-tells-junior-high-school-entrance-ceremony-new-students-hopes-broaden-perspectives/#.XMLczutKjUI.

26. Sanger, "Tokyo Journal."

부록

1. Pierre Bézier, "How Renault Uses Numerical Control for Car Body Design and Tooling," *SAE Technical Paper* 680010 (1968), https://www.sae.org/publications/technical-papers/content/680010/.

2. Danny Dorling, *Injustice: Why Social Inequality Still Persists* (Bristol: Policy, 2015), 145.